플러터 엔지니어링

플러터 엔지니어링
핵심 원리부터 개발 패러다임, 설계 패턴까지 실무 역량을 키우는 올인원 가이드

초판 1쇄 발행 2025년 9월 29일

지은이 마지드 하지안 / **옮긴이** 한국 플러터 커뮤니티 / **펴낸이** 전태호
펴낸곳 한빛미디어(주) / **주소** 서울시 서대문구 연희로2길 62 한빛미디어(주) IT출판2부
전화 02-325-5544 / **팩스** 02-336-7124
등록 1999년 6월 24일 제25100-2017-000058호 / **ISBN** 979-11-6921-437-7 93000

책임편집 박지영 / **기획** 안정민 / **편집** 김민경 / **교정** 김가영
디자인 표지 최연희, 박정우 내지 박정우 / **전산편집** 강창효
베타리더 권태형, 김기철, 김정태, 김형래, 남상균, 남반석, 박유진, 이장훈, 오준석, 우성우, 홍상우
영업마케팅 송경석, 김형진, 장경환, 조유미, 한종진, 이행은, 김선아, 고광일, 성화정, 김한솔 / **제작** 박성우, 김정우

이 책에 대한 의견이나 오탈자 및 잘못된 내용은 출판사 홈페이지나 아래 이메일로 알려주십시오.
파본은 구매처에서 교환하실 수 있습니다. 책값은 뒤표지에 표시되어 있습니다.

한빛미디어 홈페이지 www.hanbit.co.kr / 이메일 ask@hanbit.co.kr

© 2025 Hanbit Media Inc.
Authorized Korean translation of the English edition of **Flutter Engineering**
(ISBN: 979-8889405528) © 2024 Majid Hajian

This translation is published and sold by permission of the Author, who owns or controls all
rights to publish and sell the same.

저작권법에 의해 보호를 받는 저작물이므로 무단 복제 및 무단 전재를 금합니다.

지금 하지 않으면 할 수 없는 일이 있습니다.
책으로 펴내고 싶은 아이디어나 원고를 메일(writer@hanbit.co.kr)로 보내주세요.
한빛미디어(주)는 여러분의 소중한 경험과 지식을 기다리고 있습니다.

핵심 원리부터
개발 패러다임, 설계 패턴까지
실무 역량을 키우는
올인원 가이드

플러터 엔지니어링

마지드 하지안 지음 | 한국 플러터 커뮤니티 옮김

FLUTTER DEVELOPMENT IS FUN

FLUTTER ENGINEERING

지은이 · 옮긴이 소개

지은이 마지드 하지안 Majid Hajian

2006년부터 웹과 모바일 애플리케이션을 개발해 온 소프트웨어 엔지니어이자 플러터 구글 디벨로퍼스 엑스퍼트 Google Developers Expert(GDE)입니다. 전문 분야는 플러터, 웹, 클라우드, AI이며 집필과 강연, 오픈 소스 활동을 통해 개발자 커뮤니티와 활발히 교류합니다. 또한 세계 각지의 콘퍼런스를 이끌며 소프트웨어 개발 분야의 발전과 혁신에 기여하고 있습니다.

옮긴이 한국 플러터 커뮤니티

국내 플러터 개발자 생태계의 성장을 위해 커뮤니티 활동을 이어가고 있습니다. 플러터 서울과 플러터 인천의 운영진으로서 밋업과 세미나를 꾸준히 열며, 개발자들이 함께 배우고 성장하는 기반을 만드는 데 힘쓰고 있습니다. 또한 캐나다 몬트리올에서 활동하는 플러터 및 다트 구글 디벨로퍼스 엑스퍼트(GDE) Jhin Lee(이진석)와 협력하여, 현업 경험과 글로벌 인사이트를 번역 작업에 녹여내고자 했습니다. 커뮤니티에서 얻은 지식과 경험을 독자와 나누며 더 많은 개발자가 플러터를 친근하게 접할 수 있기를 바랍니다.

베타리더의 한마디

코딩을 넘어 엔지니어링을 하고 싶은 개발자들에게 추천할 만한 책입니다. 기술은 빠르게 변하고 코드 작성법은 금세 낡아지며, 책으로 담긴 내용은 쉽게 도태되기 마련입니다. 하지만 이 책은 플러터의 생명주기와 맞닿아 있을 만큼 오래도록 유효한 지식으로 채워져 있습니다. 플러터를 한 단계 더 깊이 다루고 싶지만 무엇을 공부해야 할지 고민될 때, 이 책이 든든한 길잡이가 되어줄 것입니다.

권태형, 고려대학교, 플러터 서울 커뮤니티 소속

플러터 경험이 있는 개발자부터 팀 리더까지, 애플리케이션 품질과 아키텍처적 사고를 확장하고 싶은 분께 권합니다. 모바일과 데스크톱을 아우르는 멀티 플랫폼 전략을 고민하는 개발 조직에 특히 유용하며, 실무 프로젝트를 한 단계 성장시키는 훌륭한 참고서가 될 것입니다.

김기철, SK 텔레콤

이 책은 주니어를 넘어 시니어로 성장하고자 하는 개발자를 위한 필독서입니다. 플러터 프레임워크의 심화 지식은 물론, 애플리케이션 개발 생명주기, 아키텍처, 설계, 보안, 테스트, CI/CD까지 시니어 개발자에게 필요한 핵심 역량을 총망라합니다. 특히 이 책의 가장 큰 장점은 주제별로 한 단계 더 깊이 학습할 수 있도록 엄선된 추천 도서를 제공해 독자 여러분의 꾸준한 성장을 돕는 훌륭한 길잡이가 되어준다는 점입니다.

김정태, 카카오

『플러터 엔지니어링』은 플러터 프레임워크의 본질을 깊이 있게 탐구하는 책입니다. 네이티브와의 연동 방식, 위젯 구성 원리 등 플러터의 핵심 동작 원리를 자세히 설명하고, 실제 서비스 운영에 필요한 다양한 아키텍처 설계 방법을 체계적으로 제시합니다. 피상적인 사용법을 다루는 대신, 플러터에 대한 근본적인 이해를 바탕으로 예상치 못한 문제 상황에서도 스스로 해결책을

베타리더의 한마디

찾을 수 있는 탄탄한 기초를 다지도록 도와줍니다. 플러터를 제대로 이해하고 활용하고자 하는 개발자분들께 꼭 필요한 책입니다.

김형래, 경북대학교

이 책은 플러터를 단순한 크로스플랫폼 도구가 아닌, 모바일 개발의 본질을 이해하는 렌즈로 활용한 책입니다. 안드로이드나 iOS 개발 경험이 있는 3~4년 차 개발자라면, 이 책에서 플러터의 철학과 아키텍처를 체계적으로 습득할 수 있습니다.

렌더링 파이프라인부터 아키텍처 패턴, CI/CD까지 실무에서 마주치는 주요 주제들을 다루며, 특히 시니어 개발자로 성장하는 데 필요한 엔지니어링 관점을 기르는 데 도움이 됩니다. 플러터로 전환하려는 네이티브 개발자뿐 아니라, 플러터를 통해 네이티브 플랫폼의 동작 원리를 이해하고자 하는 개발자 모두에게 효과적인 참고서가 될 것입니다.

남상균, 데이터라이즈

단순히 애플리케이션을 만드는 즐거움을 넘어서, 플러터로 커리어를 이어가고자 하는 분들께 꼭 추천하고 싶은 책입니다. 프로그래밍의 기본 교양부터 실무에서 바로 활용할 수 있는 디자인 패턴, 반응형 UI 구현 방식과 렌더링 파이프라인까지 일목요연하게 다루며 간과하기 쉬운 모바일 보안 개념까지 충실히 담고 있습니다.

플러터로 취업을 준비하거나 장기적으로 모바일 개발자로 성장하고 싶다면, 이 책 한 권만으로도 든든한 기반을 갖출 수 있을 것입니다. 개인적으로는 수년간의 실무 경험을 거쳐 체득했던 지식과 노하우가 한 권으로 정리된 듯한 느낌을 받았습니다. 플러터 개발의 여정을 촘촘하게 정리해 준 저자에게 깊은 존경과 박수를 보냅니다.

남반석, 쿠팡

4년 차 플러터 개발자로서, 지금 제게 딱 필요한 시점에 만난 책이었습니다. 공식 문서에서 접했던 개념들을 꼼꼼하게 짚어볼 수 있었고, 매일 마주하는 주제들도 다양한 예제와 사례를 통해 더 깊이 이해할 수 있었습니다. 이미 안다고 생각했던 부분까지 새롭게 정리할 수 있어 큰 도움이 되었으며, 실제 업무 중 필요할 때마다 다시 펼쳐보게 될 것 같습니다.

전체적으로 부담 없이 읽을 수 있으며, 플러터를 현업에서 꾸준히 활용하는 개발자라면 꼭 읽어야 할 책이라 자신 있게 추천합니다.

박유진, 라인플러스

멀티 플랫폼으로 애플리케이션을 개발하려는 분들은 대부분 플러터로 시작할 것입니다. 저 역시 그러했습니다. 시중에는 많은 플러터 서적이 있지만, 대부분은 문법을 주로 다룹니다.

그러나 실제 개발을 하다 보면 문법보다 엔지니어링 관점에서 더 많은 것을 고민해야 합니다. 그런 점에서 개발의 A부터 Z까지 폭넓게 다루는 이 책이 매우 소중합니다. 개발자에게 중요한 스타일 가이드, 문서 작성 방법, 가이드라인 설정 방식까지 상세히 제시되어 있어 큰 도움이 되었습니다. 이 책을 꾸준히 읽어볼 것을 추천합니다.

이장훈, 데브옵스 엔지니어

이 책은 플러터를 한 스푼 얹은, 사실은 근본을 다루는 책입니다. 초반부를 읽다 보면 초심자를 위한 책이 아니라는 것을 알 수 있습니다. 하지만 후반부로 갈수록 설계 원칙, 아키텍처, 테스트, CI/CD 같은 공통 주제들을 자연스럽게 연결하며, 플러터를 활용해 근본적인 내용을 풀어내고 있습니다. 현장에서 개발자 교육을 하면서 중요하게 여기는 핵심 내용이 많이 담겨 있어 만족스러운 구성의 책입니다. 플러터뿐 아니라 다른 분야의 개발자도 흥미롭게 읽을 수 있는 공통 주제를 모두 담고 있어, 중급 이상의 개발자를 목표로 하는 분들에게 매우 도움이 될 책이라 추천합니다.

오준석, 오렌지

● 베타리더의 한마디

실제 프로덕트를 개발하기 전에 효율적인 애플리케이션 개발 방법론과 아키텍처를 확인할 수 있으며, 애플리케이션 기술 설계 시 큰 도움이 됩니다.

우성우, (주)바이오컴

이 책은 프로그램 엔지니어링과 플러터를 접목한 하이브리드 서적입니다. 한쪽 관점에서만 보면 다소 부족해 보일 수 있지만, 이미 한 분야를 알고 있다면/안다면 다른 분야의 지식을 보완하는 데 큰 도움이 됩니다. 플러터 개발자께서는 아키텍처 지식을 배우고 적용 방법을 익힐 수 있으며, 아키텍트께서는 플러터 프로그래밍이 어떻게 활용되는지를 배워서 서로 윈윈할 수 있습니다. 특히 플러터 애플리케이션 개발 프로젝트를 준비하는 아키텍트께 이 책을 추천합니다.

홍상의, 프리랜서

옮긴이의 말

플러터 코리아 커뮤니티(서울/인천)와 플러터 몬트리올의 역자들은 플러터 개발자들이 오랫동안 기다린 『플러터 엔지니어링』의 한국어판을 공동 번역하여 국내에 소개하게 된 것을 매우 영광스럽게 생각합니다. 이 책은 단순한 플러터 위젯 사용법을 넘어, 견고하고 확장 가능한 애플리케이션을 만드는 데 필수적인 소프트웨어 공학의 깊은 통찰을 담고 있습니다.

플러터라는 기술에 매료되어 각자의 지역에서 커뮤니티 활동을 이어온 저희는 이 책의 가치를 누구보다 잘 알고 있습니다. 플러터는 하나의 코드베이스로 다양한 플랫폼을 지원하는 혁신적인 프레임워크지만, 그 이면에는 수많은 엔지니어링적 고민이 필요합니다. 어떤 아키텍처를 선택해야 할지, 효율적인 상태 관리는 어떻게 해야 할지, 테스트와 배포는 어떻게 자동화할지 등, 개발자들은 끊임없이 더 나은 방법을 찾아 헤매곤 합니다. 이 책은 바로 그러한 고민의 길잡이가 되어줄 것입니다. 저자가 다년간의 실무 경험을 바탕으로 제시하는 명확한 원칙과 실용적인 해결책은 초급 개발자에게는 로드맵을, 숙련된 개발자에게는 새로운 시야를 제공합니다.

이번 공동 번역 작업은 저희에게도 매우 뜻깊은 경험이었습니다. 개발 경력이 20년 이상인 시니어 개발자부터 플러터 커뮤니티를 활발하게 이끌어가는 오거나이저 그리고 현업에서 플러터 개발에 매진하는 엔지니어들까지 다양한 배경의 전문가들이 지역과 시차를 넘어 하나의 목표를 향해 나아갔습니다. 각자의 관점에서 저자의 의도를 정확히 파악하고, 기술적인 용어와 표현을 독자들이 가장 자연스럽게 이해할 수 있도록 다듬는 과정은 절대 쉽지 않았습니다. 단어 하나, 문장 하나를 번역하는 데도 수없이 많은 토론과 고민이 이어졌습니다. '이 표현이 전달하고자 하는 핵심은 무엇일까?', '어떻게 하면 독자들이 기술의 깊은 의미를 놓치지 않고 받아들일 수 있을까?'와 같은 질문들은 번역의 질을 높이는 동시에, 저희 자신도 플러터라는 기술을 다시 한번 깊이 탐구하는 계기가 되었습니다.

특히 이 책의 번역은 단순히 텍스트를 옮기는 작업을 넘어섰다고 생각합니다. 플러터 커뮤니티의 일원으로서, 저희는 이 책이 국내 플러터 생태계에 긍정적인 영향을 미치기를 간절히 바랐습니다. 단순히 화면을 만드는 기술을 넘어, 소프트웨어를 설계하고 구축하는 '엔지니어링' 지식을 확산시켜 더 많은 개발자가 견고하고 유지보수 가능한 애플리케이션을 만들 수 있도록 돕

● **옮긴이의 말**

는 것이 저희의 목표였습니다.

이 책은 플러터의 세계에 첫발을 내딛는 개발자뿐만 아니라, 이미 실무 경험이 있는 주니어 개발자들이 한 단계 더 성장할 수 있는 소중한 지침서가 되리라 확신합니다. '정답'을 찾는 대신 '왜' 그렇게 해야 하는지를 스스로 고민하고 해답을 찾아가는 과정을 통해 어떤 새로운 문제 앞에서도 최적의 해법을 제시할 수 있는 훌륭한 엔지니어로 성장할 것입니다.

이 소중한 기회를 통해 한국 플러터 개발 커뮤니티에 직접적으로 기여할 수 있었던 점에 큰 보람을 느낍니다. 이 책이 독자 여러분께 닿기까지 도움을 주신 모든 분, 즉 훌륭한 책을 집필해주신 저자, 번역에 함께 힘써주신 모든 역자분 그리고 이 책을 출간해 주신 한빛미디어에 진심으로 감사드립니다. 앞으로도 저희는 국내외 플러터 개발 생태계의 발전을 위해 꾸준히 노력할 것을 약속드립니다.

〈한국 플러터 커뮤니티〉 역자 일동

처음 이 책의 원서를 접했을 때, 시중에 출간된 여느 플러터 서적들과는 다른 깊이와 접근 방식에 깊은 인상을 받았습니다. 이 책은 단순히 플러터 위젯 사용법이나 API를 나열하는 것을 넘어, 소프트웨어 공학이라는 더 넓고 깊은 관점에서 플러터 애플리케이션 개발을 다룹니다. 플러터의 원리 재해석, 견고한 아키텍처 설계, 상태 관리, 테스트, CI/CD, 보안, 고급 UI 기법까지 플러터 실무자가 고민하는 거의 모든 주제를 아우릅니다. 번역을 제안했던 이유도 바로 이 깊이를 국내 개발자들과 나누고 싶었기 때문입니다.

저자는 다년간 풍부한 개발 경험을 바탕으로, 플러터 개발의 전 과정에 걸쳐 엔지니어로서 마주하게 되는 고민과 해결책을 제시합니다. 플러터의 기본 원리 재해석부터 시작하여 견고한 아키텍처 설계, 효과적인 상태 관리, 다양한 테스트 전략, CI/CD 파이프라인 구축, 보안 및 접근성 고려 사항, 커스텀 페인팅과 셰이더 같은 고급 UI 기법에 이르기까지, 플러터 개발자라면

한 번쯤 고민해 봤을 요소들을 시니어 개발자의 관점에서 살펴볼 수 있는 좋은 기회였습니다.

6년간 플러터와 함께 성장해 온 개발자로서, 번역을 하며 가장 크게 다가온 메시지는 '엔지니어링'이었습니다. 저자는 단순히 '어떻게 구현하는가'에 머무르지 않고 '왜 이렇게 해야 하는가', '어떤 선택이 장기적인 관점에서 유지보수성과 확장성을 담보하는가'를 끊임없이 묻습니다. 이는 단순한 기능 구현을 넘어 진정한 소프트웨어 장인으로 성장하려는 개발자에게 꼭 필요한 태도라고 생각합니다. 이 책이 더 많은 플러터 개발자에게 새로운 시야와 성장의 계기가 되길 바랍니다.

이 책은 특히 실무에서 플러터로 프로덕션 수준의 애플리케이션을 개발하거나 더 나은 아키텍처와 엔지니어링 사례를 고민하는 중급 이상의 개발자들에게 강력히 추천합니다. 번역 과정에서는 원서의 기술적 깊이를 정확히 전달하면서도, 한국 개발자들에게 친숙한 용어와 표현으로 다듬는 데 특별히 신경을 썼습니다.

마지막으로, 이 책이 한국 독자들에게 닿을 수 있도록 기회를 주신 관계자분들과 꼼꼼한 피드백으로 번역의 질을 높여 주신 모든 분께 깊은 감사를 드립니다. 그리고 무엇보다 밤늦은 번역 작업으로 육아에 많은 도움을 주지 못했음에도 묵묵히 응원해 준 아내, 보보 엄마에게 미안함과 감사의 마음을 전합니다.

유병욱, 플러터 클라이언트 개발 6년 차, 전)플러터 서울 운영진

20년 넘게 다양한 기술 스택을 다뤄 왔지만, 결국 중요한 것은 특정 프레임워크의 테크닉보다 엔지니어링 지식임을 잘 알고 있습니다. 그런 의미에서 『플러터 엔지니어링』은 단순한 사용법을 넘어, 견고하고 확장 가능한 애플리케이션을 만들기 위한 원칙과 방법론을 잘 담아낸 책입니다. 디자인 패턴, 직관적인 UI 설계, 보안 등 애플리케이션 개발 전 과정을 다루는 접근은 제게도 큰 울림을 주었습니다.

이번 공동 번역 작업은 개인적으로도 특별한 경험이었습니다. 북미에서 주로 활동해 온 제가

● 옮긴이의 말

한국의 훌륭한 공역자분들과 협업하며 국내 플러터 커뮤니티에 기여할 수 있었기 때문입니다. 이 책은 플러터 개발자뿐 아니라 소프트웨어 공학적 사고를 필요로 하는 모든 개발자에게 도움이 될 것입니다. 한국어판이 많은 분께 영감이 되길 진심으로 바랍니다.

이진석(Jhin Lee, 리핵), 플러터 GDE, GDG 및 플러터 몬트리올 오거나이저

2007년부터 다양한 플랫폼 환경에서 여러 프로그래밍 언어와 개발 도구를 활용해 소프트웨어를 개발해 왔습니다. 플랫폼이 달라질 때마다 같은 UI를 반복 개발했던 경험은 늘 답답함으로 남아 있었습니다.

여러 멀티 플랫폼 도구를 시도했지만 대부분 한계를 드러냈고, 결국 사라지기도 했습니다. 그중 플러터는 선언형 프로그래밍 모델, 완성도 높은 언어와 프레임워크, 안정적인 멀티 플랫폼 지원으로 확실히 다른 가능성을 보여주었습니다. 선언형 프로그래밍 모델의 아름다움, 다트와 플러터 자체의 높은 완성도 그리고 한 번의 구현으로 다양한 플랫폼에서 일관된 동작을 보장하는 안정성은 매우 인상적이었습니다. 이를 통해 플러터가 UI 기반 소프트웨어 개발의 새로운 표준으로 자리 잡을 것이라는 확신을 가지게 되었습니다.

그러나 동시에, 플러터가 진정한 의미에서 UI 기반 소프트웨어 개발의 표준으로 확립되기까지는 아직 갈 길이 남아 있다는 점도 실감했습니다. 그 주요한 이유 중 하나는, 다트와 플러터를 이용해 엔터프라이즈 수준의 소프트웨어를 체계적이고 효과적으로 개발하기 위한 고도화된 지식 체계가 아직 충분히 마련되지 않았다는 것입니다.

『플러터 엔지니어링』은 이와 같은 필요를 충족시키는 데 중요한 역할을 할 도서입니다. 플러터에 대한 깊이 있는 이해를 제공하고, 더 많은 개발자가 견고하고 확장성 있는 소프트웨어를 만들 수 있도록 돕습니다. 한국 플러터 커뮤니티의 성장에 이 책이 밑거름이 되기를 바랍니다.

윤경옥, 플러터 서울 운영진

플러터가 세상에 나온 지 8년 정도 되었고, 제가 플러터로 개발을 한 지는 3년 정도 되었습니다. 그동안 요구사항에 맞춰 애플리케이션을 개발하면서 실무 위주로 익혀 온 플러터 관련 지식들이 『플러터 엔지니어링』을 통해 하나의 큰 그림으로 정리되었고, 앞으로 플러터 개발을 어떻게 해 나가야 할지에 대한 방향도 잡을 수 있었습니다.

그동안 다른 분야에서 공부한 아키텍처나 상태 관리 같은 개념을 플러터에 접목하는 건 쉽지 않았습니다. 하지만 이 책은 구체적인 예시와 실용적 설명을 곁들여 누구나 이해하기 쉽게 풀어냅니다. 플러터로 간단한 애플리케이션을 만들어 본 경험이 있다면 대부분의 내용을 어렵지 않게 따라갈 수 있을 것입니다. 앞으로 어떻게 플러터 개발을 이어가야 할지 방향을 잡고 싶은 분들께도 큰 도움이 되리라 확신합니다. 플러터의 세계를 여행 중인 여러분도 이 책에서 많은 것을 얻어 가셨으면 좋겠습니다. 번역에 함께해 주시고 도움을 주신 모든 분께 감사드립니다.

이정주, 플러터 인천 운영진, GDG 인천 운영진

플러터를 처음 접했을 때, 하나의 코드베이스로 다양한 플랫폼의 애플리케이션과 웹을 손쉽게 개발할 수 있다는 점에 깊은 인상을 받았고, 그 매력에 이끌려 개발을 시작한 지 어느덧 5년이 되어갑니다. 그 과정에서 『플러터 엔지니어링』이라는 책을 접하며, 플러터가 겉으로는 쉽고 간단해 보이지만 그 이면에는 깊이 있는 고민과 치밀한 설계가 깃들어 있다는 사실을 새삼 깨달았습니다. 이 책을 통해 플러터에 대한 이해를 한층 넓힐 수 있었고, 많은 개발자가 더 나은 프로덕트를 만들어 나가길 바라는 마음으로 번역 작업에 참여하였습니다. 특히 저자의 의도를 어떻게 자연스럽게 한국어로 옮길지 고민하며 팀원들과 많은 논의를 거쳤습니다. 그 결과물인 이 책이 독자 여러분께 도움이 되어 플러터 개발자로 성장하는 길에 든든한 동반자가 되길 바랍니다.

김마로, 플러터 인천 운영진

옮긴이의 말

플러터 버전 1을 사용하던 당시에는 참고할 만한 서적이나 강의가 매우 부족했던 기억이 납니다. 공식 문서만으로는 플러터의 깊이 있는 활용법이나 프로젝트 설계 방식, 실용적인 코드 예제를 찾기 어려웠고, 어떤 키워드로 검색해야 할지 감을 잡기 힘들었습니다.

오랜 실무 경험과 시행착오를 통해 쌓은 노하우와 핵심 기능들이 『플러터 엔지니어링』에 잘 녹아 있으므로 지금 당장 필요하지 않더라도 읽어 두면 반드시 도움이 될 것입니다. 번역 과정에서 단어 하나, 문장 하나까지 수없이 고민하며 독자 입장에서 이해하기 쉽도록 다듬었습니다. 덕분에 저 자신도 플러터를 더 깊이 이해하게 되었고, 이 책이 많은 개발자들에게도 같은 경험을 주길 바랍니다.

임채환, 플러터 서울 운영진

어느 정도 프로그래밍에 익숙해진 주니어 개발자들은 항상 질문이 많습니다. 대개는 '어떻게 만들어야 할까?', '내가 하는 방식이 맞는 방식인가?', '어떤 라이브러리를 써야 하지?'처럼 추상적이거나 정답을 찾는 질문입니다. 훌륭한 엔지니어로 성장하려면 이런 질문을 다룰 때 '정답'보다 '풀이 과정'에 익숙해져야 한다고 말하고 싶습니다. 어떤 해결책을 접하더라도 '왜 이렇게 풀었는가'를 스스로 설명할 수 있어야 새로운 문제 앞에서도 상황에 맞는 최적의 해법을 제시할 수 있기 때문입니다. 그러려면 프로그래밍 전반에 대한 이해와 함께 타깃하는 플랫폼과 프레임워크에 관한 깊은 지식이 필수적입니다.

『플러터 엔지니어링』은 바로 그 능력을 길러 주는 책입니다. 테크닉뿐 아니라 '왜'라는 질문에 대한 설명이 함께 담겨 있어, 단순한 매뉴얼을 넘어서는 가치가 있습니다. 이 책은 플러터를 이제 막 시작한 분들뿐 아니라 더 깊은 고민을 하고 싶은 개발자들에게도 유익할 것입니다. 번역에 참여하게 되어 기쁘며, 이 책이 독자 여러분의 성장을 돕길 바랍니다.

김소연, 플러터 서울 운영진

『플러터 엔지니어링』은 단순한 기술서가 아니라, 플러터 개발을 바라보는 철학과 깊은 고민이 담긴 책입니다. 번역 과정에서 단순히 문장을 옮기는 데 그치지 않고, 독자가 원문의 의도를 그대로 느낄 수 있도록 문맥과 표현을 세심하게 다듬었습니다.

특히 초보자보다는 아키텍처와 엔지니어링에 관심 있는 개발자를 위한 책이기에 기술적 정확성을 지키며 풀어내는 데 많은 노력을 기울였습니다. 저자 특유의 통찰을 번역하면서 저 스스로도 '왜 이런 구조를 선택했을까?'를 되짚게 되었고, 그것이 제 실무 감각을 넓히는 계기가 되었습니다. 이 책이 독자분들에게도 같은 경험을 주길 바랍니다.

박제창, 플러터 GDE, 플러터 서울 운영진

디자인과 개발의 경계를 넘나들며 사용자 경험을 향상하는 방법을 고민하던 중에 플러터를 처음 접했습니다. 특히, 프런트엔드 개발자로서 다양한 UI 프레임워크를 다루다 보니, 플러터의 선언적 UI 방식과 강력한 위젯 시스템이 무척 인상적이었습니다. 하지만 단순히 화면을 구현하는 것을 넘어 견고하고 확장 가능한 애플리케이션을 설계하는 과정은 또 다른 도전이었습니다.

『플러터 엔지니어링』은 그 고민을 해결할 실질적인 방법을 제시합니다. 디자인 패턴, 상태 관리, 네트워크 처리, 성능 최적화 등 실무에서 당장 활용할 수 있는 핵심 개념을 명확히 설명합니다. 번역 과정에서 저 역시 새로운 시각을 얻었고, 이 책이 많은 개발자에게 든든한 지침서가 되리라 믿습니다.

홍유진, 플러터 서울 운영진

처음 원서를 읽었을 때 느꼈던 두 가지 감정은 안도감과 도전 의식이었습니다.

실무에서 겪었던 난관들이 정리되어 있다는 사실에 안도했고, 동시에 내가 놓친 부분이 많음을 깨닫고 도전 의식을 느꼈습니다. 상태 관리, 의존성 주입, 모듈화 같은 익숙한 주제도 새로운 시각으로 다가왔습니다. 특히 이 책은 "정답은 무엇인가요?"라는 질문에 단일한 답을 주기보

옮긴이의 말

다, 왜 그 선택을 했는지를 설명하며 상황에 맞는 기준을 제시합니다. 이는 모든 개발자에게 꼭 필요한 통찰이라고 생각합니다. 『플러터 엔지니어링』 한국어판이 여러분의 설계 고민을 덜어주고, 더 나은 결정을 내리는 데 든든한 참고서가 되기를 바랍니다.

끝으로 함께 번역 작업에 참여한 팀원들, 한빛미디어 그리고 언제나 서로에게 영감을 주는 플러터 서울 커뮤니티에 깊은 감사를 전합니다.

송승현, 플러터 서울 운영진

지은이의 말

이 책의 제작을 지원하고 기여해 주신 모든 분께 진심으로 감사를 표합니다. 무엇보다 먼저, 이 여정 내내 끊임없는 지지와 인내심을 보여준 우리 가족에게 감사합니다. 가족들의 지지와 제 꿈에 대한 믿음은 제가 계속 나아갈 수 있는 원동력이 되어주었습니다.

이렇게 훌륭한 작업을 해주신 플러터 팀의 엔지니어들, 특히 Craig Labenz, Leigha Reid, Eric Windmill, Kevin Moore, Kate Lovett, John Ryan에게 감사드립니다. 이분들의 콘텐츠는 필자에게 큰 영감을 주었습니다.

또한 기술 검토자들의 기여에 감사를 표합니다. 그들의 날카로운 안목과 전문 지식은 이 책의 품질을 크게 향상했습니다. Simon Lightfoot, Anna Leushchenko, Oleksandr Leushchenko, Mangirdas Kazlauskas, Roman Jaquez, Erick Zanardo, Carlo Lucera, Marco Napoli, Alessio Salvadorini, Pooja Bhaumik, Dominik Roszkowski, Tomáš Soukal, Danielle Cox, Manuela Sakura Rommel, Verena Zaiser, Cagatay Ulusoy, Mike Rydstrom, Muhammed Salih Guler, Renan Araujo에게 감사합니다. 여러분 덕분에 내용이 정확해지고 명확해졌습니다.

격려의 이메일을 보내주시고 소중한 피드백을 제공해 주시는 많은 독자 여러분과 기고자에게 특별히 감사드립니다. 특히 많은 도움을 주신 Alfred Schilken에게 특별히 감사의 말씀을 전합니다.

이 책을 만드는 데 큰 역할을 해 주신 Codemagic과 Martin Jeret에게 감사를 표하고 싶습니다. 또한 다양한 측면에서 지원을 아끼지 않은 Invertase, 특히 Elliot Hesp와 Mike Diarmid에게도 감사합니다. 그리고 변함없이 지지해 주신 Talsec의 Sergiy Yakymchuk에게도 감사합니다. 모두에게 정말 감사합니다.

마지막으로, 독자들과 플러터 커뮤니티에 감사합니다. 배우고 성장하려는 여러분의 의지는 필자가 지식과 경험을 공유하도록 끊임없이 끌어 줍니다. 이 책은 여러분을 위한 것이며, 플러터 개발 여정에 유용한 안내서가 되기를 바랍니다.

마지드 하지안

이 책에 대하여

필자는 백엔드와 프런트엔드를 아우르는 풀스택 개발, 소프트웨어 아키텍처, 디벨로퍼 릴레이션developer relations(DevRel)에 이르기까지 다양한 경험을 해왔습니다. 논리와 분석에 자연스럽게 이끌리는 사람으로서 무엇이 훌륭한 소프트웨어 엔지니어를 만드는지, 어떻게 애플리케이션을 기획하고 개발을 효과적으로 관리할지를 자주 고민했습니다. 이 책은 이러한 질문의 해답을 찾는 것을 목표로 합니다. 이 책에서는 애플리케이션 개발에 대한 폭넓은 이해의 기반을 마련하며, 아키텍처 통찰력과 고급 플러터 관련 콘텐츠를 제공합니다. 아키텍처 통찰력과 고급 플러터 콘텐츠를 통해 플러터에서의 엔지니어링 개념을 살펴볼 수 있습니다.

지난 일 년간, 필자는 플러터를 단순한 프로그래밍 기술이 아닌 엔지니어링 관점에서 접근했습니다. 플러터 엔지니어로서 애플리케이션을 구축하는 데는 코딩 기술 이상의 것이 필요합니다. '플러터 엔지니어링' 프로젝트(flutterengineering.io)와 이 책은 이런 지식을 공유할 목적으로 만들어졌습니다. '플러터 엔지니어링'의 세계에 오신 것을 환영합니다.

대상 독자

이 책은 플러터를 기본적으로 이해하고 다트 프로그래밍과 플러터를 어느 정도 사용해 본 독자를 대상으로 합니다. 전문가일 필요는 없지만, 이런 전제를 바탕으로 개념을 설명하므로 플러터 경험이 전혀 없는 독자에게는 적합하지 않을 수 있습니다. 이 책은 초급부터 숙련된 플러터 개발자까지, 소프트웨어 공학 역량을 높이고 싶은 분들께 도움이 될 것입니다.

책의 구성

이 책은 플러터를 기반으로 다양한 소프트웨어 공학 주제를 다루며, 각각 특정 관심 분야와 전문 지식 영역을 다루는 다섯 개의 부로 구성했습니다.

- **1부 플러터 엔지니어링 기초**: 플러터와 특별히 관련된 소프트웨어 공학 개념을 소개합니다. 플러터의 기본 원칙과 작동 방식을 설명하고, 이를 플러터 프레임워크에 어떻게 적용하는지 보여줍니다. 또한 해당 주제에 관한 기초적인 이해를 넓히는 데 도움이 되는 디자인 패턴도 다룹니다.

- **2부 아키텍처**: 아키텍처를 중점으로 두며, 기본 원칙에서 시작해 아키텍처 디자인의 다양한 스타일과 패턴을 소개합니다. 동시성concurrency, 병렬성parallelism, 의존성 주입dependency injection, 상태 관리state management와 같은 중요한 개념을 다룹니다. 또한 오프라인 애플리케이션 개발과 관련된 아키텍처 요소를 탐구하며 소프트웨어 아키텍처의 전략적 사고와 의사결정 과정을 안내합니다.
- **3부 프로세스**: 성공적인 애플리케이션 구축에 필요한 중요한 소프트웨어 개발 프로세스를 다룹니다. 규칙과 가이드라인, 지속적인 전달 및 통합continuous delivery and integration, 테스트 방법론, 효과적인 문서화 관행을 포괄적으로 다룹니다. 또한 애플리케이션 개발을 간소화하고 효율적으로 수행하는 데 필요한 지식을 제공합니다.
- **4부 윤리적 엔지니어링**: 소프트웨어 개발, 특히 플러터와 관련된 보안 및 개인 정보 보호의 핵심을 다룹니다. OWASP 상위 10가지 보안 취약점, 개인 정보 보호 표준, 접근성 고려 사항에 관해 논의합니다. 4부에서는 사용자 개인 정보 보호를 중시하는 포용적이고 안전한 애플리케이션 제작을 강조합니다.
- **5부 고급 UI 개발**: 적응형과 반응형 디자인 전략을 포함한 고급 사용자 인터페이스user interface(UI) 개념을 탐구합니다. 또한 커스텀 페인팅custom painting, 셰이더shader, 국제화internationalization, 현지화localization, 테마 설정과 같은 정교한 주제를 다룹니다. 5부에서는 시각적으로 매력적이고 사용자 친화적인 인터페이스를 만드는 기술을 소개합니다.

초보자든 숙련된 개발자든, 누구에게나 배울 점이 있도록 이 책을 구성했습니다. 광범위한 주제를 다루므로 모든 세부 사항과 에지 케이스를 이 한 권에 담을 수는 없지만, 최소한의 설명에 적합한 예시를 준비했습니다. 자세히 다루지 못한 주제와 에지 케이스는 저자가 운영하는 **flutterengineering.io**에서 다룰 예정입니다.

이 책을 활용하는 방법

각 장을 독립적으로 읽을 수 있도록 구성했으므로 책의 어느 부분에서든 자유롭게 시작할 수 있습니다. 하지만 하나의 부part 전체를 처음부터 끝까지 읽기를 권장합니다. 특정 기본 개념은 후속 장으로 진행하기 전에 이해해야 하기 때문입니다. 각 장의 도입부에서 해당 장을 읽기 전에 다른 장을 읽어야 하는지 명시했으므로 이를 참고하면 더 효과적으로 학습할 수 있을 것입니다.

이 책에는 다음과 같은 표기 규칙을 사용했습니다. 이를 미리 알아두면 내용을 더 효과적으로

이 책에 대하여

이해하고 탐색할 수 있을 것입니다.

1. **굵은 글씨**: 핵심 개념, 제목, 중요 키워드는 **굵은 글씨**로 강조했습니다. 이는 필수 정보를 빠르게 찾고 쉽게 참조할 수 있게 합니다.

2. **인라인 코드**: 단락 내에서 일반 텍스트와 코드 조각의 차이를 강조하고자 가능하면 인라인 코드를 사용했습니다.

3. **코드 블록**: 플러터/다트 프로그래밍 언어의 활용 예시를 제공합니다. 해당 블록은 적절한 프로그래밍 구문과 스타일을 반영하도록 구성했습니다.

4. **의사 코드 예제**: 대부분의 코드 예제는 의사 코드로 제공된다는 점에 유의하세요. 실제 프로젝트에 적용할 때와 다소 차이가 있을 수 있으며, 추가로 코딩하거나 임포트해야 할 수 있습니다. 이 접근 방식은 코드의 핵심 부분에 집중해 방해 요소를 최소화하고 이해를 돕습니다.

5. **코드 설명 및 주석**: 많은 코드 블록 뒤에는 코드를 명확히 하고 로직과 기능을 안내하는 단계별 설명이 제공됩니다. 코드 블록에도 주석이 있지만, 주석이 길어지면 코드 가독성을 해칠 수 있으므로 되도록 간결하게 작성했습니다.

6. **전체 예제 코드**: 다음 링크에 이 책의 예제 코드가 정리되어 있습니다.
   — 원서: *https://github.com/mhadaily/flutterengineering_examples/tree/main/playground/lib*
   — 번역서: *https://github.com/curogom/flutter-engineering-playground*
   — 홈페이지: *flutterengineering.io*

연락처

필자에게 연락하고 싶다면 *majid@flutterengineering.io*로 이메일을 보내거나 다음 소셜 미디어를 통해 직접 소통할 수 있습니다.

- 링크드인: *linkedin.com/in/mhadaily*
- X(구 트위터): *x.com/mhadaily*
- 유튜브: *youtube.com/mhadaily*
- 깃허브: *github.com/mhadaily*

● CONTENTS

지은이·옮긴이 소개 · 4
베타리더의 한마디 · 5
옮긴이의 말 · 9
지은이의 말 · 17
이 책에 대하여 · 18

PART 1 플러터 엔지니어링 기초

CHAPTER 1 플러터 엔지니어링 핵심 개념

1.1 플러터의 소프트웨어 엔지니어링 · 39
1.2 핵심 원칙 파헤치기 · 41
    1.2.1 개발 패러다임 · 41
    1.2.2 제약 및 조합 프로그래밍 · 42
    1.2.3 명령형 및 선언형 프로그래밍 · 43
    1.2.4 함수형 및 객체 지향 프로그래밍 · 45
    1.2.5 추상화와 캡슐화 · 47
    1.2.6 이벤트 기반 프로그래밍 · 47
    1.2.7 반응형 프로그래밍 · 48
    1.2.8 제네릭 프로그래밍 · 49
    1.2.9 동시성 프로그래밍 · 49
    1.2.10 응집도와 결합도 · 49
    1.2.11 관심사 분리와 모듈화 · 51
    1.2.12 디자인 패턴과 전략 · 52
    1.2.13 효율성, 확장성, 트레이드오프 · 52
    1.2.14 검증, 확인, 시프트 레프트 · 53
    1.2.15 개발에서의 정보 기반 의사결정 · 56

CONTENTS

1.3 플러터 개발 생명주기 · **57**
1.4 플러터 엔지니어링 대 프로그래밍 · **59**
1.5 기술 진화 속 플러터의 위치 · **60**
    1.5.1 멀티 플랫폼 접근 방식 · **60**
    1.5.2 넓은 기술 생태계에서 플러터의 역할 · **60**
1.6 결론 · **61**

CHAPTER 2 플러터 아키텍처 및 엔지니어링 개요

2.1 플러터의 내부 구조의 중요성 · **63**
2.2 플러터의 반응형 및 선언형 특징 · **65**
    2.2.1 플러터에서 반응형 프로그래밍의 본질 · **65**
    2.2.2 플러터의 선언적 UI 접근 · **67**
    2.2.3 플러터에서 반응형과 선언형 패러다임 연결하기 · **68**
2.3 플러터의 모토 · **70**
    2.3.1 위젯 트리 · **70**
    2.3.2 엘리먼트 트리 · **72**
    2.3.3 렌더오브젝트 트리 · **74**
    2.3.4 위젯 해부하기 · **75**
    2.3.5 커스텀 렌더오브젝트로 위젯 빌드하기 · **79**
    2.3.6 엘리먼트와 렌더오브젝트가 별도 트리로 구성된 이유 · **86**
    2.3.7 최적화 · **87**
2.4 주요 구성 요소와 프레임워크 · **88**
    2.4.1 플러터에서 네이티브의 정의 · **88**
    2.4.2 플러터의 계층형 설계 · **89**
    2.4.3 플러터 애플리케이션의 구성 · **93**
    2.4.4 플러터의 독창적인 접근 방식 · **94**
2.5 그래픽, 렌더링, 시각화 · **94**

2.6	위젯과 애플리케이션의 생명주기 탐색하기	98
	2.6.1 렌더오브젝트의 생명주기	112
	2.6.2 플러터의 애플리케이션 생명주기	118
2.7	플러터 UI에서 제약 조건 관리하기	122
	2.7.1 플러터 레이아웃의 핵심 원칙	123
	2.7.2 플러터 레이아웃의 실제 예제	123
	2.7.3 플러터에서의 엄격한 제약과 느슨한 제약	128
2.8	플러터에서 키의 중요성과 사용법	129
2.9	결론	133

CHAPTER 3 플러터와 네이티브 플랫폼 통합

3.1	플랫폼 채널	135
	3.1.1 플러터에서의 Pigeon 소개	139
3.2	다트 FFI	140
3.3	FFIgen	144
3.4	JNIgen	149
3.5	결론	149

CHAPTER 4 플러터에 엔지니어링 원칙 적용하기

4.1	객체 지향 프로그래밍 분석	152
	4.1.1 객체, 클래스, 상속	153
	4.1.2 위젯의 다형성	157
	4.1.3 다트에서의 캡슐화	159
	4.1.4 다트에서의 추상화	162
	4.1.5 플러터에서의 믹스인	168

CONTENTS

- 4.2 클래식 소프트웨어 원칙 적용하기 · 172
  - 4.2.1 KISS 원칙 · 172
  - 4.2.2 플러터에서의 SOLID 원칙 · 173
  - 4.2.3 DRY 수용 · 176
  - 4.2.4 YAGNI 원칙 · 176
  - 4.2.5 '묻지 말고 시켜라' 원칙 · 177
- 4.3 결론 · 182

CHAPTER 5 플러터 디자인 패턴

- 5.1 디자인 패턴의 역할 · 186
- 5.2 생성적 패턴 · 186
  - 5.2.1 싱글톤 패턴 · 186
  - 5.2.2 팩토리 메서드 패턴 · 189
- 5.3 구조적 패턴 · 192
  - 5.3.1 어댑터 패턴 · 192
  - 5.3.2 데코레이터 패턴 · 197
  - 5.3.3 컴포지트 패턴 · 201
  - 5.3.4 프록시 패턴 · 205
  - 5.3.5 퍼사드 패턴 · 210
- 5.4 행동 패턴 역할에 대한 이해 · 213
  - 5.4.1 커맨드 패턴 · 214
  - 5.4.2 옵서버 패턴 · 219
  - 5.4.3 전략 패턴 · 224
  - 5.4.4 템플릿 메서드 패턴 · 229
- 5.5 결론 · 232

PART 2 아키텍처

CHAPTER 6 아키텍처 입문

- 6.1 설계적 결정의 핵심 역할 ·· 238
- 6.2 소프트웨어 설계적 선택에 영향을 주는 변수 ························ 240
- 6.3 아키텍처 생태계 파악하기 ·· 242
  - 6.3.1 적합한 아키텍처 찾기 ·· 242
- 6.4 설계적 사고 기르기 ··· 243
- 6.5 반복 설계 ·· 245
  - 6.5.1 피드백과 실수를 통한 발전 ·· 246
- 6.6 단순성과 복잡성 사이에서 균형 잡기 ··································· 246
- 6.7 결론 ·· 248

CHAPTER 7 아키텍처 스타일 소개

- 7.1 아키텍처 스타일의 이해 ·· 250
- 7.2 계층형 스타일 ··· 251
- 7.3 이벤트 기반 아키텍처 ··· 253
- 7.4 마이크로커널(플러그인) 아키텍처 ·· 259
- 7.5 기타 아키텍처 방식과 패러다임 ··· 270
- 7.6 결론 ·· 271

CHAPTER 8 UI 아키텍처 패턴

- 8.1 UI 아키텍처의 배경 ··· 274
- 8.2 주목할 만한 플러터 아키텍처들 ··· 274

CONTENTS

	8.2.1	3계층	275
	8.2.2	BLoC	288
	8.2.3	MVVM	293
8.3	플러터 표준 외의 아키텍처들	300
	8.3.1	MVP, MVI, MVB, MVU/TEA	300
	8.3.2	VIPER	302
	8.3.3	RIBs	303
8.4	클린 아키텍처	305
	8.4.1	도메인 중심 아키텍처	305
	8.4.2	클린 아키텍처 계층	306
	8.4.3	플러터와 클린 아키텍처	307
8.5	기회비용 고려하기	315
8.6	플러터 아키텍처 커스터마이징	315
8.7	결론	315

CHAPTER 9 동시성과 병렬성

9.1	동시성과 병렬성 이해하기	317
9.2	효율적인 작업 처리의 중요성	319
9.3	플러터의 단일 UI 스레드 원칙	319
9.4	비동기 프로그래밍 삼총사	321
9.5	비동기 데이터 흐름 관리하기	323
9.6	isolate로 범위 확장하기	325
	9.6.1 웹에서의 isolate	337
9.7	결론	338

CHAPTER 10 플러터의 오프라인 기능

10.1 오프라인 대응의 장점과 도전 과제 ········ 339
10.2 오프라인 우선 아키텍처 ············· 340
10.3 연결 상태 변경 모니터링 및 처리 ········ 345
10.4 백그라운드 동기화 중 데이터 무결성 보장 ··· 346
10.5 캐싱 패턴 ··················· 347
10.6 결론 ····················· 348

CHAPTER 11 상태 관리

11.1 애플리케이션 상태 이해하기 ··········· 349
11.2 로컬 상태와 전역 상태: 효과적인 범위 지정 방법 ·· 350
11.3 플러터의 내장 상태 관리 접근 방식 ······· 351
11.4 최선의 솔루션 선택하기 ············ 353
11.5 플러터의 유연성: 교체 및 반복 ········· 355
11.6 결론 ····················· 356

CHAPTER 12 플러터의 의존성 주입

12.1 의존성 주입의 원칙 ·············· 357
12.2 분리된 코드의 이점 ·············· 359
12.3 플러터에서 의존성 주입 구현하기 ······· 362
    12.3.1 생성자 주입 ················ 363
    12.3.2 InheritedWidget ·············· 364
12.4 플러터의 의존성 주입 패키지 살펴보기 ····· 367
    12.4.1 Riverpod ················· 368
12.5 결론 ····················· 370

CONTENTS

PART 3 프로세스

CHAPTER 13 규칙 및 스타일 가이드라인

- 13.1 규칙의 근거 ·· 376
- 13.2 의미 있는 가이드라인 정의하기 ·· 376
    - 13.2.1 다트의 가이드라인 종류 ·· 377
- 13.3 규칙 준수 보장하기 ·· 379
- 13.4 자동화로 일관성 확보하기 ·· 381
- 13.5 린터와 dartfmt ·· 387
    - 13.5.1 analyze_options.yaml으로 정적 분석기 설정 사용자 정의하기 ······ 389
- 13.6 결론 ·· 391

CHAPTER 14 개발 협업

- 14.1 버전 관리 필수 사항 ·· 394
    - 14.1.1 트렁크 기반과 기능 기반 접근 방식 ···································· 395
    - 14.1.2 트렁크 기반 깃 브랜치 만들기 ·· 396
    - 14.1.3 깃플로 기반 깃 브랜치 만들기 ·· 398
- 14.2 플러터 개발에 CI/CD 도입하기 ·· 399
- 14.3 효과적인 코드 리뷰 ·· 401
- 14.4 결론 ·· 404

CHAPTER 15 문서화의 미학

- 15.1 소프트웨어 개발 문서화의 스펙트럼 ·· 408
    - 15.1.1 대상 독자 파악하기 ·· 408

	15.1.2 문서 종류	**409**
15.2	플러터의 문서화 철학	**411**
	15.2.1 5W 접근	**414**
	15.2.2 다트 문서 생성 도구 DartDoc	**415**
15.3	살아있는 문서	**416**
15.4	오래된 문서의 위험성	**418**
15.5	결론	**418**

CHAPTER 16 플러터의 테스트

16.1	테스트의 중요성	**422**
16.2	플러터 테스트 단계 이해하기	**423**
16.3	단위 테스트와 위젯 테스트 핵심 원칙	**425**
	16.3.1 준비-실행-검증	**425**
	16.3.2 명확하고 신뢰할 수 있는 테스트 작성	**426**
	16.3.3 테스트에서는 DRY보다 DAMP 원칙 고려하기	**427**
	16.3.4 테스트 코드에 로직 최소화하기	**430**
	16.3.5 플러터 테스트의 공유 설정과 값	**432**
	16.3.6 동작과 상태 테스트	**433**
	16.3.7 Finder API를 활용한 위젯 탐색	**434**
	16.3.8 커스텀 페인팅 테스트	**436**
16.4	테스트 더블	**437**
16.5	플러터에서의 테스트 더블	**439**
	16.5.1 스텁을 이용한 테스트 준비	**439**
	16.5.2 목 객체를 이용한 테스트 준비	**442**
	16.5.3 페이크 객체를 이용한 테스트 준비	**444**
	16.5.4 스파이를 이용한 테스트 준비	**446**
	16.5.5 더미 객체를 이용한 테스트 준비	**447**

CONTENTS

16.6 통합 테스트와 골든 테스트의 세계 ·· **449**

    16.6.1   플러터의 통합 테스트 ·· **449**

    16.6.2   플러터의 골든 테스트 ·· **451**

16.7 결론 ··· **453**

CHAPTER 17 환경과 플레이버

17.1 다중 환경과 플레이버의 필요성 ·· **456**

    17.1.1   단일 플레이버 ·· **456**

    17.1.2   다중 플레이버 ·· **456**

    17.1.3   엔트리 포인트로 환경 설정하기 ································ **458**

    17.1.4   dart-define 활용 ·· **461**

17.2 원활한 CI/CD 통합 ·· **464**

17.3 결론 ··· **466**

PART 4 윤리적 엔지니어링

CHAPTER 18 플러터의 보안 우선순위

18.1 보안의 기본 원칙 ··· **470**

18.2 CIA 삼각형: 기밀성, 무결성, 가용성 ·· **471**

18.3 OWASP Top 10 대응 ··· **472**

    18.3.1   M1: 자격 증명의 부적절한 사용 ································ **473**

    18.3.2   M2: 불충분한 공급망 보안 ···································· **474**

    18.3.3   M3: 안전하지 않은 인증 및 권한 부여 ·························· **475**

    18.3.4   M4: 불충분한 입출력 유효성 검사 ······························ **476**

    18.3.5   M5: 안전하지 않은 통신 ······································ **477**

18.3.6 M6: 미흡한 개인 정보 제어 …… **478**

18.3.7 M7: 불충분한 바이너리 보호 …… **480**

18.3.8 M8: 보안 설정 오류 …… **481**

18.3.9 M9: 안전하지 않은 데이터 저장소 …… **482**

18.3.10 M10: 불충분한 암호화 …… **482**

18.4 정적 분석 및 동적 분석 …… **484**

18.5 플러터 보안 모범 사례 …… **484**

18.5 결론 …… **486**

CHAPTER 19 플러터의 암호화

19.1 암호화 방식의 차이 …… **487**

19.1.1 대칭 암호화와 비대칭 암호화 …… **488**

19.1.2 암호화 알고리즘 선택 …… **493**

19.1.3 메시지 인증 코드 …… **494**

19.1.4 전문가 상담 …… **494**

19.2 해싱의 기본 …… **494**

19.2.1 해싱의 특징 …… **494**

19.2.2 해싱의 일반적인 용도 …… **495**

19.2.3 해싱 알고리즘 …… **495**

19.2.4 다이제스트 …… **496**

19.2.5 해시 기반 메시지 인증 코드 …… **496**

19.2.6 키 유도 함수 …… **496**

19.2.7 플러터나 다트에서 해싱 알고리즘 구현하기 …… **497**

19.3 디지털 서명을 통한 데이터 무결성 보장 …… **498**

19.3.1 디지털 서명의 작동 방식 …… **498**

19.3.2 취약한 암호화 알고리즘 …… **499**

19.4 결론 …… **499**

CONTENTS

CHAPTER 20 사용자 개인 정보 보호

20.1 주요 개인 정보 용어 이해하기 · · · · · · · 501
20.2 개인 정보 보호 설계 철학 수용하기 · · · · · · · 502
20.3 사용자 개인 정보 보호 모범 사례 · · · · · · · 503
20.4 국제 데이터 보호 규정 · · · · · · · 504
20.5 결론 · · · · · · · 506

CHAPTER 21 모두를 위한 접근성 보장하기

21.1 다양한 장애 인지하기 · · · · · · · 508
    21.1.1 접근성 가이드라인 · · · · · · · 509
21.2 포용적 애플리케이션 디자인의 명백한 이점 · · · · · · · 509
21.3 접근성의 네 가지 요소 · · · · · · · 510
21.4 접근성을 높이는 도구와 위젯 · · · · · · · 512
    21.4.1 플러터에서의 접근성 · · · · · · · 513
21.5 플러터 접근성 진단 · · · · · · · 519
    21.5.1 플러터의 글꼴과 텍스트 접근성 · · · · · · · 520
    21.5.2 플러터 접근성의 색상 및 대비 · · · · · · · 522
    21.5.3 플러터의 스크린 리더 접근성 · · · · · · · 523
    21.5.4 플러터의 제스처 접근성 · · · · · · · 525
    21.5.5 플러터 애니메이션 접근성 · · · · · · · 526
    21.5.6 플러터 접근성 테스트 · · · · · · · 528
    21.5.7 접근성 도구 · · · · · · · 533
21.6 결론 · · · · · · · 535

PART 5 고급 UI 개발

CHAPTER 22 적응형 UI 구축

22.1 플랫폼별 UI 고려 사항 ······ 540
    22.1.1 화면 크기와 해상도 ······ 540
    22.1.2 입력 방식 ······ 541
    22.1.3 시각적 디자인과 밀도 ······ 545
    22.1.4 내비게이션 패턴 ······ 547
    22.1.5 플랫폼 관행 및 컴포넌트 ······ 547

22.2 고유한 플랫폼 기능 활용하기 ······ 547
    22.2.1 고유 기능 ······ 548

22.3 결론 ······ 552

CHAPTER 23 반응형 UI 기법

23.1 반응형 디자인의 원칙 ······ 554

23.2 플러터에서의 반응성 접근 방식 ······ 555
    23.2.1 MediaQuery 크기에 따른 반응성 ······ 555
    23.2.2 LayoutBuilder 사용 ······ 556
    23.2.3 플러터에서의 반응형 고려 사항 ······ 557
    23.2.4 고급 위젯 활용 ······ 560
    23.2.5 플러터 반응성 팁 ······ 567

23.3 화면 방향에 따른 UI 조정 ······ 567
    23.3.1 플러터에서 방향 활용하기 ······ 568
    23.3.2 LayoutBuilder와 OrientationBuilder 사용 ······ 569
    23.3.3 기기 방향 고정 ······ 570

23.4 결론 ······ 571

CONTENTS

CHAPTER 24 i18n과 l10n

- 24.1 i18n와 l10n의 주요 차이점 ········ **574**
- 24.2 플러터에서 국제화 구현하기 ········ **575**
  - 24.2.1 애플리케이션 리소스 번들(ARB) ········ **578**
  - 24.2.2 고급 팁과 유용한 기법들 ········ **584**
- 24.3 RTL 언어 환경을 위한 UI 설계 ········ **590**
- 24.4 결론 ········ **592**

CHAPTER 25 플러터에서 테마 활용하기

- 25.1 플러터 테마 ········ **596**
  - 25.1.1 머티리얼 2와 머티리얼 3 비교 ········ **599**
- 25.2 커스텀 테마 기법 ········ **600**
  - 25.2.1 ThemeData 사용자화 ········ **600**
  - 25.2.2 ThemeData.from() 사용하기 ········ **602**
  - 25.2.3 색상 스킴 활용하기 ········ **603**
  - 25.2.4 ThemeData.copyWith() 사용하기 ········ **605**
  - 25.2.5 MaterialStateProperty 살펴보기 ········ **607**
  - 25.2.6 테마 익스텐션 ········ **608**
  - 25.2.7 플러터에서 시각적 밀도 ········ **612**
- 25.3 다크 테마와 라이트 테마 관리하기 ········ **615**
- 25.4 머티리얼 애플리케이션 테마 만들기 단계 ········ **617**
  - 25.4.1 애플리케이션 메인 색상 ········ **618**
  - 25.4.2 토큰 색상값에서 색상 스킴 생성 ········ **619**
- 25.5 테마 만들기 도구 ········ **622**
- 25.6 결론 ········ **623**

CHAPTER 26 커스텀 페인터와 셰이더

26.1 커스텀 페인터의 기술 ·· **625**
    26.1.1 CustomPaint 위젯 ·· **626**
    26.1.2 드로잉 애플리케이션 ·· **627**
    26.1.3 최적화 ·· **632**
    26.1.4 모범 사례 ·· **635**
26.2 셰이더 탐구 ·· **644**
    26.2.1 셰이더 언어 이해 ·· **645**
26.3 플러터에서 셰이더 사용하기 ·· **649**
    26.3.1 플러터에 프래그먼트 셰이더 추가하기 ·· **650**
    26.3.2 셰이더토이에서 변환하기 ·· **657**
    26.3.3 플러터에서 유니폼 설정하기 ·· **660**
26.4 결론 ·· **661**

맺음말 ·· **662**
찾아보기 ·· **663**

플러터 엔지니어링 기초

PART 1

- **1장** 플러터 엔지니어링 핵심 개념
- **2장** 플러터 아키텍처 및 엔지니어링 개요
- **3장** 플러터와 네이티브 플랫폼 통합
- **4장** 플러터에 엔지니어링 원칙 적용하기
- **5장** 플러터 디자인 패턴

CHAPTER 1

플러터 엔지니어링 핵심 개념

검토자: *Anna Leushchenko, Oleksandr Leushchenko*

플러터 엔지니어링의 세계에 오신 걸 환영합니다! 이 장에서는 플러터를 활용한 소프트웨어 개발의 기본 원리와 개념을 알아보겠습니다. 플러터 엔지니어링만의 독특한 특징과 접근 방식을 살펴보고 기존의 프로그래밍과의 차이를 이해해 봅시다. 이 장을 읽고 나면 영향력 있고 지속 가능한 애플리케이션을 만드는 데 필요한 기본 지식을 갖추게 될 것입니다.

1.1 플러터의 소프트웨어 엔지니어링

소프트웨어 엔지니어로 일하다 플러터를 접하면서 소프트웨어 개발 과정을 바라보는 방식에 큰 변화가 생겼습니다. 단순한 기술의 습득을 넘어 설계, 개발, 테스트, 유지보수까지 소프트웨어 개발 생명주기를 아우르는 전반적인 시각이 넓어졌습니다.

다양한 개발 경험 덕분에 플러터를 단순 도구가 아니라 소프트웨어 개발의 혁신과 창의성을 자극하는 계기로 받아들일 수 있었습니다. 이는 더 높은 차원의 관점을 얻는 데 도움이 되었습니다. 플러터 엔지니어링은 직관적인 사용자 경험, 효율적인 개발 기간, 코드의 확장성 등 좋은 소프트웨어 개발에 필요한 요소를 폭넓게 다룹니다.

플러터의 멀티 플랫폼 아키텍처는 개발자가 각 플랫폼 특성에 얽매이지 않고 뛰어난 사용자 경험을 구현하는 데 집중하게 합니다. 네이티브 개발이 플랫폼 가이드라인 준수에 중점을 둔다면, 플러터는 브랜딩과 사용자 경험을 우선시합니다. 이런 접근 방식은 개발자가 플랫폼별 제약보다 보편적 사용성을 중요하게 여기도록 하여 더 사용자를 중심으로 생각하게 합니다.

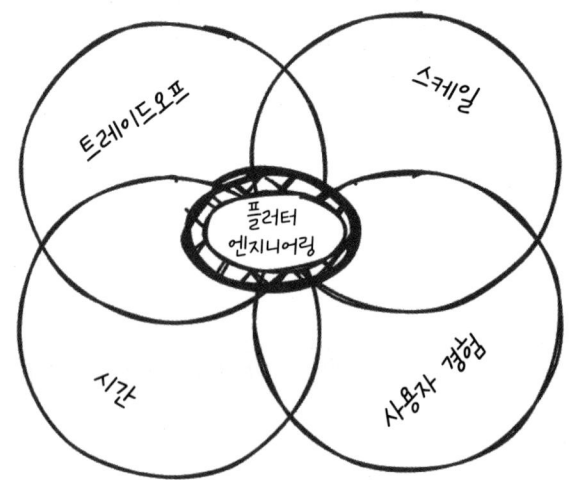

그림 1-1 플러터 엔지니어링의 중요 요소

사용자 경험(UX)은 플러터 엔지니어링에서 모든 프로젝트를 분석하는 데 중요한 기준입니다. '사용자가 이 기능을 어떻게 생각할까? 사용자 경험을 개선할까? 아니면 혼란을 줄까?'라는 질문을 자주 합니다. 예를 들어 플러터 기반 교육 애플리케이션을 개발할 때 이런 질문을 하면 사용하기 쉬운 직관적인 디자인과 기능이 조화를 이루어 훌륭한 사용자 경험을 만들어내는 데 도움이 됩니다.

시간은 소프트웨어 개발에서 매우 중요한 자원입니다. 프로젝트 기한을 맞추고 조직이나 고객에게 가치를 전달하려면 시간을 효율적으로 관리해야 합니다. 플러터 개발 영역에서 시간은 단순한 개발 기간 그 이상의 요소이며, 여러 상황에 따라 계속 변하는 복잡한 문제입니다. '내 플러터 코드의 예상 수명은 얼마일까? 이 애플리케이션은 얼마나 오래 갈까? 몇 년? 몇십 년? 언제까지 제공해야 할까?'와 같은 질문은 단순한 일정 관리를 넘어 애플리케이션의 미래를 대비하게 합니다.

예를 들어 플러터 기반 스마트 홈 애플리케이션을 개발할 때는 향후 IoT 트렌드와 기술 발전도 고려해야 합니다. 시간이 지나도 서비스의 주 기능이 유용해야 하며 트렌드에서 벗어나지 않도록 사용자 행동과 기술 변화에 대응할 수 있어야 합니다. 또한 플러터와 다른 서드파티$^{\text{third party}}$ 의존성을 업그레이드하는 메커니즘도 염두에 둬야 합니다.

스케일은 개발자에게 복잡하고 다양한 문제를 고민하게 합니다. '프로젝트에 몇 명이 참여하고, 각각 어떤 역할을 해야 할까? 나중에 얼마나 많은 사용자가 이 애플리케이션을 사용할까?'와 같은 질문은 종합 물류 애플리케이션 같은 대규모 프로젝트에서 특히 중요합니다. 견고한 코드 베이스 관리와 다양한 전문성을 갖춘 팀 조율로 여러 플랫폼과 기기에서 일관되고 효율적인 개발을 보장할 수 있습니다.

트레이드오프는 프로젝트의 기능, 성능 등 중요한 부분을 결정짓는 의사결정을 포함합니다. '사용자 경험을 개선하지만 일부 기기의 애플리케이션 성능에 영향을 줄 수 있는 자원 집약적 기능을 구현해야 할까?' 같은 결정에 자주 직면합니다. 게임 애플리케이션에서 고해상도 그래픽과 부드러운 성능 사이의 선택, 화려한 애니메이션 구현과 빠른 로딩 속도 사이의 결정 등이 그 예입니다. 이러한 결정은 단순히 기술적인 것이 아니라 프로젝트의 전반적인 목표와 사용자 기대치와도 연결됩니다.

필자 경험상 플러터를 활용한 소프트웨어 엔지니어링은 최종 사용자의 공감을 얻을 수 있는 적응력 있고 확장 가능한 해결책을 만드는 세밀한 과정입니다. 이는 기술, 전략적 계획, 창의적 문제 해결이 어우러진 것으로, 빠르게 변화하는 디지털 세계에서 유용하고 매력적이며 지속 가능한 애플리케이션을 만드는 데 중점을 둡니다.

1.2 핵심 원칙 파헤치기

핵심 소프트웨어 엔지니어링 원칙의 관점에서 플러터 애플리케이션 개발을 살펴보며 이러한 개념을 완전히 이해해 보겠습니다.

1.2.1 개발 패러다임

소프트웨어 개발에서는 다양한 이념과 방법론이 시스템 구축을 안내합니다. 이러한 원칙, 즉 개발 패러다임은 개발자가 소프트웨어에 접근하고 형성하는 방식의 기틀이 됩니다.

프로그래밍 언어는 종종 특정 패러다임과 연관되며, 언어의 선택은 개발자가 문제를 생각하고 해결하는 방식에 영향을 줄 수 있습니다. 다트^{Dart}와 같은 일부 언어는 여러 패러다임을 지원합니다.

컴퓨터 역사 전반에 걸쳐 등장한 잘 알려진 패러다임들은 소프트웨어 개발에 각기 큰 영향을 미쳤습니다. 여기에는 절차적 프로그래밍$^{procedural\ programming}$, 객체 지향 프로그래밍$^{object\ oriented\ programming}$(OOP), 함수형 프로그래밍$^{functional\ programming}$, 애자일 개발$^{agile\ development}$, 이벤트 기반 프로그래밍$^{event\ driven\ programming}$, 명령형 및 선언형 프로그래밍$^{imperative\ and\ declarative\ programming}$ 등이 포함됩니다.

그러나 이러한 패러다임은 보통 단독으로 존재하지 않습니다. 플러터는 **다중 패러다임** 프로그래밍 환경을 수용해 다양한 프로그래밍 기술을 각각 가장 효과적인 영역에 활용합니다. 이런 다면적인 접근 방식의 몇 가지 핵심 요소를 살펴보겠습니다.

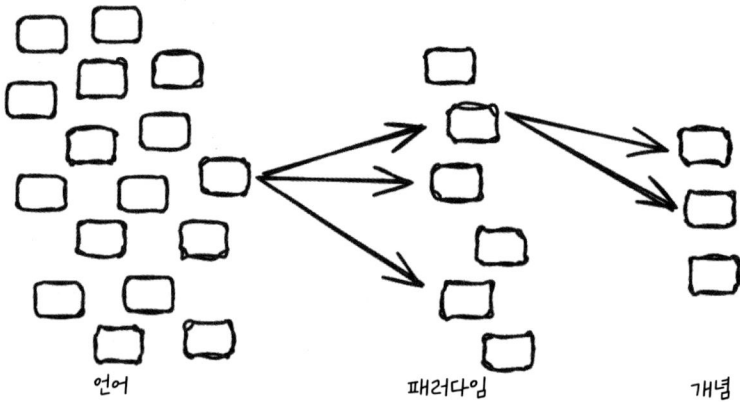

그림 1-2 개발 패러다임과 개념

1.2.2 제약 및 조합 프로그래밍

플러터 설계 핵심은 컴포지션^{composition} 방식에 있습니다. 이 접근 방식은 더 간단한 위젯을 결합해 복잡한 위젯을 만듭니다. 예를 들어 TextButton 위젯은 Material, Inkwell[1], Padding[2]

---

1 https://api.flutter.dev/flutter/material/InkWell-class.html

2 https://api.flutter.dev/flutter/widgets/Padding-class.html

등의 위젯을 조합하여 만들어졌습니다.

애플리케이션을 거대한 레고 작품이라고 상상해 봅시다. 각 **위젯**은 텍스트, 버튼, 이미지 등 특화된 작은 조각이며 서로 맞물려 복잡한 화면을 구축합니다. 이러한 적극적인 조합 방식은 유연하고 독창적인 UI를 제공하게 해 줍니다. 자세한 내용은 2장에서 다루겠습니다.

플러터에서는 레이아웃 시스템이 UI 엘리먼트의 공간을 설정하는 데 일종의 제약 프로그래밍을 사용합니다. 크기와 관련된 제약 조건(예: 최소 및 최대 높이)은 부모 위젯에서 자식 위젯으로 전파됩니다. 자식 위젯은 이러한 제약 조건을 충족하도록 크기를 조정해 플러터가 단방향으로 전체 UI를 효율적으로 배치하게 합니다. 이런 접근 방식은 다양한 기기에서 반응성responsive과 일관된 레이아웃을 보장합니다.

1.2.3 명령형 및 선언형 프로그래밍

플러터에서는 직접적이고 단계별로 운영을 제어해야 할 때 명령형 프로그래밍을 적용합니다. 모바일 애플리케이션 비즈니스 로직은 단계, 조건, 루프의 과정을 포함할 때가 많습니다. 명령형 프로그래밍은 개발자가 이러한 시퀀스를 자연스럽게 표현하도록 돕기 때문에 로직을 작성하고 유지보수하기가 쉬워집니다.

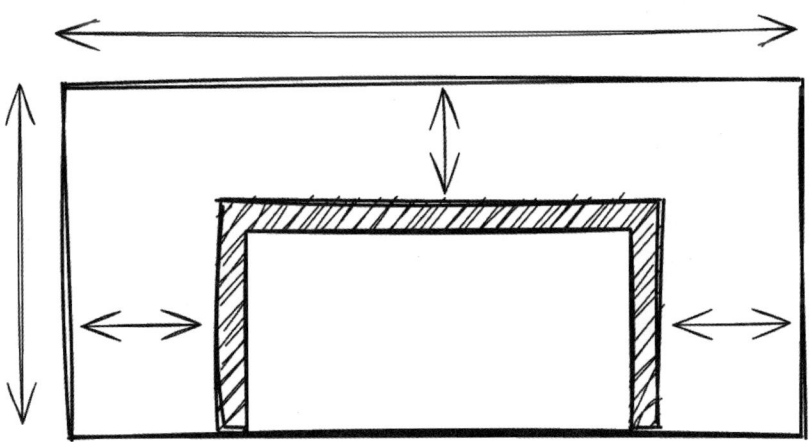

그림 1-3 제약 조건에 따라 크기와 위치가 조정됨

다음은 조건문을 사용하는 명령형 스타일 함수의 간단한 예입니다.

```
bool isPositive(int x) {
  if (x > 0){
    print('x 는 양수');
    return true;
  }
  print('x 는 음수이거나 0');
  return false;
}
```

플러터에서 명령형 프로그래밍의 또 다른 일반적인 예는 단위 테스트[unit test]에서 볼 수 있습니다.

```
testWidgets(
  'CustomButton displays a label',
  (WidgetTester tester) async {
    // 테스트 상황 설명
    await tester.pumpWidget(
      MaterialApp(home: CustomButton(label: '테스트')));

    // 주석을 텍스트가 일치해야 하는 불변성들을 나열
    expect(find.text('Test'), findsOneWidget);

    // 필요하다면 이벤트 삽입
    await tester.tap(find.byType(CustomButton));
    await tester.pump();
  },
);
```

선언형 프로그래밍은 플러터 프레임워크의 핵심으로, 특히 위젯이 구성되는 방식에서 두드러집니다. 플러터에서는 UI가 일반적으로 다트의 선언형 문법을 사용하여 정의되며 위젯의 build 메서드는 중첩된 생성자[constructor]와 함께 단일 표현식으로 구성됩니다.

다음은 ListView 위젯을 고려한 예시입니다.

```
ListView(
  children: [
    ListTile(title: Text('아이템 1')),
    ListTile(title: Text('아이템 2')),
```

```
      // 리스트 아이템 추가
    ],
  );
```

여기서 ListView와 자식 위젯들은 간결하고 가독성 있게 정의됩니다. 이러한 접근 방식은 (명령형 프로그래밍처럼 단계별로 UI를 구성하지 않고) UI가 어떻게 보여야 하는지를 설명하게 합니다. 플러터의 선언형 스타일은 복잡한 UI를 구축하는 과정을 단순화하고 코드의 가독성과 유지보수성을 높입니다. 또한 순수 선언형 접근 방식이 제한되는 시나리오에서는 명령형 프로그래밍과 원활하게 결합할 수 있어 더 동적이고 상호작용적인 UI를 구축할 유연성을 제공합니다.

다음 코드에는 애플리케이션의 AppBar 중앙에 텍스트가 있는 애플리케이션이 있습니다. 이 코드는 UI가 어떻게 구성될지를 명시하는 로직을 포함하지 않고 단순히 사용자가 보게 될 내용을 선언합니다.

```
class MyApp extends StatelessWidget {
  @override
  Widget build(BuildContext context) {
    return MaterialApp(
      home: Scaffold(
        appBar: AppBar(
          title: Text('플러터에서의 선언형 프로그래밍'),
        ),
        body: Center(
          child: Text('Hello, Flutter!'),
        ),
      ),
    );
  }
}
```

1.2.4 함수형 및 객체 지향 프로그래밍

함수형 프로그래밍의 핵심 개념 중 하나는 '순수 함수^{pure function}'입니다. 같은 입력을 받으면 항상 똑같은 결과를 출력하고, 관찰 가능한 사이드이펙트가 없는 함수입니다.[3] 순수 함수의 결과는 오직 입력 매개변수에만 의존하며 외부 상태를 수정하지 않으므로 유지보수가 크게 단순화되고 최적화하기 용이합니다.

플러터는 특히 StatelessWidget[4]과 같은 순수 함수와 유사한 위젯을 통해 함수형 프로그래밍을 활용할 수 있습니다. 예를 들어 Icon[5] 위젯은 매개변수를 시각적으로 출력해 매핑하는 함수로도 활용할 수 있습니다.

플러터는 불변 데이터 구조를 강조합니다. 전체 Widget[6] 클래스 계층과 Rect[7], TextStyle[8] 같은 지원 클래스는 이 불변성을 활용해 UI를 안정적이고 신뢰할 수 있도록 유지합니다.

다트의 Iterable[9] API도 함수형 프로그래밍 특성을 보여주는 사례입니다. 다트에서 활용하는 map, where, reduce와 같은 함수를 사용해 본 적 있나요? 이런 함수는 프레임워크에서 리스트의 값을 활용하는 데 자주 사용하는 함수형 스타일의 대표적인 예입니다.

플러터의 프레임워크는 클래스의 상속과 동적 프로토타입을 모두 활용합니다. 핵심 API는 클래스 계층 구조로 구축되며, RenderObject[10]와 같은 기본 클래스base class가 고수준의 기능을 정의하고 RenderBox[11]와 같은 하위 클래스가 특화하는 별도 기능을 정의해 위치에 대한 데카르트 좌표계를 채택합니다. 하지만 정적 상속만 있는 것은 아닙니다. ScrollPhysics[12] 클래스를 사용하면 런타임에 인스턴스를 동적으로 연결할 수 있습니다. 예를 들어 미리 플랫폼을 선택하지 않고 플랫폼별로 특징이 있는 페이징 효과를 구성할 수 있습니다. 이러한 상속과 동적 유연성의 조합은 플러터 애플리케이션에 이전과는 전혀 다른 방식으로 적응하고 발전할 원동력을 제공합니다.

4장에서는 다트에서의 객체 지향 프로그래밍을 더 자세히 배울 예정입니다.

---

[3] 옮긴이_ 함수 외부의 상태를 변경하는 등의 부작용을 일으키지 않는 함수를 의미합니다.
[4] https://api.flutter.dev/flutter/widgets/StatelessWidget-class.html
[5] https://api.flutter.dev/flutter/widgets/Icon-class.html
[6] https://api.flutter.dev/flutter/widgets/Widget-class.html
[7] https://api.flutter.dev/flutter/dart-ui/Rect-class.html
[8] https://api.flutter.dev/flutter/painting/TextStyle-class.html
[9] https://api.flutter.dev/flutter/dart-core/Iterable-class.html
[10] https://api.flutter.dev/flutter/rendering/RenderObject-class.html
[11] https://api.flutter.dev/flutter/rendering/RenderBox-class.html
[12] https://api.flutter.dev/flutter/widgets/ScrollPhysics-class.html

1.2.5 추상화와 캡슐화

추상화와 캡슐화는 소프트웨어 엔지니어링의 기본 원칙으로, 플러터는 위젯 중심의 아키텍처에서 이를 효과적으로 활용합니다.

추상화는 복잡한 시스템을 더 관리하기 쉬운 모델로 단순화하며, 캡슐화는 데이터와 관련된 연산과 함께 클래스 내에 그룹화하여 데이터 무결성을 보호하고 부적절한 접근을 방지합니다.

추상화는 복잡한 UI 엘리먼트를 관리하기 쉬운 위젯으로 단순화해 중요한 속성과 기능에 집중합니다. 예를 들어, 플러터의 ListView 위젯은 스크롤 가능한 목록의 복잡한 기능을 사용하기 쉬운 컴포넌트로 추상화합니다.

플러터의 맥락에서 캡슐화는 위젯 개발에 적용되며, 이는 Container 위젯 구현에서 명확하게 나타납니다. Container 위젯은 외관과 동작을 정의하는 다양한 속성(너비, 높이, 색상, 패딩, 여백 등)을 캡슐화합니다. 개발자는 잘 정의된 속성과 메서드를 활용해 Container와 상호작용합니다. 캡슐화는 Container가 이러한 속성을 관리하는 내부의 세부 사항을 외부에 숨기게 합니다.

플러터의 추상화와 캡슐화 기능을 통해 복잡한 UI 디자인을 다루기 쉬운 구성 요소로 만들고, 위젯의 내부 상태를 효과적으로 보호함으로써 사용성과 유지보수성을 개선할 수 있습니다. 더 자세한 내용은 4장에서 배울 예정입니다.

1.2.6 이벤트 기반 프로그래밍

플러터에서 사용자 상호작용은 이벤트 중심 접근 방식으로 처리되며 대표적인 예는 Listenable[13] 클래스입니다. 이 클래스는 플러터 애니메이션 시스템의 기반으로, 애니메이션 상태의 변화를 이벤트로 처리합니다. Listenable은 구독 모델을 제공해 여러 수신 코드가 특정 이벤트에 반응하는 콜백을 등록할 수 있게 합니다. 이 메커니즘은 UI의 다양한 부분이 기본 데이터나 상태 변화와 동기화되도록 해 프레임워크의 반응형적인 특성을 반영합니다.

또한 GestureDetector[14]와 같은 위젯과 상태 관리 도구도 이벤트를 활용해 사용자의 입력에

---

13 https://api.flutter.dev/flutter/foundation/Listenable-class.html
14 https://api.flutter.dev/flutter/widgets/GestureDetector-class.html

반응합니다. 이는 플러터 프레임워크에서 이벤트 중심 프로그래밍의 전형적인 사례입니다. 이는 2부에서 더 자세히 다룰 예정입니다.

1.2.7 반응형 프로그래밍

플러터에서 반응형 프로그래밍reactive programming은 UI 개발의 동적 특성을 이끄는 핵심 개념입니다. 이 패러다임은 위젯이 변화에 반응하고 사용자와의 상호작용이나 내부 데이터 변화에 따라 상태와 외관을 업데이트하는 방식에서 명확하게 드러납니다.

플러터의 반응형 시스템에서는 위젯의 생성자에 제공된 새로운 입력이 즉시 해당 위젯의 재구성을 일으켜 변화가 하위 위젯 트리widget tree로 전파됩니다. 반대로 하위 위젯의 변화는 이벤트 핸들러와 상태 업데이트를 통해 트리 위로 전파할 수 있습니다.

플러터는 다트의 스트림 지원을 활용해 반응형 프로그래밍 모델을 제공합니다. `StreamBuilder`는 이 모델에서 중요한 역할을 하는 위젯입니다.

```
final StreamController<int> _controller = StreamController<int>();

StreamBuilder<int>(
  stream: _controller.stream,
  builder: (context, snapshot) {
    if (snapshot.hasData) {
      return Center(
        child: Text('스트림으로부터 데이터: ${snapshot.data}'),
      );
    } else {
      return Center(
        child: Text('데이터 로딩 중...'),
      );
    }
  },
);
```

반응형 프로그래밍은 변경 사항 전파와 비동기 데이터 스트림 처리가 중심인 프로그래밍 패러다임입니다.

1.2.8 제네릭 프로그래밍

플러터는 제네릭을 사용해 타입 안정성을 높이고 오류를 줄일 수 있습니다. 이는 DropdownButton<T>와 같은 위젯에서 볼 수 있습니다. 여기에서 T는 데이터 소스의 타입을 나타냅니다. 또한 State[15]<T>와 GlobalKey[16]<T> 같은 클래스에서도 제네릭을 사용합니다. 여기에서 T는 관련된 위젯이나 상태의 타입을 나타냅니다.

1.2.9 동시성 프로그래밍

플러터에서 동시성은 다트의 비동기 기능인 Future[17]와 Stream[18]으로 처리됩니다. 이는 네트워크에서 데이터를 가져오거나 장기 실행 작업을 처리할 때 매우 중요합니다.

동시성과 병렬 처리는 9장에서 다룰 예정입니다.

1.2.10 응집도와 결합도

소프트웨어 엔지니어링에서 **응집도**와 **결합도**는 시스템의 유지보수성과 효율성에 큰 영향을 미치는 기본 원칙입니다.

응집도는 모듈 내부의 강도를 나타내며 모듈의 요소들이 핵심 목적과 얼마나 밀접하게 관련되는지를 설명합니다. 이상적인 모듈은 높은 응집도를 보여주며 구성 요소들이 단일 목표를 향해 협력해야 합니다.

결합도는 모듈 간의 상호 의존성 정도를 나타냅니다. 낮은 결합도를 유지하려면 모듈의 상호작용을 최소한으로 하여 변경이 발생할 때 부작용을 최소화해야 합니다.

플러터에서 유지보수할 수 있는 아키텍처를 정의하는 두 가지 기본 원칙은 **높은 응집도**와 **낮은 결합도**입니다. 플러터에서 이 원칙들을 어떻게 달성하는지 살펴보겠습니다.

---

15 https://api.flutter.dev/flutter/widgets/State-class.html
16 https://api.flutter.dev/flutter/widgets/GlobalKey-class.html
17 https://api.flutter.dev/flutter/dart-async/Future-class.html
18 https://api.flutter.dev/flutter/dart-async/Stream-class.html

높은 응집도

플러터는 특정 기능에 집중된 위젯을 설계해 높은 응집도를 달성합니다. 예를 들어 Text 위젯은 기본 스타일을 적용해 텍스트 문자열을 표시하는 기능만 담당하며, Image 위젯은 이미지를 표시하는 데 전념하고 다른 컨텐츠와 얽히지 않습니다. 이처럼 책임이 명확하고 잘 정의되어 응집도가 높다고 할 수 있습니다.

낮은 결합도

플러터는 위젯이 최소한의 의존성만 유지하고 독립적으로 작동하게 하여 낮은 결합도를 유지합니다. 예를 들어 기본적인 머티리얼 디자인에서 시각적 레이아웃 구조를 제공하는 Scaffold 위젯은 액션 버튼에 사용되는 FloatingActionButton 위젯과 독립적으로 작동합니다. FloatingActionButton의 아이콘이나 색상을 변경해도 Scaffold의 레이아웃이나 작동에 영향을 미치지 않으므로 구성 요소 간의 결합도가 낮다고 할 수 있습니다.

또한 테마는 주로 시각적 스타일링에만 영향을 미치며 기능과는 분리된 상태를 유지합니다. 다방면에서 수정할 수 있는 테마는 낮은 결합도를 유지하여 디자인의 변경 사항이 위젯과 밀접한 관계가 되지 않도록 설계되어 있습니다.

일반적으로 위젯은 콜백과 이벤트 같이 정해진 채널로 소통해야 하며, 이를 통해 위젯을 변경할 때 불필요한 파급 효과를 최소화할 수 있습니다.

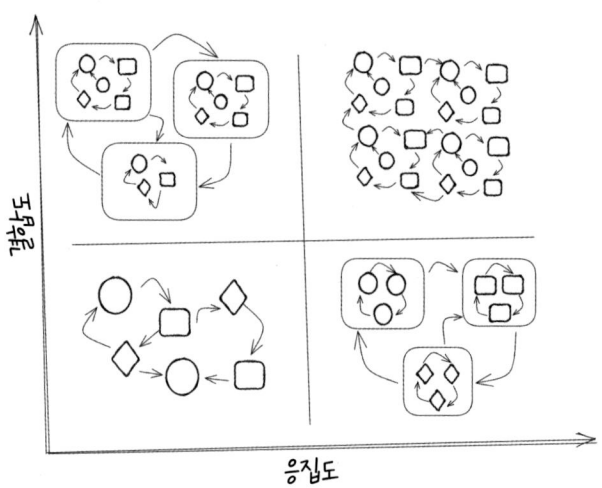

그림 1-4 결합도와 응집도

플러터로 개발할 때는 '높은 응집도, 낮은 결합도' 원칙을 적용해 견고한 애플리케이션 아키텍처를 구축해야 합니다. 우선 독립적으로 작동하는 위젯을 만들어야 합니다. 예를 들어 결제 시스템에 활용할 `PaymentProcessing` 위젯은 `UserDashboard` 위젯과 밀접하게 결합하지 않아야 하며, 각 위젯의 역할을 명확하게 설계해야 합니다(예: `ChatScreen` 위젯은 메시징 기능만 처리함). 이런 설계를 통해 낮은 결합도와 높은 응집도를 지향해야 합니다.

개발 중에 다음과 같은 질문을 자주 떠올려 보세요. '하나의 위젯을 변경하면 불필요하게 다른 위젯에 영향을 미치는가?', '각 위젯의 목적과 기능이 잘 정의되고 독립적인가?' 이런 질문을 반영하면 더 효율적이고 구조가 잘 잡힌 플러터 애플리케이션을 만드는 데 도움이 될 것입니다.

1.2.11 관심사 분리와 모듈화

관심사 분리separation of concerns(SoC)와 모듈화는 소프트웨어 공학에서 코드 조직화, 유지보수성, 확장성을 크게 향상하는 기초 개념입니다.

관심사 분리는 소프트웨어 애플리케이션을 각기 다른 측면의 관심사를 다루는 독립적인 부분으로 분할하는 설계 원칙입니다. 이 접근 방식은 개발자가 한 번에 한 영역에 집중하게 하여 프로그램의 복잡성을 단순화합니다. 또한 상호 의존성이 낮아지고 애플리케이션이 더 유연하고 유지보수하기 쉬워집니다. **모듈화**는 소프트웨어 시스템을 독립적인 기능을 캡슐화하는 별개의 모듈로 나누는 것을 의미합니다. 이러한 설계 접근 방식 덕분에 개별 구성 요소의 테스트, 디버깅, 업데이트가 더 쉬워지며 더 견고하고 적응력 있는 시스템을 만들 수 있습니다.

플러터의 위젯 기반 아키텍처는 본질적으로 모듈화되어 있으며, 각 위젯은 특정 UI나 기능적인 측면을 캡슐화합니다. 이는 사용자 인터페이스, 비즈니스 로직, 데이터 관리를 명확히 구분하는 관심사 분리 원칙에 부합합니다.

플러터 개발자로서 이러한 원칙을 활용하면 견고하고 효율적인 애플리케이션을 만들 수 있습니다. 예를 들어 플러터 기반의 할 일 애플리케이션에서 SoC를 구현하려면 `TaskListWidget`과 같은 위젯으로 작업을 표시하는 별도의 UI 레이어를 만들고, 비즈니스 로직은 할 일 관련 작업을 처리하는 `TaskManager` 클래스에 캡슐화할 수 있습니다. 동시에 데이터 처리는 작업 데이터를 저장하고 검색하는 `DatabaseService`에서 관리할 수 있습니다. 또한 사용자 인증을 처리하는 LoginService와 같이 재사용 가능한 구성 요소를 만들어 모듈화할 수 있습니다. 이러한 구성 요소는 애플리케이션의 다른 부분이나 다른 프로젝트에서도 사용할 수 있으며 lib 폴더에 배치하거나 개별 pub 패키지로 추출할 수 있습니다.

또한 플러터에서는 모듈화 개념이 '기능별 패키지' 아키텍처와 함께 사용되며, 모듈이 종종 위젯 형태를 취할 수 있다는 독특한 측면이 있습니다. 이 접근 방식은 애플리케이션을 특정 기능 기반의 모듈로 구성하며 각 모듈이나 각 위젯은 애플리케이션의 독립적인 기능을 수행합니다.

2부에서 아키텍처를 자세히 다루며 더 많은 내용을 배울 수 있을 것입니다.

1.2.12 디자인 패턴과 전략

소프트웨어 엔지니어링에서 디자인 패턴은 일반적인 설계 문제들을 해결하기 위한 검증된 설계 방법론입니다. 이러한 패턴은 객체 생성 관리, 객체 간의 통신 작용, 복잡한 상호작용 구성 등 반복되는 설계 문제에 적용할 수 있는 템플릿 역할을 합니다. 이를 활용해 다음과 같은 코드를 작성할 수 있습니다.

- **재사용성**: 패턴은 재사용할 수 있으므로 자원을 절약하고 일관성을 유지합니다.
- **유지보수성**: 패턴으로 구조화된 코드는 이해, 수정, 확장이 용이합니다.
- **유연성**: 패턴은 다양한 상황과 요구사항에 적응해 코드를 더 유연하게 만듭니다.

플러터는 특정 패턴을 강요하지 않지만, 핵심 기능과 아키텍처는 자연스럽게 다양한 패턴에 잘 맞습니다. 플러터 프레임워크 내에서 사용하는 디자인 패턴의 훌륭한 사례는 **빌더 패턴**builder pattern입니다. 예를 들어 `ListView.builder` 위젯에서 빌더 패턴을 사용합니다. 플러터는 위젯 생성 과정에서 빌더 패턴을 자주 사용하며 복잡한 객체 구성과 표현을 분리해 동일한 구성 프로세스로 다양한 표현을 만들 수 있게 합니다.

디자인 패턴은 5장에서 더 자세히 다룰 예정입니다.

1.2.13 효율성, 확장성, 트레이드오프

소프트웨어 엔지니어링(특히 플러터 개발)에서는 효율성, 확장성, 트레이드오프의 복잡성을 이해하고 탐색해야 합니다. 이런 개념은 애플리케이션이 자원을 어떻게 활용하는지(효율성), 확장에 어떻게 적응하는지(확장성), 경쟁하는 요구사항 사이의 미세한 균형을 어떻게 관리하는지(트레이드오프)를 다룹니다. 이런 선택은 재정적인 측면과 함께 자원 할당, 인적 노력 등 다양한 요소를 포함합니다.

'다른 사람들이 다 하니까'라는 생각을 넘어 합리적이며 상황에 맞는 결정을 우선시하는 합의 중심 접근 방식으로 사고를 전환해야 합니다. 이는 상태 관리 기술이나 외부 패키지 통합과 같은 선택을 저울질할 때 플러터에서 특히 중요합니다.

예를 들어 단순성 때문에 **setState**를 선택하면 확장성 문제가 발생할 수 있지만, BLoC와 같은 고급 방법은 처음에는 복잡하지만 확장성과 유지관리 측면에서 장기적인 이점을 제공합니다. 마찬가지로 cached_network_image 라이브러리를 사용하면 효율성과 향상된 사용자 경험을 얻을 수 있지만, 플러터 업데이트와의 장기적인 유지관리와 호환성에 영향을 미칠 수 있는 의존성 추가와 같은 복잡성이 발생합니다.

필자의 경험상, 소프트웨어 엔지니어링에서 특히 플러터로 함께 작업할 때 '상황에 따라 다르다'라는 점이 매우 중요합니다. 이는 각 기술을 선택하는 특정 맥락을 이해하는 일이 얼마나 중요한지를 강조합니다. 개발자로서 필자는 사용의 용이성, 확장성, 유지보수성과 같은 요소를 끊임없이 균형 있게 고려합니다. 이런 결정은 단순히 즉각적인 결과에 그치지 않고 프로젝트의 장기적인 건강 상태를 결정짓습니다. 따라서 심도 있는 비판적 분석과 미래 예측 능력이 필요하며, 빠르게 진화하는 소프트웨어 개발 분야에서 정보에 입각한 지속 가능한 의사결정의 필요성이 강조됩니다.

1.2.14 검증, 확인, 시프트 레프트

소프트웨어 엔지니어링에서 검증verification과 확인validation 모델(V&V 모델)은 시스템이 모든 명세를 충족하고 의도된 목적을 달성하는지 확인하는 과정입니다. **검증**은 시스템이 올바르게 구축되었고 지정된 요구사항을 충족하는지 확인하는 것이며 '정적 테스트'라고 합니다. **확인**은 사용자의 요구사항을 만족하는 올바른 시스템이 만들어졌는지를 확인하는 것이며 '동적 테스트'라고 합니다. 이 모델은 소프트웨어 시스템의 품질과 신뢰성을 보장하는 데 매우 중요합니다.

플러터의 맥락에서 V&V 모델은 다음과 같이 처리할 수 있습니다.

1. **요구사항 분석**: 애플리케이션이 달성하려는 목표와 사용자 문제를 이해합니다.
2. **애플리케이션 아키텍처**: 상태 관리와 내비게이션 전략을 포함한 애플리케이션의 전체 구조를 정의합니다.
3. **기능 설계**: 각 애플리케이션 기능의 구현 계획을 상세히 기술하며, 비즈니스 로직과 프런트엔드 인터페이스를 포함합니다.
4. **단위 설계**: 기능을 더 작고 테스트 가능한 단위로 분해하며, 일반적으로 개별 함수나 위젯을 대상으로 합니다.

각 테스트 단계는 다음과 같습니다.

1. **단위 테스트**: 개별 단위나 구성 요소, 특히 비즈니스 로직의 기능을 검증합니다.
2. **위젯 테스트** widget test: 플러터의 위젯이 올바르게 렌더링 되고 기대한 대로 작동하는지, 전체 위젯 구성 요소가 작동하는지 확인합니다.
3. **통합 테스트** integration test: 애플리케이션 내 결합된 유닛이나 위젯 간의 상호작용을 평가해 전체 아키텍처가 작동하는지 확인합니다.
4. **사용자 인수 테스트** user acceptance test: 애플리케이션이 사용자 요구를 충족하는지 확인하여 기대에 부합하는지 검증하며, 수동 테스트로 진행되기도 합니다.

V&V 모델은 요구사항부터 사용자 인수 테스트까지 각 단계에서 플러터 애플리케이션이 올바르게 개발되고 설계된 요구를 충족하도록 보장합니다.

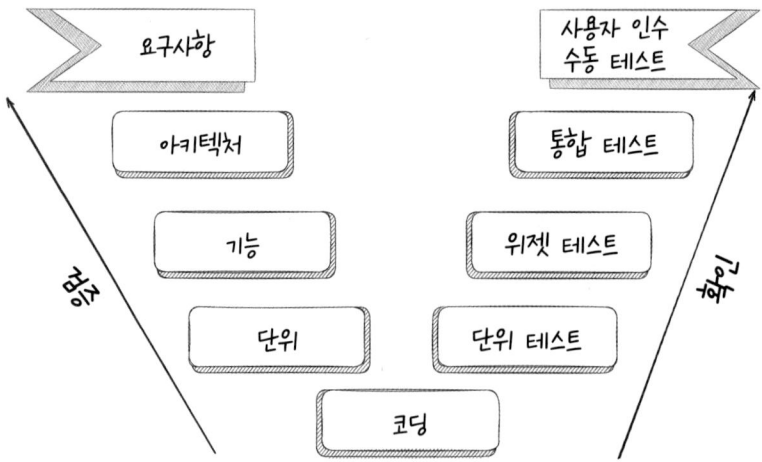

그림 1-5 플러터 검증 및 확인 모델

플러터에서 '시프트 레프트shifting left' 개념은 설계, 개발, 초기 테스트처럼 개발 생명주기의 앞 단계에 더 많은 시간을 들이면, 이후 단계에서 발생할 수 있는 문제를 미리 방지할 수 있어 결과적으로 비용과 시간을 줄일 수 있다는 것을 의미합니다. 문제를 발견한 시점이 도입 시점에 가까울수록(일반적으로 개발 타임라인의 왼쪽일수록) 이를 해결하는 데 드는 비용이 적습니다. 스테이징이나 프로덕션 단계(타임라인의 오른쪽)에서 발견된 문제는 디버깅의 복잡성과 사용자 경험에 미치는 잠재적 영향 때문에 해결하는 데 더 많은 비용과 시간이 들기 때문입니다.

실질적으로 플러터에서 시프트 레프트는 구문 오류와 잠재적 버그를 조기에 발견하도록 정적 코드 분석을 포함하는 것을 의미합니다. 품질을 보장하고 자동화 도구가 놓칠 수 있는 문제를 잡으려면 코드 리뷰가 필수입니다. CI 파이프라인에 자동화를 통합해 단위, 위젯, 통합 테스트를 일관되게 실행하고 새로운 코드를 추가로 병합하기 전에 품질 기준을 충족하게 합니다. 또한 기능 플래그와 A/B 테스트로 새로운 기능을 프로덕션 환경에서 선택적으로 테스트해 광범위한 문제의 위험을 줄일 수 있습니다.

이러한 작업을 초기 단계부터 플러터 개발 프로세스 전반에 걸쳐 적용함으로써 팀은 위험을 완화하고, 후기 단계 결함에 따른 수정 비용을 줄이며, 고품질의 견고한 애플리케이션을 효율적으로 제공할 수 있습니다.

시프트 레프트 개념은 이러한 프로세스를 개발 생명주기의 초기 단계에 통합하기를 강조합니다. 즉 플러터 개발자에게 초기 단계부터 테스트와 품질 검사를 수행하도록 합니다. 이러한 초기 개입은 문제를 신속하게 발견하고 수정해 후기 단계 디버깅과 관련된 비용과 시간을 줄이는 데 도움이 됩니다. 시프트 레프트를 플러터에 적용하면 코드 품질이 개선되고 애플리케이션의 신뢰성과 사용자 경험이 향상됩니다.

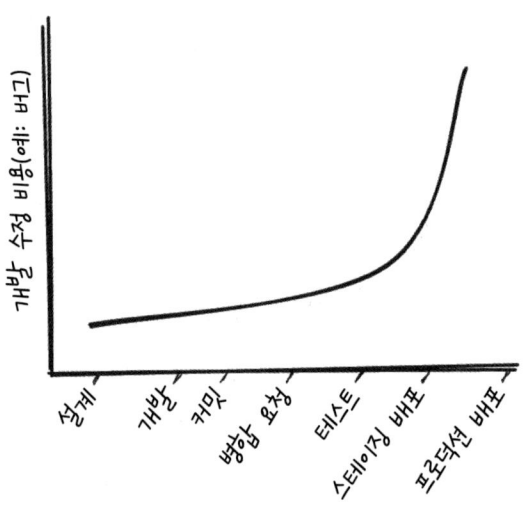

그림 1-6 플러터 개발에서의 시프트 레프트 개념

1.2.15 개발에서의 정보 기반 의사결정

플러터와 소프트웨어 개발에서는 정보 기반 의사결정에 정량화할 수 있는 요소와 정량화할 수 없는 측면을 저울질하는 과정이 종종 포함됩니다. 예를 들어 개발자는 확장성을 제공하지만 복잡성이 증가하는 BLoC와 같은 상태 관리 솔루션을 사용할지, 구현은 더 쉽지만 더 큰 애플리케이션에서는 확장성이 떨어지는 setState와 같은 간단한 옵션을 사용할지를 선택할 수 있어야 합니다.

플러터에서 결정은 측정 가능한 요소에만 국한하지 않습니다. 예를 들어 사용자 지정 위젯을 구현할지, 기존의 서드파티 위젯을 사용할지를 고려할 때는 기능과 함께 장기적인 유지보수, 서드파티 패키지의 신뢰성, 애플리케이션의 추후 요구조건과의 일치성 등도 포함해야 합니다.

이러한 측면의 균형을 맞추려면 플러터 개발 선택에 따른 정량화 가능한 영향과 덜 구체적이지만 똑같이 중요한 장기적인 의미를 신중하게 고려해야 합니다.

1.3 플러터 개발 생명주기

플러터 개발을 시작하기 전에 소프트웨어 개발 생명주기 software development lifecycle (SDLC)를 이해해야 합니다. SDLC는 소프트웨어 애플리케이션을 구축하고 제공하는 데 필요한 일련의 단계를 정의하는 구조화된 프레임워크입니다. 이는 개발자와 이해관계자들에게 로드맵을 제공해 개발 전반에 걸쳐 품질, 효율성, 예측 가능성을 보장합니다.

소프트웨어 개발에는 다양한 SDLC 모델이 있으며, 각각 특정 단계와 장단점이 있습니다. 다음은 대표적인 모델입니다.

- **폭포수 모델** waterfall model : 선형 순차적으로 이루어진 이 모델은 엄격한 단계별 접근 방식을 따르며, 단계를 완료해야 다음 단계로 이동할 수 있습니다. 이 방식은 정확한 요구사항과 통제된 환경에서 효율적입니다.
- **애자일 모델** agile model : 반복적이고 점진적인 이 모델은 유연성과 적응성을 강조합니다. 개발을 스프린트 sprint 라는 작은 주기로 나눠 지속적인 피드백과 운영 중인 소프트웨어의 지속적인 서비스를 가능하게 합니다.
- **나선형 모델** spiral model : 리스크 중심 기반의 이 모델은 애자일 모델의 반복 특성과 폭포수 모델의 통제성을 결합한 형태입니다. 개발 주기 전반에 걸쳐 리스크 평가를 포함하며, 위험성이 높은 프로젝트에 적합합니다.

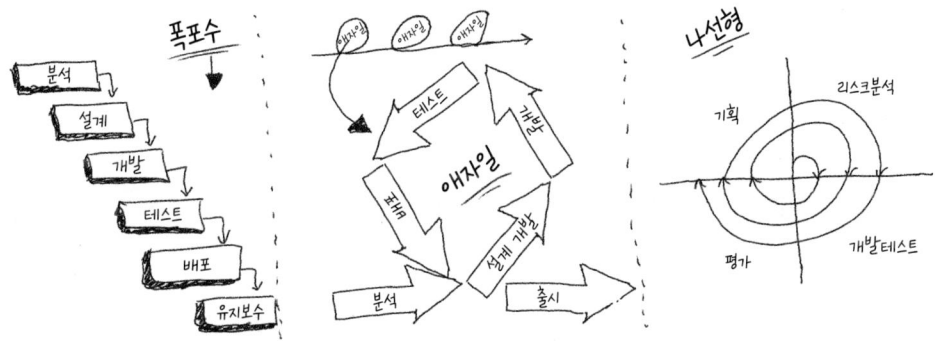

그림 1-7 폭포수 모델, 애자일 모델, 나선형 모델 비교

선택한 모델과 관계없이 SDLC의 핵심 단계는 일반적으로 다음과 같습니다.

1. **분석**: 이 단계에서는 플러터 애플리케이션의 특정 요구와 목표를 이해합니다. 이해관계자들로부터 상세한 요구사항을 수집하고 애플리케이션의 목표를 정의합니다.
2. **설계**: 요구사항을 바탕으로 플러터 애플리케이션의 전체 시스템 아키텍처를 설계합니다. 여기에는 애플리케이션의 사용자 저니 맵 흐름, 상태 관리 접근 방식, 애플리케이션 전체의 UI/UX 디자인 결정이 포함됩니다.

3. **개발**: 여기서부터 실제 플러터 애플리케이션의 코딩이 직접 이루어집니다. 개발자는 정의된 기능을 구현하는 코드를 작성하며 설계 명세를 준수해야 합니다. 개발자는 코드 작성 시 올바르게 동작하도록 단위 테스트와 위젯 테스트를 작성해야 합니다.
4. **테스트**: 이 단계에서는 플러터 애플리케이션의 품질과 성능을 보장하는 다양한 테스트가 이루어집니다. 통합 테스트와 베타 유저 테스트 등도 이에 포함되며, 애플리케이션의 모든 기능을 검증합니다.
5. **배포**: 테스트가 완료되고 애플리케이션에 결함이 없다면 적절한 플랫폼(예: 구글 플레이 스토어, 애플 애플리케이션 스토어)에 배포합니다. 배포를 효율적으로 하고자 CI/CD 파이프라인 설정을 이 단계에 포함하기도 합니다.
6. **유지보수**: 배포 이후 애플리케이션은 유지보수 단계에 돌입합니다. 정기적인 업데이트, 버그 수정, 사용자의 피드백이나 변경된 요구사항에 따른 새로운 기능 추가 등이 이루어집니다. 서비스 중인 애플리케이션의 모니터링도 이 단계의 일부분이며 충돌 보고, 버그 분석, 성능 측정 등이 포함됩니다.

SDLC를 플러터 개발에 적용할 때 플러터 프레임워크의 고유한 기능을 최대한 활용하려면 몇 가지를 고려해야 합니다. 요구사항 분석 단계에서는 모바일 플랫폼에 먼저 접근하는 방식을 고려해야 하지만, 플러터는 다양한 플랫폼을 지원하므로 웹이나 데스크탑 등으로의 확장 가능성도 염두에 두어야 합니다. 플러터의 핫 리로드hot reload 기능은 빠른 프로토 타이핑과 반복 피드백을 유도하기에 효과적입니다. 다양한 플랫폼과 기기와 호환하려면 애니메이션과 반응성에 관한 성능 요구사항도 대단히 중요합니다.

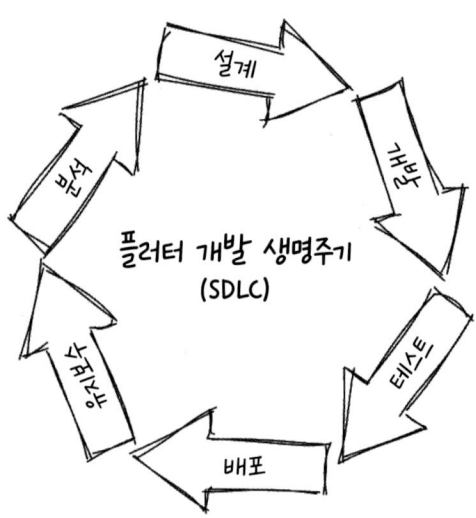

그림 1-8 플러터 소프트웨어 개발 생명주기

시스템 설계, 개발, 테스트, 배포 단계로 넘어가면서 애플리케이션의 복잡성에 맞는 적절한 위젯과 상태 관리 도구를 선택해야 합니다. 널 안정성null safety과 같은 다트 언어의 기능과 위젯의 계층 구조 및 코드의 모범 사례를 적용해 명확성과 효율성을 보장하게 합니다. 테스트 단계는 단위 테스트, 위젯 테스트, 통합 테스트를 포함해 애플리케이션의 안정성과 사용자의 편의성을 보장해야 합니다. 또한 다양한 기기에서 애플리케이션의 성능을 최적화하는 성능 테스트performance test도 포함됩니다. 마지막으로, 배포 단계에서는 플러터의 다중 플랫폼 코드베이스 공유 기능을 활용해 여러 플랫폼에 효율적으로 배포할 수 있습니다. 또한 CI/CD 파이프라인을 구축해 멀티 플랫폼의 배포를 효율적으로 관리할 수도 있습니다.

구체적인 적용 방법은 프로젝트의 규모, 복잡성, 요구사항에 따라 달라집니다. 개발 조직과 애플리케이션의 목표에 가장 적합한 도구와 방식을 선택하는 것이 매우 중요합니다.

1.4 플러터 엔지니어링 대 프로그래밍

지금까지 소프트웨어 엔지니어링의 다양한 측면을 살펴보며 이 주제에 관한 포괄적인 이해를 얻게 되었을 것입니다. 여기서 덧붙여 필자의 관점을 공유하려 합니다.

소프트웨어 개발에서 '플러터 엔지니어링'과 '프로그래밍'은 프로젝트 내에서 서로 다른 역할과 책임을 나타냅니다. 프로그래밍은 주로 특정 기능을 구현하는 코드를 작성하는 작업이며 코드 구현과 문제 해결에 초점을 맞춥니다. 프로그래머는 설계와 요구사항을 실행 가능한 코드로 번역하는 역할을 합니다. 플러터 엔지니어링은 더 포괄적인 역할을 포함합니다. 플러터 엔지니어는 코드를 작성하고, 시스템 아키텍처와 사용자 인터페이스user interface (UI)를 설계하며, 프로젝트 구조와 확장성에 관한 전략적 결정을 내립니다. 이런 의사결정은 코드 품질, 프로젝트 관리, 혁신에 중점을 두며 개발 과정에서 중요한 역할을 하게 됩니다. 이와 같은 차이를 이해하는 것은 플러터 프로젝트를 효과적으로 관리하고 성공적으로 조직을 구성하는 데 있어 필수적입니다.

1.5 기술 진화 속 플러터의 위치

이번 장을 마무리하며 끊임없이 변화하는 기술의 환경 속에서 플러터의 위치에 관한 의견을 공유하려 합니다. 플러터는 IT 기술 세계에서 정말 독특하고 흥미로운 위치를 차지했습니다.

1.5.1 멀티 플랫폼 접근 방식

플러터는 멀티 플랫폼 개발이 매우 중요한 시대에 혁신적인 포지션으로 등장했습니다. 다양한 플랫폼에서 고품질의 인터페이스로 매력적인 애플리케이션을 만들 수 있도록 개발자에게 쉽고 원활하게 기능을 제공하는 패러다임을 제시했습니다. 생산성, 창의성, 효율성에 중점을 둔 플러터는 애플리케이션 개발에 대한 기존의 접근 방식을 뒤엎어 모든 규모의 개발자와 조직, 기업에서 개발에 더 쉽게 접근하게 했습니다. '픽셀이 있는 곳이라면 어디든 플러터를 활용할 수 있다'라는 개념은 단일 코드 기반에서 멀티 플랫폼 소프트웨어를 빌드하는 기존 인식을 근본적으로 바꿔 놓았습니다.

이 맥락에서 플러터는 기술적 도구일 뿐만 아니라 개발자의 성장을 촉진하는 촉매제이기도 합니다. 개발자들이 각기 다른 관점을 가지고 다양한 플랫폼에 관한 지식과 기술을 확장하도록 장려합니다. 이런 접근 방식은 애플리케이션의 품질을 향상하고, 사용자의 경험을 긍정적으로 이끌며, 개발자들이 자신의 분야에서 숙련된 전문가로 성장하게 합니다.

1.5.2 넓은 기술 생태계에서 플러터의 역할

플러터는 더 넓은 개발 기술 생태계에서 중요한 역할을 합니다. 플러터는 크로스 플랫폼 개발의 복잡성을 단순화해 시각적으로 매력적이고 반응성이 뛰어나며 일관된 사용자 경험을 제공하는 혁신을 촉진합니다. 앞으로 이어질 여러 장에서 플러터 개발의 세계를 더 깊이 탐구하며 플러터는 단순한 개발 도구가 아니라 소프트웨어 개발에서 성장 가능한 범위의 한계를 넓히는 원동력임을 알게 될 것입니다.

플러터의 혁신적인 멀티 플랫폼 개발 방법은 개발자들이 특정 기술이나 플랫폼보다는 사용자 경험을 향상하는 데 집중하게 합니다. 또한 활발한 플러터 커뮤니티와 생태계는 기술을 형성하는 데 큰 역할을 하며 더 큰 수요와 혁신을 촉진합니다. 플러터는 계속 발전하면서 소프트웨어 개발 영역에 지속적인 영향을 미치며, 동종 기술은 물론 더 넓은 기술 생태계에 귀감이 되고 있습니다.

1.6 결론

이 장에서는 높은 품질의 플러터 개발을 이끄는 기본적인 원칙과 플러터만의 독특한 철학을 폭넓게 알아보았습니다. 추상화, 캡슐화, 디자인 패턴, 효율성과 확장성 고려 등 중요한 패러다임도 깊이 있게 다뤘습니다. 초기 검증과 확인을 통한 시프트 레프트 개념을 강조하여 개발 생명 주기 전반에 걸쳐 정보에 기반해 의사결정하도록 설명했습니다.

또한 프로그래밍과 엔지니어링의 차이를 강조하며, 플러터가 모듈화, 관심사 분리, 신중한 트레이드오프 분석을 어떻게 이끌어내는지를 살펴보았습니다. 아울러 플러터가 더 넓은 기술 환경에서 차지하는 영역과 강점, 잠재적인 영향력도 알아보았습니다.

이 장을 마무리하면서 한 가지 질문을 던지고자 합니다. '앞서 설명한 기본 개념들을 활용해 성능이 뛰어나고 유지보수 관리가 용이하며 미적으로도 만족스러운 높은 성능의 플러터 애플리케이션을 만들려면 어떻게 해야 할까요?' 이 질문은 이번 장에 설명한 원칙들을 실제로 적용해 뛰어난 플러터 경험을 체험하는 여정의 시작점이 될 것입니다.

CHAPTER 2

플러터 아키텍처 및 엔지니어링 개요

검토자: *Anna Leushchenko, Oleksandr Leushchenko*

1장에서는 플러터 소프트웨어 엔지니어링의 기본을 학습하고 새로운 개념을 알아보며 유익한 지식을 얻었습니다.

이제 좀 더 플러터로 깊게 들어가 훌륭한 설계를 구성하는 요소를 알아보겠습니다. 플러터의 내부 구조를 탐험하고 작동하게 하는 멋진 요소들을 이번 장에서 밝혀냅니다. 이번 장의 내용을 잘 숙지한다면 좋은 애플리케이션 개발자로 나아갈 수 있는 많은 팁과 가치 있는 깨달음을 얻을 수 있을 겁니다.

플러터 프레임워크를 효과적으로 사용하려면 우선 동작 원리를 알아야 합니다. 단순히 코딩에 그치지 않고 플러터의 내부 구조, 설계 결정, 그리고 이 모든 것을 가능케 하는 뛰어난 엔지니어링 기법에 대한 영감을 얻어야 하죠. 플러터의 내부와 외부를 모두 이해하면 앞으로 여러분의 애플리케이션 개발 여정이 더 찬란해질 것입니다.

그럼, 지금부터 흥미진진한 여정을 시작해 볼까요?

2.1 플러터의 내부 구조의 중요성

애플리케이션을 개발할 때 플러터가 어떻게 동작하는지 굳이 알아야 할까요? 사실 플러터를 사용하면서도 플러터의 내부 구조를 알아야 할 필요성을 느끼지 못할 수 있습니다. 하지만 소프트웨어 개발을 장기간 사용해 본 입장에서 말하자면 시스템의 구석구석을 이해하는 것은 개발 도구를 활용하는 백과사전을 얻게 되는 것과 비슷하다고 봅니다. 이 지식을 덕분에 정보에 기반한 의사결정을 효율적으로 내릴 수 있으며 문제를 다루는 데 힘이 실리게 됩니다. 좀 더 들여다볼까요?

| 정보에 기반한 의사결정 |

플러터의 아키텍처를 이해하면 단순한 코딩이 아니라 플러터의 핵심 원칙에 따라 설계 방식을 선택할 수 있습니다. 이러한 지식을 바탕으로 플러터가 추구하는 근본에 완벽하게 부합하는 솔루션을 설계해 더 효과적이고 지속 가능한 결과를 만들어 낼 수 있습니다.

| 효율적인 문제 해결 |

애플리케이션에서 예기치 않은 결함이 발생했다고 상상해 보세요. 플러터 내부를 잘 안다면 문제의 근원을 추적해 해결할 수 있습니다. 플러터는 IDE에서 프레임워크 내부 소스 코드를 들여다볼 수 있으며, 이 기능을 활용해 개발 프로세스를 간소화할 수 있습니다. 또한 프레임워크에 더 깊이 파고들어 개선에 기여할 수 있어 자기 자신만이 아니라 이를 사용하는 수백만 명의 다른 사용자에게도 도움이 됩니다. 결국 플러터는 오픈 소스이기 때문이죠.

| 애플리케이션 퍼포먼스 최적화 |

플러터 내부를 살펴보는 과정은 단순한 구조의 이해를 넘어 최적화에 도움이 됩니다. 플러터가 렌더링, 위젯 생명주기, 네이티브 플랫폼과 상호작용을 처리하는 방식을 이해하면 최적의 성능을 내도록 애플리케이션을 미세하게 조정할 수 있습니다. 그 결과, 자원 효율적이고 반응성이 뛰어난 사용자 경험을 제공할 수 있게 됩니다.

| 창작의 자유 |

실험과 혁신을 통해 독창적인 무언가를 만들고 싶었던 적이 있나요? 플러터의 내부를 이해하면 창의적 자유의 문이 열립니다. 이러한 지식을 바탕으로 혁신적인 솔루션을 실험하고 이전의 한계를 뛰어넘는 뛰어난 애플리케이션을 만들 수 있습니다.

플러터에서 드로잉 애플리케이션에서 사용자가 세부적인 일러스트를 만들 때 지연[lag]이 발생한

다고 가정해 보겠습니다. 플러터 내부를 이해하면 애플리케이션이 전체 캔버스를 과도하게 다시 그려 속도가 느려진다는 사실을 파악할 수 있습니다. 이런 이해를 바탕으로 효율적인 페인트 기법을 구현해 렌더링 프로세스를 최적화합니다. 그 결과, 플러터 내부를 심층적으로 분석하여 렌더링 및 그래픽 최적화를 통해 더욱 뛰어나며 강력한 기능을 갖춘 드로잉 애플리케이션을 만들 수 있을 겁니다.

플러터 내부를 탐구하는 것은 단순히 이론적인 공부 목적이 아니라, 개발자를 문제 해결 및 의사결정 능력, 혁신적인 사고를 갖춘 애플리케이션 아키텍트로 성장시키는 실용적인 투자가 될 수 있습니다.

2.2 플러터의 반응형 및 선언형 특징

최근 소프트웨어 엔지니어링에서 UI 개발에 독보적인 영향력을 발휘하는 두 가지 패러다임이 있습니다. 반응형 프로그래밍과 선언형 UI입니다.

플러터는 이런 패러다임을 실제로 구현한 사례라고 할 수 있습니다. 플러터 아키텍처의 중심에 있는 이러한 개념은 인터페이스를 어떻게 구성하고, 구성된 인터페이스가 데이터와 상태의 변화에 어떻게 동적으로 반응할지를 결정합니다. 플러터에서 이런 패러다임을 활용하는 사례를 자세히 살펴보면 설계 이면의 복잡성과 정교함을 알 수 있습니다.

2.2.1 플러터에서 반응형 프로그래밍의 본질

위젯이 구성되는 방식부터 화면에 렌더링 되는 방식까지, 반응형 모델은 플러터 구조의 전반에서 활용됩니다.

1. **위젯 생명주기** widget lifecycle : 플러터의 위젯은 UI의 구성 요소이며 애플리케이션 상태와 밀접하게 관련됩니다. 상태가 변경되면 플러터 프레임워크는 변경된 상태에 해당하는 위젯부터 시작해 위젯 트리를 다시 빌드합니다. 이 장에서는 위젯을 더 자세히 알아보겠습니다.
2. **렌더링 파이프라인** rendering pipeline : 플러터의 렌더링 엔진은 위젯 트리를 렌더링 객체의 하위 트리로 변환합니다. 이 프로세스도 반응형이므로 위젯 트리가 변경되면 UI 엘리먼트가 자동으로 다시 렌더링됩니다. 이 장에서 렌더링 파이프라인을 자세히 알아보겠습니다.

단순하고 함수적인 관계는 플러터 반응성의 핵심입니다. UI = f(state)라는 방정식은 사용자 인터페이스가 애플리케이션 상태의 직접적인 함수(f)임을 의미합니다. 플러터의 위젯에 존재하는 빌드 메서드가 바로 함수입니다. 애플리케이션의 상태가 변경되면 build() 메서드가 호출되고 프레임워크는 그에 따라 UI 렌더링을 담당합니다. 이 메서드는 효율적이고 부작용이 없도록 설계되었으므로 성능 저하 없이 필요한 만큼 자주 호출할 수 있습니다.

플러터의 반응성에 기여하는 다트 언어

다트는 단순히 프로그래밍 언어로 사용되는 것이 아니라 플러터의 반응성에 여러 방면으로 중요한 역할을 합니다. 즉 반응형 UI 프레임워크를 구현하는 데 적합한 런타임 환경과 언어 기능을 제공합니다. 간단히 살펴보겠습니다.

1. **효율적인 객체 핸들링**: 다트의 런타임runtime은 객체를 빠르게 생성하고 소멸하므로 위젯을 수시로 다시 빌드하는 플러터에 필수적입니다. 플러터의 위젯은 정적이며 UI 변경 사항을 반영할 때 자주 재생성됩니다. 다트는 이를 효율적으로 처리해 원활한 성능을 보장합니다.

2. **가비지 컬렉션**garbage collection: 다트의 세대별 가비지 컬렉션 시스템은 일반적으로 플러터 애플리케이션에서 볼 수 있는 객체 재생성을 최적화하도록 세밀하게 조정되었습니다. 위젯과 같이 수명이 짧은 객체의 생명주기를 효율적으로 처리하고 리소스를 시의적절하게 확보해 애플리케이션 성능에 미치는 영향을 최소화합니다.
   — 세대별 가비지 컬렉션은 객체를 수명별로 여러 세대로 분류해 효율성을 높이는 메모리 관리 기법입니다. 수명이 짧은 객체는 대부분 '젊은' 세대에 자주 수집됩니다. 오래 지속되는 객체는 '오래된' 세대로 승격되어 수집 빈도가 줄어듭니다. 이 전략은 대부분의 객체가 쓸모 없어질 가능성이 높은 메모리 영역에 집중함으로써 가비지 수집 속도를 높입니다.

3. **언어 기능**: 이벤트 루프event loop, 스트림stream, 퓨처future와 같은 다트의 기능은 반응형 패러다임에 잘 부합하므로 반응형 애플리케이션에서 예상되는 논 블로킹non-blocking I/O 작업에서 비동기 데이터 흐름과 이벤트를 더 쉽게 처리할 수 있습니다.

반응형 선언 관점에서 바라본 플러터

이제 지금까지 살펴본 반응형 프로그래밍 패러다임과는 다른 아키텍처 설계 접근 방식인 반응형 시스템의 개념을 살펴보려 합니다.

'반응형 선언reactive manifesto'[1]에서 개념화된 반응형 시스템은 분산된 반응형 시스템의 중요한 아키텍처에 중점을 둡니다. 이 접근 방식은 반응형 프로그래밍에서 사용하는 특정 프로그래밍 기

---

[1] https://reactivemanifesto.org/

법과는 다르지만, 그 원리가 플러터의 프레임워크와 어떻게 일치하는지 관찰하는 일은 매우 흥미로울 겁니다.

반응형 선언에 따라 반응형 시스템은 반응성, 복원성resilient, 탄력성elastic, 메시지 주도성message-driven을 특징으로 합니다. 이러한 특성은 기능성, 견고성과 함께 변화하는 조건과 부하에 대한 적응성을 요구하는 현대 애플리케이션 시스템을 설계하는 기초가 됩니다.

반면, 지금까지 살펴본 반응형 프로그래밍은 데이터 흐름을 관리하고 애플리케이션 내에서 변경 사항을 전파하는 데 더 중점을 둡니다. 여기에는 애플리케이션이 데이터나 상태의 변화에 동적이고 효율적으로 반응하게 하는 프로그래밍 패러다임과 기술이 포함됩니다.

하지만 반응형 시스템의 원리를 플러터에 적용해 보면 아키텍처와 동작에서 놀라운 유사점을 발견할 수 있습니다. 플러터는 본질적으로 UI 개발에 중점을 두지만, 그 설계에는 더 큰 틀의 시스템적 접근 방식인 반응형 시스템과 맥을 같이하는 반응성의 여러 측면이 녹아 있습니다.

- **반응성**: 플러터의 UI는 상태 변화에 따라 실시간으로 업데이트되므로 사용자는 즉시 피드백을 받을 수 있습니다.
- **복원성**: 플러터의 위젯 핵심 설계는 개별 구성 요소가 실패해도 전체 애플리케이션이 중단되지 않고 복원력을 발휘하도록 지원합니다.
- **탄력성**: 플러터는 다양한 기기의 기능에 적응해 클라이언트 단에서의 UI 탄력성을 보여줍니다.
- **메시지 주도성**: 플러터는 이벤트 루프와 스트림을 사용한 비동기 메시지 전달을 강조하며, 이는 구성 요소를 분리하고 반응형 시스템을 유지하는 데 매우 중요합니다.

이 네 가지 특성은 렌더링 파이프라인부터 위젯 디자인에 이르기까지 플러터의 설계에 명확하게 반영되었습니다. 본질적으로 플러터는 UI 개발 도구이지만, 반응형 선언에 정의된 시스템의 특성을 잘 보여주며 현대 애플리케이션 구축에 대한 필요한 견고성과 적합성을 강조합니다.

2.2.2 플러터의 선언적 UI 접근

1장에서 간략히 다뤘듯이 플러터의 선언적 UI 구성 방식은 반응형 특성을 보완합니다. 선언적 프레임워크에서 개발자는 다양한 UI 상태에 따라 **화면을 어떻게 변화하는지** 자세히 특정 짓기보다는 특정 시점에 UI가 **어떤** 모습이어야 하는지 설명합니다. 이러한 고수준의 접근 방식은 UI 개발 프로세스를 더 직관적이고 효율적으로 만듭니다.

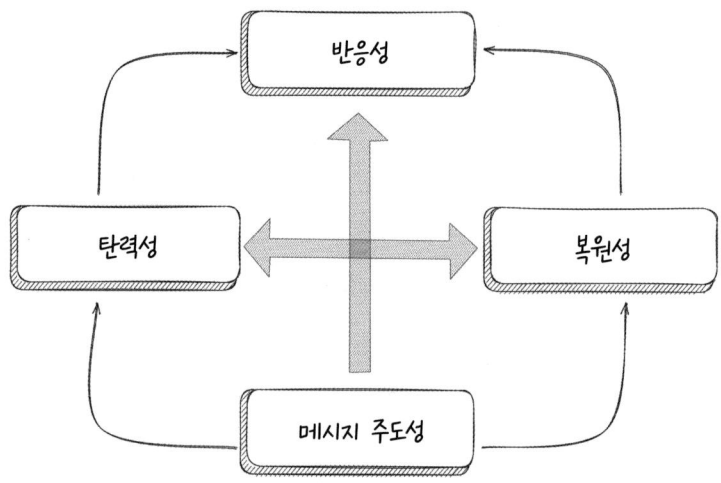

그림 2-1 반응형 선언의 4가지 핵심

플러터에서 각 위젯은 현재 상태와 구성에 따라 모양을 선언합니다. 그러면 프레임워크는 이 선언을 기반으로 UI 렌더링을 처리합니다. 개발자는 UI를 설명에만 집중하고 프레임워크는 렌더링의 복잡성을 처리하므로 개발 프로세스가 간소화됩니다.

2.2.3 플러터에서 반응형과 선언형 패러다임 연결하기

플러터의 진정한 힘은 반응형 패러다임과 선언형 패러다임의 상호 보완성입니다. 반응형 시스템은 상태가 올바르게 업데이트되게 보장하고, 선언적 특성은 이러한 UI 상태를 간단하게 설명합니다.

간단한 카운터 애플리케이션을 만들어 봅시다. UI는 숫자를 표시하는 텍스트 위젯과 해당 숫자를 증가시키는 `FloatingActionButton`으로 구성됩니다.

```
class CounterApp extends StatefulWidget {
  const CounterApp({super.key});
  @override
  CounterAppState createState() => CounterAppState();
}

class CounterAppState extends State<CounterApp> {
```

```
  int _counter = 0;
  void _incrementCounter() {
    setState(() {
      _counter++;
    });
  }

  String get _counterText => 'time${_counter == 1 ? '' : 's'}.';

  @override
  Widget build(BuildContext context) {
    return Scaffold(
      appBar: AppBar(
        title: const Text('Counter'),
      ),
      body: Center(
        child: Text('Tapped $_counter $_counterText.'),
      ),
      floatingActionButton: FloatingActionButton(
        onPressed: _incrementCounter,
        tooltip: 'Increment',
        child: const Icon(Icons.add),
      ),
    );
  }
}
```

이 코드를 간단히 설명하겠습니다.

- **반응형**: _incrementCounter 메서드는 반응적인 부분을 구현합니다. 버튼을 누르면 상태(_counter)가 변경되어 UI 업데이트를 수행합니다.
- **선언형**: build 메서드는 선언적 측면을 설명합니다. _counter 상태에 따라 UI가 어떻게 표시되어야 하는지 설명합니다. _counter가 변경될 때 UI를 업데이트하는 방법을 지정하는 코드는 없으며 플러터가 이를 자동으로 처리합니다. 상태 변경에 따라 UI가 자동으로 업데이트되는 것이 플러터의 반응형과 선언형 프로그래밍의 핵심입니다.

이 카운터 애플리케이션을 정적인 명령형 접근 방식을 사용해 구성했다면 프로세스가 더 번거로웠겠죠. 증가 버튼을 누른 후 개발자는 업데이트된 카운터값을 수동으로 가져와 숫자를 표시할 새 UI 엘리먼트를 만든 다음 프레임워크에 이 엘리먼트를 화면에 다시 그리도록 명시적으로 지시해야 합니다. 이렇게 하면 코드가 복잡해지고 버그가 발생할 가능성도 높아집니다.

2.3 플러터의 모토

"모든 것이 위젯이다"라는 말은 플러터에서 가장 유명한 모토motto입니다. 하지만 어떻게, 어디서 이런 말이 생겨났을까요? 위젯이 불변인데 플러터는 어떻게 상태에 따라 UI를 반응형으로 업데이트할까요? 그리고 플러터는 어떻게 그렇게 빠르고, 상대적으로 높은 새로고침 빈도를 유지할 수 있을까요?

지금부터 이 모토를 이해해 봅시다.

플러터 디자인 이념의 핵심은 레이아웃을 비롯한 전체 UI가 위젯으로 이루어지며, 이 중 위젯의 종류에 따라 변경을 허용하지 않는다는 점입니다. 이런 위젯들을 중첩해 다양하고 복잡한 구성의 UI를 만들 수 있습니다. 플러터 위젯은 기본적인 UI 구성 단위 역할을 하며, 위젯을 중첩해 복잡한 인터페이스를 만들 수 있습니다. 텍스트나 버튼 같은 기본 엘리먼트부터 그리드나 슬라이더 같은 정교한 엘리먼트에 이르기까지, 모든 UI 엘리먼트는 위젯으로 취급됩니다. 즉, 플러터로 만든 UI는 여러 위젯으로 구성될 수 있습니다. 이 접근 방식은 높은 유연성과 재사용성을 제공합니다. 예를 들어 패딩과 같은 기능도 프로퍼티가 아닌 위젯으로 구현됩니다.

플러터 개발자라면 `StatelessWidget`과 `StatefulWidget`에 익숙할 겁니다. 레이아웃을 구성할 때 반드시 필요하기 때문이죠.

그러나 플러터는 몇 가지 기본 위젯을 추가로 제공합니다. `RenderObjectWidgets`라는 고유한 위젯은 상위 수준 위젯과 하위 수준 렌더링 레이어 사이의 연결 고리를 형성합니다. 이는 결국 UI의 레이아웃과 좌표 구조를 관리하는 기본 렌더 트리render tree의 노드로 변환됩니다. 개발자는 주로 상위 수준 위젯과 상호작용하지만 이러한 위젯은 렌더 트리에 복잡하게 연결되어 사용자 인터페이스 디자인이 유연하고 레이아웃과 모양이 효율적으로 유지되도록 합니다.

렌더 트리를 언급했으니 플러터의 세 가지 주요 트리인 위젯 트리, 엘리먼트 트리element tree, 렌더오브젝트 트리render object tree를 소개하고 각각의 용도를 이해해 보겠습니다.

2.3.1 위젯 트리

위젯 트리는 플러터 개발자가 가장 직접적으로 상호작용하는 부분으로, UI의 구조와 속성을 정의하는 위젯의 계층 구조입니다. 위젯은 불변이므로 매개변수나 상태가 변경될 때마다 새로운 값으로 다시 빌드됩니다.

```
Scaffold(
  appBar: AppBar(
    title: Text('Flutter Trees'),
  ),
  body: Center(
    child: Padding(
      padding: EdgeInsets.all(8.0),
      child: Text('Exploring Flutter Trees'),
    ),
  ),
);
```

StatelessWidget이나 StatefulWidget 클래스로 더 많은 위젯을 만들 때 개발자는 암묵적으로 Widget 클래스에서 상속받습니다.[2]

```
// 플러터의 소스 코드
// packages/flutter/lib/src/widgets/framework.dart
abstract class StatelessWidget extends Widget {}
abstract class StatefulWidget extends Widget {}
```

Widget 클래스도 불변입니다.[3]

```
@immutable
abstract class Widget extends DiagnosticableTree {}
```

이제 두 가지 의문이 생깁니다. 위젯이 트리에서 어디에 있는지 어떻게 인식하고, 위젯이 불변인데 상태 업데이트를 어떻게 렌더링하고 반응할까요?

---

2 옮긴이_ 위젯을 만들 때 StatelessWidget이나 StatefulWidget 클래스를 상속한 클래스를 만들어 사용하는데, 이 클래스들이 Widget 클래스를 상속하는 구조이기 때문입니다.

3 옮긴이_ 따라서 Widget 클래스를 상속한 StatelessWidget이나 StatefulWidget 클래스도 불변이며 개발자가 만드는 위젯들도 불변입니다.

2.3.2 엘리먼트 트리

위젯은 트리에서 자신의 위치 정보를 유지하지 않으므로 이를 제공하는 다른 메커니즘이 있습니다. 엘리먼트는 위젯의 부모, 자식, 크기, 렌더오브젝트 등에 관한 정보를 유지합니다.

`Widget` 클래스 소스 코드만 봐도 이를 알 수 있습니다.

```
@immutable
abstract class Widget extends DiagnosticableTree {
  ...
  @protected
  @factory
  Element createElement();
  ...
}
```

위젯을 생성할 때 플러터는 `createElement()` 메서드를 호출해 `Element` 타입의 객체를 반환하고 `Element` 클래스는 `BuildContext`를 구현한다는 점을 알 수 있습니다.

```
abstract class Element
    extends DiagnosticableTree
    implements BuildContext {}
```

`BuildContext`는 플러터 개발자들에겐 익숙한 객체입니다. 바로 위젯의 `build()` 메서드의 매개변수이죠. 따라서 위젯은 빌드 메서드의 매개변수로 엘리먼트를 가져와 UI 트리에서 자신의 위치를 알 수 있습니다.[4]

```
class CustomWidget extends StatelessWidget {
  const CustomWidget({super.key});
  @override
  Widget build(BuildContext context) {
    return const SizedBox();
  }
}
```

---

[4] 옮긴이_ 자세한 설명은 다음 링크를 참고하시기 바랍니다. https://docs.flutter.dev/resources/architectural-overview?utm_source=chatgpt.com#build-from-widget-to-element

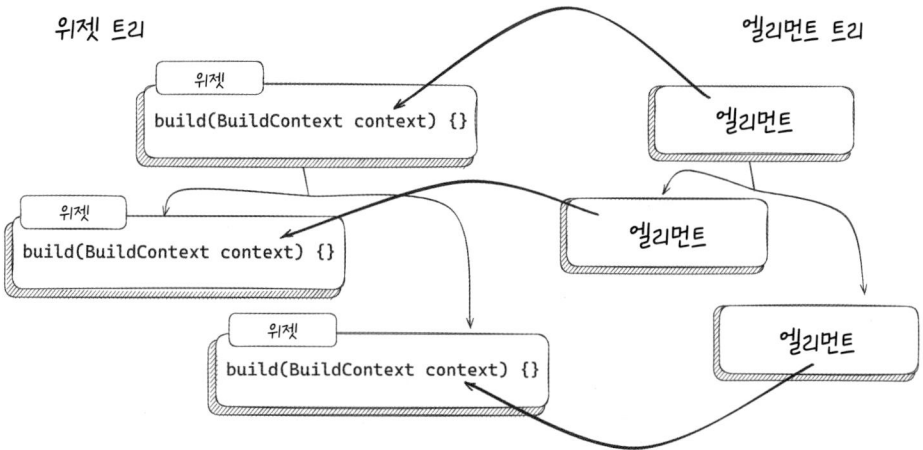

그림 2-2 플러터 위젯과 엘리먼트 트리

엘리먼트 트리는 위젯 트리의 지속성을 유지하는 역할을 합니다. 엘리먼트는 트리의 특정 위치에 있는 위젯을 나타냅니다. 위젯과 그 기본 렌더링 객체의 생명주기를 관리하는 역할을 합니다. 위젯과 달리 엘리먼트는 수명이 길고 변경도 가능합니다. 엘리먼트는 위젯이 변경될 때 업데이트를 지속해서 관리합니다.

플러터의 위젯 구조를 자세히 살펴보면 다양한 위젯이 구성되는 방식, 특히 그 엘리먼트를 살펴볼 때 흥미로운 차이를 발견할 수 있습니다. 예를 들어 StatelessWidget과 StatefulWidget은 ComponentElement에서 확장됩니다.

```
// 플러터 소스 코드
// packages/flutter/lib/src/widgets/framework.dart
abstract class StatelessWidget extends Widget {
  @override
  StatelessElement createElement() => StatelessElement(this);
}

class StatelessElement extends ComponentElement {}
```

이 코드로 생성되는 엘리먼트는 ComponentElement의 확장 객체인 StatelessElement입니다. 그러나 다른 플러터 프레임워크 위젯을 보면 상황이 달라집니다. 예를 들어 SingleChildRenderObjectWidget을 확장하는 SizedBox는 궁극적으로 종류가 다른 엘리먼트인 Render

ObjectElement를 상속받습니다.

```
// 플러터 소스 코드
// packages/flutter/lib/src/widgets/basic.dart
class SizedBox extends SingleChildRenderObjectWidget {}

// packages/flutter/lib/src/widgets/framework.dart
abstract class SingleChildRenderObjectWidget extends RenderObjectWidget {
  @override
  createElement() => SingleChildRenderObjectElement(this);
}

// packages/flutter/lib/src/widgets/framework.dart
class SingleChildRenderObjectElement extends RenderObjectElement {}
```

ComponentElement는 다른 엘리먼트의 호스트 역할을 하며 하위 트리의 루트를 구성합니다. 주목할 만한 점은 연관된 RenderObject가 없다는 것입니다. ComponentElement는 RenderObject를 직접 생성하지 않고 다른 엘리먼트를 생성해 RenderObject를 간접적으로 생성합니다. 반면에 엘리먼트 트리의 RenderObjectElement 노드는 렌더링의 레이아웃과 페인팅 단계에 적극적으로 관여합니다. 이러한 엘리먼트는 렌더 트리의 해당 RenderObject 노드에 연결됩니다. RenderObject는 크기 조정, 위치 지정, 히트 테스트(적중 테스트)^{hit-testing}, 페인팅과 같은 더 집중적인 작업을 수행해 UI 렌더링 작업의 대부분을 처리합니다.

2.3.3 렌더오브젝트 트리

렌더오브젝트 트리[5]는 UI의 실제 레이아웃과 렌더링을 처리합니다. 개발자는 크기 조정, 레이아웃, 페인팅, 구조가 애플리케이션 성능의 중요한 요소임을 잘 압니다. RenderObject를 사용하면 이러한 모든 작업을 한 프레임에서 다른 프레임으로 원활하게 처리해 시간을 절약하고 애플리케이션이 원활하게 실행되도록 할 수 있습니다. 이 트리는 플러터가 레이아웃 계산을 수행하고 화면에 UI를 그리는 곳입니다. 렌더오브젝트는 가변적이며 UI 엘리먼트의 크기, 위치, 렌더링을 담당합니다.

---

5 옮긴이_ 렌더오브젝트 트리는 레이아웃과 페인팅을 담당하는 트리입니다. 이 결과물을 최종 합성하는 레이어 트리까지 포함한 과정을 렌더 트리라고 통칭하기도 합니다.

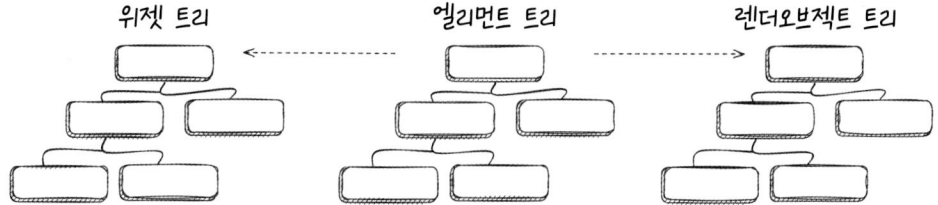

그림 2-3 플러터의 위젯 트리, 엘리먼트 트리, 렌더오브젝트 트리

지금까지 플러터의 유연성과 성능의 핵심 측면을 살펴보았습니다. 플러터를 사용하면 위젯 구성 외에도 렌더링 레이어를 더 깊이 파고들 수 있습니다. 실제로 위젯을 생성해 페인팅과 레이아웃을 제어할 수 있습니다.

지금부터는 플러터의 렌더링 엔진을 활용해 레이아웃과 페인팅 동작을 지정하는 사용자 정의 위젯을 만드는 방법을 자세히 살펴보겠습니다. 이 접근 방식은 필요에 따라 고유한 UI 엘리먼트를 만들어낼 수 있게 합니다.

2.3.4 위젯 해부하기

플러터 위젯, 특히 `SizedBox`의 내부 동작을 살펴보면 플러터의 설계를 엿볼 수 있습니다. `SingleChildRenderObjectWidget`의 구현 객체인 `SizedBox` 위젯은 플러터의 위젯 설계에 대한 다층적 접근 방식을 잘 보여줍니다. 플러터의 소스 코드에 정의된 `SizedBox`는 `RenderObjectWidget`을 확장하는 추상 클래스인 `SingleChildRenderObjectWidget`을 확장합니다.

```
// 플러터 소스 코드
// packages/flutter/lib/src/widgets/basic.dart
class SizedBox extends SingleChildRenderObjectWidget {}
```

그렇다면 `SingleChildRenderObjectWidget`이란 정확히 무엇일까요? 다른 위젯을 주로 구성하는 데 일반적으로 사용하는 `StatelessWidget`이나 `StatefulWidget`과 달리 `SingleChildRenderObjectWidget`은 렌더링 파이프라인에서 더 근본적인 임무를 수행합니다.

```
// 플러터 소스 코드
// packages/flutter/lib/src/widgets/framework.dart
```

```
abstract class SingleChildRenderObjectWidget
  extends RenderObjectWidget { ... }
```

좀 더 자세히 살펴보면 SingleChildRenderObjectWidget이 RenderObjectWidget을 상속한다는 것을 알 수 있습니다.

```
// 플러터 소스 코드
// packages/flutter/lib/src/widgets/framework.dart
abstract class RenderObjectWidget extends Widget {}
```

여기서 커스텀 위젯 생성의 진정한 힘이 발휘됩니다. 기본 제공 위젯, 컴포지션 기반의 StatelessWidget과 StatefulWidget 외에도 SizedBox와 같은 커스텀 위젯을 사용하면 레이아웃과 페인팅을 직접 제어해 특정 요구사항에 맞게 UI를 조정할 수 있습니다.

SizedBox 소스 코드를 살펴보면 구조와 기능을 알 수 있습니다.

```
class SizedBox extends SingleChildRenderObjectWidget {
  const SizedBox({
    super.key,
    this.width,
    this.height,
    super.child,
  });
  final double? width;
  final double? height;
  @override
  RenderConstrainedBox createRenderObject(
    BuildContext context,
  ) {}
  BoxConstraints get _additionalConstraints {}
  @override
  void updateRenderObject(
    BuildContext context,
    RenderConstrainedBox renderObject,
  ) {}
  @override
  String toStringShort() {}
  @override
  void debugFillProperties(
    DiagnosticPropertiesBuilder properties,
```

```
    ) {}
}
```

이 코드에서 주의 깊게 봐야 할 부분은 위젯이 하나의 자식을 받아들이는 기능과 createRender Object() 및 updateRenderObject() 메서드의 구현입니다. 이 메서드에 사용되는 Render ConstrainedBox는 RenderBox의 한 유형입니다.

```
class RenderConstrainedBox extends RenderProxyBox {}
class RenderProxyBox extends RenderBox
    with
        RenderObjectWithChildMixin<RenderBox>,
        RenderProxyBoxMixin<RenderBox> {}
```

그렇다면 RenderBox는 정확히 무엇일까요?

```
abstract class RenderBox extends RenderObject {}
```

예상하셨겠지만 RenderObject의 한 종류입니다.

플러터에서 RenderObject가 하는 주요 기능은 다음과 같습니다.

1. **레이아웃 처리**: RenderObject는 플러터의 레이아웃 규칙의 기본적인 틀을 제공합니다. 애플리케이션의 UI 내에서 위젯이나 UI의 일부가 어떻게 배치되고 크기가 조정되어야 하는지를 정의합니다. perform Layout()은 이 RenderObject의 레이아웃을 계산하는 작업을 수행합니다.
2. **인터페이스 페인팅**: 시각적 요소를 화면에 렌더링할 수 있는 기본 페인팅 인터페이스를 제공합니다. 여기에는 그래픽과 텍스트 등의 시각적 요소 처리가 포함됩니다. paint() 메서드는 주어진 오프셋에서 주어진 컨텍스트에 객체를 렌더링합니다.
3. **생명주기 관리**: RenderObject는 초기화와 리소스 정리를 포함하여 렌더 트리에서 해당 부분의 생명주기를 처리합니다.

RenderObject에는 크게 세 가지 종류가 있습니다.

1. **RenderBox**: 2D 공간에서 특정 크기와 위치를 정의해야 하는 위젯에 사용됩니다.
2. **RenderSliver**: 스크롤 가능한 영역 내의 위젯에 사용되며, 해당 영역의 일부가 렌더링 되는 방식을 처리합니다.
3. **RenderViewport**: 사용자가 콘텐츠의 일부를 볼 수 있는 표시창을 정의하는 위젯에 사용됩니다.

하지만 자식이 없거나 여러 개인 위젯은 어떨까요? 이럴 때 플러터는 다양한 `RenderObject Widget`으로 처리합니다.

| LeafRenderObjectWidget |

`LeafRenderObjectWidget`은 위젯 트리의 리프 노드$^{leaf\ node}$, 즉 자식 위젯을 포함하지 않는 위젯용으로 설계되었습니다. 이 서브클래스^{subclass}는 일반적으로 너비, 높이, 여백, 패딩과 같은 측면을 포함하는 박스 모델 레이아웃을 처리하는 플러터의 기본 렌더오브젝트인 `RenderBox`를 생성하는 것과 관련이 있습니다. 간단한 장식에 사용하는 `DecoratedBox`나 사용자 지정 페인팅 작업에 사용하는 `CustomPaint`와 같이 자식 위젯과 상호작용할 필요가 없는 독립적인 위젯은 `LeafRenderObjectWidget`으로 가장 잘 표현됩니다. 레이아웃 복잡성 측면에서 가장 단순하며, 자식 위젯을 고려하지 않고 위젯 자체를 렌더링하는 데 중점을 둡니다.

| SingleChildRenderObjectWidget |

`LeafRenderObjectWidget`보다 한 단계 더 복잡해진 `SingleChildRenderObjectWidget`은 하나의 자식을 관리하는 위젯에 맞게 조정되었습니다. `LeafRenderObjectWidget`과 마찬가지로 일반적으로 `RenderBox`를 생성하지만 하나의 자식 위젯을 정렬하고 배치하는 역할이 추가됩니다. 이 서브클래스는 자식에 특정 제약 조건이나 프로퍼티를 적용하는 위젯에 적합합니다.

| MultiChildRenderObjectWidget |

두 개 이상의 자식 위젯이 포함된 더 복잡한 레이아웃에는 `MultiChildRenderObjectWidget`이 활용됩니다. 이 서브클래스는 여러 자식을 관리하고 배치하도록 설계되었으며, 자식의 상호작용과 레이아웃 제약 조건을 처리하는 더 정교한 로직이 필요합니다. 이 카테고리에 속하는 위젯의 예로는 `Row`, `Column`, `Stack`이 있습니다. 각 위젯은 `MultiChildRenderObjectWidget`을 사용해 자식을 가로나 세로 또는 겹치는 레이아웃으로 정렬합니다. 이 서브클래스는 특정 레이아웃에서 여러 자식을 관리해야 하는 사용자 정의 가능한 위젯을 만드는 데 필수입니다.

플러터의 렌더오브젝트와 렌더링 파이프라인은 그 복잡성 때문에 책 한 권을 쓸 정도입니다.

하지만 여기서 다루는 기본 내용은 자신만의 렌더링 객체를 만들고 조정하는 데 도움이 될 것입니다. 그럼, 시작해 보겠습니다.

	StatelessWidget과 StatefulWidget	RenderObjectWidget
build 메서드	사용	미사용
렌더오브젝트	미사용	사용

2.3.5 커스텀 렌더오브젝트로 위젯 빌드하기

LabeledDivider라는 커스텀 플러터 위젯을 만들어 보겠습니다. 이 위젯은 화면에 가로로 선을 그리고 가운데에 레이블(텍스트)을 표시합니다. 레이블에 들어 갈 텍스트, 선의 두께와 색상에 대한 매개변수를 사용할 수 있습니다.

1단계: main() 함수 작성하기

애플리케이션을 실행하는 main() 함수부터 시작해 보겠습니다.

```
void main() {
  runApp(MaterialApp(
    home: Scaffold(
      appBar: AppBar(
        title: const Text('Labeled Divider Example'),
      ),
      body: const Column(
        children: [
          Text('Above the divider'),
          LabeledDivider(
            label: 'Divider Label',
            thickness: 2.0,
            color: Colors.blue,
          ),
          Text('Below the divider'),
        ],
      ),
    ),
  ));
}
```

이 코드에서는 LabeledDivider 위젯이 포함된 기본 애플리케이션을 구축했습니다.

2단계: LabeledDivider 위젯 정의하기

다음으로 레이블, 두께, 색상 매개변수를 받는 LabeledDivider 위젯을 정의해 보겠습니다. 이 위젯에는 자식 위젯이 없으므로 LeafRenderObjectWidget 클래스에서 상속받으면 적합할 것 같습니다.

```dart
class LabeledDivider extends LeafRenderObjectWidget {
  const LabeledDivider({
    super.key,
    required this.label,
    this.thickness = 1.0,
    this.color = Colors.black,
  });
  final String label;
  final double thickness;
  final Color color;
  @override
  RenderLabeledDivider createRenderObject(
    BuildContext context,
  ) {
    // 이후 단계에서 추가할 예정
  }
  @override
  void updateRenderObject(
    BuildContext context,
    RenderLabeledDivider renderObject,
  ) {
    // 이후 단계에서 추가할 예정
  }
}
```

createRenderObject()와 updateRenderObject() 메서드는 각각 RenderObject를 생성하고 업데이트하는 역할을 담당합니다.

3단계: RenderLabeledDivider 생성하기

이제 RenderBox를 상속받는 RenderLabeledDivider 클래스를 정의해 보겠습니다.

```
class RenderLabeledDivider extends RenderBox {
  // 변수와 메서드는 다음 단계에서 추가함
}
```

4단계: Private 변수와 TextPainter 정의하기

4단계에서 만든 클래스에 private 변수를 정의하고 RenderLabeledDivider에서 TextPainter를 초기화하는 생성자를 추가합니다.

```
class RenderLabeledDivider extends RenderBox {
  String _label;
  double _thickness;
  Color _color;
  late TextPainter _textPainter;
  RenderLabeledDivider({
    required String label,
    required double thickness,
    required Color color,
  })  : _label = label,
        _thickness = thickness,
        _color = color {
    _textPainter = TextPainter(
      textDirection: TextDirection.ltr,
    );
  }
  // 세터와 게터는 다음 단계에서 추가함
}
```

5단계: 세터와 게터 정의하기

렌더오브젝트는 항상 데이터를 수신하며, 수신한 값을 private 변수로 할당해야 합니다. 이는 세터setter와 게터getter를 통해 처리하는 것이 바람직합니다.

```
class RenderLabeledDivider extends RenderBox {
  // Step 4에서 작성한 코드...
  set label(String value) {
    if (_label != value) {
      _label = value;
```

```
      // 업데이트 로직 추가 예정
    }
  }

  String get label => _label;

  // 이와 유사하게 thickness와 color의 게터/세터 설정
}
```

6단계: createRenderObject 완성하기

이제 LabeledDivider 위젯으로 돌아가서 createRenderObject 메서드를 완성합니다.

```
@override
RenderLabeledDivider createRenderObject(
  BuildContext context,
){
  return RenderLabeledDivider(
    label: label,
    thickness: thickness,
    color: color,
  );
}
```

이 메서드는 주어진 매개변수를 사용해 RenderLabeledDivider의 인스턴스를 생성합니다.

7단계: updateRenderObject 메서드 완성하기

LabeledDivider에서 updateRenderObject 메서드도 완성합니다.

```
@override
void updateRenderObject(
  BuildContext context,
  RenderLabeledDivider renderObject,
){
  renderObject
    ..label = label
    ..thickness = thickness
    ..color = color;
}
```

이 메서드는 위젯이 새로 그려질 때 렌더오브젝트를 새 매개변수로 업데이트합니다. 따라서 새 변수는 세터에 전달되며, 변수가 있을 때 이를 어떻게 처리할지 결정하는 것은 렌더오브젝트의 역할입니다.

8단계: RenderLabeledDivider 위젯의 performLayout 메서드 구현하기

앞서 언급했듯이 페인팅과 레이아웃 수행은 렌더오브젝트의 가장 중요한 작업입니다.

텍스트를 포함한 가로선의 크기를 계산하는 메서드인 RenderLabeledDivider에서 performLayout을 구현해 보겠습니다.

```
@override
void performLayout() {
  _textPainter.text = TextSpan(
    text: _label,
    style: TextStyle(
      color: _color,
    ),
  );
  _textPainter.layout();
  final double textHeight = _textPainter.size.height;
  size = constraints.constrain(
    Size(
      double.infinity,
      _thickness + textHeight,
    ),
  );
}
```

페인트 메서드는 실제로 선과 텍스트를 그립니다.

```
@override
void paint(PaintingContext context, Offset offset) {
  final Paint paint = Paint()..color = _color;
  final double yCenter = offset.dy + size.height / 2;

  // 선 페인팅
  context.canvas.drawLine(
    offset,
    Offset(offset.dx + size.width, yCenter),
```

```
      paint,
    );
    // 텍스트 페인팅
    final double textStart =
      offset.dx + (size.width - _textPainter.size.width) / 2;
    _textPainter.paint(
      context.canvas,
      Offset(textStart, yCenter - _textPainter.size.height / 2),
    );
}
```

Paint 클래스와 TextPainter로 선과 레이블을 그릴 것입니다.

9단계: describeSemanticsConfiguration 메서드 정의하기

시작하기 전에 플러터의 시맨틱semantics을 전혀 모르더라도 걱정하지 마세요. 시맨틱에 관한 자세한 내용은 21장에서 확인할 수 있습니다.

앞서 다룬 performLayout과 paint라는 두 메서드는 플러터의 시맨틱 시스템에 어떤 값도 추가하지 않으므로, 이 위젯에서 애플리케이션이 액세스하게 하려면 describeSemanticsConfiguration()을 호출하면 됩니다.

```
import 'package:flutter/semantics.dart';

// ....
@override
void describeSemanticsConfiguration(
  SemanticsConfiguration config,
) {
  super.describeSemanticsConfiguration(config);
  config
    ..isSemanticBoundary = true
    ..label = 'Divider with text: $_label';
}
```

10단계: markNeedsLayout과 markNeedsPaint 메서드 호출 추가하기

마지막으로 RenderLabeledDivider의 세터에 markNeedsLayout과 markNeedsPaint에 대한 메서드의 호출을 추가해야 합니다.

```
set label(String value) {
  if (_label != value) {
    _label = value;
    markNeedsLayout();
    // 레이블 변경 시 업데이트
    markNeedsSemanticsUpdate();
  }
}

set thickness(double value) {
  if (_thickness != value) {
    _thickness = value;
    // 두께 변경 시 레이아웃만 업데이트
    markNeedsLayout();
  }
}

set color(Color value) {
  if (_color != value) {
    _color = value;
    // 색상 변경 시 페인트만 업데이트
    markNeedsPaint();
  }
}
```

markNeedsLayout과 markNeedsPaint 메서드는 위젯의 속성이 변경될 때 위젯이 다시 그려지거나 다시 배치되도록 합니다.

- **markNeedsPaint**: 색상이 변경되는 등 시각적 외관을 업데이트해야 할 때 호출됩니다.
- **markNeedsLayout**: 라벨이나 두께 변경 등 레이아웃 크기와 형태에 영향을 미치는 변경이 있을 때 호출됩니다. 이를 호출하면 markNeedsPaint도 함께 커버되므로 두 함수를 동시에 호출할 필요가 없습니다.
- **markNeedsSemanticsUpdate**: 라벨이 변경될 때 시맨틱 정보를 업데이트하기 위해 호출됩니다.

Labeled Divider Example

Divider Label

그림 2-4 RenderObjectWidget으로 생성한 커스텀 위젯의 완성 화면

이러한 구현으로 RenderLabeledDivider는 LabeledDivider 위젯의 레이아웃, 페인트, 시맨틱 정보를 제공할 수 있으며 속성의 변경에 반응해 작업을 수행합니다.

2.3.6 엘리먼트와 렌더오브젝트가 별도 트리로 구성된 이유

플러터에서 엘리먼트와 렌더오브젝트 트리를 분리하는 것은 프레임워크의 성능, 명확성, 타입 안전성을 향상하는 중요한 설계의 결정 사항입니다.

플러터에서는 레이아웃 변경이 발생하면 레이아웃 트리의 관련 부분, 즉 렌더오브젝트 트리만 업데이트하는 것이 효율적입니다. 엘리먼트 트리는 계층적 구성 때문에 일반적으로 더 많은 노드를 포함합니다. 두 트리가 결합했을 때 레이아웃을 업데이트하려면 엘리먼트 트리의 수많은 불필요한 노드를 거쳐야 하므로 성능이 낮아집니다. 플러터는 이러한 트리를 분리해 레이아웃 업데이트가 더 집중적이고 효율적으로 이루어지도록 하여 전반적인 애플리케이션 성능을 향상합니다.

이와 같은 기준으로 각 위젯 트리를 분리하면 책임 분담을 더 세밀하게 할 수 있습니다.

- **위젯 프로토콜**: 위젯(또는 엘리먼트) 트리는 UI의 구조와 구성을 설명하는 데 중점을 둡니다. UI의 모양을 나타내는 불변 위젯을 다룹니다.
- **렌더오브젝트 프로토콜**: 렌더오브젝트 트리는 실제 레이아웃과 페인팅을 담당합니다. 여기서 렌더오브젝트는 변경 가능하며 UI의 위치와 시각적 측면을 처리합니다.

이렇게 명확하게 분리하면 두 프로토콜의 API 인터페이스가 단순화됩니다. 위젯은 단순하고 선언적인 상태로 유지할 수 있고, 렌더오브젝트는 레이아웃과 렌더링 세부 사항에 집중할 수 있습니다. 결과적으로 두 시스템의 복잡성이 줄어들고 버그의 위험이 낮아지며 테스트하기 쉬워집니다.

마지막으로, 트리의 분리는 레이아웃 프로세스에서 타입 안전성을 향상합니다. 렌더오브젝트 트리는 런타임에 자식 객체가 특정 좌표에 맞는 올바른 타입인지 확인할 수 있습니다. 예를 들어, 렌더 박스는 박스 좌표를 사용하는 자식 렌더오브젝트를 예상합니다.

반면 위젯 트리에 해당하는 엘리먼트 트리는 처리할 수 있는 자식 타입에 대해 더 유연합니다. 하나의 위젯을 좌표와 상관없이 다양한 레이아웃 모델(예: Box나 Sliver 레이아웃)에서 사용할 수 있습니다. 엘리먼트와 렌더오브젝트 트리를 결합하면 각 위젯이 자식의 특정 레이아웃 제약 조건과 좌표계를 인식해야 하므로 타입 검사가 추가로 필요하고 위젯의 설계가 복잡해집니다.

또한 이런 점은 소프트웨어 엔지니어링의 기본 원칙인 '관심사 분리'를 잘 나타냅니다. 이 원칙은 플러터의 설계에 신중하게 구현되어 깔끔하고 효율적인 설계를 보장합니다.

2.3.7 최적화

플러터의 내부 최적화 전략과 알고리즘은 복잡한 UI를 효율적으로 처리하는 기능의 기반입니다. 이러한 최적화에는 계산 복잡도(빅오 기법Big O notation)와 특수 알고리즘을 신중하게 고려해 점점 더 복잡해지는 UI에 따라 성능을 잘 확장할 수 있도록 합니다.

빅오 기법은 알고리즘의 효율성을 설명하는 데 사용되는 수학적 개념으로, 특히 입력 데이터의 크기에 따라 성능이 어떻게 확장되는지를 나타냅니다. 플러터의 맥락에서 보면 다음과 같은 효과를 가져옵니다.

- **O(N) 알고리즘**: 플러터의 많은 알고리즘은 선형(O(N))을 지향하므로 위젯이나 엘리먼트의 수에 비례해 소요 시간이 증가합니다. 이는 UI 복잡성이 증가할 때 응답성을 유지하는 데 매우 중요합니다.
- **O(N²) 상황 피하기**: 플러터는 엘리먼트 수의 제곱에 따라 소요 시간이 증가하는 이차(O(N²)) 알고리즘을 피합니다. 이러한 알고리즘은 대규모 UI에서 상당한 성능 저하를 초래할 수 있습니다.

플러터의 핵심 최적화 기술은 특히 복잡한 UI를 처리할 때 효율성을 보장하는 몇 가지 핵심 전략을 포함합니다.

레이아웃 시스템은 기존 엘리먼트의 레이아웃을 최적화하고 전체 트리 이동을 최소화해 레이아웃 계산이 UI 엘리먼트의 증가보다 느리게 확장되는 서브선형sublinear 성능을 높이는 방식으로 설계되었습니다.

위젯 리빌드도 마찬가지입니다. 위젯은 불변이며, 변경된 위젯과 그 하위 위젯만 리빌드되고 프레임워크는 필요한 위젯만 선택적으로 업데이트해 불필요한 계산을 줄입니다.

페인팅과 레이아웃에 필수인 렌더오브젝트는 매개변수 캐싱caching을 활용하므로 변경되지 않은 매개변수를 다시 계산하거나 다시 그릴 필요가 없어 성능이 높아집니다.

트리 조정 및 엘리먼트 업데이트는 동일한 하위 목록과 단일 수정 등을 효과적으로 처리하는 효율적인 알고리즘으로 간소화되어 신속한 UI 업데이트를 보장합니다.

또한 플러터는 메모리 사용량 및 가비지 수집 최적화, 위젯 생명주기 및 관련 엘리먼트 관리, 오브젝트 렌더링에 중점을 두어 메모리 누수를 줄이고 가비지 수집 빈도를 낮춰 성능 저하를 방지합니다.

이러한 최적화 덕분에 플러터는 매우 복잡한 애플리케이션에서도 원활하고 반응이 빠른 인터페이스를 제공합니다.

2.4 주요 구성 요소와 프레임워크

플러터의 핵심 구성 요소인 위젯을 살펴보았으니, 이제 한 걸음 뒤에서 통합 시스템으로서 플러터가 어떻게 작동하는지를 더 폭넓게 이해해 보겠습니다.

2.4.1 플러터에서 네이티브의 정의

플러터는 기존의 '네이티브native' 애플리케이션 정의에 도전합니다. 플러터 애플리케이션은 플랫폼별 UI 라이브러리를 사용하지 않지만 기계 코드(ARM이나 x64 명령어)로 직접 컴파일되며, 웹 애플리케이션은 자바스크립트로 컴파일됩니다.[6] 이런 접근 방식은 코드가 기기의 런타임 환경에서 실행 가능한 기계 코드로 컴파일되는 안드로이드와 iOS의 기본 개발 프로세스를 반영합니다. 그러나 플러터만의 독특한 점은 중간 바이트 코드(안드로이드와 유사한 형태)나 중간 언어 단계(iOS와 유사한 형태)를 우회해 효율적이고 직접적인 실행을 가능하게 하는 데 있습니다.

---

6 옮긴이_ 플러터 3.22 업데이트 이후 자바스크립트보다 더 빠른 애플리케이션 구동을 위해 WebAssembly(WASM)로도 컴파일됩니다.

2.4.2 플러터의 계층형 설계

플러터의 설계는 본질적으로 계층형이며 확장할 수 있습니다. 시스템의 각 계층은 하위 계층에 의존하지만 어떤 계층도 다른 계층에 대한 액세스 권한을 갖지 않습니다. 이러한 구조 덕분에 프레임워크의 모든 부분은 선택 사항이며 교체할 수 있습니다.

임베더 계층

임베더 계층 embedder layer 은 플러터 엔진과 그 아래의 운영 체제(OS)를 연결합니다. 이 계층은 애플리케이션의 런타임 환경을 설정하고 관리하며 플러터 애플리케이션이 다양한 플랫폼에서 올바르게 작동하는 데 필수적인 작업을 처리합니다. 소스 코드는 다음 링크에서 볼 수 있습니다.[7]

임베더는 각 대상 플랫폼에 적합한 언어(예: 안드로이드용 자바와 C++, iOS와 macOS용 오브젝티브-C Objective-C/오브젝티브-C++ Objective-C++, 윈도우와 리눅스용 C++)로 작성됩니다. 이를 통해 임베더는 플랫폼별 기능과 최적화를 활용해 플러터 애플리케이션이 OS의 기본 기능과 원활하게 통합되도록 합니다.

임베더 계층의 설계는 플러터 코드를 기존 애플리케이션에 모듈로 통합하거나 새 애플리케이션의 전체 콘텐츠에 플러터를 사용할 수 있는 유연성을 제공합니다. 이러한 다용도성 덕분에 플러터는 새로운 프로젝트뿐 아니라 기존 코드베이스에 점진적으로 통합하는 데도 적합합니다.

임베더는 OS와 협력해 플러터 UI를 그릴 렌더링 표면에 접근합니다. 여기에는 그래픽 컨텍스트를 관리하고 플러터의 렌더링 엔진이 UI를 화면에 효과적으로 그릴 수 있도록 하는 작업이 포함됩니다.

임베더는 터치와 키보드 입력 같은 입력 이벤트를 처리하고 플랫폼의 접근성 기능과 통합됩니다. 이로써 플러터 애플리케이션은 네이티브 애플리케이션처럼 반응성과 접근성을 갖춘 사용자 경험을 제공할 수 있습니다.

임베더는 초기화, 실행, 해체를 포함한 애플리케이션의 생명주기를 관리합니다. 또한 이벤트 루프가 포함되어 사용자 이벤트와 시스템 메시지를 신속하게 처리해 플러터 엔진으로 전송합니다.

---

[7] https://github.com/flutter/engine/tree/main/shell/platform

임베더는 플랫폼별 API를 노출해 플러터 애플리케이션이 GPS, 센서, 로컬 저장소와 같은 OS 의 네이티브 기능을 활용할 수 있도록 합니다.

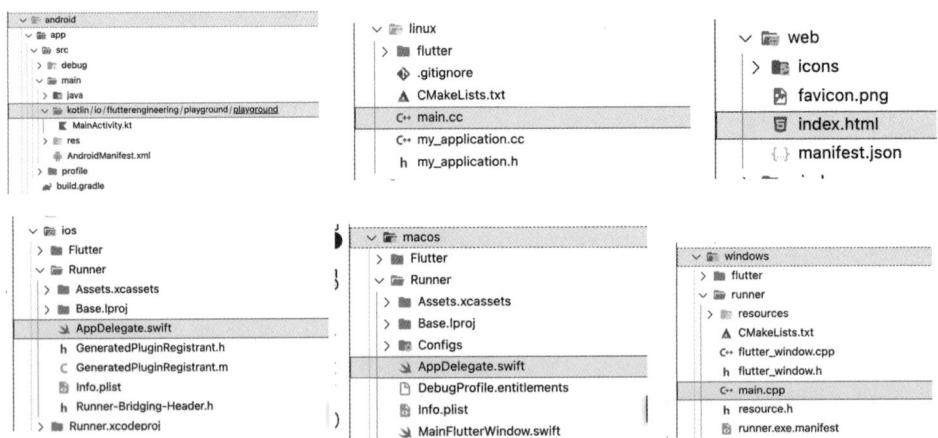

그림 2-5 플러터에서의 플랫폼별 임베더 구조

flutter create에서 생성된 애플리케이션 템플릿의 일부인 Runner는 임베더의 플랫폼별 API가 제공하는 조각들을 애플리케이션 패키지로 구성합니다. 이 패키지는 대상 플랫폼에서 실행할 수 있으므로 플러터와 네이티브 코드의 조합을 효과적으로 배포 가능한 형태로 전환할 수 있습니다.

| 확장성을 위한 커스텀 임베더 |

플러터의 설계는 일반적인 플랫폼 외에도 커스텀 임베더를 만들 수 있도록 지원합니다. 이러한 확장성 덕분에 플러터는 공식적으로 지원되지 않는 운영 체제와 다양한 기기에서 실행할 수 있으므로 데스크톱, 모바일 기기, 임베디드 시스템 전반에 걸쳐 애플리케이션을 배포할 수 있습니다.

플러터의 엔진 계층

플러터의 엔진은 주로 합성된 장면[8]을 래스터화rasterizing하는 작업을 담당합니다. 즉 플러터 프

---

8 옮긴이_ 위젯들이 배치되어 합성된 장면을 뜻합니다.

레임워크에 정의된 시각적 요소를 가져와 화면의 픽셀로 변환하며, 이는 플러터 애플리케이션의 사용자 인터페이스를 렌더링하는 데 필수인 프로세스입니다. 관련 소스 코드는 다음 링크에서 볼 수 있습니다.[9]

이런 과정으로 플러터의 핵심 API의 저수준 구현을 제공합니다. 여기에는 그래픽의 처리, 텍스트 레이아웃, 파일 및 네트워크 입출력, 접근성 지원 및 플러그인 아키텍처가 포함됩니다. 이러한 기본적인 측면을 관리함으로써 플러터 애플리케이션이 구축될 탄탄한 기반을 갖추도록 지원합니다.

이 엔진에는 다트 런타임과 다트 코드 컴파일을 위한 툴체인이 포함됩니다. 이는 다트로 작성된 플러터 애플리케이션을 실행하는 데 매우 중요합니다. 이 엔진은 고도로 최적화된 네이티브 코드를 생성하는 릴리스 빌드를 위한 사전$^{\text{ahead of time}}$(AOT) 컴파일과 핫 리로드와 같은 기능을 허용하는 개발 빌드를 위한 적시 컴파일$^{\text{just in time}}$(JIT)[10]을 모두 처리합니다.

엔진은 그래픽 렌더링에 대부분의 플랫폼에서 Skia를, iOS에서는 Impeller를 사용합니다. Impeller는 안드로이드와 macOS에서도 플래그를 활용할 수 있습니다. Impeller 지원 현황은 다음 링크에서 확인할 수 있습니다.[11]

Skia는 다양한 하드웨어와 소프트웨어 플랫폼에서 작동하는 공통 API를 제공하는 오픈 소스 2D 그래픽 라이브러리입니다. Impeller는 iOS 기기에 최적화된 최신 그래픽 렌더러^{renderer}로, GPU에 직접 액세스하여 향상된 성능을 제공합니다.[12]

텍스트 렌더링은 플러터 엔진의 또 다른 핵심 기능입니다. 텍스트 레이아웃 엔진은 다양한 언어, 글꼴, 렌더링 특성을 처리해 플러터 애플리케이션의 텍스트가 모든 플랫폼에서 명확하고 올바르게 표시되도록 합니다.

엔진은 `dart:ui` 라이브러리를 사용해 플러터 프레임워크에 활용됩니다. 이 라이브러리는 엔진의 기본 C++ 코드를 다트 클래스로 감싸 상위 프레임워크에서 접근할 수 있도록 합니다. 그래픽, 텍스트, 입력 등을 위한 기본 요소들을 포함합니다.

---

[9] https://github.com/flutter/engine/tree/main/shell/common
[10] 옮긴이_ 자세한 내용은 다음 링크를 참고하시길 바랍니다. https://docs.flutter.dev/resources/faq?utm_source=chatgpt.com#why-did-flutter-choose-to-use-dart
[11] http://docs.flutter.dev/perf/impeller#availability
[12] 옮긴이_ 현재는 Android와 iOS의 플러터 기본 렌더링 엔진으로 Impeller를 활용하지만, 일부 기능과 노후 장비, 웹, 데스크톱을 대상으로는 여전히 Skia를 사용합니다.

엔진은 플러그인 아키텍처를 지원해 개발자가 플러터 애플리케이션의 기능을 확장하는 플러그인을 사용하거나 만들 수 있도록 합니다. 이러한 플러그인은 네이티브 플랫폼 API와 인터페이스를 연결하여 기기 특화 기능에 접근할 수 있습니다.

플랫폼 적응성

플러터 엔진은 다양한 플랫폼에서 활용할 수 있도록 설계되었습니다. iOS, 안드로이드, 웹, 데스크톱 등 어느 플랫폼에서 실행하더라도 엔진은 플랫폼별로 특화된 임베더와 연동해 운영 체제별 기능과 제약 조건 등에 알맞게 통합되어 실행되도록 합니다.

플러터 프레임워크 계층

플러터 프레임워크 계층은 대부분의 개발자가 직접 상호작용하는 부분입니다. 이 계층은 모두 다트로 작성되었으며, 플러터 엔진 위에 자리해 사용자 인터페이스를 구축하고 애플리케이션의 동작을 처리하는 다양한 도구와 API를 제공합니다. 관련 소스 코드는 다음 링크를 확인해 보세요.[13]

그럼, 플러터 프레임워크 계층의 주요 부분을 더 살펴보겠습니다.

1. **현대적인 반응형 프레임워크**
   - 반응형 프로그래밍 모델: 플러터 프레임워크는 반응형 프로그래밍 모델을 채택해 사용자와의 상호작용과 상태 변화에 실시간으로 반응하는 동적인 UI를 쉽게 구축할 수 있습니다.
   - 선언형 UI 방식: 개발자는 위젯을 선언declare해 사용하고, 위젯은 언제든 UI가 어떤 모습을 나타내야 하는지 설명하고 빌드됩니다. 선언형 방식은 UI 개발 프로세스를 간소화하고 코드의 가독성과 유지보수성을 향상합니다.

2. **위젯 기반 아키텍처**
   - 위젯을 기본 단위로 활용: 위젯은 플러터 애플리케이션 UI의 기본 구성 단위입니다. 간단한 텍스트 레이블에서부터 복잡한 레이아웃까지, 플러터 UI는 모두 위젯으로 이루어집니다.
   - 광범위한 위젯 라이브러리: 플러터는 구조적인 엘리먼트(예: 버튼, 메뉴), 스타일 엘리먼트(예: 글꼴, 색상), 레이아웃 엘리먼트(예: 여백, 정렬)를 포함한 사전에 제작된 방대한 위젯 라이브러리를 제공합니다.

3. **풍부한 라이브러리와 API**
   - 기초 라이브러리: 애니메이션, 페인팅, 제스처를 포함하여 엔진의 저수준 기반에서 자주 사용되는 라이브러리를 제공합니다.

---

[13] https://github.com/flutter/flutter/tree/main/packages/flutter/lib

- 렌더링 레이어: 레이아웃을 처리하는 레이어로, 렌더링 가능한 오브젝트 트리를 동적으로 조작할 수 있도록 합니다.
  - 머티리얼 디자인Material Design과 쿠퍼티노 디자인Cupertino Design 라이브러리: 대표적인 디자인 가이드인 구글의 머티리얼 디자인과 애플의 쿠퍼티노 디자인 표준을 준수하는 포괄적인 UI 라이브러리를 제공합니다.

4. **패키지 생태계**
   - 풍부한 패키지 생태계: 플러터 프레임워크는 오픈 소스를 통해 개발자 생태계의 지원이 활발히 이루어지는 편입니다. 플랫폼 플러그인(예: 카메라, GPS)과 플랫폼에 종속되지 않는 기능들(예: HTTP, 애니메이션)이 제공됩니다.
   - 커뮤니티 기여: 여러 커뮤니티와 개발자들의 기여 덕분에 다양한 기능과 서비스가 개발되고 보완되며 발전 중입니다.

5. **기본 엔진과의 통합**
   - dart:ui와의 상호작용: 플러터 프레임워크는 엔진에서 제공하는 dart:ui 라이브러리를 활용해 그래픽, 텍스트, 입력 기본 요소에 접근하여 저수준 렌더링 레이어와 연동됩니다.

6. **사용자 지정 가능한 UI 및 고수준 기능**
   - 맞춤 및 확장 가능: 개발자는 커스텀 위젯을 만들거나 기존 위젯을 커스터마이징하여 특정 디자인 요구 사항에 맞게 애플리케이션의 UI를 조정할 수 있습니다.
   - 애플리케이션 개발에 유용한 고수준 기능 제공: 프레임워크에 활용할 내비게이션이나 상태 관리 같은 고수준 기능을 제공해 복잡한 애플리케이션 개발을 단순화합니다.

2.4.3 플러터 애플리케이션의 구성

flutter create 명령어로 만든 일반적인 플러터 애플리케이션은 여러 가지 상호 연결된 구성 요소에 의존합니다.

- **다트 애플리케이션**: 최상위 계층으로, 위젯으로 UI를 구성하고 비즈니스 로직을 구현하는 곳입니다.
- **프레임워크**: 애플리케이션 개발에 유용한 고수준 API를 제공하며, 위젯 트리 구성과 화면을 생성합니다.
- **엔진**: 프레임워크 및 플랫폼별 특화된 구성 요소와 연계해 화면을 래스터화하고 핵심 API를 구현합니다.
- **임베더**: 렌더링, 입력 관리, 이벤트 루프 관리 등의 서비스를 OS와 협력해 처리합니다.
- **실행부**runner: 플랫폼 특화 API를 결합해 특정 플랫폼에서 실행 가능한 애플리케이션 패키지로 만듭니다.

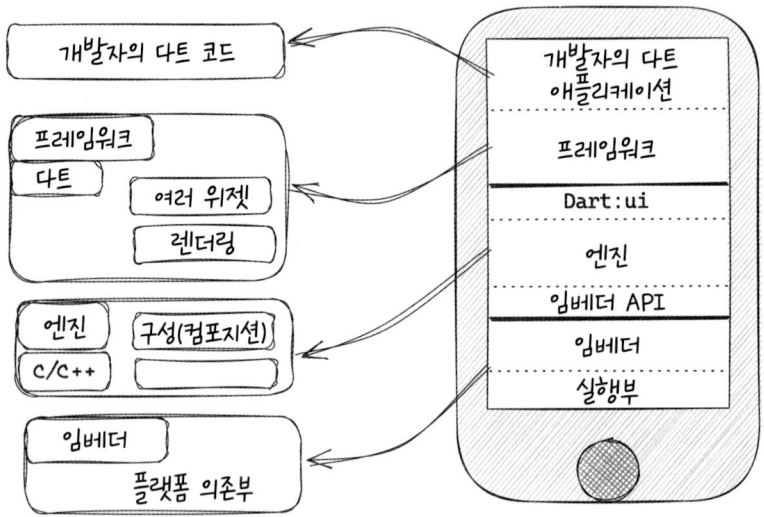

그림 2-6 플러터 아키텍처를 애플리케이션에 반영한 모습

2.4.4 플러터의 독창적인 접근 방식

플러터는 렌더링 방식에서도 차별화됩니다. 네이티브 UI 컴포넌트나 웹 뷰를 사용하는 기존의 크로스 플랫폼 프레임워크와 달리 플러터는 자체 엔진으로 UI를 렌더링합니다. 이 방식은 추상화 계층을 줄여 여러 플랫폼에서 더 나은 성능과 일관성을 제공합니다. 특히 그래픽 기능을 갖춘 플러터의 엔진은 매끄럽고 시각적으로 매력적인 애플리케이션에 필수인 고성능 렌더링을 가능하게 합니다.

2.5 그래픽, 렌더링, 시각화

플러터의 아키텍처, 위젯, 렌더링 객체의 역할을 살펴보았으니, 이제 퍼즐의 핵심 요소 중 하나인 렌더러를 이해할 차례입니다. 플러터의 렌더러는 위젯과 관련 렌더링 객체에서 정의한 UI 코드를 화면에 표시되는 실제 픽셀로 변환하는 메커니즘입니다. 렌더러는 UI의 추상적 정의와 실제 시각적 표현을 연결하는 다리 역할을 합니다.

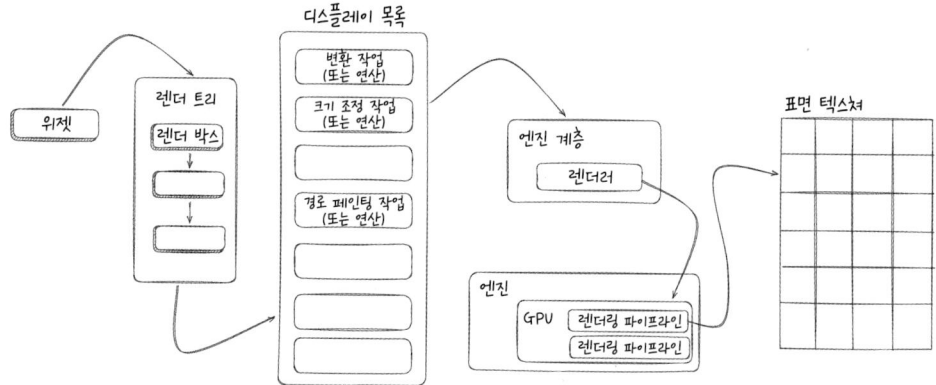

그림 2-7 위젯이 화면에 렌더링되는 방법

플러터의 렌더링 파이프라인은 개발자가 정의한 선언적 UI 구성 요소를 사용자 화면에 최종 표시되는 시각적 표현으로 변환하는 여러 단계의 프로세스입니다. 이 파이프라인을 분석해 플러터 코드가 어떻게 상호작용하는 생생한 인터페이스로 변환되는지 이해해 보겠습니다. 이 프로세스는 UI의 청사진인 위젯 트리에서 시작됩니다. 위젯 트리는 사용자 인터페이스의 구조와 엘리먼트를 정의하는 위젯의 계층적 배열입니다. 이 트리의 각 위젯은 이러한 엘리먼트가 배치되는 방식(레이아웃)과 표시되는 방식(페인팅)의 핵심을 담는 해당 렌더링 객체에 연결됩니다.

플러터 엔진은 렌더링 객체로부터 명령을 받아 중심적인 역할을 합니다. 이러한 명령은 디스플레이 목록이라는 순서가 지정된 명령 집합으로 세심하게 컴파일됩니다. 디스플레이 목록은 무엇을 어디에 그려야 하는지 자세히 설명하는 렌더러의 스크립트입니다.

디스플레이 목록을 가지고 렌더러가 작업을 시작합니다. 이 과정에서 렌더러는 디스플레이 리스트의 내용을 표면 텍스쳐surface texture 위에 그려 UI 코드를 화면에 보이는 픽셀로 변환합니다. 이는 추상적인 UI 코드가 구체적인 시각적 실체로 변환되는 단계로, UI 디자인이 실제 화면에 구현되는 과정입니다.

렌더러는 혼자서 작업하지 않고 GPU의 힘을 활용합니다. 일련의 렌더링 파이프라인을 설정함으로써 렌더러는 디스플레이 목록의 처리와 렌더링이 효율적이고 매끄러우며 시각적으로 매력적으로 보이게 합니다.

렌더링 파이프라인을 자세히 살펴보겠습니다.

플러터의 렌더링 파이프라인은 단계별로 개발자가 정의한 UI 엘리먼트를 화면에 표시되는 동적이며 시각적으로 매력적인 인터페이스로 변환합니다.

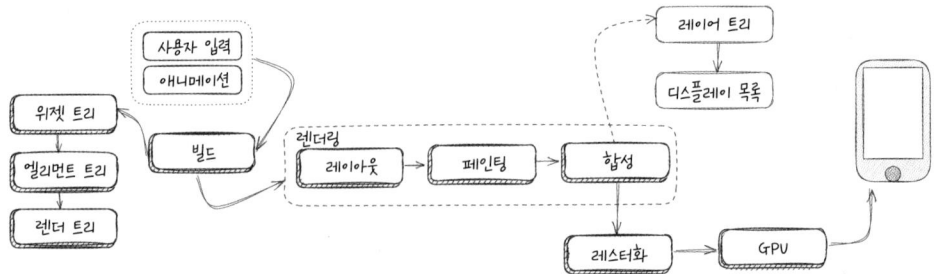

그림 2-8 플러터의 전체 렌더링 파이프라인

| 사용자 입력 단계 |

렌더링 프로세스는 사용자 입력 단계에서 시작됩니다. 애플리케이션은 터치, 제스처, 키보드 입력과 같은 사용자 상호작용에 응답합니다. 이러한 상호작용은 종종 애플리케이션 위젯 내에서 상태 변경을 트리거하여 UI 업데이트에 필요한 단계를 설정합니다. 플러터가 이러한 이벤트를 처리하는 방식은 위젯 트리에 미치는 영향을 결정합니다. 예를 들어 버튼을 누르고 일련의 위젯 업데이트가 시작되어 UI가 새 상태를 반영하도록 새로고침될 수 있습니다.

| 애니메이션 단계 |

사용자 입력 후 애니메이션 단계가 시작됩니다. 이 단계는 사용자 인터페이스에 동적 효과와 부드러운 전환을 추가하는 데 중요합니다. 플러터는 시간 진행과 애니메이션 곡선 같은 요소를 고려해 애니메이션의 각 프레임을 세심하게 계산합니다. 그 결과, 일련의 프레임이 매끄럽게 전환되어 시각적 매력과 사용자 경험이 향상됩니다. 이 단계는 UI의 움직임과 변화가 자연스럽게 느껴지도록 합니다.

| 빌드 단계 |

다음은 위젯 트리가 구성되거나 재구성되는 빌드 단계입니다. 플러터는 이 단계에서 위젯의 현재 구성과 상태를 검사해 구성과 구조를 결정합니다. 이 프로세스는 위젯 트리를 만들뿐만 아니라 업데이트하는 역할도 합니다. 플러터는 상태 변경에 따라 업데이트가 필요한

위젯만 다시 빌드해 성능을 최적화하고 리소스를 절약합니다.

| 레이아웃 단계 |

레이아웃 단계에서 플러터는 각 위젯의 크기와 위치를 계산합니다. 이 단계는 하향식 접근 방식을 따르며 자식이 없는 리프 노드에서 시작해 위젯 트리의 루트까지 진행됩니다. 레이아웃 프로세스에는 각 부모 위젯이 자식에 제약 조건을 설정하고 자식이 크기를 다시 보고하는 작업이 포함됩니다. 부모 위젯과 자식 위젯 간의 이러한 공동 작업 프로세스는 각 요소가 전체 UI 레이아웃 내에 어떻게 배치될지 결정하는 데 중요합니다.

| 페인팅 단계 |

페인팅 단계는 위젯의 시각적 렌더링이 수행되는 곳입니다. 이 단계에서 각 렌더링 객체의 **paint()** 메서드가 호출되어 위젯의 시각적 모양을 정의합니다. 여기에는 색상, 모양, 텍스처 등의 그래픽 장식이 포함됩니다. 자식이 있는 렌더링 객체에서 **paint()** 메서드는 자식도 그에 따라 그려지도록 합니다. 이 단계는 UI 엘리먼트의 정확한 모양을 설정하는 데 중요합니다.

```
// 플러터 소스 코드
// package/flutter/lib/src/rendering/proxy_box.dart

class RenderTransform extends RenderProxyBox {
  void paint(context, offset) {
    Layer layer = context.pushTransform(...);
  }
}
```

| 합성 단계 |

페인팅 단계 다음에는 합성 단계가 이어집니다. 여기서 플러터는 페인트된 위젯을 레이어로 구성합니다. 이러한 레이어링 전략은 동적 콘텐츠의 렌더링을 최적화하는 데 필수입니다. 예를 들어 스크롤 인터페이스를 사용하면 기존 콘텐츠 레이어를 재사용할 수 있으므로 전체 인터페이스를 다시 그릴 필요성이 최소화됩니다. 뷰포트에 들어오는 새 요소만 그려지고 나머지는 기존 레이어에서 효율적으로 합성됩니다.

| 래스터화 단계 |

렌더링 파이프라인의 마지막 단계는 래스터화입니다. 이 단계에서 합성된 레이어는 화면에 표시되는 픽셀로 변환됩니다. GPU에서 이 프로세스를 가속해 빠르고 부드러운 렌더링이 보장됩니다. 래스터화는 위젯 트리에서 정의된 이후 다양한 단계를 거쳐 구체화된 UI가 최종 형태로 사용자에게 표시되는 최종 단계입니다.

플러터 렌더링 파이프라인의 각 단계는 코드에서 시각적으로 풍부하고 상호작용적인 인터페이스로의 원활한 전환에 기여합니다. 이는 플러터가 복잡한 렌더링 작업을 효율적이고 능숙하게 처리할 수 있는 프레임워크임을 보여줍니다.

2.6 위젯과 애플리케이션의 생명주기 탐색하기

위젯이 화면에 렌더링되는 방식을 살펴보았으니, 이제 렌더링 단계의 복잡한 세부 내용을 파헤쳐 보겠습니다.

사실 위젯에 전통적인 의미의 생명주기가 없음을 알게 되면 놀랄 수 있습니다. 위젯은 불변성이 있으므로 생성된 후에는 변경할 수 없습니다. '위젯 생명주기'를 이야기할 때는 엘리먼트, 상태 객체, 렌더오브젝트로 확장되는 더 광범위한 개념을 나타냅니다. 여기에는 위젯의 상대적 위치를 서로 추적하고 상태 변경이나 필요한 화면 업데이트에 따라 위젯을 다시 빌드해야 하는 시점을 결정하는 작업이 포함됩니다.

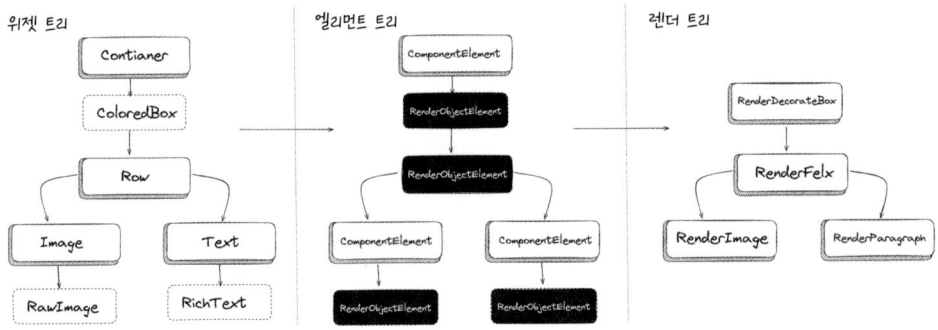

그림 2-9 플러터 트리 예제

이제 렌더링 단계를 관리하는 클래스에 중점을 두겠습니다. 이 클래스는 플러터 프레임워크의 중요한 부분으로, 플러터 엔진과 프레임워크 자체 사이의 다리 역할을 합니다. 프레임 일정을 조정해 프레임 렌더링 타이밍을 제어하는 데 중요한 역할을 합니다. 이 기능은 개발자가 작업 및 콜백을 애플리케이션의 시각적 업데이트와 일치시켜 부드럽고 반응성이 뛰어난 사용자 인터페이스를 보장하는 데 필요합니다.

```dart
mixin SchedulerBinding on BindingBase {
  void handleAppLifecycleStateChanged(
    AppLifecycleState state,
  ) {}
  int scheduleFrameCallback(FrameCallback callback, ...) {}
  void addPersistentFrameCallback(FrameCallback callback) {}
  void addPostFrameCallback(FrameCallback callback, ...) {}
  void ensureVisualUpdate() {}
  void scheduleFrame() {}
  void handleDrawFrame() {}
}
```

이 초기화를 수행하는 `WidgetsFlutterBinding.ensureInitialized()` 메서드는 주로 애플리케이션이 실행되기 전인 애플리케이션 시작 부분에 배치됩니다.

여기서 참조되는 `enum`은 프레임 생명주기의 여러 단계를 나타냅니다. 이러한 단계를 파악하는 것은 성능을 향상하고 프레임 생명주기 내에서 작업이 효과적으로 실행되도록 하는 데 중요합니다.

```dart
// binding.dart
enum SchedulerPhase {
  idle,
  transientCallbacks,
  midFrameMicrotasks,
  persistentCallbacks,
  postFrameCallbacks,
}
```

`idle`(유휴 상태, 대기 상태)은 시스템이 프레임을 적극적으로 처리하지 않을 때 발생하는 단계입니다. 긴급하지 않고 다음 프레임 전에 완료할 필요가 없는 작업을 수행할 이상적인 기회를 제공합니다. 또한 일반적으로 비동기 코드가 실행되는 단계이기도 합니다.

```
void initState() {
  super.initState();
  Future.delayed(
    Duration.zero,
    () => {
      print('${SchedulerBinding.instance.schedulerPhase}'),
      // flutter: SchedulerPhase.idle
    },
  );
}
```

transitionCallbacks(전환 콜백) 단계에서 시스템은 프레임이 끝나기 전에 완료해야 하는 간단한 콜백을 처리합니다. 이 단계의 일반적인 작업에는 애니메이션과 다양한 시각 효과가 포함됩니다.

```
_controller = AnimationController(
    duration: const Duration(seconds: 1),
    vsync: this,
  )
    ..addListener(
      () {
        print(
          '${SchedulerBinding.instance.schedulerPhase}',
        );

        // flutter: SchedulerPhase.transientCallbacks
      },
    )
    ..forward();
```

midFrameMicrotasks(프레임 중간 마이크로태스크) 단계는 임시 콜백 처리 중에 대기 중인 마이크로태스크를 실행하는 데 중점을 둡니다. 이러한 마이크로태스크는 일반적으로 임시 콜백 단계에서 처리된 퓨처에서 발생합니다. midFrameMicrotasks 단계는 중요한 연결 지점[juncture] 역할을 하며, 프레임워크는 이 단계에서 해당 작업들을 모두 처리한 후에야 persistentCallbacks처럼 더 오래 지속되는 단계로 넘어갑니다. 플러터에서 마이크로태스크는 동기식이나 비동기식으로 구성할 수 있습니다. 이러한 구성은 진행 중인 프레임 처리 내에서 원활하게 완료해야 하는 간단한 작업을 효율적으로 관리하는 데 중요합니다. 마이크로태스크를 예약하면 다음 이벤트 루프 주기가 시작되기 직전에 최대한 빨리 특정 코드 세그먼트를 실행할 수 있습니다.

```
_controller = AnimationController(
  duration: const Duration(seconds: 1),
  vsync: this,
)
  ..addListener(() {
    debugPrint(
      '${SchedulerBinding.instance.schedulerPhase}',
    );
    scheduleMicrotask(() async {
      debugPrint(
        '1. ${SchedulerBinding.instance.schedulerPhase}',
      );
      await Future.delayed(Duration.zero);
      debugPrint(
        '2. ${SchedulerBinding.instance.schedulerPhase}',
      );
    });
  })
  ..forward();

// 결과로 출력될 문구
// flutter: SchedulerPhase.transientCallbacks
// flutter: 1. SchedulerPhase.midFrameMicrotasks
// flutter: 2. SchedulerPhase.idle
// flutter: SchedulerPhase.transientCallbacks
```

persistentCallbacks(지속적 콜백) 단계는 모든 프레임에서 반복되는 더 지속적인 작업에 할당됩니다. 일반적으로 이러한 작업에는 레이아웃 및 빌드 작업이 포함됩니다. 플러터는 이 단계에서 위젯 트리를 구성하고 레이아웃 계산을 수행합니다. 이 단계는 사용자 인터페이스를 렌더링해 각 프레임이 원하는 레이아웃과 디자인을 정확하게 반영하도록 하는 데 중요합니다.

```
SchedulerBinding.instance.addPersistentFrameCallback((_) {
  // 이 코드는 각 프레임의 persistentCallbacks 단계에서 실행됨
  // 일반적으로 레이아웃과 빌드 작업에 사용함
  debugPrint(
    '''
    Current phase:
```

```
      ${SchedulerBinding.instance.schedulerPhase}
      ''',
    );
    // 레이아웃과 상태 업데이트는 여기에 넣을 수 있음
  },);
```

postFrameCallbacks(프레임 후 콜백) 단계는 현재 프레임이 완전히 렌더링 된 후 발생합니다. 프레임이 그려진 후 다음 프레임이 시작되기 전에 실행해야 하는 작업을 예약하는 데 가장 적합한 시점입니다. 이 단계는 종종 사용자의 입력 처리, 레이아웃에 따른 애니메이션 새로고침, 다음 프레임의 데이터 준비가 포함됩니다. 이렇게 하면 애플리케이션이 사용자 상호작용과 시각적 변경에 반응하고 최신 상태를 유지합니다.

```
SchedulerBinding.instance.addPostFrameCallback((_) {
  // 이 코드는 프레임이 렌더링 된 후 실행됨
  debugPrint('''
    Current phase: ${SchedulerBinding.instance.schedulerPhase}
  ''');
  // 사용자 입력 처리나 다음 프레임 준비와 같은 작업을 여기에서 수행할 수 있음
});
```

렌더링 파이프라인이 프레임을 예약하는 방법과 생명주기를 이해했으므로 이제 엘리먼트 상태 객체의 생명주기에 중점을 두겠습니다.

먼저 StatefulWidget의 작동 방식을 살펴보겠습니다.

```
abstract class StatefulWidget extends Widget {
  const StatefulWidget({ super.key });

  @override
  StatefulElement createElement() => StatefulElement(this);

  @protected
  @factory
  State createState();
}
```

StatefulWidget은 createElement와 createState라는 두 가지 주요 메서드로 구성됩니다.

createElement 메서드는 엘리먼트를 생성하고 위젯 트리에 마운트하는 역할을 하고, createState는 트리 내에서 이 엘리먼트에 상태를 연결합니다. 이제 엘리먼트의 생명주기를 살펴보겠습니다.

엘리먼트 생명주기의 단계는 _ElementLifecycle enum에 캡슐화됩니다. 이 enum은 엘리먼트가 생명주기 동안 거치는 뚜렷한 단계를 분류해 설명합니다.

```
// widget/framework.dart
enum _ElementLifecycle {
  initial,
  active,
  inactive,
  defunct,
}
```

1. **initial**: 이 상태에서 엘리먼트는 갓 생성됩니다. 엘리먼트는 완전히 초기화가 되거나 활성 위젯 트리의 일부여야 합니다.
2. **active**: 엘리먼트는 완전히 초기화되고 위젯 트리에 통합되면 active 상태로 전환됩니다. 이 단계에서 엘리먼트는 레이아웃 및 페인팅 프로세스에 적극적으로 참여합니다. 일반적으로 엘리먼트는 이 상태에서 생명주기 대부분을 보냅니다.
3. **inactive**: 엘리먼트가 활성 위젯 트리에서 제거되었지만 메모리에 남아 있으면 비활성 상태가 됩니다. 이 상황은 부모 위젯이 빌드 메서드에서 자식을 통합하지 않으면 발생할 수 있습니다. 이 상태의 엘리먼트는 다시 활성화될 가능성이 있거나 defunct 상태로 진행될 수 있습니다.
4. **defunct**: 엘리먼트 생명주기의 마지막 단계를 나타냅니다. defunct 상태에서 엘리먼트는 위젯 트리의 일부가 아니며 활성 상태로 돌아갈 수 없습니다. 일반적으로 이 단계에서 엘리먼트가 가비지 컬렉터를 통해 메모리에서 제거됩니다.

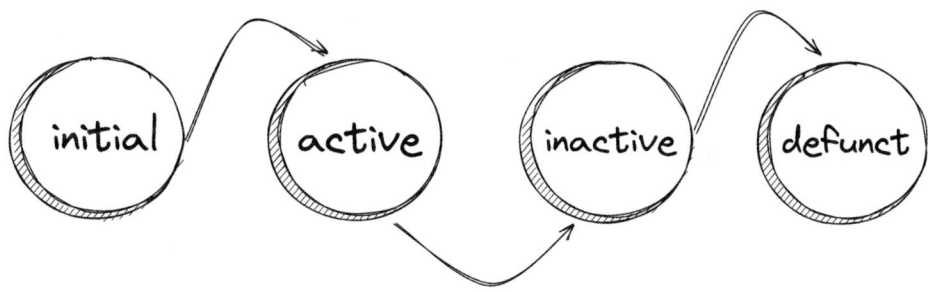

그림 2-10 엘리먼트 생명주기

상태 객체의 생명주기로 주의를 돌려보겠습니다. 상태 객체의 상태를 설명하는 _StateLifecycle enum이 있지만, 더 흥미로운 것은 상태 객체가 생명주기 동안 실제로 거치는 프로세스와 변경입니다. 특히 엘리먼트는 플러터가 주로 제어하지만 상태 객체는 개발자가 직접 작성하고 관리하므로 더 그렇습니다.

상태 객체 생명주기를 더 잘 이해하려면 첫 번째 프레임의 흐름을 고려해야 합니다.

1. **애플리케이션 시작 또는 setState 호출**: 애플리케이션이 시작되거나 setState 메서드가 호출됩니다. 이 시점에서 플랫폼 디스패처는 렌더링을 위해 프레임을 예약합니다.
2. **프레임 페인팅**: 이는 WidgetsBinding에서 drawFrame() 메서드를 호출합니다. 이 메서드는 상위 레벨의 애플리케이션 코드와 플러터 엔진 사이의 중요한 연결 고리로, 렌더링 프로세스를 조정합니다.

이러한 메서드와 일련의 이벤트를 살펴봄으로써 플러터 애플리케이션에서 상태 객체의 생명주기와 기능을 더 명확하게 이해할 수 있습니다.

```
WidgetsBinding.instance.drawFrame();
```

마지막으로 불필요한 리빌드를 방지하려면 엘리먼트와 그 아래의 모든 것을 신중하게 관리해야 합니다.

첫 번째 프레임에서는 위젯 트리가 초기 상태로 비어 있습니다. 이 시나리오에서 이 초기 상태를 처리하는 특정 메서드가 호출됩니다.

```
Element inflateWidget(Widget newWidget, Object? newSlot) {}
```

inflateWidget 메서드는 엘리먼트 트리 내에서 동작합니다. 이는 UI가 렌더링되는 방식에 상당한 영향을 미치는 플러터 프레임워크의 필수적인 부분입니다. 이 메서드는 위젯 및 해당 요소의 생명주기에 필수적입니다. 그 기능과 중요성을 간략히 살펴보죠.

| 엘리먼트 생성 |

inflateWidget 메서드는 기본적으로 특정 위젯에 대한 엘리먼트를 생성합니다. 플러터 아키텍처에서 위젯에는 변경 불가능한 구성인 불변성이 있지만, 엘리먼트는 위젯 트리에 마운트 되어 렌더링 프로세스에 적극적으로 참여하는 동적 엔티티입니다. 이러한 구분은 플러터 프레임워크에서 inflateWidget 메서드를 이해하는 데 중요합니다.

```
final Element newChild = newWidget.createElement();
```

| 자식 엘리먼트 |

inflateWidget 메서드는 새로 생성된 엘리먼트를 자식으로 현재 엘리먼트에 추가해 특정 '슬롯slot'에 배치하는 역할도 합니다. 플러터에서 '슬롯' 개념은 트리 내에서 엘리먼트의 위치를 관리하는 데 중요한 역할을 합니다. 이는 특히 여러 자식이 있는 엘리먼트를 UI 계층 구조에서 올바르게 구성되고 표시되도록 하는 데 중요합니다.

```
newChild.mount(this, newSlot); // 'this'는 자식의 부모임
```

| 엘리먼트 생성 제어 |

inflateWidget 메서드는 일반적으로 **updateChild** 메서드에서 호출하지만 엘리먼트 생성을 더 세밀하게 제어해야 하는 하위 클래스에서 직접 사용할 수도 있습니다. 이 기능은 엘리먼트 생성 프로세스에서 커스텀 동작과 특정 구성을 허용해 더 복잡한 위젯을 만드는 데 유용합니다.

```
final Element? updatedChild = updateChild(
  newChild,
  newWidget,
  newSlot,
);
```

| 전역 키 처리 |

처리 중인 위젯에 전역 키가 있고, 트리에 동일한 전역 키가 있는 기존 엘리먼트가 있을 때 **inflateWidget** 메서드는 해당 엘리먼트를 용도 변경합니다. 이 프로세스에는 트리의 다른 부분에서 엘리먼트를 재배치하거나 비활성 엘리먼트 풀에서 다시 활성화하는 작업이 포함될 수 있습니다. 이러한 엘리먼트의 재사용은 위젯 트리 전체에서 상태 및 ID 일관성을 유지해 안정적이고 효율적인 UI 동작을 보장하는 데 중요합니다.

```
final Key? key = newWidget.key;
```

```
if (key is GlobalKey) {
  ...
}
```

| 엘리먼트 생명주기 상태 |

inflateWidget 메서드가 엘리먼트를 생성하면 해당 엘리먼트는 이미 마운트된 상태이며 생명주기의 active 상태가 됩니다. 이 상태는 엘리먼트가 렌더링 프로세스에 참여할 준비가 되었음을 나타냅니다.

이 메서드에서 마운팅 프로세스를 활성화하면 결국 initState 메서드가 호출되므로 이 시퀀스는 특히 주목할 만합니다.

state.initState()

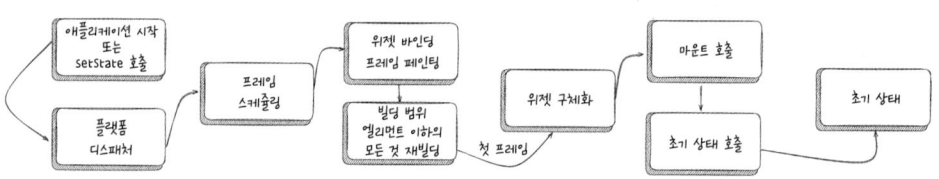

그림 2-11 initState()까지의 첫 번째 프레임 경로

이는 상태 생명주기의 시작을 나타냅니다. 첫 번째 프레임을 완료한 후 플러터는 추가 프레임을 기다리는 유휴idle 상태가 됩니다. 이는 일반적으로 setState 메서드가 호출되는 지점입니다.

상태 객체와 엘리먼트를 설정한 후 플러터는 오염된 엘리먼트dirty element 목록을 유지관리합니다. 이 맥락에서 setState 메서드를 호출하면 markNeedsBuild 메서드가 호출되어 영향을 받는 엘리먼트를 다시 빌드해야 함을 나타냅니다. 이 프로세스는 플러터가 상태 변경을 관리하고 그에 따라 UI를 업데이트하는 방법의 핵심입니다.

```
// 플러터 소스 코드
// packages/flutter/lib/src/widgets/framework.dart
void setState(VoidCallback fn) {
  ...
  _element!.markNeedsBuild();
}
```

이 단계에서 플러터는 다른 프레임을 예약하는 주기를 다시 시작합니다. 현재 프레임에 대한 작업을 완료하면 다음 프레임으로 이동합니다. 이 주기는 엘리먼트의 리빌드를 초래해 궁극적으로 performRebuild() 메서드를 호출합니다. 이 메서드는 빌드 메서드 전에 상태가 didChangeDependencies() 함수를 실행하게 하므로 중요합니다. 이 시퀀스는 상태 변경에 대한 응답으로 엘리먼트를 업데이트하고 렌더링하는 플러터 프로세스의 필수적인 부분입니다.

```dart
// 플러터 소스 코드
// packages/flutter/lib/src/widgets/framework.dart
class StatefulElement extends ComponentElement {
  @override
  void performRebuild() {
    if (_didChangeDependencies) {
      state.didChangeDependencies();
      _didChangeDependencies = false;
    }
    // 궁극적으로 여기에서 build()와 updateChild()가 호출됨
    // built = build();
    // _child = updateChild(_child, built, slot);
    super.performRebuild();
  }
}
```

updateChild 메서드는 플러터의 위젯 프레임워크, 특히 엘리먼트의 업데이트 주기를 관리하는 데 중요한 역할을 합니다. 프레임워크에서 파생된 이 메서드의 간소화된 버전은 다음과 같습니다.

```dart
// 플러터 소스 코드
// packages/flutter/lib/src/widgets/framework.dart
Element? updateChild(
  Element? child,
  Widget? newWidget,
  Object? newSlot,
) {
  if (newWidget == null) {
    if (child != null) {
      deactivateChild(child);
    }
    return null;
  }
```

```
    Element newChild;

    if (child != null) {
      if (child.widget == newWidget) {
        // 위젯이 동일하면 필요에 따라 슬롯을 업데이트
        if (child.slot != newSlot) {
          updateSlotForChild(child, newSlot);
        }
        newChild = child;
      } else if (Widget.canUpdate(child.widget, newWidget)) {
        // 위젯 타입이 호환되면 위젯을 업데이트
        if (child.slot != newSlot) {
          updateSlotForChild(child, newSlot);
        }
        child.update(newWidget);
        newChild = child;
      } else {
        // 위젯이 호환되지 않으면 이전 자식을 비활성화하고 새 엘리먼트를 생성함
        deactivateChild(child);
        newChild = inflateWidget(newWidget, newSlot);
      }
    } else {
      // 기존 자식이 없으면 새 엘리먼트를 생성함
      newChild = inflateWidget(newWidget, newSlot);
    }

    return newChild;
  }
```

이 메서드에서 트리거하는 초기 상태 변경은 deactivateChild 메서드를 호출해 상태를 inactive로 전환할 때 발생합니다.

```
  if (newWidget == null) {
    if (child != null) {
      deactivateChild(child);
    }
    return null;
  }
```

이 시점에서 프레임이 완성되고 상태가 비활성화된 상태로 유지되면 위젯은 dispose 상태로

전환되어 폐기됩니다. 특히 이 메서드는 자식 엘리먼트를 다시 활성화해 생명주기에서 **active** 상태로 되돌리는 후속 단계를 용이하게 합니다. 흥미로운 점은 이 메서드가 새 엘리먼트의 존재를 식별하면 앞서 설명한 대로 `inflateWidget` 함수를 호출한다는 점입니다. 이 프로세스는 플러터의 엘리먼트 및 상태 관리의 역동적이고 반응성이 뛰어난 특성을 보여줍니다.

```
else {
  // 기존 자식이 없으면 새 엘리먼트를 생성함
  newChild = inflateWidget(newWidget, newSlot);
}
```

또한 이 호출은 `newWidget` 변수의 값으로 자식 엘리먼트를 업데이트하는 중요한 작업도 수행합니다.

```
// 위젯 타입이 호환되면 위젯을 업데이트함
if (child.slot != newSlot) {
  updateSlotForChild(child, newSlot);
}
child.update(newWidget);
newChild = child;
```

`update` 메서드를 검사하면 생명주기 중 해당 단계에서 위젯의 상태와 속성을 업데이트하는 데 특히 중요한 역할을 한다는 것을 알 수 있습니다.

```
class StatefulElement extends ComponentElement {
  ...
  void update(StatefulWidget newWidget) {
    ...
    state.didUpdateWidget(oldWidget);
  }
}
```

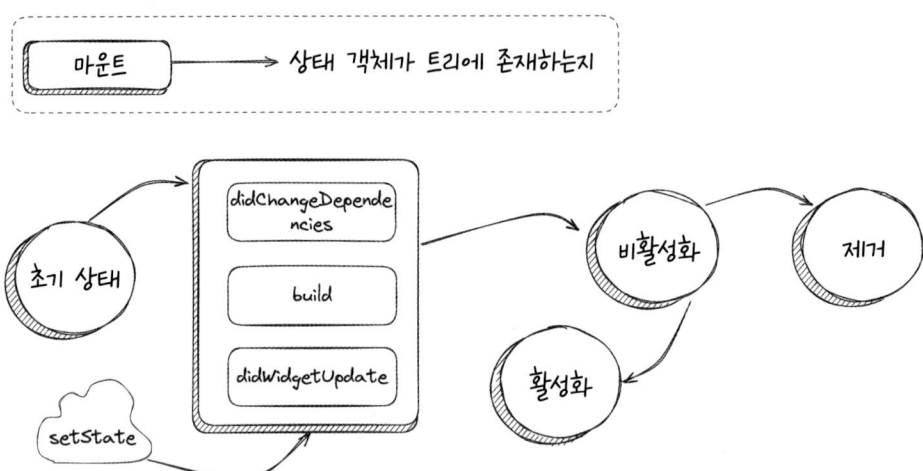

그림 2-12 StatefulWidget 생명주기

실제로 플러터의 작동 방식을 이해하려면 여러 단계를 거쳐야 합니다. StatefulWidget의 생명주기를 간략하게 요약해 보겠습니다.

1. **createState**: StatefulWidget이 생성될 때 활성화됩니다. 이 메서드는 상태 객체를 생성합니다.
2. **initState**: 상태 객체가 위젯 트리에 통합되면 호출되며, 주로 컨텍스트나 위젯 자체를 기반으로 초기 데이터를 설정합니다.
3. **didChangeDependencies**: initState 바로 다음에, 그리고 위젯의 의존성이 변경될 때마다 호출됩니다. 상속된 위젯에 종속된 위젯에 유용합니다.
4. **build**: 이 메서드는 위젯의 UI를 만듭니다. initState, didChangeDependencies 다음에 호출되거나 상태 변경에 따라 UI를 업데이트해야 할 때마다 호출됩니다.
5. **setState**: 전통적인 생명주기 메서드는 아니지만 상태가 변경될 때 위젯의 리빌드를 시작하는 중요한 메서드입니다.
6. **didUpdateWidget**: 위젯의 구성이 변경될 때 실행되어 위젯 속성의 변경에 대응하는 데 도움이 됩니다.
7. **deactivate**: 나중에 다시 삽입될 가능성이 있는 위젯이 트리에서 제거될 때 호출됩니다.
8. **dispose**: 위젯이 트리에서 영구적으로 제거될 때 호출됩니다. 이 메서드는 리소스 해제에 사용됩니다.
9. **reassemble**: 핫 리로드 중에 활성화되며 위젯이 코드 변경에 적응할 수 있게 합니다.

이 요약은 플러터에서 StatefulWidget 생명주기의 다양한 필수 단계와 기능에 대한 포괄적인 개요를 제공합니다.

```dart
class LifecycleWidget extends StatefulWidget {
  const LifecycleWidget({Key? key}) : super(key: key);

  @override
  LifecycleState createState() => LifecycleState();
}

class LifecycleState extends State<LifecycleWidget> {
  int _counter = 0;

  LifecycleState() {
    print('생성자, 마운트됨: $mounted');
  }

  @override
  void initState() {
    super.initState();
    print('initState, 마운트됨: $mounted');
  }

  @override
  void didChangeDependencies() {
    super.didChangeDependencies();
    print('didChangeDependencies, 마운트됨: $mounted');
  }

  @override
  Widget build(BuildContext context) {
    print('빌드 메서드');
    return Column(
      children: [
        Text('카운터: $_counter'),
        ElevatedButton(
          onPressed: _incrementCounter,
          child: const Text('증가'),
        ),
      ],
    );
  }

  void _incrementCounter() {
    setState(() {
      _counter++;
```

```
      print('setState, 새 카운터값: $_counter');
    });
  }

  @override
  void didUpdateWidget(covariant LifecycleWidget oldWidget) {
    super.didUpdateWidget(oldWidget);
    print('didUpdateWidget, 마운트됨: $mounted');
  }

  @override
  void deactivate() {
    super.deactivate();
    print('deactivate, 마운트됨: $mounted');
  }

  @override
  void dispose() {
    super.dispose();
    print('dispose, 마운트됨: $mounted');
  }

  @override
  void reassemble() {
    super.reassemble();
    print('reassemble, 마운트됨: $mounted');
  }
}
```

이 코드의 각 생명주기 메서드에는 데모 목적으로 print 문을 넣었으며, 메서드 이름과 위젯의 마운트 여부를 기록합니다. _incrementCounter 메서드는 다시 빌드를 트리거하는 데 setState 메서드를 사용하는 방법을 보여줍니다.

2.6.1 렌더오브젝트의 생명주기

앞서 2.3.5절에서 렌더오브젝트의 구성을 자세히 알아보고 레이아웃, 크기, 시맨틱이라는 세 가지 주요 기능에 익숙해졌습니다. 이러한 이해는 렌더오브젝트가 레이아웃, 시각적 모양, 접근성 기능을 관리하는 플러터 애플리케이션 생명주기의 광범위한 맥락에 어떻게 통합되는지 이해할 수 있는 기초가 됩니다.

플러터의 렌더링 라이브러리에 있는 `RenderObject` 클래스는 프레임워크 렌더링 계층의 기본 구성 요소입니다. `DiagnosticableTreeMixin`에서 확장되고 `HitTestTarget` 인터페이스를 구현하는 추상 클래스입니다. 이 클래스는 플러터가 UI를 구성하고 표시하는 데 사용하는 구조인 렌더링 트리의 레이아웃과 페인팅 프로토콜을 정의하는 데 중요한 역할을 합니다. `RenderObject` 클래스의 기본 구조는 다음과 같습니다.

```
// 플러터 소스 코드
// packages/flutter/lib/src/rendering/object.dart
abstract class RenderObject
    with DiagnosticableTreeMixin implements HitTestTarget {
  // ...
  PipelineOwner? get owner => _owner;
  // ...
}
```

`RenderObject`의 owner 속성은 `PipelineOwner` 타입입니다. 이는 플러터의 렌더링 파이프라인에서 중요한 구성 요소입니다. `PipelineOwner`는 렌더오브젝트의 레이아웃, 페인팅, 합성, 시맨틱 처리 단계를 조정해 렌더링 파이프라인을 관리합니다.

- **렌더링 파이프라인 관리**: `PipelineOwner`는 렌더링 파이프라인을 구동합니다. 레이아웃 변경이나 페인팅 요청과 같이 파이프라인의 각 단계에서 업데이트를 요청한 렌더링 객체의 상태를 유지관리합니다.
- **렌더링 트리에서의 중요성**: 렌더링 트리의 모든 `RenderObject`는 `PipelineOwner`와 연결됩니다. 이러한 연결 덕분에 `PipelineOwner`는 각 렌더오브젝트의 생명주기와 업데이트를 효율적으로 관리하여 UI가 정확하고 효율적으로 렌더링되게 합니다.
- **레이아웃 및 페인트 업데이트 처리**: `PipelineOwner`는 레이아웃과 페인트 업데이트를 트리거하고 관리합니다. `RenderObject`가 레이아웃이나 시각적 표현을 업데이트해야 할 때 `PipelineOwner`에 알려 렌더링 파이프라인에서 필요한 업데이트를 조정합니다.

또한 `RenderObject`는 플러터 UI에서 이벤트를 처리하는 데 중요한 `HitTestTarget` 인터페이스를 구현합니다.

```
/// 이벤트를 처리할 수 있는 객체
abstract interface class HitTestTarget {
  /// 이벤트를 수신하려면 이 메서드를 재정의하기
  void handleEvent(
```

```
    PointerEvent event,
    HitTestEntry<HitTestTarget> entry,
  );
}
```

- **이벤트 처리**: HitTestTarget으로서 RenderObject는 탭, 드래그, 제스처와 같은 포인터 이벤트를 비롯한 다양한 이벤트에 응답할 수 있습니다. 이는 애플리케이션 내에서 사용자 상호작용에 필수적입니다.
- **히트 테스트 메커니즘**: handleEvent 메서드는 RenderObject의 구체적인 하위 클래스에서 재정의되어 이벤트 발생 시 특정 동작을 제공합니다. 히트 테스트는 이벤트의 위치와 RenderObject의 위치 구조를 기반으로 렌더링 트리의 어떤 렌더오브젝트가 이벤트를 수신해야 하는지 결정합니다.

이제 주요 함수와 개념에 중점을 두고 RenderObject의 생명주기를 살펴보겠습니다.

초기화

일반적으로 위젯의 createRenderObject 메서드로 호출되는 RenderObject를 생성하는 것으로 시작합니다. 이 단계에서는 RenderObject의 초기 상태 및 속성과 렌더링 트리의 다른 객체와의 관계를 설정합니다.

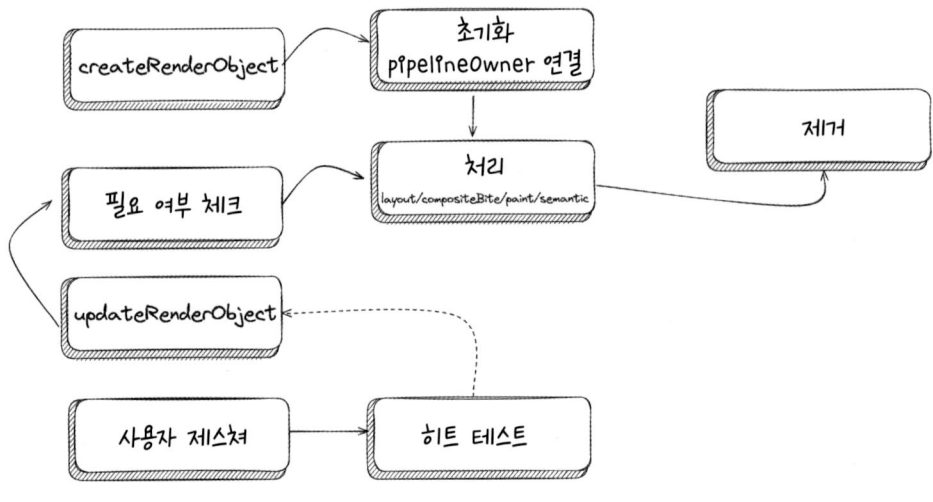

그림 2-13 RenderObject의 생명주기

```
@override
RenderObject createRenderObject(BuildContext context) {
```

```
    return MyRenderObject();
}
```

이 단계에서 렌더오브젝트는 필수 속성으로 인스턴스화되고 소유자(`PipelineOwner`)에 연결되어 화면에 배치되고 렌더링될 준비가 됩니다.

레이아웃(flushLayout 단계)

`PipelineOwner`에서 관리하는 레이아웃 단계에는 UI에서 렌더오브젝트의 크기와 위치를 계산하는 작업이 포함됩니다. `performLayout` 메서드는 특정 레이아웃 로직을 정의하기 위해 재정의됩니다. `performLayout`과 `markNeedsLayout`이라는 두 가지 관련 함수는 이 단계를 나타냅니다. 이 단계는 렌더오브젝트가 UI 내에 어떻게 배치될지를 결정하는 데 중요하며 시각적, 기능적 동작에 영향을 미칩니다.

합성 비트 업데이트(flushCompositingBits 단계)

이 단계에서 렌더오브젝트는 합성 비트를 업데이트합니다. 렌더오브젝트나 자식이 클리핑이나 변형과 같은 효과를 위해 합성 레이어가 필요한지를 결정하는 프로세스입니다. 이는 레이아웃 이후, 페인팅 이전에 발생합니다.

페인팅(flushPaint 단계)

페인팅 단계에서 렌더오브젝트는 레이아웃 정보를 시각적 표현으로 변환합니다. UI 엘리먼트의 실제 모양을 정의하는 역할을 하며, `paint`와 `markNeedsPaint` 메서드는 이 단계를 나타냅니다. 이 단계는 레이아웃 계산을 기반으로 렌더오브젝트를 시각적으로 렌더링해 UI에 생명을 불어넣습니다.

시맨틱(flushSemantics 단계)

시맨틱이 활성화되었을 때, 이 단계에서는 렌더오브젝트에 대한 시맨틱 정보를 컴파일합니다. 이 데이터는 접근성에 중요하며 보조 기술[14]이 UI를 해석하고 상호작용할 수 있도록 합니다. `describeSemanticsConfiguration`과 `markNeedsSemanticsUpdate` 메서드는 이 단계를 나

---

[14] 옮긴이_ 보조 기술(assistive technology)은 장애가 있는 사용자들이 디지털 기기나 애플리케이션을 사용할 수 있도록 도와주는 기술들을 말합니다.

타냅니다.

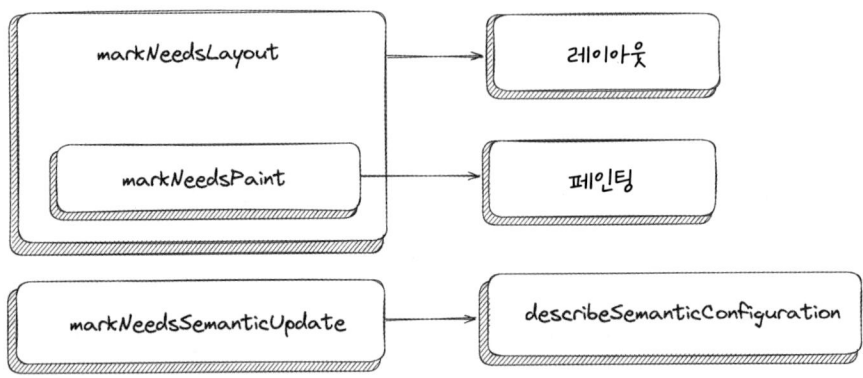

그림 2-14 markNeeds* 메서드와 각 단계의 관계

이벤트 처리 및 히트 테스트

렌더오브젝트는 히트 테스트 프로세스를 통해 사용자 상호작용에 응답합니다. hitTest 메서드는 렌더오브젝트나 자식 중 하나와 상호작용했는지를 판별하기 위해 구현됩니다. 이 단계는 사용자 상호작용이 정확하게 감지되고 응답되도록 합니다.

RenderLabeledDivider에 대한 hitTest 메서드를 구현하려면 일반적으로 사용자의 터치 상호작용에서 발생하는 지정된 점이 구분선이 차지하는 영역과 교차하는지를 판별해야 합니다. 구분선은 텍스트가 있는 선이므로 히트 테스트는 단순한 기하학적 모양보다 더 복잡할 수 있습니다. 그러나 여기서는 간단히 RenderBox의 경계 내에서의 터치는 적중으로 간주한다고 가정해 보겠습니다. 이를 구현하는 방법의 예는 다음과 같습니다.

```
class RenderLabeledDivider extends RenderBox {
  // ...
  @override
  bool hitTest(
    HitTestResult result, {
    required Offset position,
  }) {
    // 들어오는 위치가
    // 이 렌더링 상자의 경계 내에 있는지 확인
    final BoxHitTestEntry entry = BoxHitTestEntry(
      this,
```

```
      position,
    );
    if (size.contains(position)) {
      result.add(entry);
      return true;
    }
    return false;
  }
  // ...
}
```

이 구현에서 hitTest 메서드는 position(상호작용 지점)이 RenderLabeledDivider의 크기 내에 있는지 확인합니다. 그렇다면 메서드는 HitTestResult에 항목을 추가하고 true를 반환해 적중했음을 나타냅니다. 그렇지 않으면 false를 반환해 적중하지 않았음을 나타냅니다.

이는 기본적인 구현이며 특정 사용 사례에 따라 이를 구체화해야 합니다. 특히 구분선이나 텍스트에 고유한 상호작용 동작이 있다면 더 복잡한 모양이나 영역을 고려해야 합니다.

이벤트에서 트리거한 업데이트

사용자 상호작용이나 상태 변경은 렌더오브젝트에서 업데이트를 트리거할 수 있습니다. 이는 적절한 markNeeds* 함수를 호출해 관리되며 필요시 레이아웃, 페인팅, 시맨틱의 새 생명주기를 시작합니다.

```
// 2.3.5절의 RenderLabeledDivider에서 발췌한 예
class RenderLabeledDivider extends RenderBox {
  // ...
  set label(String value) {
    if (_label != value) {
      _label = value;
      markNeedsSemanticsUpdate();
      markNeedsLayout();
    }
  }
  // ...
}
```

이 메커니즘 덕분에 렌더오브젝트는 변경과 사용자 상호작용에 동적으로 반응할 수 있습니다.

삭제

RenderObject 생명주기의 마지막 단계에서는 리소스 삭제와 정리가 수행됩니다. 이 단계는 리소스 관리와 애플리케이션 성능 유지에 중요합니다.

```
class RenderLabeledDivider extends RenderBox {
  // ...
  @override
  void dispose() {
    layer?.dispose();
    _textPainter.dispose();
    super.dispose();
  }
  // ...
}
```

이러한 단계에서 PipelineOwner는 각 렌더오브젝트가 적시에 처리되도록 하는 중요한 역할을 합니다. 초기화부터 삭제까지의 이 생명주기는 플러터가 위젯을 렌더링하고, 사용자 상호작용을 처리하며, 부드럽고 반응성이 뛰어난 UI를 유지하는 방식의 근간을 이룹니다.

2.6.2 플러터의 애플리케이션 생명주기

플러터에서 애플리케이션 생명주기 이벤트 관리는 WidgetsBindingObserver 믹스인[mixin]과 AppLifecycleListener 클래스라는 두 가지 접근 방식으로 수행할 수 있습니다.

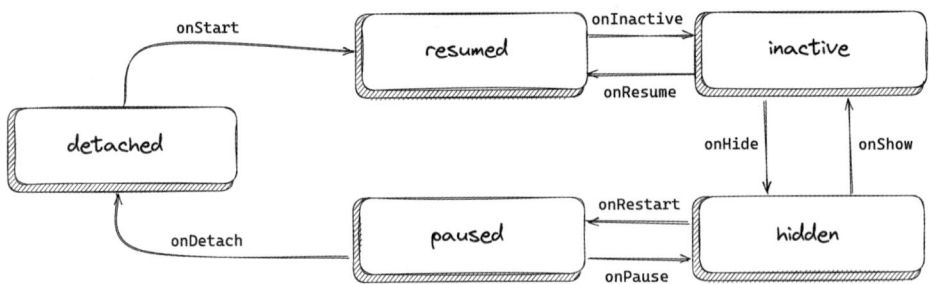

그림 2-15 플러터 애플리케이션 생명주기 다이어그램

AppLifecycleListener 클래스는 내부적으로 WidgetsBindingObserver 믹스인을 활용하지만, 여러 생명주기 이벤트에 대해 구조화된 콜백을 제공한다는 등 몇 가지 추가 이점이 있습니다.

```
// 플러터 소스 코드
// packages/flutter/lib/src/widgets/app_lifecycle_listener
class AppLifecycleListener with WidgetsBindingObserver, Diagnosticable {}
```

WidgetsBindingObserver 믹스인 사용하기

이 방법은 위젯의 상태 클래스에 WidgetsBindingObserver 믹스인을 구현하고 didChangeAppLifecycleState 메서드를 재정의하는 것을 포함합니다.

```
import 'package:flutter/material.dart';

class MyLifecycleWatcher extends StatefulWidget {
  const MyLifecycleWatcher({super.key});

  @override
  createState() => MyLifecycleWatcherState();
}

class MyLifecycleWatcherState extends State<MyLifecycleWatcher>
    with WidgetsBindingObserver {
  @override
  void initState() {
    super.initState();
    WidgetsBinding.instance.addObserver(this);
  }

  @override
  void dispose() {
    WidgetsBinding.instance.removeObserver(this);
    super.dispose();
  }

  @override
  void didChangeAppLifecycleState(AppLifecycleState state) {
    if (state == AppLifecycleState.paused) {
      // 애플리케이션이 백그라운드로 전환될 때 처리
```

```
    } else if (state == AppLifecycleState.resumed) {
      // 애플리케이션이 포그라운드로 돌아올 때 처리
    }
  }

  @override
  Widget build(BuildContext context) {
    return Container(); // 위젯 구조
  }
}
```

AppLifecycleListener 클래스 사용하기

AppLifecycleListener 클래스는 생명주기 관리에 더 구조화되고 포괄적인 접근 방식을 제공합니다. 이 클래스는 다양한 생명주기 이벤트에 특정 콜백을 제공해 더 구체적으로 응답할 수 있게 합니다.

```
class MyLCListener extends StatefulWidget {
  @override
  createState() => MyLifecycleListenerState();
}

class MyLifecycleListenerState extends State<MyLCListener> {
  late final AppLifecycleListener _listener;

  @override
  void initState() {
    super.initState();
    _listener = AppLifecycleListener(
      onStateChange: _onStateChange,
      onResume: _onResume,
      onInactive: _onInactive,
      onHide: _onHide,
      onShow: _onShow,
      onPause: _onPause,
      onRestart: _onRestart,
      onExitRequested: _onExitRequested,
      onDetach: _onDetach,
    );
  }
```

```
      void _onStateChange(AppLifecycleState state) {}
      void _onResume() {}
      void _onInactive() {}
      void _onHide() {}
      void _onShow() {}
      void _onPause() {}
      void _onRestart() {}
      void _onExitRequested() async {}
      void _onDetach() {}

      @override
      void dispose() {
        _listener.dispose();
        super.dispose();
      }

      @override
      Widget build(BuildContext context) {
        return Scaffold(
          appBar: AppBar(title: Text('애플리케이션 생명주기 데모')),
          body: Center(child: Text('생명주기 리스너')),
        );
      }
    }
```

플러터에서 **onResume** 이벤트는 애플리케이션이 활성화되고 사용자에게 표시될 때 호출됩니다. 이는 일시 중지된 애니메이션을 다시 시작하거나 사용자 데이터를 새로 고치기에 이상적인 시간입니다. 사용자가 애플리케이션으로 돌아올 때 모든 것이 최신 상태이고 원활하게 실행되도록 합니다.

onInactive 이벤트는 애플리케이션이 비활성 상태가 될 때 발생합니다. 이는 애플리케이션이 닫혔다는 의미가 아니라 백그라운드 상태로 전환되고 있음을 의미할 수 있습니다. 이 단계에서는 애플리케이션이 사용자와 직접 상호작용하지 않을 때 실행할 필요가 없는 진행 중인 작업이나 애니메이션을 일시 중지해야 합니다.

onHide 이벤트가 호출되면 애플리케이션이 표시되지 않지만 백그라운드에서 계속 실행됩니다. 이는 메모리 사용량을 줄이고 애플리케이션의 현재 상태를 저장할 중요한 시간입니다. 이러한 최적화는 애플리케이션이 사용되지 않을 때 불필요한 리소스를 소비하지 않고 효율성을 유지하도록 합니다.

onShow 이벤트는 onHide의 반대로, 애플리케이션이 숨겨진 상태에서 돌아올 때 호출됩니다. 애플리케이션이 숨겨져 있을 때 해제되거나 축소된 연결과 리소스를 다시 설정할 수 있습니다.

onPause 단계에서는 애플리케이션이 현재 사용자에게 표시되지 않고 백그라운드에서 실행됩니다. 이는 애플리케이션이 포그라운드에 있지 않을 때 계속해서 수행해서는 안 되는 활동(예: 과도한 데이터 사용 작업, 실행 중인 게임)을 일시 중지할 때입니다.

onRestart 이벤트는 애플리케이션이 일시 중지된 상태에서 다시 시작됨을 나타냅니다. onPause 상태에서 (일시) 중지된 작업을 갱신하거나 애플리케이션 콘텐츠를 새로 고칠 기회입니다.

onExitRequested 콜백은 애플리케이션 종료 시 호출되며, 종료가 취소 가능할 때와 불가능할 때 동작이 달라집니다. 애플리케이션이 닫히기 전에 사용자에게 변경 사항을 저장하라는 메시지를 표시하는 로직을 구현해 원활한 사용자 경험과 데이터 무결성을 보장하는 데 적합한 위치입니다.

마지막으로 onDetach 이벤트는 애플리케이션이 호스트 뷰에서 분리될 때 발생합니다. 이는 일반적으로 애플리케이션이 완전히 종료될 때 발생합니다. 이 단계에서는 메모리 누수를 방지하고 애플리케이션이 깔끔하게 종료되도록 뷰에 연결된 리소스를 해제하는 것이 중요합니다.

WidgetsBindingObserver와 AppLifecycleListener 모두 플러터에서 애플리케이션 생명주기 이벤트를 처리하는 실용적인 방법을 제공합니다. WidgetsBindingObserver는 더 직접적인 접근 방식을 제공하고, AppLifecycleListener는 이러한 이벤트를 관리하는 구조화되고 강력한 프레임워크를 제공해 다양한 생명주기 상태에 적절하게 대응하는 깔끔하고 유지관리 가능한 코드를 더 쉽게 작성하도록 도와줍니다.

2.7 플러터 UI에서 제약 조건 관리하기

플러터의 UI 프레임워크는 기존의 레이아웃 시스템과는 다른 패러다임 전환을 나타냅니다. 유연하고 적응 가능한 UI를 만들려면 플러터가 제약 조건을 어떻게 관리하는지 이해해야 합니다. 이 장에서는 플러터의 레이아웃 메커니즘을 깊이 탐구하며, 주로 '제약 조건은 부모로부터 내려받고, 자신의 크기를 부모에게 알려주며, 부모가 위치를 결정한다'라는 핵심 원칙에 초점을 맞춥니다.

2.7.1 플러터 레이아웃의 핵심 원칙

플러터의 레이아웃 시스템의 중심에는 간단하면서도 심오한 규칙이 있습니다. '제약 조건은 부모로부터 내려받고, 자신의 크기를 부모에게 알려주며, 부모가 위치를 결정한다'라는 원칙은 플러터에서 위젯의 크기와 위치가 어떻게 결정되는지를 이해하는 데 매우 중요합니다.

1. **제약 조건은 부모로부터 내려받는다.**
   플러터에서 모든 위젯은 부모로부터 일련의 제약 조건을 받습니다. 이 제약 조건은 위젯의 최소 및 최대 허용 크기(너비와 높이)를 정의합니다. 플러터 위젯은 부모가 제공한 제약 조건을 엄격하게 준수해 더 체계적으로 동작합니다.

2. **자신의 크기를 부모에게 알려준다.**
   위젯이 제약 조건을 받으면, 이 한계 내에서 자신의 크기를 결정합니다. 이 크기는 부모에게 전달됩니다. 자식 위젯은 제약 조건 내에서 어떤 크기든 선택할 자유가 있지만, 그 한계를 넘을 수는 없습니다.

3. **부모가 위치를 결정한다.**
   자식들의 크기를 결정한 후, 부모 위젯은 정확한 가로/세로 위치를 지정하는 등의 방식으로 각 자식을 화면에 배치합니다.

플러터의 원패스 레이아웃 이해하기

플러터의 렌더링 효율성은 원패스one-pass 레이아웃 과정에서 비롯됩니다. 각 위젯은 단 한 번만 그려지며, 이 과정은 되돌리거나 반복할 수 없습니다. 이 접근 방식은 고성능 레이아웃을 가능하게 하지만, 몇 가지 제한 사항도 가져옵니다.

- 위젯은 부모가 지정한 크기에 제약을 받으므로 임의의 크기를 자유롭게 선택할 수 없습니다.
- 화면상 위젯의 위치는 위젯 자체가 아니라 부모가 결정합니다.
- 단일 위젯의 레이아웃은 전체 위젯 트리를 고려해야만 완전히 이해할 수 있습니다.

2.7.2 플러터 레이아웃의 실제 예제

화면 내의 Container

이 예제에서는 명시적인 치수가 없는 `Container`를 플러터 애플리케이션의 중앙 위젯 아래에 배치합니다. 화면의 제약 조건은 `Container`가 전체 화면을 채우도록 강제합니다.

```
import 'package:flutter/material.dart';
void main() {
  runApp(MaterialApp(
    home: Scaffold(
      body: Container(
        // Container가 잘 보이게 하려고 파란색을 지정함
        color: Colors.blue,
      ),
    ),
  ));
}
```

여기서 Container는 화면의 크기에 따라 제한되므로 전체 화면을 채우도록 확장됩니다.

특정 크기의 가운데 정렬된 Container

다음 코드는 Center 위젯을 사용해 부모 안에서 가운데 정렬된 특정 너비와 높이의 Container를 보여줍니다.

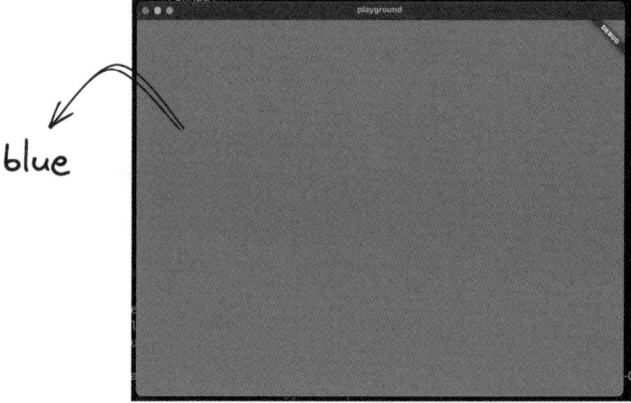

그림 2-16 명시적 크기가 없는 Container[15]

```
void main() {
  runApp(MaterialApp(
    home: Scaffold(
```

---

15 인쇄 특성상 도서에 수록된 이미지는 단색으로 제공됩니다. 도서 이용에 참고 부탁드립니다.

```
      body: Center(
        child: Container(
          width: 100.0,
          height: 100.0,
          color: Colors.blue,
        ),
      ),
    ),
  ));
}
```

Center 위젯은 Container가 자신의 크기(여기서는 100×100)만큼 커질 수 있도록 하고 사용 가능한 공간 내에서 가운데에 배치합니다.

ConstrainedBox 사용법

여기서 ConstrainedBox는 그 안에 있는 Container에 특정 제약을 적용합니다.

```
import 'package:flutter/material.dart';

void main() {
  runApp(MaterialApp(
    home: Scaffold(
      body: ConstrainedBox(
        constraints: const BoxConstraints(
          minWidth: 50.0,
          maxWidth: 150.0,
          minHeight: 50.0,
          maxHeight: 150.0,
        ),
        child: Container(
          color: Colors.green,
        ),
      ),
    ),
  ));
}
```

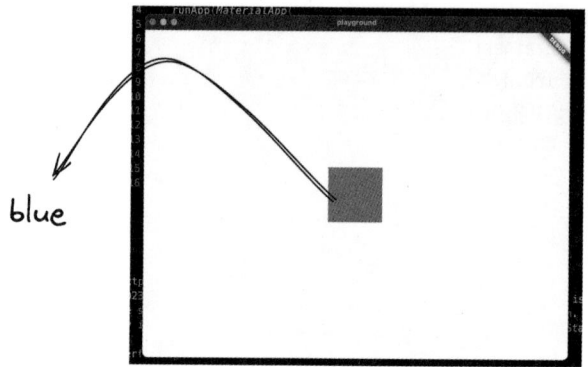

그림 2-17 Container와 Center 위젯[16]

ConstrainedBox 안의 Container는 지정된 제약 조건(50×50에서 150×150 사이)에 맞게 크기를 조절합니다.

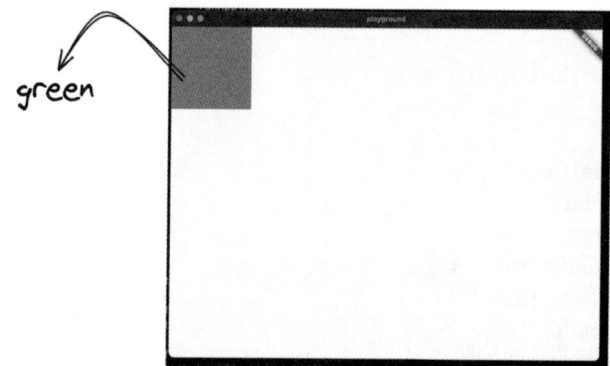

그림 2-18 ConstainedBox 예시[17]

Row와 Expanded 위젯

다음 코드는 Row 위젯이 자식 엘리먼트를 Expanded 위젯으로 감싸 공간을 분배하는 방식을 보여줍니다.

```
void main() {
  runApp(MaterialApp(
```

---

16 인쇄 특성상 도서에 수록된 이미지는 단색으로 제공됩니다. 도서 이용에 참고 부탁드립니다.
17 인쇄 특성상 도서에 수록된 이미지는 단색으로 제공됩니다. 도서 이용에 참고 부탁드립니다.

```
      home: Scaffold(
        body: Row(
          children: <Widget>[
            Expanded(
              flex: 2,
              child: Container(
                color: Colors.yellow,
              ),
            ),
            Expanded(
              flex: 1,
              child: Container(
                color: Colors.blue,
              ),
            ),
          ],
        ),
      ),
    ));
  }
```

Row 안에는 Expanded 위젯으로 감싼 두 개의 Container 위젯이 있습니다. 첫 번째 Container(노란색)는 두 번째 Container(파란색)보다 두 배의 공간을 차지합니다. 이는 각각의 flex 속성(2와 1) 때문입니다. Row는 자식 엘리먼트들의 선호 크기를 무시하고 flex값에 따라 공간을 분배합니다.

그림 2-19 Expanded 예시[18]

---

[18] 인쇄 특성상 도서에 수록된 이미지는 단색으로 제공됩니다. 도서 이용에 참고 부탁드립니다.

이 코드 예제들은 플러터의 다양한 위젯이 여러 제약 조건과 다양한 부모-자식 관계에서 어떻게 동작하는지를 보여줍니다. 이러한 상호작용을 이해하는 것이 플러터의 레이아웃 시스템을 숙달하는 핵심입니다.

2.7.3 플러터에서의 엄격한 제약과 느슨한 제약

플러터의 레이아웃 시스템을 숙달하려면 엄격한 제약 조건과 느슨한 제약 조건을 구분할 수 있어야 합니다. 이 구분은 위젯의 동작 방식과 크기 조정에 영향을 미칩니다.

엄격한 제약 조건

엄격한 제약 조건은 정밀하지만 유연하지 않으며 위젯이 채택할 단일 크기를 제공합니다. 이는 최소 및 최대 치수(너비와 높이)가 동일할 때 발생합니다. 이러한 상황에서는 위젯이 이 제약 조건에 지정된 정확한 크기를 따를 수밖에 없습니다.

- 예시
  - Scaffold 내에 있는 Container 위젯을 상상해 보세요. Scaffold는 Container에 정확한 치수를 지정하는 엄격한 제약 조건을 제공할 수 있습니다. 그러면 Container는 (그 이상도 그 이하도 아닌) 그만큼의 공간을 차지합니다.
  - 플러터 애플리케이션의 최상위 위젯은 기기의 화면 크기에 따라 엄격한 제약 조건을 적용받을 때가 많습니다.

엄격한 제약 조건은 위젯에게 크기 선택의 자유를 전혀 주지 않습니다. '크기는 이걸로 정해졌으니 무조건 따르라'는 식의 일방적인 명령과 같습니다.

느슨한 제약 조건

느슨한 제약 조건은 더 유연하며 위젯이 자신의 크기를 결정할 수 있는 범위를 제공합니다. 즉, 최소 크기와 최대 크기를 지정해 위젯이 이 범위 내에서 어느 크기든 선택할 수 있게 합니다.

- 예시
  - Center 위젯 내의 Container를 생각해 보세요. Center 위젯은 Container에 화면의 경계 내에서 원하는 크기가 될 수 있다고 알려줍니다. Container에 크기를 결정할 충분한 콘텐츠나 고정된 크기가 없다면, Center가 허용하는 최대 크기까지 어느 크기로든 결정할 수 있습니다.

— 높이가 제약되지 않은 Column도 비슷하게 작동하며, 자식 위젯들이 주어진 범위 내에서 자신의 높이를 선택할 수 있게 합니다.

느슨한 제약 조건은 '이 범위 안에서는 어떤 크기든 괜찮아'라고 허용해 주는 가이드라인과 같습니다.

실질적인 적용 방법

반응형 플러터 UI를 설계하려면 엄격한 제약 조건과 느슨한 제약 조건을 이해해야 합니다. 이는 위젯이 다양한 상황에서 어떻게 동작할지 예측하는 데 도움이 됩니다.

- 제약 조건이 엄격한 위젯은 크기가 예측 가능하지만 유연성이 적습니다.
- 제약 조건이 느슨한 위젯은 더 동적인 레이아웃을 제공하지만 오버플로와 같은 레이아웃 문제를 피하려면 신중히 관리해야 합니다.

Expanded 위젯으로 감싸지 않고 Column 안에 ListView를 배치하는 일반적인 실수를 생각해 보세요. ListView는 가능한 한 크게 표시되려는 성질이 있는데 Column은 자식들에게 무한한 높이를 제공하므로 문제가 발생할 수 있습니다. Column이 느슨한 제약 조건을 제공한다는 점을 이해하면 이러한 레이아웃 문제를 진단하고 수정하는 데 도움이 됩니다.

플러터의 레이아웃 시스템의 세부 사항, 특히 제약 조건과 크기가 어떻게 관리되는지를 이해하는 것은 반응형이고 미적으로 만족스러운 애플리케이션을 만드는 데 필수입니다. 이 시스템의 독창성은 제약 조건을 부모로부터 내려받고, 자신의 크기를 부모에게 알려주며, 부모가 위치를 결정하는 구조적인 접근 방식에 있습니다. 이러한 원칙을 주의 깊게 숙지하면 강력한 플러터 UI 프레임워크의 잠재력을 최대한 활용할 수 있습니다.

2.8 플러터에서 키의 중요성과 사용법

플러터의 Widget 클래스에는 선택적 매개변수로 키(Key)를 받을 수 있는 생성자가 있습니다. 이는 플러터 개발자들이 개발 경험에서 자주 접하는 시나리오입니다.

```
// 플러터 소스 코드
// packages/flutter/lib/src/widgets/framework.dart
abstract class Widget extends DiagnosticableTree {
  const Widget({this.key});
  final Key? key;
  // 다른 속성과 메서드들...
}
```

플러터에서 Key는 Widgets, Elements, SemanticsNodes의 고유 식별자입니다. 이는 프레임워크의 위젯 생명주기 관리에서 중요한 역할을 합니다. 위젯이 다시 빌드될 때, 키는 새 위젯이 기존 엘리먼트를 업데이트할지를 결정합니다. 즉, 새 위젯의 키가 엘리먼트에 연결된 현재 위젯의 키와 일치하면 플러터는 해당 엘리먼트를 새 위젯으로 업데이트합니다. 그렇지 않으면 새 위젯에 사용할 새로운 엘리먼트를 생성합니다.

이 메커니즘은 위젯의 상태와 정체성을 유지하는 데 중요합니다. 특히 동적 리스트나 복잡한 인터페이스에서 위젯 트리 구조가 자주 변경될 때 그렇습니다. 키를 사용하면 개발자는 프레임워크가 위젯을 정확하게 추적하고 업데이트하도록 할 수 있어, 더 예측 가능하고 효율적인 UI 동작을 보장할 수 있습니다.

이제 플러터에서 다양한 키의 종류와 사용 시기를 배워봅시다.

UniqueKey

위젯이 빌드될 때마다 고유한 정체성을 가져야 하며 항상 별개의 것으로 간주하게 할 때 사용하는 키입니다. 예를 들어 동적 리스트에서 각 항목이 업데이트될 때도 정체성을 유지하도록 하려면 UniqueKey를 사용합니다. 실제 사례로는 각 메시지가 고유하고 업데이트 후에도 개별적으로 식별되어야 하는 채팅 애플리케이션이 있습니다.

```
ListView.builder(
  itemBuilder: (BuildContext context, int index) {
    return ListTile(key: UniqueKey(), title: Text('Message $index')); },
);
```

| ValueKey |

위젯이 특정 값으로 식별되어야 할 때 사용하는 키입니다. 이는 ID와 같은 고유한 값으로 위젯을 구분할 때 이상적입니다. 예를 들어 할 일 목록 애플리케이션에서 각 할 일 항목의 ID가 고유하다면 ValueKey를 사용해 플러터가 이러한 항목을 효과적으로 식별하고 관리할 수 있습니다.

```
ListView.builder(
  itemBuilder: (BuildContext context, int index) {
    return ListTile(
      key: ValueKey(todoItems[index].id),
      title: Text(todoItems[index].title),
    );
  },
);
```

| ObjectKey |

ValueKey와 유사하지만 전체 객체의 정체성을 사용합니다. 이 키는 위젯의 정체성이 객체의 정체성과 연결된 복잡한 데이터 구조에 적합합니다. 예를 들어 전자 상거래 애플리케이션에서 각 제품을 리스트에 표시할 때 ObjectKey를 사용해 고유하게 식별할 수 있으며, 플러터가 다양한 제품을 나타내는 위젯을 올바르게 관리할 수 있습니다.

```
ListView.builder(
  itemBuilder: (BuildContext context, int index) {
    return ListTile(
      key: ObjectKey(products[index]),
      title: Text(products[index].name),
    );
  },
);
```

| GlobalKey |

전체 애플리케이션에서 전역적으로 고유한 키입니다. 애플리케이션의 다른 부분에서 위젯에 접근할 때 일반적으로 사용하며, 특히 form 상태를 관리하는 데 자주 사용합니다. 실제

사례는 form 위젯으로, 애플리케이션의 다른 부분에서 form 상태에 접근해 유효성 검사나 데이터 제출과 같은 작업을 수행합니다.

```
final GlobalKey<FormState> formKey = GlobalKey<FormState>();

// Form 위젯에 키 지정
Form(
  key: formKey,
  child:TextFormField(),
);

// 애플리케이션 어디서든지
if (formKey.currentState.validate()) {
  // 해당 키로 참조 가능
}
```

| PageStorageKey |

이 키는 위젯이 화면에 보이지 않을 때 상태를 저장합니다. 특히 스크롤 가능한 리스트에서 유용합니다. 예를 들어 긴 기사 목록이 있는 뉴스 애플리케이션에서 **PageStorageKey**로 스크롤 위치를 유지할 수 있습니다. 사용자가 기사를 읽은 후 목록으로 돌아올 때 동일한 위치로 돌아가게 할 수 있습니다.

```
ListView.builder(
  key: PageStorageKey<String>('news-list'),
  itemBuilder: (BuildContext context, int index) {
    return ListTile(title: Text('Article $index'));
  },
);
```

플러터의 동적이고 복잡한 인터페이스에서 효과적으로 위젯을 관리하려면 올바른 키 타입을 선택해야 합니다.

플러터 테스트에서 키 사용하기

키는 위젯 테스트에서 매우 유용합니다. 예를 들어 특정 위젯을 찾을 때 **ValueKey**나 **Key**를 사용할 수 있습니다. 다음은 코드 예시입니다.

```dart
void main() {
  testWidgets(
    '예시 위젯 테스트',
    (WidgetTester tester) async {
      await tester.pumpWidget(
        const MaterialApp(
          home: Column(
            children: [
              Text(
                'Flutter',
                key: Key('specific_widget'),
              ),
              Text('Flutter'),
            ],
          ),
        ),
      );
      // 'Flutter' 텍스트가 있는 위젯이 두 개 있음
      // expect(find.text('Flutter'), findsExactly(2));
      // 이처럼 특정 위젯을 찾으려면 Key를 사용할 수 있음
      const specificWidgetKey = Key('specific_widget');
      expect(
        find.byKey(specificWidgetKey),
        findsOneWidget,
      );
    },
  );
}
```

이 테스트에서는 두 개의 위젯에 키를 추가했으므로 각각 키로 구분할 수 있습니다. 이 접근 방식은 애플리케이션의 형태와 기타 인터랙티브 요소가 예상대로 작동하는지 확인하는 데 유용합니다.

2.9 결론

이 장에서는 플러터의 아키텍처를 깊이 탐구하며, 반응형·선언적 특성과 함께 결합도를 낮추고 응집도를 높이는 설계 철학을 이해했습니다. 주요 구성 요소, 그래픽 렌더링, 위젯 생명주기

를 살펴보며 플러터의 설계가 성능과 개발자 경험을 어떻게 최적화하는지도 확인했습니다.

결론적으로 이러한 통찰은 견고하고 확장 가능한 애플리케이션을 구축하는 데 기여하며, 실무 개발의 기초가 되어 고성능·사용자 중심의 경험을 만드는 길잡이가 됩니다. 이를 실제로 적용함으로써 멀티 플랫폼 개발의 가능성을 넓혀갈 준비가 되었습니다.

CHAPTER 3

플러터와 네이티브 플랫폼 통합

검토자: Anna Leushchenko, Oleksandr Leushchenko

이전 장에서는 플러터의 내부 구조를 다뤘습니다. 이번 장에서는 플러터가 네이티브 플랫폼과 어떻게 통합되는지 살펴보겠습니다.

플러터의 네이티브 플랫폼 통합 능력은 매우 중요한 기능으로, 개발자가 플러터의 크로스 플랫폼 기능과 함께 플랫폼별 기능을 활용하게 해 줍니다. 이 통합은 주로 플랫폼 채널platform channel과 다트 FFIforeign function interface를 통해 이루어집니다.

3.1 플랫폼 채널

플랫폼 채널은 다트와 네이티브 플랫폼 코드 간의 틈을 메우는 중요한 기능입니다. 이를 활용해 플러터 애플리케이션은 안드로이드, iOS, macOS, 리눅스, 윈도우 등 기본 플랫폼과 통신할 수 있습니다. 이러한 통신은 카메라, GPS, 센서, 그리고 플러터 프레임워크에서 직접 접근할 수 없는 기타 플랫폼별 기능(플러터용으로 제작되지 않은 서드파티 SDKsoftware development kit도 포함함)에 접근하는 데 필수입니다.

플랫폼 채널은 주로 세 가지 통신 방식을 제공합니다.

- **MethodChannel**: 비동기 메서드 호출에 사용합니다. 플러터 애플리케이션은 네이티브 측에 메서드 호출을 보내고, 네이티브 측은 특정 기능을 수행한 후 결과를 반환합니다. 이는 센서 데이터 가져오기, 배터리 상태 확인, 네이티브 기능을 사용한 데이터 처리 등의 작업에 이상적입니다.
  — **사용 예시**: 현재 배터리 잔량 가져오기, 기기 정보 접근하기
- **EventChannel**: 네이티브 코드에서 다트로 데이터 스트림을 생성하는 데 사용합니다. 이는 센서 판독값이나 위치 업데이트와 같은 지속적이거나 주기적인 네이티브 이벤트를 수신할 때 유용합니다.
  — **사용 예시**: 센서 데이터 업데이트하기, GPS 위치 변경 구독하기
- **BasicMessageChannel**: 안드로이드와 iOS의 플랫폼별 코드 사이에서 메시지를 주고받는 통신 채널입니다. MethodChannel은 메서드 호출에 사용하지만, BasicMessageChannel은 간단한 비동기 메시지 교환에 적합합니다. JSON, 바이너리, 사용자 정의 형식 등 다양한 데이터 직렬화 형식과 코덱을 지원합니다.
  — **사용 예시**: 사용자 정의 데이터 구조 주고받기

이제 MethodChannel을 사용하는 단계별 예제를 만들어 보겠습니다. 플러터 영역(다트 코드)이 네이티브 플랫폼(안드로이드)과 통신해 기기의 배터리 잔량을 가져오는 간단한 애플리케이션을 만들어 보겠습니다.

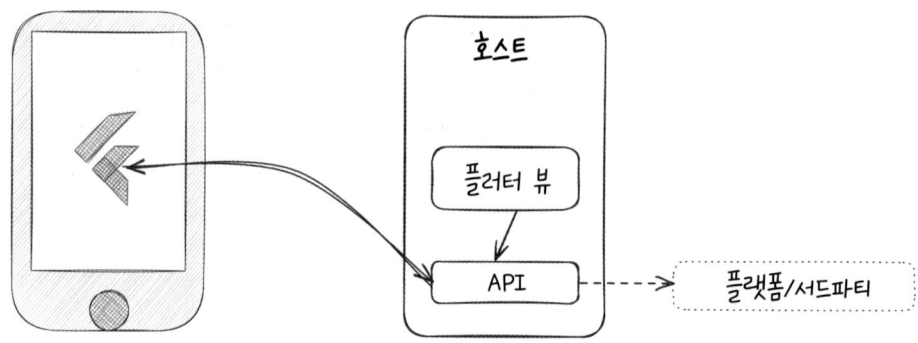

그림 3-1 플러터의 MethodChannel

1단계: 플러터(다트)에서 MethodChannel 정의하기

여러분들의 플러터 애플리케이션에서 package:flutter/services.dart를 임포트^{import}하고 MethodChannel을 정의해야 합니다.

```
import 'package:flutter/material.dart';
```

```dart
import 'package:flutter/services.dart';

class BatteryLevel {
  static const methodChannel = MethodChannel(
    // 채널 이름은 네이티브에서 구현해 준 이름과 동일해야 함
    'io.flutterengineering.battery/methods',
  );

  static Future<int?> getBatteryLevel() async {
    try {
      final batteryLevel =
        await methodChannel.invokeMethod<int>(
          'getBatteryLevel',
        );
      return batteryLevel;
    } catch (e) {
      debugPrint(e.toString());
      return null;
    }
  }
}
```

2단계: 네이티브 안드로이드 코드(코틀린)에서 메서드 호출 처리하기

여러분들의 플러터 프로젝트 내부에 있는 안드로이드 소스에서는 반드시 **MainActivity**나 각 액티비티의 **configureFlutterEngine** 메서드를 오버라이드override해야 합니다.

```kotlin
import io.flutter.embedding.android.FlutterActivity
import io.flutter.embedding.engine.FlutterEngine
import io.flutter.plugin.common.MethodChannel
import android.os.BatteryManager
import android.content.Context

class MainActivity : FlutterActivity() {
  private val CHANNEL = "io.flutterengineering.battery/methods"

  override fun configureFlutterEngine(
    flutterEngine: FlutterEngine
  ) {
    MethodChannel(
      flutterEngine.dartExecutor.binaryMessenger,
      CHANNEL
```

```
      )
      .setMethodCallHandler { call, result ->
        if (call.method == "getBatteryLevel") {
          val batteryLevel = getBatteryLevel()
          if (batteryLevel != null) {
            result.success(batteryLevel)
          } else {
            result.error(
              "UNAVAILABLE",
              "Battery level not available.",
              null
            )
          }
        } else {
          result.notImplemented()
        }
      }
  }

  private fun getBatteryLevel(): Int? {
    val batteryManager =
      getSystemService(
        Context.BATTERY_SERVICE
      ) as BatteryManager
    return batteryManager
      .getIntProperty(
        BatteryManager.BATTERY_PROPERTY_CAPACITY
      )
  }
}
```

3단계: 플러터에서 메서드 호출하기

이제 플러터 코드에서 **getBatteryLevel**을 호출하여 네이티브 플랫폼에서 배터리 잔량을 가져올 수 있습니다.

```
void main() async {
  WidgetsFlutterBinding.ensureInitialized();
  final batteryLevel = await BatteryLevel.getBatteryLevel();
  print("배터리 잔량: $batteryLevel%");
}
```

4단계: 애플리케이션 실행하기

이제 플러터 애플리케이션을 실행해 보세요. `getBatteryLevel` 메서드가 네이티브 플랫폼 코드를 호출하고 배터리 잔량을 가져와 콘솔에 출력할 것입니다.

여기서 주의해야 할 몇 가지 사항이 있습니다.

- 이 예제는 코틀린Kotlin을 사용한 안드로이드 예제입니다. iOS라면 스위프트Swift나 오브젝티브-C로 iOS 프로젝트에 유사한 로직을 구현해야 하며 macOS, 윈도우, 리눅스도 마찬가지입니다. 네이티브 부분은 해당 플랫폼과 코드를 작성해야 하는 언어의 지식이 필요합니다.
- 항상 다트와 네이티브 코드 사이의 채널 이름이 일치하는지 확인하세요.
- 필요에 따라 권한과 플랫폼별 설정을 처리해야 합니다. 예를 들어 안드로이드에서 특정 하드웨어 기능에 접근하려면 AndroidManifest.xml에 특정 권한을 명시해야 합니다.

3.1.1 플러터에서의 Pigeon 소개

Pigeon[1]은 플러터 애플리케이션용으로 개발된 도구로, 다트와 네이티브 코드(안드로이드용 자바/코틀린, iOS용 오브젝티브-C/스위프트) 간의 원활하고 타입 안전성이 보장된 통신을 지원합니다. 플랫폼 채널의 복잡성과 상용구 코드를 해결해, 다트 코드에서 네이티브 플랫폼 함수를 호출하는 더 간단하고 강력한 방법을 제공합니다. Pigeon은 통신 채널 설정 코드를 생성해 데이터 타입과 메서드 시그니처method signature가 애플리케이션의 다트 측과 네이티브 측 모두에서 일관되고 올바르게 구현되도록 보장합니다.

Pigeon은 플랫폼 장벽을 넘어서 호출할 수 있는 메서드를 설명하는 명확한 인터페이스를 다트로 정의합니다. 이러한 인터페이스를 정의한 후, Pigeon은 해당하는 다트 코드와 네이티브 코드를 생성합니다. 이 자동 생성된 코드는 플랫폼 채널을 통해 데이터를 변환하고 메서드 호출을 처리하는 로직을 포함합니다.

Pigeon은 플러터와 네이티브 모듈 사이에 복잡한 데이터를 공유하거나, 플랫폼 간 빈번하고 일관된 메서드 호출이 필요할 때 사용합니다. 타입 안전성을 유지하고 상용구 코드를 줄이면 대규모 프로젝트에서 효율성과 유지보수성을 높일 수 있습니다. 또한 안드로이드와 iOS와의 통신을 지원하며, 각 네이티브 구현에 자바, 코틀린, 오브젝티브-C, 스위프트를 활용합니다.

---

1 *https://pub.dev/packages/pigeon*

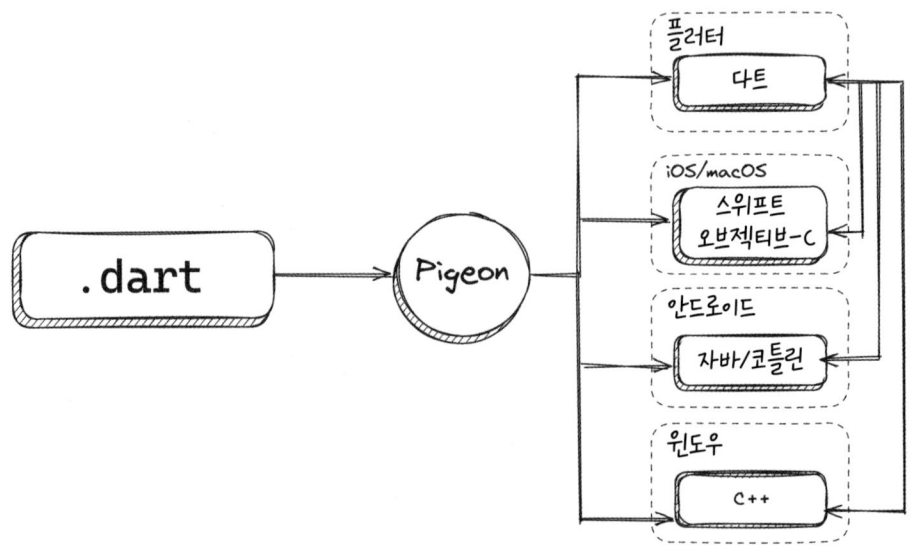

그림 3-2 플러터에서의 Pigeon

3.2 다트 FFI

다트의 `dart:ffi` 라이브러리는 다트 네이티브에서 실행되는 모바일, CLI^{command line interface}, 서버 애플리케이션이 네이티브 C API와 상호작용하게 해 주어 시스템 수준 코드에 접근하고 실행하는 중요한 연결을 제공합니다. FFI 기능 덕분에 다트 코드는 메모리를 직접 읽고, 쓰고, 관리하는 등의 네이티브 작업을 수행할 수 있습니다. FFI는 C++, 오브젝티브-C, Go, 러스트^{Rust} 등 C로 컴파일되는 프로그래밍 언어를 지원합니다.

이제 플러터 애플리케이션에서 다트의 FFI를 사용하는 기본 예제를 만들어 보면서 필요한 단계를 살펴보겠습니다. 플러터 애플리케이션에서 "Hello, World!" 문자열을 반환하는 간단한 C 함수를 다트 FFI로 호출하는 과정을 단계별로 진행해 보겠습니다.

1단계: C 함수 작성하기
먼저 플러터에서 호출하려는 함수를 포함한 C 파일을 생성해야 합니다.

```
// **hello_world.c**
const char* hello_world() {
  return "Hello, World!";
}
```

2단계: C 코드를 공유 라이브러리로 컴파일하기

다음으로, 이 C 파일을 공유 라이브러리로 컴파일해야 합니다. 컴파일 명령어는 운영 체제에 따라 다릅니다. 예를 들어 리눅스나 macOS에서는 다음 명령어를 사용할 수 있습니다.

```
// macOS
clang -dynamiclib -o libhello_world.dylib hello_world.c

// 리눅스
gcc -shared -fPIC -o libhello_world.so hello_world.c

// 윈도우
gcc -shared -o hello_world.dll hello_world.c
```

이는 macOS에서는 `libhello_world.dylib`, 리눅스에서는 `libhello_world.so`, 윈도우에서는 `hello_world.dll`이라는 이름의 공유 라이브러리 파일을 생성합니다.

이 시점에 이 라이브러리를 플랫폼에 추가해야 하는데, 라이브러리 추가 방법은 플랫폼마다 다릅니다. 항상 플러터 문서를 참조해 적절한 단계를 확인하세요. macOS에서는 다음 단계를 따릅니다.

1. Xcode에서 `yourapp/macos/Runner.xcworkspace`를 엽니다.
2. 미리 컴파일된 라이브러리(`libhello_world.dylib`)를 Runner/Frameworks로 옮겨 줍니다.
3. Runner를 클릭하고 Build Phases 탭으로 이동합니다.
   — `libhello_world.dylib`를 Copy Bundle Resources 목록으로 이동합니다.
   — Embed Libraries에서 Code Sign on Copy를 확인합니다.
   — Link Binary With Libraries에서 상태를 Optional로 설정합니다(동적 링크를 사용하므로 정적 링크는 필요 없습니다).
4. Runner를 클릭하고 General 탭으로 이동합니다.
   — `libhello_world.dylib`를 'Frameworks, Libraries, and Embedded Content' 목록으로 이동 시킵니다.

— Embed and Sign을 선택합니다.
5. Runner를 클릭하고 Build Settings 탭으로 이동합니다.
   — Search Paths 섹션에서 Library Search Paths가 libhello_world.dylib의 경로를 포함하도록 구성합니다.

다른 플랫폼을 사용한다면 docs.flutter.dev/platform-integration을 확인해 주세요.

3단계: 다트 FFI 바인딩 생성하기

플러터 프로젝트에서 C 함수에 대한 FFI 바인딩을 설정하는 다트 파일을 생성합니다. 또한 플러터 프로젝트에 ffi 패키지를 추가합니다.

```dart
// **lib/hello_world_bindings.dart**
import 'dart:ffi';
import 'package:ffi/ffi.dart';

typedef HelloWorldFunc = Pointer<Utf8> Function();
typedef HelloWorld = Pointer<Utf8> Function();

class HelloWorldBindings {
  HelloWorldBindings()
    : _lib = DynamicLibrary.open('libhello_world.dylib');

  final DynamicLibrary _lib;

  String helloWorld() {
    final HelloWorld helloWorld = _lib
      .lookup<NativeFunction<HelloWorldFunc>>('hello_world')
      .asFunction();
    return helloWorld().toDartString();
  }
}
```

4단계: 플러터 애플리케이션에서 FFI 함수 사용하기

이제 플러터 애플리케이션에서 FFI 바인딩을 사용할 수 있습니다.

```dart
// lib/main.dart
import 'package:flutter/material.dart';
```

```dart
import 'hello_world_bindings.dart';

void main() {
  final helloWorldBindings = HelloWorldBindings();
  runApp(
    MyApp(
      helloWorldBindings: helloWorldBindings,
    ),
  );
}

class MyApp extends StatelessWidget {
  const MyApp({super.key, this.helloWorldBindings});

  final HelloWorldBindings helloWorldBindings;

  @override
  Widget build(BuildContext context) {
    final message = helloWorldBindings.helloWorld();
    return MaterialApp(
      home: Scaffold(
        body: Center(
          child: Text(message),
        ),
      ),
    );
  }
}
```

5단계: 플러터 애플리케이션 실행하기

플러터 애플리케이션을 실행하세요. 애플리케이션은 다트 FFI를 사용해 네이티브 hello_world 함수를 호출하고 화면에 "Hello, World!"를 표시할 것입니다.

단, 주의해야 할 몇 가지 사항이 있습니다.

- 공유 라이브러리(libhello_world.dylib이나 해당 OS에서 같은 역할을 하는 파일)가 다트 FFI가 접근할 수 있는 올바른 위치에 있는지 확인하세요.
- 공유 라이브러리 통합 방법은 대상 플랫폼(iOS, 안드로이드, macOS, 윈도우, 리눅스)에 따라 약간 다를 수 있습니다.
- 항상 docs.flutter.dev/platform-integration을 참조해 각 플랫폼에 추가하는 단계를 따르세요.

- iOS나 안드로이드에서는 빌드 프로세스에 네이티브 라이브러리를 포함하는 특정 구성이 필요합니다.

'Hello World' 예제에서 보았듯이, 플러터에서 다트 FFI를 사용해 네이티브 C 함수와 인터페이스화하는 것은 복잡하고 어려울 수 있습니다. 네이티브 코드 작성, 공유 라이브러리로 컴파일, 다트에서 수동으로 바인딩 작성 등 여러 단계를 거쳐야 합니다. 네이티브 개발이나 언어 간 통신의 미묘한 차이에 익숙하지 않은 개발자에게는 이런 과정이 어렵고 오류가 발생하기 쉬울 수 있습니다.

플러터 팀은 이 프로세스를 단순화하고 간소화하는 두 가지 중요한 도구를 개발했습니다. 바로 FFIgen과 JNIgen입니다.

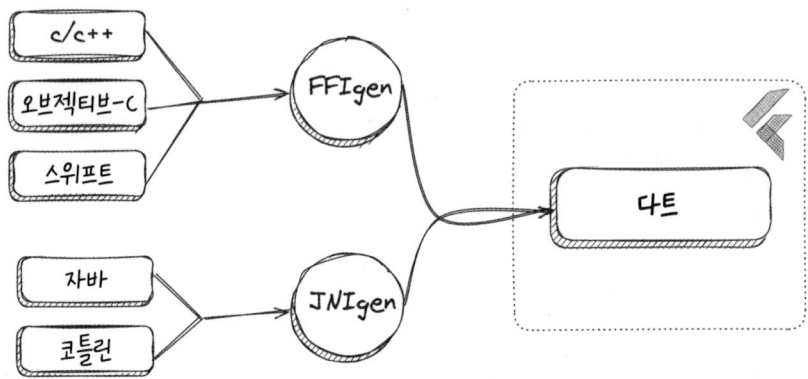

그림 3-3 다트 상호 운용성을 향상하는 FFigen와 JNIgen

3.3 FFIgen

FFIgen[2]은 다트 FFI 바인딩 생성을 자동화합니다. C 헤더 파일을 파싱해 C 함수와 직접 인터페이스로 정의하는 다트 코드를 생성함으로써 수동 작업과 오류 가능성을 크게 줄입니다. 이 도구는 특히 더 큰 C 라이브러리나 바인딩을 자주 업데이트해야 할 때 유용합니다.

---

2 https://pub.dev/packages/ffigen

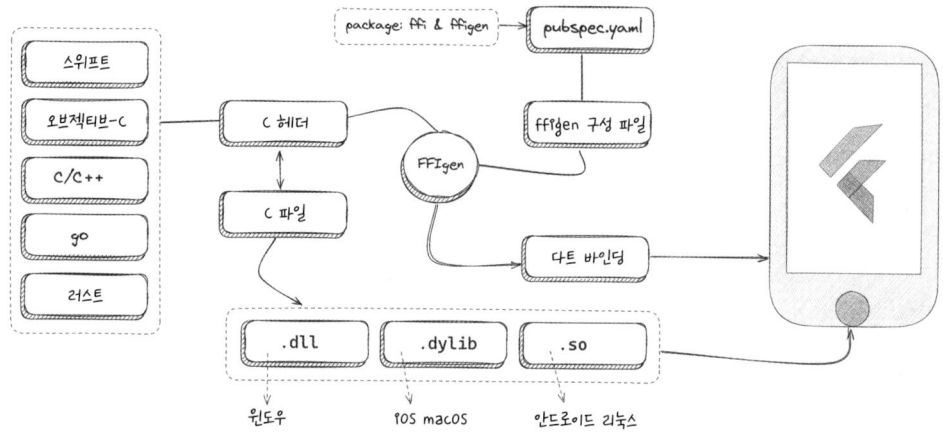

그림 3-4 FFIgen 개요

앞에서 본 'Hello World' 예제를 FFIgen으로 다시 작성해 보겠습니다.

1단계: C 함수와 헤더 작성하기

먼저 C 함수와 함께 헤더 파일을 작성합니다.

```c
// **hello_world.c**
#include "hello_world.h"

const char* hello_world() {
  return "Hello, World!";
}

// hello_world.h
#ifndef HELLO_WORLD_H
#define HELLO_WORLD_H

const char* hello_world();

#endif // HELLO_WORLD_H
```

2단계: C 코드를 공유 라이브러리로 컴파일하기

다음으로, 이 C 파일을 공유 라이브러리로 컴파일합니다. 명령어는 운영 체제에 따라 다르게 사용합니다. 그리고 라이브러리를 플랫폼에 추가합니다. 이 단계는 이전 예제와 동일하므로 앞에서 언급한 대로 진행하면 됩니다.

3단계: 의존성 추가 및 구성

플러터 프로젝트 내 pubspec.yaml을 사용해 dev_dependencies 목록에 ffigen 패키지를 추가하고, dependencies 목록에 ffi 패키지를 추가한 뒤, 다음과 같은 설정을 Pubspec 파일에 추가하세요.

```yaml
ffigen:
  output: 'lib/FFIgen/hello_world_bindings.dart'
  headers:
    entry-points:
      - 'hello_world.h'
```

이 구성은 FFIgen이 hello_world.h에서 다트 바인딩을 생성하고 이를 lib/FFIgen/hello_world_bindings.dart에 넣도록 지시합니다.

4단계: FFIgen 실행

FFIgen을 실행해 바인딩을 생성합니다.

```
flutter pub run ffigen
```

이렇게 하면 C 함수를 호출하는 데 필요한 다트 코드가 포함된 hello_world_bindings.dart가 생성됩니다.

```dart
// hello_world_bindings.dart
// AUTO GENERATED FILE, DO NOT EDIT.
//
// Generated by `package:ffigen`.
// ignore_for_file: type=lint
import 'dart:ffi' as ffi;

class NativeLibrary {
  /// 심볼 조회 함수가 있음
  final ffi.Pointer<T> Function<T extends ffi.NativeType>(String symbolName) _lookup;
```

```dart
/// 심볼들은 [dynamicLibrary]에서 조회됨
NativeLibrary(ffi.DynamicLibrary dynamicLibrary) : _lookup = dynamicLibrary.lookup;

/// 심볼들은 [lookup]으로 조회됨
NativeLibrary.fromLookup(
    ffi.Pointer<T> Function<T extends ffi.NativeType>(String symbolName) lookup)
    : _lookup = lookup;

ffi.Pointer<ffi.Char> hello_world() {
  return _hello_world();
}

late final _hello_worldPtr =
    _lookup<ffi.NativeFunction<ffi.Pointer<ffi.Char> Function()>>('hello_world');
late final _hello_world =
    _hello_worldPtr.asFunction<ffi.Pointer<ffi.Char> Function()>();
}
```

5단계: 플러터 애플리케이션에서 FFI 함수 사용하기 및 애플리케이션 실행하기

이제 생성된 바인딩을 애플리케이션에서 사용할 수 있습니다.

```dart
// lib/main.dart
import 'dart:ffi';
import 'dart:io';
import 'package:ffi/ffi.dart';
import 'package:flutter/material.dart';
import 'FFIgen/hello_world_bindings.dart';

void main() {
  runApp(MyApp());
}

class MyApp extends StatelessWidget {
  MyApp({super.key});

  final nativeLibrary = NativeLibrary(
    DynamicLibrary.open(
      Platform.isMacOS ? 'libhello_world.dylib' : '',
    ),
  );
```

```
  @override
  Widget build(BuildContext context) {
    final helloWorld = nativeLibrary.hello_world();
    // Pointer<Char>를 Dart String으로 변환
    final String stringHelloWorld = helloWorld.cast<Utf8>().toDartString();

    return MaterialApp(
      home: Scaffold(
        body: Center(
          child: Text(
            'lib.hello_world(): $stringHelloWorld',
          ),
        ),
      ),
    );
  }
}
```

이 책을 집필 중인 현재, `Pointer<Char>`를 다트 문자열로 변환하는 등의 특정 변환은 수동으로 수행해야 한다는 점에 주의하세요.

```
final helloWorld = nativeLibrary.hello_world();
final String stringHelloWorld = helloWorld.cast<Utf8>().toDartString();
```

FFIgen이 활발히 개발 중이므로 이러한 수동 변환은 나중에 작업 방식이 변경될 수 있습니다.[3]

전반적으로 상당한 규모의 라이브러리를 다루는 시나리오를 고려해 보면, FFIgen이 작업을 간소화하는 역할이 엄청나게 유용할 수 있습니다.

---

[3] 최신 ffigen은 설정(YAML 파일)을 통해 C의 char*(또는 const char*) 타입을 Dart의 String 타입으로 직접 매핑할 수 있도록 지원합니다. 대부분의 간단한 문자열 반환 함수는 별도 설정 없이도 자동으로 올바르게 추론합니다.

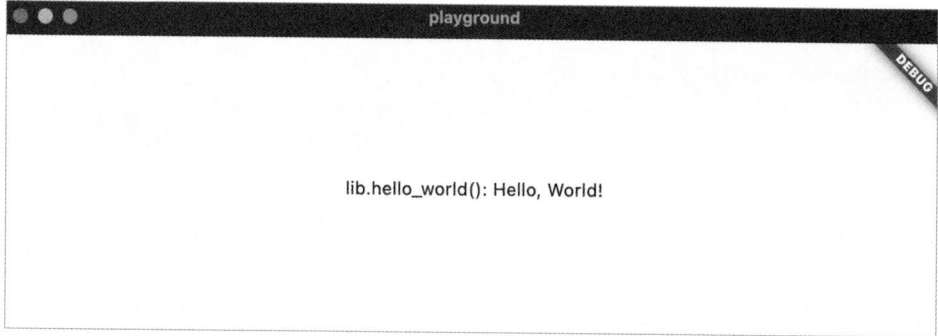

그림 3-5 FFIgen 출력

3.4 JNIgen

JNIgen[Java Native Interface Generator][4]은 자바와 비슷한 목적을 수행합니다. 다트와 자바 코드 간의 통신을 용이하게 해 플러터 애플리케이션이 자바 라이브러리와 안드로이드의 특정 기능에 더 효율적으로 접근할 수 있게 합니다. JNIgen은 다트-JNI 바인딩 생성을 자동화해 플러터 애플리케이션 내에서 자바 코드를 더 간단히 활용하게 해 줍니다.

3.5 결론

플러터의 네이티브 플랫폼 통합은 주로 플랫폼 채널과 다트 FFI로 이루어집니다. 플랫폼 채널은 다트와 네이티브 플랫폼 코드 사이의 틈을 메워 플러터 애플리케이션이 기본 플랫폼과 통신할 수 있게 합니다. 다트 FFI는 애플리케이션이 네이티브 C API와 상호작용할 수 있게 합니다. Pigeon, FFIgen, JNIgen과 같은 도구는 바인딩 생성 프로세스를 간소화하고 다트와 네이티브 코드 간의 통신을 용이하게 합니다.

---

[4] https://pub.dev/packages/jnigen

CHAPTER 4

플러터에 엔지니어링 원칙 적용하기

검토자: *Anna Leushchenko, Oleksandr Leushchenko*

플러터와 같은 프레임워크를 포함한 많은 견고한 소프트웨어 개발의 기반은 객체 지향 프로그래밍과 일반 소프트웨어 공학 원칙에 깊이 뿌리를 두고 있습니다. 탄탄하고 효율적인 애플리케이션을 만들려면 이러한 핵심 개념을 이해해야 합니다.

오랫동안 개발자들에게 소프트웨어 개발의 다양한 부분을 알려 주면서 공통으로 나타나는 패턴을 발견했습니다. 바로 수많은 질문과 문제는 기본 원리를 확실히 이해하지 못해 시작된다는 점입니다. 이러한 기본 개념을 숙달하려면 시간을 투자해야 합니다. 그러면 더 복잡한 주제를 다루기가 더 쉬워지고 플러터와 같은 프레임워크도 더 깊게 이해할 수 있습니다.

1장에서 얻은 통찰을 바탕으로, 이번 장에서는 '시프트 레프트' 개념이 소프트웨어 개발과 학습 과정, 더 나아가 삶의 여정에 어떻게 적용되는지 살펴보겠습니다. 이 접근 방식을 받아들이려면 기본 원리를 이해하고 학습하는 데 처음부터 더 많은 시간을 투자해야 합니다. 특히 플러터와 같은 프레임워크에서 객체 지향 프로그래밍과 소프트웨어 공학 등의 핵심 개념을 숙달하는 데 초기에 시간을 투자하면, 더 원활한 여정이 될 것입니다. 기본 개념을 확실히 이해하면 더 복잡한 주제를 이해하는 데 도움이 되며, 앞으로의 학습과 개발에 들어가는 노력이 훨씬 더 효율적으로 됩니다.

플러터가 이러한 기본 원칙을 어떻게 활용하고, 더 효과적인 애플리케이션 개발에 어떻게 기여하는지 살펴보겠습니다.

4.1 객체 지향 프로그래밍 분석

플러터의 설계는 본질적으로 객체 지향 프로그래밍(OOP) 원칙과 시너지를 이룹니다. 이 절에서는 플러터가 다트의 OOP 기능을 어떻게 활용해 더 구조적이고 모듈화되며 확장 가능한 애플리케이션 개발 방식을 제공하는지 보여줍니다. 클래스와 객체, 객체 간의 상호작용을 정의하는 복잡한 부분을 살펴볼 것입니다. 이는 아름답고 기능적으로 견고한 플러터 애플리케이션을 구축하는 기초가 됩니다.

시작하기 전에 'OOP란 무엇일까요?'라는 질문에 답해 봅시다. OOP는 유연하고 자연스러우며 잘 설계되고 테스트 가능한 애플리케이션을 구조화하여 설계하는 방법입니다. 이는 객체들이 서로 깔끔하게 상호작용하도록 합니다. 이 개발 과정은 애플리케이션 요구사항에 기반해 클래스를 식별하는 것에서 시작합니다. 클래스들은 애플리케이션의 엔티티와 개념을 나타내며, 각각 고유한 책임이 있습니다. OOP는 책임의 논리적 분리를 강조해 중복을 최소화하고 관심사 분리 원칙을 준수합니다.

OOP에서는 어떤 클래스도 독립적으로 존재하지 않습니다. 클래스들이 서로 어떻게 관계를 맺는지 이해하는 것이 중요합니다. 이러한 관계는 클래스에서 파생된 객체들이 어떻게 협력해서 애플리케이션의 기능을 수행하는지 결정합니다. OOP의 주요 목표 중 하나는 클래스 간의 공통된 특징을 별도의 재사용 가능한 클래스로 추출해 코드 재사용성을 향상하는 것입니다. 이러한 접근 방식은 개발 시간을 단축하며 더 견고한 애플리케이션을 만드는 데 기여합니다.

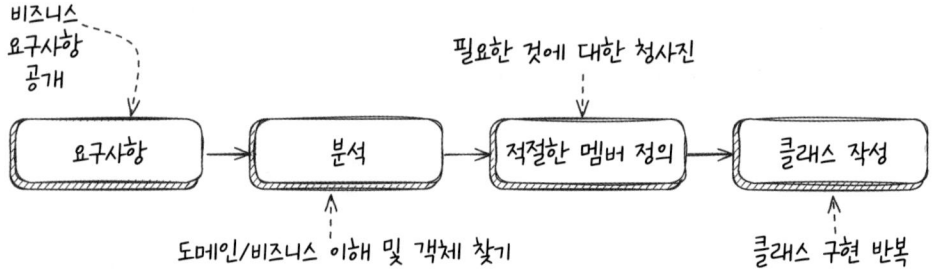

그림 4-1 클래스 멤버 정의 과정

OOP 스타일로 개발하는 일은 반복 과정입니다. 이는 클래스를 식별하고, 책임을 할당하고 재평가하며, 클래스 간의 관계를 다듬는 일을 포함할 때가 많습니다. 이러한 순환적 특성 덕분에 새로운 요구사항과 과제에 맞춰 애플리케이션 구조를 지속해서 개선할 수 있습니다.

4.1.1 객체, 클래스, 상속

OOP에서 '객체'와 '클래스'라는 용어는 기본적이면서 구별되는 개념입니다. 클래스는 속성 (예: emailAddress, firstName)과 메서드(예: validate)를 정의하는 청사진이나 코드입니다. 이러한 요소는 클래스의 멤버를 정의하고 특정 타입인 객체의 구조를 제공합니다. 예를 들어 Customer 클래스는 고객 관련 데이터와 작업을 처리하도록 설계할 수 있습니다.

다트에서 클래스 개념은 설계의 중심입니다. 클래스는 데이터를 캡슐화하고 행동을 정의하는 사용자 정의 데이터 타입으로, 객체를 생성하는 템플릿 역할을 합니다. Null 클래스를 제외한 다트의 모든 클래스는 Object 클래스를 상속합니다. 이러한 상속 패턴은 다트의 거의 모든 것을 객체로 취급할 수 있음을 강조합니다.

다트에서 객체를 이야기할 때는 클래스의 특정 인스턴스를 의미하며 클래스 청사진에 정의된 고유한 상태와 동작을 구현합니다. 다트에서 객체를 생성한다는 말은 클래스를 속성(상태)과 메서드(동작)와 함께 생명력을 불어넣는다는 의미입니다.

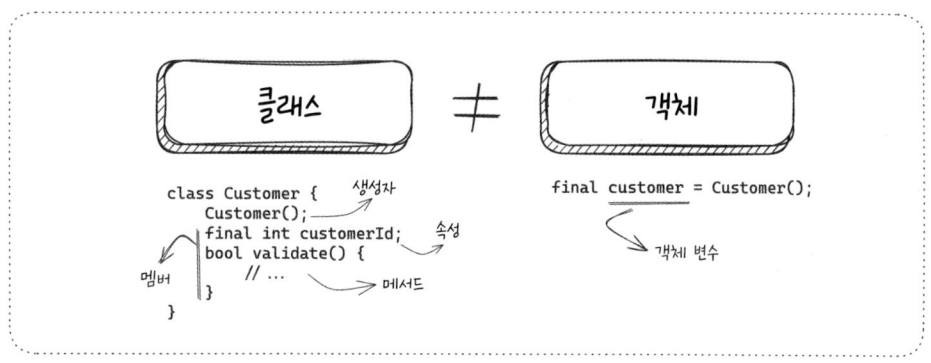

그림 4-2 클래스 대 객체

다트에서는 함수 사용이 OOP 프레임워크에 어떻게 맞물리는지에 관한 질문이 많이 나옵니다. 다트에서 함수 자체는 객체이며 Function 타입에 속합니다. 이런 특성 덕분에 함수를 하나의 개체로 취급할 수 있습니다. 변수에 할당되거나, 인수로 전달되거나, 심지어 자체 메서드를 가질 수도 있습니다.

다트는 '호출 가능한^{callable}' 클래스도 지원합니다. 클래스에 call() 메서드를 구현하면 해당 클래스의 인스턴스를 마치 함수처럼 호출할 수 있습니다.

다음 코드를 살펴보겠습니다.

```dart
class WannabeFunction {
  String call(String a, String b, String c) => '$a $b $c!';
}

void main() {
  final wf = WannabeFunction();
  final output = wf('Hello', 'there,', 'world');
  print(output); // 출력: 'Hello there, world!'
}
```

여기서 WannabeFunction 클래스는 call() 메서드를 정의합니다. 이 클래스의 인스턴스(wf)를 인수와 함께 호출하면, 함수처럼 동작해 제공된 문자열들을 공백과 느낌표로 연결합니다.

이 기능은 객체와 함수의 경계가 흐려지는 다트의 OOP 접근 방식의 유연성을 보여주며, 더 역동적이고 유연한 프로그래밍 경험을 제공합니다. 이를 더 알아보려면 다트 SDK의 sdk/lib/core[1] 저장소를 살펴보기 바랍니다.

상속

상속은 객체 지향 프로그래밍의 기본 개념으로, 서브클래스가 슈퍼클래스superclass로부터 속성과 메서드를 상속받을 수 있게 합니다. 이러한 접근 방식은 코드 재사용성을 높이고, 가독성을 개선하며, 복잡한 소프트웨어 시스템을 관리하는 계층적 구조를 확립합니다.

다트에서 상속은 extends 키워드로 구현되며 서브클래스는 슈퍼클래스를 확장해 속성과 메서드를 상속받을 수 있습니다. 다트의 모델은 단일 상속을 지원하므로 클래스는 한 번에 하나의 슈퍼클래스만 상속받을 수 있습니다.

그러나 다트는 다단계 상속도 허용합니다. 즉 한 클래스가 다른 클래스의 부모 클래스인 슈퍼클래스로부터 상속받을 수 있습니다. 이 때문에 모든 다트 클래스의 루트인 Object 클래스까지 이어지는 상속 체인이 생성됩니다. 모든 클래스는 extends Object를 작성하지 않아도 **암묵적으로** Object 클래스로부터 상속받습니다.

다트에서 서브클래스는 super 키워드로 슈퍼클래스의 메서드와 속성에 접근해 활용할 수 있

---

[1] https://github.com/dart-lang/sdk/tree/main/sdk/lib/core

습니다. 또한 서브클래스는 상속된 메서드를 오버라이드해 특화된 동작을 제공할 수 있습니다. 이는 보통 @override 애너테이션annotation으로 표시하며, 서브클래스의 메서드가 슈퍼클래스의 메서드를 의도적으로 대체한다는 의미입니다. 이 메커니즘은 기능을 확장하고 수정 사항을 관리하여 가독성 있게 구현하는 데 중요한 역할을 합니다.

플러터는 다트의 상속 모델을 광범위하게 활용합니다. 플러터에서 RenderObject 클래스 계층 구조는 상속의 대표적인 예입니다.

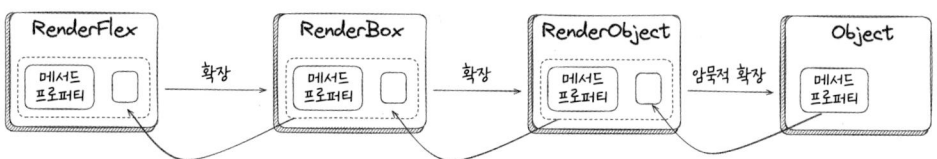

그림 4-3 RenderFlex 상속

다음으로 abstract 키워드를 사용하는 방법을 자세히 살펴보겠습니다. 먼저 플러터가 상속을 활용하는 방법, 특히 Flex 위젯의 RenderFlex에서 RenderObject를 만드는 흥미로운 방법을 살펴보겠습니다.

```
class Flex extends MultiChildRenderObjectWidget {
  // 나머지 코드
  @override
  RenderFlex createRenderObject(BuildContext context) {
    return RenderFlex(...) //<---
  }

  @override
  void updateRenderObject(
    BuildContext context,
    covariant RenderFlex renderObject, //<---
  ) {}
  // 나머지 코드
}
```

흥미로운 점은 updateRenderObject 메서드에서 사용하는 covariant 키워드입니다.

```
abstract class RenderObjectWidget extends Widget {
```

```
  void updateRenderObject(
  BuildContext context,
  covariant RenderObject renderObject, ) {}
  //
}

abstract class MultiChildRenderObjectWidget
  extends RenderObjectWidget {
  //
}
class Flex extends MultiChildRenderObjectWidget {
  @override
  void updateRenderObject(
    BuildContext context,
    covariant RenderFlex renderObject,//<--- ){
  ) {
    //
  }
    //
}
```

여기서 covariant 키워드는 오버라이드 된 메서드에서 매개변수 타입을 구체화하는 데 사용됩니다. 다트에서 covariant는 서브클래스가 슈퍼클래스보다 더 구체적인 매개변수 타입을 지정할 수 있게 합니다. 이 기능은 오버라이드 된 메서드에서 타입 안전성과 정확성을 향상합니다.

이 개념이 플러터 애플리케이션에 어떻게 적용되는지 설명하기 위해 플러터의 상속 구현과 위젯 제스처 처리에서 covariant 키워드를 어떻게 사용하는지 알아보겠습니다. DraggableWidget과 TapWidget이라는 두 가지 위젯을 집중적으로 살펴보겠습니다.

```
abstract class Gesture {}

class DragGesture extends Gesture {}

class TapGesture extends Gesture {}

abstract class CustomGestureWidget {
  void handleGesture(covariant Gesture gesture);
}
```

```
class DraggableWidget extends StatelessWidget implements CustomGestureWidget {
  const DraggableWidget({
    super.key,
    required DragGesture gesture,
  });
  @override
  void handleGesture(covariant DragGesture gesture) {
    // ...
  }
  // ...
}

class TapWidget extends StatelessWidget implements CustomGestureWidget {
  const TapWidget({
    super.key,
    required TapGesture gesture,
  });
  @override
  void handleGesture(covariant TapGesture gesture) {
    // ...
  }
  // ...
}
```

이 코드에서 `DraggableWidget`과 `TapWidget`은 `CustomGestureWidget`을 구현하고, `handleGesture` 메서드를 오버라이드해 제스처를 처리하며, `covariant` 키워드로 정확한 타입을 지정합니다.

4.1.2 위젯의 다형성

객체 지향 프로그래밍의 다형성polymorphism은 서로 다른 클래스의 객체를 표준 인터페이스에서 처리하게 해 줍니다. 이 덕분에 메서드가 객체의 클래스에 따라 다르게 수행될 수 있습니다. 다트에서 다형성은 기본 클래스와 동일한 이름과 시그니처를 사용하지만 구현이 다른 하위 클래스 메서드를 선언해 달성됩니다. 가독성을 높이기 위해 이런 메서드에 `@override` 애너테이션을 달아줘야 합니다.

```dart
abstract class Animal {
  void makeSound();
}

class Dog extends Animal {
  @override
  void makeSound() {
    print('Bark!');
  }
}

class Cat extends Animal {
  @override
  void makeSound() {
    print('Meow!');
  }
}

void main() {
  final List<Animal> animals = [Dog(), Cat()];
  for (final animal in animals) {
    animal.makeSound(); // 다형성의 실제 적용
  }
}
```

플러터에는 다형성을 활용한 사례가 많습니다.

```dart
class ScrollPhysics {
  //...
  ScrollPhysics applyTo(
    ScrollPhysics? ancestor,
  ) {
    return ScrollPhysics(
      parent: buildParent(ancestor),
    );
  }
  //...
}

class BouncingScrollPhysics extends ScrollPhysics {
  //...
  @override
```

```
    BouncingScrollPhysics applyTo(
      ScrollPhysics? ancestor,
    ) {
      return BouncingScrollPhysics(
        parent: buildParent(ancestor),
        decelerationRate: decelerationRate,
      );
    }
    //...
}

class ClampingScrollPhysics extends ScrollPhysics {
  //..
  @override
  ClampingScrollPhysics applyTo(
    ScrollPhysics? ancestor,
  ) {
    return ClampingScrollPhysics(
      parent: buildParent(ancestor),
    );
  }
  //...
}
```

플러터에서 모든 위젯은 `Widget` 클래스에서 상속받은 클래스입니다. `Widget` 클래스 자체에는 `build` 메서드가 있으며, 이 메서드는 하위 클래스(즉, 위젯)가 나타내는 특정 UI 엘리먼트를 정의하는 데 사용하는 구현된 위젯에서 재정의하도록 설계되었습니다.

4.1.3 다트에서의 캡슐화

캡슐화는 객체 지향 프로그래밍의 기본 개념으로, 플러터와 함께 자주 사용하는 언어인 다트에도 포함됩니다. 캡슐화는 데이터(변수)와 데이터를 조작하는 메서드(함수)를 하나의 단위나 클래스 안에 묶는 것을 의미합니다.

이를 통해 해당 클래스의 내부 동작에 대한 접근을 제한하는데, 이는 데이터를 감추고 추상화를 구현하는 데 중요한 요소입니다. 다트에서 캡슐화가 어떻게 작동하는지 살펴보겠습니다.

클래스와 멤버 선언

다트에서 캡슐화는 클래스를 생성함으로써 이루어집니다. 이 클래스는 필드(데이터)와 메서드(데이터를 조작하는 함수)를 포함합니다.

접근 제어자

다트는 암묵적 접근 제어자를 사용해 가시성을 조절합니다. 기본적으로 다트의 클래스 내 모든 멤버는 **공개**public로 설정됩니다. 멤버를 **비공개**private로 설정하려면 **밑줄(_)** 로 시작하는 이름을 선언하면 됩니다. 비공개로 설정된 멤버의 외부 접근이 금지됩니다.

```
class Person {
  String? _firstName;
  String? _lastName;
  String get name => '$_firstName $_lastName';
}
```

클래스도 밑줄(_)로 시작하는 이름을 선언하면 비공개로 만들 수 있습니다. _MyHomePageState와 같은 상태 객체가 있는 시나리오를 생각해 봅시다.

```
class MyHomePage extends StatefulWidget {
  @override
  State<MyHomePage> createState() => _MyHomePageState();
}

class _MyHomePageState extends State<MyHomePage> {
  /// ...
}
```

게터와 세터

다트는 게터와 세터를 제공해 클래스 속성에 대한 접근을 제어합니다. 게터와 세터는 객체 속성의 읽기와 쓰기 접근에 사용하는 특별한 메서드입니다. 게터와 세터로 데이터 유효성 검사, 로깅 등의 로직을 메서드 내부에 구현할 수 있습니다.

```
class User {
    String? _email;
```

```
    String get email => _email ?? ''; // 게터

    set email(String value) { // 세터
      if (value.contains('@')) {
        _email = value;
      }
    }
  }
```

생성자

다트의 생성자는 객체가 생성될 때 클래스의 속성을 초기화합니다. 또한 객체 생성 시 특정 규칙이나 조건을 적용해 캡슐화에 기여할 수도 있습니다.

비공개 생성자

다트의 비공개 생성자^{private constructor}는 생성자 이름 앞에 밑줄(_)로 시작하는 이름을 선언해 만듭니다. 클래스 내부나 동일한 라이브러리에서만 클래스의 인스턴스를 생성하게 제한하는 기술입니다. 이는 인스턴스 생성 제어가 중요한 싱글톤^{singleton} 패턴 구현과 같은 시나리오에서 특히 유용합니다. 싱글톤은 5장에서 다룰 예정이므로 지금은 이해하지 못해도 괜찮습니다.

```
class Singleton {
  // 특정 이름이 있는 비공개 생성자
  Singleton._internal();

  // 싱글톤 인스턴스를 저장하는 정적 변수
  static final Singleton instance = Singleton._internal();
}
```

`Singleton._internal()`은 이름이 있는 비공개 생성자입니다. `internal` 앞의 밑줄(_)은 비공개임을 나타내며, 구체적인 이름(_internal)은 단지 관례일 뿐이고 원하는 이름을 사용할 수 있습니다. 심지어 _도 유효한 이름이어서 `Singleton._()`이라고 사용해도 됩니다.

싱글톤 인스턴스에 접근하려면 `Singleton.instance`를 사용할 수 있습니다. 팩토리 생성자^{factory constructor}를 추가해 모든 인스턴스 생성이 동일한 객체 인스턴스를 반환하도록 보장할 수 있습니다.

```
class Singleton {
  Singleton._internal(); // 비공개 생성자
  static final Singleton instance = Singleton._internal();
  factory Singleton() => instance; // 팩토리 생성자
}
```

Singleton() 팩토리 생성자는 동일한 클래스 인스턴스를 반환합니다. 이 패턴은 애플리케이션 전체에 걸쳐 하나의 클래스 인스턴스를 유지하는 데 이상적이며, 일관성을 보장하고 자원 사용을 제어할 수 있습니다.

4.1.4 다트에서의 추상화

OOP의 추상화는 실제 세계 엔티티를 기반으로 클래스를 모델링해 복잡한 시스템을 단순화하는 핵심 개념입니다. 추상화는 '무엇'과 '어떻게'를 분리해 코드를 더 깔끔하고 이해하기 쉽고 유지관리하기 쉽게 만듭니다.

OOP에서 추상화를 실현하는 주요 방법 중 하나는 인터페이스를 사용하는 것입니다. 인터페이스는 클래스의 컨트렉트나 청사진 역할을 하며 클래스가 구현해야 하는 메서드 집합을 정의합니다. 이로써 각기 다른 클래스가 동일한 동작 집합을 다르게 구현할 수 있어 소프트웨어 설계의 유연성과 확장성을 촉진합니다.

```
// 추상 클래스 정의
abstract class Clickable {
  void onClick(); // 추상 메서드 onClick 선언
}

// Clickable 클래스를 구현하는 CustomIconButton 클래스
class CustomIconButton extends Clickable {
  @override
  void onClick() {
    // CustomIconButton의 특정 onClick 구현
    // 여기에 버튼이 클릭되었을 때 실행할 동작을 구현
  }
}
```

이 개념을 더 깊이 이해하려면 다트에서는 어떠한 클래스도 본질적으로 인터페이스 역할을 할 수 있다는 점에 주목해야 합니다. 이 기능은 다양한 위젯이 미리 정해진 구조나 컨트렉트를 준수하게 합니다.

```dart
class Clickable {
  void onClick() {} // 구체적인 구현과 함께
}

class CustomIconButton implements Clickable {
  @override
  void onClick() {
    // CustomIconButton에 필요한 구체적인 구현
  }
}
// 부모로부터 OnClick 상속
class CustomIconButton2 extends Clickable {}
```

다트와 플러터에서 extends와 implements 개념은 객체 지향 프로그래밍과 디자인 패턴을 이해하는 기본 요소입니다.

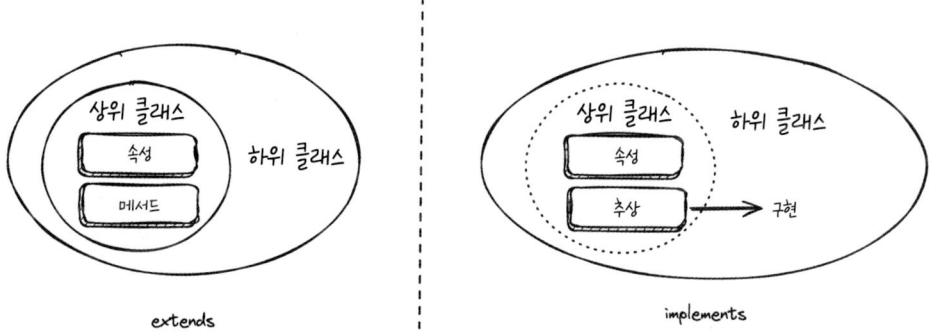

그림 4-4 클래스 상속 대 클래스 구현 관계

상속 관련 키워드들의 차이점을 살펴보겠습니다.

- **extends**: 클래스가 다른 클래스에서 파생될 때 사용됩니다. 이를 부모 클래스나 상위 클래스라고 합니다. extends를 사용하면 자식 클래스가 부모 클래스의 모든 속성, 메서드, 동작을 상속받습니다. 이는 코드 재사용 메커니즘이며 클래스 간에 계층적 관계를 구축합니다. 플러터에서는 커스텀 위젯이 StatelessWidget이나 StatefulWidget과 같은 기본 위젯을 확장해 기능과 특성을 상속받을 때 흔히 볼 수 있습니다.

- **implements**: 클래스가 다른 클래스나 인터페이스에서 정의한 컨트렉트(즉, 모든 메서드와 속성)을 채택할 것이라고 선언할 때 사용됩니다. 하지만 implements는 extends와는 다르게 메서드의 구현을 상속하지는 않습니다. 대신에 구현하는 클래스가 해당 메서드의 자체 버전을 제공하도록 요구합니다. 이 접근 방식은 정의된 컨트렉트나 API에 대한 일관성 및 준수를 강제하는 데 매우 중요하며, 특정 인터페이스를 따라야 하는 커스텀 컴포넌트를 생성해야 할 때 특히 유용합니다. 이는 Clickable 예제에서 볼 수 있듯이 중요한 개념입니다.

추가로 다트는 abstract 클래스 수정자를 사용해 추상화를 허용합니다. 추상 클래스는 직접 인스턴스화할 수 없고, (구현이 없는) 추상 메서드를 포함하며, 다른 클래스들이 추상 메서드를 구현하고 특정 디자인 구조를 따르도록 강제하는 템플릿 역할을 합니다. 이는 다양한 클래스 간에 규약을 강제하고 추상 클래스에서 정의한 특정 기능을 제공하도록 보장하는 또 다른 방법입니다.

```dart
abstract class Drawable {
  // 구체적인 구현이 없는 추상 메서드
  void draw();
}

class Circle implements Drawable {
  @override
  void draw() {
    // draw 메서드 구현
  }
}
```

이 코드는 구현이 없는(메서드 본문이 없는) 추상 메서드로 규약을 설정합니다. implements 키워드를 사용할 때는 각 메서드에 특정 요구사항에 맞는 구체적인 구현을 제공해야 합니다.

이러한 방식은 효과적인 확장 전략을 보여주며, 플러터 개발에서 널리 사용됩니다. 이와 관련성이 높고 익숙한 예를 살펴보겠습니다.

```dart
abstract class ThemeStrategy {
  ThemeData getTheme();
}

class LightThemeStrategy implements ThemeStrategy {
  @override
  ThemeData getTheme() => ThemeData.light();
```

```
}

class DarkThemeStrategy implements ThemeStrategy {
  @override
  ThemeData getTheme() => ThemeData.dark();
}
```

이전 예시에서는 추상 클래스를 사용한 또 다른 디자인 패턴을 보여주는 구체적인 구현이 없는 추상 메서드를 소개했습니다. 여기에서는 `implements` 키워드를 사용해 자식 클래스가 부모 클래스의 구체적인 구현을 상속받습니다. 이로써 자식 클래스는 모든 상속된 메서드에 대한 완전한 구현을 제공하지 않고 추상 메서드의 구현에만 집중할 수 있습니다. 이 기술은 자식 클래스의 행동을 수정하거나 확장하는 데 도움이 됩니다.

추상 클래스는 해당 라이브러리나 외부 라이브러리에서 인스턴스화할 수 없습니다. 이에 대한 대안이 있는지 궁금할 수 있습니다.

다트의 새로운 인터페이스 수정자와 추상 키워드

다트 3.0부터는 주목할 만한 새로운 클래스 수정자들이 도입되었습니다. 이를 자세히 살펴보겠습니다.

- **interface 수정자**^{interface modifier}

  다트의 최근 업데이트에는 interface 수정자가 포함되었으며 인터페이스의 정의와 구현 간의 명확한 구분을 제공합니다. interface 키워드를 사용해 클래스를 선언할 때는 상속이 아닌 구현을 의미합니다. 이는 클래스의 인스턴스 메서드가 `this`를 사용해 다른 인스턴스 메서드를 호출할 때, 동일한 라이브러리에서 알려진 구현을 일관되게 호출하도록 보장합니다. 다트 프로그래밍 언어에서 '라이브러리'는 재사용 가능하고 모듈식 기능을 제공하는 코드의 집합을 의미합니다. 다트 라이브러리는 코드를 논리적인 단위로 구성하고 패키지화해 대규모 애플리케이션을 쉽게 관리하고 유지보수할 수 있게 합니다. 라이브러리 내부에서 interface 키워드로 선언된 클래스는 일반 클래스와 동일하게 작동하지만, 라이브러리 외부에서는 확장할 수 없습니다. 이는 SDK나 다른 유틸리티 코드에서 작업할 때 매우 유용합니다. 이 접근 방식은 다른 라이브러리가 예상치 못한 동작으로 이어지는 방식으로 메서드를 오버라이드하는 일을 방지해 취약한 기본 클래스 문제를 효과적으로 완화합니다.

```
interface class Thinker {
  int answer() => 42;
}

// 이 줄은 Thinker가 선언된 라이브러리 밖에서는 컴파일되지 않음
```

```
class MyThinker extends Thinker {}

// 항상 유효함
class WrongThinker implements Thinker {
  @override
  int answer() => 5;
}
```

- **abstract 키워드**
  abstract 키워드는 구현된 메서드와 구현되지 않은 메서드를 결합하는 추상 클래스를 정의하는 데 여전히 사용됩니다. 추상 클래스는 확장하거나 구현할 수 있지만 인스턴스화할 수는 없습니다. 이러한 클래스는 전체 인터페이스의 부분적이고 구체적인 구현만 필요한 시나리오에 이상적입니다. 추상 클래스는 해당 라이브러리나 외부 라이브러리에서 인스턴스화할 수 없다는 점을 기억해야 합니다. 추상 클래스는 구현이 없는 추상 메서드를 포함할 때가 많습니다.

- **두 가지의 결합**
  추상 클래스와 인터페이스 키워드를 결합해 추상 인터페이스를 정의하는 접근 방식은 흥미롭습니다. 이러한 클래스 타입은 확장(extends)할 수 없고 구현(implements)만 할 수 있으며, 구현 없이 메서드나 속성과 같은 추상 멤버를 포함할 수 있습니다. 이는 특히 컨트렉트 인터페이스를 만드는 데 적합합니다. 인터페이스 수정자의 가장 일반적인 용도는 순수 인터페이스를 정의하는 것입니다. 인터페이스와 추상 수정자를 결합하면 다른 라이브러리에서 구현할 수는 있지만 상속할 수 없는 추상 인터페이스 클래스를 얻을 수 있습니다. 순수 인터페이스는 추상 클래스처럼 추상 멤버를 포함할 수 있습니다.

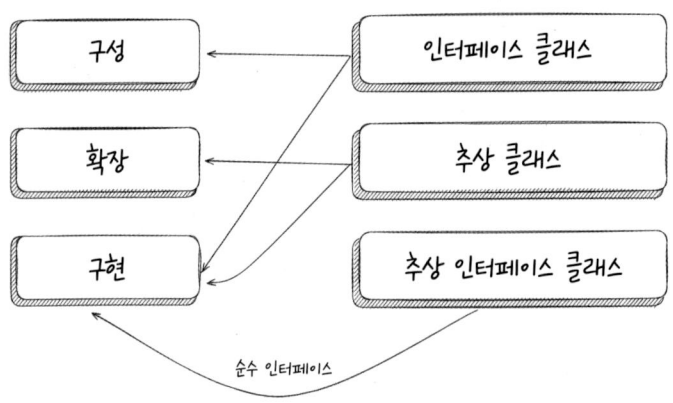

그림 4-5 추상 인터페이스 클래스 수정자를 통한 순수 인터페이스

대부분의 사용자에게 익숙할 만한 플러터 프레임워크의 순수 인터페이스 예제를 살펴보겠습니다.

```dart
// 데이터 가져오기 서비스에 대한 순수 인터페이스
abstract interface class DataService {
  Future<String> fetchData();
}

// 네트워크 API로부터 데이터를 가져오는
// DataService 구현
class NetworkDataService implements DataService {
  @override
  Future<String> fetchData() async {
    // 여기에서 네트워크 요청 로직을 구현함
    return 'Data from network';
  }
}

// 모의 데이터를 가져오는 DataService 구현
// (테스트에 유용함)
class MockDataService implements DataService {
  @override
  Future<String> fetchData() async {
    return 'Mock data';
  }
}
```

일반적인 플러터 애플리케이션에서는 필요에 따라 적절한 `DataService` 구현을 주입할 수 있습니다. 예를 들어 프로덕션 환경에서는 `NetworkDataService`를, 테스트 환경에서는 `MockDataService`를 사용할 수 있습니다.

이 접근 방식은 여러 가지 이점을 제공합니다.

- **유연성**: 소비되는 코드를 변경하지 않고 다양한 데이터 소스 간에 쉽게 전환할 수 있습니다.
- **테스트 용이성**: 모의mock 데이터 서비스 구현으로 구성 요소를 더 쉽게 테스트할 수 있습니다.
- **유지보수성**: 애플리케이션의 데이터 가져오기 로직이 더 체계화되고 유지보수가 쉬워집니다.

추상 클래스를 순수 인터페이스로 사용하는 이러한 패턴은 플러터에서 확장 가능하고 유지보수 가능한 애플리케이션을 개발하는 방법 중 하나입니다.

4.1.5 플러터에서의 믹스인

다트에서의 믹스인은 강력한 기능을 제공합니다. 특히 플러터 개발자들이 애니메이션을 구현할 때 자주 활용합니다. 대표적인 예로는 플러터 프로젝트에서 일반적으로 사용하는 `SingleTickerProviderStateMixin`이 있습니다. 다음은 간단한 사용 예시입니다.

```dart
// ...
class ExampleState extends State<Example> with SingleTickerProviderStateMixin {
  late AnimationController controller;
  @override
  void initState() {
    super.initState();
    controller = AnimationController(
      duration: Duration(),
      // SingleTickerProviderStateMixin 믹스인을 ExampleState에 추가해
      // TickerProvider 클래스의 인스턴스를 요구하는
      // AnimationController 생성자의 vsync 매개변수로 this를 전달할 수 있게 함
      vsync: this,
    );
  }
  // ...
}
```

`SingleTickerProviderStateMixin`은 `with` 키워드와 함께 `on`과 `implements`를 사용한다는 점을 주목하세요.

```dart
// packages/flutter/lib/src/widgets/ticker_provider.dart
mixin SingleTickerProviderStateMixin<T extends StatefulWidget>
on State<T> implements TickerProvider {
  // ...
}

// packages/flutter/lib/src/scheduler/ticker.dart
abstract class TickerProvider {
  const TickerProvider();
  @factory
  Ticker createTicker(TickerCallback onTick);
}
```

다트에서 믹스인은 코드 재사용을 돕는 메커니즘으로, 전통적인 상속보다 더 큰 유연성을 제공합니다. 이는 상속 없이 클래스에 기능을 추가할 수 있게 하며 다트의 단일 상속 모델에서 큰 장점을 제공합니다.

다트에서 믹스인의 주요 개념

1. **믹스인 생성**: 믹스인은 mixin 키워드로 생성되며, 클래스 생성과 유사하지만 다른 클래스에 통합하기 위해 특별히 설계됩니다.
2. **with를 사용한 믹스인 활용**: with 키워드는 전통적인 상속의 수직적 확장과 대비해 믹스인의 기능을 클래스에 수평적으로 추가할 수 있도록 합니다.
3. **on을 사용한 믹스인 사용 제한**: on 키워드는 믹스인이 통합될 수 있는 클래스를 정의해 사용을 통제하며 오용을 방지합니다.
4. **인터페이스 구현**: 믹스인은 인터페이스를 구현할 수 있으며(다트에서는 모든 클래스가 암묵적인 인터페이스임을 기억하세요), 이를 사용해 인터페이스 요구사항을 충족시킬 수 있습니다.

다음 코드는 Logger 인터페이스를 구현하는 두 가지 믹스인(ServiceLoggerMixin, WidgetLoggerMixin)을 소개합니다.

```dart
abstract class Logger {
  void log(String message);
}

mixin ServiceLoggerMixin implements Logger {
  @override
  void log(String message) {
    debugPrint('Service: $message');
  }
}
mixin WidgetLoggerMixin on Widget implements Logger {
  @override
  void log(String message) {
    debugPrint('Widget: $message');
  }
}
```

이 믹스인은 플러터에서 다음과 같이 적용될 수 있습니다.

```dart
class _MyWidgetState extends State<MyWidget>
```

```
  with SingleTickerProviderStateMixin, ServiceLoggerMixin {
  // ...
  @override
  void initState() {
    log('initState'); // `ServiceLogger` 믹스인에서 제공함
    // 출력: flutter: Service: initState
  }
  // ...
}
```

다트 3.0 이후 더 깔끔하고 예측 가능한 코드를 구성할 수 있도록 믹스인에 구체적인 제약을 도입했습니다.

- 믹스인은 생성자를 가질 수 없습니다. 이는 객체 생성을 단순화합니다.
- 믹스인은 extends 절을 포함할 수 없습니다. 이는 믹스인이 기본 클래스가 아닌 기능 추가 역할을 한다는 점을 강조합니다.

다트 3.0 이후 도입된 mixin 클래스 수정자는 믹스인을 정의하고 사용하는 새로운 접근 방식을 제공합니다. 이 수정자는 믹스인을 명확히 지정해 일반 클래스나 인터페이스와 구별하며, 코드의 의도를 명확히 하고 적절히 사용하게 합니다.

ServiceLoggerMixin 예제를 확장해 mixin 클래스 수정자를 적용해 보겠습니다.

```
mixin class ServiceLoggerMixinClass implements Logger {
  @override
  void log(String message) {
    debugPrint('ServiceClass: $message');
  }
}
```

믹스인 클래스에는 믹스인 및 클래스와 동일한 제한 사항이 적용됩니다.

- 믹스인과 믹스인 클래스는 extends나 with 절을 포함할 수 없습니다.
- 클래스와 믹스인 클래스는 on 절을 포함할 수 없습니다.

믹스인 클래스 수정자는 abstract와 같은 다른 수정자와 결합해 유연성을 높입니다. 예를 들어 추상 믹스인 클래스는 on 지시어를 모방할 수 있습니다.

```dart
abstract mixin class ServiceLoggerAbstractMixinClass {
  void log(String message);
  void toPrint() {
    if (kDebugMode) {
      // 디버그 모드에서만 실행
      print('ClassName: ${objectRuntimeType(this, '')}');
    }
  }
}
```

응용 예시는 다음과 같습니다.

```dart
class CustomWidget extends StatelessWidget
    with ServiceLoggerAbstractMixinClass {
  CustomWidget({super.key}) {
    toPrint(); // abstract mixin class의 toPrint()
  }
  @override
  Widget build(BuildContext context) {
    log('build');
    return Container();
  }

  @override
  void log(String message) {
    debugPrint('CustomWidget: $message');
  }
}
```

extends 메서드와 함께 사용할 수도 있습니다.

```dart
class CustomServiceLoggerAbstractMixinClass
    extends ServiceLoggerAbstractMixinClass {
  @override
  void log(String message) {
    // 상세 구현
  }
}
```

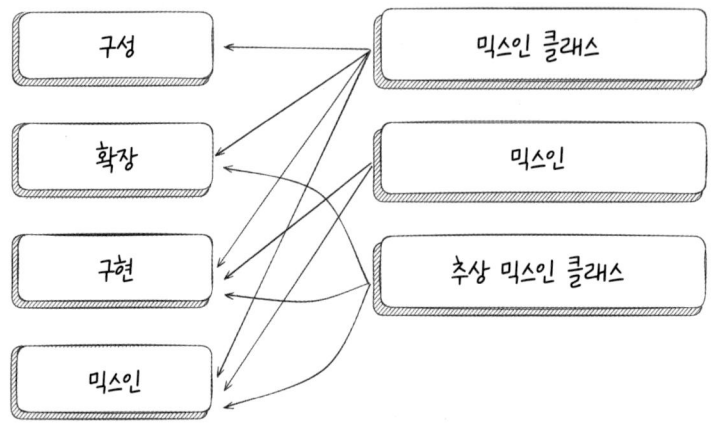

그림 4-6 추상 믹스인 클래스

요약하면 다트에서 수정자와 믹스인을 통합하면 플러터에 기능을 간소화된 방식으로 추가하는 유연성과 성능이 크게 향상됩니다.

4.2 클래식 소프트웨어 원칙 적용하기

앞서 살펴봤듯이 OOP는 다트와 플러터를 포함한 소프트웨어 개발에서 중요한 역할을 합니다. 하지만 여정은 거기서 끝나지 않습니다. 소프트웨어 엔지니어링에는 (업무에서 적용해 봤을 수도 있고 적용하지 않았을 수도 있는) 다양한 추가 원칙이 있습니다. 프레임워크에서 영감을 얻어 플러터 엔지니어는 이러한 원칙을 활용해 더 강력한 애플리케이션을 만들어야 합니다. 성능이 더 좋고 유지보수가 상대적으로 더 쉬운 애플리케이션이죠. 자세히 살펴보겠습니다.

4.2.1 KISS 원칙

소프트웨어 엔지니어링에서 KISS 원칙으로 불리는 'Keep it simple, stupid(간단하게 유지해, 바보야)'는 재미있으면서도 근본적인fundamental 설계 가이드라인으로, 단순성의 가치를 강조합니다. 이 원칙은 복잡한 솔루션보다 간단하고 복잡하지 않은 솔루션을 옹호하며 프로그래밍에서 널리 채택되었습니다. 소프트웨어 개발에서 복잡성의 증가는 오류 위험을 높이고, 코드의 이해와 유지보수를 어렵게 하며, 자원 소모를 증가시킬 수 있습니다. 따라서 KISS 원칙을 적용한다는 말은 효율적이고 이해하기 쉽고 관리 가능한 솔루션을 만든다는 의미입니다.

플러터 개발에서 KISS를 효과적으로 적용하려면 위젯을 재사용하고 명확하고 간결한 코드를 작성하는 데 집중하는 것이 좋습니다. 섣부른 최적화는 불필요한 복잡성을 일으키기도 하므로 피해야 합니다. 코드는 쉽게 읽고 이해할 수 있어야 하며, 메서드는 짧고 구체적이어야 합니다. 복잡성 증가를 파악하고 제거하려면 정기적인 리팩터링도 중요합니다. 플러터의 방대한 내장 위젯과 기능을 활용하고 이미 있는 기능을 또 구현하지 않도록 하세요. 마지막으로, 지나치게 복잡한 코드 조각을 찾아내고 단순화하는 데 동료 피드백이 매우 유용할 수 있습니다.

핵심은 간단한 솔루션이 더 효과적일 수 있다는 것입니다. 특히 가독성과 유지보수성이 장기적인 프로젝트 성공에 중요한 역할을 하는 플러터와 같은 프레임워크에서는 더 그렇습니다. 과도한 엔지니어링은 간단한 작업에 불필요하게 복잡한 솔루션을 사용하거나, 현재 필요하지 않은 기능을 추측해 미리 추가하거나, 과도한 추상화를 구현할 때 일어나곤 합니다. 과도한 엔지니어링의 다른 지표로는 실질적인 이점이 없는 끊임없는 리팩터링, 코드 가독성과 유지보수성이 저하되는 현상 등이 있습니다. 과도한 엔지니어링은 피하세요.

4.2.2 플러터에서의 SOLID 원칙

SOLID 원칙은 소프트웨어 설계를 더 이해하기 쉽고, 유연하며, 유지보수하기 쉽게 만드는 것이 목표인 객체 지향 프로그래밍 가이드라인입니다. 이러한 원칙을 플러터로 개발할 때 어떻게 적용하는지 살펴보겠습니다.

단일 책임 원칙 single responsibility principle (SRP)

단일 책임 원칙에서는 클래스가 변경될 이유가 단 하나만 있어야 한다고 규정합니다. 플러터에서 단일 책임 원칙을 적용한다는 말은 UI 위젯의 책임을 비즈니스 로직과 분리한다는 의미입니다. 위젯은 데이터를 표시하고 사용자 상호작용을 처리해야 하지만, 광범위한 비즈니스 로직이나 데이터를 가져오는 코드를 포함해서는 안 됩니다. UI 위젯과 비즈니스 로직 클래스를 분리함으로써 각 구성 요소는 하나의 책임을 갖게 되며, UI 표현을 변경하더라도 데이터를 가져오거나 처리하는 로직에 영향을 미치지 않습니다. 마찬가지로, 데이터를 가져오는 로직을 변경해도 UI가 표시되는 방식에 영향을 미치지 않습니다.

개방/폐쇄 원칙 open/closed principle (OCP)

클래스는 확장에는 개방되고 수정에는 폐쇄되어야 합니다. 즉, 기본 클래스를 수정하지 않고도 자식 클래스에서 새로운 동작을 추가할 수 있어야 합니다. 이러한 방식은 특히 외부에 배포하는 라이브러리나 유틸리티 라이브러리를 개발할 때 유용합니다.

다음 코드를 살펴봅시다.

```
abstract class Shape {
  double area();
}

class Rectangle implements Shape {
  Rectangle(this.width, this.height);

  final double width;
  final double height;

  @override
  double area() { //<---
    return width * height; //<---
  }//<---
}

class Circle implements Shape {
  Circle(this.radius);

  final double radius;

  @override
  double area() { //<---
    return 3.14 * radius * radius; //<---
  } //<---
}

// 사용법
class AreaCalculator {
  double totalArea(List<Shape> shapes) {
    double area = 0;
    for (final shape in shapes) {
```

```
        // 각 모양을 몰라도 면적을 얻을 수 있음
        area += shape.area(); //<---
    }
    return area;
  }
}
```

리스코프 치환 원칙Liskov substitution principle(LSP)

객체는 프로그램의 의도된 기능을 해치지 않으면서 하위 타입의 인스턴스로 대체할 수 있어야 합니다. 플러터에서는 자식 클래스 위젯이 부모 클래스가 사용될 것으로 예상되는 모든 곳에서 사용될 수 있도록 해야 합니다. 플러터의 `StatelessWidget`과 `StatefulWidget`은 리스코프 치환 원칙이 어떻게 적용되는지 보여주는 좋은 예입니다. 개발자는 해당 위젯이 담당하는 UI의 특정 부분에 상태가 필요한지에 따라, 애플리케이션의 전체 구조에 영향을 미치지 않고 이 두 가지 유형의 위젯 중 하나에서 다른 하나로 원활하게 전환할 수 있습니다.

인터페이스 분리 원칙interface segregation principle(ISP)

클라이언트는 사용하지 않는 인터페이스에 의존하도록 강요되어서는 안 됩니다. 플러터에서 이는 간결하면서도 한 가지에 집중하는 인터페이스(또는 추상 클래스)를 설계하는 것을 의미합니다. 예를 들어 위젯 상호작용을 위한 인터페이스가 있을 때 관련 없는 메서드를 하나로 묶지 마세요. 대신 `TapHandler`나 `LongPressHandler`와 같이 서로 다른 기능에 별도의 인터페이스를 생성하세요.

의존성 역전 원칙dependency inversion principle(DIP)

고수준 모듈은 저수준 모듈에 **의존적이지 않아야** 하며, 둘 다 **추상화**에 **의존해야** 합니다. 플러터에서 이 원칙은 의존성을 구조화해 재사용성과 테스트 가능성을 높이는 데 도움이 될 수 있습니다. 데이터 소스가 필요한 위젯이라면 구체적인 `DatabaseDataSource`보다는 추상적인 `DataSource` 인터페이스에 의존해야 합니다. 이렇게 하면 테스트 시 데이터 소스를 다른 것으로 교체하거나 모의 데이터를 사용할 수 있습니다.

OOP를 살펴보며 이미 많은 예시를 다루었으므로 여기서는 중복해서 설명하지 않겠습니다.

SOLID 원칙을 적용하면 모듈식 위젯 개발을 돕고, 재사용성이 높아지며, 테스트가 쉬워집니다. 설계 단계에서 더 많은 노력과 사전 계획이 필요할 수 있지만 궁극적으로 더 효율적이고 확장 가능한 개발 프로세스를 구축할 수 있습니다.

4.2.3 DRY 수용

소프트웨어 엔지니어링에서 DRY^{Don't repeat yourself} 원칙은 코드 중복성 감소를 목표로 하는 중요한 개념입니다. 앤드류 헌트^{Andy Hunt}와 데이비드 토머스^{Dave Thomas}가 『실용주의 프로그래머』(인사이트, 2022)에서 만든 DRY는 시스템의 모든 지식과 논리에 대해 하나의 명확한 표현을 갖는 것을 강조합니다. DRY의 주요 목표는 소프트웨어를 더 쉽게 유지보수하고, 이해하고, 확장하게 하는 것입니다. DRY를 효과적으로 적용하면 코드를 변경할 때 한 곳에서만 변경하면 되므로 중복 코드에서 일반적으로 발생하는 불일치와 오류 가능성을 크게 줄일 수 있습니다.

단일 코드베이스에서 여러 플랫폼용 애플리케이션을 개발할 수 있는 플러터의 기능은 DRY 원칙에 부합하며, 다양한 플랫폼에서 효율성과 일관성을 향상합니다. 예를 들어 `Theme` 클래스와 `ThemeData` 같은 관련 테마는 `ElevatedButton`과 같은 위젯의 스타일링 정보를 중앙 집중화해 DRY 원칙을 준수하는 데 도움이 됩니다. 개발자는 테마를 한 번 정의하고 애플리케이션의 여러 부분에 적용해 일관된 모양과 느낌을 보장할 수 있습니다. `ElevatedButtonTheme` 위젯은 DRY 원칙을 따르므로 여러 `ElevatedButton` 인스턴스에 버튼 스타일을 중복으로 설정할 필요가 없습니다.

핵심은 반복되는 코드 패턴을 식별하고 재사용 가능한 위젯으로 캡슐화하는 동시에 불필요한 추상화로 시스템을 지나치게 복잡하게 하지 않는 것입니다.

4.2.4 YAGNI 원칙

YAGNI는 'You aren't gonna need it(필요하지 않을 것이다)'의 약자로, 개발자가 현재 필요한 기능만 구현하도록 장려하는 원칙입니다. 익스트림 프로그래밍에서 유래된 이 개념은 기능이 필요할 때까지 기능 추가를 미루라고 조언합니다. YAGNI은 과도한 엔지니어링이 흔한 실수인 시대에 매우 중요한 원칙입니다.

YAGNI의 핵심 메시지는 현재 실제로 필요한 기능에만 집중하라는 것입니다. 이러한 접근 방식은 시간과 노력을 절약하고 프로젝트의 현재 단계에 중요한 것을 제공하는 데 집중하게 합니다. 즉, 미래에는 도움이 될 수 있지만 당장 적용할 필요가 없는 기능과 함수에 주의를 빼앗기지 않고 생산성과 효율성을 극대화하는 것입니다.

플러터 개발에서는 단일 코드베이스에서 여러 플랫폼용 애플리케이션을 빌드하므로 YAGNI를 적용하면 큰 효과를 볼 수 있습니다. 플러터의 풍부한 기능과 위젯은 개발자들이 즉시 필요하지 않은 수많은 기능과 복잡한 UI 엘리먼트를 추가하도록 유혹할 수 있습니다.

예를 들어 사용자 프로필을 표시하는 플러터 애플리케이션을 생각해 보세요. YAGNI를 준수하는 접근 방식은 사용자의 이름과 연락처 정보를 표시하는 것과 같은 필수 기능을 구현합니다. 반면, YAGNI 원칙을 따르지 않는 접근법은 초기 요구사항에 포함되지 않은 프로필 꾸미기 옵션이나 고급 분석 기능과 같은 기능을 미리 추가할 수도 있습니다.

또 다른 예는 애플리케이션 내에서 성능 문제가 발생하지 않는 부분에 복잡한 캐싱 메커니즘caching mechanism이나 성능 최적화를 구현하는 것입니다. 엔지니어는 이런 '퍼즐'을 푸는 일을 즐기지만 불필요한 복잡성은 유지보수를 어렵게 할 수 있습니다. 기억하세요. 코드가 없으면 버그도 없습니다! 개발자의 유지보수가 필요한 추가 기능이 있는 애플리케이션은 사용하기도 더 어렵습니다. 단순하게 유지하세요. 적을수록 좋습니다.

개발자는 필요한 기능에만 집중함으로써 더 간결하고 효율적이며 관리하기 쉬운 애플리케이션을 만들 수 있습니다. 이러한 접근 방식은 프로젝트가 비대해질 위험을 줄이고 개발 프로세스를 집중적이고 민첩하게 유지합니다. YAGNI는 개발자에게 지금 필요한 것을 만들도록 상기시켜 주며, 실제로 필요할지도 모르는 것을 만드는 함정에 빠지지 않도록 합니다.

4.2.5 '묻지 말고 시켜라' 원칙

소프트웨어 엔지니어링에서 '묻지 말고 시켜라tell, don't ask' 원칙은 객체 지향 프로그래밍에서 (객체의 데이터를 직접 조회해 동작을 결정하지 말고) 수행할 작업을 객체에 명확하게 지시하라고 강조합니다. 이 원칙은 객체가 자신의 내부 상태 정보를 불필요하게 노출하지 않게 해 캡슐화와 응집도를 향상합니다.

실제로 '묻지 말고 시켜라' 원칙은 객체로부터 데이터를 가져와 결정을 내리는 방식에서 결정 과정 자체를 객체에 위임하는 방식으로 전환하는 것을 의미합니다(전자는 객체의 내부 구조를 노출하게 됨). 이 원칙은 관심사를 명확하게 분리하고 유지하는 데 도움을 주어 코드를 더 모듈화하고, 유지보수를 쉽게 만들며, 내부 상태의 잘못된 조작에 따라 오류가 발생할 가능성을 줄여줍니다.

주로 UI 개발에 사용되는 플러터에서 '묻지 말고 시켜라' 원칙은 특히 위젯의 상태 및 동작 관리와 관련성이 높습니다. 토글^{toggle} 상태에 따라 다른 내용을 표시하는 플러터 애플리케이션 위젯을 상상해 보세요. 이 위젯은 외부 구성 요소에 의존해 동작을 결정하지 않고 내부적으로 토글 상태를 관리해야 합니다.

이 원칙을 따르지 않는 버전에서는 위젯이 자신의 상태를 노출하며 무엇을 표시할지 결정하는 데 외부 로직을 사용합니다.

```
class AskToggleWidget extends StatelessWidget {
  final bool isExpanded;

  AskToggleWidget({
    super.key,
    required this.isExpanded,
  });

  @override
  Widget build(BuildContext context) {
    return isExpanded
      ? Text('확장된 뷰')
      : Text('축소된 뷰');
  }
}
```

다음과 같이 사용할 수 있습니다.

```
bool toggleState = false; // 외부 상태 관리
AskToggleWidget(toggleState: toggleState); // `toggleState`를 변경하는 데 필요한 외부 로직
```

원칙을 준수하는 버전에서는 위젯이 자체적으로 토글 상태를 관리하고 내부적으로 무엇을 표시할지 결정합니다.

```
class TellToggleWidget extends StatefulWidget {
  @override
  _TellToggleWidgetState createState() => _TellToggleWidgetState();
}

class _TellToggleWidgetState extends State<TellToggleWidget> {
  bool _isExpanded = false;

  void _toggle() {
    setState(() {
      _isExpanded = !_isExpanded;
    });
  }

  @override
  Widget build(BuildContext context) {
    return Column(
      children: [
        ElevatedButton(
          onPressed: _toggle,
          child: Text('토글 뷰'),
        ),
        _isExpanded ? Text('확장된 뷰') : Text('축소된 뷰'),
      ],
    );
  }
}
```

다음과 같이 사용할 수 있습니다.

```
// 위젯 내부적으로 상태를 처리함
TellToggleWidget();
```

'묻지 말고 시켜라' 원칙을 준수하는 버전에서 **TellToggleWidget**은 뷰를 전환하는 로직을 캡슐화합니다. 이러한 방식은 위젯 내부에서 더 나은 캡슐화와 상태 관리를 가능하게 합니다. 위젯이 자체적으로 상태 변경을 처리함으로써 권장하는 객체 지향 설계 원칙에 부합하며, 코드베이스를 더 견고하고 유지보수하기 쉽게 만듭니다.

플러터 애플리케이션 내부에서 원격 서비스나 API와 상호작용할 때 흔히 볼 수 있는 또 다른 예시를 살펴보겠습니다. 이 애플리케이션은 서버에서 데이터를 가져오거나 작업을 트리거하는 등의 원격 서비스를 호출해야 한다고 가정해 보겠습니다. 이 접근 방식에서는 애플리케이션은 실제로 작업을 수행하기 전에 해당 작업이 가능한지 확인하려고 추가 호출을 합니다.

```dart
class DataService {
  bool isDataAvailable() {
    // 작업을 사용할 수 있는지 확인하는 로직
    return true; // 시뮬레이션된 응답
  }

  Future<String?> fetchData() async {
    // 작업 수행
  }
}

class AskDataServiceWidget extends StatefulWidget {
  const AskDataServiceWidget({super.key});

  @override
  AskDataServiceWidgetState createState() => AskDataServiceWidgetState();
}

class AskDataServiceWidgetState extends State<AskDataServiceWidget> {
  final DataService service = DataService();
  String data = '아직 데이터 없음';

  @override
  void initState() {
    super.initState();
    _fetchData();
  }

  Future<void> _fetchData() async {
    if (service.isDataAvailable()) {
      final String? fetchedData = await service.fetchData();
      if (fetchedData != null) {
        setState(() {
          data = fetchedData;
        });
      }
    }
  }
```

```
  @override
  Widget build(BuildContext context) {
    return Center(
      child: Text(data),
    );
  }
}
```

이 버전에서 **AskDataServiceWidget**은 데이터를 가져오기 전에 데이터를 사용할 수 있는지 확인합니다. 따라서 두 번의 별도 호출이 발생합니다. 하나는 가용성을 확인하고, 다른 하나는 실제로 데이터를 가져옵니다.

이 접근 방식에서는 플러터 애플리케이션이 서비스에 작업을 수행하라고 지시합니다. 서비스는 내부적으로 작업이 가능한지 판단합니다.

```
class DataService {
  Future<String?> fetchData() async {
    if (_isDataAvailable()) {//<---
      // 데이터 가져오기 및 반환
      return "가져온 데이터";
    }
    return null;
  }

  bool _isDataAvailable() {
    // 데이터 가용성을 확인하는 로직
    return true;
  }
}
```

TellDataServiceWidget에서는 위젯이 서비스에 데이터를 가져오라고 지시합니다. 데이터 가용성을 확인하는 결정은 **DataService** 내부에 캡슐화되어 있습니다.

```
class TellDataServiceWidget extends StatefulWidget {
  const TellDataServiceWidget({super.key});

  @override
  TellDataServiceWidgetState createState() => TellDataServiceWidgetState();
```

```
}

class TellDataServiceWidgetState extends State<TellDataServiceWidget> {
  final DataService service = DataService();
  String data = '아직 데이터 없음';

  @override
  void initState() {
    super.initState();
    _fetchData();
  }

  Future<void> _fetchData() async {
    final String? fetchedData = await service.fetchData();
    setState(() {
      data = fetchedData ?? '데이터를 사용할 수 없음';
    });
  }

  @override
  Widget build(BuildContext context) {
    return Center(
      child: Text(data),
    );
  }
}
```

이렇게 하면 위젯 코드는 자기의 주요 기능인 데이터를 보여주는 일에 더 집중할 수 있습니다. 동시에 서비스가 데이터를 가져올지를 판단하므로 코드 구조가 더 깔끔해지고 유지보수하기 쉬워집니다.

이는 위젯은 UI 렌더링만 담당하고 비즈니스 로직은 위젯에서 분리해야 한다는 원칙에도 부합합니다. 이 개념은 아키텍처를 다루는 부분에서 더 자세히 배울 것입니다.

4.3 결론

이번 장에서는 플러터에서 엔지니어링 원칙을 적용하고 통합하는 방법을 다뤘습니다. 다트에서 OOP를 사용하는 방법을 살펴보았고, 클래식 소프트웨어 원칙과 플러터 개발에서의 관련성도 자세히 알아보았습니다. DRY, SOLID, KISS, YAGNI, '묻지 말고 시켜라'와 같은 원칙은 개발자가 더 강력하고 효율적이며 유지보수하기 쉬운 애플리케이션을 만드는 가이드라인이 됩니다. 각 원칙은 고유한 통찰력과 이점을 제공하며 더 간결하고 효과적인 개발 프로세스를 만드는 데 기여합니다.

마지막으로, 이 장에서는 플러터의 멀티 플랫폼 개발 기능을 활용할 때 이러한 원칙의 중요성을 강조했습니다. 이러한 원칙을 수용함으로써 개발자는 다양한 플랫폼에서 플러터 애플리케이션의 효율성과 일관성을 극대화할 수 있습니다. 앞으로 이러한 기본 개념은 실용적이고 확장 가능한 플러터 애플리케이션을 구축하는 데 계속해서 중요한 역할을 할 것입니다.

CHAPTER 5
플러터 디자인 패턴

검토자: Mangirdas Kazlauskas

이 장은 효율적이고 확장 가능한 플러터 애플리케이션 개발에 필수인 디자인 패턴에 초점을 맞추며, 플러터용으로 특별히 설계된 다양한 디자인 패턴에 관한 포괄적인 이해를 제공합니다. 개발자들은 이러한 패턴을 사용해 더 깔끔하고 유지관리가 쉬우며 재사용 가능한 코드를 작성할 수 있습니다.

초기에 건축 패턴에서 영감을 얻은 이 전략들은 소프트웨어 영역에 적용되었으며, 갱 오브 포 Gang of Four(GoF)가 저술한 『Design Patterns: Elements of Reusable Object-Oriented Software』(Addison-Wesley Professional, 1994)에서 크게 주목받았습니다. 이 발전하는 패턴은 현대 소프트웨어 엔지니어링의 핵심 요소가 되었습니다.

이번 장에서는 기본 개념을 탐구하는 것부터 싱글톤, 팩토리factory, 옵서버observer와 같은 패턴을 살펴보고, 이를 플러터 프로젝트에서 효과적으로 구현하는 방법을 보여주는 실용적인 통찰과 예제를 제공합니다. 이 장은 초보자와 경험 많은 플러터 개발자 모두에게 애플리케이션 아키텍처와 개발 프로세스를 개선하는 데 유용한 가이드가 될 것입니다.

5.1 디자인 패턴의 역할

디자인 패턴은 일반적인 코딩 문제에 관한 표준화되고 재사용 가능한 해결책입니다. 개발자들이 직면하는 다양한 문제가 사실상 반복적이며, 검증된 방법론으로 해결할 수 있다는 인식에 따라 등장했습니다.

패턴은 크게 세 가지 범주로 분류됩니다. 객체 생성을 다루는 **생성적** 패턴, 클래스나 객체 구성에 중점을 둔 **구조적** 패턴, 객체 상호작용과 책임에 관한 **행위적** 패턴입니다. 각 카테고리는 소프트웨어 설계의 특정 측면을 다루며 코드를 견고하고 확장 가능하게 하는 데 도움을 줍니다.

이제 플러터 애플리케이션에서 흔히 사용하는 디자인 패턴들을 살펴보겠습니다. 더 많은 패턴이 존재하지만 여기서는 유용성이 높은 몇 가지 패턴에 집중하겠습니다.

5.2 생성적 패턴

생성적 디자인 패턴은 패턴별로 주어진 상황에 적합한 방식으로 객체를 생성하는 데 중점을 둔 디자인 패턴 모음입니다. 객체를 생성하는 행위는 가끔 설계 문제를 일으키거나 전체 설계에 불필요한 복잡성을 더합니다. 대표적인 생성적 패턴 몇 가지를 살펴보겠습니다.

5.2.1 싱글톤 패턴

싱글톤 디자인 패턴은 특정 클래스의 인스턴스를 하나만 생성하고 전역적으로 접근할 수 있도록 보장하는 소프트웨어 아키텍처의 기본 개념입니다. 이 패턴은 애플리케이션 내에서 논리적으로 단일 제어 지점이 필요한 자원과 작업을 제어하는 것이 핵심입니다.

사용 시점

싱글톤은 단일 리소스 접근을 제어할 때 자주 사용합니다. 예를 들면 다음과 같습니다.

- **구성 관리**: 애플리케이션 전역적인 설정과 구성 관리
- **데이터베이스 커넥션 풀**connection pool: 데이터베이스 연결을 관리하는 단일 지점 보장

- **로깅**logging: 애플리케이션 전체에서 접근할 수 있는 로깅 서비스 구현
- **상태 관리**: 사용자 세션과 같은 애플리케이션 전반에 걸친 상태 유지

다음은 플러터와 다트에서 싱글톤을 구현한 간단한 예제입니다.

```
class AppConfig {
  static final AppConfig _instance = AppConfig._internal();

  AppConfig._internal();
  factory AppConfig() => _instance;

  String appName = 'My Flutter App';
  String appVersion = '1.0.0';

  // 싱글톤 전역 설정...
}
```

이 코드에서 _instance는 싱글톤 인스턴스를 담는 private static 멤버 변수이고, 생성자는 외부에서 인스턴스를 생성하지 못하도록 private으로 지정했습니다.

주의 사항

- **남용**: 많은 구성 요소를 불필요하게 싱글톤으로 만들려는 유혹으로 과도하게 사용할 수 있습니다.
- **단위 테스트 문제**: 싱글톤의 특성상 단위 테스트 중에 모의 상태로 만들기 어려워 싱글톤에 의존하는 컴포넌트를 테스트하기 어려울 수 있습니다.
- **오해**: 싱글톤 패턴의 인스턴스를 반환하는 getInstance 메서드가 매개변수를 받도록 수정하면 싱글톤 패턴이 팩토리 패턴으로 잘못 발전하기 쉽습니다.

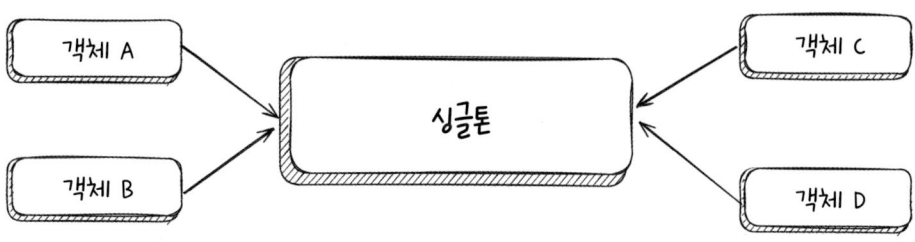

그림 5-1 싱글톤 디자인 패턴

플러터에 적용하기

WidgetsBinding.instance를 본 적이 있을 것입니다. 이는 플러터 프레임워크에서 사용하는 싱글톤의 예시입니다.

플러터/다트에서 테스트하기

테스트와 테스트 사이에 싱글톤을 리셋하기가 불가능할 때가 많으므로 플러터에서 싱글톤을 테스트하기 어려울 수 있습니다. 하지만 의존성을 주입하거나 초기화 가능한 싱글톤을 사용하는 등의 방법으로 테스트를 염두에 두고 싱글톤을 설계할 수 있습니다. 다음은 테스트 가능한 싱글톤의 예시입니다.

```
class AppConfig {
  static AppConfig _instance = AppConfig._internal();
  AppConfig._internal();
  factory AppConfig() => _instance;

  // 싱글톤 초기화(테스트에 유용함)
  @visibleForTesting
  static void reset() => _instance = AppConfig._internal();

  // 싱글톤 전역 설정...
}
```

static 메서드 reset을 추가하고 싱글톤 상태를 초기화할 수 있도록 구현합니다. @visibleForTesting 애너테이션을 reset메서드에 추가해 테스트 환경에서만 사용 가능하게 지정합니다. 이제 각 테스트가 깨끗한 상태에서 시작되도록 할 수 있습니다.

```
void main() {
  // 각 테스트 전에 실행되어 싱글톤을 초기화함
  setUp(() {
    AppConfig.reset();
  });

  test('Singleton의 인스턴스는 동일해야 합니다.', () {
    final instance1 = AppConfig._instance;
    final instance2 = AppConfig._instance;
    // 두 인스턴스가 동일한 인스턴스인지 테스트
```

```
      expect(identical(instance1, instance2), isTrue);
    });

    test('Singleton은 상태를 유지해야 합니다.', () {
      final instance = AppConfig._instance;
      instance.appName = 'Test App';
      // 싱글톤에 대한 또 다른 참조 생성
      final instance2 = AppConfig._instance;
      // 두 번째 참조가 업데이트된 상태를 볼 수 있는지 테스트
      expect(instance2.appName, 'Test App');
    });
  }
```

이 접근은 애플리케이션에서 싱글톤을 테스트할 때 발생하는 주요 문제를 해결하는 데 도움을 줍니다.

5.2.2 팩토리 메서드 패턴

플러터에서 팩토리 메서드 디자인 패턴은 생성할 객체의 정확한 타입을 런타임에 결정하거나, 서브 클래스에서 생성할 객체의 타입을 결정해야 하는 상황에 유용합니다. 특히 애플리케이션이 실행되는 플랫폼과 같은 특정 조건에 따라 다른 객체를 생성해야 할 때 효과적입니다.

사용 시점

팩토리 메서드 패턴은 다음과 같은 상황에서 이상적입니다.

- **플랫폼별 구현**: 플랫폼(iOS, 안드로이드, 웹 등)에 따라 다른 객체 생성
- **동적 생성**: 특정 조건에 따라 런타임에 객체 타입 결정
- **객체 생성 로직 분리**: 객체의 생성 로직과 사용 로직을 분리해 모듈화되고 유지보수하기 좋은 코드 작성

다음은 플러터에서 팩토리 메서드 패턴을 사용해 플랫폼별로 위젯을 생성하는 코드입니다.

```
abstract class PlatformWidgetFactory {
  Widget createWidget();
}

class IOSWidgetFactory extends PlatformWidgetFactory {
```

```dart
  @override
  Widget createWidget() {
    return CupertinoButton(
      child: const Text('iOS Button'),
      onPressed: () {},
    );
  }
}

class AndroidWidgetFactory extends PlatformWidgetFactory {
  @override
  Widget createWidget() {
    return ElevatedButton(
      child: const Text('Android Button'),
      onPressed: () {},
    );
  }
}

class WebWidgetFactory extends PlatformWidgetFactory {
  @override
  Widget createWidget() {
    return TextButton(
      child: const Text('Web Button'),
      onPressed: () {},
    );
  }
}

// 애플리케이션에서의 사용법
void main() {
  PlatformWidgetFactory widgetFactory;
  if (Platform.isIOS) {
    widgetFactory = IOSWidgetFactory();
  } else if (Platform.isAndroid) {
    widgetFactory = AndroidWidgetFactory();
  } else {
    widgetFactory = WebWidgetFactory();
  }

  runApp(
    MaterialApp(
      home: Scaffold(
        body: Center(
```

```
          child: widgetFactory.createWidget(),
        ),
      ),
    ),
  );
}
```

여기서 PlatformWidgetFactory는 createWidget 메서드가 선언된 추상 클래스입니다. iOSWidgetFactory, AndroidWidgetFactory, WebWidgetFactory는 PlatformWidgetFactory를 확장해 플랫폼별로 위젯을 생성하는 구현체입니다.

주의 사항

- **복잡성**: 간단한 시나리오에서 팩토리 메서드를 구현하면 코드 복잡도가 증가합니다.
- **오용**: 이 패턴은 잘못 구현하기 쉽습니다. 특히 생성 로직을 서브클래스에 올바르게 배치해야 하는 경우라면 더욱 그렇습니다.
- **설계 유연성**: 신중히 설계해야 하며, 손쉽게 기존 코드베이스로 리팩터링할 수 있어야 합니다.

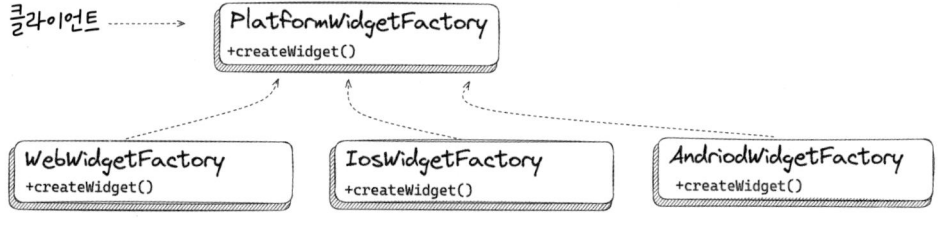

그림 5-2 팩토리 디자인 패턴

플러터/다트에서 테스트하기

앞서 살펴본 팩토리 메서드 패턴의 예제를 테스트하는 과정은 각 플랫폼에 맞는 타입의 위젯이 생성되었는지 확인하는 과정이 포함됩니다.

```
void main() {
  test('IOSWidgetFactory는 CupertinoButton을 생성해야 합니다', () {
    PlatformWidgetFactory factory = IOSWidgetFactory();
    final widget = factory.createWidget();
    expect(widget, isA<CupertinoButton>());
  });
```

```
  test('AndroidWidgetFactory는 ElevatedButton을 생성해야 합니다', () {
    PlatformWidgetFactory factory = AndroidWidgetFactory();
    final widget = factory.createWidget();
    expect(widget, isA<ElevatedButton>());
  });

  test('WebWidgetFactory TextButton을 생성해야 합니다.', () {
    PlatformWidgetFactory factory = WebWidgetFactory();
    final widget = factory.createWidget();
    expect(widget, isA<TextButton>());
  });
}
```

5.3 구조적 패턴

구조적 패턴은 소프트웨어 설계에서 매우 중요한 요소로, 개체 간의 관계를 구현하는 간단한 방법을 통해 설계를 단순화하는 것을 목표로 합니다. 이러한 패턴은 클래스와 객체로 큰 구조를 어떻게 형성하는지에 초점을 맞춥니다. 또한 시스템 한 부분을 변경하더라도 다른 부분에 미치는 영향을 최소화해 재사용성과 유연성을 높이는 데 집중합니다.

구조적 패턴은 개별 요소로 큰 객체의 구조를 형성해야 할 때 사용합니다. 이러한 패턴은 시스템에 개별 구성 요소의 인터페이스와 다른 인터페이스가 필요하거나 인터페이스가 호환되지 않는 여러 시스템을 통합할 때 유용합니다.

주요 구조적 패턴에는 어댑터adapter, 브리지bridge, 컴포지트composite, 데코레이터decorator, 퍼사드facade, 플라이웨이트flyweight, 프록시proxy가 있습니다. 여기서는 어댑터, 컴포지트, 데코레이터, 퍼사드, 프록시만 살펴보겠습니다.

5.3.1 어댑터 패턴

어댑터 디자인 패턴은 인터페이스의 호환성을 조율하는 데 유용합니다. 플러터에서는 다양한 인터페이스의 위젯을 통합해 애플리케이션의 디자인과 기능에 완벽하게 통합되도록 하는 데 중요한 도구입니다. 특히 인터페이스나 동작이 다른 위젯들이 조화를 이뤄 함께 작동하도록 할 때 매우 유용합니다.

개념과 설계 고려 사항

- **위젯 인터페이스 조율**: 플러터의 어댑터 패턴은 위젯 인터페이스 간의 차이를 조정해 호환성을 높이는 데 사용합니다.
- **유연성 향상**: 이 패턴은 핵심 기능을 수정하지 않고도 다양한 위젯을 통합할 수 있어 UI 디자인의 유연성을 높입니다.
- **클라이언트 중심 설계**: 어댑터는 변형된 위젯을 통합하는 컴포넌트(클라이언트)의 요구사항에 초점을 맞춰 최종 UI가 일관되고 의도한 대로 동작하게 합니다.

플러터에 적용하기

플러터에서 특정 커스텀 위젯을 애초에 의도되지 않았던 레이아웃이나 디자인 체계에 맞도록 조정하는 상황을 예로 들 수 있습니다. 위젯에 RenderSliver 타입의 하위 위젯이 필요할 때 SliverToBoxAdapter를 사용해 적용할 수 있습니다.

```
CustomScrollView(
  slivers: [
    const SliverPadding(
      padding: EdgeInsets.all(5.0),
      sliver: SliverToBoxAdapter( //<---
        child: Text('Test'), //<---
      ), //<---
    ),
  ],
);
```

다양한 미디어 플레이를 사용할 때도 어댑터 패턴을 사용할 수 있습니다. 이는 국가마다 다른 전원 플러그처럼 동작합니다.

```
abstract interface class MediaPlayer {
  void play(String audioType, String fileName);
}

// 어댑터에서 사용할 기존 객체
class MyAppMediaPlayer {
```

```dart
    void playMp3(String fileName) {}
    void playMp4(String fileName) {}
}

// 어댑터 클래스
class MediaAdapter implements MediaPlayer {
  MediaAdapter(this.myAppMediaPlayer);
  final MyAppMediaPlayer myAppMediaPlayer;
  @override
  void play(String audioType, String fileName) {
    if (audioType.toLowerCase() == 'mp3') {
      myAppMediaPlayer.playMp3(fileName);
    } else if (audioType.toLowerCase() == 'mp4') {
      myAppMediaPlayer.playMp4(fileName);
    }
  }
}

class AppMediaPlayer implements MediaPlayer {
  @override
  void play(String audioType, String fileName) {
    final mediaAdapter = MediaAdapter(MyAppMediaPlayer());
    mediaAdapter.play(audioType, fileName);
  }
}

class CustomWidgetMediaPlayer extends StatelessWidget {
  const CustomWidgetMediaPlayer({
    super.key,
    required this.type,
    required this.fileName,
    required this.adapter,
  });
  final String type;
  final String fileName;
  final MediaPlayer adapter;
  @override
  Widget build(BuildContext context) {
    return TextButton(
      onPressed: () {
        adapter.play(type, fileName);
      },
      child: const Text('Play'),
    );
```

```
      }
    }

    class MyApp extends StatelessWidget {
      const MyApp({super.key});
      @override
      Widget build(BuildContext context) {
        return MaterialApp(
          home: Scaffold(
            body: Center(
              child: Column(
                children: [
                  CustomWidgetMediaPlayer(
                    type: 'mp3',
                    fileName: 'file.mp3',
                    adapter: AppMediaPlayer(),
                  ),
                  CustomWidgetMediaPlayer(
                    type: 'mp4',
                    fileName: 'file.mp4',
                    adapter: AppMediaPlayer(),
                  ),
                ],
              ),
            ),
          ),
        );
      }
    }
```

CustomWidgetMediaPlayer는 MediaPlayer 타입의 어댑터만을 허용합니다. 이제 여러분은 오디오나 비디오 등의 기능을 지원하는 미디어 플레이어를 가질 수 있습니다.

주의 사항

- **불필요한 복잡성**: 간단한 UI 변경에 어댑터 패턴을 적용하면, 불필요하게 복잡한 위젯 트리가 만들어져 성능이나 유지보수 측면에서 부담이 될 수 있습니다.
- **성능 영향**: 일반적으로 성능 영향이 적지만 어댑터 패턴을 사용해 계층을 추가하면 복잡한 UI에서는 성능에 영향을 줄 수 있습니다.
- **설계 우회 수단으로 오용**: 어댑터 패턴을 올바른 설계와 레이아웃을 우회하는 수단으로 사용해서는 안 됩니다. 어댑터 패턴의 주요 역할은 통합이지, 근본적인 설계 결함을 수정하는 것이 아닙니다.

플러터/다트에서 테스트하기

어댑터 패턴 테스트는 타깃 위젯을 요구사항에 맞게 정확히 수정하거나 통합하는지 확인하는 과정을 포함합니다.

```
class MockMyAppMediaPlayer extends Mock implements MyAppMediaPlayer {}
```

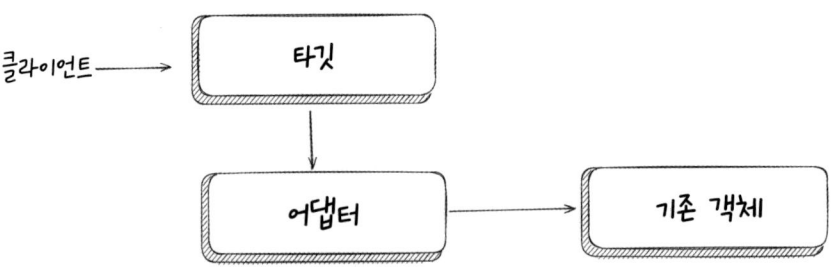

그림 5-3 어댑터 디자인 패턴

```
import 'package:flutter_test/flutter_test.dart';
import 'package:mockito/mockito.dart';

class MockMyAppMediaPlayer extends Mock implements MyAppMediaPlayer {}

void main() {
  group('MediaAdapter Tests', () {
    test('Should call playMp3 when MP3 is played', () {
      final mediaPlayer = MockMyAppMediaPlayer();
      final mediaAdapter = MediaAdapter(mediaPlayer);
      mediaAdapter.play('mp3', 'song.mp3');
      verify(mediaPlayer.playMp3('song.mp3')).called(1);
    });
    test('Should call playMp4 when MP4 is played', () {
      final mediaPlayer = MockMyAppMediaPlayer();
      final mediaAdapter = MediaAdapter(mediaPlayer);
      mediaAdapter.play('mp4', 'video.mp4');
      verify(mediaPlayer.playMp4('video.mp4')).called(1);
    });
  });
  group('AppMediaPlayer Tests', () {
    testWidgets('Should display two buttons and react to taps',
        (WidgetTester tester) async {
```

```
      await tester.pumpWidget(const MyApp());
      expect(find.byType(CustomWidgetMediaPlayer), findsNWidgets(2));
      await tester.tap(find.widgetWithText(TextButton, 'Play').first);
      await tester.pump();
    });
  });
}

verify(void playMp3) {}
```

테스트에 관한 자세한 내용은 15장에서 다루겠습니다.

5.3.2 데코레이터 패턴

플러터에서 데코레이터 디자인 패턴은 객체의 구조를 변경하지 않고도 동적으로 새로운 기능을 추가할 수 있는 구조적 패턴입니다. 이 패턴은 단일 책임 원칙을 따르면서 위젯 동작의 유연성과 확장성을 향상하고자 할 때 유용합니다.

개념과 설계 고려 사항

- **기능 향상**: 데코레이터 패턴은 동일한 계층에 있는 다른 객체에 영향을 주지 않고 개별 객체에 동작이나 기능을 추가할 때 사용합니다.
- **단순한 상속과의 차이점**: 단순한 상속과 달리 데코레이터 패턴은 상속과 함께 구성을 사용해 새로운 기능을 추가합니다. 이는 기존 동작을 재정의하는 것이 아니라 보완합니다.
- **단일 책임 원칙**: 데코레이터 패턴의 각 클래스는 하나의 기능 측면에 집중해 클래스가 하나의 일을 잘하도록 한다는 원칙을 따릅니다.
- **상속과 구성의 결합**: 이 패턴의 핵심 구조는 기반이 되는 공통 컴포넌트가 있고 여기에 여러 하위 컴포넌트를 통해 새로운 기능이 추가되는 형태입니다. 이러한 구조를 만들 때는 두 가지 기법을 함께 사용하는데, 바로 타입 호환성을 맞추기 위한 상속과 필요에 따라 동적으로 기능을 확장하기 위한 구성입니다.

플러터에 적용하기

플러터에서 데코레이터 패턴은 위젯에 새로운 동작을 추가하는 데 유용할 수 있습니다. 예를 들어 텍스트 위젯의 기본 기능을 변경하지 않고 테두리와 패딩을 추가하는 시나리오를 가정해 봅시다.

```dart
// 베이스 컴포넌트
abstract class TextComponent {
  Widget build(BuildContext context);
}

// 컴포넌트 구현체
class SimpleText extends TextComponent {
  final String text;
  SimpleText(this.text);
  @override
  Widget build(BuildContext context) {
    return Text(text);
  }
}

// 데코레이터
abstract class TextDecorator extends TextComponent {
  final TextComponent decoratedText;
  TextDecorator(this.decoratedText);
}

// 데코레이터 구현체
class BorderText extends TextDecorator {
  BorderText(super.decoratedText);
  @override
  Widget build(BuildContext context) {
    return Container(
      decoration: BoxDecoration(
        border: Border.all(color: Colors.black),
      ),
      child: decoratedText.build(context),
    );
  }
}

class PaddingText extends TextDecorator {
  PaddingText(super.decoratedText);
  @override
  Widget build(BuildContext context) {
    return Padding(
      padding: const EdgeInsets.all(8.0),
      child: decoratedText.build(context),
    );
```

```
    }
  }

  class MyApp extends StatelessWidget {
    const MyApp({super.key});
    @override
    Widget build(BuildContext context) {
      TextComponent text = SimpleText('Hello, World!');
      TextComponent borderedText = BorderText(text);
      TextComponent paddedText = PaddingText(borderedText);
      return MaterialApp(
        home: Scaffold(
          body: Center(
            child: paddedText.build(context),
          ),
        ),
      );
    }
  }
```

여기서 SimpleText는 기본 구성 요소로, BorderText와 PaddingText는 각각 테두리와 패딩 기능을 추가하는 데코레이터이며 SimpleText를 수정하지 않고 기능을 추가합니다.

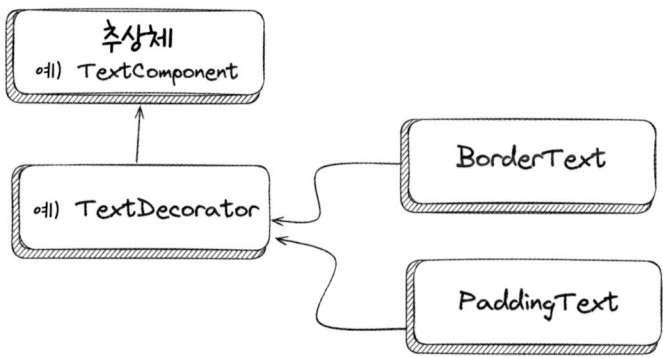

그림 5-4 데코레이터 디자인 패턴

주의 사항

- **클래스 증가**: 잠재적인 단점은 새로운 기능을 추가할 때 수많은 작은 클래스를 생성해야 하므로 클래스 계층 구조가 과도하게 확장될 수 있다는 점입니다.

- **복잡성**: 데코레이터 패턴을 과도하게 사용하면 유지보수가 어려운 복잡한 코드베이스가 만들어집니다.
- **상속과의 혼동**: 기능을 향상하려고 사용하는 데코레이터와 단순한 상속을 구분해야 합니다. 데코레이터는 구체적인 클래스를 수정하지 않고 동적으로 기능을 추가해야 합니다.

플러터/다트에서 테스트하기

테스트는 각 데코레이터가 기본 구성 요소를 수정하지 않고 의도한 기능을 추가하는지 확인하는 과정입니다.

```dart
void main() {
  testWidgets('BorderText adds a border', (WidgetTester tester) async {
    TextComponent text = SimpleText('Test');
    TextComponent borderedText = BorderText(text);
    await tester.pumpWidget(MaterialApp(
      home: Scaffold(
        body: Center(
          child: Builder(
            builder: (BuildContext context) {
              return borderedText.build(context);
            },
          ),
        ),
      ),
    ));
    final borderedTextFinder = find.byType(Container);
    expect(borderedTextFinder, findsOneWidget);
    final Container container = tester.firstWidget(borderedTextFinder);
    expect(container.decoration, isA<BoxDecoration>());
    BoxDecoration decoration = container.decoration as BoxDecoration;
    expect(decoration.border, isNotNull);
  });
}
```

이 테스트는 BorderText 데코레이터가 SimpleText 위젯에 테두리를 올바르게 추가하는지 확인해 플러터 애플리케이션 내에서 데코레이터 패턴의 기능과 효과를 확인합니다.

5.3.3 컴포지트 패턴

플러터에서 컴포지트 디자인 패턴은 객체를 부분과 전체 계층 구조의 트리 구조를 만드는 구조적 패턴입니다. 이 패턴은 개별 객체와 객체들의 조합 객체를 동일하게 취급할 수 있게 하므로 플러터의 위젯 중심 설계에 특히 유용합니다.

개념과 설계 고려 사항

- **구성 요소의 일관된 처리**: 컴포지트 패턴의 핵심 아이디어는 개별 객체와 객체의 조합 객체를 동일한 방식으로 처리하는 것입니다. 객체들을 트리 구조로 표현함으로써 이를 달성합니다.
- **트리 구조 설계**: 이 패턴은 구성 요소를 개별 객체(리프)나 그룹 객체(컴포지트)로 나눠 트리 계층 구조를 구성합니다.
- **유연성을 통한 단순화**: 컴포지트 패턴은 모든 객체를 동일하게 다루어 구조를 단순화한다는 장점이 있습니다. 하지만 이러한 접근은 때로 지나친 단순화로 이어져, 결국 특정 객체가 호환되는지 확인하려면 런타임 검사에 의존해야 하는 단점을 낳기도 합니다.
- **컴포넌트 인터페이스**: 리프(개별 객체)와 컴포지트(복합 객체)가 모두 준수하는 공통 규약입니다. 이 덕분에 사용자는 객체가 단일 요소인지 그룹인지 신경 쓸 필요 없이, 동일한 방식으로 연산을 적용합니다.

플러터에 적용하기

플러터에서 컴포지트 패턴은 개별 위젯과 위젯 그룹을 유사하게 처리해 복잡한 UI 구조를 만들게 해 줍니다. 컴포지트 패턴의 일반적인 적용 사례로는 하위 메뉴가 포함된 메뉴를 만드는 것이 있습니다.

```
abstract interface class MenuItem implements Widget {
  // 모든 하위 메뉴를 탭하면 열리도록 설정
  void expand(bool expanded);
}

// 리프 노드
class SimpleMenuItem extends StatelessWidget implements MenuItem {
  const SimpleMenuItem({
    super.key,
    required this.title,
    required this.action,
  });
  final Function() action;
  final String title;
```

```
  @override
  void expand(_) {
    // 리프 노드, 아무것도 하지 않음
  }
  @override
  Widget build(context) {
    return ListTile(title: Text(title), onTap: action);
  }
}

// 다른 메뉴 항목을 포함할 수 있는 복합 노드
class Submenu extends StatefulWidget implements MenuItem {
  Submenu({
    super.key,
    required this.title,
    required this.children,
    this.expandAll = false,
  });

  final String title;
  final bool expandAll;
  final List<MenuItem> children;
  bool childrenExpanded = false;

  @override
  void expand(expanded) {
    childrenExpanded = expanded;
    for (final child in children) {
      child.expand(expanded);
    }
  }

  @override
  SubmenuState createState() => SubmenuState();
}

class SubmenuState extends State<Submenu> {
  @override
  Widget build(context) {
    return ExpansionTile(
      title: Text(widget.title),
      initiallyExpanded: widget.childrenExpanded,
      onExpansionChanged: widget.expandAll ? widget.expand : null,
      children: widget.children,
```

```dart
      );
    }
}

// 사용 예시
class MenuApp extends StatelessWidget {
  const MenuApp({super.key});
  @override
  Widget build(BuildContext context) {
    return ListView(
      children: [
        SimpleMenuItem(
          title: 'Edit',
          action: () => debugPrint('Edit'),
        ),
        Submenu(
          title: 'File',
          children: [
            SimpleMenuItem(
              title: 'New',
              action: () => debugPrint('New file'),
            ),
            Submenu(
              // 탭하면 모든 하위 메뉴가 열림
              expandAll: true,
              title: 'Recent Files',
              children: [
                SimpleMenuItem(
                  title: 'File1.txt',
                  action: () => debugPrint('Open File1.txt'),
                ),
                Submenu(
                  title: 'Submenu in submenu',
                  children: [
                    SimpleMenuItem(
                      title: 'New',
                      action: () => debugPrint('New file'),
                    ),
                    Submenu(
                      title: 'Archive',
                      children: [
                        SimpleMenuItem(
                          title: 'file.zip',
                          action: () => debugPrint('file.zip'),
```

```
              ),
            ],
          ),
        ],
      ),
    ],
  ),
],
      ),
    ],
  );
 }
}
```

여기서 SimpleMenuItem은 개별 객체이고, SubMenu는 여러 MenuItem 객체를 그룹화하는 그룹 객체입니다. 플러터에서는 상속보다 StatelessWidget과 StatefulWidget으로 UI를 구성하는 방식을 선호함을 기억하세요.

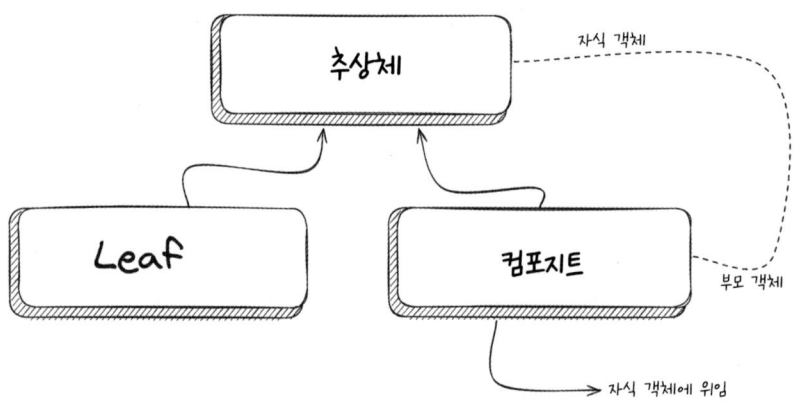

그림 5-5 컴포지트 디자인 패턴

주의 사항

- **지나친 단순화**: 컴포지트는 때때로 객체 그룹에 추가할 수 있는 항목에 제약을 가하기 어려울 정도로 구조를 단순화합니다.
- **잠재적인 거대한 계층화**: 주의 깊게 다루지 않으면 객체가 하위 객체 모음을 포함할 때 컴포지트 구조가 커지고 다루기 어려워집니다.

플러터/다트에서 테스트하기

컴포지트 패턴을 적용한 코드는 개별 객체와 개별 객체의 조합이 기대한 대로 동작하는지 테스트합니다.

```dart
void main() {
  testWidgets(
    'Submenu should display its title and child items',
    (WidgetTester tester) async {
      await tester.pumpWidget(
        MaterialApp(
          home: Scaffold(
            body: Submenu(
              title: 'Test Submenu',
              children: [
                SimpleMenuItem(title: 'Child Item', action: () {}),
              ],
            ),
          ),
        ),
      );
      // 서브 메뉴 제목이 표시되는지 확인
      expect(find.text('Test Submenu'), findsOneWidget);
      // 서브 메뉴를 확장해 자식 항목 확인
      await tester.tap(find.text('Test Submenu'));
      await tester.pumpAndSettle();
      // 자식 항목이 표시되는지 확인
      expect(find.text('Child Item'), findsOneWidget);
    },
  );
  // 서브 메뉴와 다른 컴포넌트에 대한 추가 테스트
}
```

이 테스트는 Submenu가 SimpleMenuItem 위젯 그룹을 렌더링하는지 확인함으로써 플러터 애플리케이션에서 컴포지트 패턴의 효과를 검증합니다.

5.3.4 프록시 패턴

플러터에서 프록시 디자인 패턴은 다른 객체에 대한 접근을 제어하는 대리자나 플레이스홀더를 제공하는 구조적 패턴입니다. 이 패턴은 리소스 집약적인 작업 관리, 보안 계층 추가, 원격 서비스 호출 등에 유용합니다.

개념과 설계 고려 사항

- **중개자 객체**: 프록시 패턴은 실제 객체와 상호작용하게 해 주는 중개자를 도입합니다. 중개자는 실제 객체에 접근을 제어하고, 생명주기를 관리하며, 기능을 추가하는 등의 처리를 할 수 있습니다.
- **원격, 가상, 보호 프록시**: 프록시에는 원격 서비스 호출을 처리하는 원격 프록시, 리소스 집약적인 객체를 제어하는 가상 프록시, 보안 조치를 추가하는 보호 프록시 등 다양한 목적으로 사용될 수 있습니다.
- **인터페이스 기반 설계**: 프록시는 일반적으로 인터페이스 기반으로 구현되고, 실제 객체와 프록시가 동일한 인터페이스를 공유하며 원활한 상호작용을 보장합니다.
- **단순화와 제어**: 프록시는 복잡하거나 원격에 있는 객체에 대한 접근을 단순화하는 동시에 기본 객체에 언제 어떻게 접근하고 수정할지를 제어합니다.

플러터에 적용하기

플러터에서 위젯의 렌더링을 제어할 때 프록시 패턴을 흔히 사용합니다. 특히 리소스 집약적인 작업이나 사용자 권한에 따라 조건부 렌더링을 처리하는 데 유용합니다. 예를 들어 특정 사용자만 접근 가능한 위젯을 제공하는 시나리오를 가정해 봅시다.

```
abstract class AccessibleWidget {
  Widget build(BuildContext context);
}

// 실제 객체
class RestrictedContentWidget implements AccessibleWidget {
  @override
  Widget build(BuildContext context) {
    return const Text(
      'Restricted Content',
      key: Key('restrictedContentKey'),
    );
  }
}

// 프록시 객체
class AccessControlProxyWidget extends StatelessWidget {
  final AccessibleWidget protectedWidget;
  final bool hasAccess;
```

```
    const AccessControlProxyWidget({
      super.key,
      required this.protectedWidget,
      required this.hasAccess,
    });

    @override
    Widget build(BuildContext context) {
      return hasAccess
        ? protectedWidget.build(context)
        : const Text('Access Denied');
    }
  }

  bool checkUserAccess() {
    return true;
  }
  void main() {
    runApp(
      MaterialApp(
        home: Scaffold(
          body: AccessControlProxyWidget(
            protectedWidget: RestrictedContentWidget(),
            hasAccess: checkUserAccess(),
          ),
        ),
      ),
    );
  }
```

프록시 패턴을 적용한 사례에서 각 객체의 역할은 다음과 같습니다.

- RestrictedContentWidget은 민감하거나 접근이 제한된 콘텐츠를 포함하는 실제 위젯입니다.
- AccessControlProxyWidget은 프록시 역할을 하며, hasAccess 플래그에 따라 RestrictedContentWidget에 대한 접근을 제어합니다.
- hasAccess 변수가 true일 때만 RestrictedContentWidget에 접근할 수 있으며, hasAccess 변수가 false이면 'Access Denied' 메시지가 표시됩니다.

주의 사항

- **단일 프록시 한계**: 프록시 패턴은 일반적으로 주어진 객체에 대해 단일 프록시를 사용하는데, 이는 보안과

감시 같은 여러 기능이 필요할 때 한계가 있을 수 있습니다.
- **오버헤드**: 프록시를 도입하면 추상화 레이어가 하나 더 추가되어 코드가 복잡해질 수 있으며, 특히 원격 프록시에서 예기치 않은 동작을 초래할 수 있습니다.
- **유사 패턴과 혼동**: 프록시 패턴은 데코레이터나 어댑터와 같은 패턴과 쉽게 혼동할 수 있습니다. 객체를 감싸는 세 패턴의 특성상 차이가 명확하지 않을 때가 있습니다.

다른 패턴과 비교

- **프록시 대 데코레이터**: 데코레이터의 주요 목적이 동적으로 기능을 추가하는 것이라면, 프록시의 목적은 컴파일 타임에 적용해 객체 접근을 제어하는 것입니다.
- **런타임 동작 대 컴파일 타임 동작**: 데코레이터의 동작은 일반적으로 연결된 여러 데코레이터를 통해 런타임에 동작이 결정되지만, 프록시는 컴파일 타임에 결정됩니다.

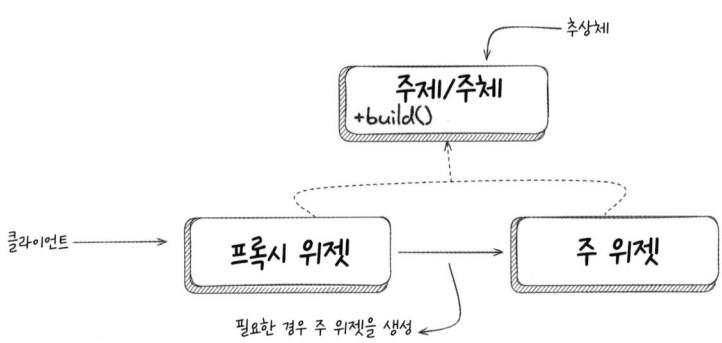

그림 5-6 프록시 디자인 패턴

플러터/다트에서 테스트하기

프록시 패턴의 테스트에서는 프록시 객체의 제어 기능과 실제 객체와의 상호작용을 검증합니다.

```
void main() {
  group(
    'AccessControlProxyWidget',
    () {
      // 접근이 허용될 때 테스트
      testWidgets(
        ' displays content when access is granted',
        (WidgetTester tester) async {
```

```dart
      // 접근이 허용된 상태로 위젯을 빌드
      await tester.pumpWidget(
        MaterialApp(
          home: AccessControlProxyWidget(
            protectedWidget: RestrictedContentWidget(),
            hasAccess: true,
          ),
        ),
      );
      // 제한된 콘텐츠가 표시되는지 확인
      expect(
        find.byKey(const Key('restrictedContentKey')),
        findsOneWidget,
      );
      expect(
        find.text('Restricted Content'),
        findsOneWidget,
      );
    },
  );
  // 접근이 거부될 때 테스트
  testWidgets(
    'displays "Access Denied" when access is denied',
    (WidgetTester tester) async {
      // 접근이 거부될 때 위젯을 빌드
      await tester.pumpWidget(
        MaterialApp(
          home: AccessControlProxyWidget(
            protectedWidget: RestrictedContentWidget(),
            hasAccess: false,
          ),
        ),
      );
      // 'Access Denied' 메시지가 제한된 콘텐츠 대신 표시되는지 확인
      expect(
        find.byType(RestrictedContentWidget),
        findsNothing,
      );
      expect(find.text('Access Denied'), findsOneWidget);
    },
  );
 },
);
}
```

이 테스트는 `AccessControlProxyWidget`이 `hasAccess` 변수가 `true`일 때 `RestrictedContentWidget`을 올바르게 표시하고, 그렇지 않으면 'Access Denied' 메시지를 표시하는지 확인하며 플러터 애플리케이션에서 프록시 패턴의 효과를 검증합니다.

5.3.5 퍼사드 패턴

퍼사드 디자인 패턴은 복잡한 시스템(라이브러리 세트, 프레임워크, 상호 연관된 복잡한 클래스 그룹 등)에 단순화된 인터페이스를 제공하는 구조적 패턴입니다. 시스템의 복잡성을 줄이고 사용성을 향상하는 데 중요한 역할을 합니다.

개념과 설계 고려 사항

- **복잡한 상호작용의 단순화**: 퍼사드 패턴은 복잡한 하위 시스템에 대한 단순한 인터페이스를 생성합니다. 이는 클라이언트 코드가 복잡한 라이브러리나 클래스 시스템과 상호작용해야 하는 상황에서 유리합니다.
- **리팩터링 도구**: 퍼사드 패턴은 종종 리팩터링에 사용되며, 설계가 잘못되거나 지나치게 복잡한 API를 감싸 더 쉽게 접근하고 이해하도록 도와줍니다.
- **상속보다 구성**: 퍼사드는 보통 상속보다는 구성을 사용합니다. 이는 퍼사드가 하위 시스템의 여러 클래스의 인스턴스를 포함만 하고 확장하지 않음을 의미합니다.
- **생명주기 관리**: 퍼사드는 상호작용하는 객체의 생명주기를 관리할 수 있지만 주로 인터페이스를 단순화하는 데 집중합니다.

플러터에 적용하기

플러터에서 퍼사드 패턴은 네트워크 요청, 데이터 파싱, UI 렌더링과 같은 복잡한 작업을 단순화합니다. 예를 들어 데이터를 가져와 처리하고 표시하는 여러 단계가 있는 시나리오를 가정해 봅시다.

```
class NetworkManager {
  Future<String> fetchData() async {
    // API 요청 로직 구현
    return 'Data';
  }
}

// 복잡한 서브 시스템 클래스
```

```dart
class DataProcessor {
  String processData(String data) {
    // 처리 로직 구현
    return 'Processed Data';
  }
}

// 퍼사드
class DataFacade {
  final NetworkManager _networkManager = NetworkManager();
  final DataProcessor _dataProcessor = DataProcessor();
  Future<String> fetchDataAndProcess() async {
    String data = await _networkManager.fetchData();
    return _dataProcessor.processData(data);
  }
}

void main() {
  runApp(
    MaterialApp(
      home: Scaffold(
        body: FutureBuilder<String>(
          future: DataFacade().fetchDataAndProcess(),
          builder: (context, snapshot) {
            if (snapshot.connectionState == ConnectionState.done) {
              return Text(
                snapshot.data ?? 'No data',
              );
            } else {
              return const CircularProgressIndicator();
            }
          },
        ),
      ),
    ),
  );
}
```

여기서 각 객체의 역할은 다음과 같습니다.

- NetworkManager와 DataProcessor는 복잡한 서브시스템의 일부분입니다.
- DataFacade는 fetchDataAndProcess 기능을 제공하는 퍼사드 역할을 합니다.
- 메인 함수에서는 DataFacade를 사용해 데이터를 검색하고 표시하며, 복잡한 과정을 추상화합니다.

주의 사항

- **과도한 단순화**: 퍼사드는 복잡한 시스템을 과도하게 단순화해서 복잡한 시스템에 더 많은 제어나 접근이 필요할 때 문제를 일으킬 수 있습니다.
- **잘못된 사용**: 새로운 시스템에서 퍼사드를 사용하면 설계 문제가 생길 수 있습니다. 퍼사드는 기존 복잡한 시스템을 리팩터링하는 도구로 사용하기에 더 적합합니다.
- **단일 책임**: 퍼사드는 기능을 집약하는 경향이 있으므로 단일 책임 원칙을 위배하는 '만능 객체'가 되지 않도록 주의해야 합니다.

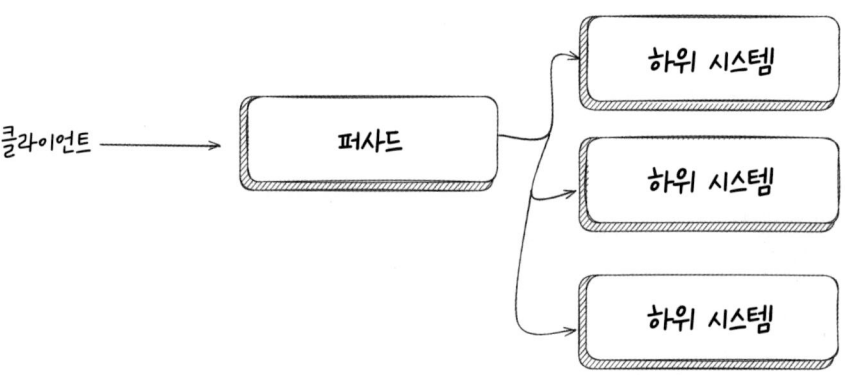

그림 5-7 퍼사드 디자인 패턴

플러터/다트에서 테스트하기

퍼사드 패턴을 테스트할 때는 퍼사드가 하위 시스템의 작업을 올바르게 통합하고 단순화하는지 검증합니다.

```
void main() {
  testWidgets(
    'DataFacade should fetch and process data',
    (WidgetTester tester) async {
      await tester.pumpWidget(
        MaterialApp(
          home: Scaffold(
            body: FutureBuilder<String>(
              future: DataFacade().fetchDataAndProcess(),
              builder: (context, snapshot) {
                if (snapshot.connectionState == ConnectionState.done) {
                  return Text(snapshot.data ?? 'No data');
```

```
              } else {
                return const CircularProgressIndicator();
              }
            },
          ),
        ),
      ),
    );
    // 퍼사드 기능 검증
    // 예상 동작에 따라 추가 테스트를 작성해야 함
  },
);
}
```

이 테스트는 DataFacade가 데이터를 올바르게 가져오고 처리하는지, 결과가 UI에 적절하게 표시되는지를 확인하며, 퍼사드 패턴이 하위의 복잡한 시스템의 작업을 효과적으로 단순화해 관리하는지 검증합니다.

5.4 행동 패턴 역할에 대한 이해

행동 패턴behavioral pattern은 소프트웨어 설계의 초석이며 주로 객체 간의 통신과 상호작용에 중점을 둡니다. 객체 구성에 집중하는 구조 패턴과 달리 행동 패턴은 객체 간의 효과적인 소통과 책임 위임에 초점을 맞춥니다. 다양한 객체와 클래스가 상호작용을 하는 방식을 정의하고 객체와 클래스 간의 흐름 제어를 관리하는 데 도움이 됩니다.

행동 패턴은 개체 간의 알고리즘, 관계, 책임을 관리해야 할 때와 개체 집합의 동작이 해당 상태에 따라 달라질 때 적합합니다. 또한 복잡한 제어 로직을 쉽게 이해하고 관리하며 확장할 수 있게 캡슐화해야 하는 시나리오에서 필수적입니다.

잘 알려진 행동 패턴으로는 옵서버, 전략strategy, 인터프리터interpreter, 커맨드command, 반복자iterator, 상태state, 방문자visitor, 메멘토memento, 중재자mediator, 책임 연쇄chain of responsibility 패턴 등이 있습니다.

여기서는 커맨드, 옵서버, 전략, 템플릿 메서드template methods 패턴을 살펴보겠습니다.

5.4.1 커맨드 패턴

플러터에서 커맨드 디자인 패턴은 주로 실행 취소 기능이 있는 작업이나 요청을 객체로 캡슐화합니다. 이 패턴을 사용하면 명령 실행이나 취소 같은 유연한 작업이 가능하므로 사용자 상호작용이 복잡한 애플리케이션에 매우 적합합니다.

개념과 설계 고려 사항

- **작업 캡슐화**: 각 작업이나 요청을 객체로 캡슐화해 동적 작업 처리를 허용합니다.
- **디커플링**: 명령을 내리는 객체와 실행하는 객체를 분리하여 모듈성을 강화합니다.
- **실행 취소 및 재실행**: 실행된 명령 히스토리를 유지하면서 많은 사용자 인터페이스의 주요 기능인 실행 취소와 재실행 작업을 지원합니다.
- **유연성 및 확장성**: 기존 코드를 변경하지 않고도 새로운 명령을 확장 가능하고 추가할 수 있는 유연성을 제공합니다.

플러터에 적용하기

다음은 선 페인팅과 같은 사용자 작업을 취소할 수 있는 그림판 애플리케이션을 플러터로 구현한 예시입니다.

```dart
// 커맨드 인터페이스
abstract class Command {
  String get name;
  void execute();
  void undo();
}

// 페인팅용 커맨드 구현
class DrawCommand implements Command {
  DrawCommand();

  @override
  String get name => 'DrawCommand';

  @override
  void execute() {}

  @override
  void undo() {}
```

```dart
}

// 색상 변경용 커맨드 구현
class ChangeColorCommand implements Command {
  ChangeColorCommand();

  @override
  String get name => 'ChangeColorCommand';

  @override
  void execute() {}

  @override
  void undo() {}
}

// 실행과 취소를 처리하는 커맨드 매니저
class CommandManager {
  final _commandList = ListQueue<Command>();
  bool get hasHistory => commandHistoryList.isNotEmpty;
  List<String> get commandHistoryList =>
      _commandList.map((c) => c.name).toList();
  void executeCommand(Command command) => _commandList.add(command);
  void undo() {
    if (_commandList.isEmpty) return;
    _commandList.removeLast().undo();
  }
}

class MyApp extends StatefulWidget {
  final CommandManager commandManager;
  const MyApp({
    super.key,
    required this.commandManager,
  });
  @override
  State<MyApp> createState() => _MyAppState();
}

class _MyAppState extends State<MyApp> {
  @override
  Widget build(BuildContext context) {
    return MaterialApp(
      home: Scaffold(
```

```dart
      appBar: AppBar(
        title: const Text('Command Pattern Example'),
      ),
      body: Column(
        key: const Key('drawButtonKey'),
        mainAxisAlignment: MainAxisAlignment.center,
        children: [
          TextButton(
            onPressed: () {
              widget.commandManager.executeCommand(
                DrawCommand(),
              );
              setState(() {});
            },
            child: const Text('Tap to draw'),
          ),
          TextButton(
            onPressed: () {
              widget.commandManager.executeCommand(
                ChangeColorCommand(),
              );
              setState(() {});
            },
            child: const Text('Tap to Change Color'),
          ),
          if (widget.commandManager.hasHistory)
            TextButton(
              onPressed: () {
                widget.commandManager.undo();
                setState(() {});
              },
              child: const Text('Press to undo'),
            ),
          Expanded(
            child: ListView.builder(
              itemCount: widget.commandManager.commandHistoryList.length,
              itemBuilder: (context, index) {
                return Text(
                  widget.commandManager.commandHistoryList[index],
                );
              },
            ),
          )
        ],
```

```
        ),
      ),
    );
  }
}
```

여기서 각 객체의 역할은 다음과 같습니다.

- DrawCommand는 페인팅 작업을 처리하는 사용자 명령의 구체적인 구현입니다.
- ChangeColorCommand는 색상 변경을 처리하는 사용자 명령의 구체적인 구현입니다.
- CommandManager는 사용자 명령의 실행과 취소를 관리합니다.

주의 사항

- **복잡성**: 특히 작업이 많은 대규모 애플리케이션에서는 명령 기록을 관리하는 일이 복잡해질 수 있습니다.
- **자원 관리**: 명령 기록을 저장하면 명령의 특성에 따라 상당한 메모리가 소모될 수 있습니다.
- **상태 일관성**: 실행 취소와 재실행 작업 전반에 일관된 애플리케이션 상태를 보장하기가 어려울 수 있습니다.

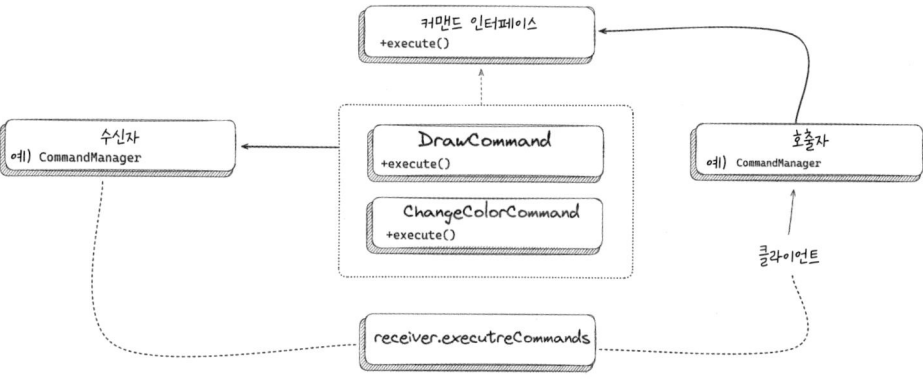

그림 5-8 커맨드 디자인 패턴

플러터/다트에서 테스트하기

커맨드 패턴 테스트에는 명령의 실행과 취소에 대한 검증이 포함됩니다.

```
void main() {
  testWidgets('MyApp should execute and undo commands correctly',
    (WidgetTester tester) async {
```

```dart
    // CommandManager 생성
    // and build the MyApp widget
    CommandManager commandManager = CommandManager();
    await tester.pumpWidget(
      MyApp(commandManager: commandManager),
    );

    // 버튼 찾기
    Finder drawButton = find.text('Tap to draw');
    Finder changeColorButton = find.text('Tap to Change Color');
    Finder undoButton = find.text('Press to undo');

    // DrawCommand 실행
    await tester.tap(drawButton);
    await tester.pump();

    // DrawCommand가 히스토리에 추가되었는지 확인
    expect(find.text('DrawCommand'), findsOneWidget);

    // ChangeColorCommand 실행
    await tester.tap(changeColorButton);
    await tester.pump();

    // ChangeColorCommand가 히스토리에 추가되었는지 확인
    expect(find.text('ChangeColorCommand'), findsOneWidget);

    // 마지막 명령 취소(ChangeColorCommand)
    await tester.tap(undoButton);
    await tester.pump();

    // ChangeColorCommand이 히스토리에서 제거되었는지 확인
    expect(find.text('ChangeColorCommand'), findsNothing);

    // DrawCommand가 아직 히스토리에 있는지 확인
    expect(find.text('DrawCommand'), findsOneWidget);

    // DrawCommand 취소
    await tester.tap(undoButton);
    await tester.pump();

    // DrawCommand가 히스토리에서 제거되었는지 확인
    expect(find.text('DrawCommand'), findsNothing);
  });
}
```

이 테스트는 버튼을 누르면 DrawCommand가 실행되고 실행 취소 버튼을 누르면 올바르게 취소되는지 확인합니다. 페인팅 로직에 따라 구현에 맞게 확인 단계를 조정해야 할 수도 있습니다.

5.4.2 옵서버 패턴

옵서버 패턴은 객체 간의 일대다 관계를 설정합니다. 이 패턴은 주제subject라고 불리는 한 객체가 자신의 상태가 변경될 때, 옵서버observer라고 불리는 여러 다른 객체들에게 자동으로 알림을 보낼 수 있게 해줍니다. 옵서버 패턴은 플러터의 반응형 프로그래밍, 특히 스트림과 동적 데이터 업데이트를 처리할 때 널리 사용합니다.

개념과 설계 고려 사항

- **반응형 프로그래밍**: 반응형 프로그래밍의 핵심으로, 이 패턴을 사용하면 시스템이 환경이나 상태의 변화에 동적으로 반응할 수 있습니다.
- **주제와 옵서버의 분리**: 이 패턴은 주제를 옵서버와 분리해 모듈식의 유연한 아키텍처를 촉진합니다.
- **동적 구독**: 옵서버가 주제를 동적으로 구독하거나 취소할 수 있으므로 유연한 상호작용 모델의 구현을 돕습니다.
- **일괄 전파**: 주제가 상태를 변경하면 이를 모든 옵서버에게 전파해 동기화된 업데이트를 보장합니다.

다트로 적용하기

다음은 간단히 다트로 구현한 코드입니다.

```
abstract class Observer {
  void update();
}

class Subject {
  List<Observer> _observers = [];
  void attach(Observer observer) {
    _observers.add(observer);
  }

  void detach(Observer observer) {
    _observers.remove(observer);
  }
```

```dart
  void notifyObservers() {
    for (final observer in _observers) {
      observer.update();
    }
  }
}

class ConcreteObserver implements Observer {
  @override
  void update() {
    print("Observer updated.");
  }
}

void main() {
  final subject = Subject();
  final observer = ConcreteObserver();
  final observer2 = ConcreteObserver();
  subject.attach(observer);
  subject.attach(observer2);
  subject.notifyObservers(); // 옵서버에 알림
}

// 콘솔 출력
// Observer updated.
// Observer updated.
```

플러터에 적용하기

플러터에서는 일반적으로 **ChangeNotifier**를 주체로 사용해 옵서버 패턴을 간단히 구현합니다.

```dart
class CounterObserver with ChangeNotifier {
  //<---
  int _count = 0;
  int get count => _count;
  void increment() {
    _count++;
    notifyListeners(); //<---
  }
}
```

```dart
class CounterConcreteObserver extends StatelessWidget {
  const CounterConcreteObserver({
    super.key,
    required this.counterNotifier,
  });
  final CounterObserver counterNotifier;
  @override
  Widget build(BuildContext context) {
    return Center(
      child: Column(
        mainAxisAlignment: MainAxisAlignment.center,
        children: <Widget>[
          const Text(
            'Current counter value:',
          ),
          ListenableBuilder(
            //<---
            listenable: counterNotifier, //<---
            builder: (
              BuildContext context,
              Widget? child,
            ) {
              return Text(
                '${counterNotifier.count}',
              );
            },
          ),
        ],
      ),
    );
  }
}

class MyApp extends StatefulWidget {
  const MyApp({super.key});
  @override
  State<MyApp> createState() => _MyAppState();
}

class _MyAppState extends State<MyApp> {
  final _counter = CounterObserver();
  @override
  Widget build(BuildContext context) {
```

```
    return MaterialApp(
      home: Scaffold(
        appBar: AppBar(
          title: const Text(
            'ListenableBuilder Example',
          ),
        ),
        body: Column(
          children: [
            CounterConcreteObserver(
              counterNotifier: _counter,
            ),
            CounterConcreteObserver(
              counterNotifier: _counter,
            ),
          ],
        ),
        floatingActionButton: FloatingActionButton(
          onPressed: _counter.increment,
          child: const Icon(Icons.add),
        ),
      ),
    );
  }
}
```

스트림이나 ChangeNotifier를 사용해 구현한 이 패턴은 동적이고 빠른 사용자 인터페이스를 만드는 데 필수적입니다.

주의 사항

- **과잉 알림**: 주제가 옵서버에게 필요 이상으로 알림을 보내 성능 문제가 발생할 수 있습니다.
- **복잡성**: 복잡한 업데이트 로직이나 많은 옵서버를 관리하기 어려워질 수 있습니다.
- **디버깅 난이도**: 간접적 통신의 특성 때문에 알림과 관련된 문제를 디버깅하기 까다로울 수 있습니다.

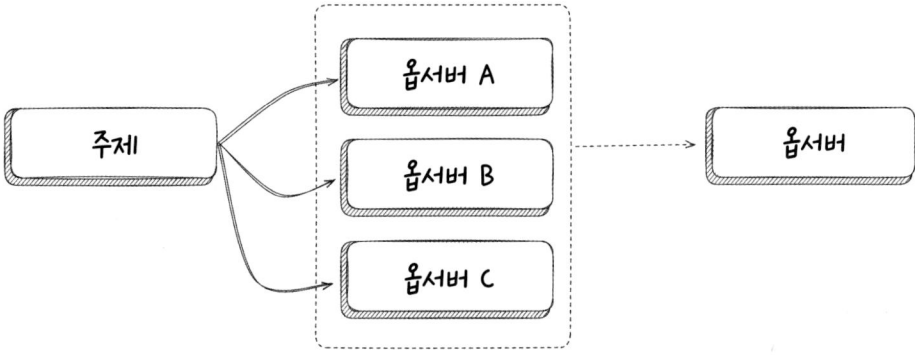

그림 5-9 옵서버 디자인 패턴

플러터에서 테스트하기

ChangeNotifier와 CounterConcreteObserver 위젯과 함께 CounterObserver 클래스를 사용하는 이 플러터 애플리케이션을 테스트하려면 카운터가 증가할 때 UI에 있는 모든 CounterConcreteObserver 인스턴스가 업데이트된 개수를 반영하는지 확인해야 합니다.

테스트를 작성하는 방법은 다음과 같습니다.

```
void main() {
  testWidgets(
    'Counter value should update on increment',
    (WidgetTester tester) async {
      // 애플리케이션 빌드 및 렌더링
      await tester.pumpWidget(const MyApp());
      // 카운터의 초깃값 확인
      expect(find.text('Current counter value:'), findsNWidgets(2));
      expect(find.text('0'), findsNWidgets(2));
      // FloatingActionButton을 찾아서 탭하기
      await tester.tap(find.byIcon(Icons.add));
      await tester.pump();
      // 카운터가 증가했는지 확인
      expect(find.text('1'), findsNWidgets(2));
    },
  );
}
```

이 테스트는 CounterObserver가 리스너(CounterConcreteObserver 위젯)에 상태 변경 사항을 올바르게 알리고 이 변경 사항이 UI에 반영되는지 확인합니다.

5.4.3 전략 패턴

전략 디자인 패턴은 실행 중에 알고리즘이나 프로세스를 동적으로 선택할 때 유용합니다. 조건문을 제거하고 알고리즘 전략을 별도의 클래스로 캡슐화해 더 유연하고 유지보수가 용이합니다.

개념과 설계 고려 사항

- **알고리즘 선택의 유연성**: 컨텍스트에 따라 다양한 알고리즘이나 전략을 선택해 조건부 로직에 대한 의존도를 줄입니다.
- **전략과 컨텍스트의 분리**: 사용하는 코드에서 알고리즘의 세부 구현 사항을 분리해 시스템을 더 쉽게 확장하고 유지관리할 수 있도록 합니다.
- **인터페이스나 추상 클래스에 기반한 설계**: 일반적으로 공통 인터페이스나 추상 클래스를 준수해 모든 구체적인 전략 구현의 구조가 균일하도록 보장합니다.
- **클라이언트 인식**: 클라이언트가 사용할 수 있는 전략을 인식하고 선택하여 동적인 전략 전환을 가능하도록 합니다.

플러터에 적용하기

전략 패턴은 사용자 상호작용 등의 런타임 조건에 따라 위젯이나 다른 구성 요소의 동작을 동적으로 변경할 수 있습니다.

```
abstract class SortingStrategy {
  List<int> sort(List<int> dataset);
}

class AscendingSort implements SortingStrategy {
  @override
  List<int> sort(List<int> dataset) {
    dataset.sort((a, b) => a.compareTo(b));
    debugPrint(dataset.toString());
    return dataset;
  }
}

class DescendingSort implements SortingStrategy {
  @override
  List<int> sort(List<int> dataset) {
    dataset.sort((b, a) => a.compareTo(b));
    debugPrint(dataset.toString());
```

```
    return dataset;
  }
}

class ContextStrategy {
  final SortingStrategy strategy;
  ContextStrategy(this.strategy);
  List<int> executeStrategy(List<int> dataset) {
    return strategy.sort(dataset);
  }
}

class SortingWidget extends StatelessWidget {
  final List<int> dataset;
  final ContextStrategy contextStrategy;
  const SortingWidget({
    super.key,
    required this.dataset,
    required this.contextStrategy,
  });
  @override
  Widget build(BuildContext context) {
    final sortedData = contextStrategy.executeStrategy(dataset);
    return ListView.builder(
      itemCount: sortedData.length,
      itemBuilder: (_, index) => ListTile(
        title: Text(
          sortedData[index].toString(),
        ),
      ),
    );
  }
}

class SortingHome extends StatefulWidget {
  const SortingHome({super.key});
  @override
  _SortingHomeState createState() => _SortingHomeState();
}

class _SortingHomeState extends State<SortingHome> {
  List<int> dataset = [3, 1, 4, 1, 5, 9];
  SortingStrategy currentStrategy = AscendingSort();
  void toggleSortingStrategy() {
```

```dart
      setState(() {
        currentStrategy =
          currentStrategy is AscendingSort ? DescendingSort() : AscendingSort();
      });
    }

    @override
    Widget build(BuildContext context) {
      return Scaffold(
        appBar: AppBar(
          title: const Text('Sorting Example'),
        ),
        body: SortingWidget(
          dataset: dataset,
          contextStrategy: ContextStrategy(
            currentStrategy,
          ),
        ),
        floatingActionButton: FloatingActionButton(
          onPressed: toggleSortingStrategy,
          child: const Icon(Icons.sort),
        ),
      );
    }
  }

  void main() {
    runApp(
      const MaterialApp(
        home: Scaffold(
          body: SortingHome(),
        ),
      ),
    );
  }
```

여기서 각 객체의 역할은 다음과 같습니다.

- SortingStrategy는 다양한 정렬 알고리즘을 추상화하는 인터페이스입니다.
- AscendingSort와 DescendingSort는 SortingStrategy의 구현체입니다.
- Context는 SortingStrategy를 사용해 데이터 세트를 정렬합니다.
- SortingWidget은 Context를 사용해 정렬된 데이터를 보여줍니다.

주의 사항

- **클래스 수 증가**: 전략마다 클래스가 필요하므로 애플리케이션에 더 많은 클래스가 필요할 수 있습니다.
- **클라이언트 인식**: 클라이언트가 적절한 전략을 선택하려면 다양한 전략을 알아야 합니다.
- **관리의 복잡성**: 대규모 애플리케이션에서는 여러 전략과 상호작용을 관리하기가 복잡할 수 있습니다.

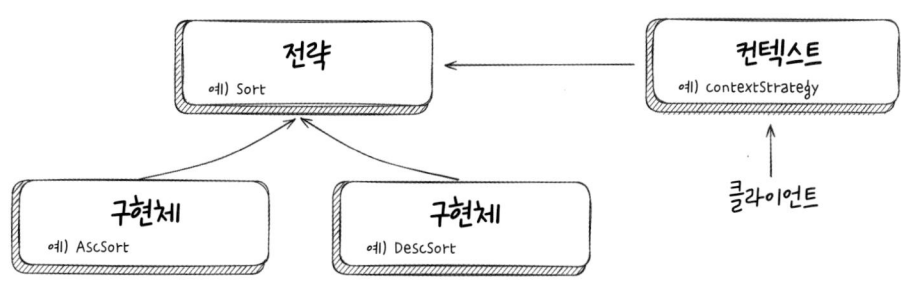

그림 5-10 전략 패턴 디자인

플러터에서 테스트하기

SortingWidget을 테스트하려면 다양한 정렬 전략을 사용해 위젯 렌더링을 시뮬레이션한 다음에 목록에서 항목의 순서를 확인할 수 있습니다. 여기서 핵심은 SortingWidget이 선택한 정렬 전략에 따라 정렬된 데이터를 올바르게 표시하는지 확인하는 것입니다.

이 시나리오의 테스트를 작성하는 방법은 다음과 같습니다.

```
void main() {
  List<int> testData = [3, 1, 4, 5, 9];
  testWidgets(
    'SortingWidget displays data sorted by AscendingSort',
    (WidgetTester tester) async {
      ContextStrategy sortingContext = ContextStrategy(
        AscendingSort(),
      );
      await tester.pumpWidget(
        MaterialApp(
          home: Scaffold(
            body: SortingWidget(
              dataset: testData,
              contextStrategy: sortingContext,
            ),
```

```dart
          ),
        ),
      );
      List<int> expectedSortedData = sortingContext.executeStrategy(testData);
      for (int i = 0; i < expectedSortedData.length; i++) {
        expect(
          find.widgetWithText(
            ListTile,
            expectedSortedData[i].toString(),
          ),
          findsOneWidget,
        );
      }
    },
  );
  testWidgets(
    'SortingWidget displays data sorted by DescendingSort',
    (WidgetTester tester) async {
      ContextStrategy sortingContext = ContextStrategy(
        DescendingSort(),
      );
      await tester.pumpWidget(
        MaterialApp(
          home: Scaffold(
            body: SortingWidget(
              dataset: testData,
              contextStrategy: sortingContext,
            ),
          ),
        ),
      );
      List<int> expectedSortedData = sortingContext.executeStrategy(testData);
      for (int i = 0; i < expectedSortedData.length; i++) {
        expect(
          find.widgetWithText(
            ListTile,
            expectedSortedData[i].toString(),
          ),
          findsOneWidget,
        );
      }
    },
  );
}
```

이러한 테스트는 `SortingWidget`이 다양한 정렬 전략과 적절하게 상호작용하고 정렬된 결과를 UI에 정확하게 반영하는지 확인합니다.

5.4.4 템플릿 메서드 패턴

템플릿 메서드 디자인 패턴은 프레임워크와 라이브러리 설계에서 코드 재사용을 촉진하는 데 특히 효과적입니다. 이는 객체 지향 프로그래밍의 핵심 기술로, 특히 제어의 역전inversion of control(IoC) 프레임워크에서 주로 사용하곤 합니다. 이 패턴을 정의하는 데 중점을 두는 동시에 하위 클래스가 구조를 변경하지 않고도 이 알고리즘의 특정 단계를 재정의할 수 있도록 합니다.

개념과 설계 고려 사항

- **알고리즘 구조**: 템플릿 메서드 패턴은 알고리즘의 단계를 설명하는 추상 기본 클래스abstract base class로 만들고 하위 클래스는 이 단계를 알맞게 구현합니다.
- **훅hook과 작업**: 훅은 재정의될 수 있는 선택 단계지만 작업은 하위 클래스가 구현해야 하는 필수 단계입니다.
- **클래스 기반 접근 방식**: 이 패턴은 클래스 계층 구조에서 동작하고 기본 클래스는 알고리즘의 흐름을 제어하며 구현 클래스는 알고리즘의 특정 부분을 구현합니다.
- **컴파일 시간의 알고리즘 선택**: 템플릿 메서드는 컴파일 시간에 알고리즘을 정의하므로 알고리즘의 구조는 고정되고 실행 부분만 변경되는 상황에 적합합니다.

플러터에 적용하기

플러터에서 템플릿 메서드 패턴은 위젯 집합에 대한 일반적인 작업 흐름이나 동작을 정의할 수 있으며 작업 흐름의 특정 부분은 요구사항에 알맞게 바꿀 수 있습니다.

```dart
abstract class BaseWidget extends StatelessWidget {
  const BaseWidget({super.key});
  @override
  Widget build(BuildContext context) {
    return Scaffold(
      appBar: AppBar(title: Text(appBarTitle())),
      body: buildBody(context),
    );
  }

  String appBarTitle();
```

```
  Widget buildBody(BuildContext context);
}

class ConcreteWidget extends BaseWidget {
  const ConcreteWidget({super.key});
  @override
  String appBarTitle() => 'Concrete Widget';
  @override
  Widget buildBody(BuildContext context) {
    return const Center(
      child: Text('Concrete implementation of buildBody.'),
    );
  }
}

void main() {
  runApp(const MaterialApp(home: ConcreteWidget()));
}
```

여기서 각 객체의 역할은 다음과 같습니다.

- BaseWidget은 템플릿(빌드 메서드)을 정의하는 추상 클래스입니다.
- appBarTitle(훅)과 buildBody(작업)는 하위 클래스가 사용자 정의할 수 있는 알고리즘의 일부입니다.
- ConcreteWidget은 BaseWidget의 사용자 정의 가능한 부분에 특정 구현을 제공하는 하위 클래스입니다.

주의 사항

- **클래스 계층 구조 복잡성**: 템플릿 메서드는 클래스 계층 구조를 복잡하게 만들고 혼란을 줄 수 있습니다.
- **제한된 유연성**: 알고리즘의 구조가 기본 클래스에 고정되어 때로는 유연성이 제한될 수 있습니다.
- **설계 오버헤드**: 템플릿 메서드를 구현하려면 개발자가 바꿀 수 있는 알고리즘을 구분하기 위한 신중한 계획이 필요합니다.

템플릿 메서드와 전략 패턴 비교

- 템플릿 메서드 패턴은 클래스 기반이며 기본 클래스를 확장해 해당 부분을 다르게 구현한 동일한 알고리즘에 중점을 둡니다. 알고리즘은 컴파일 시간에 선택됩니다.
- 전략 패턴은 컨트렉트나 인터페이스를 기반으로 전략별로 전체 알고리즘을 캡슐화합니다. 클라이언트가 애플리케이션을 사용하는 동안 알고리즘을 선택할 수 있도록 런타임에 알고리즘을 선택해야 할 때 사용됩니다.

템플릿 메서드와 팩토리 메서드 패턴 비교

- 팩토리 메서드 패턴은 기본 클래스의 메서드를 사용해 객체를 생성하지만, 실제 생성은 하위 클래스로 미뤄집니다. 이 패턴은 생성될 객체의 정확한 클래스를 지정하지 않고 객체를 생성합니다. 생성되는 항목에 유연성을 갖춘 객체 생성에 중점을 두며, 인스턴스화할 클래스에 관한 결정은 런타임에 이루어집니다.
- 템플릿 메서드 패턴은 작업에서 알고리즘의 뼈대를 정의해 일부 단계만을 하위 클래스로 미룹니다. 템플릿 메서드를 사용하면 하위 클래스가 알고리즘 구조를 변경하지 않고도 알고리즘의 특정 단계를 재정의할 수 있습니다.

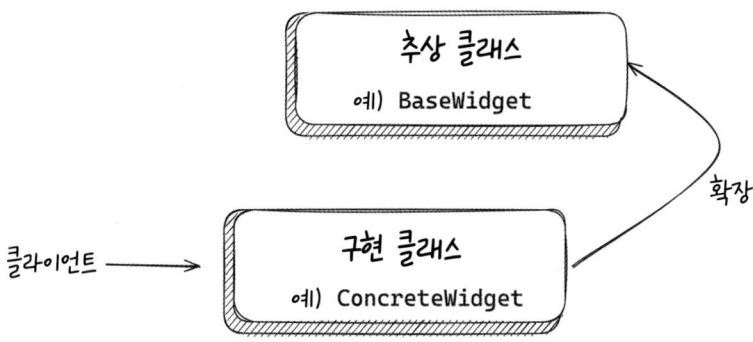

그림 5-11 템플릿 메서드 디자인 패턴

플러터에서 테스트하기

제공된 플러터 예제에서 템플릿 메서드 패턴의 구현을 효과적으로 테스트하려면 ConcreteWidget이 BaseWidget에 정의된 추상 메서드를 올바르게 재정의하고 구현하는지 확인해야 합니다. 이 테스트에서는 ConcreteWidget이 appBarTitle과 buildBody 구현에 정의된 대로 예상되는 AppBar 제목과 본문 콘텐츠를 표시하는지 확인합니다.

```
void main() {
  group(
    'ConcreteWidget',
    () {
      testWidgets(
        'Display the correct AppBar title and body content',
        (WidgetTester tester) async {
          // ConcreteWidget 빌드
          await tester.pumpWidget(
            const MaterialApp(
              home: ConcreteWidget(),
```

```
          ),
        );

        // AppBar의 타이틀이 ConcreteWidget에 구현된 대로 올바르게 표시되는지 확인
        expect(find.text('Concrete Widget'), findsOneWidget);

        // 본문 콘텐츠가 ConcreteWidget에 구현된 대로 올바르게 표시되는지 확인
        expect(
          find.text(
            'Concrete implementation of buildBody.',
          ),
          findsOneWidget,
        );
      },
    );
  },
  );
}
```

이 테스트는 **ConcreteWidget**이 **BaseWidget**의 추상 메서드를 올바르게 재정의하고, 재정의된 메서드가 적절하게 실행되어 템플릿 메서드 패턴의 의도된 동작을 반영하는지 확인합니다.

5.5 결론

이 장에서는 플러터의 맥락에서 다양한 디자인 패턴을 함께 알아봤습니다. 각 패턴은 소프트웨어 아키텍처에서 고유한 목적을 가집니다. 지금까지 살펴봤듯이 이러한 패턴을 이해하고 적용하면 플러터 애플리케이션의 품질, 유지보수성, 확장성을 크게 향상할 수 있습니다.

이 장에서 모든 디자인 패턴을 다루지는 않았으므로 완전히 이해하기에는 부족합니다. 플러터에는 여전히 논의가 필요한 많은 특수한 사례, 다양한 맥락에서의 예시, 순수 다트 코드 구현, 더 복잡한 시나리오가 있습니다. 이 주제만으로도 500페이지가 넘는 책이 될 수 있기에, 여기서는 엔지니어가 플러터 애플리케이션에 이러한 원칙을 어떻게 적용해야 하는지에 관한 아이디어를 제공하는 개요만 다뤘습니다.

디자인 패턴을 더 깊이 이해하고 싶다면 다음 두 권의 책을 추천합니다. GoF가 저술한 『GoF

의 디자인 패턴 : 재사용성을 지닌 객체지향 소프트웨어의 핵심요소』(프로텍미디어, 2015)와 에릭 프리먼 등의 『헤드 퍼스트 디자인 패턴』(한빛미디어, 2022)입니다. 전자는 고전적인 디자인 패턴의 기초를 탐구하며 패턴의 원리와 적용을 이해하는 토대를 마련합니다. 후자는 직관적이고 실용적인 관점으로 복잡한 개념에 쉽고 재미있게 접근할 수 있게 합니다.

플러터에 맞춰진 포괄적인 자료를 찾는다면 '플러터 디자인 패턴 Flutter Design Patterns[1]'을 추천합니다. 플러터와 다트 GDE인 만기르다스 카즈라우스카스 Mangirdas Kazlauskas가 작성한 이 귀중한 자료는 GoF 책의 23가지 모든 디자인 패턴을 철저하게 조사해 두었습니다. 각 패턴은 별도의 글로 꼼꼼하게 분석되어 심층적인 설명, 다트와 플러터를 사용해 해결된 실례들, 학습용 대화형 코드 예제를 제공합니다. 이 포괄적인 자료는 초급뿐만 아니라 중급 개발자가 디자인 패턴을 숙달하고, 강력하고 유지보수 가능한 플러터 애플리케이션을 구축할 수 있도록 합니다.

---

[1] https://flutterdesignpatterns.com/

아키텍처

PART 2

6장   아키텍처 입문

7장   아키텍처 스타일 소개

8장   UI 아키텍처 패턴

9장   동시성과 병렬성

10장   플러터의 오프라인 기능

11장   상태 관리

12장   플러터의 의존성 주입

CHAPTER 6

아키텍처 입문

검토자: Roman Jaquez

몇 년 전 소프트웨어 아키텍처를 처음 접했을 때만 해도 소프트웨어 개발과 엔지니어링 분야에서 풍부한 경험을 쌓으면 자연스럽게 소프트웨어 아키텍트가 될 수 있을 것으로 생각했습니다. 하지만 곧 그렇지 않음을 깨닫게 되었습니다. 소프트웨어 아키텍트는 다양한 규모와 시스템을 깊이 이해하고 기본 원칙을 잘 숙지해야 합니다.

소프트웨어 아키텍처를 탐구하던 초기에 그 지식을 업무에 통합하려고 노력하면서 소프트웨어 아키텍처의 정의가 다양하다는 점에 흥미를 느꼈습니다. 어떤 사람은 소프트웨어 아키텍처를 시스템의 청사진이라 설명하고, 또 어떤 사람은 개발 프로세스를 안내하는 로드맵으로 보기도 합니다. 마틴 파울러Martin Fowler의 유명한 글인 「Who Needs an Architect?」는 랄프 존슨Ralph Jonson이 정의한 '소프트웨어 아키텍처란 중요한 것에 관한 것이다. 그게 무엇이든 간에'라는 주장과 일맥상통합니다. 랄프 존슨의 정의는 언뜻 보면 단순할 수 있지만, 깊은 통찰력이 있다고 생각합니다. 소프트웨어 아키텍처의 본질은 무엇이 중요한지(즉, 무엇이 아키텍처의 영역에 속하는지)를 식별하고, 그 핵심 요소들의 무결성을 유지하는 데 집중합니다.

필자는 마크 리처즈Mark Richards와 닐 포드Neal Ford가 저술한 『소프트웨어 아키텍처 101』(한빛미디어, 2021)이라는 책을 추천합니다. 이 책에서는 소프트웨어 아키텍처를 시스템 구조, 설계적인 특성(능력), 설계적 의사결정, 설계 원칙으로 구성된 다차원적인 것으로 설명합니다. 이 정의는 깊은 울림을 주어 필자의 여러 경력 단계에서 중요한 가이드라인이 되었습니다.

이 장에서 소프트웨어 아키텍처의 다차원적인 부분을 간략히 살펴보며 플러터 엔지니어가 소프트웨어 아키텍처를 개념화하고 플러터 애플리케이션에 적용하는 방법에 대한 통찰을 제공하겠습니다.

6.1 설계적 결정의 핵심 역할

소프트웨어 아키텍처에서 아키텍트의 역할은 전문적인 프로그래밍부터 전략적인 기술 방향성 수립에 이르기까지 매우 광범위합니다.

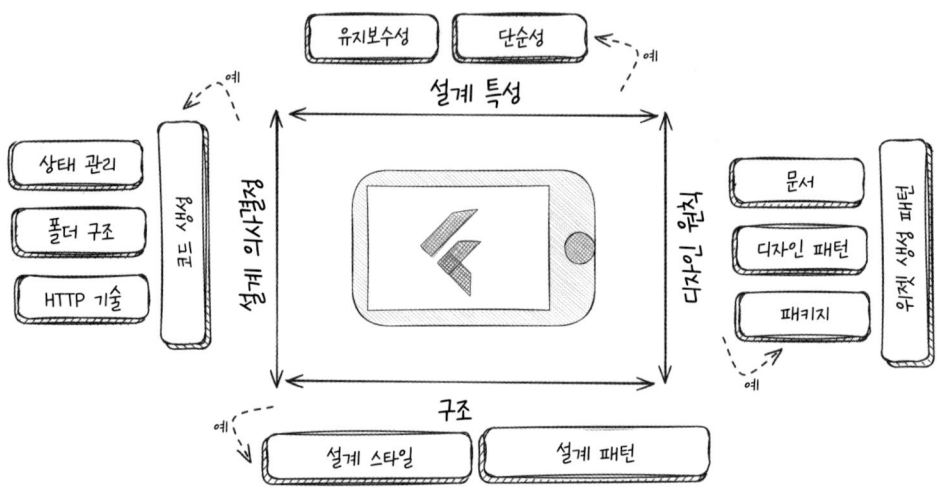

그림 6-1 플러터 기반 프로젝트에서 소프트웨어 설계의 4가지 측면

소프트웨어 아키텍트 역할의 핵심은 설계 결정과 디자인 원칙을 통해 기술적인 의사결정을 끌어내는 데 있습니다. 이러한 접근 방식은 팀이 정보에 근거한 선택을 내릴 수 있게 하며, 설계 결정이 소프트웨어 개발에 필요한 유연성을 유지하면서 올바른 기술 솔루션이 촉진되게 합니다. 이런 설계 결정은 종종 설계 결정 기록architecture decision records(ADRs) 문서에 기록되며, 각 소프트웨어 설계적인 선택의 맥락, 근거, 의미를 자세히 설명합니다. ADRs는 특정 설계적 결정을 내린 이유를 문서화해 소프트웨어 아키텍처가 어떻게 진화해 왔는지를 명확하고 접근 가능한 기록으로 유지하는 데 도움이 됩니다.

개발 팀이 참고할 수 있도록 시스템 아키텍처를 ADRs와 함께 문서화하는 것은 좋은 관행입니다.

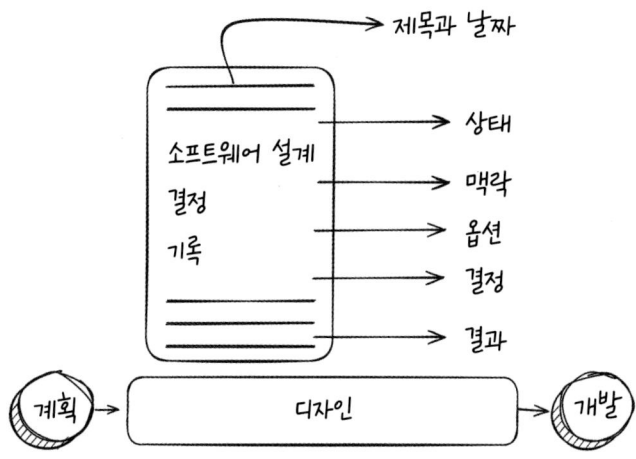

그림 6-2 소프트웨어 설계 결정 기록 문서의 내용

실용적인 소프트웨어 아키텍트는 리더십, 기술의 촉진과 조율, 신뢰, 개방성, 투명한 팀 문화 조성 등 탁월한 대인관계 기술을 갖춰야 합니다. 개발 팀을 이끌고 업계에서 차별화되려면 소프트웨어 아키텍트뿐만 아니라 모든 구성원이 자신의 의견을 듣고 자신의 가치를 인정받는다고 여길 수 있도록 투명성을 확보해야 합니다. 팀을 아키텍처 결정에 참여시키면 책임감과 집단적인 주체성이 형성됩니다.

리더십과 커뮤니케이션은 기술 전문성만큼이나 중요하며, 팀을 코칭하고 소프트웨어 설계적 결정을 전달해 경쟁이 치열한 분야에서 자신의 위치를 유지하는 데 중요한 역할을 합니다.

이러한 소프트웨어의 아키텍처에 대한 기대감은 플러터 애플리케이션 전체 구조를 결정짓는 의사결정으로 이어집니다. 예를 들어 플러터 소프트웨어 아키텍트는 팀에서 MVVM이나 Bloc 같은 특정 아키텍처 패턴을 사용하게 함으로써 체계적이고 유지관리 가능한 코드 기반을 갖추도록 이끌 수 있습니다. 그러나 소프트웨어 아키텍트는 일반적으로 프로젝트 적합성을 기준으로 상태 관리 도구를 강제하지 않습니다. 모든 프로젝트가 똑같이 만들어지지는 않으므로 소프트웨어 아키텍처를 틀에 박힌 방식으로 접근하면 프로젝트의 장기적인 성공에 해가 될 수 있습니다.

플러터 프로젝트의 소프트웨어 아키텍트는 일반적으로 특정 상태 관리 도구를 의무적으로 지정하지는 않지만, 상태 관리 도구를 결정하는 데 중요한 역할을 합니다. 소프트웨어 아키텍트는 사용 가능한 옵션에 관한 폭넓은 지식을 바탕으로 시스템의 요구사항을 종합적으로 추론하고 평가하며 엔지니어링 팀이 가장 적합한 도구를 선택하도록 안내합니다. Provider, Riverpod, Bloc 등 다양한 상태 관리 솔루션을 폭넓게 이해하고 각 솔루션의 장단점을 제시해 팀이 정보에 입각한 결정을 내리도록 돕습니다. 특정 도구가 프로젝트의 소프트웨어 아키텍처 요구사항과 잘 맞을 때는 소프트웨어 아키텍트가 직접 도구를 선택하기도 합니다. 팀의 선택이 플러터 애플리케이션의 전체적인 설계 전략을 잘 따르도록 조율하는 데 있어 소프트웨어 아키텍트는 핵심 역할을 합니다.

또한 플러터 플랫폼의 발전하는 특성을 고려하면 소프트웨어 아키텍처를 지속해서 분석하고 변화에 적응하는 것도 중요합니다. 예를 들어 새롭고 효율적인 선택지가 나타난다면, 현재 사용 중인 패키지를 대체하거나 함께 쓰는 것도 고려해 볼 수 있습니다. 폴더 구조, 명명 규칙, 위젯 구성 방식을 준수하는 등의 설계 결정을 준수하는 것은 일관되고 효율적인 개발 프로세스를 유지하는 데 필수적입니다.

또한 전자 상거래, 건강, 금융 등 특정 비즈니스 도메인을 이해해야 플러터 소프트웨어 아키텍트가 애플리케이션 아키텍처의 기술적, 비즈니스적 요구사항을 효과적으로 충족할 수 있습니다.

6.2 소프트웨어 설계적 선택에 영향을 주는 변수

소프트웨어 아키텍처를 고려할 때 다양한 요소가 설계적인 의사결정에 큰 영향을 미칩니다. 비즈니스 요구사항은 프로젝트의 전반적인 목표와 기능을 설정하는 가장 중요한 요소입니다. 특정 성능 목표 달성이든 업계 규정 준수든, 이러한 요구사항들은 아키텍처 접근 방식을 결정적으로 형성합니다. 현재 조직이 보유한 기술 인프라 역시 매우 중요합니다. 특히 기존에 사용하던 레거시 시스템과 연동해야 하거나, 완전히 새로운 기술을 도입해야 하는 상황에서는 그 역할이 더욱 결정적입니다.

예산과 리소스 제약은 프로젝트 범위와 규모를 결정하고 비용 효율적이거나 리소스 집약적인 솔루션의 선택에 영향을 미치는 주요 결정 요인입니다. **속도, 안정성, 가동 시간과 같은 성능 요구사항**은 설계적 전략의 핵심이며 필요한 기술과 구조를 결정합니다.

팀의 전문성도 중요한 요소입니다. 다양한 직군discipline과 경험 수준을 갖춘 팀은 학습에 우호적인 환경과 지지적인 분위기를 조성할 수 있는데, 아키텍트는 이를 활용하여 상호작용의 기회를 식별하고 문제 해결 능력과 생산성을 향상시킬 수 있습니다.

특정 언어와 프레임워크에 익숙한 팀은 이상적인 소프트웨어 설계적인 비전과 실용적인 기능의 균형을 유지하면서 설계적인 선택에 큰 도움을 줄 수 있습니다. **미래의 확장성과 유지보수성**을 고려하면 프로젝트 성장에 맞춰 소프트웨어 아키텍처가 변화에 적응하고 발전할 수 있습니다.

또한 **조직 구조**는 소프트웨어 아키텍처를 형성하는 데 미묘하지만 큰 영향을 미칩니다. 이는 '시스템을 설계하는 어떤 조직이든 (광범위하게 정의된) 조직의 커뮤니케이션 구조를 모방한 아키텍처를 만들게 된다'라는 **콘웨이의 법칙**Conway's law에 잘 나타납니다. 이 원칙은 시스템 아키텍처가 시스템을 개발하는 조직의 계층 구조와 커뮤니케이션 패턴을 반영할 때가 많음을 시사합니다. 이는 프로젝트 내에서 구성 요소와 팀이 조직되고 상호작용하는 방식이 드러납니다.

특히 민감한 산업 분야의 **보안 및 규정 준수**와 관련된 요구사항은 데이터 무결성과 규정 준수를 보장하고자 특정 아키텍처 제약을 가할 수 있습니다. **시장 동향과 업계 표준**을 파악하면 소프트웨어 아키텍처를 최신 모범 사례에 맞게 조정하는 데 유용하며, 핵심 아키텍처를 유연하고 미래지향적으로 유지할 수 있습니다.

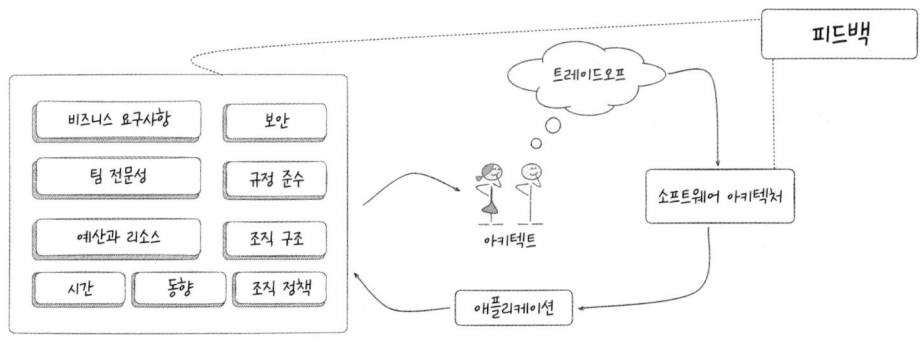

그림 6-3 소프트웨어 설계적인 선택에 영향을 미치는 변수

플러터 개발 환경에서 이러한 변수는 매우 중요합니다. 비즈니스 요구사항 측면에서 플러터의 멀티 플랫폼 기능이 선호됩니다. 팀의 다트와 플러터 숙련도는 소프트웨어 설계적인 선택에 영향을 미치며, 예산 고려 사항은 오픈 소스 패키지 사용 결정에 영향을 미칠 수 있습니다. 플러

터에서는 특히 UI 반응성과 부드러운 애니메이션에 중점을 둔 성능 요구사항이 중요합니다. 확장성을 높이려면 적절한 상태 관리 솔루션을 선택해야 합니다. 보안 고려 사항은 데이터 처리 및 네트워크 통신과 관련된 소프트웨어 아키텍처를 유도합니다. 마지막으로 진화하는 플러터 생태계를 지속해서 업데이트하면 새로운 기능과 모범 사례를 활용해 애플리케이션을 현대적이고 효율적으로 유지할 수 있습니다. 견고하고 확장 가능하며 성공적인 플러터 애플리케이션을 개발하려면 이러한 변수를 효과적으로 균형 있게 조정해야 합니다.

6.3 아키텍처 생태계 파악하기

소프트웨어 아키텍처를 설계하려면 소프트웨어 설계에 존재하는 다양한 아키텍처 스타일, 패턴, 프레임워크를 폭넓게 이해해야 합니다. 그러려면 각 프로젝트 고유의 요구사항, 제약 조건, 목표에 맞춰 이러한 선택지를 신중히 평가해야 합니다. 프로젝트 요구에 가장 잘 맞는 아키텍처 접근 방식을 선택해 견고하고, 유연하며, 혁신적인 솔루션을 만드는 것이 핵심입니다. 이러한 신중한 아키텍처 선정이 바로 현재와 미래의 요구사항을 모두 만족하는 통합적이고 효율적인 아키텍처를 개발하는 열쇠입니다.

하지만 선택지가 너무 많습니다. 일단 지식이 부족한 상태에서, 어떻게 우리 애플리케이션에 가장 잘 맞는 아키텍처를 찾을 수 있을까요?

6.3.1 적합한 아키텍처 찾기

핵심은 애플리케이션의 특정 요구사항, 제약 조건, 목표를 철저히 이해하는 등 의사결정에 대한 구조화된 접근 방식에 있습니다. 애플리케이션의 핵심 기능과 성능 기대치를 파악하는 것이 중요합니다. 이러한 이해는 애플리케이션의 요구사항에 맞는 설계적인 옵션을 좁히는 데 도움이 됩니다.

모든 것을 해결해 줄 **만능 해결책**은 없습니다. '**적합한**' 아키텍처란 애플리케이션의 고유한 과제와 목표를 효과적으로 해결하는 것임을 기억해야 합니다. 『소프트웨어 아키텍처 101』(한빛미디어, 2021)에 나오는 두 가지 기본 법칙은 필자가 아키텍처로서 소프트웨어 개발에 접근하는 방식에 큰 영향을 주었습니다.

첫 번째 법칙은 '소프트웨어 아키텍처의 모든 것은 트레이드오프다'입니다. 이는 소프트웨어 설계를 넘어 모든 의사결정 측면으로 확장되며, 모든 선택에는 항상 타협과 결과가 따른다는 의미입니다. 어떤 선택에 트레이드오프가 없는 것처럼 보인다면 아직 트레이드오프를 찾지 못했을 가능성이 높습니다. 이 법칙은 결정하기 전에 모든 잠재적 영향을 철저히 분석하고 고려하는 일의 중요성을 알려줍니다.

두 번째 법칙은 '이유가 방법보다 더 중요하다'입니다. 이 법칙은 설계에 사용되는 방법과 기술에서 각 결정의 근본적인 이유와 목표로 초점을 옮깁니다. 이 법칙은 우리가 선택한 '이유'를 깊이 이해해 모든 설계적인 결정이 프로젝트의 광범위한 목표와 요구사항에 부합하도록 해야 할 필요성을 강조합니다.

이러한 법칙은 목적 중심으로 사고하는 것이 중요하다는 점을 일깨워 줍니다. 소프트웨어 설계에서든 인생에서든, 트레이드오프를 이해하고 결정의 근거에 집중하는 것은 정보에 입각한 실용적인 '적합한 선택'을 내리는 데 매우 중요합니다.

6.4 설계적 사고 기르기

소프트웨어 엔지니어링에서 설계적 사고방식을 기르는 것은 기술적으로 견고한 시스템을 설계하고 광범위한 범위의 비즈니스 목표와 전략적으로 일치시키는 데 필수적입니다. 흔히 설계적 사고라 불리는 이 사고방식은 기술적 숙련도를 넘어 기술 환경에 대한 포괄적인 이해와 이런 환경이 소프트웨어 설계에 미치는 영향까지 포함합니다. 이는 초기 구상부터 배포 및 그 이후까지 포함하는 시스템의 생명주기 전체를 아우르는 통합적인 관점이 포함됩니다. 이처럼 넓은 관점은 기술적 역량과 전략적 목표 사이의 균형을 이루며 정보에 입각한 의사결정을 내리는 데 매우 중요합니다.

소프트웨어 아키텍트에게 있어 **폭넓은 지식**은 이러한 사고방식의 기본 요소입니다. 여기에는 기술 발전을 지속해서 파악하고, 다양한 프로그래밍 패러다임을 이해하며, 다양한 설계 패턴에 능숙해지는 것을 의미합니다. 플러터 개발 환경에서는 플러터 프레임워크를 숙달하고, 이를 다른 기술과 어떻게 통합하는지와 더 넓은 소프트웨어 개발 생태계 속에서 어떻게 맞물리는지를 이해해야 합니다. 간단히 말해, 몰랐던 것을 더 많이 알수록 좋습니다.

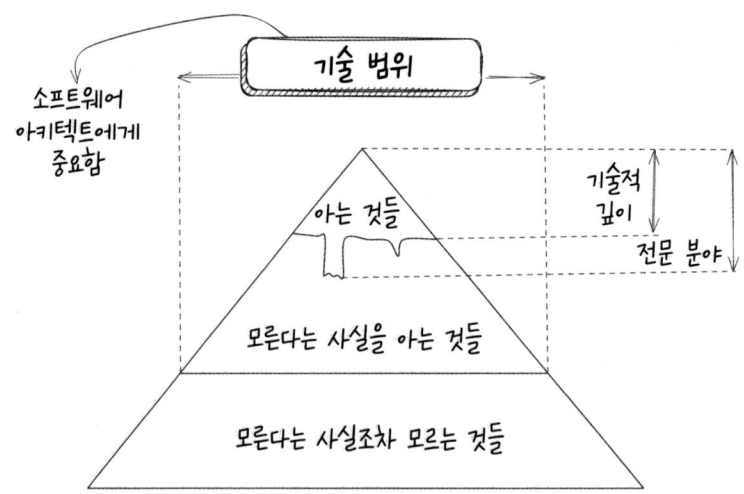

그림 6-4 기술 범위 피라미드

트레이드오프 분석도 설계적 사고의 중요한 요소입니다. 소프트웨어 설계의 모든 결정은 성능, 확장성, 유지보수성, 비용 간의 균형을 고려해야 합니다. 플러터 소프트웨어 아키텍트에게 이는 애플리케이션의 성능, 사용자 경험, 장기적인 실행 가능성에 영향을 미치는 선택을 해야 한다는 의미로 해석할 수 있습니다. 예를 들어 플러터에서 상태 관리 솔루션을 선택하거나, 기본 위젯과 커스텀 위젯 중 하나를 선택하는 것은 이러한 측면에 중대한 영향을 미칩니다.

더 나아가, 이러한 기술적 결정을 비즈니스 추진력과 일치시켜야 합니다. 비즈니스의 배경과 목표를 이해하면 기술 솔루션이 실현 가능하고 비즈니스에 가치를 더하도록 할 수 있습니다. 플러터 개발 환경에서는 크로스 플랫폼 기능을 활용해 더 넓은 배포 범위와 더 빠른 기능 개발이라는 비즈니스 목표를 달성하는 것을 의미할 수 있습니다.

궁극적으로 소프트웨어 엔지니어링, 특히 플러터 개발 환경에서 설계적 사고는 기술적으로 건전하고 전략적으로 조율된 선택을 내려 기술과 비즈니스 영역 모두에서 소프트웨어의 성공을 거두도록 합니다.

6.5 반복 설계

비즈니스 요구사항이 지속해서 변화하고 기술이 빠르게 발전하는 환경에서는 소프트웨어 설계에 대한 접근 방식도 민첩하고 적응력이 뛰어나야 합니다. 그러려면 변화하는 환경에 맞춰 소프트웨어 설계와 구조를 지속해서 개선하는 반복적 설계 개발 프로세스가 필요합니다. 이는 초기부터 완벽한 설계를 갖추는 것보다 시간이 지나면서 발전하고 적응할 수 있는 능력이 더 중요하다는 것을 인식하는 접근 방식입니다. 비즈니스 요구가 변하고 기술이 발전함에 따라 설계는 이러한 변화를 수용할 만큼 유연해야 하며, 소프트웨어가 지속해서 관련성, 효율성, 효과성을 유지하도록 해야 합니다.

반복적 소프트웨어 설계의 개념의 핵심은 소수의 전문가 그룹이 아닌 팀 전체의 집단적 요구에 따라 주도된다는 개념입니다. 이 프레임워크에서 소프트웨어 아키텍트는 권위적인 의사결정보다는 팀을 조율하고 안내하며 지원하는 역할을 합니다. 또한 의사결정을 이끌고 필요할 때만 중요한 결정을 내립니다. 이러한 의미에서 설계는 코드와 유사하게 취급되어 정기적으로 리뷰, 분석, 검토, 재검토, 수정이 이루어져야 합니다.

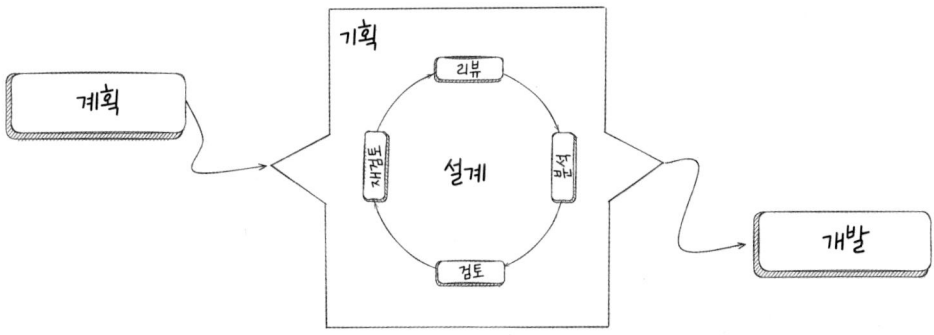

그림 6-5 반복적 설계 사고방식

이러한 접근 방식은 설계적 결정이 현재의 비즈니스, 기술, 조직 요구사항에 적합하도록 보장하며, 변화에 잘 대응하고 효과적인 소프트웨어 개발 프로세스를 가능하게 합니다.

6.5.1 피드백과 실수를 통한 발전

특히 플러터와 같은 적응형 프레임워크를 사용해 소프트웨어를 개발할 때는 피드백을 참고해 아키텍처를 발전시키고 실수로부터 배우는 것의 중요성은 아무리 강조해도 지나치지 않습니다. 이러한 접근 방식에는 프로젝트 요구사항과 기술이 발전함에 따라 아키텍처 결정을 수정하고 개선하려는 의지가 필요합니다. 사용자와 팀의 피드백이 지속해서 통합되는 반복적 프로세스는 아키텍처가 관련성과 효율성을 유지하도록 합니다.

예를 들어 플러터에서는 초기에 선택한 상태 관리 패키지가 나중에 부적절하다고 판명될 수 있습니다. 이럴 때 더 발전된 상태 관리 패키지를 채택해 현실에 적응하면 애플리케이션의 확장성과 유지보수성이 향상됩니다.

이러한 적응과 학습의 순환은 빠르게 변화하는 소프트웨어 개발 환경에서 견고하고 효과적인 아키텍처를 유지하는 데 매우 중요합니다.

6.6 단순성과 복잡성 사이에서 균형 잡기

소프트웨어 아키텍처를 설계하면서 과도한 엔지니어링 문제에 부딪힐 때가 많습니다. 복잡성을 관리하려고 추가한 여러 계층과 추상화가 때때로 소프트웨어의 견고성, 정교함, 성숙도와 연관되기도 합니다. 그러나 복잡성과 관련된 비용을 인식해야 합니다. 계층이 추가되면 유지관리 필요성이 증가하고, 신규 팀원의 학습 곡선이 가파르게 상승하며, 시스템의 유연성과 적응성에 잠재적인 제한이 생길 때가 많습니다. 반대로, 아키텍처 단순성의 본질은 효율적이면서도 이해하기 쉬워야 한다는 데 있습니다(기능이 거의 없는 원시적인 상태여야 한다는 의미가 아닙니다). 그 결과, 유지보수는 더 쉬워지고, 새로운 팀원이 더 빠르게 적응하며, 변화에 대응하는 능력(적응성)은 더 향상합니다.

소프트웨어 설계에서 단순성의 가치는 유지보수 비용을 최소화하고, 시스템의 견고성을 높이며, 더 쉽게 이해하고 수정할 수 있게 하는 데 있습니다. 단순한 설계에는 구성 요소의 수가 적으므로 장애 발생 가능성이 적고, 신규 개발자가 이해하기 쉬워 개발 업무에 적응하는 시간을 단축할 수 있습니다. 또한 유연성이 높아져 변화하는 요구사항에 따라 시스템을 발전시킬 수 있습니다. 그러나 단순성을 달성하면서도 기능을 유지해야 합니다. 불필요하게 복잡한 계층 없이 시스템의 요구사항을 충족하는 최적의 지점을 찾아야 합니다. 이는 복잡한 구조가 필요할 때 자연스럽게 발전하도록 하는 점진적인 접근 방식입니다. 이러한 접근 방식으로 단순성을 가능한 한 오래 유지하고 복잡성은 타당하고 관리 가능할 때만 도입할 수 있습니다.

간단한 상태 관리(예: 기본 3계층 설계와 setState)만으로도 효율적으로 작동하는 작은 규모의 애플리케이션에도 단순한 설계 대신 정교한 솔루션(예: 여러 데이터 계층이 있는 클린 아키텍처)을 선택할 때가 있습니다. 이러한 불필요한 복잡성은 개발 팀의 속도를 크게 늦추고, 빠른 출시를 방해하며, 장기적으로는 유지보수 문제를 일으킬 수 있습니다. 이는 비즈니스 측면에서 기능 출시가 늦어지는 문제로 이어질 수 있습니다.

설계의 단순성은 기본적이거나 개발이 덜 되었다는 뜻이 아니라 효과적이고 효율적이며 더 빠른 기능을 제공하게 한다는 점을 기억해야 합니다.

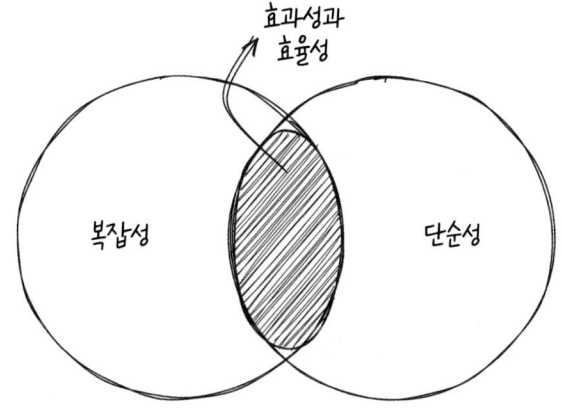

그림 6-6 효과성과 효율성을 위해 복잡성과 단순성의 균형 맞추기

목표는 애플리케이션의 요구사항을 충족하는 최대한 단순한 설계를 선택해 개발을 간소화하고 과도한 복잡성을 피하는 것입니다.

설계적 변경을 결정할 때는 다음 질문을 던져보세요. '이 솔루션이 현재 문제를 해결할 만큼 효과적이고 효율적이며, 유지보수가 용이할 정도로 단순한가?'

6.7 결론

소프트웨어 설계를 탐구하는 여정은 프로젝트와 비즈니스의 변화하는 요구에 따라 단순함과 복잡함 사이의 미묘한 균형을 유지하는 과정입니다. 중요한 점은 효율성, 유지보수성, 적응성을 달성하기 위해 단순함을 중시하고 유연하며 반복적인 접근 방식을 유지하는 것입니다. 이 접근 방식은 피드백과 변화하는 요구사항을 기반으로 결정을 지속해서 평가하고 개선해 설계가 프로젝트의 목표와 일치하도록 합니다.

이 장에서는 소프트웨어 설계의 특정 측면에 중점을 두었지만 확장성, 안정성, 가용성, 유지보수성, 보안, 사용성, 모듈성, 유연성, 이식성, 테스트 가능성, 상호 운용성과 같은 설계의 특성은 아직 다루지 않았습니다. 또한 이러한 특성을 측정하고 이를 기반으로 정보에 입각한 결정을 내리는 방법이나 구성 요소 기반의 사고방식, 모듈성은 이 책의 범위를 벗어나므로 다루지 않았습니다.

이러한 개념을 더 깊이 파고들고자 하는 분들에게 다음 두 가지 책을 추천합니다. 『소프트웨어 아키텍처 101』(한빛미디어, 2021)과 『소프트웨어 아키텍처 The Hard Parts』(한빛미디어, 2022)는 효과적인 소프트웨어 설계의 원칙과 실천에 관한 귀중한 통찰력을 제공합니다.

CHAPTER 7
아키텍처 스타일 소개

검토자: Roman Jaquez

지금까지 소프트웨어 엔지니어링의 다양한 원칙과 핵심 개념을 명확한 것부터 복잡한 것까지 살펴보았습니다. 소프트웨어 아키텍처를 접할 때 스타일과 패턴이라는 두 가지 용어를 흔히 접하게 됩니다.

마이크로소프트 개발자 네트워크(MSDN) 등의 공식 자료에서는 이러한 용어를 같은 의미로 사용합니다. 그러나 소프트웨어 아키텍트인 조지 페어뱅크스George Fairbanks와 마이클 킬링Michael Keeling[1]과 같은 이 분야의 전문가나 『소프트웨어 아키텍처 101』(한빛미디어, 2021)의 저자인 마크 리처즈는 이 두 용어를 구분해 사용해야 한다고 분명하게 주장합니다.

필자도 이 둘을 구분하는 것을 선호하므로 각각을 따로 정의하겠습니다.

아키텍처 패턴은 흔히 '디자인 패턴'이라고 불리며 반복되는 구조적 문제를 해결합니다. 예를 들어 모델-뷰-컨트롤러model-view-controller(MVC) 패턴은 사용자 인터페이스를 모델에서 분리하는 데 도움이 됩니다. 다른 말로 하면 특정 문제를 해결한다고 할 수 있습니다. 이전 장에서 배운 '디자인 패턴'은 아키텍처 패턴과는 범위 면에서 다르다는 점을 강조하고 싶습니다. 디자인 패턴은 좀 더 작은 범위로, 코드 전반에 미치는 영향이 적습니다. 이러한 패턴은 코드의 특정 부분에 국한됩니다. 예를 들어 어떤 타입을 인스턴스화해야 하는지 런타임에만 알 수 있을

---

[1] https://www.georgefairbanks.com/blog/architecture-patterns-vs-architectural-styles/

때 사용하는 객체 인스턴스화 방법(예: 팩토리 클래스)이 디자인 패턴에 해당합니다.

반면에 아키텍처 스타일은 더 광범위한 아키텍처 접근 방식으로, 직접적인 문제 해결 방법보다는 시스템의 전체적인 구조를 보여주는 높은 수준의 청사진을 제공합니다. 클라이언트/서버나 마이크로커널microkernel과 같은 스타일은 가이드라인, 원칙, 표준을 포함한 구조와 아키텍처 철학을 다룹니다.

이 장에서는 각 측면의 일반적인 아키텍처와 세부 사항을 자세히 다루지 않습니다. 이를 모두 다루려면 앞서 언급한 여러 권의 책이 필요합니다. 그 대신 플러터 애플리케이션을 개발하면서 고려해야 할 몇 가지 주요 개념의 이점을 공유하려 합니다. 따라서 이 장은 전체 시스템을 설계하기 위한 기초 중 일부를 다룹니다.

이러한 개념 간의 차이점을 이해하는 것은 소프트웨어 아키텍처, 특히 플러터와 같은 다목적 프레임워크에서 중요합니다. 이는 소프트웨어 개발에서 설계의 원칙을 더 깊이 이해하고 더 효과적으로 적용하는 데 도움을 줍니다.

7.1 아키텍처 스타일의 이해

지식의 폭을 넓히는 것 외에도, 아키텍처 스타일을 이해하면 다음 세 가지 측면에서 큰 도움이 됩니다.

1. **공통 언어**: 개발자 간의 보편적인 어휘를 확립해 명확하고 간결하게 의사소통하도록 돕습니다.
2. **기술 중립적 대화**: 아키텍처 스타일은 특정 기술이나 패턴을 초월해 설계 시 고려해야 할 사항에 초점을 맞춥니다.
3. **집중 영역 구성**: 주요 집중 영역을 토대로 아키텍처들을 분류할 수 있으므로 다양한 프로젝트 요구사항에 적합한 스타일을 선택하는 데 도움이 됩니다.

이러한 지식은 플러터 개발자가 확장 가능하고 유지보수가 용이하며 효율적인 애플리케이션을 만드는 데 필수적이며, 기반이 되는 아키텍처가 프로젝트의 목표와 기능을 충족하게 합니다.

7.2 계층형 스타일

계층형(n계층^{n-tier}) 스타일은 기초 소프트웨어 아키텍처 중 하나로, 본질적으로 모놀리식 아키텍처^{Monolith architecture} 스타일에서 비롯되었습니다. 계층형 스타일은 애플리케이션 아키텍처에 대한 체계적이고 모듈화된 접근 방식을 제공하며, 플러터 애플리케이션 아키텍처에 많은 영감을 주었습니다.

이 스타일은 기능을 고유한 역할과 책임이 있는 별도의 계층으로 구성하는 특징이 있습니다. 이러한 계층은 수직으로 쌓이며 각 계층은 시스템의 작동과 관련된 특정 기능을 제공합니다.

이런 계층 구조는 다음과 같이 정의되는 콘웨이의 법칙에 완벽하게 맞아떨어집니다.

> 시스템을 설계하는 어떤 조직이든 (광범위하게 정의된) 조직의 커뮤니케이션 구조를 모방한 아키텍처를 만들게 된다
>
> — 멜빈 콘웨이^{Melvin Conway}

이러한 특징이 계층형 스타일을 많은 기업에서 사용하는 주된 이유 중 하나입니다.

소프트웨어 아키텍처는 일반적으로 프레젠테이션 계층, 비즈니스 계층, 영속 계층, 데이터베이스 계층이라는 네 가지 계층으로 구성됩니다. 이러한 계층은 UI 관점에서 각각 프레젠테이션, 애플리케이션, 비즈니스, 데이터 계층이라고도 부릅니다. 각 계층의 구성 요소는 해당 계층 내에서 수평적으로 구성됩니다.

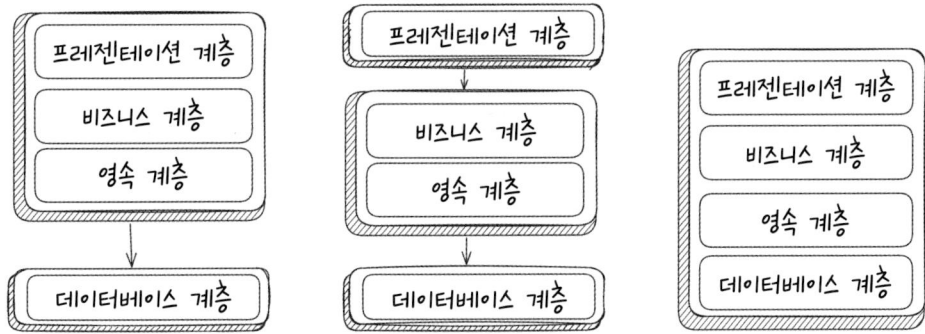

그림 7-1 계층형 아키텍처 스타일의 다양한 구현 방식

이 아키텍처 스타일에는 다음과 같은 이점이 있습니다.

- **명확한 기능 분리**: 아키텍처의 각 계층에는 특정 기능이 지정됩니다. 사용자 인터페이스(UI)와 같은 상위 계층은 비즈니스 로직과 데이터를 포함한 하위 계층과 상호작용합니다. 이 구조는 정보가 양방향으로 흐를 수 있게 합니다. 데이터는 단방향 데이터 흐름 원칙에 따라 아래쪽으로 전송되지만 이벤트와 사용자 상호작용은 위쪽으로 전파됩니다(버블링 bubbling up이라고 함).
- **높은 응집도와 낮은 결합도**: 각 계층에 정의된 역할과 밀접하게 관련된 기능만을 포함해 유지보수성을 향상합니다. 계층끼리는 잘 정의된 인터페이스로 상호작용하며, 의존성을 최소화하고 구성 요소를 유연하게 수정하거나 교체할 수 있도록 합니다.
- **추상화와 격리**: 다른 계층에 영향을 주지 않고 특정 계층에서 수정과 기술적 개선을 할 수 있게 합니다.

아키텍처는 각 계층이 특정 스타일로 통신하거나 격리되는 방식을 정의합니다. 예를 들어 각 계층은 개방되거나 폐쇄될 수 있습니다. 계층이 폐쇄되었다면 요청은 해당 계층을 거치지 않고 상위 계층을 건너뛰어 바로 하위 계층으로 이동해야 합니다. 계층 격리는 특히 변경을 처리해야 할 때 중요합니다.

아키텍처에 (다음 장에서 배울 플러터 아키텍처 패턴인) 3계층 구조에서 프레젠테이션 계층이 데이터 계층으로 직접 접근하도록 허용한다고 가정해 보겠습니다. 데이터 계층의 구성 요소를 변경하면 비즈니스 계층과 프레젠테이션 계층에도 영향을 미쳐 전체 구조가 밀접하게 결합합니다. 따라서 계층을 열어야 하는지는 소프트웨어 요구사항에 따라 다르며, 일반적으로 계층의 아키텍처 스타일에 정의됩니다.

일반적으로 계층형 스타일은 전체 구조에서 높은 수준의 아키텍처로 간주하지만, 플러터 개발에서도 매우 유용합니다.

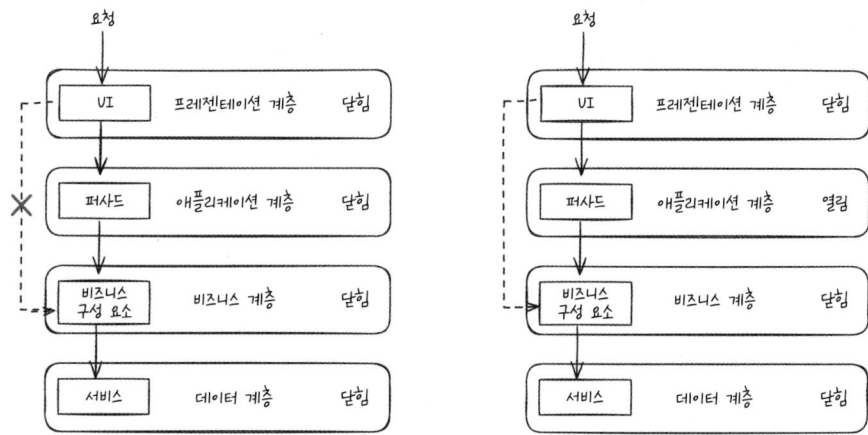

그림 7-2 UI 영역에서의 계층별 분리

플러터 애플리케이션은 이 아키텍처 스타일을 활용해 UI(프레젠테이션 계층)를 비즈니스 로직과 데이터 처리(비즈니스와 데이터 계층)에서 분리할 수 있습니다. 이 스타일을 따르는 여러 아키텍처 패턴이 있습니다. 그중 인기 있는 패턴들을 다음 장에서 자세히 알아보겠습니다.

7.3 이벤트 기반 아키텍처

이벤트 기반 아키텍처event-driven architecture(EDA)는 확장성과 성능이 뛰어나기로 잘 알려진 분산 및 비동기 아키텍처 스타일입니다. 이 아키텍처는 이벤트 생산자와 소비자 간의 상호작용을 기반으로 합니다. 생산자는 상태 변화나 발생을 반영하는 이벤트를 생성하고, 소비자는 이러한 이벤트를 수신해 거의 실시간으로 대응합니다. Kafka와 RabbitMQ가 바로 이벤트 기반 아키텍처를 활용한 대표적인 기술입니다.

이벤트 기반 아키텍처는 반응성이 뛰어나고 확장 가능하며, 유연한 애플리케이션을 개발하는 데 다양한 이점을 제공합니다.

- **구성 요소 분리**: EDA는 이벤트 생산자와 소비자 간의 느슨한 결합을 촉진해 유연성을 향상하고 시스템을 더 쉽게 유지보수하고 확장할 수 있도록 합니다.
- **확장성**: EDA는 비동기적 특성 덕분에 대량의 이벤트를 처리할 수 있으므로 다양한 요구사항을 충족하도록 애플리케이션을 확장하기에 이상적입니다.

- **내결함성 향상**: EDA는 구성 요소 간의 독립성이 보장되므로 특정 구성 요소에 오류가 발생해도 전체 시스템이 중단될 가능성이 적습니다. 결과적으로 시스템 전반의 안정성이 향상됩니다.

이 스타일에는 일반적으로 '중개자broker'와 '중재자'라는 두 가지 구성 요소가 있습니다. 여기서는 깊이 설명하지 않겠지만, EDA를 자세히 다루는 책이 많습니다. 잘 알려진 EDA 구현으로는 발행/구독pub/sub 모델과 이벤트 스트리밍 모델이 있습니다. 이 두 가지를 간단히 살펴보죠.

- **발행/구독 모델**: 인프라가 구독을 추적하고 각 구독자subscriber에게 이벤트를 전달합니다. 이벤트가 한 번 수신되면 다시 받아볼 수 없으며 새 구독자는 과거 이벤트를 볼 수 없습니다. 중재자는 발행자publisher로부터 구독자에게로 전송되는 이벤트를 처리하고 전달하는 과정을 돕습니다.
- **이벤트 스트리밍 모델**: 이벤트는 엄격한 순서와 내구성을 갖춘 로그에 기록됩니다. 클라이언트는 스트림의 어느 부분에서나 읽고 자신의 위치를 추적할 수 있어야 하므로, 언제든지 참여해 이벤트를 다시 받아볼 수 있습니다.

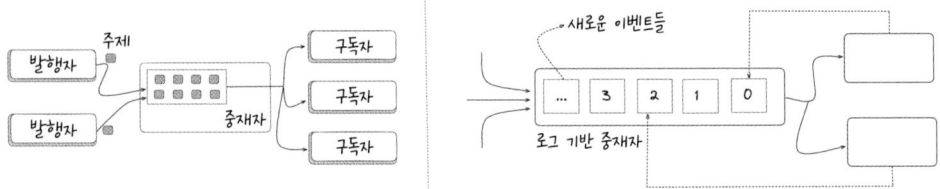

그림 7-3 발행/구독 모델과 이벤트 스트리밍 모델 비교

이 내용을 보면, 여러분이 과거에 이미 구현했던 기능 중 플러터 애플리케이션에서 재사용할 수 있는 부분이 떠오를지도 모릅니다 예를 들어 발행/구독 모델을 활용할 수 있습니다.

이벤트 기반 아키텍처를 사용해 플러터 애플리케이션에 분석 지표를 구현하면 애플리케이션의 다른 부분에서 추적 로직을 효과적으로 분리할 수 있습니다. 다트의 기본 기능인 `Stream`과 `StreamController`를 사용해 (브로커나 이벤트 버스event bus[2] 역할을 하는) 이벤트 관리 시스템을 만들 수 있습니다. 이를 어떻게 만드는지 살펴보겠습니다.

| 이벤트 클래스 정의하기 |

추적할 애널리틱스 이벤트에 관한 클래스를 만듭니다.

---

[2] https://docs.aws.amazon.com/eventbridge/latest/userguide/eb-event-bus.html

```
class PageViewEvent {
  String pageName;
  PageViewEvent(this.pageName);
}

class UserActionEvent {
  String actionName;
  Map<String, dynamic> parameters;
  UserActionEvent(this.actionName, this.parameters);
}
```

| 커스텀 이벤트 관리자 만들기 |

이벤트 전파broadcasting를 관리할 StreamController를 사용해 커스텀 이벤트 관리자를 구현합니다.

```
class EventManager {
  final _controller = StreamController.broadcast();

  void dispose() {
    _controller.close();
  }

  void fire(dynamic event) {
    _controller.add(event);
  }

  Stream get stream => _controller.stream;
}
```

| 애널리틱스 서비스 설정하기 |

이벤트 스트림을 수신하고 처리하는 애널리틱스 서비스를 만듭니다.

```
class AnalyticsService {
  final FirebaseAnalytics _analytics = FirebaseAnalytics();

  void listenToEvents(Stream eventStream) {
    eventStream.listen(
```

```
    (event) {
      if (event is PageViewEvent) {
        _analytics.setCurrentScreen(
          screenName: event.pageName);
      } else if (event is UserActionEvent) {
        _analytics.logEvent(
          name: event.actionName,
          parameters: event.parameters,
        );
      }
    },
  );
 }
}
```

| 이벤트 초기화 및 수신 |

기본 애플리케이션 파일이나 함수에서 AnalyticsService를 초기화하고 이벤트를 수신합니다.

```
// eventManager는 전역 변수임
final eventManager = EventManager();

main() {
  final analyticsService = AnalyticsService();

  analyticsService.listenToEvents(eventManager.stream);

  runApp(const MyApp());
}
```

| 이벤트 게시 |

이제 eventManager를 사용해 애플리케이션의 어디에서나 이벤트를 게시할 수 있습니다.

```
eventManager.fire(
  UserActionEvent(
    'AppStarted',
    {'appVersion': '1.0.0'},
  ),
```

    );
```

이 접근 방식은 플러터 애플리케이션에서 이벤트를 처리하는 커스텀 솔루션을 제공하며 애널리틱스 추적 기능을 애플리케이션의 다른 부분과 독립적으로 구현할 수 있게 합니다. 이 구현을 더 확장하자면, Navigator 1이나 2를 사용할 때 `NavigatorObserver`를 활용해 자체 observer를 만들고 실행할 수 있습니다. 다음은 코드 예시입니다.

```
class AnalyticsNavigatorObserver extends NavigatorObserver {
  @override
  void didPush(
    Route<dynamic> route,
    Route<dynamic>? previousRoute,
  ) {
    super.didPush(route, previousRoute);
    eventManager.fire(
      PageViewEvent(
        route.settings.name ?? 'unknown',
      ),
    );
  }
}
```

그러면 다음처럼 `MaterialApp`에서 사용할 수 있습니다.

```
class MyApp extends StatelessWidget {
  const MyApp({super.key});

  @override
  Widget build(BuildContext context) {
    return MaterialApp(
      title: 'Analytics',
      home: MyHomePage(title: 'Analytics'),

      //<--- --->//
      navigatorObservers: [AnalyticsNavigatorObserver()],
    );
  }
}
```
```

또는 구성 요소의 어느 곳에서나 직접 이벤트를 발생시킬 수도 있습니다.

```dart
class ExamplePage extends StatelessWidget {
  const ExamplePage({super.key});

  @override
  Widget build(BuildContext context) {
    return Scaffold(
      appBar: AppBar(
        title: const Text('Analytics'),
      ),
      body: Center(
        child: Column(
          mainAxisAlignment: MainAxisAlignment.center,
          children: <Widget>[
            ElevatedButton(
              onPressed: () {
                eventManager.fire(
                  //<---
                  UserActionEvent(
                    'ButtonClicked',
                    {'buttonId': 'startButton'},
                  ),
                );
              },
              child: const Text('Start'),
            ),
          ],
        ),
      ),
    );
  }
}
```

다트의 **Stream**과 **StreamController**는 이벤트 시스템을 완전히 제어하게 해 주므로 특정 요구사항에 맞게 유연하게 구현할 수 있습니다. 특히 이벤트 버스 패턴인 EDA는 **pub.dev**에 있는 패키지[3]를 사용하면 더 간단하게 구현할 수 있습니다.

---

3 옮긴이_ *https://pub.dev/packages/event_bus*

7.4 마이크로커널(플러그인) 아키텍처

마이크로커널 아키텍처는 플러그인 아키텍처라고도 하며, 최소한의 기능만 있는 핵심 시스템 (마이크로커널)을 플러그인으로 구현된 확장 기능과 특징에서 분리하는 스타일입니다. 이 아키텍처는 유연성과 확장성이 뛰어나 핵심 시스템을 변경하지 않고도 플러그인을 추가하거나 제거하므로 애플리케이션을 쉽게 수정하고 확장할 수 있습니다.

이 아키텍처는 주요 구성 요소는 마이크로커널이라는 핵심 시스템과 플러그인입니다.

- **마이크로커널**: 아키텍처의 핵심으로, 기본적인 작업과 플러그인 관리를 담당합니다. 핵심 프로세스를 처리하고 플러그인에 공통 서비스를 제공합니다.
- **플러그인**: 마이크로커널에 추가해 기능을 확장하는 모듈이나 구성 요소입니다. 이들은 보통 독립적으로 개발되며, 런타임에 동적으로 불러오고 사용하지 않을 때 제거할 수 있습니다.

그림 7-4 마이크로커널의 핵심 구성 요소

브라우저나 IDE를 포함한 많은 제품에서 이 아키텍처 스타일을 봤을 것입니다. 이 스타일을 사용하면 다음과 같은 이점이 있습니다.

- **유연성 및 확장성**: 핵심 시스템을 수정하지 않고도 새로운 기능을 플러그인으로 추가할 수 있으므로 시스템의 적응을 용이하게 합니다.
- **유지보수성**: 핵심 기능과 확장 기능이 분리되어 유지보수와 업그레이드가 간소화됩니다.
- **사용자화**: 사용자가 필요에 따라 설치할 플러그인을 선택할 수 있는 커스텀 솔루션을 사용할 수 있습니다.

마이크로커널(플러그인) 아키텍처에서는 공통으로 레지스트리와 컨트렉트를 사용합니다. 이러한 요소는 마이크로커널과 플러그인 간의 상호작용을 용이하게 해서 전체 시스템이 원활히 통합되고 동작하게 합니다.

레지스트리부터 살펴보겠습니다.

- 레지스트리는 아키텍처에서 중앙 디렉토리 역할을 합니다. 사용 가능한 플러그인과 그 기능을 추적합니다. 플러그인이 시스템에 로드되면 레지스트리에 플러그인 자신을 등록하며 제공하는 기능이나 인터페이스, 서비스에 관한 정보를 제공합니다.
- 마이크로커널과 다른 플러그인이 다양한 플러그인에서 제공하는 기능을 검색하고 액세스할 수 있는 조회 서비스 역할을 합니다. 이러한 설정 덕분에 핵심 시스템을 중단하지 않고도 플러그인을 동적으로 추가하거나 제거할 수 있습니다.

컨트렉트는 다음과 같습니다.

- 컨트렉트는 흔히 인터페이스나 추상 클래스로 정의되며 플러그인이 구현해야 하는 일련의 메서드와 속성을 지정합니다. 마이크로커널과 플러그인 간의 공식 컨트렉트를 수립하여 핵심 시스템과 상호작용하는 방식을 자세히 설명합니다.
- 이러한 컨트렉트를 준수함으로써 플러그인은 마이크로커널과의 호환성을 보장해 플러그인이 일관되게 작동하고 통신하게 합니다. 컨트렉트는 시스템 전반의 일관성과 표준화를 토대로 플러그인이 예상되는 프로토콜과 데이터 형식을 준수하게 합니다.

이 둘을 함께 사용하면 핵심 시스템의 무결성이나 안정성을 떨어뜨리지 않고도 새로운 기능을 원활하게 통합하는 유연하고 체계적인 시스템을 구현할 수 있습니다. 이 설정은 모듈성, 확장성, 유지보수성이 주요 요구사항인 환경에 특히 유용합니다.

이 스타일을 플러터에 직접 적용하면 복잡성이 다소 높아질 수 있습니다. 그렇지만 이 아키텍처에서 특정 개념들을 빌려 플러터 애플리케이션 개발에 적용할 수 있습니다. 한 가지 시나리오를 예로 들어 어떻게 사용할 수 있는지 설명해 보겠습니다. 여러 팀이 값을 지닌 스트림(전체 기능 소유)으로 서로 다른 화면에서 작업하는 애플리케이션을 만든다고 가정해 보겠습니다. 각 팀은 처음부터 끝까지 설계하고 개발하는 모듈을 완벽하게 제어할 수 있어야 합니다. 가상의 전자 상거래 애플리케이션을 기반으로 플러터의 동적 기능을 사용한 간략한 예시는 다음과 같습니다.

| 마이크로커널 정의 |

마이크로커널은 애플리케이션의 기반 요소입니다. 네트워크 요청이나 사용자 인증, 기본 UI 엘리먼트와 같은 핵심 기능을 처리합니다.

```
class Microkernel {
  void authenticateUser() {
```

```
    // 사용자 인증 처리
  }

  void initializeCoreUI() {
    // 핵심 UI 구성 요소 초기화
  }

  // 기타 핵심 기능...
}
```

| 플러그인 컨트렉트 생성 |

모든 플러그인이 구현해야 하는 인터페이스를 정의합니다. 이렇게 하면 마이크로커널이 플러그인과 일관된 방식으로 상호작용할 수 있습니다.

```
abstract class PluginInterface {
  void load();
  Widget buildWidget();
  // 기타 필요한 메서드...
}
```

| 플러그인 구현 |

PluginInterface를 구현하는 별도의 클래스로 플러그인을 개발합니다. 각 플러그인은 제품 카테고리 같은 기능을 나타낼 수 있습니다.

```
class ElectronicsPlugin implements PluginInterface {
  @override
  void load() {
    // 리소스, 데이터 등을 로드
  }

  @override
  Widget buildWidget() {
    return ElectronicsWidget();
  }
}

class ClothingPlugin implements PluginInterface {
```

```
  @override
  void load() {
    // 리소스, 데이터 등을 로드
  }

  @override
  Widget buildWidget() {
    return ClothingWidget();
  }
}

// ... 기타 플러그인 구현
```

| 레지스트리 및 동적 로딩 |

레지스트리는 사용 가능한 활성 플러그인을 추적합니다. 사용자 작업이나 애플리케이션 상태에 따라 플러그인을 불러오거나 제거할 수 있습니다.

```
class PluginRegistry {
  List<PluginInterface> _availablePlugins = [
    ElectronicsPlugin(),
    ClothingPlugin()
  ];
  List<PluginInterface> _activePlugins = [];

  void activatePlugin(PluginInterface plugin) {
    plugin.load();
    _activePlugins.add(plugin);
  }

  void deactivatePlugin(PluginInterface plugin) {
    _activePlugins.remove(plugin);
  }

  List<Widget> getActivePluginWidgets() {
    return _activePlugins
      .map((p) => p.buildWidget())
      .toList();
  }
}
```

| 플러터 애플리케이션과 통합 |

사용자의 상호작용이나 선택에 따라 기본 애플리케이션에서 레지스트리를 사용해 플러그인을 관리할 수 있습니다.

```
class MyApp extends StatelessWidget {
  final PluginRegistry _registry = PluginRegistry();

  @override
  Widget build(BuildContext context) {
    // 예: 사용자 선택에 따라 'ElectronicsPlugin'을 활성화
    _registry.activatePlugin(ElectronicsPlugin());

    return MaterialApp(
      home: Scaffold(
        body: Column(
          children: _registry.getActivePluginWidgets(),
        ),
      ),
    );
  }
}
```

이 예제에서는 플러터의 마이크로커널(플러그인) 아키텍처의 기본 구조를 제공합니다. `Microkernel` 클래스는 핵심적인 애플리케이션 기능을 처리하고, `PluginInterface`는 플러그인에 대한 컨트렉트를 정의하며, `PluginRegistry`는 플러그인을 관리합니다. 각 플러그인은 필요에 따라 활성화하거나 비활성화해 UI에 반영할 수 있습니다.

플러터 애플리케이션에서 라우터를 레지스트리의 일부로 사용하는 방법이 훨씬 더 유연합니다. 다른 예를 들어 보겠습니다.

| 메인 애플리케이션 |

메인 애플리케이션은 애플리케이션 구성에 따라 로드할 플러그인을 초기화하고 결정합니다. 또한 전체 애플리케이션에 대한 라우팅을 설정합니다.

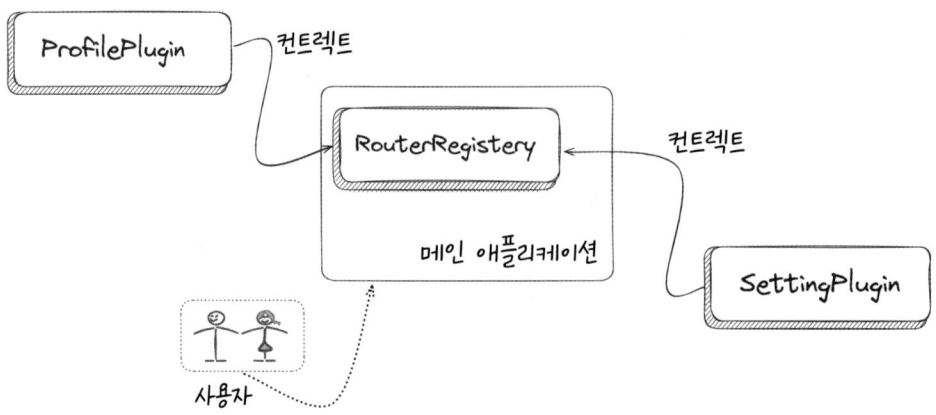

그림 7-5 플러터에서 라우터 레지스트리를 통한 마이크로커널

```
// ProfilePlugin과 SettingsPlugin을 상상해 보세요.
// 각각 독립적인 패키지로 추가되었거나
// 동일한 저장소 내의 내부 패키지인 경우를 상상해 보세요.
void main() {
  final appConfig = {
    //<---
    'loadProfile': true,
    'loadSettings': true
  };

  if (appConfig['loadProfile']!) {
    //<---
    ProfilePlugin().register();
  }
  if (appConfig['loadSettings']!) {
    //<---
    SettingsPlugin().register();
  }

  runApp(const MyApp());
}

class MyApp extends StatelessWidget {
  const MyApp({super.key});

  @override
  Widget build(BuildContext context) {
```

```dart
    return MaterialApp(
      title: 'Plugin Demo',
      theme: ThemeData(primarySwatch: Colors.blue),
      home: const HomePage(),
      onGenerateRoute: RouterRegistry.generateRoute,
    );
  }
}

class HomePage extends StatelessWidget {
  const HomePage({super.key});

  @override
  Widget build(BuildContext context) {
    return Scaffold(
      appBar: AppBar(title: const Text('Plugin Demo Home')),
      body: Center(
        child: Column(
          mainAxisSize: MainAxisSize.min,
          children: <Widget>[
            ElevatedButton(
              onPressed: () => Navigator.pushNamed(
                context,
                '/profile',
              ),
              child: const Text('Go to Profile'),
            ),
            ElevatedButton(
              onPressed: () => Navigator.pushNamed(
                context,
                '/settings',
              ),
              child: const Text('Go to Settings'),
            ),
          ],
        ),
      ),
    );
  }
}
```

이와 같이 appConfig 설정 하나만으로도 핵심 로직(core)에서 특정 플러그인을 떼었다 붙였다 할 수 있습니다. 물론 지금 보여드린 예제는 간단해서 변경 사항을 적용하려면 애플

리케이션을 재시작해야만 합니다. 하지만 이 구조는 얼마든지 더 똑똑한 방식으로 발전시킬 수 있습니다.

| 레지스트리 생성 |

RouterRegistry 클래스는 다양한 플러그인에서 등록한 라우팅 경로들을 관리하는 핵심 역할을 합니다.

```
class RouterRegistry {
  static final Map<String, WidgetBuilder> _routes = {};

  static void registerRoute(
    String routeName,
    WidgetBuilder builder) {
    _routes[routeName] = builder;
  }

  static Route<dynamic> generateRoute(RouteSettings settings) {
    if (_routes.containsKey(settings.name)) {
      return MaterialPageRoute(
        builder: _routes[settings.name]!,
      );
    } else {
      return MaterialPageRoute(
        builder: (_) => Scaffold(
          body: Center(
            child: Text(
              'No route defined for ${settings.name}'),
          ),
        ),
      );
    }
  }
}
```

| 추상 컨트렉트(플러그인 인터페이스) 정의 |

모든 플러그인이 구현해야 하는 메서드를 선언하는 추상 클래스를 만듭니다. 이 클래스는 플러그인 클래스가 충족해야 하는 컨트렉트의 역할을 합니다.

```
abstract class PluginContract {
  void register();
  // 여기에 다른 공통 메서드를 추가할 수 있음
}
```

| 플러그인에서 컨트렉트 구현 |

새로 생성된 추상 클래스 PluginContract를 구현하도록 ProfilePlugin과 Settings Plugin을 수정합니다.

```
class ProfilePlugin implements PluginContract {
  @override
  void register() {
    RouterRegistry.registerRoute(
      '/profile',
      (context) => const ProfilePage(),
    );
  }
}

class ProfilePage extends StatelessWidget {
  const ProfilePage({super.key});

  @override
  Widget build(BuildContext context) {
    return Scaffold(
      appBar: AppBar(
        title: const Text('Profile'),
      ),
      body: const Center(
        child: Text('This is the profile page!'),
      ),
    );
  }
}

class SettingsPlugin implements PluginContract {
  @override
  void register() {
    RouterRegistry.registerRoute(
      '/settings',
```

```
      (context) => const SettingsPage(),
    );
  }
}

class SettingsPage extends StatelessWidget {
  const SettingsPage({super.key});

  @override
  Widget build(BuildContext context) {
    return Scaffold(
      appBar: AppBar(title: const Text('Settings')),
      body: const Center(
        child: Text('This is the settings page!'),
      ),
    );
  }
}
```

이 개념적 프레임워크는 플러터 애플리케이션의 특정 요구사항에 따라 확장되거나 개선될 수 있다는 점을 기억하세요.

핵심과 플러그인 간의 컨트렉트를 확장하는 방법을 보여드리겠습니다. 공통 애널리틱스 서비스를 사용한다고 가정해 보겠습니다. AnalyticsService에 대한 참조를 포함하도록 Plugin Contract를 업데이트합니다.

```
abstract class PluginContract {
  late final AnalyticsService analyticsService;

  void register();

  void setAnalyticsService(AnalyticsService service) {
    analyticsService = service;
  }

  // 기타 공통 메서드 및 속성...
}
```

이제, 모든 플러그인은 핵심 시스템에서 제공하는 AnalyticsService에 등록하고 접근해야 합니다.

```
class ProfilePlugin implements PluginContract {
  @override
  late final AnalyticsService analyticsService;

  @override
  void register() {
    RouterRegistry.registerRoute(
      '/profile',
      (context) => const ProfilePage(),
    );
    analyticsService.trackEvent('ProfilePluginLoaded', {});
  }

  @override
  void setAnalyticsService(AnalyticsService service) {
    analyticsService = service;
  }
}
```

플러그인을 초기화할 때 핵심 시스템은 각 플러그인에 분석 서비스를 제공해야 합니다.

```
void main() {
  final appConfig = {
    'loadProfile': true,
    'loadSettings': true
  };

  final analyticsService = AnalyticsService();

  if (appConfig['loadProfile']!) {
    final profilePlugin = ProfilePlugin();
    profilePlugin.setAnalyticsService(analyticsService);
    profilePlugin.register();
  }

  if (appConfig['loadSettings']!) {
    SettingsPlugin().register();
  }

  runApp(const MyApp());
}
```

이러한 방식에서 핵심 시스템은 각 플러그인에 AnalyticsService를 인스턴스화하고 제공합니다. 그러면 플러그인은 이 서비스를 사용해 이벤트를 추적하거나 다른 분석 관련 작업을 수행할 수 있게 됩니다.

여기에서 '플러그인에 아키텍처 패턴을 어떻게 적용할까?'라는 질문이 생길 수 있습니다. 이에 답할 때 고려해야 할 사항이 여러 가지 있습니다. 예를 들어 모든 팀이 모든 플러그인에서 동일한 아키텍처 패턴 원칙과 공통 모범 사례를 따르기로 합의할 수 있습니다. 그러나 플러그인이 컨트렉트를 준수하면 내부 구현은 원하는 대로 처리할 수 있습니다.

하나의 애플리케이션에서 여러 플러그인을 각기 다른 패턴으로 개발하는 방식은 바람직하지 않습니다. 따라서 플러그인을 개발하는 모든 팀은 서로 합의한 공통 패턴, 모범 사례, 규칙과 가이드라인을 따라야 합니다. 일반적으로 큰 규모의 회사에는 모든 팀에서 사용할 도구와 가이드라인을 개발하는 인프라 팀이나 지원 팀이 있어 일관성을 유지하기가 더 쉽습니다.

7.5 기타 아키텍처 방식과 패러다임

이 책에서는 다루지 않지만 살펴볼 만한 가치가 있는 아키텍처와 패러다임이 많습니다. 다음은 그중 일부입니다.

- **마이크로서비스 아키텍처**: 애플리케이션이 느슨하게 결합한 서비스들의 집합으로 구성되는 스타일로, 각 서비스는 특정 비즈니스 기능을 구현합니다. 이 접근 방식은 높은 확장성과 유연성을 제공하며 비즈니스 요구사항이 빠르게 진화하는 복잡한 애플리케이션에 적합합니다.
- **서비스 기반 아키텍처**: 마이크로서비스와 유사하지만 흔히 서비스 범위가 더 넓으며, 애플리케이션을 빌드하는 주요 구성 요소로 서비스를 사용하는 것을 강조합니다. 다양한 시스템을 통합하거나 높은 수준의 상호 운용성이 필요한 애플리케이션을 구축하는 데 특히 유용합니다.
- **공간 기반 아키텍처**: 기존 데이터베이스 기반 애플리케이션의 확장성 문제를 해결하고자 설계된 이 아키텍처는 메모리와 데이터 저장소 역할을 하는 '공간space'을 활용해 대규모의 분산된 데이터 세트를 지원합니다.
- **파이프라인 아키텍처**: 이 스타일에서는 (공장의 조립 라인과 유사하게) 데이터 처리가 단계별로 이루어지며 복잡한 변환과 워크플로를 간소화하는 데 특히 유용합니다.

아키텍처 스타일 외에도 플러터 애플리케이션 개발에 큰 영향을 미칠 수 있는 중요한 프레임워크도 존재합니다. 이러한 개념 중 하나가 **도메인 기반 아키텍처**domain driven design (DDD)입니다.

DDD는 플러터 개발에 적합한 패턴과 원칙을 소개합니다. 예를 들면 다음과 같습니다.

- **모듈화**: 애플리케이션을 더 작고 관리하기 쉬운 패키지로 분할합니다. 이는 애플리케이션 내에서 내부적으로 수행할 수도 있고 별도의 라이브러리나 서비스를 사용해 외부적으로 수행할 수도 있습니다.
- **유비쿼터스 언어**: 조직 전체에서 공통 언어를 확립해 모든 팀 구성원이 도메인을 일관되게 이해할 수 있도록 합니다. 이 접근 방식은 코드베이스 단에서 명확한 의사소통과 일관성을 지키도록 돕습니다.
- **경계 컨텍스트**: 경계 컨텍스트는 모듈이나 패키지에 대한 명확한 경계를 정의합니다. 플러터에서 이는 애플리케이션의 서로 다른 기능을 고유한 다트 패키지로 분리하거나 패키지를 생성하는 것과 같은 플러터의 모듈화 기능을 사용해 명확한 경계를 유지하는 것을 의미할 수 있습니다.

이러한 고급 개념과 아키텍처 스타일은 정교하고 확장 가능한 애플리케이션을 개발하는 데 더 넓은 시야를 제공해 줍니다. 이런 접근 방식을 모든 플러터 프로젝트에 직접 적용할 수는 없지만, 다양한 패러다임들을 이해하면 강력하고 효율적이며 유지보수가 수월한 애플리케이션을 설계하고 구현하는 능력을 키울 수 있습니다.

7.6 결론

아키텍처 스타일을 이해하는 것은 단순히 기술적인 아키텍처를 학습하는 데 그치지 않고, 유지보수성과 확장성, 그리고 효율적인 문제 해결을 우선시하는 사고방식을 갖추는 것입니다. 기술이 빠르게 발전함에 따라 이러한 아키텍처 스타일도 계속 진화합니다. 따라서 모든 상황에 적합한 단 하나의 아키텍처와 아키텍처 기법은 존재하지 않습니다.

여기서 중요한 점은 애플리케이션의 프로젝트 요구사항, 팀의 특성, 장기적인 비전에 부합하는 적절한 아키텍처를 선택하는 것입니다. 이러한 지식은 변화하는 기술 환경 속에서 지속 가능한 고품질의 견고한 플러터 애플리케이션을 구축할 탄탄한 기반이 되어줄 것입니다.

CHAPTER 8

UI 아키텍처 패턴

검토자: Roman Jaquez

이전 장에서는 아키텍처 스타일과 패턴의 차이점을 알아봤습니다. 앞서 언급했듯이 '아키텍처 패턴'은 '소프트웨어 디자인 패턴'이라고도 불리며, 반복 발생하는 아키텍처 문제를 해결하고 특정 이슈에 대한 해법을 제시합니다. 이러한 패턴은 일반적으로 실행 방식과 구현 방법을 정의합니다.

아키텍처 패턴은 주로 고수준 아키텍처 스타일에서 프레젠테이션 계층의 문제, 특히 UI 관련 문제를 해결하려고 만들어졌습니다. 이 장에서는 플러터의 UI 개발과 특히 관련이 있는 패턴들에 초점을 맞춥니다. 이 중 BLoC이나 MVVM과 같은 패턴은 이미 많은 곳에서 활용됩니다.

프로젝트의 목표에 맞는 접근 방식을 선택하려면 다양한 패턴의 강점과 한계를 이해해야 합니다. 그러나 모든 기술 분야에서 전문가가 되려면 많은 시간과 연습이 필요합니다. 다른 분야와 마찬가지로, 이러한 패턴에 대한 숙련도는 수년간의 구현 경험을 거쳐 향상됩니다. 다음 두 장에서는 아키텍처적 관점에서 패턴 적용의 넓은 측면을 살펴볼 것입니다. 구현 세부 사항이나 드문 시나리오에 깊이 들어가기보다는 플러터 UI 개발에서 패턴 선택에 관한 기초적인 이해를 확립하는 데 중점을 둘 것입니다. 이는 앞으로 심화 학습의 기반이 될 것입니다.

8.1 UI 아키텍처의 배경

소프트웨어 개발, 특히 플러터와 같은 프레임워크의 UI 아키텍처는 다양하며 지속해서 발전하고 있습니다. 플러터 개발에서 적절한 UI 아키텍처를 선택할 때는 프로젝트의 특정 요구와 목표를 고려해야 합니다. 이는 기술적 요구사항, 애플리케이션의 복잡성, 개발 팀의 역학을 균형 있게 조정하는 과정입니다.

다양한 아키텍처 패턴을 탐구할 때는 애플리케이션의 설계, 개발, 유지보수에 큰 영향을 미치는 핵심 요소들과 어떻게 조화되는지를 고려해야 합니다.

- **데이터 바인딩**: 아키텍처는 UI와 기본 데이터 모델을 동기화하는 방식이 다릅니다. 효과적인 데이터 바인딩은 UI 업데이트의 반응성이 뛰어나고 애플리케이션의 상태가 일관되도록 합니다. 플러터는 반응형 프레임워크이므로 이 부분이 매우 중요합니다.
- **관심사 분리**: UI 아키텍처에서 기본적인 원칙은 사용자 인터페이스, 비즈니스 로직, 데이터 계층 간의 명확한 분리입니다. 이러한 분리는 애플리케이션의 유지보수성과 확장성을 높이며, 개발자가 한 번에 애플리케이션의 특정 측면에 집중할 수 있게 합니다.
- **복잡성 관리**: 애플리케이션이 기능이 늘어나고 사용자 인터페이스가 더 복잡해짐에 따라 선택한 아키텍처는 증가하는 복잡성을 관리해야 하며 지나치게 난해해지지 않아야 합니다. 이를 위해 애플리케이션을 더 작고 관리 가능한 구성 요소로 모듈화하기도 합니다.
- **확장성 및 팀 효율성**: 아키텍처는 애플리케이션과 개발 팀의 확장을 지원해야 합니다. 새로운 기능을 추가하고, 사용자 증가를 처리하며, 팀이 개발 속도를 유지하거나 향상할 수 있게 해야 합니다.

다양한 UI 아키텍처 패턴에 익숙해지면 도움이 되지만, '최고의' 패턴은 없다는 점을 기억해야 합니다. 적절한 패턴은 여러 요소에 따라 달라지며, 한 프로젝트에서 효과적인 패턴이 다른 프로젝트에서는 효과적이지 않을 수 있습니다.

8.2 주목할 만한 플러터 아키텍처들

플러터 생태계에는 견고하고 확장 가능한 애플리케이션을 구축하는 데 효과적인 여러 아키텍처가 있습니다. 흥미롭게도, 이러한 패턴 중 다수는 이전 장에서 살펴본 계층형 아키텍처 스타일에서 비롯되었습니다. 이제 하나씩 살펴보겠습니다.

8.2.1 3계층

3계층 아키텍처는 플러터 애플리케이션 개발의 기본 패턴으로, 코드와 기능의 구조적인 접근 방식을 제공합니다. 이 아키텍처는 세 개의 주요 계층으로 나뉩니다.

1. **프레젠테이션(UI) 계층**: 이 계층은 주로 사용자 인터페이스를 다룹니다. 플러터는 시각적 요소와 사용자 상호작용을 정의하는 위젯과 화면으로 구성됩니다. 프레젠테이션 계층은 사용자에게 정보를 표시하고 사용자 입력을 캡처해 이를 비즈니스 로직 계층으로 전달합니다.
2. **비즈니스 로직 계층**: 도메인 계층으로도 불리며, 애플리케이션의 핵심 비즈니스 로직을 포함합니다. 이 계층은 프레젠테이션 계층에서 받은 데이터를 처리하고, 비즈니스 규칙과 유효성 검사를 적용하며, 데이터 계층과 통신해 데이터 지속성이나 추가 처리를 수행합니다. 이는 프레젠테이션 계층과 데이터 계층을 분리해 사용자 인터페이스와 데이터 처리 로직을 분리합니다.
3. **데이터 계층**: 데이터 관리가 이루어지는 하위 계층입니다. 여기에는 데이터 지속성, 검색, 데이터 소스(예: 데이터베이스, 네트워크 호출, API)가 포함됩니다. 데이터 계층은 데이터의 출처를 추상화해 비즈니스 로직 계층과 프레젠테이션 계층이 데이터가 저장되거나 검색되는 방법을 알 필요가 없도록 합니다.

일반적으로 모든 계층은 폐쇄형으로, 상위 계층이 두 계층 아래의 계층에 직접 접근할 수 없습니다.

플러터에서 3계층 아키텍처를 구현하면 다음과 같은 여러 가지 이점이 있습니다.

- **관심사 분리**: 각 계층에 고유한 책임이 있으므로 코드베이스가 더 조직화되고 유지보수와 확장이 수월해집니다.
- **더 쉬운 테스트 및 디버깅**: 관심사가 분리되므로 개별 애플리케이션 부분을 테스트하고 디버깅하기가 더 쉬워집니다.
- **유연성**: UI를 변경하거나 데이터 소스를 수정해도 계층 간 인터페이스가 일관성을 유지하는 한 애플리케이션의 나머지 부분에 미치는 영향이 최소화됩니다.

프레젠테이션, 비즈니스 로직, 데이터 계층을 분리하는 방식은 애플리케이션 아키텍처에서 표준적인 접근 방식이지만, 소규모 애플리케이션에서 가장 효과적입니다. 애플리케이션이 커지고 각 계층이 복잡해질수록 모듈화가 추가로 필요합니다. 특히 대규모 시스템에서는 프레젠테이션-비즈니스 로직-데이터 구조에 엄격히 따르기보다는 다른 모듈과 계층을 도입해야 할 수도 있습니다. 이 패턴의 장점은 이러한 유연성에 있습니다.

저장소repository 패턴은 안드로이드와 플러터 커뮤니티에 잘 알려졌으며, 3계층 패턴에서 영감을 받았습니다. 이 패턴은 매우 간단하며, 쉽게 구현할 수 있고 이해하기 쉬우며, 다양한 규모의 플러터 애플리케이션에 맞게 확장할 수 있습니다.

플러터 애플리케이션의 계층 구조를 설계할 때 효과적이고 유지보수 가능한 디자인을 보장하려면 몇 가지 중요한 원칙을 따라야 합니다.

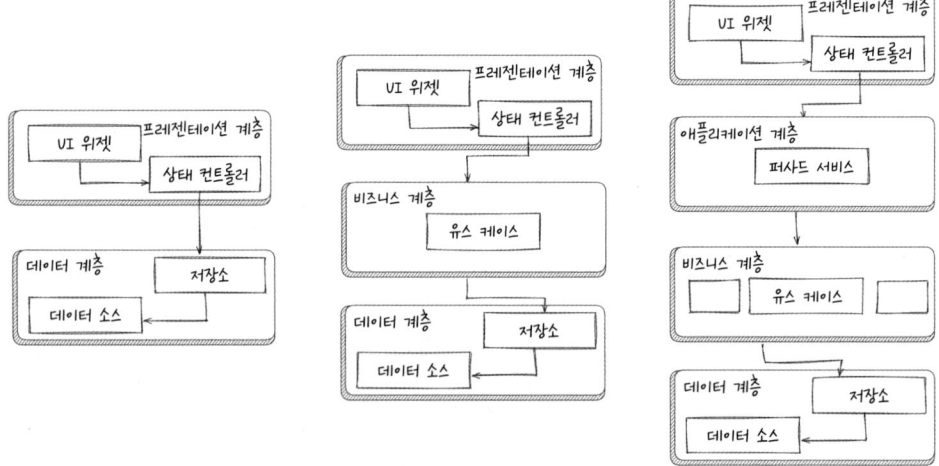

그림 8-1 저장소 패턴을 활용한 계층 아키텍처 패턴 변형

① **명확하게 정의된 데이터 계층**: 데이터 소스와 영구 저장소를 관리하는 잘 구조화된 데이터 계층을 설정해야 합니다. 이 계층은 데이터베이스, 네트워크 서비스 및 기타 데이터 제공자와 상호작용합니다.

② **명확하게 정의된 프레젠테이션 계층**: UI와 사용자 상호작용에 초점을 맞춘 독립된 프레젠테이션 계층을 개발해야 합니다. 이 계층은 정보를 표시하고 플러터의 강력한 위젯 시스템을 활용해 사용자 입력에 반응해야 합니다.

③ **계층 간 접근 규칙**: 서로 다른 계층이 어떻게 상호작용할지에 관한 명확한 접근 프로토콜을 정의해야 합니다. 계층 상호작용의 기본 개념을 참고해 통신이 조직적이고 사전에 정의된 경로를 따르게 해야 합니다.

④ **불변성과 단일 진실 공급원** single source of truth **(SSOT)**[1]: 단일한 데이터 출처와 불변의 데이터 저장

---

[1] 옮긴이_ 단일 진실 공급원 원칙은 데이터 관리에서 중요한 개념으로, 데이터가 한 곳에서만 수정되고 관리되도록 하는 아키텍처 방식을 지칭합니다.

소를 유지함으로써 예기치 않은 부작용을 방지할 수 있습니다. 이는 데이터가 특정 계층에 의해서만 수정되도록 하며, 스레드 안전성과 성능을 높이는 데 기여합니다.

⑤ **컴포넌트 역할의 명확화:** 아키텍처 내 각 컴포넌트의 역할을 명확히 정의해야 합니다. 예를 들어 저장소는 데이터 작업을 관리하고, 서비스는 비즈니스 로직을 처리하며, 상태 관리자는 UI 컴포넌트의 상태 관리와 데이터 검색을 담당해야 합니다. UI 위젯은 주로 상태 관리자와 상호작용해 데이터를 처리해야 합니다.

⑥ **과도한 복잡성 피하기:** 아키텍처 디자인에서는 단순함을 유지하는 것이 중요합니다. 기본적인 구조로 시작하고, 필요할 때만 추가 계층이나 복잡성을 도입해야 합니다. 너무 일찍 복잡성을 추가하면 기술 부채가 발생해 애플리케이션을 유지하고 발전시키기 어려워질 수 있습니다.

⑦ **폴더 구조:** 일반적으로 계층은 폴더 구성을 통해 드러납니다. 폴더는 기능 우선feature-first 방식이거나 역할 우선function-first 방식일 수 있습니다.

```
// 기능 우선 폴더 구조
lib
┊--common
┊     ┊--widgets
┊     ┊--themes
┊     ┊--settings
┊  ┊--utils
┊--constants
┊--localization
┊--features
┊     ┊--profile
┊        ┊--presentation
┊           ┊--widgets
┊           ┊--state
┊        ┊--business
┊           ┊--usecase
┊        ┊--data
┊           ┊--repository
┊           ┊--data
┊     ┊--setting
┊     ┊--cart
┊--routing
```

```
// 계층 우선 폴더 구조
lib
|--common
|    |--widgets
|    |--themes
|    |--settings
|    |--utils
|--constants
|--localization
|--presentation
|    |--widgets
|    |    |--profile
|    |    |--setting
|    |--state
|    |    |--profile
|    |    |--setting
|--business
|    |--usecase
|--data
|    |--repository
|    |--data
|--routing
```

폴더 구조를 선택할 때는 애플리케이션, 팀, 아키텍처 패턴을 고려해야 합니다. 소프트웨어 엔지니어링에서는 명확한 정답을 제시하기 어려울 때가 많습니다. 모든 것이 특정 상황과 변수에 따라 달라지기 때문입니다. **상황에 따라 다르다**는 것은 필자가 경험을 쌓으며 배운 중요한 원칙입니다.

대규모 애플리케이션용 기능 기반 아키텍처에 권장되는 모범 사례 중 하나는 각 기능에 대해 API 인터페이스를 도입하는 방법입니다. 이렇게 하면 모든 구현 세부 사항이 API 뒤에 숨겨지게 됩니다. 한 기능에서 다른 기능에 접근해야 할 때는 직접 구현에 접근하지 않고 API 인터페이스를 통해 호출할 수 있습니다. 이 덕분에 기능 간의 결합도가 낮아지고 불필요한 의존성을 피할 수 있습니다. 이 방식이 비용을 초래할 수 있지만 애플리케이션의 규모가 크다면 이 접근 방식을 활용하는 것이 매우 권장됩니다.

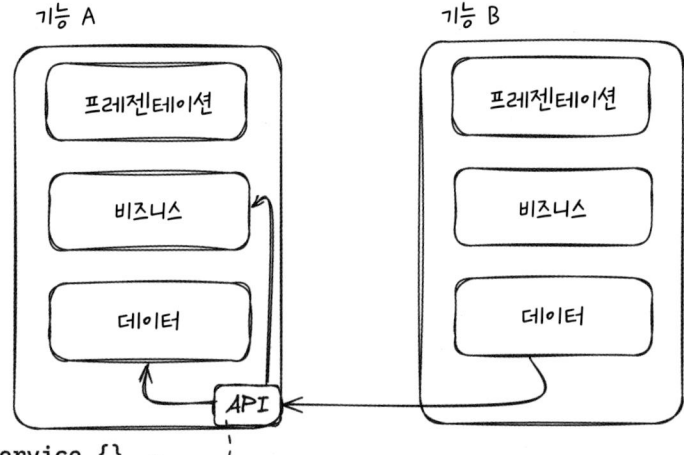

그림 8-2 기능 API로 기능 계층의 구현 세부 사항 숨기기

이제 의존성이나 패키지 없이 3계층 저장소 아키텍처 패턴을 구현해 봅시다. 플러터 할 일todo 애플리케이션의 업데이트된 구현을 살펴보며 각 계층과 상호작용을 자세히 설명하겠습니다.

데이터 계층

LocalTodoDataSource와 RemoteTodoDataSource는 TodoRepository 인터페이스의 구현체로, 할 일 항목의 조회, 추가, 업데이트, 삭제 등의 데이터 관련 작업을 처리합니다. 인터페이스는 애플리케이션의 규모에 따라 사용하지 않을 수 있지만, 도입하는 것이 권장됩니다.

```dart
// local_datasource.dart
class LocalTodoDataSource implements TodoRepository {

  @override
  Future<void> addTodo(TodoDataModel todo) {
    throw UnimplementedError();
  }

  @override
  Future<void> deleteTodo(String id) {
    throw UnimplementedError();
  }
```

```dart
  @override
  Future<List<TodoDataModel>> fetchTodos() {
    return Future.delayed(
      const Duration(seconds: 5),
      () => List<TodoDataModel>.generate(
        10,
        (index) => TodoDataModel(
          id: '$index',
          title: 'Todo $index',
          isCompleted: false,
          createdAt: DateTime.now().toLocal().toString(),
          updatedAt: DateTime.now().toLocal().toString(),
        ),
      ),
    );
  }

  @override
  Future<void> updateTodo(TodoDataModel todo) {
    throw UnimplementedError();
  }
}

// remote_datasource.dart
class RemoteTodoDataSource implements TodoRepository { ... }
```

TodoDataModel은 할 일 항목의 데이터 구조를 나타내며, JSON의 양방향 변환을 위한 메서드를 포함합니다. 이 데이터 모델은 데이터 계층 내에 존재합니다.

```dart
// todo_data_model.dart
class TodoDataModel {
  TodoDataModel({
    required this.id,
    required this.title,
    this.createdAt,
    this.updatedAt,
    this.isCompleted = false,
  });

  final String id;
  final String title;
  final bool isCompleted;
```

```dart
    final String? createdAt;
    final String? updatedAt;

    factory TodoDataModel.fromJson(Map<String, dynamic> json) {
      return TodoDataModel(
        id: json['id'],
        title: json['title'],
        isCompleted: json['isCompleted'],
        createdAt: json['createdAt'],
        updatedAt: json['updatedAt'],
      );
    }

    Map<String, dynamic> toJson() {
      return {
        'id': id,
        'title': title,
        'isCompleted': isCompleted,
        'createdAt': createdAt,
        'updatedAt': updatedAt,
      };
    }
  }
```

_TodoRepositoryImpl은 TodoRepository 인터페이스의 구체적인 구현체입니다. 이 클래스는 데이터를 로컬 데이터 소스에서 가져올지, 원격 데이터 소스에서 가져올지를 결정합니다. 이 파일에서는 todoRepositoryInstance라는 전역 변수를 만들어 의존성 주입dependency injection(DI)에 사용했습니다. 전역 변수를 사용한 의존성 주입은 좋은 관행으로 간주하지 않지만, 외부 패키지 없이 코드를 단순하게 유지하려고 이렇게 구현했습니다. 이 방식으로 불필요한 복잡성 없이 각 계층의 구현을 더 잘 이해할 수 있습니다. 이 코드는 플러터의 기본 기능만을 사용해 구현되었습니다.

```dart
  // 모든 저장소와 데이터 소스가 공통 인터페이스를 공유하도록 하는 추상 인터페이스
  abstract interface class TodoRepository {
    Future<List<TodoDataModel>> fetchTodos();
    Future<void> addTodo(TodoDataModel todo);
    Future<void> updateTodo(TodoDataModel todo);
    Future<void> deleteTodo(String id);
  }
```

```dart
// 이 예제에서는 의도적으로 비공개 클래스를 사용했으나
// 실제로는 이 클래스를 노출하는 건 바람직하지 않음
class _TodoRepositoryImpl implements TodoRepository {
  final LocalTodoDataSource localDataSource;
  final RemoteTodoDataSource remoteDataSource;
  const _TodoRepositoryImpl(
    this.localDataSource,
    this.remoteDataSource,
  );
  @override
  Future<List<TodoDataModel>> fetchTodos() async {
    try {
      return await remoteDataSource.fetchTodos();
    } catch (e) {
      return localDataSource.fetchTodos();
    }
  }

  @override
  Future<void> addTodo(TodoDataModel todo) async {
    // 로컬 및 원격 데이터 원본을 결합하는 로직 구현
  }
  @override
  Future<void> deleteTodo(String id) async {
    // 로컬 및 원격 데이터 원본을 결합하는 로직 구현
  }
  @override
  Future<void> updateTodo(TodoDataModel todo) async {
    // 로컬 및 원격 데이터 원본을 결합하는 로직 구현
  }
}

// 일반적으로 이런 전역 변수는 싱글톤이거나
// 의존성 주입 프레임워크를 사용해야 함
final todoRepositoryInstance = _TodoRepositoryImpl(
  LocalTodoDataSource(),
  RemoteTodoDataSource(),
);
```

도메인 계층 – 비즈니스 로직

Todo는 TodoDataModel을 확장해 (제목에서 짧은 문자열을 추출하는 등의) 도메인 특화된 로직을 추가합니다. 이 모델은 프레젠테이션 계층에서 주로 사용합니다. 일반적으로 데이터 모델

과 도메인 모델을 분리하는 것이 좋지만, 이 애플리케이션에서는 데이터 모델과 도메인 모델이 모든 속성을 공유하므로 이를 확장해 도메인 로직을 추가했습니다.

```dart
// 비즈니스 로직이 포함된 도메인 모델
// 모델 (엔티티) 클래스
class Todo extends TodoDataModel {
  Todo({
    required super.id,
    required super.title,
    super.isCompleted,
    // 제목에서 URL 만들기 도메인 로직
    required this.slug,
  });
  final String slug;
  // 도메인에 대한 비즈니스 로직을 여기에 추가
  factory Todo.fromDataModel(TodoDataModel dataModel) {
    return Todo(
      id: dataModel.id,
      // 프레젠테이션 계층으로 전달되기 전에
      // 여기에서 데이터 계층의 데이터를 조작할 수 있음
      title: ValidatorUseCases.text(dataModel.title),
      // 예를 들어 slug값으로 새로운 값을 호출할 수 있음
      slug: ValidatorUseCases.slugify(dataModel.title),
      isCompleted: dataModel.isCompleted,
    );
  }
  toDataModel() {
    return TodoDataModel(
      id: id,
      title: title,
      isCompleted: isCompleted,
    );
  }
}
```

TodoUseCases는 할 일과 관련된 비즈니스 작업(예: 할 일 목록 가져오기)을 정의합니다. _TodoUseCases는 TodoRepository를 사용해 이러한 작업을 구현합니다. 여기에서 데이터 계층에 접근할 수 있습니다. todosUseCasesInstance라는 전역 변수를 만들어 프레젠테이션 계층에서 사용할 수 있도록 했습니다. 최선의 방법은 아닐 수 있지만, 계층과 구성 요소 간의 올바른 관계를 보여주는 데 목적이 있습니다.

```
// 중복되는 것처럼 보이지만 실제 구현에서
// 인스턴스의 전역 변수를 생성하고 있으므로
// 대신 인터페이스를 프레젠테이션 계층에 노출하고자 함
abstract interface class TodoUseCases {
  Future<List<Todo>> getTodos();
  Future<void> addTodo(Todo todo);
}

// 구체적인 구현
class _TodoUseCases implements TodoUseCases {
// 데이터 계층에서 저장소에 대한 종속성
  _TodoUseCases(this.repository);
  final TodoRepository repository;
  Future<List<Todo>> getTodos() async {
    // 데이터 계층 메서드 호출
    final todos = await repository.fetchTodos();
    // 여기에 비즈니스 관련 로직 추가
    // 예를 들어 fromDataModel에는 도메인 로직이 포함됨
    return todos
      .map(
        (todo) => Todo.fromDataModel(todo),
      )
      .toList();
  }

  Future<void> addTodo(Todo todo) {
    // 여기에 비즈니스 관련 로직 추가
    final todoDataModel = todo.toDataModel();
    return repository.addTodo(todoDataModel);
  }
}

// 일반적으로 싱글톤 객체이거나
// 종속성 주입 프레임워크를 사용해야 함
final todosUseCasesInstance = _TodoUseCases(
  todoRepositoryInstance,
);
```

ValidatorUseCases는 텍스트 입력을 정제하고 slug를 생성하는 등의 정적 데이터 검증과 변환 메서드를 제공합니다. 이는 예시로 제공되었지만, 유스 케이스는 관련 파일과 클래스로 분리하는 것이 바람직합니다.

```
// 추가 유틸리티 유스 케이스(할 일과 관련된 경우)
class ValidatorUseCases {
  static String text(String text) {
    return text.trim();
  }
  // 비즈니스 로직 방법의 예시이며
  // 실제 코드에선 권장되지 않음
  static String slugify(String input) {
    // 소문자로 치환 및 비알파벳 문자 치환
    final nonAlphanumeric = RegExp(r'[^a-z0-9\s-]');
    final normalized = input.toLowerCase().replaceAll(nonAlphanumeric, '-');
    // 빈 공간을 제거하며,
    // 연속된 중앙선을 하나로 치환
    final trimmed = normalized.trim().replaceAll(
      RegExp(r'-{2,}'),
      '-',
    );
    // 필요에 따라 남은 공백을 하이픈으로 변환(선택 사항)
    final hyphenatedSpaces = trimmed.replaceAll(
      ' ',
      '-',
    );
    return hyphenatedSpaces;
  }
}
```

프레젠테이션 계층

TodoState는 UI 상태의 구조를 정의하는 추상 클래스입니다. _TodoState는 UI 상태를 관리하고, 도메인 계층과 소통해서 할 일 목록을 가져오는 구체적인 구현체입니다. 이전에 언급한 것과 같은 이유로, 화면 구현에 전달하려고 todoStateInstance라는 전역 변수를 생성했습니다. 플러터의 내장 기능인 ChangeNotifier를 사용하며, 이 아키텍처 패턴에서도 여전히 잘 작동합니다.

```
abstract class TodoState extends ChangeNotifier {
  List<Todo> get todos;
  Future<void> getTodos();
}
```

```
class _TodoState extends TodoState {
  _TodoState(this.todoUseCases);
  TodoUseCases todoUseCases;
  List<Todo> _todos = [];
  @override
  List<Todo> get todos => _todos;
  @override
  Future<void> getTodos() async {
    _todos = await todoUseCases.getTodos();
    notifyListeners();
  }
}

// 일반적으로 싱글톤 객체이거나 의존성 주입 프레임워크를 사용해야 함
final TodoState todoStateInstance = _TodoState(
  todosUseCasesInstance,
);
```

TodoListScreen은 TodoState와 상호작용해 할 일 목록을 표시하는 **stateless** 위젯입니다. 초기화 시 데이터를 가져오고, 상태가 변경될 때 UI를 다시 빌드합니다. **TodoState notifier**에서의 변화를 추적하고 UI를 다시 빌드하는 데 **ListenableBuilder**를 활용합니다.

```
class TodoListScreen extends StatelessWidget {
  TodoListScreen({
    super.key,
    required this.todoState,
  }) {
    todoState.getTodos(); //<---
  }
  final TodoState todoState;
  @override
  Widget build(BuildContext context) {
    return Scaffold(
      appBar: AppBar(title: const Text('Todo List')),
      body: ListenableBuilder(
        //<---
        listenable: todoState,
        builder: (BuildContext context, Widget? child) {
          return ListView.builder(
            itemCount: todoState.todos.length,
            itemBuilder: (context, index) {
              return Text(todoState.todos[index].title);
```

```
          },
        );
      },
    ),
  );
 }
}
```

이 예제의 주요 목적은 서로 다른 계층이 어떻게 상호작용하는지를 이해하는 것입니다. 의존성 주입을 관리하는 데 패키지를 사용하거나 더 스마트한 UI 상태 관리를 선택할 수 있습니다. 가장 큰 장점은 상태 관리를 다른 방법으로 대체하려 할 때, 상태를 빌드하는 UI 섹션과 `ChangeNotifier`를 사용하는 상태 구현 부분 외에는 수정할 필요가 없다는 것입니다. 지속해서 강조했듯이, 상태 관리는 아키텍처의 단일 구성 요소일 뿐입니다. 아키텍처를 잘 계획했다면 이를 다른 방식으로 쉽게 대체할 수 있습니다.

이 아키텍처는 관심사를 명확히 분리해 각 계층이 자신의 특정한 책임에 집중하도록 합니다. 도메인 계층은 비즈니스 로직과 데이터 변환을 처리하고, 데이터 계층은 데이터를 가져오고 영속성을 관리하며, 프레젠테이션 계층은 UI 렌더링과 사용자 상호작용에 대응합니다. 이러한 설정은 애플리케이션의 유지보수성, 테스트 용이성, 확장성을 향상합니다.

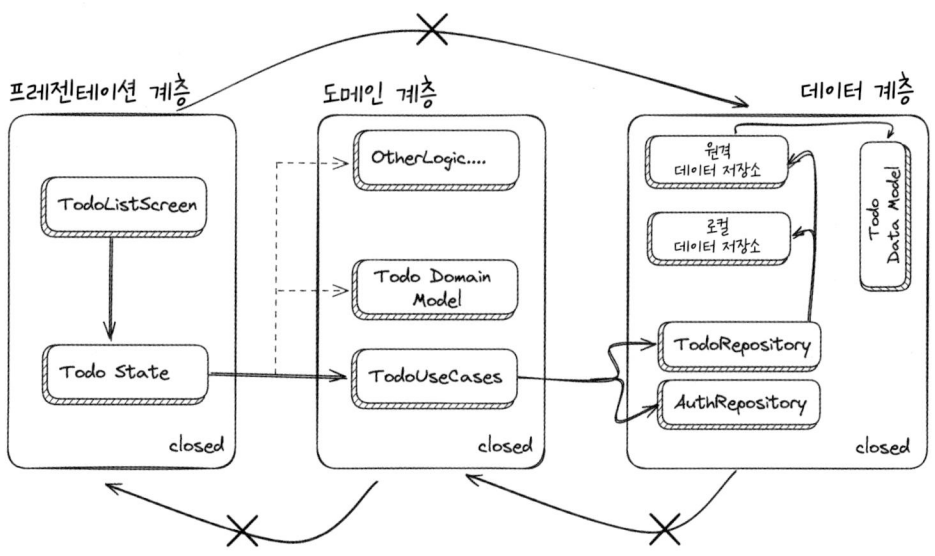

그림 8-3 할 일 애플리케이션의 3계층 아키텍처 패턴

8.2.2 BLoC

BLoCBusiness Logic Component 패턴은 플러터에서 상태를 관리하고 비즈니스 로직을 UI와 분리하는 아키텍처 모델입니다. 이 패턴은 구글 팀에서 개발했으며 반응적이고 유지보수 가능한 애플리케이션을 만드는 데 도움을 줍니다. 여기서 혼동하지 말아야 할 점은 `flutter_bloc` 패키지와 BLoC 패턴은 다르다는 것입니다. 현재 논의하는 것은 BLoC 패턴 자체이며, bloc 패키지는 BLoC 패턴을 더 쉽게 구현하게 도와주는 도구입니다.

BLoC의 핵심 개념을 살펴보겠습니다.

- **관심사 분리**: BLoC는 비즈니스 로직을 UI 컴포넌트와 명확하게 분리해 UI와 비즈니스 로직이 긴밀하게 결합하지 않도록 합니다. 이러한 분리는 코드의 가독성과 관리 용이성을 높여줍니다.
- **반응성 및 스트림 기반**: BLoC는 다트의 스트림 기능을 사용해 애플리케이션 내에서 데이터 흐름을 처리합니다. 이 접근 방식은 플러터의 반응형 특성과 잘 맞으므로 상태 변화에 따라 UI가 효율적으로 업데이트되도록 합니다.
- **상태 관리**: BLoC는 상태를 체계적으로 관리하는 방법을 제공해 큰 규모의 복잡한 애플리케이션에서 상태 변화를 추적하고 디버그하며 유지보수하는 데 용이합니다.
- **확장성**: 애플리케이션이 커지더라도 BLoC는 모듈화되고 재사용 가능한 구성 요소 덕분에 잘 확장할 수 있어 대규모 애플리케이션에 적합합니다.

BLoC 패턴은 이벤트 기반 아키텍처와 계층형 아키텍처 스타일에서 영감을 얻었으며, 3계층 아키텍처 패턴과 유사한 점이 있습니다. BLoC의 주요 구성 요소는 프레젠테이션 계층에 있으며 여기서 위젯들이 이벤트를 발신하고 상태 변화를 수신하기 위해 BLoC 스트림을 구독합니다.

이전에 구현한 3계층 아키텍처를 BLoC 아키텍처 패턴에 맞게 수정해서 할 일 애플리케이션을 구현할 것입니다. `flutter_bloc` 패키지를 사용하면 처음부터 직접 구현할 때보다 훨씬 쉽게 BLoC 패턴을 구현할 수 있습니다. 이 패키지를 사용해 다음 예제를 생성했으며, 이를 구조화하는 방법은 다음과 같습니다.

데이터 계층

이 계층은 이전 구현과 대부분 동일하게 유지되며 `LocalTodoDataSource`와 `RemoteTodoDataSource`가 데이터 관련 작업을 처리합니다.

```
// 로컬과 원격 데이터 소스들
class LocalTodoDataSource implements TodoRepository { ... }
class RemoteTodoDataSource implements TodoRepository { ... }

// 데이터 모델
class TodoDataModel { ... }

// 저장소 구현
class _TodoRepositoryImpl implements TodoRepository { ... }
```

도메인 계층

Todo 도메인 모델과 유스 케이스를 보존합니다.

```
// 비즈니스 로직이 포함된 도메인 모델
class Todo extends TodoDataModel { ... }

// 유스 케이스 구현
class _TodoUseCases implements TodoUseCases { ... }
```

프레젠테이션 계층

BLoC 계층이 기존의 상태 관리 구현을 대체하게 됩니다.

사용자 상호작용이나 생명주기 이벤트를 나타내는 이벤트를 정의합니다.

```
abstract class TodoEvent {}

class LoadTodos extends TodoEvent {}

class AddTodo extends TodoEvent {
  final Todo todo;
  AddTodo(this.todo);
}

class UpdateTodo extends TodoEvent {
  final Todo todo;
  UpdateTodo(this.todo);
}
```

```
class DeleteTodo extends TodoEvent {
  final String id;
  DeleteTodo(this.id);
}
```

UI의 다양한 상태를 나타내는 상태들을 정의합니다.

```
abstract class TodoState {}

class TodosLoading extends TodoState {}

class TodosLoaded extends TodoState {
  final List<Todo> todos;
  TodosLoaded(this.todos);
}

class TodoError extends TodoState {}
```

이벤트를 처리하고 상태를 내보내는 Bloc을 구현합니다. 이는 ChangeNotifier를 대체하는 역할을 합니다.

```
class TodoBloc extends Bloc<TodoEvent, TodoState> {
  final TodoUseCases todoUseCases;

  TodoBloc(this.todoUseCases)
      : super(
          TodosLoading(),
        ) {
    // 발생할 이벤트 수신체
    on<LoadTodos>(_onLoadTodos);
    // 그 외 이벤트 핸들러...
  }

  // 발생한 이벤트들을 처리
  Future<void> _onLoadTodos(
    LoadTodos event,
    Emitter<TodoState> emit,
  ) async {
    try {
      // 비즈니스 계층 유스 케이스에 접근
```

```
      final todos = await todoUseCases.getTodos();
      // 새 상태를 전달해 모든 구독체에게 UI를 업데이트하도록 알림
      emit(TodosLoaded(todos));
    } catch (_) {
      emit(TodoError());
    }
  }
}

// 일반적으로 싱글톤 객체이거나 의존성 주입 프레임워크를 사용함
final todoBlocInstance = TodoBloc(
  todosUseCasesInstance,
);
```

프레젠테이션 계층에서 Bloc의 상태에 따라 UI를 빌드하는 데 `BlocBuilder`, `BlocListener`, `BlocConsumer`를 사용합니다.

```
class TodoListScreen extends StatelessWidget {
  const TodoListScreen({super.key});
  @override
  Widget build(BuildContext context) {
    return Scaffold(
      appBar: AppBar(
        title: const Text('Todo List'),
      ),
      // TodoBloc의 변경된 상태 수신
      body: BlocBuilder<TodoBloc, TodoState>( //<---
        builder: (context, state) {
          if (state is TodosLoading) {
            return const CircularProgressIndicator();
          } else if (state is TodosLoaded) { //<---
            return ListView(
              children: state.todos
                  .map(
                    (todo) => Text(
                      todo.title,
                    ),
                  )
                  .toList(),
            );
          } else {
            return Column(
```

```
          children: [
            const Text('Something went wrong!'),
            ElevatedButton(
              onPressed: () {
                // 필요에 따라 다른 이벤트 추가
                BlocProvider.of<TodoBloc>(context).add(
                  LoadTodos(),
                );
              },
              child: const Text('Retry'),
            ),
          ],
        );
      }
    },
  ),
);
    }
  }
```

메인 함수에서 TodoBloc을 초기화하고 제공합니다.

```
void main() {
  runApp(MaterialApp(
    // TodoListScreen에 필요한 BLoC 제공
    home: BlocProvider(
      // 즉시 LoadTodos 이벤트를 추가해 데이터 가져오기
      create: (context) => todoBlocInstance
        ..add(
          LoadTodos(),
        ),
      child: const TodoListScreen(),
    ),
  ));
}
```

이 설정에서 TodoBloc은 UI에서 발생하는 이벤트를 수신하고, 유스 케이스와 상호작용하며, UI가 수신하여 이에 따라 업데이트할 수 있는 상태를 내보냅니다. 이 아키텍처 패턴은 스트림을 다뤄, 반응형 프로그래밍 형태로 쉽게 만들어 줍니다.

이 예시는 다른 계층은 변경하지 않고 프레젠테이션 계층을 어떻게 리팩터링하는지 보여줍니

다. 다른 상태 관리에서도 동일한 작업을 수행할 수 있습니다.

애플리케이션에 따라 계층과 그 구성 요소가 변경될 수 있습니다. 예를 들어 많은 애플리케이션에서 프레젠테이션 계층은 UI와 BLoC으로 구성되며, BLoC 자체에 모든 비즈니스 로직이 포함됩니다. 도메인 계층은 오직 저장소만 포함하고 데이터 계층은 데이터 소스만 포함할 때가 많습니다.

이처럼 계층 관리는 여러분에게 달려 있지만, 필자는 상태 관리에서 모든 로직을 분리하고 저장소를 데이터 계층에 유지하는 방식을 선호합니다. 이렇게 하면 결합도가 낮아지고 필요할 때 아키텍처의 구성 요소를 교체하기가 더 쉬워진다고 생각합니다.

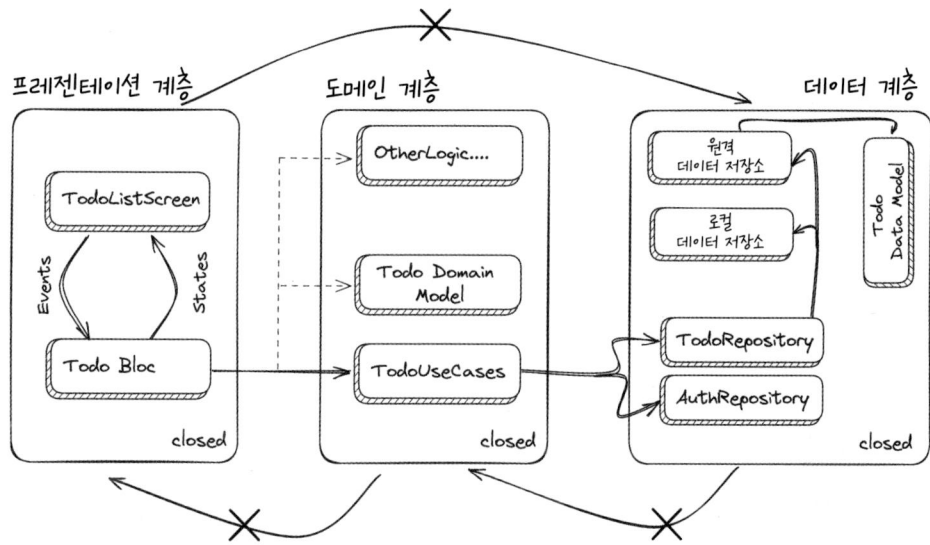

그림 8-4 계층 설계 스타일에서 영감을 받은 BLoC 패턴

8.2.3 MVVM

모델-뷰-뷰 모델model-view-view model(MVVM) 패턴은 객체를 세 가지 구분된 그룹으로 분리하는 구조적 디자인 패턴입니다.

- **모델**: 애플리케이션의 데이터와 비즈니스 로직을 나타냅니다. 데이터 가져오기, 저장, 조작을 책임지며 백엔드 시스템이나 데이터베이스와 자주 통신합니다.

- **뷰**: UI 컴포넌트에 해당합니다. 뷰 모델view model에서 제공하는 데이터를 표시하고 사용자 상호작용을 뷰 모델에 다시 전달합니다. 플러터에서는 위젯이 뷰의 역할을 합니다.
- **뷰 모델**: 모델과 뷰 사이의 다리 역할을 합니다. 뷰 대부분의 표시 로직을 처리하며 모델의 데이터를 뷰에 표시할 수 있는 값으로 변환합니다.

MVVM 패턴을 사용하면 다음과 같은 여러 가지 이점이 있습니다.

- **관심사 분리**: MVVM은 비즈니스 로직과 UI 코드를 분리하여 코드의 조직을 개선합니다. 이 분리는 개발 과정을 단순화하고 코드의 가독성을 높입니다.
- **데이터 흐름**: 뷰는 뷰 모델과 상호작용해 정보를 표시하고 사용자 입력을 캡처합니다. 뷰 모델은 모델과 통신해 데이터를 가져오거나 업데이트합니다. 모델의 변화는 뷰 모델에 전달되며, 뷰 모델은 이에 따라 뷰를 업데이트합니다.
- **반응성**: 플러터의 반응성은 MVVM과 시너지를 발휘합니다. 뷰 모델은 모델의 변화에 반응해 자동으로 뷰를 업데이트할 수 있습니다.
- **상태 관리**: MVVM은 효율적인 상태 관리를 지원하므로 애플리케이션 상태의 변경 사항을 추적하고 관리하기가 쉬워집니다.

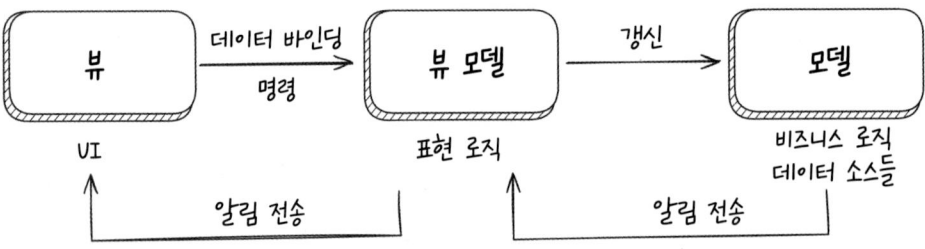

그림 8-5 MVVM패턴

앞에서 살펴본 할 일 애플리케이션을 기반으로 MVVM 아키텍처 패턴을 사용해 할 일 애플리케이션을 구현하겠습니다.

모델

모델은 Todo 클래스, DataSource 인터페이스 및 그 구현체로 구성됩니다.

```
abstract class DataSource {
  Future<List<Todo>> fetchTodos();
  Future<void> addTodo(Todo todo);
```

```dart
    Future<void> updateTodo(Todo todo);
    Future<void> deleteTodo(String id);
  }

  class Todo {
    Todo({
      required this.id,
      required this.title,
      this.createdAt,
      this.updatedAt,
      this.isCompleted = false,
    });
    final String id;
    final String title;
    final bool isCompleted;
    final String? createdAt;
    final String? updatedAt;
    String get slug => title.toLowerCase().replaceAll(' ', '-');
    factory Todo.fromJson(
      Map<String, dynamic> json,
    ) {
      return Todo(
        id: json['id'],
        title: json['title'],
        isCompleted: json['isCompleted'],
        createdAt: json['createdAt'],
        updatedAt: json['updatedAt'],
      );
    }
    toJson() {
      return {
        'id': id,
        'title': title,
        'isCompleted': isCompleted,
        'createdAt': createdAt,
        'updatedAt': updatedAt,
      };
    }
  }
```

그 외 다양한 데이터 소스를 구현합니다.

```dart
  class LocalTodoDataSource implements DataSource {
```

```dart
  @override
  Future<void> addTodo(Todo todo) {
    throw UnimplementedError();
  }

  @override
  Future<void> deleteTodo(String id) {
    throw UnimplementedError();
  }

  @override
  Future<List<Todo>> fetchTodos() {
    return Future.delayed(
      const Duration(seconds: 5),
      () => List<Todo>.generate(
        10,
        (index) => Todo(
          id: '$index',
          title: 'Todo $index',
          isCompleted: false,
          createdAt: DateTime.now().toLocal().toString(),
          updatedAt: DateTime.now().toLocal().toString(),
        ),
      ),
    );
  }

  @override
  Future<void> updateTodo(Todo todo) {
    throw UnimplementedError();
  }
}

// 원격 데이터 소스
class RemoteTodoDataSource implements DataSource {
  // ...
}
```

뷰 모델

뷰 모델 클래스는 명령을 수신하고 모델을 업데이트하며, 데이터를 수신한 후 UI를 업데이트하기 위해 뷰에 알립니다.

```
class TodoViewModel {
  final RemoteTodoDataSource _remoteDataSource;
  final LocalTodoDataSource _localDataSource;
  List<Todo> _todos = [];
  // notifier 가져오기 명령
  late final Command fetchTodosCommand;
  TodoViewModel(
    this._remoteDataSource,
    this._localDataSource,
  ) {
    // 할 일 가져오기 명령 생성 및 초기화
    fetchTodosCommand = Command(_fetchTodos);
  }
  List<Todo> get todos => _todos;
  // 실제 데이터 소스와 연결하기 위한 할 일 연결 구현
  Future<void> _fetchTodos() async {
    _todos = [];
    try {
      _todos = await _remoteDataSource.fetchTodos();
    } catch (e) {
      _todos = await _localDataSource.fetchTodos();
    }
  }
  // 추가로 필요한 명령 메서드 구현
}

// 일반적으로 싱글톤이나 의존성 주입 프레임워크를 사용함
final TodoViewModel todoViewModelInstance = TodoViewModel(
  RemoteTodoDataSource(),
  LocalTodoDataSource(),
);
```

이 명령은 변경에 대한 알림입니다. 실행 시 모델을 갱신하고 완료 시 UI에 변경 알림을 보냅니다.

```
typedef CommandAction = Future<void> Function();

class Command extends ChangeNotifier {
  final CommandAction _action;
  bool _isExecuting = false;
  Command(this._action);
```

```dart
  bool get isExecuting => _isExecuting;
  Future<void> execute() async {
    if (_isExecuting) return;
    _isExecuting = true;
    // 실행 시작 시 구독체에 알림
    notifyListeners();
    try {
      await _action();
    } finally {
      _isExecuting = false;
      //  실행이 완료되면 리스너들에 알림
      notifyListeners();
    }
  }
}
```

뷰

TodoList는 뷰 모델에 의존합니다. ListenableBuilder를 사용해 데이터 바인딩을 수행하고, 상호작용 시 뷰 모델의 기존 명령을 실행해 UI를 적절하게 업데이트합니다.

```dart
class TodoListScreen extends StatelessWidget {
  TodoListScreen({
    super.key,
    required this.todoViewModel,
  }) {
    todoViewModel.fetchTodosCommand.execute(); //<---
  }
  final TodoViewModel todoViewModel;
  @override
  Widget build(BuildContext context) {
    return Scaffold(
      appBar: AppBar(title: const Text('Todo List')),
      body: ListenableBuilder(
        // 가져오기 명령에 대한 알림 수신
        listenable: todoViewModel.fetchTodosCommand, //<---
        builder: (BuildContext context, Widget? child) {
          return Column(
            children: [
              Expanded(
                child: ListView.builder(
                  itemCount: todoViewModel.todos.length,
```

```
            itemBuilder: (context, index) {
              return Text(
                todoViewModel.todos[index].title,
              );
            },
          ),
        ),
        ElevatedButton(
          onPressed: () {
            //<---
            if (!todoViewModel //<---
              .fetchTodosCommand
              .isExecuting) {
              // 할 일 가져오기 명령을 실행해 목록 업데이트
              todoViewModel.fetchTodosCommand.execute();
            }
          },
          child: todoViewModel //<---
            .fetchTodosCommand
            .isExecuting
            ? const Text('Loading...')
            : const Text('Refresh'),
        ),
      ],
    );
  },
  ),
  );
 }
}
```

놀랍게도, 이 패턴은 계층 아키텍처 스타일에도 잘 맞을 수 있습니다. 이 접근 방식에서는 프레젠테이션 레이어가 오직 뷰와 뷰 모델로 구성되며, 모델이 데이터 레이어가 됩니다.

다양한 MVVM의 변형을 접할 수 있지만, 이 구현 방식이 MVVM 패턴의 기본입니다. 예를 들어 명령을 실행하는 대신 뷰 모델이 자신에게 메서드를 호출하고 변경에 대한 알림 역할을 할 수도 있습니다. 또는 모델이 다양한 소스에서 데이터를 집계하는 저장소를 가질 수도 있습니다. 얼마든지 이렇게 변형할 수 있으며, 선택하는 방법은 애플리케이션의 규모와 특정 요구사항에 따라 달라질 수 있습니다.

8.3 플러터 표준 외의 아키텍처들

앞서 언급했듯이, 플러터 개발에서 인기 있는 패턴들이 있습니다. 하지만 새로운 패턴을 발견하고 그 작동 방식을 배우는 것은 언제나 유익합니다. 이는 지식과 기술을 확장하는 데 도움이 됩니다. 이 절에서는 다양한 방식으로 인기를 끌고 흥미로운 개념을 가진 몇 가지 UI 패턴을 설명하겠습니다. 구현 세부 사항은 여기서 다루지 않지만, 직접 실험해 보기를 권장합니다. 이러한 패턴을 구현해 본 후 필자나 다른 사람들과 작업을 공유해 주세요. 여러분이 무엇을 만들지 정말 기대됩니다!

8.3.1 MVP, MVI, MVB, MVU/TEA

각 패턴은 애플리케이션 구조화에 대한 고유한 접근 방식을 제공합니다. 다양한 패턴을 배우는 것은 개발자의 아키텍처 도구 키트를 확장해 주지만, 많은 패턴은 약간의 조정만으로 거의 동일하게 구현할 수 있습니다.

MVP

모델-뷰-프리젠터 model-view-presenter (MVP) 아키텍처는 전통적인 MVC 패턴의 개선된 형태로, 관심사 분리를 향상하는 데 중점을 둡니다. 이 아키텍처는 역할과 책임의 명확한 구분 덕분에 유지보수성과 테스트 용이성이 향상되어 안드로이드 개발에서 특히 인기가 많습니다. 패턴의 핵심 구성 요소는 다음과 같습니다.

- **모델**: 애플리케이션의 데이터와 비즈니스 로직을 처리합니다. UI와 독립적으로 데이터 검색, 변환, 저장과 같은 기능을 포함할 수 있습니다. 프리젠터 presenter 와 통신해 데이터를 제공하거나 저장합니다.
- **뷰**: UI를 나타내며, 사용자에게 데이터를 표시하고 사용자 입력을 캡처합니다. 비즈니스 로직이 없는 가볍고 간결한 구성 요소입니다. 프리젠터로부터 데이터를 받아 표시하고 사용자 동작을 다시 프리젠터에 보냅니다.
- **프리젠터**: 뷰와 모델 사이의 중재자 역할을 합니다. 애플리케이션의 핵심 로직을 포함하며 모델에서 데이터를 가져와 뷰에 맞게 구조화합니다. 또한 사용자 상호작용을 처리하고 모델을 적절히 업데이트합니다. 뷰로부터 입력을 받고, 모델로부터 데이터를 가져오거나 업데이트하며, 뷰를 업데이트합니다. MVP의 프리젠터는 대부분의 로직을 처리하여 뷰의 복잡성을 줄이고 최대한 단순하게 유지합니다.

플러터에서 MVP는 모델, 뷰(위젯), 프리젠터를 별도의 클래스를 정의함으로써 구현할 수 있습니다. 뷰(위젯)는 프리젠터와 통신해 사용자 입력을 처리하고 데이터를 표시하며, 프리젠터는 모델과 상호작용해 데이터를 검색하거나 업데이트합니다. 이러한 분리는 각 구성 요소의 독립적인 개발과 테스트를 용이하게 합니다.

MVI

모델-뷰-인텐트^{model-view-intent}(MVI)는 반응형 프로그래밍 환경에서 인기 있는 아키텍처 패턴입니다. 함수형 및 반응형 프로그래밍 패러다임에서 사용하며, 특히 RxJava와 같은 반응형 데이터 흐름을 수용하는 프레임워크에 적합합니다. 패턴의 핵심 구성 요소는 다음과 같습니다.

- **모델**: 애플리케이션이나 특정 기능의 상태를 나타냅니다. 불변이며 주어진 시점에 UI의 가시 상태를 완전히 나타냅니다. 인텐트에 대한 응답으로 생성되며 뷰에 제공되어 렌더링됩니다.
- **뷰**: 받은 상태(모델)를 기반으로 UI를 렌더링합니다. 비즈니스 로직이 없는 수동적 구성 요소로, 현재 상태를 반영합니다. 사용자 상호작용에 기반해 인텐트를 발생시키고 모델을 기반으로 UI를 렌더링합니다.
- **인텐트**^{intent}: 사용자가 상태 변경을 의도하는 행위로 예를 들어 버튼을 클릭하거나 화면을 당겨 새로고침하는 것을 표현합니다. 이는 비즈니스 로직을 실행시키기 위한 메시지 또는 명령으로 볼 수 있습니다. 즉, 뷰에서 애플리케이션의 핵심 로직으로 '상태를 이렇게 변경해달라'라고 요청을 보내는 것입니다.

MVI는 플러터에서 UI가 복잡한 애플리케이션에서 상태를 관리하는 데 잘 맞는 패턴이며 반응형 프로그래밍 기법과 결합하면 특히 효과적입니다. 단방향 데이터 흐름과 불변 상태 모델을 강조함으로써 더 예측 가능하고 관리하기 쉬운 코드베이스를 제공합니다. 반응형이나 함수형 프로그래밍에 익숙하지 않은 사람들에게는 사고의 전환이 필요할 수 있지만, 명확성과 유지보수성의 이점은 상당히 클 수 있습니다.

MVB

모델-뷰-바인더^{model-view-binder}(MVB)는 특히 사용자 인터페이스(UI) 개발에서 코드의 명확성과 효율성을 향상하는 아키텍처 패턴의 변형입니다. MVP, MVVM, MVI와 같은 패턴보다 덜 알려졌지만 독특한 장점을 제공합니다. MVB의 핵심 구성 요소와 개념은 다음과 같습니다.

- **모델**: 애플리케이션의 데이터와 비즈니스 로직을 나타냅니다. 다른 패턴의 모델과 유사하며 애플리케이션의 데이터, 규칙, 로직을 관리합니다.
- **뷰**: MVB의 뷰는 사용자에게 데이터를 제공합니다. 정보 표시와 사용자 상호작용을 수신하는 UI 구성 요소입니다.
- **바인더**^{binder}: 바인더는 MVB의 독특한 구성 요소입니다. 모델과 뷰 사이의 중재자 역할을 하지만 프리젠터

나 뷰 모델과는 다르게 작동합니다. 바인더는 모델의 변화를 감지하고 그에 따라 뷰를 업데이트합니다. 또한 뷰에서 사용자 상호작용을 처리해 이를 모델의 동작이나 변경으로 변환합니다. 바인더는 MVB 패턴의 중심 요소로, 뷰와 모델 간의 동기화를 강조합니다. 프리젠터나 뷰 모델이 비즈니스 로직을 포함할 수 있는 MVP나 MVVM과는 달리, MVB의 바인더는 주로 데이터 바인딩에 중점을 둡니다.

MVB는 바인더를 사용해 모델과 뷰 간의 반응형 동기화에 중점을 두어 UI 개발에 구조화된 접근 방식을 제공합니다. MVVM이나 MVP만큼 널리 사용되지는 않지만, MVB는 반응형 프로그래밍을 활용해 더 반응적이고 유지관리가 수월한 UI 코드를 작성하려는 개발자에게 유효한 대안이 될 수 있습니다.

MVU/TEA

모델-뷰-업데이트$^{model-view-update}$(MVU)는 주로 함수형 프로그래밍에서 인기를 얻은 아키텍처 패턴입니다. 간결함과 사용자 인터페이스 구축의 효율성으로 유명하며, 특히 Elm과 같은 언어로 웹 개발에서 많이 사용됩니다. 이 패턴은 다른 플랫폼과 언어에서도 핵심 원칙을 적용해 사용되기도 합니다. MVU/TEA$^{The\ Elm\ Architecture}$의 핵심 구성 요소는 다음과 같습니다.

- **모델**: 애플리케이션의 상태를 나타냅니다. MVU에서 모델은 일반적으로 애플리케이션의 현재 상태에 관해 알아야 할 모든 것을 설명하는 불변 데이터 구조입니다.
- **뷰**: 모델을 입력으로 받아 이를 기반으로 사용자 인터페이스 설명을 반환하는 함수입니다. 뷰는 순수하게 선언적이며 비즈니스 로직을 포함하지 않습니다.
- **업데이트**: 현재 모델과 메시지(UI에서 발생한 이벤트. 예: 사용자 액션)를 받아 새로운 모델을 생성하는 함수입니다. 비즈니스 로직은 업데이트 함수에 있으며 메시지에 대한 응답으로 애플리케이션의 상태를 변경합니다.

MVU/TEA는 간결성, 단방향 데이터 흐름, 불변성, 함수형 프로그래밍 원칙을 강조하는 점에서 두드러집니다. 이 패턴에서는 모든 사이드이펙트를 UI 로직에서 분리해야 합니다. 함수형 프로그래밍 스타일을 따르는 다른 패턴을 채택하려 한다면, 시도해 볼만합니다.

8.3.2 VIPER

VIPER는 뷰, 인터랙터^{interactor}, 프리젠터, 엔티티, 라우터로 구성된 아키텍처 패턴입니다. 주로 iOS 개발에서 사용하며, 전통적인 MVC 아키텍처의 일반적인 문제점을 해결하고자 애플리케이션을 명확히 구분된 책임 계층으로 나누도록 설계되었습니다. 각 구성 요소를 살펴보겠습니다.

- **뷰**: UI(사용자 인터페이스)를 표시하고 사용자 상호작용을 수신합니다. 플러터에서는 위젯이나 화면에 해당합니다.
- **인터랙터**: 이 계층은 애플리케이션의 비즈니스 로직을 포함합니다. 이는 엔티티(모델)를 조작하고 외부 데이터 소스나 서비스와 통신하는 애플리케이션의 주요 기능이 존재하는 곳입니다.
- **프리젠터**: 프리젠터는 인터랙터에서 정보를 받아 뷰에서 표시할 수 있도록 규격화합니다. 프레젠테이션 로직을 처리하는 중개자 역할을 하며, 전통적인 MVC와는 달리 사용자 입력을 직접 처리하지 않습니다.
- **엔티티**: 엔티티는 인터랙터에서 사용하는 단순 데이터 모델입니다. 애플리케이션의 데이터와 상태를 나타내지만 비즈니스 로직을 포함하지 않습니다.
- **라우터**: VIPER에서 라우터는 내비게이션 로직을 처리하며 애플리케이션에서 화면 전환 흐름을 결정합니다. 플러터에서는 네임드 라우트 named route나 내비게이션 함수로 관리할 수 있습니다.

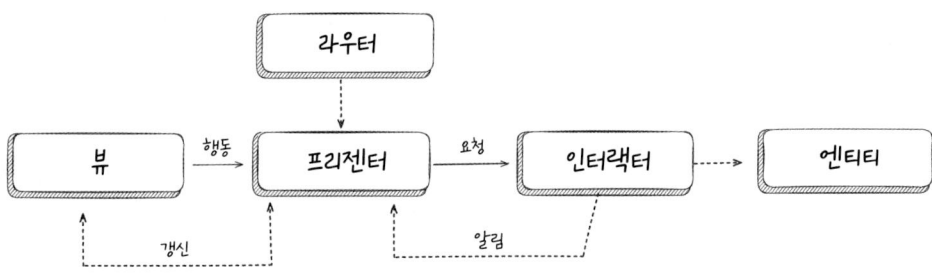

그림 8-6 VIPER 흐름 구성도

VIPER의 명확한 계층 분리는 관심사 분리를 촉진해 각 구성 요소를 테스트하고 유지관리하기 쉽게 합니다. 그러나 다른 아키텍처보다 복잡한 구조로 이어질 수 있으며 소규모 플러터 애플리케이션에는 과할 수 있습니다.

8.3.3 RIBs

라우터, 인터랙터, 빌더 router, interactor, builder (RIBs)[2]는 우버 Uber에서 개발한 아키텍처 프레임워크로, 복잡한 대규모의 모바일 애플리케이션에 적합하게 설계되었습니다. 이 프레임워크는 멀티 플랫폼 협업을 증진하고, 글로벌 상태를 최소화하며, 높은 테스트 용이성을 보장합니다. 다음

---

[2] https://github.com/uber/RIBs

은 각 구성 요소의 상세 개요입니다.

- **인터랙터**: 비즈니스 로직을 포함하며 Rx 구독, 상태 변경 결정, 데이터 저장, 자식 RIB 첨부를 처리합니다.
- **라우터**: 인터랙터 출력을 자식 RIB의 연결 및 해제로 변환하며, 복잡한 인터랙터 로직의 테스트를 돕는 험블 객체humble object로 작동합니다.
- **빌더**: RIB의 클래스와 각 자식 RIB의 빌더의 인스턴스화를 담당합니다. 프로젝트에서 사용하는 DI 시스템을 압니다.
- **프리젠터**(선택 사항): 비즈니스 모델을 뷰 모델로 변환하거나 그 반대로 변환해 뷰 모델 변환의 테스트를 용이하게 합니다.
- **뷰**(**컨트롤러**controller): 레이아웃, 사용자 상호작용, 데이터 표시, 애니메이션을 포함한 UI를 구축하고 업데이트합니다. 뷰는 가능한 한 '멍청하게' 설계됩니다.
- **컴포넌트**: RIB 의존성을 관리하고 그 접근을 제어하며, RIB에 필요한 외부 의존성을 제공합니다.

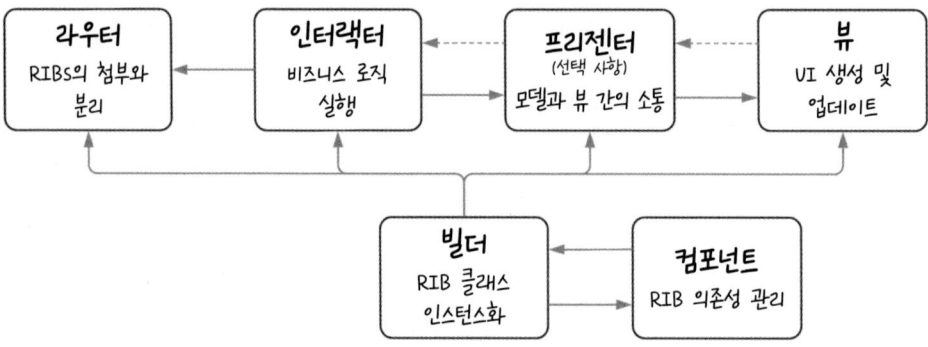

그림 8-7 RIB 흐름 구성도(Uber/RIB 깃허브 저장소 제공)

애플리케이션 상태는 현재 RIB 트리에 첨부된 RIB들이 관리합니다. 각 RIB는 자신의 범위 내에서 상태를 결정하며, 이는 글로벌 상태 문제를 피하는 데 도움이 됩니다. 사용자 프로필 설정과 같은 추가 상태는 불변 모델의 스트림에 저장됩니다.

RIB 간의 통신에서, 하향 통신은 일반적으로 Rx 스트림이나 자식 RIB의 빌드 메서드의 매개변수로 이루어집니다. 반면, 상향 통신은 수신자 인터페이스를 통해 이루어지므로 결합도가 낮고 메모리 누수가 없는 아키텍처를 만들 수 있습니다.

RIB는 대규모 애플리케이션용으로 설계되었으며 많은 보일러 플레이트 코드를 포함합니다. 이 패턴을 플러터에서 사용하기로 한다면 코드 생성을 통해 이를 도울 수 있습니다.

8.4 클린 아키텍처

클린 아키텍처clean architecture를 UI 패턴으로 논의하는 것은 적절하지 않습니다. 세부 구현 제안을 포함한 아키텍처의 청사진이기 때문입니다. 그러나 이 개념은 UI 개발에 유익합니다. 클린 아키텍처를 이해하려면 도메인 중심 아키텍처의 개념을 파악해야 합니다.

8.4.1 도메인 중심 아키텍처

도메인 중심 아키텍처domain-centric architecture는 소프트웨어 설계에서의 패러다임 전환을 나타내며, 니콜라우스 코페르니쿠스Nicolaus Copernicus[3]가 지동설을 제안했을 때 천문학에서 일어난 혁명적인 변화와 유사합니다. 이 비유는 데이터베이스 중심database-centric에서 도메인 중심으로 소프트웨어 아키텍처의 초점이 근본적으로 변화해야 함을 강조합니다.

전통적인 3계층 데이터베이스 중심 아키텍처는 데이터베이스를 중심으로 UI, 비즈니스 로직, 데이터 접근 계층이 이를 둘러싸는 형태입니다. 반면에 도메인 중심 아키텍처는 도메인 모델을 우선시하며 데이터베이스와 다른 외부 요소를 구현 세부 사항으로 취급합니다. 이 접근 방식은 로버트 C. 마틴Robert C. Martin (일명 밥 아저씨Uncle Bob)의 "아키텍처는 구성 재료보다 사용성을 우선시해야 한다"라는 견해[4]와 일치합니다.

도메인 중심 아키텍처의 주요 유형은 다음과 같습니다.

- **헥사고날 아키텍처**hexagonal architecture : 애플리케이션 계층이 중앙에 있고 포트와 어댑터가 이를 둘러싼 계층형 아키텍처입니다. 이러한 어댑터는 아키텍처가 UI, 데이터베이스, 외부 시스템에 독립적으로 작동하게 하므로 고립된 테스트가 가능해집니다.
- **어니언 아키텍처**onion architecture : 이 아키텍처도 도메인을 중심에 두고 그 주위를 애플리케이션 계층이 둘러쌉니다. 외부 계층에는 얇은 UI 계층과 영속성을 위한 인프라 계층이 포함됩니다. 모든 의존성이 도메인 쪽으로 향해야 함을 강조합니다.
- **클린 아키텍처** : 다른 두 가지와 유사하게, 엔티티가 중심에 있고 애플리케이션 계층을 형성하는 유스 케이스가 있습니다. 외부 계층은 다양한 외부 의존성에 대한 포트와 어댑터로 구성됩니다.

도메인 중심 아키텍처는 애플리케이션의 높은 복잡성과 긴 생명주기 때문에 현대 소프트웨어

---

[3] https://en.wikipedia.org/wiki/Nicolaus_Copernicus
[4] https://blog.cleancoder.com/uncle-bob/2011/09/30/Screaming-Architecture.html

개발에서 점점 더 중요해지고 있습니다. 이 접근 방식은 현대 개발 관행과 일치하며 확장성, 유지보수성, 적응성을 향상합니다.

8.4.2 클린 아키텍처 계층

클린 아키텍처는 책임이 각기 다른 여러 계층으로 시스템을 나누기를 권장합니다.

- **엔티티 계층**: 이 객체들은 애플리케이션의 전사적 정책과 비즈니스 규칙을 나타냅니다.
- **유스 케이스 계층**: 비즈니스 로직을 포함하고 엔티티와 인터페이스 어댑터 간의 데이터 흐름을 조정합니다.
- **인터페이스 어댑터 계층**: 컨트롤러, 게이트웨이, 프리젠터, 뷰를 포함하며 외부 계층에 필요한 데이터 형식과 유스 케이스 및 엔티티에 가장 적합한 형식 간의 데이터를 변환합니다.
- **프레임워크 및 드라이버 계층**: 데이터베이스, 웹, UI 프레임워크를 포함하며 비즈니스 로직이 아닌 구현 세부 사항에 초점을 맞춥니다.

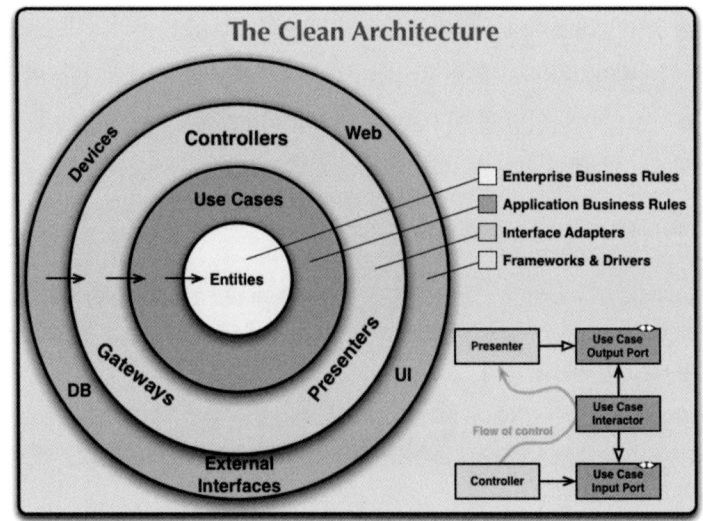

그림 8-8 클린 아키텍처(출처: cleancoder.com)

클린 아키텍처는 여러 원칙에 기반하며 그중 하나가 의존성 규칙입니다. 이 규칙은 의존성이 항상 안쪽을 가리켜야 한다고 명시합니다. 즉, 애플리케이션의 내부 계층은 외부 계층에 독립적이어야 합니다. 예를 들어 비즈니스 규칙은 데이터베이스와 사용자 인터페이스를 비밀로 유지해야 합니다. 이 규칙은 각 계층이 자신의 관심사에 책임을 지도록 해서 시스템을 쉽게 관리하고, 적응시키며, 테스트할 수 있게 합니다.

8.4.3 플러터와 클린 아키텍처

클린 아키텍처의 핵심 개념을 이해했으므로 이를 플러터에서 어떻게 구현해야 하는지 더 쉽게 이해할 수 있습니다.

클린 아키텍처는 최소 세 개의 계층으로 구성되며 요구사항에 따라 더 많은 계층이 추가될 수 있습니다.

- 프레젠테이션 계층은 사용자 인터페이스와 상태 홀더를 포함합니다.
- 도메인 계층은 순수 비즈니스 로직을 구성하는 유스 케이스, 엔티티, 컨트렉트를 포함합니다. UI와 데이터 계층은 모두 이 계층에 접근할 수 있습니다.
- 데이터 계층은 저장소, 데이터 소스, 모델, 매퍼를 포함합니다. 데이터 계층의 주요 역할은 데이터 모델을 엔티티로 변환하거나 그 반대로 변환하는 것입니다. 도메인 계층은 데이터 타입이나 변환 방법을 알지 못합니다. 데이터 계층의 매퍼가 필요한 이유는 도메인 계층의 요구에 따라 데이터를 변환하기 때문입니다.

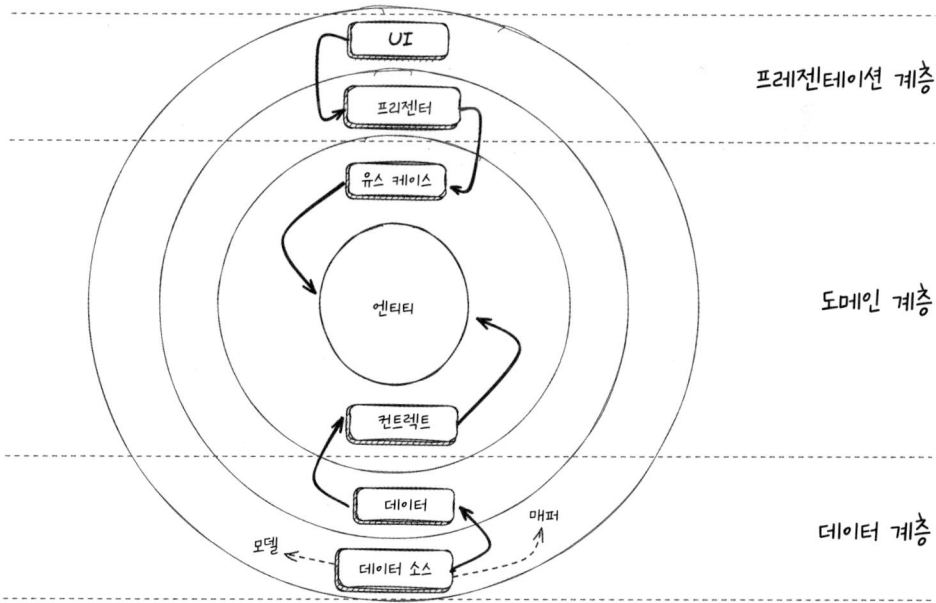

그림 8-9 플러터를 위한 3계층의 클린 아키텍처

이 장에서 이미 유사한 3계층 저장소 패턴을 구현했습니다. 주요 차이점은 데이터 계층과 프레젠테이션 계층이 도메인 계층에 접근하는 데 중점을 둔다는 것입니다. 이제 코드 구현을 살펴보겠습니다.

폴더 구조부터 시작해 봅시다.

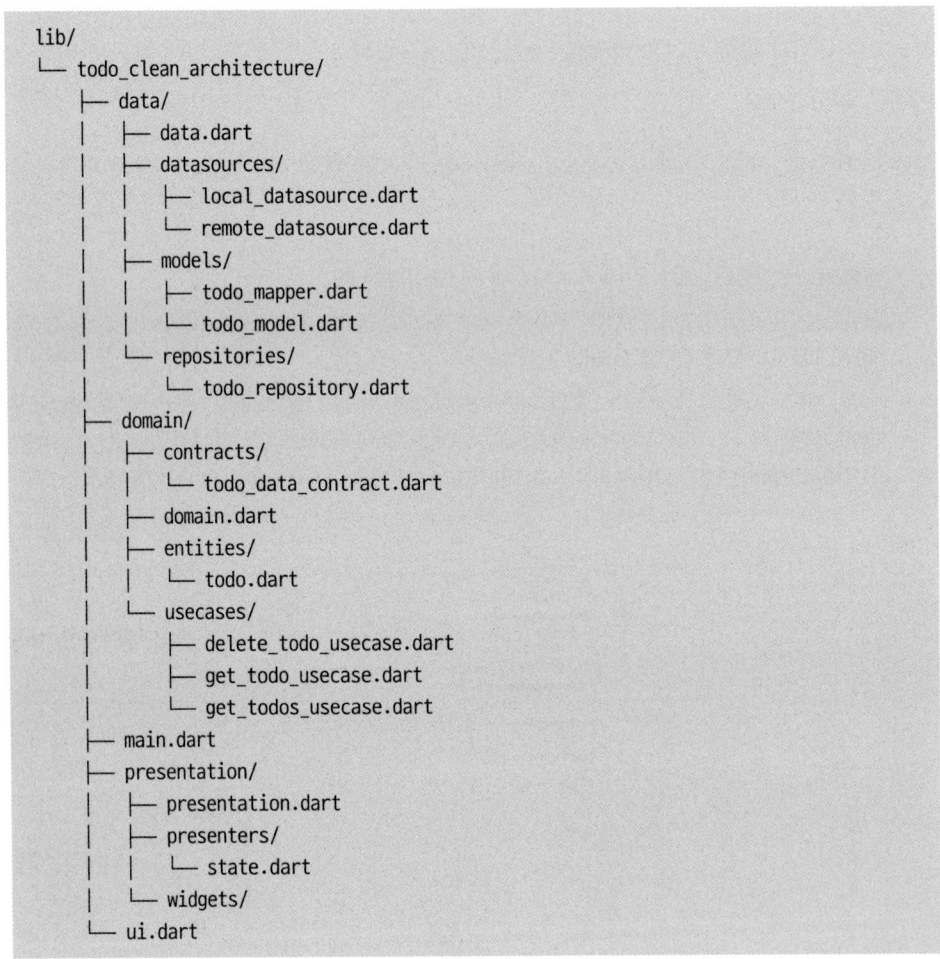

가장 중요한 도메인 계층 구현부터 시작하겠습니다.

도메인 계층

다른 계층에 연결되지 않은 비즈니스 로직은 여기에 배치해야 합니다.

필요한 로직이 있는 비즈니스 엔티티입니다. 이 엔티티는 데이터 모델이 어떻게 구조화되거나 파생되는지 알지 못합니다.

```dart
class Todo {
  Todo({
    required this.id,
    required this.title,
    this.createdAt,
    this.updatedAt,
    this.isCompleted = false,
  });
  final String id;
  final String title;
  final bool isCompleted;
  final String? createdAt;
  final String? updatedAt;
  // 비즈니스 로직 예시
  get slug => title.toLowerCase().replaceAll(' ', '-');
}
```

유스 케이스는 애플리케이션별 비즈니스 규칙을 캡슐화하고 엔티티(비즈니스 개체)와의 데이터 흐름을 관리하는 데 매우 중요합니다. 사용 사례는 기본적으로 시스템 내에서 수행할 수 있는 작업을 나타냅니다.

```dart
class GetTodosUseCase {
  GetTodosUseCase({
    required this.todoRepository,
  });
  final TodoRepository todoRepository;
  Future<List<Todo>> call() async {
    return todoRepository.fetchTodos();
  }
}
```

데이터 계층의 저장소가 구현해야 하는 인터페이스입니다.

```dart
abstract interface class TodoRepository {
  Future<List<Todo>> fetchTodos();
  Future<void> addTodo(Todo todo);
```

```
    Future<void> updateTodo(Todo todo);
    Future<void> deleteTodo(String id);
}
```

데이터 계층

이 계층은 다양한 소스에서 데이터를 검색하고 데이터 모델 개체를 도메인 모델에 정의된 엔티티 개체에 매핑합니다.

다양한 소스에서 다양하게 변형되어 수신된 데이터 모델입니다.

```
class TodoModel {
  TodoModel({
    required this.id,
    required this.title,
    required this.isCompleted,
    this.createdAt,
    this.updatedAt,
  });
  final String id;
  final String title;
  final bool isCompleted;
  final String? createdAt;
  final String? updatedAt;
  factory TodoModel.fromJson(Map<String, dynamic> json) {
    return TodoModel(
      id: json['id'],
      title: json['title'],
      isCompleted: json['isCompleted'],
      createdAt: json['createdAt'],
      updatedAt: json['updatedAt'],
    );
  }
  toJson() {
    return {
      'id': id,
      'title': title,
      'isCompleted': isCompleted,
      'createdAt': createdAt,
      'updatedAt': updatedAt,
    };
  }
```

}

데이터 계층과 도메인 계층 엔티티 간의 데이터 모델 변환을 담당합니다.

```
class TodoMapper {
  static Todo fromEntity(
    TodoModel todoModel,
  ) {
    return Todo(
      id: todoModel.id,
      title: todoModel.title,
      isCompleted: todoModel.isCompleted,
      createdAt: todoModel.createdAt,
      updatedAt: todoModel.updatedAt,
    );
  }

  static TodoModel toEntity(Todo todo) {
    return TodoModel(
      id: todo.id,
      title: todo.title,
      isCompleted: todo.isCompleted,
      createdAt: todo.createdAt,
      updatedAt: todo.updatedAt,
    );
  }

  static List<Todo> transformToModelList(List<TodoModel> models) {
    return models
        .map(
          (e) => fromEntity(e),
        )
        .toList();
  }
}
```

로컬 파일 관리, 데이터베이스, HTTP 호출 등 다양한 데이터 소스를 사용할 수 있습니다.

```
class LocalTodoDataSource {
  Future<List<Todo>> fetchTodos() {
    return Future.delayed(
```

```
      const Duration(seconds: 5),
      () => List<Todo>.generate(
        10,
        (index) => TodoMapper.fromEntity(
          TodoModel(
            id: '$index',
            title: 'Todo $index',
            isCompleted: false,
            createdAt: DateTime.now().toLocal().toString(),
            updatedAt: DateTime.now().toLocal().toString(),
          ),
        ),
      ),
    );
  }
}
```

데이터 소스가 반드시 컨트렉트와 관계가 있을 필요는 없습니다. 하지만 로컬 데이터 소스와 원격 데이터 소스 간의 데이터 소스가 동일한 인터페이스를 구현하도록 인터페이스를 만드는 편이 좋습니다.

데이터 계층에 필요한 도메인 컨트렉트를 구현합니다.

```
class TodoRepositoryImpl implements TodoRepository {
  const TodoRepositoryImpl({
    required this.localDataSource,
    required this.remoteDataSource,
  });
  final LocalTodoDataSource localDataSource;
  final RemoteTodoDataSource remoteDataSource;
  @override
  Future<List<Todo>> fetchTodos() async {
    try {
      return await remoteDataSource.fetchTodos();
    } catch (e) {
      return localDataSource.fetchTodos();
    }
  }
  // 로컬 및 원격 데이터 원본을 결합하는 로직 구현
}
```

추상화 수준은 프로젝트의 규모와 조직에 따라 다릅니다. 조직의 규모가 클수록 추상화하고 컨트렉트를 맺는 일이 더 중요합니다.

프레젠테이션 계층

이 계층은 현재 상태를 저장하고 사용자 인터페이스가 올바르게 표현되도록 업데이트합니다.

상태, 표시자 호출, 뷰 모델은 상태를 관리하고 유스 케이스를 실행해 화면에 반영하는 역할을 합니다.

```
class TodoState extends ChangeNotifier {
  TodoState({
    required this.getTodosUseCase,
  });
  GetTodosUseCase getTodosUseCase;
  List<Todo> _todos = [];
  @override
  List<Todo> get todos => _todos;
  @override
  Future<void> getTodos() async {
    _todos = await getTodosUseCase.call();
    notifyListeners();
  }
}
```

상태 갱신을 수신해 사용자 인터페이스(UI)의 렌더링을 처리합니다.

```
class TodoListScreen extends StatelessWidget {
  TodoListScreen({
    super.key,
    required this.todoState,
  }) {
    todoState.getTodos();
  }
  final TodoState todoState;
  @override
  Widget build(BuildContext context) {
    return Scaffold(
      appBar: AppBar(title: const Text('Todo List')),
      body: ListenableBuilder(
```

```
          listenable: todoState,
          builder: (BuildContext context, Widget? child) {
            return ListView.builder(
              itemCount: todoState.todos.length,
              itemBuilder: (context, index) {
                return Text(todoState.todos[index].title);
              },
            );
          },
        ),
      );
    }
  }
```

이제 모든 작업이 완료되었으므로 애플리케이션을 실행할 수 있습니다.

```
main() {
  runApp(
    MaterialApp(
      // 적절한 종속성 주입 라이브러리를 사용해야 함
      home: TodoListScreen(
        todoState: TodoState(
          getTodosUseCase: GetTodosUseCase(
            todoRepository: TodoRepositoryImpl(
              localDataSource: LocalTodoDataSource(),
              remoteDataSource: RemoteTodoDataSource(),
            ),
          ),
        ),
      ),
    ),
  );
}
```

계층화된 아키텍처를 살펴봤으니 이제 플러터에서 클린 아키텍처가 어떻게 작동하는지 이해하기가 더 쉬워졌을 것입니다. 이는 애플리케이션에서 패턴을 구현할 때 훌륭한 선택지를 제공합니다.

8.5 기회비용 고려하기

소프트웨어 아키텍처에서 올바른 패턴을 선택하는 것은 트레이드오프의 균형을 맞추는 일입니다. 각 패턴은 장단점이 있으며 만능 해결책은 없습니다. 주요 고려 사항으로는 아키텍처가 프로젝트의 특정 요구사항에 부합하는지 확인하는 적합성, 사용자나 데이터 또는 복잡성의 증가를 처리할 수 있는 확장성, 시스템을 얼마나 쉽게 업데이트하고 확장할 수 있는지 나타내는 유지보수성이 포함됩니다.

간단하고 확장 가능한 방식으로 시작하는 것이 좋습니다. 과도한 엔지니어링은 불필요한 복잡성을 초래할 수 있기 때문입니다. 선택된 아키텍처는 현재의 요구사항을 충족하는 동시에 미래의 변화에 적응할 수 있어야 합니다. 목표는 즉각적인 기능과 장기적인 적응성 사이의 균형을 맞춤으로써, 당장의 필요를 충족시키면서도 향후 개발에 유연하게 대처할 수 있는 시스템을 만드는 것입니다.

8.6 플러터 아키텍처 커스터마이징

플러터로 개발할 때 가장 중요한 요소는 아키텍처입니다. 효과적인 아키텍처를 만들려면 커스터마이징과 적응성에 중점을 두어야 합니다. 다양한 아키텍처 스타일을 참고하여 프로젝트의 특정 요구사항에 맞는 구조를 설계할 수 있습니다. 중요한 것은 모든 구성 요소, 데이터 흐름, 의존성이 명확하게 정의된 상태에서 각 요소를 혁신하고 혼합하는 것입니다.

오늘날의 소프트웨어 개발 환경에서는 반복적인 사고방식이 매우 중요합니다. 플러터와 프로젝트 요구사항이 계속 진화함에 따라 아키텍처도 이러한 변화에 적응할 만큼 유연해야 합니다. 최상의 아키텍처는 현재의 요구사항을 충족하면서도 미래의 성장과 변화를 수용할 만큼 기민해야 합니다.

8.7 결론

강력하고 유지보수가 용이하며 확장 가능한 애플리케이션을 개발하려면 플러터에서 다양한 아키텍처 패턴을 탐구하고 이해해야 합니다. 계층 아키텍처, BLoC, MVVM, 클린 아키텍처 등 다양한 아키텍처 패턴에는 고유한 장점과 트레이드오프가 있습니다.

프로젝트 요구사항, 팀의 전문성, 확장 필요성을 평가해 이러한 요소와 가장 잘 맞는 아키텍처를 선택해야 합니다. 적응적이고 반복적인 접근 방식을 채택하면 플러터 애플리케이션이 끊임없이 변화하는 소프트웨어 개발 환경에서도 효율적이고 관련성을 유지할 수 있습니다.

궁극적인 목표는 구조와 유연성 사이의 균형을 맞춰 잘 조직되고 적응 가능한 솔루션을 만드는 것입니다.

CHAPTER 9

동시성과 병렬성

검토자: Erick Zanardo

애플리케이션 개발 세계에서 다트와 플러터를 깊이 탐구하다 보면 동시성과 병렬성이라는 용어를 접하게 됩니다. 이러한 개념은 처음에는 복잡하게 들릴 수 있지만, 효율적이고 반응성 있는 애플리케이션을 만드는 데 필요한 요소입니다. 이 장에서는 이러한 용어를 알아보고 플러터 애플리케이션의 사용자 경험을 어떻게 향상하는지 보여드리겠습니다.

이번 장에서는 이 두 개념의 엔지니어링 측면과 특히 플러터를 사용한 UI 개발에서의 중요성에 관해 이야기하겠습니다.

9.1 동시성과 병렬성 이해하기

동시성은 여러 작업을 한 번에 처리하는 것을 의미합니다. 이는 여러 작업을 겹치는 기간 동안 관리하고 실행하는 것을 포함하지만, 반드시 동시에 simultaneously 실행되는 것을 의미하지는 않습니다. 여러 공을 공중에 던지는 곡예사를 생각해 보세요. 곡예사는 한 번에 하나의 공을 다루지만 여러 개의 공을 다루는 것 같은 인상을 줍니다. 이는 프로그래밍에서 여러 프로세스가 단일 코어를 공유하는 환경에 해당하며, 시스템이 작업 간에 빠르게 전환하여 동시에 실행되는 듯한 착각을 줍니다. 동시성의 주요 이점은 시스템 자원을 더 효율적으로 사용할 수 있고, 특히 계산

능력이 제한된 환경에서 응답성을 향상할 수 있다는 점입니다.

반면, 병렬성은 여러 작업을 실제로 동시에 실행하는 것을 의미합니다. 이는 여러 개의 코어나 프로세서가 있는 시스템에서 가능하며, 각 작업을 별도의 코어에서 동시에 실행할 수 있습니다. 이는 여러 명의 곡예사가 각각 자신만의 공 세트를 동시에 다루는 것과 같습니다. 병렬성은 나눌 수 있고 동시에 실행할 수 있는 작업의 성능을 크게 향상합니다. 그러나 데이터 경합data race 이나 데드락deadlock과 같은 문제를 피하려면 더 복잡한 아키텍처와 세심한 관리가 필요합니다.

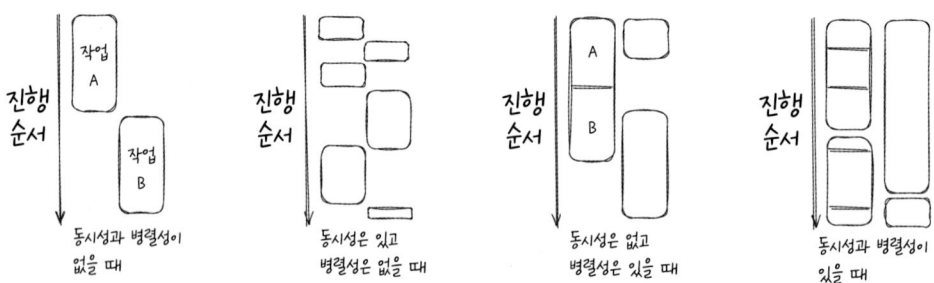

그림 9-1 동시성과 병렬성에 관한 4개의 시나리오

다트에서 동시성과 병렬성은 애플리케이션 성능에 큰 영향을 미치는 기본 개념입니다. 다트에서의 동시성은 동시에 실행하지 않고 여러 작업을 겹치게 관리하는 것으로, 주로 이벤트 기반의 단일 스레드 모델을 활용해 이루어집니다. 이 접근 방식은 특히 플러터에서 논블로킹non-blocking 작업을 보장해 동적인 사용자 경험을 제공합니다. 반면에 다트에서의 병렬성은 종종 다른 CPU 코어에서 동시에 실행될 수 있는 독립적인 스레드와 유사한 `isolate`를 사용해 구현됩니다. 이는 계산 집약적인 작업을 더 효율적으로 처리하게 합니다. 다트 애플리케이션에서 동시성과 병렬성을 효과적으로 활용하면 성능, 응답성, 사용자 경험이 향상됩니다.

다트에 초점을 맞추면 이러한 개념이 더 중요해집니다. 다트는 단일 스레드 언어로, 하나의 메인 실행 스레드가 있습니다. 그러나 이벤트 루프와 `Future`, `Stream`을 통해 동시성을 효율적으로 처리합니다. 이러한 도구는 논블로킹 작업을 수행하게 하므로 메인 스레드를 중단하지 않고 비동기 이벤트를 관리할 수 있게 합니다.

'메인 스레드'는 프로그램에서 사용자 인터페이스 업데이트와 같은 주요 작업을 처리하는 중심 실행 스레드입니다. 스레드는 다른 스레드와 독립적으로 실행할 수 있는 프로그램 내의 명령어 시퀀스로, 단일 프로세스 내에서 동시 작업을 수행할 수 있게 합니다.

이러한 설계는 플러터에서 특히 유용하며 UI를 반응성 있게 유지하는 데 필수적입니다.

9.2 효율적인 작업 처리의 중요성

플러터 UI 개발의 효율성은 동시성과 병렬성을 전략적으로 적용함으로써 실질적인 애플리케이션 시나리오에서 주요 성능 문제를 해결하는 데 크게 기여합니다. 플러터의 동시성은 사용자 상호작용과 백그라운드 데이터 작업과 같은 여러 작업을 원활하게 처리해 UI의 반응성을 저해하지 않게 합니다. 이는 사용자가 스크롤할 때 새로운 콘텐츠가 로드되는 소셜 미디어 애플리케이션과 같은 시나리오에서 특히 두드러집니다. 애플리케이션이 서버나 데이터베이스에서 비동기적으로 새로운 데이터를 가져오는 동안, 사용자는 게시물에 '좋아요'를 누르거나 이미지를 여는 등 애플리케이션과 계속 상호작용할 수 있으며 지연이나 끊김을 경험하지 않아야 합니다. 이러한 비동기 작업의 효율적인 처리는 UI가 동적이고 반응성을 유지하도록 합니다.

반면, 플러터에서 병렬성은 다트의 isolate[1]를 사용해 더 많은 계산이 필요한 작업을 처리해 메인 스레드의 성능에 영향을 주지 않습니다. 예를 들어 플러터로 개발된 사진 편집 애플리케이션을 생각해 보세요. 필터를 적용하거나 고해상도 이미지를 처리할 때 이러한 리소스 집약적인 작업은 isolate로 분산됩니다. 그 결과 UI를 처리하는 메인 스레드는 부담을 덜고 원활한 경험을 제공해 사용자가 도구를 전환하거나 편집을 조정할 때 눈에 띄는 지연 없이 작업할 수 있습니다.

이러한 작업 분할은 애플리케이션의 성능을 최적화하고 사용자 경험을 크게 개선하므로 플러터에서 효율적인 UI 개발의 중요한 측면이 됩니다.

9.3 플러터의 단일 UI 스레드 원칙

플러터에서 이벤트 루프의 작동은 프레임워크의 효율성과 반응성에 매우 중요합니다. 플러터 내의 각 다트 코드는 'isolate'라는 환경에서 실행되며, 각 isolate에는 단일 스레드 이벤트

---

1 옮긴이_ Isolate는 다트의 독립적인 작업자로, 스레드와 유사합니다. 자세한 내용은 9.6절에 설명합니다.

루프가 있습니다. 이 이벤트 루프는 애플리케이션 내에서 발생하는 여러 이벤트를 처리하는 중심입니다. 사용자 상호작용, 입출력 작업, 리페인트 요청 등의 이벤트는 이벤트 루프에 큐로 저장되고 차례대로 처리되어 작업의 질서를 보장합니다.

이벤트 루프의 핵심 기능 중 하나는 리페인트 이벤트를 처리하는 것입니다. 이는 UI의 원활한 렌더링에 매우 중요합니다. 플러터는 매끄러운 60fps를 목표로 하며 약 16밀리초마다 리페인트 요청을 큐에 추가합니다.[2] UI의 비응답성과 애니메이션 끊김을 방지하려면 이러한 요청을 제때 처리해야 하며, 이는 원활한 사용자 경험을 유지하는 데 매우 중요합니다.

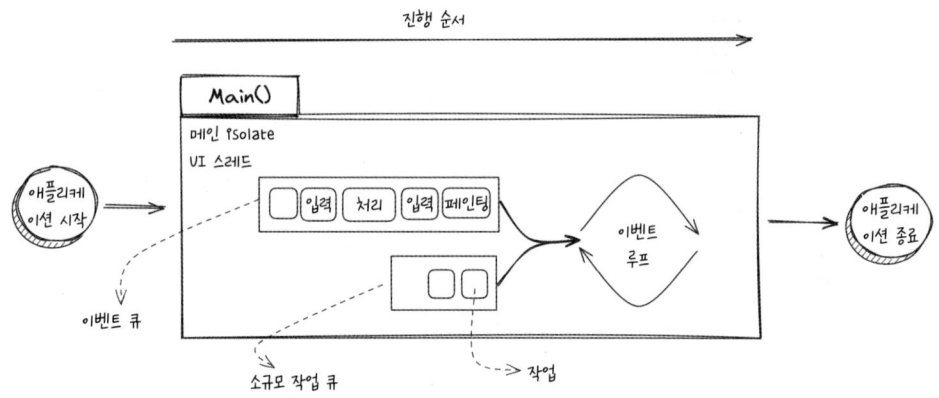

그림 9-2 플러터 메인 Isolate 이벤트 루프

그러나 파일 로딩이나 집중적인 이미지 처리와 같은 장시간 실행되는 작업을 만나면 문제가 발생할 수 있습니다. 이러한 작업을 동기적으로 수행하면 이벤트 루프를 독점해 프레임 누락과 일시적인 UI 무응답 상태가 발생할 수 있습니다.

플러터는 비동기 작업을 구현해 이러한 문제를 해결합니다. 다트에서 비동기 API와 await 키워드를 활용하면 주요 isolate의 이벤트 루프가 UI 업데이트와 같은 다른 이벤트를 계속 처리할 수 있습니다.

이와 동시에 장시간 실행되는 작업은 백그라운드에서 완료됩니다. 이러한 접근 방식은 집중적인 처리 작업 중에도 UI의 반응성을 보장합니다.

---

2 옮긴이_ 최근 모바일 기기의 하드웨어 기능 향상 덕분에 60fps보다 더 높은 주사율로 좀 더 매끄러운 애니메이션 렌더링을 제공하기도 합니다.

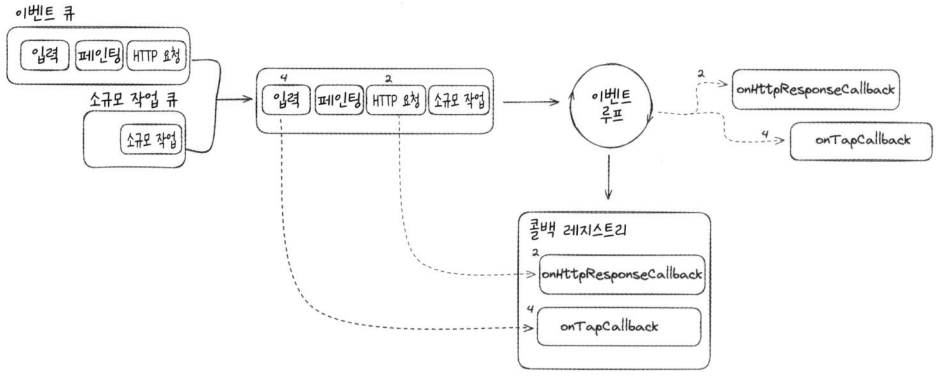

그림 9-3 다트에서 이벤트 루프와 콜백 레지스트리

플러터는 더 많은 리소스를 요구하는 작업에서 별도의 작업자 isolate로 작업을 분산하기를 권장합니다. 이 전략은 UI 렌더링에 전념하는 메인 Isolate를 차단하지 않도록 합니다.

9.4 비동기 프로그래밍 삼총사

다트와 플러터에서 Future, async, await의 조합은 비동기 프로그래밍에 간소화된 접근 방식을 제공합니다.

```
Future<String> fetchData() async {
  await Future.delayed(Duration(seconds: 2));
  return 'Data retrieved';
}

Future<void> main() async {
  String data = await fetchData();
  print(data); // 출력: 가져온 데이터
}
```

async와 await 키워드는 함께 작동해 Future의 사용성을 높입니다. 함수에 async를 표시하면 해당 함수는 비동기 함수로 변환되는 대신 Future를 반환합니다. 이로써 함수는 길고 복잡한 작업을 수행하면서 이벤트 루프가 다른 이벤트를 계속 처리할 수 있게 하며 반응성 있는 애플리케이션을 유지하는 데 중요한 역할을 합니다. await 키워드는 async 함수 내에서 사용하며, 관련된 Future가 완료될 때까지 실행을 일시 중지해 동기 코드 흐름을 모방하면서 값을 효과적으로 추출합니다.

플러터의 FutureBuilder 위젯은 Future와의 최신 상호작용 snapshot을 기반으로 자신을 빌드하도록 설계되었습니다. FutureBuilder는 Future와 builder 함수를 받습니다. 이 builder 함수는 Future의 로딩, 성공, 오류 상태에 따라 UI를 구성하도록 설계되었습니다.

```
class MyApp extends StatelessWidget {
  @override
  Widget build(BuildContext context) {
    return MaterialApp(
      home: Scaffold(
        body: Center(
          child: FutureBuilder<String>(
            future: fetchData(),
            builder: (context, snapshot) {
              if (snapshot.connectionState == ConnectionState.waiting) {
                return const CircularProgressIndicator();
              } else if (snapshot.hasError) {
                return Text('Error: ${snapshot.error}');
              } else {
                return Text('Fetched Data: ${snapshot.data}');
              }
            },
          ),
        ),
      ),
    );
  }

  Future<String> fetchData() async {
    // 네트워크 요청 시뮬레이션
    await Future.delayed(const Duration(seconds: 2));
    return 'Data loaded';
  }
}
```

여기서 fetchData()는 Future<String>을 반환하는 비동기 작업을 시뮬레이션한 것입니다. FutureBuilder는 이 Future를 수신하고, builder 함수는 Future의 진행 상황에 따라 다른 UI 상태를 빌드합니다. 대기 중에는 로딩 화면을 표시하고, 오류가 발생하면 오류 메시지를 표시하며, 성공적으로 완료되면 실제 데이터를 표시합니다.

9.5 비동기 데이터 흐름 관리하기

스트림은 비동기 이벤트의 연속입니다. 이는 데이터를 전달하는 파이프로, 수신자가 구독해 새로운 데이터가 스트림을 통해 전달될 때마다 반응할 수 있습니다.

플러터에서는 시간이 지나면서 변경되는 데이터에 반응하므로 업데이트가 필요한 위젯에 특히 유용합니다.

단일 구독 스트림single-subscription stream은 라디오 방송과 같습니다. 여러 수신자가 있을 수 있지만 한 번에 하나만 활성 상태일 수 있습니다. 수신자가 듣기를 멈추면 스트림이 일시 중지되며 나중에 재개할 수 있습니다.

```
void main() {
  final controller = StreamController<int>();

  // 단일 구독 스트림 만들기
  final Stream<int> stream = controller.stream;

  // 스트림 구독하기
  final subscription = stream.listen(
    (number) => print('Received number: $number'),
    onDone: () => print('Stream is closed.'),
    onError: (error) => print('Error: $error'),
  );

  // 스트림에 데이터 추가하기
  for (int i = 0; i < 3; i++) {
    controller.sink.add(i);
  }

  // 스트림 닫기
  controller.close();
}
```

브로드캐스트 스트림broadcast stream은 여러 수신자를 허용하며 청취자가 있든 없든 이벤트를 계속 발생시킵니다.

```dart
import 'dart:async';

void main() {
  final controller = StreamController<int>.broadcast();

  // 브로드캐스트 스트림 만들기
  final Stream<int> stream = controller.stream;

  // 첫 번째 수신자
  stream.listen(
    (number) => print('First subscriber received: $number'),
  );

  // 두 번째 수신자
  stream.listen(
    (number) => print('Second subscriber received: $number'),
  );

  // 스트림에 데이터 추가하기
  for (int i = 0; i < 3; i++) {
    controller.sink.add(i);
  }

  // 스트림 닫기
  controller.close();
}
```

플러터는 스트림을 활용해 사용자 인터페이스 이벤트와 기타 비동기 상호작용을 처리합니다. 예를 들어 **StreamBuilder** 위젯은 스트림을 수신하고 받은 데이터에 따라 UI의 일부를 다시 빌드할 수 있습니다.

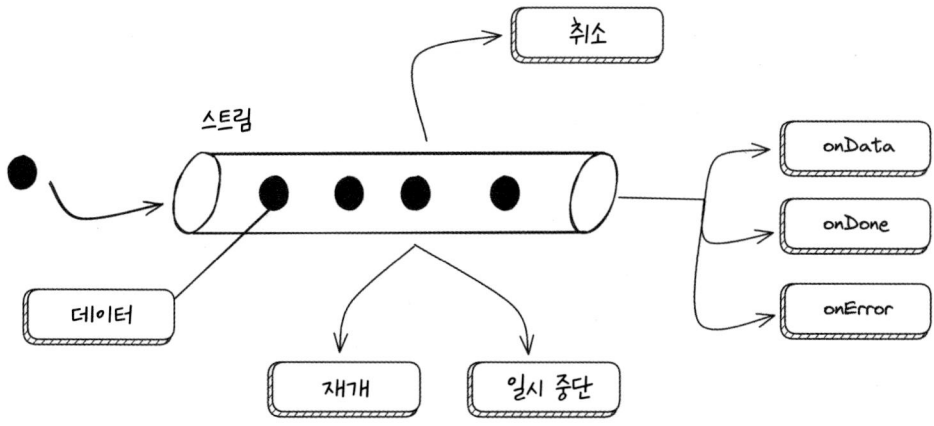

그림 9-4 다트에서의 스트림

이 책에서는 비동기 프로그래밍을 깊이 탐구하지 않지만, 이러한 개념은 플러터에서 빠르고 반응성 있는 UI를 만드는 능력을 크게 향상하는 데 매우 유용합니다.

9.6 isolate로 범위 확장하기

다트의 isolate는 독립적인 작업자로, 스레드와 유사하지만 메모리를 공유하지 않으며 메인 애플리케이션 스레드와 병렬로 실행됩니다. 각 isolate에는 자체 메모리 영역heap이 있으며 메모리 상태가 공유되지 않도록 보장해 더 예측 가능하고 안전한 코드를 작성하게 합니다.

플러터 개발에서 최적의 성능과 원활한 사용자 경험을 달성하려면 특히 CPU 집약적인 작업을 효율적으로 관리해야 합니다. 여기에 다트의 isolate 개념과 플러터의 compute 함수가 매우 유용합니다.

먼저, 동기 버전의 JSON 파싱 함수를 살펴보겠습니다. 이 버전은 메인 스레드에서 실행되며 JSON 문자열이 크면 UI를 잠재적으로 차단할 수 있습니다.

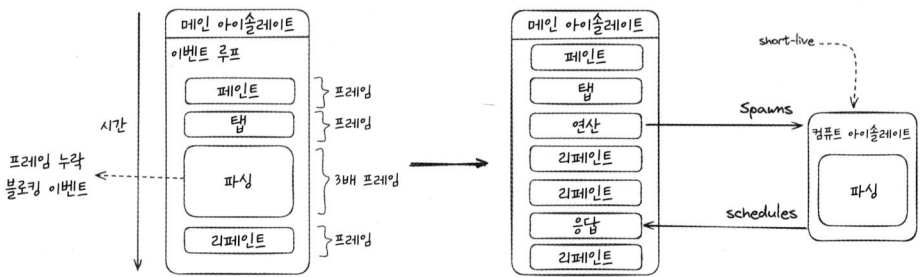

그림 9-5 작업에 집중하기 위해 Isolate를 생성해 메인 스레드에서 UI가 차단되지 않게 하기

```
Future<void> loadJsonDataSynchronously() async {
  setState(() => isLoading = true);
  final jsonString = await loadJsonString();
  final parsedJson = parseJson(jsonString); // <----
  setState(() {
    jsonData = parsedJson;
    isLoading = false;
  });
}
```

여기서는 parseJson 함수를 메인 스레드 내에서 직접 호출합니다. parseJson 함수의 처리량이 많으면 파싱이 완료될 때까지 메인 스레드를 차단해 UI가 멈추거나 반응하지 않게 됩니다. 이제 compute를 사용해 JSON을 처리하도록 이 함수를 수정해 보겠습니다.

```
Future<void> loadJsonDataAsynchronously() async {
  setState(() => isLoading = true);
  final jsonString = await loadJsonString();
  final parsedJson = await compute(
    parseJson,
    jsonString,
  ); // <---
  setState(() {
    jsonData = parsedJson;
    isLoading = false;
  });
}
```

이 버전에서는 compute(parseJson, jsonString)이 새로운 Isolate를 생성하고, 초기 데

이터(jsonString)를 전달한 다음, 해당 Isolate에서 parseJson 함수를 실행합니다.

플러터에서 compute 함수는 프레임워크가 동시성과 병렬 처리를 다루는 방식입니다. 어떻게 구현되었는지 더 자세히 알아보겠습니다.

```
// 플러터 소스 코드
packages/flutter/lib/src/foundation/isolates.dart
Future<R> compute<M, R>(...) {
  return isolates.compute<M, R>(...);
}
```

이 함수는 isolates 네임스페이스 내에서 또 다른 compute 함수를 호출합니다. 이 내부 compute 함수의 구현은 다음과 같습니다.

```
// isolates.compute
Future<R> compute<M, R>(
  // ...
) async {
  debugLabel ??=
    kReleaseMode ? 'compute' : callback.toString();

  return Isolate.run<R>(() {
    return callback(message);
  }, debugName: debugLabel);
}
```

이 코드를 살펴보면 isolates.compute의 핵심 작업이 Isolate.run을 호출하는 것임을 알 수 있습니다. Isolate.run 메서드를 사용하면 제공된 함수를 실행하는 새로운 Isolate를 생성하고, 단일 메시지를 메인 Isolate로 보내면 즉시 종료됩니다. 이 메커니즘은 플러터에서 짧은 기간 실행되는 백그라운드 작업을 수행하는 데 매우 유용합니다. 처리를 별도의 Isolate로 이동함으로써 UI 렌더링을 담당하는 메인 스레드가 방해받지 않고 반응성을 유지할 수 있습니다.

이러한 짧은 기간 동작하는 Isolate는 편리하고 구현하기 쉽지만 특정 성능 비용이 따른다는 점을 고려해야 합니다. 새로운 Isolate를 생성하고 Isolate 간 객체를 전송하는 데는 손실이 발생합니다. 특히 큰 객체를 다루거나 빈번하게 Isolate를 생성할 때 이런 부하가 눈에 띄게

되는데, 생성할 때마다 새로운 실행 컨텍스트와 메모리 할당이 필요하기 때문입니다.

반면에 장기간 살아있는 Isolate(백그라운드 작업자background worker라고도 함)는 지속적인 실행이 필요하거나 시간이 지나면서 자주 통신해야 하는 작업에 사용합니다. 이러한 Isolate는 애플리케이션의 생명주기 동안 지속되거나 반복되는 프로세스에 이상적입니다. 예를 들어 이미지 처리와 같이 지속적으로 복잡한 계산이 필요한 애플리케이션에서는 장기간 동작하는 Isolate를 사용해 무거운 작업을 분산할 수 있습니다.

다트에서는 장기 실행 Isolate 간의 통신을 설정하는 데 두 가지 클래스(ReceivePort와 SendPort)를 사용합니다. 이 포트들은 Isolate 간의 상호작용을 가능하게 합니다. SendPort는 StreamController처럼 작동하며 send() 메서드로 메시지를 보냅니다. ReceivePort는 수신자 역할을 하며 새로운 메시지가 도착할 때 콜백을 호출합니다.

다트에서 동시 처리를 위해 Isolate를 생성하고 관리하는 일은 복잡해 보일 수 있지만 단계별로 살펴보면 훨씬 간단해집니다.

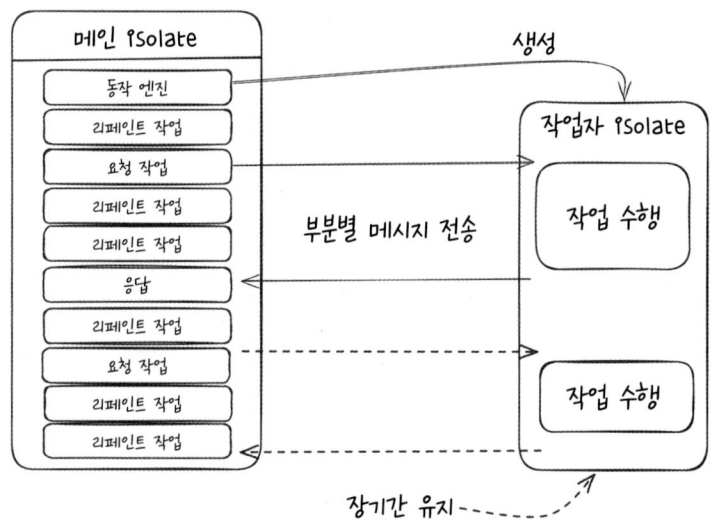

그림 9-6 장기간 동작하는 백그라운드 isolate

다음은 IsolateController 클래스에 중점을 둔 간단한 설명입니다. 먼저, Isolate에 정보를 전달할 데이터 모델을 정의합니다. 여기서 ComputationModel은 계산 작업용 데이터를 보유합니다.

```
class ComputationModel {
  final int iterations;
  final int factor;
  ComputationModel(this.iterations, this.factor);
}
```

다음으로, ComputationModel의 데이터를 사용해 계산을 집중적으로 수행하는 computeSum 함수를 만듭니다.

```
int computeSum(ComputationModel model) {
  int sum = 0;
  for (int i = 1; i <= model.iterations; i++) {
    sum += i * model.factor;
  }
  return sum;
}
```

Isolate 간의 통신을 설정하려면 새로운 Isolate에서 실행되는 workerTask라는 함수를 시작합니다. 이 함수는 통신에 사용할 ReceivePort를 설정하고 SendPort를 메인 Isolate로 다시 보냅니다.

```
void workerTask(SendPort mainSendPort) async {
  // 1. 메인 스레드에서
  // 보내는 초기 메시지는 mainSendPort임
  ReceivePort workerReceivePort = ReceivePort();

  // 2. 메인 스레드로 작업자의 sendPort를 보냄
  mainSendPort.send(workerReceivePort.sendPort);

  // 3. 모든 메시지를 확인하고
  // 필요한 것에 응답함
  await for (final message in workerReceivePort) {
    if (message is ComputationModel) {

      // 4. 계산 결과를 메인 스레드로 보냄
      mainSendPort.send(computeSum(message));
    }
  }
}
```

메인 스레드에서 ReceivePort를 생성하고 workerTask와 ReceivePort의 sendPort를 인수로 전달해 Isolate를 생성합니다.

```
void main() async {
  ReceivePort mainReceivePort = ReceivePort();
  final isolate = await Isolate.spawn(
    workerTask,
    mainReceivePort.sendPort, // 초기 메시지
  );
}
```

이 설정에서는 Isolate.spawn에 두 가지 주요 인수가 필요합니다. 할당된 작업을 처리할 함수와 초기 메시지입니다. 초기 메시지로 메인 스레드의 sendPort를 전달하며, 이는 workerTask의 인수로도 사용됩니다.

작업자 isolate와 통신 링크를 설정하는 데 Completer를 사용합니다. 작업자의 sendPort를 받아올 수 있으므로 메인 isolate에서 통신이 가능해집니다. 메인 수신 포트로 듣고 있으며, 작업자가 처음 보낸 SendPort를 받으면, 작업자의 sendPort와 성공적으로 연결되었음을 알고 메시지 교환을 시작할 수 있습니다.

```
void main() async {
  ReceivePort mainReceivePort = ReceivePort();
  final isolate = await Isolate.spawn(
    workerTask,
    mainReceivePort.sendPort,
  );
  final completer = Completer<SendPort>();
  mainReceivePort.listen(
    (message) {
      if (message is SendPort) completer.complete(message);
      if (message is int) print(message);
    },
  );
  SendPort workerSendPort = await completer.future;
  workerSendPort.send(ComputationModel(10000, 5));
  await Future<void>.delayed(const Duration(seconds: 4));
  mainReceivePort.close();
  isolate.kill(priority: Isolate.immediate);
}
```

다음을 순차적으로 진행합니다.

1. 메인 isolate가 ReceivePort를 생성하고 그 sendPort를 하위 isolate로 전달합니다.
2. 하위 isolate는 자신의 sendPort를 메인 isolate로 다시 보냅니다.
3. 메인 isolate는 메시지와 sendPort를 보내 응답을 받습니다.
4. 하위 isolate는 이 메시지를 받아 필요한 작업을 수행한 후 결과를 기본 isolate로 전송합니다.

또한 isolate를 직접 관리하려면 세 가지 필수 함수를 이해해야 합니다.

- **Isolate.kill()**: isolate가 작업을 완료하기 전에 강제로 종료시킵니다.
- **Isolate.pause()**: isolate의 실행을 일시적으로 중단시킵니다.
- **Isolate.resume()**: 일시 중단된 isolate의 작업을 재개합니다.

Isolate.kill()을 사용하는 예제를 살펴보겠습니다.

```
void main() async {
  ReceivePort mainReceivePort = ReceivePort();
  ReceivePort onExitPort = ReceivePort();
  final isolate = await Isolate.spawn(
    workerTask,
    mainReceivePort.sendPort,
    onExit: onExitPort.sendPort,
  );
  // ...
  onExitPort.listen((message) {
    exit(0);
  });
  // ...
  isolate.kill(priority: Isolate.immediate);
}
```

isolate가 종료되고 작업을 마치면 프로그램을 종료할 수 있습니다.

isolate를 이해하면 간단하게 만들 수 있지만 확장성에 있어서는 더 나은 접근 방식이 있을 수 있습니다. isolate는 StreamController와 유사하게 동작할 수 있으므로 isolate를 컨트롤러나 서비스 내에 캡슐화하면 더 다양하고 재사용 가능하며, 다양한 응용 프로그램에 사용자 친화적으로 만들 수 있습니다. 다음 예시를 살펴보죠.

```dart
typedef WorkerHandler<O, P> = O Function(P);

class CreateWorker<O, P> {
  CreateWorker(this.handler, this.sp);
  final WorkerHandler<O, P> handler;
  final SendPort sp;
  void call(SendPort _) {
    final rp = ReceivePort();
    sp.send(rp.sendPort);
    rp.takeWhile((msg) => msg is P).cast<P>().map(handler).listen(sp.send);
  }
}

class IsolateController<O, P> {
  final ReceivePort mainReceiverPort;
  final ReceivePort onExitRp;
  final ReceivePort onErrorRp;
  final SendPort mainSendPort;
  final Isolate isolate;
  final Stream<dynamic> broadcastRp;
  final SendPort communicatorSendPort;
  late Capability? _resumeCap;
  IsolateController._({
    required this.mainReceiverPort,
    required this.onExitRp,
    required this.onErrorRp,
    required this.broadcastRp,
    required this.mainSendPort,
    required this.isolate,
    required this.communicatorSendPort,
  });
  static Future<IsolateController<O, P>> create<O, P>(
    WorkerHandler<O, P> handler,
  ) async {
    final mainReceiverPort = ReceivePort();
    final onExitRp = ReceivePort();
    final onErrorRp = ReceivePort();
    final mainRpSendPort = mainReceiverPort.sendPort;
    final communicator = CreateWorker(handler, mainRpSendPort);
    final isolate = await Isolate.spawn(
      communicator,
      mainRpSendPort,
      debugName: 'IsolateController',
```

```dart
      onExit: onExitRp.sendPort,
      onError: onErrorRp.sendPort,
    );
    final broadcastRp = mainReceiverPort.asBroadcastStream();
    final SendPort communicatorSendPort = await broadcastRp.first;
    return IsolateController._(
      isolate: isolate,
      onErrorRp: onErrorRp,
      onExitRp: onExitRp,
      mainReceiverPort: mainReceiverPort,
      mainSendPort: mainRpSendPort,
      broadcastRp: broadcastRp,
      communicatorSendPort: communicatorSendPort,
    );
  }

  void add(P payload) => communicatorSendPort.send(
    payload,
  );

  void dispose() {
    mainReceiverPort.close();
    isolate.kill(priority: Isolate.immediate);
  }

  void pause() {
    _resumeCap = isolate.pause(
      isolate.pauseCapability,
    );
  }

  void resume() {
    if (_resumeCap == null) return;
    isolate.resume(_resumeCap!);
    ping();
  }

  void ping() {
    final onPongMessage = ReceivePort();
    isolate.ping(
      onPongMessage.sendPort,
      response: 'pong',
      priority: Isolate.immediate,
    );
```

```
  onPongMessage
    .takeWhile(
    (e) => e is String && e == 'pong',
    )
    .take(1)
    .cast<String>()
    .first
    .then(
      stdout.writeln,
    );
}

Stream get onExit => onExitRp.asBroadcastStream();
Stream get onError => onErrorRp.asBroadcastStream();
Stream<P> get onData => broadcastRp
  .takeWhile(
    (element) => element is P,
  )
  .cast<P>();
}
```

다트 isolate를 처리하는 구조화된 접근 방식을 따르는 이 코드를 분할해서 설명해 보겠습니다.

1. WorkerHandler의 정의

```
typedef WorkerHandler<O, P> = O Function(P);
```

— 이 문장은 P 타입의 입력을 받아 O 타입의 결과를 반환하는 제네릭generic 함수 타입인 WorkerHandler를 정의합니다.

2. CreateWorker 클래스 정의

```
class CreateWorker<O, P> {
  CreateWorker(this.handler, this.sp);
  final WorkerHandler<O, P> handler;
  final SendPort sp;
  void call(SendPort _) {
    final rp = ReceivePort();
    sp.send(rp.sendPort);
    rp.takeWhile((msg) => msg is P).cast<P>().map(handler).listen(sp.send);
  }
}
```

- 이 클래스는 isolate를 위한 작업자의 업무를 생성하도록 설계되었습니다.
- **handler**: P 타입의 메시지를 처리하고 O 타입의 결과를 반환하는 함수입니다.
- **sp**: 메인 isolate로 결과를 전달하는 SendPort입니다.

    call 메서드는 들어오는 메시지에 사용할 ReceivePort(rp)를 설정하고, 해당 SendPort를 메인 분리로 보내며, 들어오는 메시지를 듣습니다. handler는 각 P 타입의 메시지를 처리하고 결과는 sp를 통해 다시 보냅니다.

IsolateController 클래스

1. **클래스 속성**
   - 다양한 ReceivePorts와 SendPort를 관리해 통신을 담당합니다.
   - 생성된 Isolate에 대한 참조를 유지합니다.
   - **broadcastRp**: 메인 수신 포트로부터 메시지를 브로드캐스트하는 스트림입니다.
   - **communicatorSendPort**: worker에 메시지를 보내는 SendPort입니다.

2. **필요 메서드 생성**

```
static Future<IsolateController<O, P>> create<O, P>(
  WorkerHandler<O, P> handler,
) async {
  // …
}
```

   - 이 메서드는 IsolateController 인스턴스를 초기화합니다.
   - CreateWorker를 진입점으로 해 새로운 isolate를 생성하고 handler를 전달합니다.
   - 종료 및 오류 모니터링에 사용할 ReceivePorts를 설정하고, isolate와의 통신에 사용할 SendPort를 가져옵니다.

3. **기타 구현 메서드**
   - **add**: 작업자 isolate에 페이로드를 보내 처리합니다.
   - **dispose**: isolate를 종료하고 통신 포트를 닫습니다.
   - **pause, resume**: isolate의 실행을 제어합니다.
   - **ping**: isolate에 핑 메시지를 보내고 응답 'pong'을 기다립니다. 이는 isolate가 응답하고 살아 있는지 확인하는 데 유용합니다.
   - **onExit, onError, onData**: 종료 이벤트, 오류, 작업자 isolate로부터 데이터를 수신하는 스트림을 모니터링합니다.

이 설정은 메인 isolate와 작업자 isolate 간의 효율적이고 제어된 통신을 가능하게 합니다. 이는 isolate를 생성하고 관리하는 복잡성을 캡슐화해 작업자에게 작업을 보내고 응답을 처리하는 더 간단한 인터페이스를 제공합니다.

IsolateController는 서로 다른 입력 및 출력 클래스와 다양한 객체로 인스턴스화할 수 있으며, 데이터를 수신하는 여러 수신자를 가질 수 있습니다. 이를 통해 집약적인 작업을 백그라운드 작업자에게 위임해 플러터나 다트 애플리케이션의 성능과 반응성을 향상할 수 있습니다. 여기서 핵심은 애플리케이션의 생명주기를 모니터링하고 필요하지 않은 작업자를 적절히 일시중지, 재개, 폐기함으로써 자원을 효율적으로 관리하는 것입니다.

isolate는 애플리케이션의 메인 스레드의 응답성을 유지하기 위해 CPU 집약적인 작업에 사용하는 것이 가장 적합함을 기억하세요.

이 클래스를 사용하는 방법은 다음과 같습니다.

```
// 무거운 연산
int sum(int end) {
  int sum = 0;
  for (int i = 1; i <= end; i++) {
    sum += i * 5;
  }
  return sum;
}

main() async {
  final isolateController = await IsolateController.create<int, int>(
    sum,
  );
  isolateController
    ..add(1000)
    ..add(200)
    ..add(500)
    ..ping()
    ..onData.listen(print)
    ..onError.listen((e) {
      print(e);
      exit(1);
    })
    ..onExit.listen((e) {
      print(e);
      exit(0);
    });
  Future.delayed(const Duration(seconds: 2), () {
    isolateController.pause();
  });
```

```
    Future.delayed(const Duration(seconds: 3), () {
      isolateController.ping();
    });
    Future.delayed(const Duration(seconds: 4), () {
      isolateController.resume();
    });
    Future.delayed(const Duration(seconds: 5), () {
      isolateController.ping();
    });
    Future.delayed(const Duration(seconds: 6), () {
      isolateController.add(100);
    });
    Future.delayed(const Duration(seconds: 7), () {
      isolateController.dispose();
    });
}
// console log
// pong -> 처음 ping 실행
// 2502500 -> 처음 add 함수 실행
// 100500 -> 두 번째 add 함수 실행
// 626250 -> 세 번째 add 함수 실행
// pong -> 3초 이후 ping 실행
// pong ->  resume 이후 ping 실행
// pong -> 5초 이후 ping 실행
// 25250 -> 6초 후 add 함수 실행
// null -> 7초 후 dispose 실행
```

9.6.1 웹에서의 isolate

모든 다트 애플리케이션은 논블로킹 작업에 `async`, `await`, `Future`, `Stream`을 사용할 수 있지만, 웹 플랫폼에서는 `isolate`를 지원하지 않습니다. 다트 웹 애플리케이션은 `isolate`와 유사하지만 약간의 차이가 있는 웹 워커를 사용해 백그라운드 스레드 처리를 수행합니다. 플러터에서도 현재 오픈 소스로 여러 방법이 시도되고 있으므로 관심이 있다면 플러터 깃허브 저장소나 업데이트 노트를 주기적으로 확인하세요.

9.7 결론

Future, Stream, Isolate, 이벤트 루프를 이해하는 것은 응답성과 효율성을 갖춘 애플리케이션을 구축하려는 모든 플러터 개발자에게 중요합니다. 플러터 아키텍처의 필수 개념이며 동적이고 다양한 사용자 인터페이스를 만드는 데 필요합니다.

이와 관련한 역량을 향상하는 데는 다트와 플러터 공식 문서를 학습하고 작은 프로젝트를 직접 구현해 보는 것이 큰 도움이 됩니다.

CHAPTER 10

플러터의 오프라인 기능

검토자: Muhammed Salih Güler

모바일 애플리케이션은 웹과 달리 인터넷 연결이 불안정하거나 완전히 차단된 상황에서도 원활한 사용자 경험을 제공해야 하므로 오프라인을 고려한 설계를 채택하는 것이 매우 중요합니다. 이 접근 방식은 느리거나 불안정한 연결에 따른 문제를 해결할 뿐만 아니라, 애플리케이션이 항상 빠르고 응답성이 뛰어나기를 기대하는 사용자들의 요구를 충족시킵니다. 오프라인 우선offline-first 기능을 강조하는 것은 사용자 경험을 향상할 뿐 아니라 개발 프로세스와 최종 사용자 만족도에 큰 영향을 미치는 전략적인 설계의 결정입니다.

플러터 개발 능력, 특히 엔지니어링 및 설계 관점에서의 능력과 애플리케이션 개발에 중요한 책임에 관해 알아봅시다.

10.1 오프라인 대응의 장점과 도전 과제

플러터와 같은 프레임워크로 모바일 애플리케이션을 개발할 때 오프라인 우선 아키텍처 방식을 채택하는 것은 많은 이점을 제공합니다. 그중 하나는 네트워크 연결이 불안정하거나 약한 환경에서 동작하는 기기에 대한 지원이 향상되며 로컬 데이터 처리를 통해 성능을 개선할 수 있다는 점입니다. 이 접근 방식은 네트워크 상태와 상관없이 **빠르고 응답성이 뛰어난 상호작용**으로 **원활한 사용자 경험**을 보장하므로 연결 상태가 좋지 않은 지역에서 매우 중요합니다. 이러한 애플리케이션들은 데이터를 로컬에서 처리하므로 서버 응답 시간에 제한받지 않기 때문에 **더 빠른 로딩**과 **부드러운 상호작용**을 구현할 수 있습니다. 이는 즉각적인 데이터 처리와 응답성을 요구하는 기기에 특히 유리합니다. 또한 이 설계 방식은 **데이터 사용 효율성**을 높여 데이터 요금에 제한이 있는 사용자들에게 도움을 주며, 전반적인 **사용자 만족도와 참여도**를 높이는 데 기여합니다.

하지만 플러터 애플리케이션에서 오프라인 우선 아키텍처를 구현할 때는 개발 프로세스의 **복잡성 증가**를 비롯한 여러 도전 과제에 부딪힙니다. 개발자들은 로컬 저장소와 서버 간의 정확한 **데이터 동기화**를 보장하는 데 어려움을 겪는데, 특히 다수의 사용자 상호작용이 발생할 때 더 복잡해집니다. **데이터 쓰기** 작업을 관리하고 동기화 중에 발생하는 충돌과 오류를 해결하는 고급 전략이 필요합니다. 이러한 복잡성은 철저한 **테스트와 정기적인 유지보수**를 요구하는데, 이는 다양한 연결 시나리오의 기능을 보장하고 데이터 무결성을 유지하는 데 특히 중요합니다. 이러한 도전 과제에는 이 아키텍처의 이점을 효과적으로 활용하기 위한 추가 개발 노력, 지속적인 업데이트와 유지보수가 필요합니다.

10.2 오프라인 우선 아키텍처

앞서 엔지니어로서 오프라인 우선 접근 방식을 채택하여 얻는 이점이 이에 따른 도전 과제보다 큼을 알게 되었습니다. 특히 구현 과정에서 발생하는 문제를 해결하도록 도와주는 도구와 패키지 덕분에 그렇습니다. 그러나 엔지니어들은 특히 설계적 관점에서 이 접근 방식의 구현을 신중하게 평가하고 검토해야 합니다.

데이터 모델링은 오프라인 우선 아키텍처에서 로컬 및 네트워크 계층 간의 원활한 데이터 흐름과 일관성을 보장하는 데 매우 중요합니다. 더 자세히 알아보겠습니다.

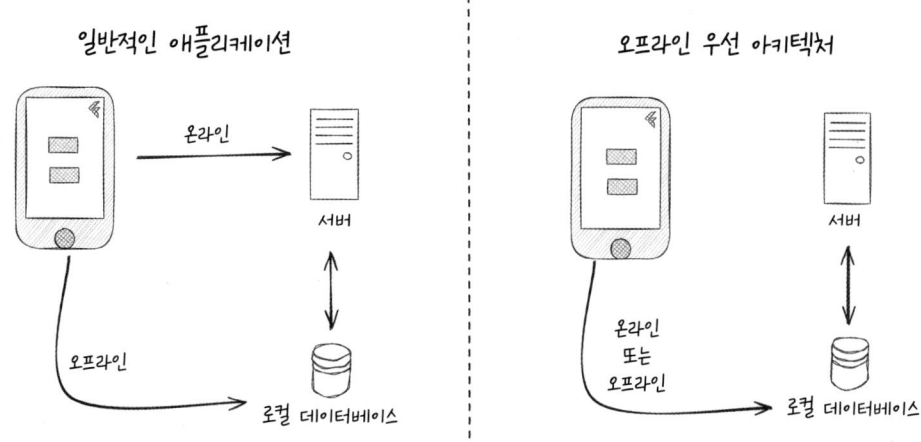

그림 10-1 오프라인 우선 아키텍처

1. 로컬과 네트워크 데이터 소스

오프라인 우선 플러터 애플리케이션에서는 네트워크 리소스와 상호작용하는 모든 컴포넌트에 두 개의 데이터 소스가 있어야 합니다. 일반적인 설계는 원격 객체를 로컬 객체로 매핑하는 데이터 접근 객체 data access object를 사용하는 것입니다. 8장 '아키텍처 패턴'에서 데이터 매퍼를 이미 다뤘으므로 자세한 설명은 생략하겠습니다. 예를 들어 계층형 아키텍처에서 저장소를 사용한다면 각 저장소는 다음 내용을 포함해야 합니다.

— **로컬 데이터 소스**: 단일 진실 공급원(SSOT)은 애플리케이션에서 데이터를 읽기 위한 유일한 소스여야 합니다. 이는 흔히 영구 저장소와 연결됩니다. 데이터베이스는 팀이 전체 아키텍처에 가장 적합한 솔루션을 기준으로 선택하게 되며, SQL 기반 데이터베이스나 NoSQL일 수도 있습니다.

```
class TodoLocalDataSource implements TodoService {
  TodoLocalDataSource(this.db);
  final TodoDatabase db;

  @override
  Future<List<Todo>> getAll() async {
    final List<Todo> todos = await db.getAll();
    return todos;
  }

  @override
  Future<void> save(Todo todo) async {
    return db.write(todo);
  }
}
```

— **네트워크 데이터 소스**: 서버에서 애플리케이션의 실제 상태를 나타냅니다. 연결 상태에 따라 로컬 데이터 소스와 동기화되지만, 이 과정에서 로컬 데이터 소스보다 늦거나 반대로 로컬 데이터 소스가 네트워크 데이터 소스보다 뒤처질 수 있습니다.

2. **데이터 표현 및 변환**
   로컬 및 네트워크 데이터 소스는 동일한 데이터를 다르게 표현할 수 있습니다.
   — **로컬 모델**: 로컬 데이터베이스에 저장된 데이터를 나타내며 보통 엔티티라고 불립니다.
   — **네트워크 모델**: 네트워크로부터 수신되거나 네트워크로 전송되는 데이터를 나타냅니다.

3. **리소스 노출**
   데이터 계층에서 일어나는 사소한 변경으로부터 외부 계층을 보호하고자 애플리케이션의 외부 계층에 노출되는 세 번째 유형의 모델을 도입하는 것이 좋은 관행입니다.

플러터에서 Isar[1]와 JsonSerializable[2] 패키지를 사용하면 모델이 다음과 같이 구성될 것입니다.

```
@collection
@JsonSerializable()
class Todo {
  @JsonKey(includeFromJson: false)
  Id get localId => fastHash(id);

  @JsonKey(name: 'id')
  final String id;

  @Index(type: IndexType.value)
  final String title;

  Todo({
    required this.id,
    required this.title,
  });
}
```

이 간단한 Todo 모델은 코드 생성 기능을 사용해 TodoEntity와 NetworkTodo를 모두 다룰 수 있습니다.

---

1 https://pub.dev/packages/isar 옮긴이_ 플러터에서 주로 사용하는 로컬 데이터베이스 라이브러리입니다.
2 https://pub.dev/packages/json_serializable 옮긴이_ 플러터에서 주로 사용하는 JSON 변환 라이브러리입니다.

동기화

오프라인 우선 플러터 애플리케이션에서 로컬과 네트워크 데이터 소스 간의 데이터 동기화는 매우 중요하며, 두 가지 주요 전략을 포함합니다. 바로 **풀 기반**pull-based **동기화**와 **푸시 기반**push-based **동기화**입니다. **풀 기반 동기화**는 필요할 때마다 애플리케이션이 네트워크에서 최신 데이터를 요청해 가져오는 방식입니다. 일반적으로 사용자의 내비게이션이 트리거하며 짧거나 중간 정도의 연결 끊김이 발생하는 시나리오에 적합하지만, 잠재적으로 데이터 사용이 많아지고 캐시가 노후화될 수 있습니다. 반면에 **푸시 기반 동기화**는 서버 알림을 사용해 오래된 데이터를 업데이트해 로컬 데이터 소스를 네트워크와 능동적으로 동기화합니다. 이 덕분에 애플리케이션은 최소한의 데이터를 사용하면서 장기간 오프라인 상태에서도 기능을 유지할 수 있습니다. 푸시 기반 동기화는 데이터 사용을 최소화하고 관계형 데이터를 지원하는 데 뛰어나지만, 충돌을 해결할 고급 버전 관리와 동기화를 지원하는 네트워크 소스가 필요합니다.

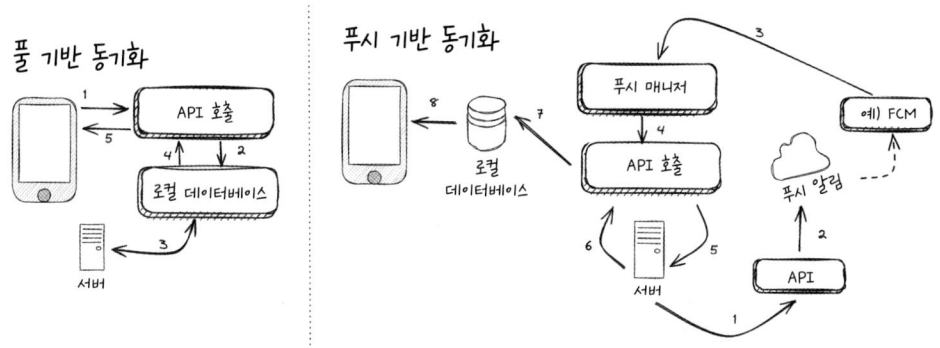

그림 10-2 오프라인 우선 아키텍처에서 풀 기반 동기화와 푸시 기반 동기화의 비교

일부 애플리케이션은 데이터의 성격에 기반하여 풀pull과 푸시push 전략을 선택적으로 사용하는 **하이브리드 접근 방식**을 채택할 수 있습니다. 이는 애플리케이션의 요구사항과 지원 인프라의 제약 조건에 따라, 최신 정보의 필요성과 효율적인 데이터 사용 사이의 균형을 맞추기 위함입니다.

데이터 충돌 해결

오프라인 기능을 우선시하는 플러터 애플리케이션에서는 오프라인에서 발생한 로컬 데이터 수정 사항을 네트워크 데이터 소스와 동기화할 때 발생하는 충돌을 처리하는 일이 중요합니다.

이는 복잡하고 광범위한 주제로, 해당 분야의 전문가들조차도 조심스럽게 다루는 분야이므로 더 깊이 이해하려면 추가 자료를 찾아보기를 권장합니다.

간단하게는 각 로컬 변경 사항에 타임스탬프를 부여하는 **버전 관리 시스템**을 사용하는 방법이 있습니다(단, 시간대 차이에 따른 오류가 발생할 수 있음에 유의해야 합니다). '**마지막 기록 우선**last write wins' 전략이 여기서 채택됩니다. 애플리케이션이 네트워크에 다시 연결되면 이러한 타임스탬프가 포함된 업데이트를 서버로 보냅니다. 네트워크 데이터 소스는 이 타임스탬프를 비교해 가장 최근에 기록된 데이터를 유지하고 오래된 항목은 폐기해 충돌을 해결합니다.

사용자가 직접 충돌을 해결하도록 프롬프트를 제공해 수동으로 충돌을 해결하는 방법도 있습니다.

또는 각 데이터에 빌드 번호를 할당하고 이를 비교해 빌드 번호가 가장 높은 데이터를 선택하는 방법도 있습니다. 그러나 여러 사용자가 동시에 동일한 데이터 타입에서 작업한다면 이 방법은 관리하기가 까다로울 수 있습니다.

효과적인 충돌 해결 방법을 선택하는 일은 복잡할 수 있으며 사용한 데이터의 타입과 데이터베이스를 이해해야 합니다. 이는 오프라인 우선 애플리케이션을 만들 때 반드시 고려해야 하는 중요한 주제입니다.

스트림과 오프라인 우선

플러터에서 오프라인 우선 아키텍처는 프레임워크의 반응형 기능에 크게 의존하며, 스트림을 효과적으로 활용하는 것이 중요합니다. 스트림은 지속적인 데이터 업데이트와 동기화를 가능하게 하는 핵심 요소입니다. UI 컴포넌트가 이러한 스트림을 청취하게 함으로써, 애플리케이션은 사용자에게 가장 최신의 데이터를 동적으로 원활하게 표시할 수 있습니다. 이 방식은 다시 연결되었을 때 로컬 데이터 수정이나 네트워크 업데이트에 따른 최신 변경 사항을 UI에 반영되도록 합니다. 플러터에서 스트림을 사용하면 실시간 데이터 관리를 용이하게 할 뿐만 아니라 프레임워크가 강조하는 반응형 및 응답형 디자인과 완벽하게 맞아떨어지므로 효율적이고 사용하기 편리한 오프라인 우선 전략을 구현하는 데 이상적인 선택이 됩니다.

10.3 연결 상태 변경 모니터링 및 처리

오프라인 우선 아키텍처 방식에서 '**읽기**'와 '**쓰기**' 작업은 매우 중요한 요소입니다. 오프라인 기능을 지원하는 애플리케이션이라면 최소한 '읽기' 기능 정도는 구현되어야 합니다. 이러한 두 작업 모두 네트워크가 사용 가능할 때까지 작업을 지연하는 **큐**^{queue}와 네트워크를 사용할 수 있을 때 즉시 큐를 비우기 위한 신호로서 **네트워크 모니터링**을 신중하게 고려해야 합니다.

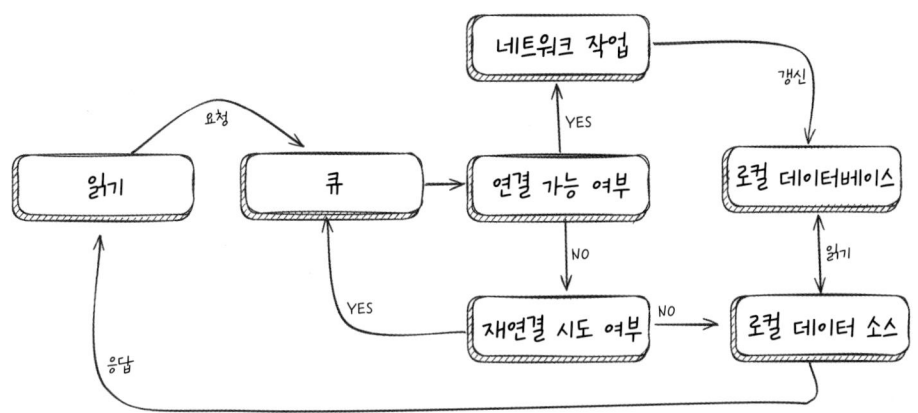

그림 10-3 오프라인 우선 아키텍처 방식에서의 읽기 작업

예를 들어 오프라인 우선 접근 방식에서 읽기와 쓰기 작업을 처리하는 과정을 살펴보겠습니다. 읽기 작업을 처리할 때 애플리케이션은 읽기 요청을 큐에 저장하고, 네트워크에 연결할 수 있을 때를 기다린 후 네트워크에서 데이터를 가져와서 로컬 데이터 소스를 업데이트합니다. 쓰기 작업에서 애플리케이션은 먼저 로컬 데이터 소스에 변경 사항을 기록한 다음, 네트워크 전송용으로 쓰기 요청을 큐에 저장합니다. 네트워크 연결이 설정되면 서버에서 쓰기 작업을 실행합니다. 동기화 과정에 충돌이 발생할 때 데이터의 일관성과 무결성을 유지할 수 있도록 이러한 충돌을 감지하고 해결하는 강력한 메커니즘이 애플리케이션에 있어야 합니다.

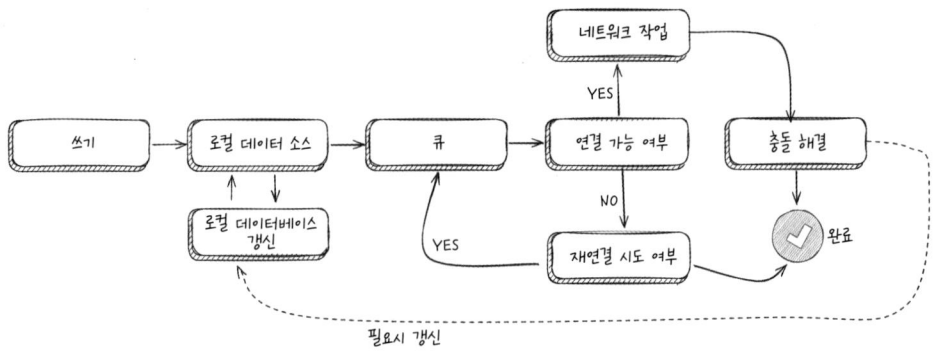

그림 10-4 오프라인 우선 아키텍처 설계 방식에서의 쓰기 작업

플러터는 네트워크 상태 변경을 모니터링하기 위해 connectivity[3] 패키지를 제공합니다. 네트워크 연결 상태 모니터링을 동기화 큐와 연동하면 오프라인 우선 아키텍처에서 효율적으로 네트워크를 관리할 수 있습니다.

10.4 백그라운드 동기화 중 데이터 무결성 보장

오프라인 우선 애플리케이션에서 백그라운드 동기화 중 데이터의 정확성과 일관성을 유지하려면(즉, 데이터 무결성을 유지하려면) 전략적 계획과 기술적 구현이 필요합니다. 데이터 무결성의 일부는 앞서 언급한 충돌 해결이며, 견고한 버전 관리 시스템을 갖춰야 합니다.

또한 동기화 과정은 원자성^{atomicity}을 가져야 합니다. 작업의 일부라도 실패하면 전체적으로 되돌려 데이터 불일치를 방지해야 합니다. 예를 들어 ACID 트랜잭션을 제공하는 플러터용 로컬 데이터베이스를 고려해 볼 수 있습니다. 데이터베이스의 ACID 트랜잭션은 신뢰할 수 있는 처리를 보장하는 일련의 속성을 의미합니다. **원자성**은 트랜잭션이 전부 완료되거나 전혀 완료되지 않는 것을 보장하며, 전체적으로 완료되거나 그렇지 않으면 효력이 발생하지 않는다는 의미입니다. **일관성**^{consistency}은 각 트랜잭션이 데이터베이스를 유효 상태에서 다른 유효 상태로 전환해 데이터 무결성을 유지하도록 합니다. **격리성**^{isolation}은 동시 트랜잭션이 서로 간섭하지 않도록

---

3 옮긴이_ 번역하는 시점에는 해당 라이브러리가 지원 중단되었으며 connectivity_plus 라이브러리로 대체되어 제공 중입니다 (https://pub.dev/packages/connectivity_plus).

하며, **내구성**durability은 트랜잭션이 커밋commit 된 후에는 시스템 오류가 발생하더라도 그대로 유지되도록 합니다.

동기화 후 데이터를 검증하기 위해 체크섬checksum이나 해시값을 활용하는 방법도 로컬 데이터베이스의 데이터가 원격 서버와 정확하게 일치하는지 확인하는 데 효과적입니다.

10.5 캐싱 패턴

모바일 및 웹 개발, 특히 오프라인 우선 접근 방식으로 설계된 시스템에서는 다양한 캐싱 패턴caching pattern을 사용합니다. 하지만 이러한 아키텍처의 핵심은 캐시 무효화 패턴을 이해하는 것입니다. 이전 절에서 간략하게 다뤘지만 요약해서 설명하겠습니다.

오프라인 우선이라는 맥락에서 캐싱의 중요한 요소 중 하나는 효과적인 캐시 무효화 전략의 구현입니다. 플러터 애플리케이션에서 흔히 사용하는 방법은 시간 기반 무효화time-based invalidation입니다. 이 전략은 캐시된 데이터에 사전 정의된 수명을 할당해 설정된 시간 내에 데이터의 유효성을 보장합니다. 시간이 만료되면 캐시는 무효화되며, 애플리케이션은 서버에서 업데이트된 데이터를 가져오게 합니다. 이 전략은 서버 요청의 횟수를 최소화해 신속한 데이터 접근을 제공하면서도 정보의 신선도를 보장해 사용자에게 오래된 데이터를 제공하지 않도록 합니다.

이벤트 기반 무효화event-based invalidation라는 캐시 무효화 전략도 플러터 애플리케이션에서 흔히 사용합니다. 이는 예측할 수 없는 변경이 발생해 즉시 업데이트가 필요한 데이터를 처리하는 데 특히 유용합니다. 이 방법에서는 애플리케이션 내의 특정 동작이나 이벤트가 캐시 무효화를 트리거로 작동합니다. 이를 통해 캐시된 데이터가 최신 정보와 일치하도록 보장해 사용자 경험을 크게 향상합니다. 예를 들어 푸시 알림을 사용해 캐시 업데이트를 처리할 수 있습니다.

이 외에도 다양한 고급 패턴이 있지만 이 책의 범위를 넘어서는 내용이니 다른 책이나 자료를 참조하기 바랍니다.

10.6 결론

오프라인 우선 접근 방식을 채택하는 것은 불안정한 인터넷 연결 환경에서 사용자 경험과 애플리케이션 신뢰성을 향상하는 전략적 변화를 의미합니다. 이 방식은 특히 플러터에서 중요한데, 다양한 로컬 저장소와 원활하게 통합할 수 있으며 반응형 프로그래밍 모델을 강력하게 지원하기 때문입니다. 오프라인 우선 아키텍처는 사용자가 지속적인 인터넷 연결 없이도 애플리케이션의 주요 기능에 접근하고 데이터를 볼 수 있게 하므로 애플리케이션의 접근성과 사용성을 크게 개선합니다. 이는 네트워크가 제한된 지역이나 이동 중인 사용자에게 특히 중요합니다.

오프라인과 온라인 상태의 원활한 전환은 전체적인 사용자 경험을 향상해 애플리케이션을 어떤 환경에서든 반응성 있고 신뢰할 수 있도록 합니다. 본질적으로 오프라인 우선 접근 방식은 단순히 인터넷 연결이 없는 상황에 대처하는 것이 아니라, 네트워크 가용성과 관계없이 일관적이고 효과적이며 몰입감 있는 사용자 경험을 재정의하는 것입니다.

CHAPTER 11

상태 관리

검토자: Carlo Lucera

상태 관리는 모든 애플리케이션의 동작을 다양한 상태에서 일관성 있고 예측 가능하게 유지해야 하므로 개발에서 논란이 많은 주제입니다. 특히 여러 구성 요소가 상호작용하고 동기화되어야 하는 복잡한 애플리케이션에서 이런 문제가 더 두드러집니다. 효과적인 상태 관리는 애플리케이션 전체에 데이터가 원활하게 흐르고, 사용자의 상호작용이 원활하게 처리되며, UI의 반응성이 뛰어나고 직관적으로 유지되도록 합니다.

하지만 다양한 선택지와 각기 다른 장단점 때문에 적절한 상태 관리 전략을 고르는 일은 쉽지 않습니다. 개발자는 애플리케이션의 특성과 구조에 맞는 상태 관리 솔루션을 결정할 때 확장성, 유지관리 용이성, 디버깅 효율성을 종합적으로 고려해야 합니다.

이 장에서는 상태 관리의 기본 원리를 자세히 살펴보고 설계적 관점이 상태 관리 솔루션 선택에 어떻게 도움이 되는지 알아보겠습니다.

11.1 애플리케이션 상태 이해하기

애플리케이션 개발에서 **상태**state란 특정 시점에 애플리케이션이 현재 어떤 상태에 있는지를 의미합니다. 여기에는 사용자 입력 및 애플리케이션 설정부터 사용자 인터페이스 상태에 이르기까지 다양한 정보가 포함됩니다. 상태는 동적으로 변하며, 사용자 상호작용이나 내부 프로세스에 따라 끊임없이 변화합니다. 상태는 애플리케이션을 다시 시작할 때 초기화되는 일시적인 상태와 애플리케이션이 다시 시작되어도 유지되는 지속적인 상태로 나눌 수 있습니다. 또한 애플리케이션의 특정 위젯이나 섹션에 영향을 미치는 로컬(임시) 상태와 전체 애플리케이션에서 액세스하고 변경할 수 있는 전역(애플리케이션) 상태로 분류할 수도 있습니다.

애플리케이션의 상태는 사용자에게 언제 어떻게 작동하고 표시되는지 정의하는 데 매우 중요합니다. 상태는 현재 관리되는 모든 변수와 조건을 포함하는 애플리케이션 메모리의 특정 시점의 모습입니다. 예를 들어 사용자의 장바구니에 있는 항목, 탐색 메뉴의 활성 탭, 네트워크 요청 및 응답이 상태에 포함됩니다. 애플리케이션의 상태는 사용자 경험에 직접 영향을 미치며, 애플리케이션의 성능과 기능에도 중요한 역할을 합니다. 따라서 상태를 이해하고 효과적으로 관리하는 일은 애플리케이션 개발의 핵심 측면이며 개발자는 상태가 애플리케이션 전체에 저장, 업데이트, 전달되는 방식을 신중하게 설계해야 합니다. 이렇게 하면 애플리케이션을 반응성이 뛰어나고 직관적이며 효율적으로 유지할 수 있습니다.

11.2 로컬 상태와 전역 상태: 효과적인 범위 지정 방법

애플리케이션 개발, 특히 플러터와 같은 프레임워크에서 로컬 상태와 전역 상태의 차이점을 이해하는 것은 효과적인 상태 관리에 매우 중요합니다. 로컬 상태(일시적 상태, UI 상태라고도 함)는 단일 위젯이나 컴포넌트에 국한된 데이터입니다. 로컬 상태에서는 특정 UI 부분에만 해당하며 전체 애플리케이션에서 공유할 필요가 없습니다. 일반적으로 일시적이며 복잡한 상태 관리 기술이 필요하지 않습니다. 일반적으로 `StatefulWidget`에서 로컬 상태를 관리하고 `setState()` 메서드를 사용해 이벤트나 사용자 상호작용에 대응해 UI를 업데이트합니다.

한편 전역 상태(애플리케이션 상태라고도 함)는 애플리케이션의 여러 부분에서 액세스하고 잠재적으로 수정해야 하는 데이터입니다. 이 상태는 지속성이 높으며 사용자 기본 설정, 로그인 정보, 전자상거래 애플리케이션의 장바구니나 뉴스 애플리케이션에서 기사의 읽음 여부처럼 전체 애플리케이션에 걸쳐 중요한 기능을 수행합니다. 플러터에서 전역 상태를 관리하려면 더 정교한 상태 관리 솔루션이 필요합니다. 바로 여기에서 대부분의 사람이 '최고의 상태 관리 솔루션'을 찾는 고민을 하게 됩니다.

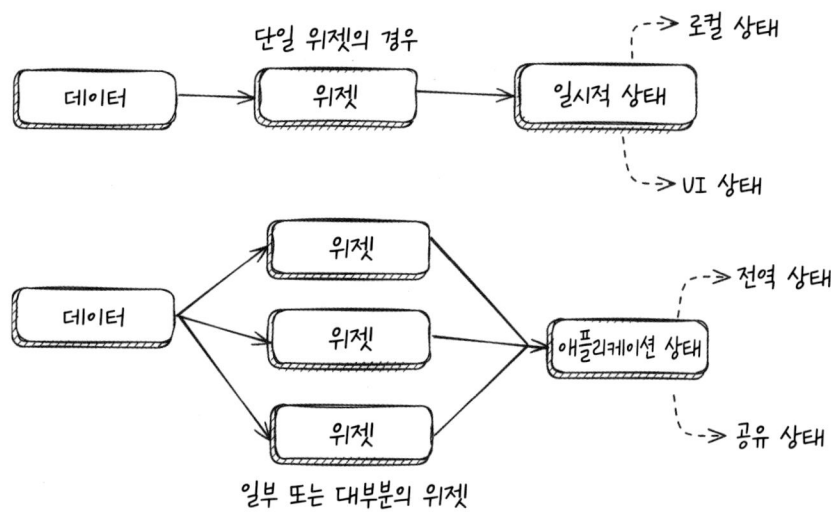

그림 11-1 플러터의 두 가지 상태 유형

특정 데이터를 일시적 상태로 분류할지 애플리케이션 상태로 분류할지에 관한 엄격한 규칙은 없습니다. 애플리케이션의 특정 요구사항과 컨텍스트에 따라 달라집니다. 간단한 로컬 상태라면 StatefulWidget과 setState()로 충분할 수도 있지만, 애플리케이션이 규모가 커지고 상태 관리 요구사항이 더 복잡해짐에 따라 일시적 상태였던 일부를 더 고급 상태 관리 기술을 사용해 애플리케이션 상태로 전환해야 할 수 있습니다. 이 접근 방식은 플러터 개발의 중요한 원칙을 따라 직면한 시나리오에 가장 자연스럽고 어색하지 않은 방법을 선택하는 것입니다.

11.3 플러터의 내장 상태 관리 접근 방식

플러터는 다양한 내장 상태 관리 기술을 제공해 개발자가 애플리케이션 상태를 효과적으로 관리하는 데 필요한 도구를 제공합니다. 각 방법을 자세히 살펴볼 수도 있지만 이미 사용 가능한 자원을 활용하는 것이 바람직합니다. 원하는 해결책이 팀 내에 있거나 플러터 프레임워크에 내장되어 있을 때가 많습니다. 이는 외부 솔루션을 찾지 않고도 플러터에서 기존 도구와 기능을 활용해 상태를 효율적으로 관리할 수 있다는 점을 강조합니다.

간단히 살펴보겠습니다.

플러터에서 상태를 관리하는 가장 기본적인 접근 방식은 `StatefulWidget`과 `setState` 메서드를 결합하는 것입니다. 이 조합은 단일 위젯에 국한된 로컬(임시) 상태를 관리하는 데 특히 유용합니다. `setState`가 호출되면 플러터에 위젯을 다시 그려 상태의 변경 사항을 반영하도록 지시합니다.

여러 위젯에서 상태를 공유해야 하는 시나리오에 플러터는 `InheritedWidget`을 제공합니다. 이를 사용해 데이터를 위젯 트리 아래로 전달해 하위 위젯이 이 데이터에 접근할 수 있습니다. 이를 기반으로 한 `InheritedModel`은 `InheritedWidget`의 특수한 형태로, 위젯들이 상속된 데이터의 특정 변경 사항에만 구독할 수 있으므로 상태 관리의 효율성을 높입니다.

더 간단한 상태 관리 시나리오에는 `ValueNotifier`가 효과적입니다. 단일값을 감싸고 이 값이 변경될 때마다 수신자에게 알립니다. `ValueListenableBuilder`와 함께 사용하면 `ValueNotifier`의 변경 사항에 따라 위젯을 다시 빌드하는 간단한 방법을 제공합니다.

플러터의 `ChangeNotifier`는 상태 관리용으로 설계된 간단하면서도 강력한 클래스입니다. 상태가 변경될 때 모든 수신자에게 알리는 발신자 역할을 합니다. 이 메커니즘은 애플리케이션의 여러 부분이 특정 데이터 변경 사항으로 업데이트되어야 하는 시나리오에서 특히 유용합니다. `ChangeNotifier`를 사용해 애플리케이션의 상태를 효율적으로 캡슐화하고 관리합니다. 상태 변경이 발생하면 `notifyListeners()`를 호출해 모든 수신 위젯에 알리고 그에 따라 UI를 업데이트합니다.

`StatefulWidget`과 같은 내장 솔루션은 로컬 상태를 관리하기에는 충분하지만, 전체 상태 관리 처리에 내장 도구만 사용하면 점점 더 복잡해지고 장황해질 수 있음을 알았습니다. 이러한 복잡성 때문에 수많은 상태 관리 외부 패키지가 인기를 얻고 있습니다. 다양한 선택지는 여러 상황에 맞는 유용한 옵션을 제공하지만, 무엇이 최적인지 결정하기는 어렵습니다. 하지만 이 책의 내용이 플러터 프로젝트에 가장 적합한 상태 관리 방법을 찾는 데 도움이 되기를 바랍니다.

외부 솔루션을 탐색하면서도 SDK나 개발 도구를 활용할 수 있을지 눈여겨봐야 합니다. 6.6절에서 다룬 내용을 기억해 보세요.

11.4 최선의 솔루션 선택하기

플러터의 내장 상태 관리 도구 외에도 많은 외부 솔루션을 사용할 수 있으며 각 솔루션은 상태 처리에 유용한 고유한 기능과 방법을 제공합니다. 다만, 각 솔루션은 별도의 책이 필요할 정도로 방대한 주제이므로 여기서 하나하나 깊게 살펴보기는 어렵습니다. 이 책에서는 모든 솔루션을 알아볼 시간이 제한적일 때 선택하는 방법에 초점을 두었습니다. 가장 인기 있는 솔루션을 선택하는 것이 최선일까요? 인기는 하나의 기준이 될 수 있지만 고려해야 할 유일한 기준은 아닙니다.

6장에서 다룬 설계적 사고를 되돌아보면 자신에게 있는 도구들에 관해 아는 것과 모르는 것을 구분할 수 있어야 합니다. 플러터용 상태 관리 패키지는 35개가 넘지만 모두 테스트하기는 불가능하며, 그래야 할 필요도 없습니다. 특정 기준에 따라 선택지를 좁힐 수 있습니다.

- **활발한 오픈 소스 코드 저장소**: 플러터는 빠르게 발전하므로 1년 넘게 방치된 패키지는 위험할 수 있습니다. 문제가 얼마나 적극적으로 해결되는지, 진행 중인 커뮤니티 참여 수준은 어느 정도인지 확인하세요.
- **테스트 및 테스트 커버리지**: 강력한 테스트 및 테스트 커버리지를 갖춘 패키지를 찾으세요. 완벽하지는 않지만 작성자가 패키지의 신뢰성을 얼마나 중요하게 여기는지를 나타냅니다.
- **단일 책임 원칙**: 필자는 하나의 일을 잘하라는 유닉스 철학을 중요하게 생각합니다. 때로는 상태 관리와 의존성 주입을 혼합하는 것이 유익할지라도 말이죠.
- **활성 사용자 수**: 깃허브의 별, pub.dev의 좋아요, 기사나 소셜 네트워크에서의 언급, 스택 오버플로 Stack Overflow 질문과 같은 지표는 활성 사용자 수와 커뮤니티 참여도를 나타낼 수 있지만 이것이 유일한 결정 요소가 되어서는 안 됩니다.
- **문서화**: 상세한 문서, 예시 코드, 샘플이 있는 애플리케이션은 개발 효율을 크게 높이며, 팀이 해당 기술을 도입하는 데 필수적입니다.
- **잘 문서화된 API**: 명확하고 잘 문서화된 API를 갖춘 패키지는 학습 곡선을 줄여주며 소스 코드도 더 쉽게 파고들 수 있습니다.

더 나아가 이 패키지들을 플러터의 내장 API와의 통합, 반응형 프로그래밍 지원, 기타 고유한 기능에 따라 분류하면 5~6개의 선택지로 좁히는 데 도움이 됩니다. 기존 애플리케이션이나 새 애플리케이션에서 하루 정도 직접 실험해 보면 각 선택지가 얼마나 적합한지에 관한 실질적인 해답을 제공할 수 있습니다.

각 패키지가 애플리케이션의 아키텍처와 어떻게 조화되는지를 고려하는 것이 중요합니다. 예를 들어 애플리케이션이 스트림에 크게 의존한다면 이를 보완하는 패키지가 더 적합할 수 있습니다. 단순성, 생산성, 테스트 활용성, 확장성, 유지관리성, 적응성, 민첩성, 배포 가능성과 같은 아키텍처 특성에 따라 각 선택지를 평가하고 이를 비즈니스 측과 개발 측에서 모두 이해할 수 있는 용어로 변환하는 것이 좋습니다.

이러한 기준을 염두에 두고 `Riverpod`, `BLoC/Cubit`, `MobX`, `GetIt with GetItMixin`, `Signal`, `Redux`와 같은 패키지를 살펴보기를 추천합니다. 최종 선택은 팀과 프로젝트의 성공에 중요한 요소들을 종합 분석하고 우선순위를 매긴 후에 이루어져야 함을 기억하세요.

여기서 추천한 패키지 목록은 이 책을 작성한 2024년 1월 현재 권장 사항일 뿐입니다. 여러분의 최종 목록은 다를 수 있으며 선택하는 아키텍처의 특성도 다를 수 있습니다. 이는 정확히 따라야 할 목록이 아니며, 직접 목록을 작성하는 데 영감을 주고자 기재했습니다.

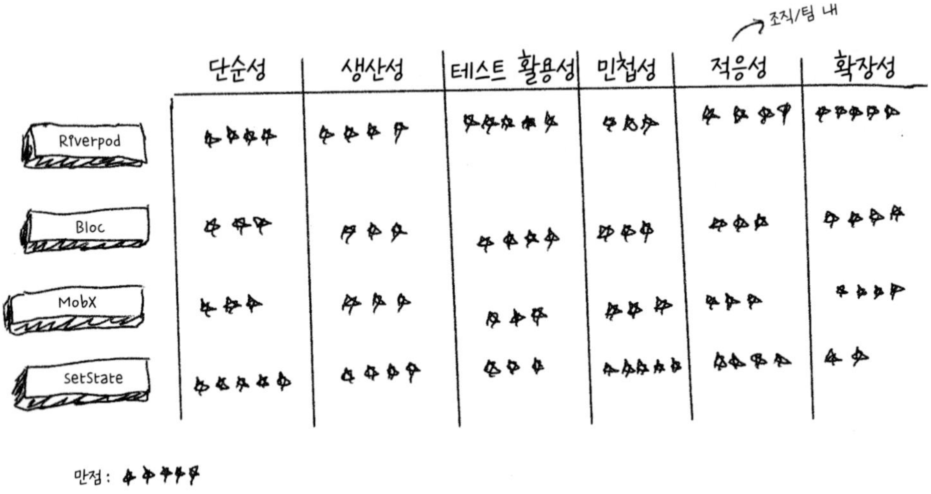

그림 11-2 아키텍처 특성표 예시

앞서 강조했듯이 플러터 애플리케이션의 상태 관리에는 모든 상황에 맞는 만능 솔루션이 없습니다. 하지만 만능 솔루션이 없다는 사실이 빠른 의사결정에 방해가 되어서는 안 됩니다. 패키지의 적합성은 애플리케이션의 특성에 따라 달라지지만 이 장에서 살펴본 견고한 아키텍처 기반은 상태 관리에서 더 빠른 의사결정을 가능하게 합니다. 잘 구성된 아키텍처는 다양한 상태 관리 솔루션을 손쉽게 통합하고 교체하게 해 주기 때문입니다.

11.5 플러터의 유연성: 교체 및 반복

플러터 애플리케이션 개발에서 아키텍처 설계의 유연성을 수용하는 것은 매우 중요합니다. 특히 상태 관리의 역할을 고려하면 더 그렇죠. 상태 관리는 아키텍처의 중요한 구성 요소이지만 전체 퍼즐의 한 조각일 뿐이라는 점을 인식해야 합니다. 견고한 아키텍처 기반은 필요에 따라 다양한 상태 관리 접근 방식을 교체할 수 있는 유연성을 제공합니다. 이러한 적응성은 매우 중요합니다. 오늘날 가장 중요한 구성 요소처럼 보이는 것이 요구사항이 진화함에 따라 더 적합한 솔루션으로 대체될 수 있기 때문입니다.

플러터와 비즈니스 요구사항이 끊임없이 변화하는 소프트웨어 기술 환경에서 민첩한 사고방식을 유지하는 것은 중요합니다. 몇 달 전에 선택한 상태 관리 전략이 더는 현재 요구사항에 맞지 않는다면 단계적으로 제거할 수 있습니다. 새로운 상태 관리 솔루션을 점진적으로 통합하는 것이 최상의 접근 방식일 때가 많습니다. 전체에 적용하는 것이 실용적이지 않다면 먼저 새로운 기능에 구현한 다음 애플리케이션의 기존 코드의 일부를 천천히 수정합니다. 이러한 점진적인 전환으로 애플리케이션은 다운타임이나 중단 없이 변경되는 요구사항에 민첩하게 대응할 수 있습니다.

아키텍처 전략의 주요 목표는 높은 수준으로 결합도를 낮춘 애플리케이션을 만드는 것입니다. 이러한 구조에서 상태 관리 계층은 UI에 상태를 전달하는 역할만 하며 비즈니스 로직과 얽히지 않습니다. 이러한 분리는 상태 관리 계층이 위로는 UI(위젯)에 상태 데이터를 전달하고 아래로는 애플리케이션(도메인) 계층에 접근하는 매개체 역할을 하게 합니다. 계층을 분리해 유지하면 상태 관리 솔루션을 교체하거나 개선하는 비용이 적게 들고 관리하기에 용이합니다. 다만, 대규모 애플리케이션에서는 여전히 상당한 기술 부채가 나타날 수도 있습니다.

또한 전체 애플리케이션 생태계의 맥락에서 상태 관리 전략을 지속해서 평가하고 재평가해야 합니다. 여기에는 진화하는 플러터의 기능, 선택한 상태 관리 접근 방식의 확장성, 전체 애플리케이션 성능, 사용자 경험에 미치는 영향을 고려하는 일이 포함됩니다. 이러한 요소를 염두에 두면 상태 관리를 더 광범위한 아키텍처와 비즈니스 목표에 맞춰 조정할 수 있는 동적이고 응답성이 뛰어난 개발 프로세스를 구현할 수 있습니다.

11.6 결론

플러터에서 상태 관리를 이해하고 효과적으로 구현하는 것은 변화에 유연하게 대응하고 응답성이 뛰어난 애플리케이션을 구축하는 데 있어 중요한 측면입니다. 앞에서 살펴봤듯이 고유한 강점과 사용 사례가 있는 여러 가지 접근 방식이 있습니다. 핵심은 바로 아키텍처 선택 시 유연성과 적응성이 중요하다는 점입니다. 개발자가 민첩한 사고방식을 유지하고 진화하는 기술과 요구사항에 열려 있으면, 플러터 애플리케이션이 효율적이고 유지관리하기 용이하며 현재는 물론 미래의 요구사항에 맞게 유지되도록 할 수 있습니다.

플러터 아키텍처의 유연성은 상태 관리 전략을 유연하게 조정할 수 있는 특별한 이점을 제공합니다. 분리되고 민첩한 접근 방식을 유지하면 진화하는 기술과 요구사항에 자연스럽게 대응하는 개발 프로세스를 구축할 수 있습니다. 이러한 적응성은 혁신을 향상시키고, 플러터 애플리케이션을 장기적으로 실행 가능하게 하며, 경쟁력을 유지하게 해 줍니다.

CHAPTER 12

플러터의 의존성 주입

검토자: *Marco Napoli*

의존성 주입(DI)은 객체의 생성과 사용을 분리해 객체가 의존성을 (스스로 생성하지 않고) 외부에서 제공받게 하는 기술입니다. 이 접근 방식은 코드를 느슨하게 결합하고 테스트와 유지보수를 용이하게 합니다. 객체의 생성 과정을 사용 과정과 분리함으로써, 의존성 주입은 모듈화되고 유연한 설계를 가능하게 하고 복잡한 소프트웨어 시스템의 관리와 확장을 단순화합니다. 특히 플러터와 같은 프레임워크에서 DI는 개발 프로세스를 크게 간소화할 수 있습니다.

플러터에서 의존성 주입은 견고하고 유지보수하기 쉬운 모바일 애플리케이션 개발에 필요한 효율적인 상태 관리, 향상된 위젯 테스트 가능성, 다양한 서비스 및 프로바이더의 원활한 통합을 촉진합니다.

이 장에서는 플러터 엔지니어의 관점에서 의존성 주입을 살펴보겠습니다.

12.1 의존성 주입의 원칙

의존성 주입의 주요 목표는 느슨한 결합을 달성해 구성 요소나 클래스 간의 직접적인 의존성을 줄이는 것입니다. 구성 요소가 내부적으로 의존성을 생성하지 않고 외부에서 주입받으면 구성 요소 자체를 변경하지 않고도 의존성을 수정하거나 교체하기가 쉬워지며, 시스템의 유연성과 유지보수성이 향상됩니다. 예를 들어 플러터의 위젯은 네트워크 서비스와 같은 의존성을 직접 생성하지 않고 외부에서 필요한 서비스나 데이터를 받아 사용할 수 있습니다. 이렇게 하면 위젯의 재사용성과 유지보수성을 높일 수 있습니다.

의존성 주입은 컨테이너나 인젝터injector와 같은 외부 엔티티가 구성 요소에 의존성을 제공하는 방식으로 이루어집니다. 일반적으로 이러한 의존성은 구성 요소가 제대로 기능하는 데 필요한 서비스입니다. 의존성 주입은 구성 요소가 직접 의존성을 제어하는 전통적인 절차적 프로그래밍과 비교해 제어 흐름을 역전시키는 제어의 역전(IoC) 원칙을 구현합니다. 4장에서 설명한 SOLID 원칙 중 의존성 역전 원칙(DIP)은 이 개념의 기초입니다. 의존성 주입을 사용하면 시스템의 런타임 흐름이 구성 요소 자체가 아니라 외부 컨테이너에서 결정됩니다. 예를 들어 플러터에서 생성자 주입constructor injection은 모델이나 뷰 모델을 위젯에 전달해 UI와 비즈니스 로직을 분리하고 코드베이스를 더 모듈화합니다.

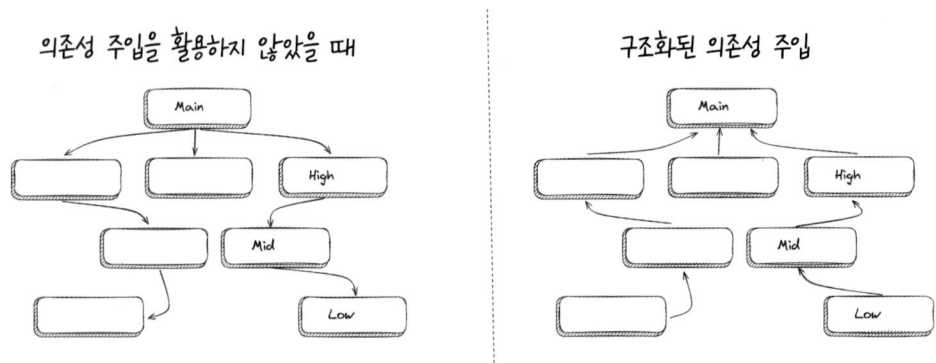

그림 12-1 의존성 주입의 개념

의존성 주입은 다양한 방법으로 할 수 있습니다. 생성자 주입은 구성 요소의 생성자로 의존성을 전달하고, 세터 주입은 세터 메서드를 사용해 의존성을 설정하며, 인터페이스 주입은 구성 요소가 특정 인터페이스를 구현해 의존성을 받게 합니다. 이러한 다양한 의존성 관리 방법은 테스트 시 실제 서비스를 목mock이나 스텁stub으로 쉽게 대체할 수 있게 하므로 테스트 용이성을 향상합니다.

의존성 주입은 외부에서 의존성을 제공하지만, 서비스 로케이터service locator 패턴은 구성 요소가 서비스 로케이터를 통해 의존성을 직접 찾게 합니다. 각 방법의 선택은 프로젝트의 특정 요구사항과 아키텍처 선호도에 따라 달라집니다.

의존성 주입은 플러그인 아키텍처를 지원하여 구성 요소를 쉽게 교체하거나 업데이트할 수 있도록 하고, 객체 생성 및 연결을 처리하여 반복 코드를 줄여줍니다. 예를 들어 플러터에서 의존성 주입을 사용하면, 데이터 제공자를 테스트 목적의 목 데이터 제공자로 교체하여 위젯 테스트를 단순화할 수 있습니다. 또한, 위젯이 자체 의존성을 관리할 필요가 없으므로 코드베이스가 더 깔끔하고 응집력 있게 유지됩니다.

의존성 주입을 알아보다 보면 IoC 컨테이너라는 용어를 접할 수 있습니다. IoC 컨테이너는 객체 생성과 의존성 관리를 자동화해 애플리케이션의 클래스 인스턴스화와 의존성 주입을 처리하는 도구입니다. 즉, 다음과 같은 기능을 합니다.

- **자동 객체 생성**: 객체와 의존성을 수동으로 생성하지 않고 IoC 컨테이너가 미리 정의된 설정이나 관례에 따라 이를 자동으로 생성합니다.
- **의존성 해결**: 컨테이너는 객체의 의존성(해당 객체가 의존하는 다른 객체)을 자동으로 식별하고 제공합니다. 이 과정이 바로 의존성 주입입니다.

IoC 컨테이너는 의존성 주입을 자동화하는 데 리플렉션^{reflection}을 사용하지만 다트 언어는 리플렉션을 기본으로 지원하지 않습니다. 따라서 플러터에서 IoC 컨테이너를 사용하려면 코드 생성 도구를 이용해야 합니다.

12.2 분리된 코드의 이점

의존성 주입을 사용해 코드를 분리하면 애플리케이션의 모듈화가 향상됩니다. 이는 앞서 설명한 의존성 역전 원칙(DIP)과 제어의 역전(IoC)의 주요 이점입니다.

하지만 이것이 무엇을 의미할까요? 왜 코드를 분리해야 할까요? 분리된 코드^{decoupled code}의 주요 이점을 예제를 살펴보며 설명하겠습니다.

```
class EmailService {
  void sendEmail(String message, String receiver) {
    debugPrint(
      'Sending email to $receiver: $message',
```

```
      );
    }
  }

  class Notification {
    EmailService _emailService = EmailService();
    void notifyUser(String message, String email) {
      _emailService.sendEmail(
        message,
        email,
      );
    }
  }

  void main() {
    Notification notification = Notification();
    notification.notifyUser(
      'Hello, user!',
      'user@example.com',
    );
  }
```

여기서 Notification 클래스는 EmailService 클래스에 직접 의존합니다. 알림 방법을 SMS로 변경하려면 Notification 클래스 자체를 수정해야 하는데, 이는 유지보수 관점에서 좋지 않습니다. 또한 Notification 클래스를 테스트하려면 실제로 이메일을 전송해야 하는데, 테스트 환경에서는 이메일 전송 없이 테스트를 진행하고 싶을 수 있습니다. 이러한 문제는 두 클래스가 강하게 결합해 발생합니다.

인터페이스를 사용해 코드를 리팩터링하고 의존성 역전 원칙을 적용하는 방법을 살펴봅시다.

```
  abstract interface class INotificationService {
    void sendMessage(String message, String receiver);
  }

  class EmailService implements INotificationService {
    @override
    void sendMessage(String message, String receiver) {
      debugPrint('Sending email to $receiver: $message');
    }
  }
```

```dart
class SmsService implements INotificationService {
  @override
  void sendMessage(String message, String receiver) {
    debugPrint('Sending SMS to $receiver: $message');
  }
}

class Notification {
  final INotificationService _notificationService;
  Notification(this._notificationService);
  void notifyUser(String message, String receiver) {
    _notificationService.sendMessage(
      message,
      receiver,
    );
  }
}

// 위젯에서 사용
@override
void initState() {
  super.initState();
  // 예시
  EmailService emailService = EmailService();
  emailService.sendMessage('message', 'receiver');
  EmailService().sendMessage('message', 'receiver');
  SmsService().sendMessage('message', 'receiver');
  Notification(emailService).notifyUser(
    'message',
    'receiver',
  );
  // NotificationService에 final을 추가하지 않고 다음과 같이 수정할 수 있음
  // Notification(emailService)._notificationService =
  //   emailService;
}
```

이 리팩터링은 의존성 역전과 주입 원칙을 보여줍니다. 자세히 설명하면 다음과 같습니다.

1. **제어 역전**: Notification 클래스 내부에서 알림 서비스 인스턴스를 생성하지 않고 main 함수에서 인스턴스를 생성해 Notification 클래스에 전달합니다. 즉, Notification 클래스가 사용할 서비스를 결정하는 제어권이 클래스 외부로 이동되었습니다.

2. **의존성 주입**: Notification 클래스는 제 생성자를 통해 INotificationService 인터페이스를 받습

니다. 이 인터페이스는 EmailService나 SmsService에서 구현할 수 있습니다. 따라서 Notification 클래스는 특정 서비스 구현에 직접 의존하지 않고 인터페이스에 의존하며, 실제 사용할 서비스는 외부에서 주입됩니다.

구성 요소 간의 느슨한 결합 덕분에 기존 클래스를 수정하지 않고도 애플리케이션 동작을 쉽게 변경할 수 있습니다. 이것이 바로 코드 분리의 주요 이점 중 하나입니다.

이제 테스트를 작성해야 한다고 가정해 봅시다. 테스트를 더 쉽게 하려면 서비스를 페이크[fake]로 만들어야 할 수도 있습니다. 다행히 서비스 간의 결합이 느슨하므로 Notification 서비스를 변경하지 않고도 테스트 목적으로 페이크 서비스를 만들 수 있습니다.

```
class FakeNotificationService implements INotificationService {
  @override
  void sendMessage(
    String message,
    String receiver,
  ) {
    debugPrint(
      'Fake service sending to $receiver: $message',
    );
  }
}
```

이 접근 방식은 테스트에서 디커플링과 의존성 주입의 이점을 잘 보여줍니다. 외부 서비스에 의존하지 않으므로 단위 테스트의 신뢰성이 높아지고, 실제 통신이 필요 없으므로 테스트 속도도 빨라집니다. 또한 서로 다른 서비스 구현을 쉽게 대체할 수 있다는 의존성 주입의 핵심 장점을 보여줍니다.

12.3 플러터에서 의존성 주입 구현하기

플러터에서 의존성 주입은 여러 가지 방법으로 구현할 수 있으며, 각 방법에는 장단점이 있습니다. 이 장에서는 플러터에 내장된 방법인 생성자 주입과 InheritedWidget을 어떻게 사용하는지 살펴보겠습니다.

12.3.1 생성자 주입

플러터에서 생성자 주입은 위젯 트리를 따라 하위 위젯의 생성자에 필요한 의존성을 전달하는 방식입니다. 이는 간단하고 플러터의 위젯 중심 아키텍처와 잘 어울립니다.

```dart
class API {}

class MyService {
  API api;
  MyService(this.api);
}

class MyWidget extends StatelessWidget {
  final MyService myService;
  const MyWidget({super.key, required this.myService});
  @override
  Widget build(BuildContext context) {
    return AnotherWidget(myService: myService);
  }
}

class AnotherWidget extends StatelessWidget {
  final MyService myService;
  const AnotherWidget({
    super.key,
    required this.myService,
  });
  @override
  Widget build(BuildContext context) {
    return const SizedBox();
  }
}

main() {
  final api = API();
  final myService = MyService(api);
  runApp(
    MaterialApp(
      home: MyWidget(
        myService: myService,
      ),
    ),
  );
}
```

}

이 방법은 소프트웨어 엔지니어링의 기본 원칙을 따르므로 모듈화와 테스트 가능성 측면에서 훌륭하지만 몇 가지 단점도 있습니다.

- **의존성 전달**: 위젯 트리 깊숙이 있는 하위 위젯까지 의존성을 전달하려면 모든 중간 위젯의 생성자를 통해 수동으로 전달해야 하므로 번거롭고 코드가 복잡해질 수 있습니다.
- **위젯 생성자 비대화**: 위젯에 필요한 의존성이 많아질수록 위젯 생성자의 매개변수가 많아져서 코드가 읽기 어렵고 유지보수가 힘들어집니다.
- **대규모 애플리케이션에서 확장성 부족**: 생성자 주입만으로는 의존성 관계가 복잡한 대규모 애플리케이션의 의존성을 효과적으로 관리하기 어렵습니다.

다행히도 플러터에는 의존성 주입용 인젝터 위젯으로 활용할 수 있는 InheritedWidget이라는 내장 메커니즘도 있습니다.

12.3.2 InheritedWidget

플러터에서 InheritedWidget은 위젯 트리 아래로 정보를 효율적으로 전달하는 데 사용하는 특수한 위젯입니다. 하위 위젯이 상위 위젯으로부터 데이터를 명시적으로 생성자를 통해 전달받지 않고도 공유 데이터나 서비스에 접근할 수 있도록 해서 암묵적인 의존성 주입 형태를 가능하게 합니다. 테마theme, 현지화localization, 공유 서비스와 같은 객체에 대한 접근을 제공하는 데 특히 유용합니다. 즉 InheritedWidget은 모든 위젯 생성자를 통해 데이터를 수동으로 일일이 전달하지 않고도 조상 위젯의 데이터에 접근하는 방법을 제공하는 것을 목표로 합니다. 이는 의존성 주입을 위한 인젝터injector 위젯으로 작동하며, 의존성을 위젯 트리의 상위 레벨에서 제공하고 자식 위젯에서 접근할 수 있도록 합니다.

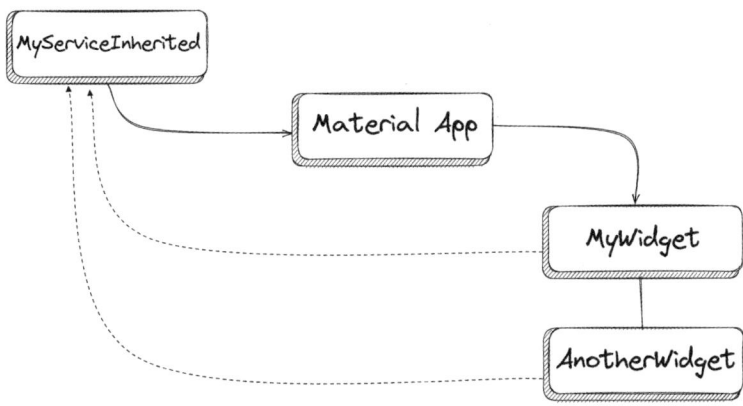

그림 12-2 상속된 위젯 액세스 데이터 정보 흐름

InheritedWidget을 사용해 의존성 주입을 구현하도록 예제를 리팩터링해 봅시다. 먼저 MyService 인스턴스를 저장하고, 이를 하위 위젯에 제공할 InheritedWidget을 생성합니다.

```
class MyServiceInherited extends InheritedWidget {
  final MyService myService;
  const MyServiceInherited({
    super.key,
    required super.child,
    required this.myService,
  });

  static MyService of(BuildContext context) {
    return context.dependOnInheritedWidgetOfExactType<
      MyServiceInherited>()!
      .myService;
  }

  @override
  bool updateShouldNotify(MyServiceInherited oldWidget) =>
    false;
}
```

MyServiceInherited 위젯은 MyService를 생성자 매개변수로 받아들이고, 정적 메서드 of를 제공해 하위 위젯들이 context를 통해 MyService 인스턴스에 접근하도록 합니다. 다음으로, MyServiceInherited 위젯을 사용해 위젯 트리의 상위에 MyService를 배치합니다.

```
void main() {
  final api = API();
  final myService = MyService(api);
  runApp(MaterialApp(
    home: MyServiceInherited(
      myService: myService,
      child: const MyWidget(),
    ),
  ));
}
```

MyServiceInherited 위젯을 사용해 MyService 인스턴스를 위젯 트리의 상위에 배치하면, MyWidget과 모든 하위 위젯이 MyServiceInherited.of(context) 메서드로 해당 인스턴스에 접근할 수 있습니다. 마지막으로, MyWidget과 AnotherWidget을 수정해 MyServiceInherited.of(context) 메서드로 MyService에 접근할 수 있도록 합니다.

```
class MyWidget extends StatelessWidget {
  const MyWidget({super.key});
  @override
  Widget build(BuildContext context) {
    final myService = MyServiceInherited.of(context);
    return const AnotherWidget();
  }
}

class AnotherWidget extends StatelessWidget {
  const AnotherWidget({super.key});
  @override
  Widget build(BuildContext context) {
    final myService = MyServiceInherited.of(context);
    return const SizedBox();
  }
}
```

이 방법은 외부 패키지에 의존하지 않고도 구현할 수 있지만, 특히 대규모 애플리케이션에서는 다음과 같은 문제가 발생할 수 있습니다.

- **보일러 플레이트 코드**boilerplate code: InheritedWidget을 사용하려면 추가로 보일러 플레이트 코드를 작성해야 합니다. 즉, 사용자 지정 위젯 클래스를 만들고 updateShouldNotify 메서드를 구현해야 합니다.

- **초보자에게는 복잡함**: 플러터에 익숙하지 않은 개발자는 InheritedWidget의 작동 방식과 효과적인 사용 방법을 이해하기 어려울 수 있습니다.
- **범위가 제한된 접근**: InheritedWidget은 위젯 트리 아래쪽으로만 데이터를 전달합니다. 트리 상단에 있는 위젯이나 병렬 브랜치branch에 있는 위젯은 InheritedWidget의 데이터에 접근할 수 없습니다.

생성자 주입과 InheritedWidget을 사용해 플러터에서 의존성 주입을 구현하는 기본 방법을 살펴봤습니다. 이를 기반으로 대규모 애플리케이션에서 DI 메커니즘을 개선하는 데 고급 패키지를 사용하는 방법을 알아보겠습니다.

12.4 플러터의 의존성 주입 패키지 살펴보기

플러터에서 기본으로 제공하는 생성자 주입과 InheritedWidget 같은 메커니즘을 사용해 기본적인 의존성 주입을 구현할 수 있지만, 외부 패키지를 사용하면 더 확장성 있고 유지보수가 쉬운 접근 방식을 활용할 수 있습니다. 특히 대규모 애플리케이션에서 이러한 패키지를 사용하면 의존성 주입의 구현을 단순화하고 기본적인 방법을 다시 개발할 필요성을 없애줍니다.

서비스 로케이터와 get_it 패키지

서비스 로케이터의 개념은 중앙 레지스트리를 사용해 의존성을 얻는 패턴입니다. `get_it`은 이 패턴을 구현한 인기 있는 패키지로, 애플리케이션 어디에서나 서비스에 간편하게 접근하는 방법을 제공합니다.

```
import 'package:get_it/get_it.dart';

final getIt = GetIt.instance;

class API {}

class MyService {
  final API api;
  MyService(this.api);
}

void setupLocator() {
```

```
    getIt.registerLazySingleton<API>(() => API());
    getIt.registerFactory<MyService>(
      () => MyService(
        getIt<API>(),
      ),
    );
}

void main() {
  setupLocator();
  runApp(MyApp());
}

class MyApp extends StatelessWidget {
  @override
  Widget build(BuildContext context) {
    var myService = getIt<MyService>(); // Use myService with API
    return MaterialApp(
      home: Text('Using GetIt'),
    );
  }
}
```

여기서는 get_it을 사용해 API와 MyService를 등록합니다. MyService는 API에 의존하며, get_it이 의존성을 처리합니다.

자세한 내용은 이 책의 범위를 벗어나므로 패키지 문서를 참조하세요.

12.4.1 Riverpod

Riverpod에서 '프로바이더provider'는 애플리케이션의 여러 부분에서 접근하고 조작할 수 있도록 애플리케이션 상태를 캡슐화하고 관리하는 데 사용됩니다. Riverpod의 프로바이더는 싱글톤이나 InheritedWidget과 같은 기존 상태 관리 패턴을 대체해 상태 관리를 더 쉽고 간단하게 만들어 줍니다. 또한 불필요한 위젯 재빌드를 최소화하고 상태를 캐싱해 성능을 향상합니다. 게다가 프로바이더는 애플리케이션의 테스트 가능성을 크게 개선해 테스트 설정과 해체를 단순화하고, 테스트 중에 상태 동작 시뮬레이션을 쉽게 만들어 줍니다.

이제 Riverpod로 의존성 주입을 구현하는 방법을 살펴보겠습니다. 기존 코트에는 API 클래스와 이에 의존하는 MyService 클래스가 있었습니다. 이를 Riverpod를 사용해 리팩터링해 보겠습니다.

```dart
import 'package:flutter/material.dart';
import 'package:flutter_riverpod/flutter_riverpod.dart';

// API 클래스 정의하기
class API {}

// API에 의존하는 MyService 정의하기
class MyService {
  final API api;
  MyService(this.api);
}

// API용 Provider 생성
final apiProvider = Provider((ref) => API());
// MyService용 Provider 생성
final myServiceProvider = Provider((ref) {
  final api = ref.watch(apiProvider);
  return MyService(api);
});
// Main app
void main() {
  runApp(
    ProviderScope(
      child: MyApp(),
    ),
  );
}

// MyApp 위젯
class MyApp extends ConsumerWidget {
  @override
  Widget build(BuildContext context, WidgetRef ref) {
    // Riverpod를 사용해 MyService에 접근
    final myService = ref.watch(myServiceProvider);
    return MaterialApp(
      home: Scaffold(
        appBar: AppBar(
          title: const Text('Riverpod DI Example'),
```

```
          ),
          body: Center(
            child: Text(
              'Service is ${myService.api.runtimeType}',
            ),
          ),
        ),
      );
    }
  }
```

Riverpod 구현에서는 API 클래스용 `apiProvider`와 `MyService` 클래스용 `myServiceProvider`라는 두 개의 프로바이더를 정의합니다. `myServiceProvider`는 API에 대한 의존성을 해결하는 데 `apiProvider`를 사용합니다. `MyApp` 위젯에서는 `ConsumerWidget`을 사용해 `WidgetRef`를 통해 `myServiceProvider`를 관찰하고, API 의존성이 이미 해결된 `MyService` 인스턴스를 얻습니다. 이는 Riverpod가 의존성을 관리하는 방식을 보여줍니다. 전체 애플리케이션은 `main` 함수에서 `ProviderScope`로 감싸지며, 이는 Riverpod의 기능을 활성화하는 필수 설정입니다.

Riverpod 문서를 참고해 자세한 내용을 살펴보고, 다양한 프로바이더를 학습해 의존성 주입 메커니즘과 상태 관리를 간소화하는 방법을 익히면 좋습니다.

`get_it`과 Riverpod는 훌륭한 의존성 주입 솔루션이지만, 유사한 접근 방식을 사용하는 다른 패키지도 많습니다. 애플리케이션에 적합한 패키지를 선택하는 것은 신중한 아키텍처적 결정이며, 다른 사람의 추천에만 의존해서는 안 됩니다. 이전 장에서 논의했듯이, 항상 여러 옵션을 평가하고 애플리케이션에 가장 적합한 것을 선택해야 합니다. 소프트웨어 공학 원칙을 준수하고 의존성 역전 원칙과 의존성 주입 원칙을 위반하지 않는 패키지를 선택하는 것이 가장 중요합니다.

12.5 결론

이 장에서는 의존성 주입의 기본 개념과 실용적인 구현 방법을 살펴보았습니다. 또한 확장 가능하고 유지보수와 테스트가 쉬운 플러터 애플리케이션을 구축하는 데 필요한 핵심 기술을 알아보았습니다. 먼저, 생성자 주입과 `InheritedWidget` 같은 기본적인 접근 방식으로 의존성을 관리하는 방법을 살펴보았습니다. 하지만 애플리케이션이 복잡해짐에 따라 보일러 플레이트 코드가 증가하고 깊은 위젯 계층 구조를 관리하기 어려워지는 등의 한계를 확인했습니다.

핵심은 잘 설계된 플러터 애플리케이션을 제작하는 데 있어 의존성 주입의 중요성입니다. 의존성 주입의 기술과 도구를 이해하고 적절하게 활용함으로써 개발자는 더 효율적이고, 깔끔하며, 모듈화된 애플리케이션을 구축할 수 있으며, 궁극적으로 개발 경험이 향상되고 고품질의 소프트웨어를 만들 수 있습니다.

프로세스

PART 3

13장 규칙 및 스타일 가이드라인

14장 개발 협업

15장 문서화의 미학

16장 플러터의 테스트

17장 환경과 플레이버

CHAPTER 13
규칙 및 스타일 가이드라인

검토자: Alessio Salvadorini

여기서 살펴볼 가이드라인은 소프트웨어 프로젝트에서 명확성, 일관성, 유지보수성을 확립하는 핵심 역할을 합니다. 공통 언어와 형식을 사용하면 팀원 간의 오해나 오류를 줄일 수 있으므로 시간과 비용을 절약해 줍니다. 일관된 형식, 명명 규칙, 모범 사례는 혼란을 질서로 전환해 팀원 간 협업을 용이하게 하고 코드 이해도를 높입니다. 이는 코드 탐색, 개선, 확장을 더 쉽게 만들며 인지적 부담을 줄이는 효과를 가져옵니다.

프로젝트를 시작할 때 기본 규칙과 가이드라인을 설정하는 일은 중요한 첫 단계입니다. 일반적으로 표준이나 커뮤니티에서 승인된 가이드라인을 활용합니다. 시간이 지남에 따라 팀은 잘 구성된 도구나 스크립트를 활용해 모범 사례와 추가 규칙을 도입해 가이드라인을 개선할 수 있습니다. 이러한 과정은 자동화되어 효율성을 높이고 마찰을 줄여 줍니다.

이 장에서는 단순하게 보일 수 있지만 간과해서는 안 되는 이러한 측면을 살펴봅니다. 이는 소프트웨어의 유지보수성과 품질에 상당한 영향을 미치며, 팀 협업과 조직 내 건강한 협력 환경을 향상시킵니다.

13.1 규칙의 근거

소프트웨어 개발에서는 '좋은' 행위를 장려하고 '나쁜' 행위를 방지하려고 규칙을 설정합니다. 그러나 '좋은' 것과 '나쁜' 것의 정의는 회사마다(심지어 같은 조직의 팀마다) 크게 다를 수 있습니다. 이러한 변동성은 각 환경의 고유한 목표, 기술, 문화에 맞는 명확하고 상황에 맞는 규칙의 필요성을 강조합니다. 이러한 규칙은 나침반이자 공통 언어 역할을 하며, 개발자들이 특정 맥락에서 유익하다고 여겨지는 관행을 따르도록 안내하고, 해롭다고 판단되는 관행을 피하도록 이끕니다. 이는 모두가 동의하고 이해하며 공유하는 언어입니다.

규칙의 좋은 예로는, 매력적일 수 있지만 팀의 합의된 관행과 일치하지 않을 수 있는 특정 함수나 기능의 회피를 들 수 있습니다. 예를 들어 팀에서 로깅에 print 문을 사용하지 않고 debugPrint를 사용하게 할 수 있습니다. 이 관행은 디버깅 정보가 프로덕션 빌드에 실수로 포함되지 않도록 해서 애플리케이션의 성능과 보안을 유지합니다. 또 다른 예는 비즈니스 로직, UI 컴포넌트, 데이터 모델을 분리하는 등 애플리케이션의 아키텍처를 반영하는 특정 폴더 구조를 강제하는 것입니다. 이는 코드 가독성을 향상하며, 팀 구성원이 코드베이스를 탐색하고 이해하기 쉽게 합니다. 또한 팀은 클래스와 위젯 이름이 특정 형식을 따르도록 명명 규칙을 정의하고 자동화된 도구로 일관성을 검사할 수 있습니다.

규칙을 뒷받침하는 근거가 팀에 미치는 영향은 상당합니다. 모든 팀원이 코딩 관행에 대해 같은 이해를 공유하게 되므로 더 응집력 있고 단순한 개발 프로세스로 이어집니다. 이러한 통일성은 새로운 팀 구성원의 학습 곡선을 줄이고 협업을 원활하게 합니다. 또한 표준화된 접근 방식으로 문제를 더 쉽게 식별하고 해결할 수 있으므로 코드 유지관리도 단순화됩니다. 규칙은 처음에는 제약처럼 느껴지지만, 팀의 개발 효율성을 높이고 품질이 더 높고 유지관리가 쉬운 플러터 애플리케이션을 개발할 수 있게 합니다.

13.2 의미 있는 가이드라인 정의하기

소프트웨어 개발에 필요한 일련의 규칙을 정의할 때 가장 먼저 던져야 할 질문은 '우리가 달성하려는 목표는 무엇인가?'입니다.

소프트웨어 개발에서 의미 있는 가이드라인을 만들려면 여러 요소를 신중하게 고려해야 합니다. 이러한 원칙은 규칙과 가이드라인을 설정할 때 일관성, 간결성, 실용성의 중요성을 강조합니다.

일관성과 목적 강조

가이드라인은 코드베이스 전반에 걸쳐 일관성을 높여야 합니다. 일관성은 형식이나 명명 규칙에만 국한되지 않고 코드가 작동하고 구성되는 방식까지 확장됩니다. 예를 들어 플러터 개발에서 일관성이란 화면의 `Scaffold-AppBar-Body` 패턴을 준수하거나 여러 모듈에서 상태 관리에 일관된 방법을 사용하는 것을 의미할 수 있습니다. 여기에서 목적은 코드베이스를 직관적이고 유지관리하기 쉽게 만드는 것과 개발자가 프로젝트를 쉽게 이해하고 기여할 수 있게 하는 것입니다.

간결함과 명확성

다트의 철학인 '간결성과 명확성'이 가이드라인에 반영돼야 합니다. 이는 가독성을 손상하지 않으면서 의도를 표현하는 가장 간결한 방법을 선택한다는 의미입니다. 코드에 명확한 가치를 추가하지 않는 지나치게 장황하거나 복잡한 구성은 피해야 합니다. 가독성 좋은 코드를 만드는 방향으로 최적화해야 한다는 점을 기억하세요.

실용성과 유연성

일련의 규칙을 갖추는 것만큼이나 실용적인 측면을 고려하는 것도 중요합니다. 규칙은 발전이나 혁신을 방해할 정도로 엄격해서는 안 됩니다. 예를 들어 가이드라인에서는 플러터의 특정 위젯 구조를 선호할 수 있지만, 특정 요구사항에 더 적합한 다른 접근 방식이 있을 때는 예외를 허용할 여지를 두어야 합니다. 이러한 균형을 맞추면 가이드라인은 걸림돌이 되지 않고 유용한 프레임워크 역할을 하게 됩니다.

13.2.1 다트의 가이드라인 종류

다트 팀은 쉽게 이해하고 적용할 수 있도록 가이드라인을 여러 영역으로 구성했습니다.

| 스타일 가이드[1] |

이 가이드는 `dart format`에서 자동으로 처리하지 않는 코드 포맷과 구성을 위한 규칙을 설명합니다. 코드 레이아웃을 구성하는 방법을 자세히 설명하고 식별자 명명 규칙(예: `camelCase, using_underscores`)을 정합니다.

| 문서화 가이드[2] |

코드에서는 주석을 효과적으로 사용하는 방법에 관한 포괄적인 가이드라인을 제공합니다. 문서와 표준 코드 주석을 다루고, 코드를 더 이해하기 쉽게 만들려면 어떤 정보를 포함해야 하는지 안내합니다.

| 사용 가이드[3] |

다양한 기능을 구현하는 데 언어 기능을 최적으로 활용하는 방법을 알려줍니다. 코드에서 문statement과 표현식을 효과적으로 사용하기 위한 가이드라인이 포함됩니다.

| 디자인 가이드[4] |

가볍지만 가장 넓은 범위의 가이드입니다. 일관되고 사용자 친화적인 라이브러리 API 설계에 관한 통찰을 요약합니다. 여기에는 형식 서명과 선언에 관한 가이드라인이 포함됩니다.

각 가이드는 특정 가이드라인 목록이 포함된 영역으로 다음과 같이 구분됩니다.

- **DO**: 거의 항상 예외 없이 따라야 하는 관행입니다.
- **DON'T**: 일반적으로 권장되지 않는 관행으로, 다트의 간소화된 특성 때문에 다른 언어보다 적게 사용하는 것을 목표로 합니다.
- **PREFER**: 권장되는 방식이지만 대체 접근 방식이 더 적절한 상황이 있을 수 있습니다. 가이드라인을 따르지 않으려면 그에 따른 결과를 알아야 합니다.
- **AVOID**: 'PREFER'와 달리 타당성이 있는 드문 경우를 제외하고는 일반적으로 따라서는 안 되는 관행입니다.
- **CONSIDER**: 특정 상황, 선례, 개인적 선호도에 따라 따를 수도 있고 따르지 않을 수도 있는 관행입니다.

---

[1] https://dart.dev/effective-dart/style
[2] https://dart.dev/effective-dart/documentation
[3] https://dart.dev/effective-dart/usage
[4] https://dart.dev/effective-dart/design

다트 분석기^{Dart analyzer}는 린터^{linter}를 제공해 가이드라인을 준수하도록 돕습니다. 린터는 표준과 기타 표준에 부합하는 일관된 코드를 작성하는 데 유용합니다. 특정 린트 규칙을 활용하여 가이드라인 적용을 더욱 용이하게 할 수도 있습니다.

이 장을 특별히 살펴보는 이유는 여기에 소개된 소프트웨어 공학의 모범 사례들로부터 우리 프로젝트에 적용할 만한 비슷한 접근법에 대한 영감을 얻을 수 있기 때문입니다. 팀과 프로젝트 규모에 따라 이 가이드라인들을 축약할 수 있습니다. 하지만 다양한 가이드라인을 이해하고 팀 내에서 이를 준수하도록 하는 것이 필수적입니다. 팀에서 사용할 유사한 가이드라인을 만드는 방법을 배우려면, 이 가이드들의 일부라도 읽어보시기 바랍니다.

플러터 프로젝트에서 이미 있는 것을 다시 만들거나 모든 것을 다시 작성할 필요는 없습니다. 대신 공식 문서를 참조하고 팀과 관련된 추가 가이드라인을 통합하세요. 이 접근 방식은 특히 소규모 팀과 프로젝트에서 더 효과적입니다.

13.3 규칙 준수 보장하기

프로젝트 규칙을 설정하고 이를 구체적인 가이드라인으로 구현했다면, 이제 모든 사람이 이를 준수하도록 보장하는 방법이 남아 있습니다. 프로젝트의 무결성과 품질을 유지하려면 이러한 규칙을 준수할 수 있는 메커니즘을 마련해야 합니다. 이 문제에 접근하는 몇 가지 방법은 다음과 같습니다.

| 자동화 도구 |

코딩 표준을 준수하는 가장 효과적인 방법은 자동화된 도구를 사용하는 것입니다. `flutter format`과 `flutter analyze` 같은 도구는 다트와 플러터 프로젝트에서 핵심 역할을 합니다.

| 코드 리뷰 |

자동화된 도구 외에도 수동 코드 리뷰가 필수적입니다. 팀 구성원의 코드 리뷰는 자동화 도구가 놓칠 수 있는 불일치를 파악하고 코드가 구문 규칙, 모범 사례, 논리적 일관성을 준수하는지 확인할 기회를 제공합니다.

| 문서화와 교육 |

코딩 표준에 관한 명확한 문서를 제공하고 정기적으로 교육하면 규정을 준수하는 코드의 비율을 크게 높일 수 있습니다. 팀 구성원이 코딩 가이드라인과 그 근거를 숙지하면 이러한 표준을 준수할 가능성이 더 높습니다.

| 지속적 통합 continuous integration (CI) 검사 |

모든 코드 커밋에서 서식 지정과 린터를 실행하는 CI 검사를 구현하면 문제를 조기에 파악하는 데 도움이 됩니다. 준수하지 않을 경우 빌드가 실패하도록 설정해 확립된 가이드라인을 충족하지 않는 코드가 병합되는 일을 방지할 수 있습니다.

| 내부 도구 |

코드 품질을 유지하려면 스크립트 및 도구를 설정하거나 깃 훅 git hook 같은 사용 가능한 옵션을 활용하는 것이 중요합니다. 이러한 규칙은 풀 요청을 보내기 전이나 커밋이 이루어지기 전에 적용해야 합니다. 이는 모든 팀이 따라야 하는 중요한 단계입니다. 새로운 프로세스를 도입함으로써 서로에게서 배우고 코드베이스의 전반적인 품질을 향상할 수 있습니다. 규칙이나 패턴은 팀과 프로젝트에만 해당할 수 있으므로 올바르게 적용해야 합니다.

| 상황별 일관성 |

이 원칙은 도입된 모든 새로운 코드가 기존 코드베이스와 일치해야 함을 나타냅니다. 새로운 코드가 특정 규칙을 위반한다면 일관성을 보장하기 위해 해당 섹션을 한꺼번에 수정해야 합니다.

| 품질 문화 조성 |

코드 품질과 일관성을 중요시하는 문화를 조성해야 합니다. 전체 팀이 코딩 표준 준수의 중요성을 이해하고 고품질 코드를 유지하려고 최선을 다할 때 규정 준수는 공동의 노력이자 목표가 됩니다.

가장 중요한 것은 자동화입니다. 지루한 작업과 일상적인 점검을 자동화하면 시간을 절약하고 인적 오류를 방지해 소프트웨어 품질을 향상할 수 있습니다. 발견된 오류에서 교훈을 얻어 자동화하면 실수가 반복되는 일을 방지하고 지속적인 개선 문화를 조성할 수 있습니다.

13.4 자동화로 일관성 확보하기

자동화는 규칙을 시행하고 패턴을 준수하는 데 필수적입니다. 필자는 아키텍처 패턴 구현과 규칙과 가이드라인 준수를 지원하는 내부 도구와 스크립트를 생성하기를 권장할 때가 많습니다. 이러한 도구는 여러분이나 동료의 컴퓨터 또는 CI 시스템에서 실행될 수 있도록 플랫폼이나 환경에 구애받지 않는 방식으로 작성해야 합니다.

이러한 도구는 처음에는 만드는 데 시간이 걸릴 수 있지만 애플리케이션 개발이 진행될수록 개발에 드는 시간은 점점 줄어듭니다. 대신 가이드라인을 준수하도록 조정하고 유지보수하는 데 더 많은 시간이 필요하게 됩니다. 하지만 스크립트와 도구는 모든 사람이 잘 관리하고 사용할 수 있도록 정규화된 진실 공급원truth of source의 역할을 해야 합니다.

개발 팀에서 일반적으로 접하게 되는 두 가지 실제 시나리오를 살펴보며 이를 설명하겠습니다.

1. **코드 구조 표준화**: 팀은 스타일 가이드에 설명된 대로 폴더 구조, 파일 이름, 클래스 이름에 관한 특정 패턴을 사전에 합의할 때가 많습니다. 또한 서비스나 클래스 생성을 위한 사전 정의된 요구사항 및 아키텍처 패턴과 이러한 초기 요구사항에 맞는 테스트 템플릿을 구성해야 할 수 있습니다. 이러한 부분을 자동화하면 프로젝트 전반에 일관되게 적용되도록 할 수 있습니다.

2. **코드 통합 전 품질 보증**: 풀 리퀘스트pull request(PR)를 제출하기 전에 모든 테스트(특히 위젯 및 단위 테스트)를 통과하는지 확인해야 합니다. 또한 잠재적인 문제를 파악하려면 코드 형식 지정 및 정적 분석 검사를 구현해야 합니다. 프로젝트를 최신 상태로 유지하려면 오래된 의존성에 대한 자동 알림을 받는 기능이 중요합니다. 또한 모든 사람이 깃Git 커밋 시 특정 패턴과 형식을 따르도록 해야 합니다. 이는 CI나 CD에 영향을 미치며 좋은 변경 로그change log를 자동으로 생성할 수 있기 때문입니다.

이러한 시나리오를 해결하는 명령줄 인터페이스command line interface(CLI) 도구나 사용자 정의 스크립트를 만들면 매우 유용할 수 있으며, 팀의 모든 사람이 이해할 수 있도록 다트로 작성할 수도 있습니다. 또한 깃 훅을 활용해 이러한 스크립트로 더 자동화된 솔루션을 구축할 수도 있습니다.

모든 것을 처음부터 구축할 필요는 없습니다. 초기 기반을 구축하고 mason[5] 패키지와 같은 유용한 도구를 사용할 수 있습니다. 하지만 의존성과 프로젝트에 미치는 영향을 항상 염두에 두세요.

---

[5] https://pub.dev/packages/mason

다음은 특정 설계를 기반으로 화면을 생성하는 사용자 정의 스크립트입니다.

```dart
import 'dart:io';

void main(List<String> arguments) {
  if (arguments.isEmpty) {
    print('Please provide a screen name.');
    return;
  }

  String screenName = arguments[0];
  createMVVMScreen(screenName);
}

void createMVVMScreen(String screenName) {
  String screenDirectory = 'lib/screens/$screenName';
  Directory(screenDirectory).createSync(recursive: true);

  // 뷰 파일 생성
  String viewFileName = '${screenName}_view.dart';
  File('$screenDirectory/$viewFileName').writeAsStringSync(
    '''
import 'package:flutter/material.dart';
class ${capitalize(screenName)}View extends StatelessWidget {
  @override
  Widget build(BuildContext context) {
    return Container(); // TODO: 추후 뷰 추가
  }
}''',
  );

  // 뷰 모델 파일 생성
  String viewModelFileName = '${screenName}_view_model.dart';
  File('$screenDirectory/$viewModelFileName').writeAsStringSync(
    '''class ${capitalize(screenName)}ViewModel {
    // TODO: 추후 모델 추가
    }\n''',
  );

  // 모델이나 서비스 파일 생성
  String modelFileName = '${screenName}_service.dart';
  File('$screenDirectory/$modelFileName').writeAsStringSync(
    'class ${capitalize(screenName)}Service {\n'
```

```
    '  // TODO: 추후 서비스 혹은 모델 추가\n'
    '}\n',
  );

  print(
    'MVVM screen structure created for $screenName.',
  );
}

String capitalize(String s) => s[0].toUpperCase() + s.substring(1);
```

화면 이름을 인수로 전달해 터미널에서 스크립트를 실행합니다.

my_screen을 원하는 화면 이름으로 바꾸세요. 스크립트는 각각의 뷰, 뷰 모델, 서비스/모델 파일과 my_screen이라는 폴더를 lib/screens에 생성합니다.

```
dart create_mvvm_screen.dart my_screen
```

이렇게 폴더와 파일이 생성되었습니다.

```
lib/screens
  my_screen
    my_screen_service.dart
    my_screen_view.dart
    my_screen_view_model.dart
```

단순히 패턴과 규칙을 만드는 것 이상이 필요합니다. 개발자에게는 이를 자동으로 적용하고 활용할 수 있는 도구가 필요합니다.

또 다른 예를 들어보겠습니다. 트리거된 훅을 기반으로 다양한 명령을 실행하는 code_check. dart와 같은 다트 파일을 만듭니다.

```
import 'dart:io';
import 'dart:async';

Future<void> main(List<String> arguments) async {
  String hook = arguments.isNotEmpty ? arguments[0] : 'commit';
  if (hook == 'commit') {
```

```
    await _runFlutterFormat();
    await _runFlutterAnalyze();
  } else if (hook == 'push') {
    await _runFlutterTest();
  }
}

Future<void> _runFlutterFormat() async {
  print('Running Flutter Format...');
  await _executeCommand(
    'flutter',
    ['format', '.'],
  );
}

Future<void> _runFlutterAnalyze() async {
  print('Running Flutter Analyze...');
  await _executeCommand(
    'flutter',
    ['analyze'],
  );
}

Future<void> _runFlutterTest() async {
  print('Running Flutter Tests...');
  await _executeCommand(
    'flutter',
    ['test'],
  );
}

Future<void> _executeCommand(String executable, List<String> arguments) async {
  var result = await Process.run(executable, arguments);
  if (result.exitCode != 0) {
    print(result.stdout);
    exit(result.exitCode);
  }
}
```

이 스크립트는 실행된 훅의 타입을 확인하고 적절한 플러터 명령(코드 포매팅formatting과 정적 분석 검사)을 커밋 전에 실행하고 푸시 전에는 테스트를 실행합니다.

깃 훅

code_check.dart 스크립트가 준비되면 깃 훅을 사용해 쉽게 호출할 수 있습니다. 각 커밋과 각 푸시에 연결해 보겠습니다.

이를 각 커밋에 연결하려면 .git/hooks 디렉터리에 pre-commit이라는 파일을 만들고 다음 내용을 추가하세요.

```
#!/bin/sh
dart hooks/code_check.dart commit
```

이 훅은 flutter format과 flutter analyze 명령어를 호출해 각 커밋 전에 코드 포매팅과 정적 분석 검사를 통과했는지 확인합니다.

각 푸시에 연결하려면 .git/hooks 디렉터리에 pre-push라는 파일을 만들고 다음 내용을 추가하세요.

```
#!/bin/sh
dart path/to/code_check.dart push
```

이 훅은 flutter test를 실행해 코드가 저장소에 푸시되기 전에 모든 테스트를 통과했는지 확인합니다.

두 훅 스크립트가 모두 실행 가능하게 해야 하며, 리눅스와 macOS에서는 일반적으로 다음 명령어를 사용합니다.

```
chmod +x .git/hooks/pre-commit
chmod +x .git/hooks/pre-push
```

이처럼 훅은 셸shell이나 배시bash 스크립트로 작성할 수 있습니다. 이는 품질 검사에 더 많은 것을 추가할 수 있음을 의미합니다. 하지만 필자는 이를 모두 CLI나 다트로 작성한 스크립트에 추가하는 방식을 선호합니다. 이렇게 하면 스크립트를 어디에서 누가 실행하든 항상 동일한 작업이 실행됩니다. 이렇게 작성된 스크립트는 CI에도 활용할 수 있습니다.

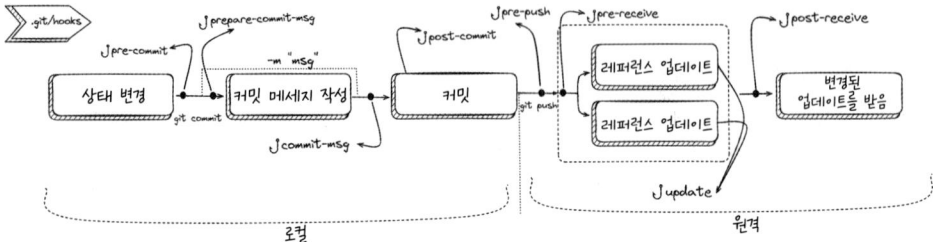

그림 13-1 깃 파이프라인의 선택적 깃 훅

CI 시스템

CI 시스템은 코드 통합 자동화에 매우 중요합니다. 모든 새로운 코드 제출이 즉시 테스트되고 개발 팀에 보고되도록 보장합니다. CI 시스템은 실행하려는 명령에 대해 독립적이어야 한다고 생각합니다. 이 접근 방식은 프로젝트와 팀에 많은 유연성을 제공합니다. 예를 들어 code_check.dart 스크립트를 사용해 pre-push 훅에서 테스트를 실행할 수 있습니다. 이는 CI에서도 달성할 수 있습니다.

```
if (hook == 'commit') {
  await _runFlutterFormat();
  await _runFlutterAnalyze();
} else if (hook == 'push') {
  await _runFlutterTest();
} else if (hook == 'CI') {//<---
  await _runFlutterFormat();//<---
  await _runFlutterAnalyze();//<---
  await _runFlutterTest();//<---
}
```

CI에서도 동일한 작업을 수행할 수 있습니다. 예를 들어 깃허브 액션^{GitHub Action}을 사용한다면 다음과 같이 활용할 수 있습니다.

```
name: Flutter Code Checks CI

On:
  push:
    branches: [ main ]
  pull_request:
    branches: [ main ]
```

```yaml
Jobs:
  flutter_checks:
    runs-on: ubuntu-latest
    steps:
    - uses: actions/checkout@v3

    - name: Set up Flutter
      uses: subosito/flutter-action@v2
      with:
        flutter-version: 'stable'

    - name: Get Flutter dependencies
      run: flutter pub get

    - name: Run code checks
      run: dart run path/to/code_checks.dart CI
```

그러면 main 브랜치의 푸시 및 풀 요청에 대한 스크립트를 통해 모든 검사가 실행됩니다. 이 설정을 사용하면 지정된 코드 검사가 자동으로 수행되어 CI와 개발자의 워크스테이션 모두에서 코드 품질과 일관성을 유지하는 데 도움이 됩니다.

팀과 프로젝트 요구사항에 따라 이 설정을 다르게 확장하거나 사용자 정의할 수 있습니다. 일부 회사에서는 전담 팀이 규칙을 시행하고 조직 전체에서 사용할 도구를 구축해 일관성을 보장하기도 합니다.

플러터 엔지니어로서 팀 내에서 모범 사례를 시행하는 견고한 도구와 프로세스를 만드는 일은 필수적입니다. 이제 팀에서 이러한 관행을 구현하는 방법을 이해했을 것입니다.

13.5 린터와 dartfmt

다트 분석기는 다트와 플러터의 가이드라인을 준수하는 데 도움이 된다는 점을 언급했습니다. 린트 규칙은 린터가 코드를 분석하고 검사하는 기준입니다. 이는 정적 분석으로 수행되므로 단 한 줄의 코드도 실행하기 전에 문제를 찾을 수 있습니다. 다트 생태계에서 다트 분석 서버와 같은 도구는 정적 분석에 분석기(analyzer) 패키지[6]를 활용합니다. 이 분석은 다트 언어 사양에 설명된 오류와 경고를 포함한 다양한 문제를 식별하도록 맞춤화될 수 있습니다. `dart analyze`, `flutter analyze`, 그리고 다양한 IDE와 같은 도구는 코드 평가를 위해 분석기 패키지를 활용합니다.

이는 프로그램의 잠재적인 문제를 식별하려고 린터가 따르는 일련의 가이드라인이나 스타일 가이드입니다. 이러한 문제는 두 가지 주요 범주로 분류될 수 있습니다.

프로그램 오류

이는 버그나 오작동을 일으킬 수 있는 코드 논리나 구문의 실수입니다. 린트 규칙은 다음과 같은 문제를 파악하는 데 도움이 될 수 있습니다.

- **선언되지 않은 변수**: 아직 정의되지 않은 변수를 사용하려고 합니다.
- **함수 이름 오타**: 함수 이름의 철자를 잘못 입력해 올바르게 호출되지 않습니다.
- **세미콜론 누락**: 코드 흐름이 중단되고 예기치 않은 동작이 발생할 수 있습니다.
- **연산자 오용**: 비교에 '==' 대신 '='와 같은 연산자를 사용합니다.

코드 스타일 문제

코드 형식과 일관성 문제가 프로그램 기능에 반드시 영향을 미치지는 않지만 가독성과 유지관리 가능성에 영향을 줄 수 있습니다. 린트 규칙은 다음과 같은 모범 사례를 강제하는 데 도움이 될 수 있습니다.

- **들여쓰기**: 들여쓰기를 일관되게 하면 코드를 더 쉽게 읽고 이해할 수 있습니다.
- **간격**: 불필요한 공백을 피하고 키워드와 연산자 주위에 일관된 간격을 사용합니다.
- **줄 길이**: 코드 줄을 특정 길이 이하로 유지해 가독성을 높입니다.
- **명명 규칙**: 변수, 함수, 클래스에서 합의된 명명 규칙을 따릅니다.

`flutter_lints`[7]는 이런 일을 하는 패키지 중 하나입니다. 다트 린트 패키지의 권장 규칙과 플러터의 모범 사례를 통합하여 개발자에게 제공합니다. 이 패키지를 사용하면 특정 요구사항에 맞게 사용자 정의할 수 있습니다.

---

[6] https://pub.dev/packages/analyzer
[7] https://pub.dev/packages/flutter_lints

특히 flutter_lints는 플러터 프로젝트의 코드 품질과 일관성을 향상하도록 설계되었습니다. 플러터 개발의 모범 사례를 준수하는 권장 린트 규칙 모음을 제공합니다.

권장 린트 규칙에 flutter_lints를 사용하거나 analyze_options.yaml 파일로 정적 분석기를 사용자 정의할 수 있습니다. pubspec.yaml의 dev_dependent에 flutter_lints를 포함해야 합니다. 일반적으로 새 프로젝트를 만들 때 추가되고 프로젝트 루트의 pubspec.yaml과 함께 있는 analysis_options.yaml 파일에 flutter_lints를 포함하도록 수정합니다.

```
include: package:flutter_lints/flutter.yaml
```

13.5.1 analyze_options.yaml으로 정적 분석기 설정 사용자 정의하기

analyze_options.yaml 파일은 플러터와 다트 프로젝트에서 정적 분석과 린트를 조정하는 데 중요합니다. 더 엄격한 타입 검사를 시행하고 특정 린트 규칙을 설정할 수 있습니다.

더 엄격한 타입 검사 활성화

analyze_options.yaml 파일에서 특정 모드를 활성화해 타입 검사를 더 엄격하게 할 수 있습니다.

```
analyzer:
  exclude: [build/**]
  language:
    strict-casts: true
    strict-inference: true
    strict-raw-types: true
```

- exclude: 분석기가 무시해야 하는 파일이나 디렉터리를 지정할 수 있습니다. 예제에서 exclude: [build/**]는 빌드 디렉터리의 모든 파일을 무시하게 합니다. 분석하고 싶지 않은 생성된 파일이나 타사 라이브러리를 제외하는 데 특히 유용합니다. *는 모든 디렉터리와 파일을 포함하는 글로브(glob) 패턴입니다.
- language: 다트의 특정 언어 기능이나 확인을 활성화하는 데 사용합니다.
  — strict-casts가 true로 설정되면 엄격한 타입 캐스팅을 강제합니다. 분석기가 동적 타입이 특정 타입으로의 암시적 캐스팅이 있을 수 있는 모든 인스턴스에 플래그를 지정해 잠재적인 런타임 타입 오류를 포착하는 데 도움이 됩니다.

— strict-inference가 true로 설정되면 다트 분석기는 타입 추론에 더 엄격한 규칙을 적용합니다. 분석기가 변수 타입이나 반환값 등의 요소를 명시적으로 유추할 수 없는 인스턴스에 플래그를 지정하고 그렇지 않으면 기본적으로 동적 타입을 사용한다는 의미입니다.

— strict-raw-types가 true로 설정되면 분석기는 제네릭 클래스의 원시 타입raw type 사용을 플래그로 지정합니다. 예를 들어 타입 매개변수(예: List<int>나 List<String>)를 지정하지 않고 List를 사용하면 플래그가 지정됩니다. 이는 명시적인 타입 선언을 장려해 타입 안전성을 향상합니다.

린터와 린트 규칙 설정

린트 규칙은 프로젝트 표준에 맞게 사용자 정의할 수 있습니다.

```yaml
Linter:
  rules:
    - always_declare_return_types
    - cancel_subscriptions
    - close_sinks
    # ... 다른 규칙들 ...
```

코딩 표준에 맞는 개별 규칙을 활성화할 수 있습니다. 기본 세트에 포함된 특정 규칙을 비활성화하려면 false로 규칙을 수정합니다.

```yaml
Linter:
  rules:
    avoid_shadowing_type_parameters: false
    await_only_futures: true
```

규칙 활성화와 비활성화를 혼합하는 방법보다 더 효과적인 전략은 단일 파일(예: all_lint_rules.yaml)에서 모든 린트 규칙[8]을 true로 설정한 후 필요하지 않거나 충돌하는 규칙만 선택해 analysis_options.yaml에서 비활성화하는 것입니다.

사용자 정의 린트를 생성할 때 custom_lint[9] 패키지를 활용할 수도 있습니다.

분석기 플러그인 사용

새로운 진단이나 빠른 수정과 같은 추가 기능을 사용하려면 분석기 플러그인을 활성화할 수 있

---

[8] https://dart.dev/tools/linter-rules/all
[9] https://pub.dev/packages/custom_lint

습니다.

```
analyzer:
  plugins:
    - your_favorite_analyzer_plugin_package
```

플러그인 패키지를 프로젝트 의존성으로 추가하고 analyze_options.yaml 파일에서 활성화합니다. 플러그인을 사용하면 대규모 프로젝트나 메모리가 제한된 시스템에서 메모리 사용량이 늘어날 수 있으므로 주의해야 합니다.

다트 분석기 패키지 API를 살펴보거나 규칙 생성을 지원하는 패키지를 사용해 플러그인을 작성할 수 있습니다. 시간이 지남에 따라 변경될 수 있으므로 특정 패키지에 관한 언급은 피하겠지만, 엔지니어는 이러한 가능성을 인지해야 합니다.

팀에서 합의한 스타일 가이드에 맞춰 모든 린트 규칙을 설정하고 나면, `flutter analyze`와 `flutter format` 명령어를 이용해 이 규칙들이 잘 지켜지도록 관리할 수 있습니다. 선택한 특정 규칙 외에도 다트 포매팅 규칙[10]은 주로 `dartfmt`를 통해 시행되며, 이는 일관성과 가독성을 보장하는 데 이 표준 규칙을 자동으로 적용합니다. 여기에는 들여쓰기 시 공백 사용, 줄 바꿈 전략, 연산자와 대괄호 주위의 공백 관리가 포함됩니다. `dart fix`도 자동적이고 프로그래밍적으로 규칙을 적용하도록 제어할 수 있습니다.

13.6 결론

모범 사례를 지원하는 강력한 도구와 프로세스를 구축하는 일의 중요성은 아무리 강조해도 지나치지 않습니다. 이 장의 목표는 이런 관행을 효과적으로 구현하는 포괄적인 개요를 제공하는 것입니다. 이제 관련 지식을 갖췄으니 팀에서 이러한 전략을 적용할 수 있습니다. 어떤 방식을 사용할지 우선순위를 정하고 채택함으로써 개발 프로세스를 단순화하고 프로젝트의 전반적인 품질과 유지보수성에 크게 기여할 수 있습니다. 이러한 방법론을 수용하면 팀 효율성과 코드 일관성은 물론이고 궁극적으로 플러터 애플리케이션의 성공 가능성을 높이는 데 도움이 됩니다.

---

[10] https://github.com/dart-lang/dart_style/wiki/Formatting-Rules

CHAPTER 14

개발 협업

검토자: *Alessio Salvadorini*

소프트웨어 개발에서 협력은 다양한 기술을 활용하고 혁신을 장려하는 데 매우 중요합니다. 특히 멀리 떨어져 있거나 문화적으로 다양한 팀에서는 효과적인 커뮤니케이션이 핵심입니다. 정기적인 회의와 명확한 문서화에 디지털 플랫폼을 활용하면 개발 과정을 개선할 수 있습니다. 깃과 같은 버전 관리 시스템과 프로젝트 관리 도구는 여러 팀원이 충돌 없이 동시에 프로젝트를 진행하도록 조율하는 데 필수적입니다.

애자일과 데브옵스^{DevOps} 같은 방법론을 채택하면 팀워크가 향상됩니다. 애자일은 적응형 계획과 지속적인 피드백을 강조하고, 데브옵스는 개발과 IT 운영을 결합해 책임을 공유하고 신속한 배포를 촉진합니다. 이러한 접근 방식은 작업 흐름을 구축해 포용적이고 역동적인 팀 환경을 조성하며 실제 사례에서 효과가 입증되었습니다. 팀이 방법론을 선택할 수 있도록 하는 것 역시 중요합니다. 일방적으로 팀이 사용할 방법론을 지정하면 방법론의 필요성에 관한 오해가 생길 수 있습니다. 이렇게 되면 사람들은 애자일 방식으로 일한다고 생각하면서도 숨겨진 폭포수 방식을 따르게 될 수 있습니다.

이 장에서는 협업의 세 가지 주요 측면인 버전 관리 사용, 데브옵스 사고방식 적용, 코드 리뷰를 통한 커뮤니케이션을 살펴보고자 합니다.

14.1 버전 관리 필수 사항

버전 관리는 소프트웨어 개발에 가장 많이 활용되는 도구입니다. 지금까지 프로젝트를 진행하면서 어떤 형태로든 버전 관리를 사용하지 않은 경우를 본 적이 없을 정도로 버전 관리는 보편적이고 중요한 개발 기반입니다. 버전 관리 시스템version control system(VCS)은 크게 중앙 집중식과 분산식으로 나뉩니다.

서브버전Subversion(SVN)과 같은 중앙 집중식 버전 관리 시스템centralized version control system(CVCS)은 모든 파일과 이력을 하나의 중앙 저장소에 저장합니다. 이러한 중앙 집중식 구조는 개발자가 변경하려 할 때마다 이 저장소에 연결해야 함을 의미합니다. 이 설정은 관리와 백업을 단순화하지만, 단점도 존재합니다.

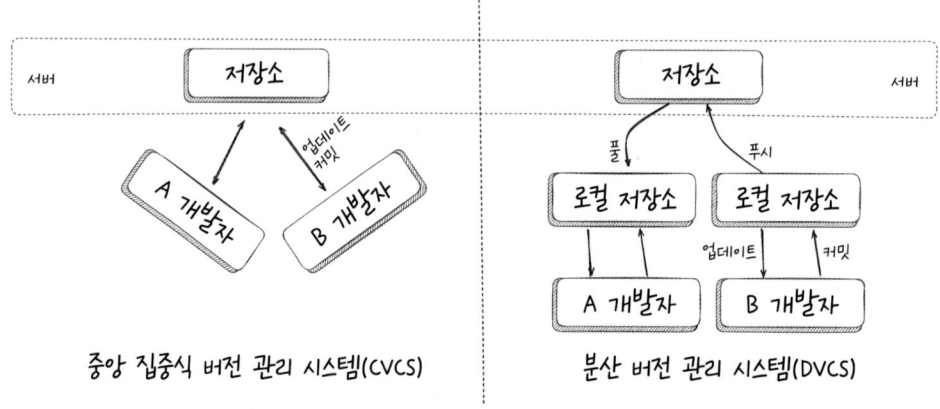

그림 14-1 중앙 집중식 버전 관리 시스템(CVCS)과 분산 버전 관리 시스템(DVCS) 비교

가장 주목할 만한 점은 중앙 저장소를 사용할 수 없게 되면 전체 개발 과정이 중단될 수 있다는 것입니다.

깃, 머큐리얼Mercurial, 비트버킷Bitbucket과 같은 분산 버전 관리 시스템distributed version control system(DVCS)은 더 유연한 접근 방식을 제공합니다. DVCS에서는 모든 개발자가 프로젝트의 전체 히스토리가 포함된 로컬 저장소 복사본이 있으므로 중앙 저장소는 규약에 불과합니다. 이러한 설정 덕분에 개발자는 독립적으로 오프라인에서도 작업할 수 있습니다. 대부분 변경 사항은 다시 중앙 저장소로 병합됩니다. 분산 버전 관리 시스템의 이러한 특성 덕분에 중앙 저장소에 문제가 발생해도 개발자들은 프로젝트 히스토리에 접근하거나 작업하는 데 어려움이 없습니다.

분산 버전 관리 시스템은 현대적인 접근 방식입니다. 특히 분산 버전 관리 시스템 중 깃은 소프트웨어 업계에서 지배적으로 사용되는 방식입니다. 깃 기반으로 구축된 깃허브나 깃랩^{Gitlab}과 같은 플랫폼은 이슈를 추적하며, 코드 리뷰 및 지속적 통합과 같은 협력적인 개발을 돕는 통합 도구를 제공함으로써 이러한 추세를 더 잘 보여줍니다.

14.1.1 트렁크 기반과 기능 기반 접근 방식

코드 변경 사항을 통합하고 배포하는 방법을 관리하는 것은 프로젝트의 성공에 있어 매우 중요합니다. 널리 채택된 두 가지 방법론은 트렁크 기반 개발$^{trunk-based\ development}$(TBD)과 기능 기반 개발$^{feature-based\ development}$(FBD) 방식입니다. 각 접근 방식은 개발 팀 내의 다양한 요구사항과 작업 흐름에 맞춰 코드 수정과 병합, 배포 관리를 위한 고유한 전략을 제공합니다. 개발자와 프로젝트 관리자가 특정 프로젝트 요구사항에 가장 적합한 접근 방식을 선택하려면 각 방법의 특징, 장점, 과제를 이해해야 합니다.

기능 브랜치 작업 흐름

기능 브랜치의 작업 흐름은 코드베이스에 변경 사항을 도입할 때 개발자가 코드베이스를 직접 조작하는 대신 새로운 기능 브랜치를 만드는 소프트웨어 개발에서 인기 있는 접근 방식입니다. 기능 브랜치의 작업 흐름에서는 각각의 새로운 기능, 버그 수정, 개선 사항이 'main' 브랜치에서 파생된 별도의 브랜치에서 개발됩니다. 이 브랜치 전략은 메인 코드베이스가 안정적으로 유지되고 진행 중인 개발 작업이 메인 코드베이스에 영향을 주지 않도록 보장합니다. 기능이 완성되고 테스트가 완료되면 일반적으로 코드 리뷰 과정을 거쳐 'main' 브랜치에 병합됩니다. 깃플로^{GitFlow}[1]는 기능 기반의 접근 방식을 작업 흐름으로 구체화한 것으로 구조화된 모델을 제공합니다. 여기에는 'feature', 'release', 'develop', 'hotfix'와 같은 브랜치 유형이 정의되어 있으며 각 개발 주기에서 브랜치별 고유한 임무를 수행합니다. 이러한 구조화된 접근 방식은 팀 단위의 개발 환경에서 복잡한 개발 과정을 체계적으로 구성하고 관리하는 데 도움이 됩니다.

---

[1] https://nvie.com/posts/a-successful-git-branching-model/

트렁크 기반 개발

트렁크 기반 개발(TBD)은 개발들이 동일한 브랜치를 직접 조작해 'trunk'나 'main' 브랜치라는 코드베이스를 변경시키는 소프트웨어 개발 접근 방식입니다. 이 방법은 지속적 통합과 빠른 반복을 강조합니다.

트렁크 기반 개발에서 개발자는 코드베이스의 메인 브랜치에서 직접 작업합니다. 개발자는 소규모의 점진적인 변경 사항을 자주 커밋하고 이를 즉시 통합하고 테스트합니다. 이 접근 방식은 개발 작업과 메인 코드베이스 간의 차이를 최소화합니다. 트렁크 기반 개발에서 기능 브랜치를 사용하더라도 짧은 기간만 유지되며, 기능이 안정적이고 테스트가 완료되는 즉시 트렁크에 병합됩니다. 다음은 트렁크 기반 개발과 기능 기반 개발의 주요 차이점을 요약한 표입니다.

기능	트렁크 기반 개발	기능 기반 개발
통합 주기	잦음	덜 잦음
코드 격리	제한적인 코드 격리	높은 코드 격리
브랜치 관리	단순함	비교적 복잡함
충돌 위험	낮음	높음
잦은 배포에 대한 적합성	매우 적합	적합
병합 충돌	덜 잦음	잦음

14.1.2 트렁크 기반 깃 브랜치 만들기

트렁크 기반 개발은 지속적인 배포에 적합하므로 이 책에서 선호하는 접근 방식이며, 병합 충돌을 줄이고 팀 협력을 개선하는 데 도움이 됩니다. **물론 이는 필자의 개인적인 의견**이며 프로젝트, 팀, 회사의 문화에 따라 더 나은 선택이 있을 수 있습니다. 이를 자세히 설명하겠습니다.

| 트렁크 기반 개발 시 버그 수정하기 |

트렁크 기반 개발(TBD)에서는 집중해야 할 메인라인(mainline)이나 트렁크 브랜치가 하나뿐이므로 버그 수정이 용이합니다. 버그가 발견되면 트렁크에서 바로 해결합니다. 이 접근 방식은 수정 사항이 신속하게 통합되도록 하고 메인과 배포 브랜치 간의 차이가 발생할 위험을 줄여줍니다. 배포 브랜치에서 버그가 발견되면 먼저 트렁크에서 버그를 재현하고 수정합니다. 그런 다음 수정 사항을 배포 브랜치에 적용해 브랜치 간 일관성을 유지합니다. 배

포 브랜치에 직접 커밋하는 일은 피해야 합니다.

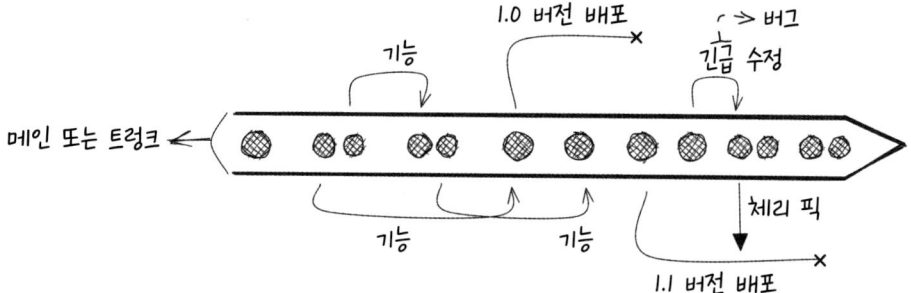

그림 14-2 트렁크 기반 개발

| 배포 관리 |

트렁크 기반 개발 시 배포 관리는 팀의 배포 빈도에 따라 달라집니다. 각 마이너 버전의 배포 빈도가 낮은 팀이라면 마이너 버전마다 배포 브랜치를 생성해 긴급 수정이나 버전 업데이트를 할 수 있습니다. 반면, 배포 빈도가 높은 팀은 트렁크 브랜치에서 바로 커밋 ID나 커밋한 시간을 기반으로 만들어진 버전을 사용해 배포를 진행할 수 있습니다. 이 방법은 별도의 배포 브랜치가 필요 없으며, 배포 과정이 단순해지고 빨라집니다.

| 기능 플래깅 feature flagging |

트렁크 기반 깃 브랜치 방법에서 기능 플래깅은 미완성되었거나 실험적인 기능을 트렁크에 병합하면서도 이를 사용자에게 노출하지 않는 강력한 기법입니다. 기능 플래그는 기능의 가시성과 활성화를 제어해 선택적인 테스트와 단계적인 배포를 가능하게 합니다. 이 방법은 특히 A/B 테스트나 장기적인 기능 개발의 관리에 유용합니다. 팀은 플래그를 조작해 운영 환경에서 활성화할 기능을 관리할 수 있으며, 충분히 테스트되고 승인된 기능만 사용자에게 노출되도록 합니다.

| 코드 리뷰 |

트렁크 기반 개발에서 코드 리뷰는 코드의 품질과 일관성을 유지하는 데 매우 중요합니다. 개발자는 트렁크에 작은 규모의 변경 사항을 더 자주 커밋하므로 검토를 집중 관리하기 쉽습니다. 검토자는 주로 개념적 이해보다는 기술적 구현을 평가해야 하므로 팀이 각 기능의

컨텍스트와 계획에 익숙해지면 검토 과정이 간소화됩니다. 이러한 접근 방식은 검토를 빠르고 효율적으로 하고 깔끔하고 안정적인 저장소를 유지하는 데 도움이 됩니다.

트렁크 기반 개발은 충돌을 줄이고 매일 작은 조각의 코드를 단일 소스인 메인 저장소에 병합하므로 지속적 통합과 지속적 배포(CI/CD)에 매우 적합합니다.

14.1.3 깃플로 기반 깃 브랜치 만들기

깃플로는 깃의 브랜치 모델로, 프로젝트 배포를 중심으로 설계된 견고한 브랜치 구조를 설명하는 전략입니다. 널리 사용되는 이 작업 흐름은 브랜치 생성, 브랜치 이름 지정, 브랜치 병합을 위한 일련의 규칙을 정의해 계획된 배포 주기가 있는 대규모 프로젝트를 관리하는 데 유용합니다. 이 접근 방식은 제품에 명시적으로 버전이 지정되거나 오랫동안 다양한 버전의 제품을 지원해야 할 때 적합합니다.

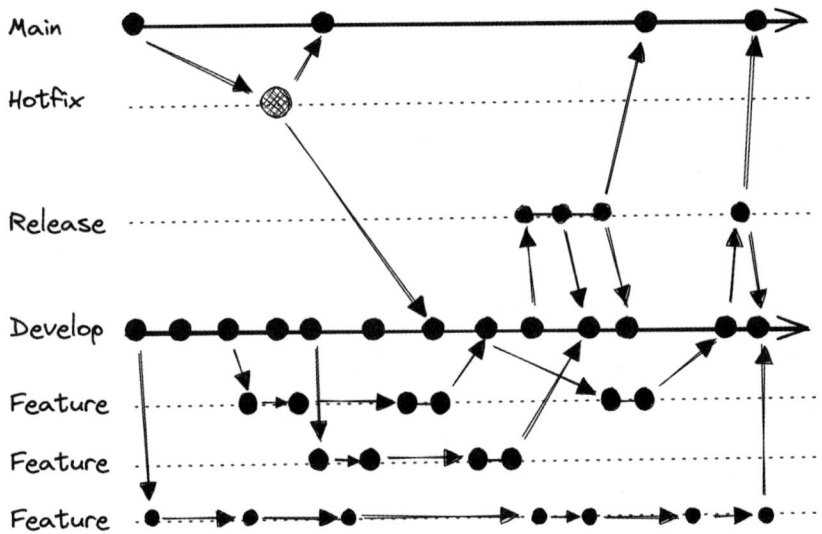

그림 14-3 기능 기반 개발 – 깃플로 모델

깃플로 작업 방식

1. **Main 브랜치**: 이 브랜치는 공식적인 배포 기록을 유지합니다. 운영 환경의 진실 공급원이 됩니다.
2. **Develop 브랜치**: Main 브랜치에서 파생된 이 브랜치는 배포 준비가 되기 전의 진행 중인 작업을 포함합니다.
3. **Feature 브랜치**: 각각의 새로운 기능은 Develop 브랜치에서 생성된 기능별 전용 브랜치에서 개발되고 완료되면 Develop 브랜치에 병합됩니다.
4. **Release 브랜치**: 배포 준비가 되면 Develop 브랜치에서 생성됩니다. 배포 직전의 마지막 순간에 소스 코드를 수정하거나 버그 수정을 할 수 있습니다.
5. **Hotfix 브랜치**: Main 브랜치에서 생성되며, 운영 환경의 버그를 수정하는 데 사용됩니다. 수정이 완료되면 Main 브랜치와 Develop 브랜치에 병합됩니다.

깃플로를 사용해 기능을 관리하면 구현이 완료되기까지 오랜 시간이 걸리는 고립된 Feature 브랜치가 존재할 수 있으며, 병합 문제나 충돌이 발생하기도 합니다. 그렇다고 해서 이 방법을 포기해야 한다는 뜻은 아닙니다. 이 방법은 계획된 배포 주기가 있거나 배포 전에 엄격한 테스트와 안정화 단계가 필요한 프로젝트에 적합합니다. 지속적인 배포나 통합이 문제가 되지 않을 때 특히 유용합니다.

기능 브랜치 접근 방식은 지속적 통합(CI) 프레임워크에 덜 적합하다고 볼 수 있습니다. 다른 브랜치에서 장기간 병합되지 않고 변경 사항이 많은 브랜치가 존재할 수 있기 때문입니다. 만약 브랜치가 독립적이고 커밋이 작은 단위라면 문제가 덜하지만 그렇지 않다면 서로 충돌하기 쉽습니다.

14.2 플러터 개발에 CI/CD 도입하기

지속적 통합(CI)과 지속적 배포(CD)는 코드 변경 사항의 빌드, 테스트, 운영 환경 배포를 자동화하는 소프트웨어 개발 과정입니다. 이들은 소프트웨어 제품에 새로운 기능과 업데이트를 배포하는 데 필요한 시간과 노력을 줄이고자 고안되었습니다.

데브옵스의 핵심 요소인 지속적 통합과 배포를 플러터 개발에 통합하면 팀 협업과 효율성이 크게 향상합니다. 지속적 통합과 배포는 개발 과정의 주요 부분을 자동화함으로써 팀의 작업 흐름을 원활하게 하고 더 협력적이고 일체감 있는 작업 환경을 조성하는 데 기여합니다.

플러터 개발 협업을 위한 지속적 통합(CI)

지속적 통합은 여러 개발자의 코드 변경 사항을 하루에도 여러 번 중앙 저장소에 병합할 수 있습니다. 따라서 큰 문제가 발생하기 전에 개발 과정 초기에 문제를 감지하고 수정하는 데 도움이 됩니다.

지속적 통합은 협업하는 플러터 개발 팀에서 매우 중요한 역할을 합니다. 팀원들이 지속해서 새로운 코드를 공유된 저장소에 푸시할 때마다 지속적 통합을 위해 구축한 CI 시스템은 모든 통합을 자동으로 테스트합니다.

지속적 통합은 다음 과정을 포함합니다.

- **자동화 테스트**: 각 코드 커밋은 단위 테스트, 위젯 테스트, 통합 테스트를 포함한 일련의 자동화 테스트를 실행해 새로운 코드가 기존 기능을 망가뜨리지 않도록 검증합니다.
- **즉각적인 피드백**: 개발자는 커밋 직후 즉각적인 피드백을 받아 문제를 빠르게 식별하고 해결할 수 있습니다.
- **공유 코드베이스의 무결성**: 정기적인 자동화된 테스트는 협업 환경에서 공유된 코드베이스의 안정성과 무결성을 유지합니다.

젠킨스Jenkins나 깃허브 액션Github Actions 같은 도구는 플러터 프로젝트에서 테스트를 자동화하도록 설정할 수 있어 지속적 통합 과정을 원활하고 효율적으로 만듭니다.

플러터를 위한 지속적 배포(CD)

지속적 배포는 코드 변경 사항을 테스트나 운영 환경에 자동으로 배포하게 해 줍니다. 코드 변경 사항이 반영될 빌드가 테스트 담당자나 사용자에게 즉시 제공되므로 문제를 신속하게 식별하고 대응할 수 있습니다.

지속적 배포를 자동화하면 협업을 한 단계 더 발전시킵니다. 플러터 팀에게 이는 다음을 의미합니다.

- **다양한 환경으로 자동화된 배포**: 지속적 배포를 사용하면 업데이트가 테스트, 스테이징, 운영 환경 등에 자동으로 배포되어 최신 버전의 애플리케이션이 항상 리뷰, 테스트, 사용이 가능한 상태가 됩니다.
- **수작업 감소**: 배포를 자동화하면 사람의 개입이 줄어들어 인적 오류의 위험을 최소화하고 개발자가 더 중요한 작업에 집중할 시간을 확보해 줍니다.
- **팀 간 조율 개선**: 지속적 배포는 모든 팀원이 최신 빌드에 접근할 수 있게 하며, 특히 서로 다른 지역에 있는 분산된 팀 간의 조율이 개선됩니다.

Codemagic[2]과 같은 플랫폼은 플러터에 특화된 기능을 제공해 지속적인 배포 파이프라인을 구축하는 데 이상적입니다.

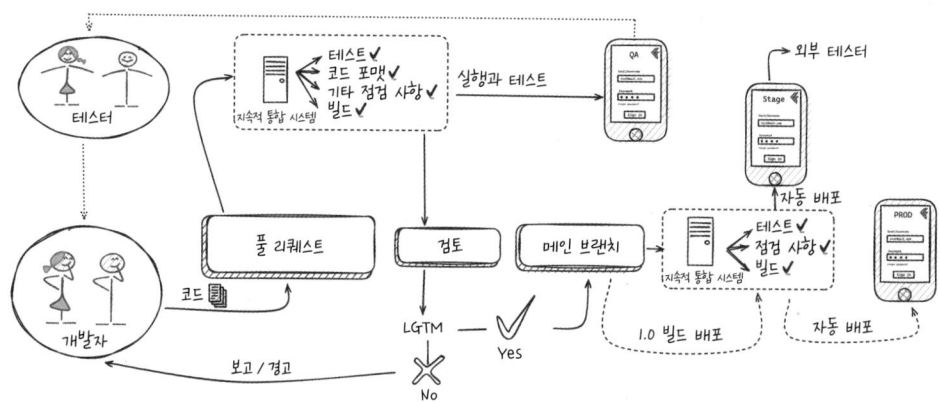

그림 14-4 플러터 개발의 지속적 통합과 배포

지속적 통합과 배포를 도입함으로써 플러터 개발 팀의 효율성이 높아지고 협업이 원활해질 수 있습니다. 이 접근 방식은 주요 개발 과정을 자동화하고 단순화할 뿐만 아니라, 팀원 간의 지속적인 개선과 공동의 책임 문화를 조성하는 데 기여합니다.

14.3 효과적인 코드 리뷰

효과적인 코드 리뷰는 고품질 플러터 개발의 핵심 요소입니다. 코드 리뷰는 코드 품질을 보장하고, 코드 표준을 준수하며, 협업 환경을 구축합니다. 이 과정에서 팀은 버그를 조기에 발견하고, 지식을 공유하며, 일관된 소프트웨어 개발 접근 방식을 유지할 수 있습니다. 이는 1장에서 논의한 테스트의 '시프트 레프트' 원칙과도 일치합니다.

코드 리뷰로 확인해야 할 사항

- **디자인 적합성**: 새로운 위젯이나 함수가 기존 플러터 애플리케이션 아키텍처에 적합한지 평가합니다. 예를 들어 새롭게 도입된 상태 관리 솔루션이 프로젝트의 규모와 복잡성에 부합하는지 확인합니다.

---

2 https://codemagic.io/

- **기능 및 버그 확인**: 코드가 의도한 대로 동작하는지 확인합니다. 예를 들어 플러터 애플리케이션에 새로운 화면이 추가되었을 때 다양한 기기나 화면 방향에 따라 올바르게 렌더링 되는지 확인합니다.
- **효율성**: 중복된 코드나 성능 문제를 검토합니다. 특히 애니메이션이나 데이터 불러오기와 같은 리소스 집약적인 작업에서 문제가 없는지 검토합니다. 예를 들어 JSON 구문 분석이 isolate에서 실행되는지 확인합니다.
- **가독성 및 유지보수성**: 코드가 이해하기 쉽고 유지보수하기 쉬운지 확인합니다. 클래스 API가 잘 설계되고 깔끔한지, 각 함수나 위젯의 목적이 명확하고 잘 문서화되었는지 살펴봅니다. 새로운 코드가 모두 테스트되는지, 테스트가 모든 시나리오를 커버하는지, 테스트가 누락된 부분은 없는지도 확인해야 합니다.
- **보안 관행**: 특히 사용자 데이터를 다루거나 네트워크 요청을 통합할 때, 코드가 보안 관련 모범 사례를 반영하는지 확인합니다.
- **프로젝트 표준 일관성**: 코드가 프로젝트의 규정과 패턴을 따르는지 검토합니다. 여기에는 아키텍처 패턴, 파일 구성, 명명 규칙 등이 포함됩니다.

코드 리뷰 속도

- **신속성**: 하루 안에 리뷰를 진행해 병목 현상을 피하는 것을 목표로 합니다. 예를 들어 버그 수정에 대한 풀 리퀘스트(PR)를 빠르게 검토하면 개발 주기가 가속될 수 있습니다.
- **균형 잡힌 접근법**: 작업 흐름을 방해하지 않도록 리뷰를 진행합니다. 점심 후나 회의 후처럼 자연스러운 휴식 시간에 리뷰를 진행해 개인과 팀의 생산성을 유지하며 개발 업무를 방해하지 않게 합니다.

효과적인 코드 리뷰 댓글을 작성하면 개발자들이 코드를 개선하도록 안내하면서도 건설적이고 협력적인 분위기를 유지할 수 있습니다. 다음은 고려해야 할 주요 사항입니다.

- **구체적이고 친절하기**: '이 함수가 너무 복잡해요'보다는 '이 함수를 나눠 가독성과 테스트 용이성을 높이는 것을 고려해 보세요'라는 제안이 바람직합니다.
- **건설적이고 명확히 하기**: 문제를 지적하기보다는 가능한 개선 사항을 제시합니다. 예를 들어 플러터에서 다른 위젯을 사용해 최적화할 수 있는 코드가 있다면 이를 제안하고 설명을 덧붙입니다.
- **모범 사례 장려하기**: 개발자가 다트의 비동기 기능을 제대로 사용하지 않는다면 Future와 async-await를 올바르게 활용하도록 안내합니다.
- **이유 설명하기**: 항상 제안하는 이유를 설명해 여러분의 시각을 이해할 수 있도록 돕습니다. 예를 들어 '여기에서 ListView.builder를 사용하면 대량의 항목을 처리할 때 성능이 향상될 수 있습니다'라고 설명합니다.
- **사소한 변경 사항에 'Nitpick[3]' 사용하기**: 전체 품질에 큰 영향을 미치지 않는 사소한 문제에는 댓글에 'Nit:'를 붙여 작성합니다. 이는 사소한 제안임을 나타내며, 이를 해결할지는 선택할 수 있습니다. 예를 들어 'Nit: 일관성을 위해 명명 규칙을 표준 형식에 맞추는 것을 고려해 보세요'라고 작성할 수 있습니다.

---

[3] 옮긴이_ 중요하지 않은 사소한 부분에 주의를 기울이는 행위를 일컫는 말입니다(출처: https://en.wikipedia.org/wiki/Nitpicking).

- **코드 작성자가 아닌, 코드에 집중하기**: 댓글을 코드에 관한 문제로 표현하고, 개발자 개인이 아닌 코드 자체를 지적합니다. 예를 들어 '당신이 간결한 함수를 작성하지 않았습니다'라고 하지 말고 '이 함수는 ...으로 더 간결하게 작성할 수 있습니다'라고 해야 합니다.
- **질문하기**: 직접 지적하지 않고 질문을 던져 개발자가 자신의 선택을 비판적으로 생각하도록 유도할 수 있습니다. 예를 들어 '다른 접근 방식을 사용해 이 문제를 더 간단히 해결할 수 있을까요?'라고 합니다.
- **잘한 부분 칭찬하기**: 좋은 코드를 인정하고 칭찬합니다. '복잡한 로직을 잘 최적화했어요!'와 같은 댓글은 사기를 높입니다.
- **관련 학습 자료 제공하기**: 새로운 플러터 기능이나 특정 시나리오를 처리하는 더 나은 방법을 학습할 수 있는 내용이 있다면 댓글에 간단히 설명합니다.
- **존중과 공감 유지하기**: 항상 존중하는 톤을 유지합니다. 작성된 코드 뒤에는 노력을 기울인 사람이 있음을 잊지 마세요.

이러한 방식을 도입하면 코드 리뷰 의견은 단순한 비평의 수단이 아닌 협업을 통한 개선과 학습의 도구가 됩니다. 결국, 이는 작성자와 검토자 양측 모두에게 특별한 학습 기회가 될 수 있습니다.

코드 리뷰에 대한 반발감 다루기

- **대화와 타협**: 개발자가 제안에 동의하지 않을 때의 대응 방안을 논의합니다. 예를 들어 setState()를 사용할지 더 고급 상태 관리 솔루션을 사용할지를 논의할 때는 프로젝트의 규모를 고려해 장단점을 따져 봅니다.
- **목표에 집중하기**: 코드 리뷰는 코드 품질 개선과 표준 유지가 목적이지 개인적 선호가 아님을 상기시킵니다.

코드 리뷰의 대안: 코드 워크스루

비동기 작업이 필수적이지 않을 때는 코드 리뷰 대신 코드 워크스루walk-through를 추천합니다. 특히 PR 작성자와 검토자 간의 문화적 차이가 클 때 유용합니다. 코드 워크스루는 암묵적인 가정을 명시해 인지적 부하를 최소화하는 상호작용 과정입니다. 코드 워크스루를 진행하면서 작성자는 PR을 커밋 단위로 설명하고, 검토자는 질문을 하며 코드를 포괄적으로 이해할 수 있습니다. 이로써 검토자가 코드에 관한 의문이 있거나 세부 사항을 확인해야 할 때 PR을 쉽게 검토할 수 있습니다.

더 나은 코드 리뷰 문화 만들기

몇 가지 전략으로 코드 리뷰의 품질을 향상할 수 있습니다. 먼저 지속적인 학습과 성장하는 문화를 장려하는 것부터 시작하세요.

예를 들어 플러터 프로젝트에서는 코드 리뷰 중에 새로운 다트 기능이나 플러터 위젯에 관한 정보를 공유할 수 있습니다. 완벽함을 추구하는 것보다 반복해서 개선하는 것을 중요시하며, 기능과 유지보수성을 향상하는 중요한 코드 개선을 우선시하되, 모든 코드가 검토할 때마다 완벽할 필요는 없다는 점을 이해해야 합니다.

긍정성의 강화도 중요한 역할을 합니다. 잘 작성된 코드를 인정하고 코드 개선을 칭찬하는 댓글은 팀원들의 사기를 높이고 높은 기준을 유지하도록 동기 부여합니다.

또한 코드 리뷰 접근 방식을 각 결과물의 맥락에 맞게 조정해야 합니다. 개발자의 경험 수준, 코드 수정 사항의 복잡성, 전체 프로젝트에 미치는 영향을 고려해 더 의미 있고 영향력 있는 리뷰를 제공하면 좋습니다. 마지막으로, 피드백이 단방향이 아니라 쌍방향이 되는 환경을 장려해 개발자들이 검토 과정에 대한 의견과 제안을 자유롭게 표현하도록 해야 합니다. 이렇게 하면 더 협력적이고 역동적인 코드 리뷰 문화를 조성할 수 있습니다.

14.4 결론

플러터 개발 과정에서 팀워크와 협력의 중요성은 명확합니다. 이 장에서는 협력 환경을 구축하는 일의 중요성을 강조하면서 소프트웨어 개발에서 개인의 기여만큼 공동의 노력이 중요하며 코드는 코드를 작성하는 사람을 반영한다는 점을 짚었습니다.

효과적인 코드 리뷰를 통해 열린 커뮤니케이션, 시의적절한 피드백, 코드 품질에 대한 공동의 노력이 어떻게 개발 과정을 크게 향상하는지 살펴봤습니다. 이러한 관행은 코드베이스를 개선하고 상호 학습과 존중의 문화를 구축하는 데 중요한 역할을 하며, 성공적인 개발 팀을 구축하는 데 필수적입니다.

플러터 개발 과정에서 협력의 본질은 코드 작성이나 검토의 기술적 측면을 넘어서는 것입니다. 여기에는 공유된 비전을 만들고, 다양한 관점을 포용하며, 모든 팀원이 자신의 가치를 느끼고 서로의 의견을 경청하는 환경을 조성하는 것을 포함합니다.

이 장에서는 개발 협업에 관한 모든 것을 다루지 못했습니다. 사실 소프트웨어 개발에서의 협력만 다뤄도 책 한 권을 채울 수 있습니다. 이 장의 내용이 숙련된 플러터 엔지니어가 되는 여정에 도움이 되길 바랍니다.

CHAPTER **15**

문서화의 미학

검토자: *Alessio Salvadorini*

적절한 문서화의 필요성과 기존 문서의 품질은 개발자들이 자주 강조하는 일반적인 문제입니다. 소프트웨어 엔지니어가 대부분의 문서 작성을 책임지는 경우가 많습니다. 물론 일부 조직에서는 프로젝트 관리자나 테크니컬 라이터가 도움을 주기도 합니다. 그렇기 때문에 올바른 도구를 활용하여 효과적인 문서를 효율적으로 작성하는 기술을 숙달하는 것은 매우 중요합니다.

'내 코드는 자체적으로 문서화되어 있어요'라는 말을 하거나 들어본 적이 있을 것입니다. 깨끗한 코드는 어느 정도 이해할 수 있지만 코드 작성의 목적, 의도, 배경을 완전히 전달하기는 어렵습니다. 또한 몇 가지 암묵적인 가정을 포함하기 마련입니다. 적절한 문서란 개발자가 소프트웨어의 기능을 효율적으로 유지보수하고 향상할 수 있게 하는 종합 가이드입니다. IDE에서 코드 검색 기능은 개발 속도를 높이는 데 유용합니다.

플러터는 모범적인 모델로 돋보입니다. 뛰어난 문서는 엔지니어들이 고품질 문서 작성의 중요성을 보여주는 대표적인 예시입니다. 플러터 엔지니어의 관점에서 문서화의 세계를 탐구해 봅시다. 플러터 공식 문서를 참조해 문서화는 무엇인지, 어떻게 효과적으로 작성해야 하는지를 알아보겠습니다.

15.1 소프트웨어 개발 문서화의 스펙트럼

소프트웨어 개발에서 문서는 일반적으로 엔지니어들이 역할을 효과적으로 수행하는 데 필수적인 보조 자료로 사용됩니다. 문서화는 독립적인 문서부터 코드 문서, 인라인 코드 주석에 이르기까지 다양한 형태로 나타날 수 있습니다.

고품질의 문서는 지식 공유와 전달을 촉진해 현재와 미래의 팀원 모두가 소프트웨어의 중요 정보에 접근할 수 있게 합니다. 이는 특히 팀원 교체 시 연속성을 유지하는 데 중요합니다. 문서화는 협업을 돕고, 개발자들이 서로의 작업을 이해하며, 프로젝트의 다양한 부분이 일관성을 유지할 수 있게 합니다. 이는 코드 이해, 디버그, 업데이트를 용이하게 하므로 코드의 품질과 유지보수성을 향상합니다. 또한 구조화가 잘된 문서는 새로운 팀원들의 효율적인 적응과 교육에 필수적입니다.

'부실한' 문서는 어떻게 정의할 수 있을까요? 여러 가지 요인이 있을 수 있지만, 필자가 경험한 세 가지 문제는 다음과 같습니다. 첫째, 문서화는 처음에 작성한 엔지니어에게는 유익하지만 그 품질은 나중에 판단될 수 있다는 점입니다. 둘째, 모든 엔지니어가 좋은 테크니컬 라이터는 아니라는 점입니다. 셋째, 문서의 내용이 대상 독자에 적합하지 않을 때가 있다는 점입니다.

15.1.1 대상 독자 파악하기

효과적인 소프트웨어 문서를 작성하려면 대상 독자를 파악해야 합니다. 이를 식별하는 데 도움이 되는 몇 가지 고려 사항을 알아보겠습니다.

1. **경험 수준**: 대상 독자의 기술 숙련도에 맞춰 문서를 작성해야 합니다. 초보자는 명확하고 전문 용어가 없는 설명이 필요하며, 고급 독자는 복잡한 기능에 집중하는 간결하고 상세한 내용을 선호합니다.
2. **도메인 배경**: 특정 산업이나 도메인에 대한 대상 독자의 친숙도에 따라 문서를 조정해야 합니다. 초보자에게는 더 많은 배경 정보가 필요하며, 전문가에게는 소프트웨어가 도메인 특유의 문제를 어떻게 해결하는지에 관한 구체적인 정보가 필요합니다.
3. **최종 사용자 프로필**: 문서의 용도와 최종 사용자를 기준으로 문서를 차별화해야 합니다. 사용자 매뉴얼은 사용자 친화적인 내용을 제공하고, 기술 사양서는 개발자를 대상으로 심층적인 기술 세부 사항을 담으며, API 문서는 통합과 확장에 중점을 두고 개발자를 위해 설계됩니다.

사용자가 문서와 어떻게 상호작용하는지를 고려해야 합니다. 사용자가 찾으려는 것을 명확히 이해하는 전문가인지, 무엇이 필요한지 정확히 알지 못하고 대략적인 아이디어만 있는 초보자인지에 따라 더 많은 설명과 안내가 필요한지 판단해야 합니다.

전문가들은 종종 함수의 매개변수나 특정 기능의 세부 사항과 같은 특정 정보를 찾습니다. 이들은 잘 정리되고 검색이 용이하며 명확한 색인이 있는 문서에서 큰 도움을 받습니다.

반면 초보자들은 소프트웨어를 더 잘 이해하거나 아직 명확히 정의하지 못한 문제의 해결책을 찾으려고 문서를 탐색할 수 있습니다. 종합적인 개요, 튜토리얼, 따라 하기 쉬운 예제가 포함된 문서가 더 유용하며 탐구적인 접근을 통해 필요한 정보를 발견하는 데 도움을 줍니다.

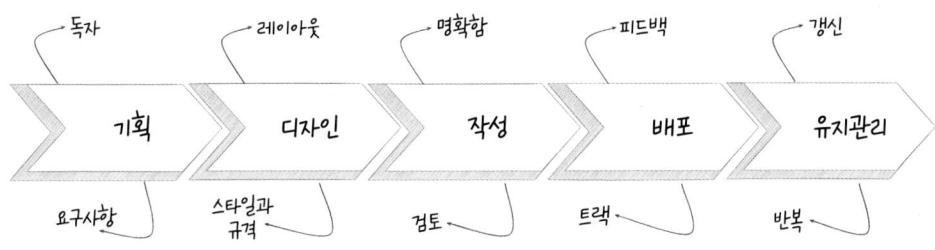

그림 15-1 문서 작성의 생명주기

고객과 제공자

문서화에서는 '고객'(최종 사용자나 API 소비자)과 '제공자'(개발 팀원)를 구분하는 것이 중요합니다. 고객에게는 사용법과 적용에 중점을 둔 간결하고 실용적인 문서가 필요합니다. 제공자에게는 기술 사양과 설계 논리 등 깊이 있는 세부 사항이 필요합니다. 따라서 문서화는 흔히 제공자의 요구를 충족시키는 설계 문서화 같은 포괄적인 자료를 참고로 포함하면서도, 고객을 위한 사용자 친화적인 콘텐츠를 유지합니다. 이러한 균형은 두 그룹 모두에게 문서가 유용하고 적절하게 사용될 수 있도록 합니다.

15.1.2 문서 종류

각 문서에는 명확하고 유일한 목적이 있어야 하며, 이는 함수가 한 가지 작업을 탁월하게 수행해야 한다는 원칙과 유사합니다. 여러 종류의 문서가 있지만, 엔지니어들이 가장 자주 작성하는 문서로는 참조 문서(코드 주석 포함), 설계 문서, 튜토리얼이 있습니다. 이러한 문서는 정보를 전달하고 개발 프로세스와 사용자 경험을 안내하는 데 중요한 역할을 합니다.

참조 문서

참조 문서는 엔지니어들이 매우 자주 작성하는 문서 유형으로, 일상 업무의 일환으로 작성됩니다. 이 문서는 코드베이스 내에서 코드 사용법을 설명하는 모든 자료를 포함합니다. 가장 일반적인 참조 문서 형태는 코드 주석으로, 보통 API 문서와 구현 문서의 두 가지 범주로 나뉩니다.

API 문서는 클래스나 메서드의 특징을 문서화합니다. 이는 코드가 외부에서 어떻게 사용되어야 하는지에 중점을 두며 인터페이스, 매개변수, 반환 타입, 발생할 수 있는 예외에 관한 세부 정보를 제공합니다.

구현 문서는 코드 내부의 세부 사항을 깊이 있게 다루며, 구현 뒤에 숨겨진 논리와 메커니즘을 설명하고, 특수한 상황을 짚어주거나 특정 세부 사항을 구현한 이유를 문서화합니다.

참조 문서는 코드베이스에서 직접 생성된다는 점이 중요합니다. 다트의 DartDoc과 같은 도구는 코드에 포함된 주석과 설명을 활용해 포괄적이고 최신화된 문서를 자동으로 생성하는 데 자주 사용됩니다.

챗GPT[ChatGPT][1]와 코파일럿[Copilot][2] 같은 AI 도구는 코드 작성과 문서화를 단순화해 소프트웨어 개발을 이끕니다. 이러한 도구는 지능적이고 상황에 맞는 코드 제안과 문서화를 자동화하며 개발자들이 복잡한 문제 해결과 혁신에 집중하도록 돕습니다. AI 솔루션은 소프트웨어 개발에서 생산성과 정확성을 크게 향상하는 필수 도구로 자리 잡고 있습니다.

이 도구들은 문서 작성 과정을 용이하게 하므로 개발자들이 많은 시간을 들이지 않고도 문서를 생성하게 해 줍니다. 따라서 개발자들은 빠르게 작업할 수 있는 견고한 기반을 마련하고, 이를 토대로 빠르게 발전시킬 수 있습니다.

설계 문서

설계 문서는 소프트웨어 프로젝트의 아키텍처, 설계 선택, 전반적인 계획을 개략적으로 설명합니다. 이는 주로 계획 단계와 개발 초기 단계에서 작성됩니다. 이 문서는 시스템이 어떻게 구조화되고, 구성 요소들이 어떻게 상호작용하며, 특정 설계 결정을 왜 내렸는지를 자세히 설명함

---

[1] https://chatgpt.com/

[2] https://github.com/features/copilot

으로써 개발 팀과 이해관계자들에게 가이드라인이 되어 줍니다. 프로젝트의 방향과 목표를 모든 참여자가 명확히 이해하도록 하는 것은 일관되고 일체감 있는 개발을 촉진하는 데 중요합니다.

튜토리얼

튜토리얼은 사용자가 특정 작업을 수행하거나 소프트웨어의 특정 기능을 사용할 수 있도록 알려주는 단계별 가이드입니다. 이러한 가이드는 일반적으로 간단하고 실용적이며 실습 중심으로 작성되므로 특히 초보자나 신규 사용자가 소프트웨어를 이해하고 효과적으로 사용하도록 돕습니다. 튜토리얼은 보통 예제, 스크린샷, 명령어, 자세한 가이드라인을 포함해 애플리케이션을 학습하고 사용하는 데 도움을 줍니다.

많은 회사에는 더 나은 튜토리얼과 최종 사용자 가이드를 작성하는 데 도움을 주는 전담 테크니컬 라이터가 있습니다. 하지만 개발자가 자신의 업무에서 탁월한 성과를 내려면 일정 수준의 전문적인 글쓰기 능력을 갖추어야 한다고 생각합니다.

15.2 플러터의 문서화 철학

플러터의 문서화 방법론은 명확하고 완전하며 실용적인 정보를 우선으로 신중하게 구성되었습니다. 플러터 문서에는 '좋은' 문서로 간주할 만한 특징들이 담겨 있습니다. 따라서 여기서 논의하는 각 요소는 효과적인 문서를 작성하는 가이드라인이 될 수 있습니다.

이 철학의 핵심 요소를 살펴보겠습니다.

1. **포괄적 범위**: 플러터는 DartDoc과 같은 도구를 사용해 다트와 다른 언어의 모든 **라이브러리 공개 대상**을 문서화하는 것을 중요하게 생각합니다. 이는 API의 모든 측면이 잘 설명되고 접근 가능하게 합니다. 필요하다면 비공개 멤버를 문서화해도 좋습니다.
2. **즉각적인 문서 업데이트**: 개발 중에 생긴 질문의 답변을 찾는 즉시 문서에 추가하세요. 이렇게 하면 프로젝트의 이해도가 높아짐에 따라 문서도 함께 발전할 수 있습니다.
3. **전통보다 명확성**: 이 철학은 구전으로 전해지는 지식에 의존하기보다는 명확하고 자기 설명적인 코드와 문서화(모든 프로세스와 변환 포함)를 우선시합니다. 이는 새로운 기여자가 내부 지식 없이도 프레임워크에 쉽게 접근할 수 있게 합니다.

4. **양보다 질**: 플러터는 의미 있는 문서를 지향합니다. 단순히 페이지를 채우기보다는 (특히 명확하지 않은 요소들에 대해) 유용한 통찰을 제공하는 데 중점을 둡니다.

```
// 나쁜 예시:
/// 배경색
final Color backgroundColor;

// 좋은 예시:
/// 원을 채울 배경 색상
///
/// 배경 색상을 바꾸면
/// 아바타가 새 색상으로 바뀜
final Color backgroundColor;
```

5. **목표 지향적인 문서화**: 문서는 사용자가 실제로 궁금해할 만한 질문에 초점을 맞춥니다. 일반적인 설명을 피하고, 특히 복잡하거나 직관적이지 않은 부분에 관한 상세하고 맥락이 풍부한 정보를 제공합니다.

6. **계층적 학습**: 플러터의 문서는 독자가 특정 개념을 처음 접한다고 가정하고 작성합니다. 배경지식을 전제로 하지 않으며, 용어를 정의하거나 기초 문서에 연결해 독자가 모든 내용을 쉽게 이해하도록 돕습니다.

```
// 좋은 예시:
/// 그래픽 작업의 기록된 순서를
/// 나타내는 객체임
///
/// [Picture]를 만들려면 [PictureRecorder]를 사용
///
/// [Picture]는 [SceneBuilder]의 [SceneBuilder.addPicture] 메서드를 통해
/// [Scene]에 배치될 수 있음
/// 또한 [Canvas.drawPicture] 메서드를 사용해 [Canvas]에 그릴 수도 있음
///
abstract class Picture // ...
```

7. **실용적인 예제와 사용 사례**: 플러터 문서 전략의 핵심은 샘플 코드, 애플리케이션 예제, 실용적인 예제를 제공하는 것입니다. 이러한 예제는 사용자가 다양한 기능을 실제 상황에서 어떻게 구현하고 사용하는지 쉽게 이해하게 해 줍니다.

플러터가 웹에서 실행될 수 있다는 점을 활용해, 플러터 팀은 문서에서 직접 실행 가능한 코드 샘플[3]을 통해 클래스를 상호작용 방식으로 시연하고 보여줄 수 있게 되었습니다.

```
/// [MaterialBanner]가 닫힌 방법을 지정하기
///
```

---

[3] https://api.flutter.dev/flutter/material/FilledButton-class.html

```
/// [ScaffoldMessengerState.showMaterialBanner] 함수는
/// [ScaffoldFeatureController]를 반환함
/// 이 컨트롤러의 closed 속성값은 Future로, MaterialBannerClosedReason를 반환함
/// [MaterialBanner]가 어떻게 닫혔는지 알아야 하는 애플리케이션은
/// 이 값을 사용할 수 있음
///
/// Example:
///
/// ```dart
/// ScaffoldMessenger.of(context).showMaterialBanner(
///
///   const MaterialBanner(
///     content: Text('Message...'),
///     actions: <Widget>[
///       //…
///     ],
///   )
/// ).closed.then((MaterialBannerClosedReason reason) {
///   // ...
/// });
/// ```
enum MaterialBannerClosedReason {
```

8. **시각적 도움**: 플러터는 위젯과 UI 요소에 대해 다이어그램이나 스크린샷 등의 시각적 자료를 포함해 사용자가 해당 구성 요소의 시각적 특성을 명확히 이해하게 합니다.

```
/// 머티리얼 디자인을 구현하는 플러터 위젯임
///
/// 사용하려면 `package:flutter/material.dart` 임포트하기
///
/// {@youtube 560 315 https://youtu.be/DL0Ix1lnC4w}
///
/// 참고:
///
/// ... 추가 링크 …
library materal;
```

9. **일관된 용어 사용**: 플러터는 클래스 멤버를 '메서드', 클래스 외부에서 호출 가능한 클로저를 '함수', 클로저 시그니처 내의 변수를 '매개변수', 클로저에 전달되는 값을 '인수'라고 일관되게 부릅니다.
10. **명확성을 위한 리팩터링**: 문서가 너무 복잡해졌다면, 문서 추가보다 코드를 리팩터링해 이해하기 쉽게 하는 것이 우선입니다.

11. **올바른 문법 사용**: 문서는 선택된 언어의 올바른 문법을 사용해야 합니다. 예를 들어 영어 문서에서는 영어 문법을 지켜야 합니다. 또한 문서에서 지시적이지 않은 유도형 문체를 유지하는 것도 중요합니다. 명령형 표현 대신 '고려해 보세요' 같은 제안을 사용하고, '당신'이나 '우리' 같은 주어를 피하며 가치 판단을 하지 않습니다. 독자들이 다양한 배경과 지식을 가지고 있음을 인식하고, 내용이 간단하다거나 쉽다는 말로 학습 자료를 어렵게 느끼는 사람들을 낙담시키지 않도록 합니다.

```
/// 나쁜 예시
/// [foo]는 null이 아니어야 함

/// 좋은 예시
/// 이 [foo] 매개변수는 null이 아니어야 함
```

12. **불필요한 장황함 피하기**: 플러터의 문서화 철학은 간결함을 강조하며, 불필요한 장황함을 피하고, 명확하고 간결한 설명을 선호합니다.

```
/// 나쁜 예시
/// Note: 명시적인 값이 없으면 이 속성은 기본적으로 2로 설정됨

/// 좋은 예시
/// 기본값은 2임
```

플러터의 문서화 철학에 따라 문서는 명확성, 철저함, 정확성에 중점을 두어야 합니다. 좋은 문서는 이러한 원칙을 구현해 독자에게 진정으로 유익하고 신뢰할 수 있으며 사용자 친화적이어야 합니다.

15.2.1 5W 접근

훌륭한 문서를 작성하려면 5W 질문(누가who, 무엇을what, 어디서where, 언제when, 왜why)에 모두 답해야 합니다. 대부분의 문서는 일반적으로 '어떻게how'라는 질문에만 답하지만, 플러터와 같은 다양한 소프트웨어의 예를 보면 포괄적인 접근이 필요함을 알 수 있습니다.

1. **누가**: 대상 독자를 식별합니다. 문서를 읽을 사람을 이해하면 그들의 전문성과 요구에 맞춰 콘텐츠를 구성할 수 있습니다.
2. **무엇을**: 문서가 다루는 내용을 명확하게 정의합니다. 여기에는 소프트웨어나 코드의 범위, 기능, 특징 등이 포함됩니다.

3. **어디서**: 문서나 정보가 적용되는 환경을 설명합니다. 이는 소프트웨어가 사용되는 특정 환경, 시스템, 시나리오일 수 있습니다.
4. **언제**: 정보를 사용하는 적절한 시기나 조건을 설명합니다. 여기에는 버전 히스토리, 업데이트 일정, 관련 타임라인 등이 포함될 수 있습니다.
5. **왜**: 문서의 주제에 대한 목적이나 이유를 설명합니다. 여기에는 디자인 선택의 이유, 코드 논리, 소프트웨어의 전체적인 목표 등이 포함됩니다.

포괄적이고 철저하게 정확한 문서를 작성하고 명확하게 표현해 메시지를 전달하면 독자의 관심을 효과적으로 끌 수 있습니다.

15.2.2 다트 문서 생성 도구 DartDoc

플러터는 주로 dartDoc을 사용해 문서를 생성합니다. 다른 도구도 있지만, 플러터 생태계에서 애플리케이션과 라이브러리 모두에 dartDoc이 강력히 권장됩니다. dartDoc은 고품질의 문서를 작성하는 데 도움이 되는 강력한 도구입니다. 문서 작성 기술을 향상하려면 pub.dev에서 dartDoc[4]을 읽어보고 'Effective Dart: Documentation[5]'도 참고하면 좋습니다.

dartDoc은 markdown 패키지[6]로 마크다운을 지원해 문서에서 다양한 텍스트 형식을 사용할 수 있습니다. 플러터에서 dartDoc의 흥미로운 점은 snippets 패키지[7]와의 통합입니다. 이 패키지는 플러터 API 문서에서 코드 블록을 생성하고 관리하는 데 중요한 역할을 하며, 플러터의 API를 사용하는 유용한 예제와 시작점을 제공합니다.

예를 들어 플러터 문서에 있는 다음 코드 예제를 살펴봅시다.

```
/// {@tool snippet}
///
/// 아바타에 이미지를 추가하려면
/// [backgroundImage] 속성에 이미지를 저장해야 함
///
/// ```dart
```

---

[4] https://pub.dev/packages/dartdoc
[5] https://dart.dev/effective-dart/documentation
[6] https://pub.dev/packages/markdown
[7] https://pub.dev/packages/snippets

```
/// CircleAvatar(
///   backgroundImage: NetworkImage(userAvatarUrl), /// )
/// ```
/// {@end-tool}
```

이 코드는 문서화에 사용되는 특수 템플릿(snippet.html[8])을 사용하여 작성되었습니다.

플러터 저장소에는 이러한 유용한 코드 블록을 생성하는 데 사용하는 특수 템플릿이 포함됩니다.

15.3 살아있는 문서

문서를 살아있는 존재로 다루는 것은 시간이 지나도 유용성과 관련성을 유지하는 데 매우 중요합니다. 플러터 팀도 이 접근 방식을 따르므로, 플러터 문서는 매우 훌륭한 소프트웨어 문서입니다.

이 철학을 자세히 살펴보겠습니다.

| 지속적인 업데이트 |

소프트웨어와 마찬가지로 문서도 정기적으로 업데이트해야 합니다. 새로운 기능이 추가되고 버그가 수정되거나 사용자 피드백이 반영되면 문서도 그에 맞춰 수정해야 합니다.

| 피드백 루프 |

사용자 피드백과 질문을 문서 개선에 활용해야 합니다. 여러 사용자가 같은 주제에서 혼란을 겪는다면 그 부분의 문서를 개선할 필요가 있다는 신호입니다.

| 버전 관리 |

코드처럼 문서도 버전 관리의 이점을 얻을 수 있습니다. 시간에 따른 변경 사항을 추적하면 쉽게 업데이트하고 되돌릴 수 있으며, 소프트웨어의 발전 과정을 이해할 수 있습니다.

---

[8] https://github.com/flutter/flutter/blob/master/dev/snippets/config/skeletons/snippet.html

| 협력적 노력 |

작성자뿐만 아니라 팀의 모든 구성원이 문서 작성에 기여하도록 장려해야 합니다. 개발자와 테스터는 물론이고 사용자도 유용한 통찰과 업데이트를 제공할 수 있습니다.

| 접근성과 명확성 |

문서는 접근하기 쉽고 이해하기 쉬워야 합니다. 사용자 기반이 커지고 다양해짐에 따라 문서를 검토하고 수정해 더 넓은 독자층에 다가가야 합니다.

| 개발과의 통합 |

문서는 개발 과정의 일환이어야 하며, 사후에 추가하는 것이 아닙니다. 그래야 모든 단계에서 소프트웨어와 문서가 일치하게 됩니다. 예를 들어 PR을 작성할 때는 문서를 테스트나 코드의 다른 부분처럼 중요하게 다뤄야 합니다. PR을 검토할 때는 기술적인 부분과 정확성 뿐만 아니라 독자에게 명확한지, 문법과 철자가 올바른지, 팀의 가이드라인을 따르는지 등을 확인해야 합니다.

| 도구와 자동화 |

문서 유지와 업데이트를 돕는 도구와 자동화를 활용합니다. 문서 생성기, 린터, 코드 예제의 자동 테스트 등이 포함될 수 있습니다.

| 주기적인 검토 |

문서가 품질 기준을 충족하고 소프트웨어의 현재 상태와 일치하는지 확인하려면 정기적으로 문서를 검토하고 점검해야 합니다.

문서를 살아있는 존재로 다루면, 소프트웨어의 사용성과 이해를 높이는 귀중하고 발전하는 자원이 되어 사용자와 개발자 모두에게 유익합니다. 문서를 코드처럼 다루는 마음가짐이 필요합니다.

15.4 오래된 문서의 위험성

오래된 코드처럼 오래된 문서도 문제를 초래할 수 있습니다. 특히 코드베이스 외부에 정의된 문서는 최신 상태로 정확하게 유지하는 것이 중요합니다. 다음은 몇 가지 효과적인 전략입니다.

1. **정기적인 갱신**: 문서를 정기적으로 갱신하는 시스템을 구현하세요. 코드 내부의 문서는 보통 코드 변경과 함께 업데이트되지만, 외부 문서는 지속적인 정확성을 보장하기 위한 정의된 업데이트 메커니즘이 필요합니다.
2. **문서의 자동화**: 코드 샘플에 자동화를 도입하세요. 각 릴리스나 풀 리퀘스트에서 문서를 검토해 문서가 배포된 코드와 일치하는지 확인하세요.
3. **문서 최신화 추적**: 문서의 최신 상태를 추적하는 시스템을 구축하세요. 주기적인 알림이나 검토 일정을 설정해 문서가 정기적으로 업데이트되게 합니다.
4. **업데이트용 태그 시스템**: 코드베이스가 변경되면 관련 문서 소유자에게 알림을 보내도록 문서에 태그를 붙이는 내부 도구를 개발하세요. 이는 코드 변경이 문서에 적절히 반영되게 합니다.
5. **유지보수 노력 최소화**: 문서 유지보수를 가능한 한 간편하게 만드세요. 문서화가 항상 흥미로운 일은 아니지만, 자동화와 도구를 사용해 노력을 줄이면 더 관리하기 쉬워집니다.
6. **문서 유지보수 장려**: 팀이나 회사에 따라 문서 업데이트와 유지보수를 장려하는 것이 효과적일 수 있습니다. 이를 통해 팀이 문서를 최신 상태로 유지하는 데 우선순위를 두도록 유도할 수 있습니다.
7. **관리되지 않은 문서 교체**: 때로는 오래된 문서를 전면적으로 개편하거나 아예 교체하는 것이 최선의 접근법일 수 있습니다. 문서의 내용이 더 이상 유효하지 않거나 수정하기에 너무 번거롭다면, 새롭고 정확한 문서를 처음부터 다시 작성하는 것이 현실적인 해결책입니다.

결국 문서 유지보수를 개발 워크플로에 통합하고, 이 과정을 최대한 효율적이고 간단하게 만드는 도구와 전략을 사용하는 것이 핵심입니다.

15.5 결론

소프트웨어 개발에서 잘 유지된 문서의 중요성은 과소평가할 수 없습니다. 문서는 개발자에게 중요한 가이드라인이 되고, 사용자에게는 유용한 자료가 되며, 팀 간에 효과적으로 소통하게 해 주는 중요한 도구입니다. 문서를 살아있는 존재로 대하고, 코드처럼 다루며, 오래된 문서의 위험성을 인식하는 등의 실천과 철학은 소프트웨어 문서의 역동적인 특성을 강조합니다. 문서를 최신 상태로 유지하고, 명확하고 접근하기 쉽게 만드는 것은 좋은 관행일 뿐만 아니라, 소프트웨어 프로젝트의 성공과 장기적인 지속성을 위한 필수 요소입니다.

`dartDoc`과 같은 도구를 적극적으로 사용하고, 문서 유지보수에서 자동화의 중요성을 이해하며, 정기적인 검토와 업데이트의 필요성을 인식해야 합니다. 소프트웨어가 발전함에 따라 문서도 그에 맞춰 변화하고, 새로운 기능과 사용자 피드백을 반영해야 합니다. 잘 작성된 문서는 소프트웨어가 사용하기 쉽고 이해하기 쉬우며, 다양한 사용자층의 요구를 지속해서 충족시킬 수 있게 합니다. 성공적이고 지속 가능한 소프트웨어 프로젝트는 꾸준히 좋은 문서를 유지하는 것에서 시작합니다.

CHAPTER 16

플러터의 테스트

검토자: *Pooja Bhaumik*

테스트는 프로그래밍에서 매우 중요한 부분입니다. 작성한 소프트웨어가 의도한 대로 동작하는지 확인하려고 간단한 입력값을 넣어보고 결과를 확인하는 등의 모든 과정이 바로 테스트의 시작입니다.

잘 설계된 테스트 자동화는 사용자가 겪을 수 있는 버그를 사전에 효과적으로 방지합니다. 견고하고 안정적인 코드를 작성하는 데 테스트가 필수이며, 테스트 코드도 애플리케이션 코드와 동일한 수준의 품질 기준과 관리 가이드라인을 따라야 합니다.

기업이 시장에서 경쟁 우위를 점하려면 빠르게 변화하는 요구사항과 코드 변경 사항을 신속하게 반영하고, 개선된 기능을 안정적으로 사용자에게 제공해야 합니다. 이때, 잘 구축된 테스트 기반은 서비스의 안정성을 크게 높여 흔들림 없이 운영하게 합니다.

테스트 작성은 시스템 설계를 개선하는 데도 기여합니다. 테스트 코드는 작성한 코드의 첫 번째 사용자가 되어 코드 설계의 적절성이나 개선점에 관한 귀중한 통찰력을 제공합니다. 예를 들어 특정 플러터 위젯이 다양한 예외 상황을 매끄럽게 처리하는지 테스트해서 미리 확인할 수 있습니다.

이번 장에서는 소프트웨어 공학 관점에서, 특히 플러터 애플리케이션 개발에서의 테스트 기법과 그 중요성을 심도 있게 다루겠습니다.

16.1 테스트의 중요성

'무엇을 테스트해야 하는가?'는 테스트를 이야기할 때 빠지지 않는 질문입니다. 가장 간단한 답은 '반드시 의도한 대로 동작해야 하는 기능'과 '예상치 못한 문제가 발생할 수 있는 모든 부분'을 테스트해야 한다는 것입니다. 이는 테스트의 의미가 단순히 버그를 찾는 행위 이상임을 시사합니다. 이제 테스트 자동화를 중심으로 그 중요성을 더 자세히 살펴보겠습니다.

테스트 자동화의 중요성을 이해하려면 어떤 환경에서 테스트가 수행되는지 명확히 정의해야 합니다. 일반적으로 다음과 같은 환경을 고려할 수 있습니다.

- **단일 기능 테스트**: 특정 입력값에 대한 개별 함수의 동작 검증
- **상호작용 결과 테스트**: 입력이나 특정 이벤트 발생 후의 화면 출력이나 상태 변화 확인
- **실행 환경**: 에뮬레이터, 헤드리스 환경(GUI 없이 실행되는 환경), 격리된 프로세스 등 테스트 목적에 맞게 구성된 환경에서의 실행

이러한 환경에서 개발자는 통제된 방식으로 애플리케이션의 개별 구성 요소를 체계적으로 검증할 수 있습니다. 테스트를 통해 문제를 조기에 발견하고 해결하는 이러한 접근 방식은 1장에서 설명한 시프트 레프트 개념과 맞닿아 있습니다. 개발 초기 단계에 테스트에 시간을 투자해 문제를 발견하고 해결하면 개발 후반부나 출시 이후에 버그를 수정하는 데 드는 막대한 비용과 복잡성을 크게 줄일 수 있습니다.

또한 코드 커버리지code coverage를 높여 코드베이스의 더 많은 부분을 테스트하면 코드 변경에 따른 예기치 않은 부작용의 위험을 현저히 낮출 수 있습니다. 이는 결과적으로 개발 주기를 단축하고, 리팩터링을 더 빠르고 안전하게 수행하며, 새로운 기능을 추가하거나 기존 기능을 개선하는 작업을 가속합니다. 코드 리뷰 과정도 빨라질 수 있습니다. 궁극적으로 이러한 노력은 출시 기간을 단축해 고객에게 가치 있는 제품을 더 빨리 전달하고, 제품이 안정적이며 설계된 대로 작동하게 하는 데 기여합니다.

흔히 코드 커버리지 목표를 80%나 90% 등으로 설정해야 한다는 이야기를 듣습니다. 하지만 플러터뿐만 아니라 소프트웨어 개발 전반에서 이러한 수치 중심의 접근 방식은 다시 생각해 볼 필요가 있습니다. 단순히 목표 비율 달성에 집중하기보다는 애플리케이션의 안정성을 실질적으로 보장하고 팀과 개발자에게 '우리 코드는 충분히 검증되었다'라는 확신을 줄 수 있는 '의미 있는' 테스트를 작성하는 것이 훨씬 중요합니다. 단순히 높은 커버리지 비율을 달성하려고 의

미 없는 테스트를 추가하면 오히려 테스트의 전반적인 품질이 낮아지고 유지보수 비용이 증가할 수 있습니다. 커버리지 목표치에만 얽매이면 정작 더 중요하거나 복잡한 시나리오에 대한 테스트에 소홀해질 수도 있습니다.

모든 테스트는 명확한 목적을 가지고 애플리케이션의 가치와 품질 향상에 기여해야 합니다. 따라서 스스로에게 다음과 같은 질문을 던져야 합니다.

- 충분히 의미 있는 테스트를 작성했는가?
- 애플리케이션의 핵심 기능과 중요한 예외 케이스를 충분히 다루었는가?
- 대부분의 잠재적 문제를 테스트에서 발견할 수 있다고 확신하는가?
- 코드를 변경했을 때 발생하는 문제를 현재 작성된 테스트가 감지할 수 있는가?

테스트는 일회성 작업이 아닌 반복적인 과정입니다. 버그가 발견될 때마다 해당 버그의 재발을 방지하는 테스트 케이스를 추가하는 습관은 애플리케이션의 안정성을 꾸준히 향상합니다. 이러한 반복적 접근은 지속적인 개선과 변화에 적응하게 합니다.

테스트는 소프트웨어 설계의 개선점을 발견하는 데도 중요한 역할을 합니다. 테스트 코드를 작성하는 과정에서 특정 함수의 구현이 예상보다 복잡하거나 다른 구성 요소와 통합하기 어렵다는 점을 발견하거나, 더 나은 설계 방식을 깨달을 때가 많습니다. 이는 테스트가 소프트웨어 설계를 개선하고 발전시키는 데 실질적으로 기여한다는 점을 명확히 보여줍니다.

다음 절에서는 플러터 환경에서의 테스트가 어떻게 단순한 버그 탐지를 넘어 더 나은 설계, 빠른 개발, 안정적인 제품 출시를 이끄는 강력한 원동력이 되는지 자세히 살펴보겠습니다.

16.2 플러터 테스트 단계 이해하기

테스트 피라미드test pyramid는 테스트의 범위와 목적에 따라 다양한 종류의 테스트를 분류하는 틀을 제공합니다. 플러터에서는 일반적으로 다음 세 가지 단계를 중심으로 이야기합니다.

- **단위 테스트**: 애플리케이션의 가장 작은 단위(개별 함수, 메서드, 클래스 등)에 초점을 맞춥니다. 일반적으로 플러터 프레임워크에 대한 의존성 없이 순수 다트 코드로 작성됩니다. 실행 속도가 매우 빠르며, 주로 비즈니스 로직을 검증하고 개발자에게 즉각적이고 유용한 피드백을 제공해 코드의 신뢰도를 높이는 데 유용합니다.

- **위젯 테스트**: 개별 UI 위젯이나 작은 단위의 위젯 트리에 초점을 맞춥니다. 위젯을 렌더링하고, 상호작용을 시뮬레이션하며, 위젯의 상태 변화나 렌더링 결과를 검증합니다. UI 구성 요소를 격리해 테스트하므로 단위 테스트보다는 느리지만, 통합 테스트보다는 훨씬 빠릅니다. 특정 위젯과 그 직접적인 상호작용으로 테스트 커버리지를 제한하는 것이 효율적입니다.
- **통합 테스트**: 단위 테스트와 종단 간 테스트^{end to end test}(E2E 테스트) 사이의 틈을 메우며 여러 위젯, 서비스, 외부 시스템과의 연동을 테스트합니다. 예를 들어 여러 화면에 걸친 사용자 플로나 실제 백엔드 API와의 통신을 검증할 수 있습니다. 여러 부분이 함께 작동할 때 발생할 수 있는 문제를 식별하고 애플리케이션의 다양한 구성 요소가 의도한 대로 통합되는지 확인하는 데 유용합니다.

애플리케이션의 규모가 커지거나 요구사항이 복잡해지면 다음과 같은 테스트를 추가로 고려할 수 있습니다.

- **종단 간 테스트**: 실제 사용자의 환경과 가장 유사하게 전체 애플리케이션을 테스트합니다. 실제 기기나 에뮬레이터에서 실행되며, UI 상호작용부터 백엔드 서비스와의 완전한 연동까지 포함할 수 있습니다. 내부 구현을 고려하지 않는 블랙박스^{black box} 방식으로 진행될 때가 많으며, 전체 사용자 경험을 시작부터 끝까지 검증하는 데 목적이 있습니다. 실행이 가장 오래 걸리고 불안정할 가능성이 높습니다.
- **골든 테스트**^{golden test}: 위젯이나 화면의 시각적 결과물(스크린샷)이 미리 저장된 기준 이미지(골든 파일)와 일치하는지 픽셀 단위로 비교해 검증합니다. UI의 시각적 일관성을 유지하고 예기치 않은 UI 변경을 감지하는 데 효과적입니다.
- **수동 테스트**^{manual test}: 자동화된 테스트 외에 테스터나 개발자가 직접 애플리케이션을 사용해 보며 버그나 사용성 문제를 찾는 방식입니다. 테스트 자동화로는 발견하기 어려운 미묘한 UI 문제, 사용성 이슈, 전반적인 사용자 경험(UX)을 평가하는 데 중요합니다. 시간이 많이 소요되지만 최종 사용자 관점에서 품질을 보증하는 핵심 과정입니다.

개발자는 각 테스트 유형의 장단점을 고려해 균형 잡힌 테스트 전략을 수립해야 합니다. 테스트의 신뢰도와 포괄 범위에서 얻는 이점과, 테스트 작성과 유지보수, 실행 속도에 드는 비용 사이의 균형을 맞추는 것이 중요합니다. 일반적으로 테스트 피라미드의 하위 단계(단위 테스트, 위젯 테스트)는 작성과 유지보수가 용이하고 실행 속도가 빠르며, 상위 단계(통합 테스트, E2E 테스트)로 갈수록 테스트의 신뢰도는 높아지지만 실행 속도는 느려지고 유지보수 비용은 증가하는 경향이 있습니다.

따라서 애플리케이션의 특성과 복잡성에 맞춰 단위, 위젯, 통합 테스트 등을 전략적으로 조합해 효율적이면서도 신뢰성 높은 고품질의 플러터 애플리케이션을 개발해야 합니다.

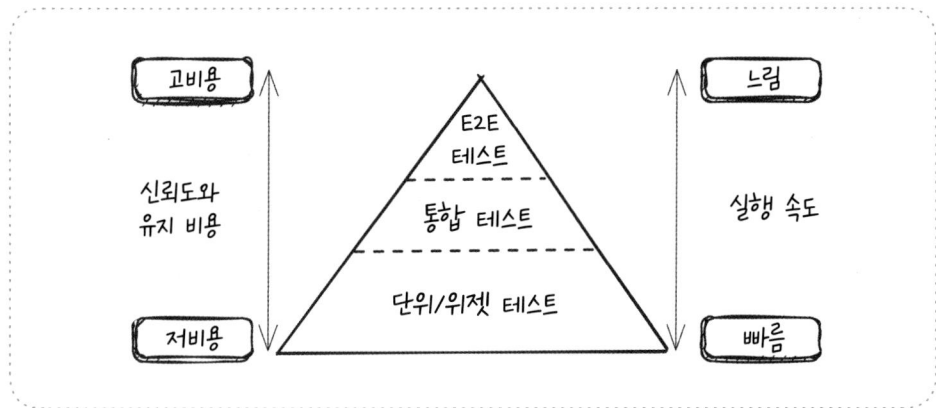

그림 16-1 플러터 테스트 단계별 특징과 트레이드오프

지속적 통합 시스템에 다양한 단계의 테스트를 통합하면 효과적입니다. 일반적으로 개발과 코드 리뷰 단계에서는 실행 속도가 빠른 단위 테스트와 위젯 테스트를 자주 실행해 빠른 피드백을 받습니다. 반면, 코드 병합merge 전이나 릴리스release 빌드 시점에는 실행이 더 오래 걸리지만 더 넓은 범위를 포괄하는 통합 테스트나 E2E 테스트를 실행하는 전략을 사용합니다. 물론 최적의 CI 파이프라인 구성은 팀의 상황과 목표, 애플리케이션의 특성에 따라 달라질 수 있습니다.

16.3 단위 테스트와 위젯 테스트 핵심 원칙

테스트를 작성하는 기본적인 방법은 플러터 공식 문서에서도 잘 설명하므로 여기서는 테스트 작성의 공학적인 측면과 효과적인 테스트 코드를 만드는 모범 사례에 더 집중하겠습니다.

먼저 테스트 코드를 구조화하는 기본 패턴인 **준비–실행–검증**arrange-act-assert(AAA) 패턴부터 살펴보겠습니다.

16.3.1 준비–실행–검증

AAA 패턴은 테스트 코드를 세 단계로 나눠 구성하는 명확하고 구조화된 접근 방식입니다.

- **준비**arrange: 테스트를 실행하는 데 필요한 모든 사전 조건을 설정하는 단계입니다. 테스트 대상 객체를 생성하거나, 필요한 입력값을 준비하거나 목 객체를 설정하는 등의 작업이 포함됩니다.
- **실행**act: 테스트하려는 실제 동작을 수행하는 단계입니다. 테스트 대상 메서드를 호출하거나 위젯과의 상호작용(예: 버튼 클릭)을 트리거합니다. 이 단계는 일반적으로 한 줄의 코드로 간결하게 표현됩니다.
- **검증**assert: 실행 단계의 결과가 예상한 대로인지 확인하는 단계입니다. expect 함수 등으로 결괏값, 객체의 상태 변화, 특정 메서드의 호출 여부 등을 검증합니다.

```
test('should add two numbers correctly', () {
  // 준비
  final calculator = Calculator();
  // 실행
  final result = calculator.add(2, 3);
  // 검증
  expect(result, 5);
});
```

16.3.2 명확하고 신뢰할 수 있는 테스트 작성

좋은 테스트 코드에는 다음과 같은 특징이 있습니다. 각 테스트는 이해하기 쉽고, 다른 테스트나 외부 환경의 영향을 받지 않으며, 항상 일관된 결과를 보장해야 합니다.

- **명확성**: 테스트 이름은 테스트하는 대상과 기대하는 결과를 명확하게 설명해야 하므로 구체적으로 작성하는 것이 좋습니다.
- **완전성**completeness: 각 테스트는 AAA 패턴에 따라 필요한 준비, 실행, 검증 단계를 모두 포함해야 합니다. expect 구문을 사용해 무엇을 검증하는지 명확히 드러내야 하며, 테스트는 예외 발생 등으로 중간에 멈추지 않고 항상 완료되어야 합니다.
- **독립성**: 각 테스트는 다른 테스트의 성공/실패 여부나 실행 순서에 영향을 받아서는 안 됩니다. 외부 상태(예: 전역 변수, 파일 시스템, 네트워크)에 의존하지 않아야 하며 각 테스트는 자체 환경 내에서 완결되어야 합니다.
- **문서 역할**: 잘 작성된 테스트 코드는 그 자체로 테스트 대상 코드의 사용법과 기대 동작을 보여주는 살아있는 문서 역할을 합니다.
- **실패 메시지**: 테스트가 실패했을 때 expect 구문은 실패 원인을 빠르고 쉽게 파악할 수 있도록 명확한 메시지를 제공해야 합니다. 플러터의 expect 함수는 실패 시 출력될 메시지를 reason 매개변수로 직접 지정할 수 있어 디버깅에 큰 도움을 줍니다.

```dart
class Counter {
  int value = 0;
  void increment() {
    value += 1;
  }

  void decrement() {
    value -= 1;
  }
}

void main() {
  group(
    'Counter',
    () {
      test('value should increment', () {
        // 준비
        final counter = Counter();
        // 실행
        counter.increment();
        // 검증
        expect(
          counter.value,
          1,
          reason: 'Counter value should increment by 1',
        );
      });
      // 카운터 감소와 기타 케이스에 관한 추가 테스트는 여기에 추가할 수 있음
    },
  );
}
```

16.3.3 테스트에서는 DRY보다 DAMP 원칙 고려하기

일반적인 소프트웨어 개발에서는 코드 중복을 피하는 **DRY** Don't repeat yourself 원칙이 매우 중요합니다. 하지만 테스트 코드에 이 원칙을 너무 엄격하게 적용하면 여러 테스트 간의 숨겨진 의존성이 생기거나 공통 로직을 이해하기 위해 여러 파일을 넘나들어야 하는 등 오히려 테스트의 의도를 파악하기 어려워질 수 있습니다.

```dart
// DRY 원칙 예시
void main() {
  //추상화된 설정 및 상호작용 방법
  void enterCredentials(
    WidgetTester tester, String username, String password) async {
    await tester.enterText(
      find.byKey(Key('usernameField')),
      username,
    );
    await tester.enterText(
      find.byKey(Key('passwordField')),
      password,
    );
    await tester.tap(
      find.byKey(
        Key('loginButton'),
      ),
    );
    await tester.pump();
  }

  testWidgets(
    'successful login',
    (tester) async {
      await tester.pumpWidget(
        LoginWidget(),
      );
      await enterCredentials(
        tester,
        'validUser',
        'validPass',
      );
      expect(
        find.text('Login Successful'),
        findsOneWidget,
      );
    },
  );
  testWidgets(
    'failed login',
    (tester) async {
      await tester.pumpWidget(
        LoginWidget(),
```

```
      );
      await enterCredentials(
        tester,
        'invalidUser',
        'invalidPass',
      );
      expect(
        find.text('Login Failed'),
        findsOneWidget,
      );
    },
  );
}
```

테스트 코드에서는 명료함과 가독성을 위해 어느 정도의 중복을 허용하는 **DAMP** Descriptive and meaningful phrases 원칙이 더 유용할 때가 있습니다. 예를 들어 여러 위젯 테스트에서 비슷하지만 약간 다른 설정이 필요할 때 공통 설정 로직을 별도의 함수로 추출해 재사용하는 것보다 각 테스트 내에서 필요한 설정을 명시적으로 보여주는 것이 해당 테스트의 목적과 맥락을 이해하는 데 더 도움이 될 수 있습니다. 이렇게 하면 각 테스트를 독립적으로 이해할 수 있으며, 공유된 설정 함수나 헬퍼 함수의 내용을 찾아보지 않고도 테스트 대상과 조건을 명확하게 알 수 있습니다.

```
// DAMP 원칙 예시
void main() {
  testWidgets('successful login', (tester) async {
    // 테스트 내 명시적인 설정 및 상호작용
    await tester.pumpWidget(LoginWidget());
    await tester.enterText(
      find.byKey(Key('usernameField')),
      'validUser',
    );
    await tester.enterText(
      find.byKey(Key('passwordField')),
      'validPass',
    );
    await tester.tap(
      find.byKey(Key('loginButton')),
    );
    await tester.pump();
    expect(
```

```
        find.text('Login Successful'),
        findsOneWidget,
      );
    });
    testWidgets(
      'failed login',
      (tester) async {
        // 명확성을 위해 설정 및 상호작용 반복하기
        await tester.pumpWidget(LoginWidget());
        await tester.enterText(
          find.byKey(Key('usernameField')),
          'invalidUser',
        );
        await tester.enterText(
          find.byKey(Key('passwordField')),
          'invalidPass',
        );
        await tester.tap(
          find.byKey(Key('loginButton')),
        );
        await tester.pump();
        expect(
          find.text('Login Failed'),
          findsOneWidget,
        );
      },
    );
}
```

명확성을 높이는 약간의 코드 반복은 충분히 감수할 만한 가치가 있으니 걱정하지 마세요.

16.3.4 테스트 코드에 로직 최소화하기

테스트 코드 자체는 최대한 단순하고 예측 가능해야 합니다. 테스트 케이스 내부에 조건문 (if), 반복문(for), 복잡한 계산 등의 비즈니스 로직을 포함하지 않도록 권장합니다.

```
// 로직이 테스트에 포함됨
void main() {
  testWidgets(
```

```dart
    'List Widget displays multiple items',
    (tester) async {
      await tester.pumpWidget(
        ListWidget(
          items: ['Item 1', 'Item 2', 'Item 3'],
        ),
      );
      // 반복문 - 불필요한 로직 도입
      for (var i = 0; i < 3; i++) {
        expect(
          find.text('Item ${i + 1}'),
          findsOneWidget,
        );
      }
    },
  );
}

// 다른 예시
void main() {
  testWidgets(
    'Greeting Widget displays correct message',
    (tester) async {
      String name = 'John';
      await tester.pumpWidget(
        GreetingWidget(name: name),
      );
      // 문자열 연결을 사용해 예상 메시지 작성 - 로직 사용
      String expectedMessage = 'Hello, $name!';
      expect(
        find.text(expectedMessage),
        findsOneWidget,
      );
    },
  );
}
```

테스트 코드 내부에 로직이 들어가면 테스트 코드 자체에 버그가 숨겨질 가능성이 생기고 테스트의 의도를 파악하기 어려워집니다. 작은 로직 조각만으로도 명확성이 떨어질 수 있습니다.

```dart
// 로직을 활용하지 않은 테스트 코드
void main() {
```

```
    testWidgets('List Widget displays multiple items', (tester) async {
      await tester.pumpWidget(
        ListWidget(
          items: ['Item 1', 'Item 2', 'Item 3'],
        ),
      );
      // 각 항목을 직접 확인
      expect(find.text('Item 1'), findsOneWidget);
      expect(find.text('Item 2'), findsOneWidget);
      expect(find.text('Item 3'), findsOneWidget);
    });
}

// 다른 예시
void main() {
    testWidgets('Greeting Widget displays correct message', (tester) async {
      await tester.pumpWidget(
        GreetingWidget(name: 'John'),
      );
      // 예상 메시지 직접 확인
      expect(find.text('Hello, John!'), findsOneWidget);
    });
}
```

16.3.5 플러터 테스트의 공유 설정과 값

여러 테스트에서 공통으로 필요한 설정이나 값을 공유하면 코드 중복을 줄이고 테스트 작성을 효율화할 수 있습니다. 하지만 설정을 공유할 때는 몇 가지 유의할 점이 있습니다.

1. **setUp() 함수 현명하게 사용하기**: 플러터 테스트 프레임워크는 각 테스트 실행 전에 호출되는 setUp() 함수를 제공합니다. 해당 함수는 반복 설정 작업을 줄여주지만 너무 많은 로직을 넣거나 여러 테스트 간의 강한 결합을 유발하면 오히려 테스트를 이해하고 관리하기 어려워질 수 있습니다. 따라서 꼭 필요한 최소한의 공통 설정에만 사용하는 것이 좋습니다.
2. **테스트 독립성 유지**: 공유 설정을 사용하더라도 각 테스트는 여전히 독립적으로 실행할 수 있어야 합니다. 공유 설정 때문에 테스트 간에 의존성이 생기거나 특정 실행 순서에 의존하게 되면 안 됩니다.
3. **명확성 우선**: 설정 코드를 공유하는 것이 편리하더라도, 이 때문에 각 테스트의 의도가 불분명해진다면 차라리 개별 테스트 내에서 명시적으로 설정하는 편이 낫습니다. 각 테스트를 쉽게 이해하고 독립적으로 분석할 수 있도록 명확성을 최우선으로 고려해야 합니다.

4. **상태 정리**: setUp()이나 테스트 케이스에서 변경한 상태(특히 전역 상태, 파일 시스템 상태, 데이터베이스 상태 등)는 각 테스트가 끝난 후 tearDown() 함수를 사용해 원래대로 되돌려 놓아야 합니다. 이는 테스트 간의 격리를 보장하고 서로에게 영향을 미치지 않게 합니다.

5. **공유 상수**: 테스트 실행 중에 변경되지 않는 상숫값(예: 고정된 문자열, 숫자)을 공유하는 것은 일반적으로 문제가 없습니다. 다만 const 키워드를 사용하여 상수임을 명확히 표시하는 것이 좋습니다.

```
void main() {
  MyWidget myWidget;
  setUp(() {
    // 설정 공유
    myWidget = MyWidget(title: 'Test Widget');
  });
  testWidgets('MyWidget has a title', (WidgetTester tester) async {
    await tester.pumpWidget(myWidget);
    expect(
      find.text('Test Widget'),
      findsOneWidget,
    );
  });
  testWidgets('MyWidget shows a specific item', (WidgetTester tester) async {
    await tester.pumpWidget(myWidget);
    expect(
      find.byType(ListTile),
      findsWidgets,
    );
  });
  // ... 그 외 테스트 진행
}
```

16.3.6 동작과 상태 테스트

동작과 상태 중심의 테스트 접근 방식은 애플리케이션 내부 구현이 변경되더라도 테스트의 **타당성**과 **가치**를 **지속적으로 유지**해 줍니다.

1. **메서드보다는 동작 중심**: 애플리케이션이 어떻게 동작하는지(특정 메서드)가 아니라 무엇을 하는지(동작)에 초점을 맞춥니다. 이 접근 방식은 사용자 관점에서 기능을 테스트합니다.

2. **상호작용보다는 상태 중심**: 특정 상태에 도달하기까지의 구체적인 상호작용 순서보다는 이벤트나 액션 이후의 애플리케이션이나 컴포넌트의 최종 상태를 검증합니다.

버튼을 누를 때마다 숫자를 증가시키는 Counter 위젯을 예로 들어보겠습니다.

```dart
void main() {
  testWidgets('Counter increments when button is pressed',
      (WidgetTester tester) async {
    // 준비
    await tester.pumpWidget(CounterWidget());
    // 실행
    await tester.tap(
      find.byType(FloatingActionButton),
    );
    await tester.pump();
    // 검증
    // 메서드가 아닌 상태(표시된 값)를 테스트
    expect(
      find.text('1'),
      findsOneWidget,
    );
  });
}
```

이 예시에서 테스트는 버튼 탭이 내부적으로 카운터를 어떻게 증가시키는지는 신경 쓰지 않습니다. 대신, 동작(버튼 탭이 증가로 이어짐)과 그 결과로 나타나는 상태(화면에 표시된 카운터 값)에 초점을 맞춥니다. 이 테스트는 버튼을 탭하는 행위가 사용자 관점에서 기대하는 동작인 카운터에 숫자 '1'이 표시되는 결과로 이어지는지를 확인합니다.

16.3.7 Finder API를 활용한 위젯 탐색

위젯 테스트에서 특정 위젯을 찾고 상호작용하거나 상태를 검증하려면 Finder 클래스를 사용해야 합니다. Finder는 위젯 트리에서 원하는 위젯을 찾는 방법을 정의하는 핵심 도구입니다. 플러터는 다양한 조건으로 위젯을 찾을 수 있도록 여러 Finder 생성 방법을 제공합니다.

- **find.byType(Type type)**: 주어진 타입의 위젯을 찾습니다. 특정한 타입에 속하는 위젯의 존재를 확인하거나 상호작용할 때 유용합니다.

```
expect(find.byType(FloatingActionButton), findsOneWidget)
```

- **find.byKey(Key key)**: 주어진 Key를 가진 위젯을 찾습니다. 동일한 타입의 위젯이 여러 개일 때 특정 위젯을 식별하는 데 매우 유용합니다(플러터의 Key는 2장에서 살펴봤습니다).

```
expect(find.byKey(ValueKey('loginButton')), findsOneWidget);
```

- **find.byText(String text)**: 주어진 String을 정확히 포함하는 Text 위젯을 찾습니다. 화면 텍스트 검증에 가장 흔하게 사용됩니다.

```
expect(find.byText('Submit'), findsOneWidget);
```

- **find.byWidgetPredicate(Type widgetType, String text)**: 조건부 함수를 제공해 사용자 지정 검색 기준을 정의할 수 있습니다. 이 덕분에 더 복잡하고 맞춤화된 검색 쿼리를 유연하게 작성할 수 있습니다.

```
expect(
  find.byWidgetPredicate(
    (widget) => widget is Checkbox && widget.value == true),
  findsOneWidget,
);
```

- **find.byIcon(IconData icon)**: 주어진 IconData를 사용하는 Icon 위젯을 찾습니다. 특정한 아이콘을 사용하는 버튼 등을 찾을 때 사용합니다.

```
expect(find.byIcon(Icons.add), findsOneWidget);
```

- **find.descendant(of: Finder, matching: Finder)**: of 파인더로 식별된 위젯의 하위 위젯이며 '일치하는' 파인더로 지정된 타입과 일치하는 위젯을 찾습니다.

```
expect(
  find.descendant(
    of: find.byType(Row),
    matching: find.byType(Text),
  ),
  findsWidgets,
);
```

- **find.ancestor({required Finder of, required Finder matching, ...})**: find.descendant와 반대로, of 파인더로 찾은 위젯의 상위 위젯 중에서 matching 파인더에 해당하는 위젯을 찾습니다.

```
expect(
  find.ancestor(
    of: find.byType(Text),
    matching: find.byType(Column),
    findsWidgets,
  ),
);
```

- **find.bySemanticsLabel(String label)**: 특정 시맨틱 레이블^{semantics label}이 있는 위젯을 찾습니다. 스크린 리더는 이 SemanticsLabel을 사용하므로 접근성 기능을 테스트할 때 특히 유용합니다.

```
expect(find.bySemanticsLabel('Close Button'), findsOneWidget);
```

- **find.Semantics**: 접근성 관련 테스트에 자주 사용되는 중요한 파인더입니다. 자세한 내용은 21장에서 다룹니다.

이러한 Finder들은 expect 구문과 함께 사용해 위젯 트리에서 특정 위젯의 존재 여부나 속성을 검증할 수 있습니다.

16.3.8 커스텀 페인팅 테스트

커스텀 페인팅 위젯에 대한 테스트 작성이 어렵다는 이유로, 해당 위젯의 테스트를 포기할 때가 있습니다. 플러터의 PaintPattern 클래스는 디스플레이 목록(본질적으로 캔버스 호출 순서)이 기대하는 대로 이루어졌는지 검증하는 데 사용되는 추상 빌더 인터페이스입니다. 이는 위젯에서의 커스텀 페인팅과 페인팅을 테스트할 때 특히 유용합니다.

- **모양(예: arc, circle, rect, drrect, line, path)**: 기본 모양 페인팅에 대한 기댓값을 지정합니다. 예를 들어 circle(...)은 특정 속성이 있는 원이 그려졌는지 검증하는 데 사용할 수 있습니다.
- **클리핑(clipRect, clipRRect, clipPath)**: 예상되는 클리핑^{clipping} 작업 수행 여부를 확인합니다.
- **변형(translate, scale, rotate, transform)**: 캔버스에 적용될 변형(예: translate, scale)을 지정하고 검증합니다.
- **이미지와 텍스트(drawImage, drawImageRect, paragraph)**: 특정 이미지나 텍스트(paragraph)가 그려졌는지 확인합니다.
- **사용자 정의 비교(something, everything, nothing)**: 더 복잡한 검증을 위한 사용자 정의 비교를 허용

해 유연성을 높입니다. paints.something은 어떤 페인팅 명령이라도 하나 이상 있었는지 확인합니다.

- **유틸리티(save, restore, saveLayer)**: 캔버스의 상태 저장과 복원 호출을 확인하는 데 도움이 됩니다.

특정 장면을 그리는 CustomPainterForTest가 있고, 특정 속성의 원과 사각형을 올바르게 그리는지 테스트하고 싶다고 가정해 보겠습니다.

```
test(
  'CustomPainterForTest paints expected shapes',
  () {
    expect(
      // Painter 위젯
      find.byKey(const ValueKey('CustomPainterForTest')),
      paints // PaintPattern 일치 여부
        ..circle(color: Colors.blue, radius: 30.0)
        ..rect(
          rect: const Rect.fromLTWH(10, 10, 100, 100),
          color: Colors.red,
        ),
    );
  },
);
```

이 테스트에서 paints..pattern은 플러터의 테스트 프레임워크에서 제공하는 매처[matcher]이며, PaintPattern을 사용해 페인터가 특정 위치와 크기에 반지름 30.0의 파란색 원과 빨간색 사각형을 그리도록 지정하는지 검증합니다.

16.4 테스트 더블

소프트웨어 테스트, 특히 테스트 주도 개발[test-driven development] (TDD)에서 '테스트 더블[test doubles]'은 실제 시스템 구성 요소를 대체합니다. 이는 테스트 중에 시스템의 동작을 단순화하고 제어하기 위함입니다. 이러한 테스트 더블은 테스트 대상 시스템[system under test] (SUT)을 의존성으로부터 격리하는 데 중요하며, 결과적으로 더 신뢰할 수 있고 수행하기 쉬운 테스트를 만듭니다.

다음은 일반적인 테스트 더블 유형입니다.

1. **스텁**: 스텁은 하드코딩된 데이터를 반환하는 단순한 구현체입니다. SUT의 동작이 외부 의존성에서 받는 값에 따라 달라지는 테스트에 유용합니다. 스텁은 실제 복잡성을 시뮬레이션하지는 않지만, 특정 호출에 대해 구체적인 답변을 제공합니다. 스텁 설정 stubbing은 일반적으로 테스트 프레임워크를 사용해 반복 코드를 줄일 수 있습니다. when(...).thenReturn(...) 메서드 호출이 있는 패키지를 사용해 봤다면 익숙할 것입니다.
2. **목**: 목 객체는 기대 행위 expectation와 응답 response으로 미리 작성됩니다. SUT와 그 의존성 간의 상호작용을 검증하는 데 사용됩니다. 즉, 목 객체는 스텁 설정과 상호작용 테스트 interaction test라는 두 가지 개념을 포함합니다. 상호작용 테스트는 함수가 '어떻게' 호출되는지 검증하는 것입니다. 목 프레임워크 mocking framework에서 verify(...) 메서드를 봤을 것입니다.
3. **페이크**: 페이크는 실제 구현의 동작을 흉내내지만, 프로덕션 환경에서 사용하기 위한 것이 아닌 API 구현의 한 유형입니다. 예를 들어 인메모리 데이터베이스를 페이크로 사용할 수 있습니다. 이 접근 방식은 실제 구현의 동작을 이해한다면 효과적일 수 있습니다. 그러나 실제 구현이 어떻게 작동하는지 아직 잘 모른다면 효과적인 페이크를 만드는 데 시간이 걸릴 수 있습니다.
4. **스파이** spy: 스파이는 목 객체와 유사하지만 어떤 메서드가 호출되었고 어떤 매개변수가 전달되었는지 등에 관한 정보를 기록하는 데 사용합니다. 이 정보는 이후 SUT의 동작을 검증하는 데 사용할 수 있습니다.
5. **더미** dummy: 더미 객체는 테스트 더블의 가장 간단한 형태입니다. 이는 플레이스홀더 placeholder이며 구현된 기능이 없습니다. SUT의 메서드에서 매개변수가 필요하지만 테스트 컨텍스트에서는 사용되지 않을 때 사용됩니다.

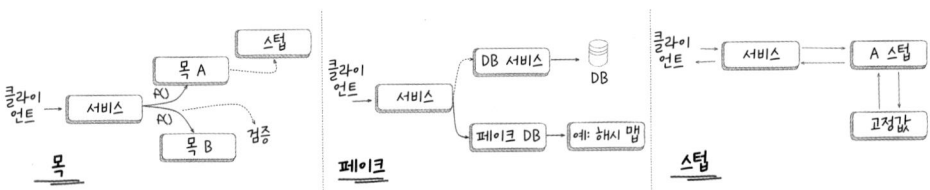

그림 16-2 주요 테스트 더블 종류

각 테스트 더블 유형은 테스트 시나리오에서 특정 목적을 수행해 개발자가 더 모듈화되고, 유지보수하기 쉬우며, 신뢰할 수 있는 테스트를 작성하도록 지원합니다. 다음 절에서는 플러터 테스트에서 테스트 더블을 사용하는 방법을 살펴보겠습니다.

16.5 플러터에서의 테스트 더블

플러터에서 테스트를 작성하기 전에 테스트 환경과 테스트 더블을 적절히 설정하는 것이 매우 중요합니다. 이는 특히 실제 컴포넌트처럼 동작하는 가짜 서비스(테스트 더블)를 의존성 주입(DI)으로 다룰 때 필수적입니다. 뿐만 아니라, 이러한 테스트용 구현체 자체가 동작하기 위해 또 다른 의존성을 만들어 주어야 하는 경우도 많습니다.

플러터의 일반적인 경험 법칙 중 하나는 가능한 한 실제 구현으로 코드를 테스트하는 것입니다. 테스트 더블을 사용하기에 적절해 보이는 다음 시나리오를 고려해 보겠습니다.

```
final widget = MyWidget(
  WidgetA(
    WidgetB(
      WidgetC(
        WidgetD(),
      ),
    ),
  ),
);
```

가능하다면 실제 구현을 테스트하는 것이 더 좋지만, 테스트 더블과 실제 구현 사이에서 절충점을 찾아야 할 때도 있습니다. 테스트에서 객체를 수동으로 구성하는 대신, 권장되는 접근 방식은 팩토리 메서드나 자동화된 의존성 주입을 사용해 의존성 구성 비용을 줄이는 것입니다.

실제 구현이 불가능할 때는 필요에 맞는 테스트 더블 중 하나를 사용하세요.

16.5.1 스텁을 이용한 테스트 준비

스텁 설정은 고정된 네트워크 데이터나 하드코딩 된 결과와 같이 **신뢰할 수 있는 응답**을 제공해 코드에 집중하고 싶을 때 유용할 수 있습니다. 명확성을 보장하려면 각 스텁화된 함수가 테스트 검증과 직접 관련되어야 합니다.

네트워크 소스에서 사용자 프로필을 가져오는 서비스가 포함된 복잡한 애플리케이션이 있다고 가정하고, 이 서비스에 대한 스텁을 만들어 보겠습니다.

```dart
class UserProfile {
  final String userId;
  final String name;
  final String email;
  UserProfile({
    required this.userId,
    required this.name,
    required this.email,
  });
}

abstract class UserProfileService {
  Future<UserProfile> getUserProfile(String userId);
}

class UserProfileWidget extends StatelessWidget {
  final UserProfileService userProfileService;
  const UserProfileWidget(
    this.userProfileService, {
    super.key,
  });
  @override
  Widget build(BuildContext context) {
    return FutureBuilder<UserProfile>(
      future: userProfileService.getUserProfile('123'),
      builder: (context, snapshot) {
        if (snapshot.hasData) {
          return Text(snapshot.data!.name);
        } else if (snapshot.hasError) {
          return Text('Error: ${snapshot.error}');
        } else {
          return CircularProgressIndicator();
        }
      },
    );
  }
}
```

UserProfileService 컴포넌트에 대한 테스트를 작성할 때 실제 서비스를 스텁으로 대체합니다. 일반적으로 스텁을 정리하는 파일을 만들 수 있지만, 테스트에서 스텁을 어떻게 구성할지는 여러분과 여러분의 팀에 달려 있습니다.

```
class UserProfileServiceStub implements UserProfileService {
  @override
  Future<UserProfile> getUserProfile(String userId) async {
    // 네트워크 지연 시뮬레이션
    await Future.delayed(const Duration(seconds: 1));
    // 하드코딩된 사용자 프로필 반환
    return UserProfile(
      userId: userId,
      name: 'John Doe',
      email: 'john@example.com',
    );
  }
}
```

이는 테스트가 서비스의 실제 구현에 영향을 받지 않도록 보장합니다.

```
void main() {
  testWidgets(
    'User Profile Widget Test',
    (WidgetTester tester) async {
      final userProfileService = UserProfileServiceStub();
      // 위젯에 스텁 삽입
      await tester.pumpWidget(
        MaterialApp(
          home: UserProfileWidget(
            userProfileService,
          ),
        ),
      );
      // FutureBuilder 완료될 때까지 1초 기다림
      await tester.pumpAndSettle(
        const Duration(seconds: 1),
      );
      // 여기에서 테스트 로직을 수행
      // 예: 위젯에 "John Doe"가 표시되는지 확인
      expect(
        find.text('John Doe'),
        findsOneWidget,
      );
    },
  );
}
```

상태 관리나 의존성 주입을 사용하는 더 고급 시나리오에서는 테스트하기 전에 위젯의 부모에게 필요한 것을 제공해야 할 수 있습니다. 다음은 개념적인 예시입니다.

```
void main() {
  testWidgets(
    'User Profile Widget with Provider Test',
    (WidgetTester tester) async {
      // 전체 위젯 트리에 사용자 프로필 서비스 스텁 제공
      await tester.pumpWidget(
        ChangeNotifierProvider<UserProfileService>(
          create: (_) => UserProfileServiceStub(),
          child: MaterialApp(home: UserProfileWidget()),
        ),
      );
      // 복잡한 테스트 로직 추가
    },
  );
}
```

16.5.2 목 객체를 이용한 테스트 준비

목Mock 객체는 매우 중요합니다. 목 객체는 스텁처럼 응답을 시뮬레이션할 뿐만 아니라 의존성과의 상호작용을 검증하게 해 줍니다.

목 객체는 다음과 같을 때 사용하면 가장 좋습니다.

- 컴포넌트가 의존 요소와 어떻게 상호작용하는지 검증하고 싶을 때
- 컴포넌트의 동작이 외부 서비스의 응답에 따라 달라질 때
- 여러 메서드 호출과 상호작용이 포함된 복잡한 시나리오를 시뮬레이션해야 할 때

플러터에서 목 객체를 효과적으로 사용하는 데 mockito[1]와 mocktail[2] 패키지를 일반적으로 활용합니다. 모든 것을 수동으로 생성하지 말고 목, 스텁, 페이크를 생성하는 패키지를 사용하면 좋습니다. 하지만 엔지니어로서 많은 개념을 추상화하는 도구를 사용하기 전에 내부에서 어

---

1 https://pub.dev/packages/mockito
2 https://pub.dev/packages/mocktail

떤 일이 일어나는지 이해하는 것이 중요합니다. 이러한 패키지를 언급하는 이유는 작업을 더 효율적으로 수행하는 데 도움이 되기 때문입니다.

UserProfileService가 있는 이전 예제를 생각해 봅시다. 이번에는 서비스를 목 객체로 만들고 데이터로 스텁 설정할 수 있을 뿐만 아니라 컴포넌트가 상호작용하는지도 검증할 수 있습니다.

```
// 1.
class MockUserProfileService extends Mock implements UserProfileService {}

void main() {
  testWidgets('Should call getProfile on service', (tester) async {
    // 2.
    final mockService = MockUserProfileService();
    // 3.
    when(
      () => mockService.getUserProfile(
        any(),
      ),
    ).thenAnswer(
      (_) async => UserProfile(
        userId: '1',
        name: 'John Doe',
        email: 'john@example.com',
      ),
    );
    // 모의 서비스를 UserProfileWidget에 주입하기
    await tester.pumpWidget(
      MaterialApp(
        // 4.
        home: UserProfileWidget(mockService),
      ),
    );
    // 사용자 프로필 위젯이 새 데이터로 다시 빌드될 때까지 시간 허용
    await tester.pumpAndSettle();
    // 모의 계정에서 getUserProfile 메서드가 호출되었는지 확인
    // 5.
    verify(() => mockService.getUserProfile(any())).called(1);
    // 위젯에 예상 텍스트가 표시되는지 확인
    // 6.
    expect(find.text('John Doe'), findsOneWidget);
  });
```

}

1. 테스트 목적으로 UserProfileService의 동작을 시뮬레이션하는 목 클래스 MockUserProfileService를 정의합니다.
2. 목 클래스의 인스턴스가 생성됩니다. 이 인스턴스는 테스트에서 실제 UserProfileService를 대체하는 데 사용됩니다.
3. when을 사용한 목 동작 설정
   - when: 목 객체에 대한 조건이나 시나리오를 정의합니다. 여기서는 getUserProfile 메서드가 any() 인수로 호출될 때마다 목 객체가 thenAnswer에 정의된 대로 반응하도록 지정합니다.
   - any(): 어떤 인수라도 전달될 수 있도록 허용하는 매처입니다.
   - thenAnswer: 비동기 연산을 수행하거나 Future를 반환해야 하는 등, 더 복잡한 응답에 사용합니다. 여기서는 시뮬레이션된 지연 후 UserProfile을 반환합니다.

   thenAnswer의 대안:
   - thenReturn: 지연이나 추가 처리 없이 지정된 값을 즉시 반환합니다. 단순하고 동기적인 응답에 유용합니다.
   - thenThrow: 지정된 메서드가 호출될 때 목 객체가 예외를 던지도록 합니다. 오류 처리 시나리오 테스트에 이상적입니다.
4. UserProfileWidget은 목 서비스가 주입된 테스트 환경에서 렌더링됩니다. 이 설정은 위젯이 실제 서비스 대신 목 서비스를 사용하도록 합니다.
5. 목 상호작용 검증은 테스트 중에 목 서비스의 getUserProfile 메서드가 정확히 한 번 호출되었는지 검증합니다. 이는 위젯이 서비스와 예상대로 상호작용하는지 확인하는 테스트의 중요한 부분입니다.
6. 이 줄은 위젯 트리에 'John Doe' 텍스트가 있는지 검증해 위젯이 목 객체의 응답에 따라 예상대로 데이터를 표시하는지 나타냅니다.

16.5.3 페이크 객체를 이용한 테스트 준비

페이크는 실제 구현에 가장 가까운 동작을 제공하므로 테스트 더블 중에서 가장 좋은 방식으로 간주됩니다. 때로는 페이크로 테스트하고 있다는 사실조차 알아차리지 못할 수도 있습니다.

페이크는 테스트에 실제 객체나 서비스의 복잡한 기능 중 일부만 필요하지만 실제 구현과 유사해야 하는 테스트 시나리오에서 가장 잘 사용합니다.

다음은 플러터와 다트의 일반적인 단위 테스트의 예입니다. 저장소에 의존하는 데이터베이스에서 사용자 프로필 데이터를 로드하는 저장소 구현이 있다고 가정해 보겠습니다.

```
abstract class Database {
  Future<void> write(UserProfile user);
  Future<UserProfile> read(String userId);
}

class UserRepository {
  UserRepository(this.database);
  final Database database;
  Future<UserProfile> loadUserProfile(String userId) {
    return database.read(userId);
  }
}
```

페이크 데이터베이스 구현을 사용한 테스트를 살펴보겠습니다.

```
// 1.
class FakeDatabase extends Fake implements Database {
  final map = HashMap();

  @override
  Future<UserProfile> read(String userId) async {
    return map[userId]!;
  }

  @override
  Future<void> write(UserProfile user) async {
    map[user.userId] = user;
  }
}

void main() {
  test('should write user profile correctly', () async {
    // 준비
    //2.
    final fakeDb = FakeDatabase();
    //3.
    final repository = UserRepository(fakeDb);
    // 실행
    //4.
    await fakeDb.write(
      UserProfile(
        userId: '123',
```

```
        name: 'John Doe',
        email: 'jon@doe.dev',
      ),
    );
    final profile = await repository.loadUserProfile('123');
    // 검증
    //5.
    expect(profile.userId, equals('123'));
    expect(profile.name, equals('John Doe'));
    expect(profile.email, equals('jon@doe.dev'));
  });
}
```

1. 데이터 읽기 및 쓰기를 위한 실제 구현과 유사한 해시맵 기반 페이크 데이터베이스를 생성합니다.
2. 페이크 데이터베이스 인스턴스를 만듭니다.
3. 이 페이크 데이터베이스를 의존하는 실제 클래스에서 활용합니다.
4. 데이터베이스에 데이터를 작성한 다음, 내부적으로 데이터베이스에서 읽기 메서드를 호출하는 프로필 로드를 수행합니다.
5. 마지막으로 모든 결과를 확인합니다.

16.5.4 스파이를 이용한 테스트 준비

스파이는 스텁과 매우 유사하지만 추가 정보를 기록하고 실제 구현을 호출한다는 차이가 있습니다. 플러터 애플리케이션에 사용자 활동을 로깅하는 데 LoggerService를 사용하는 UserManager 클래스가 있다고 가정해 봅시다. LoggerService가 동작을 변경하지 않고 올바르게 호출되는지 확인하고 싶습니다.

```
class LoggerService {
  void log(String message) {
    // 실제 로깅 로직
  }
}

class UserManager {
  final LoggerService logger;
  UserManager(this.logger);
  void deleteUser(String userId) {
```

```dart
    // 사용자 삭제 로직
    logger.log('User $userId deleted');
  }
}

class SpyLoggerService extends LoggerService {
  int logCallCount = 0;
  @override
  void log(String message) {
    logCallCount++;
    super.log(message); // 실제 로그 메서드 호출
  }
}

void main() {
  test(
    'UserManager should call log when deleting a user',
    () {
      final spyLogger = SpyLoggerService();
      final userManager = UserManager(spyLogger);
      userManager.deleteUser('123');
      expect(
        spyLogger.logCallCount,
        1,
      ); // 로그가 한 번 호출되었는지 확인
    },
  );
}
```

여기서 SpyLoggerService는 LoggerService를 확장하고 log 메서드가 호출된 횟수를 추적합니다. 이로써 실제 기능을 방해하지 않고 UserManager와 LoggerService 간의 상호작용을 검증할 수 있습니다.

16.5.5 더미 객체를 이용한 테스트 준비

플러터 애플리케이션에 UserProfileWidget을 생성하려면 UserRepository이 필요하지만, 테스트에서는 UserRepository의 기능에 관심이 없을 때가 있습니다.

```dart
class UserRepository {
  // UserRepository 메서드들
}

class UserProfileWidget extends StatefulWidget {
  final UserRepository userRepository;
  const UserProfileWidget(
    this.userRepository, {
    super.key,
  });
  @override
  State<UserProfileWidget> createState() => UserProfileWidgetState();
}

class UserProfileWidgetState extends State<UserProfileWidget> {
  int count = 0;
  @override
  Widget build(BuildContext context) {
    // Widget build 로직
    return const SizedBox();
  }
}

//1.
class DummyUserRepository extends UserRepository {}

void main() {
  testWidgets(
    'UserProfileWidget should render correctly',
    (tester) async {
      await tester.pumpWidget(
        MaterialApp(
          //2.
          home: UserProfileWidget(DummyUserRepository()),
        ),
      );
      //3.
      final widget = tester.state<UserProfileWidgetState>(
        find.byType(
          UserProfileWidget,
        ),
      );
      //4.
      expect(
```

```
      widget.count,
      0,
      reason: 'initial state must be 0 in this widget',
    );
  },
);
}
```

1. 실제 기능이 없는 UserRepository의 더미 버전이 생성되어 위젯 테스트에서 의존성을 충족시키는 플레이스홀더 역할을 합니다.
2. 위젯은 테스트 환경에서 더미 객체로 초기화되어 실제 저장소의 동작과 분리되어 집중적인 테스트가 이루어집니다.
3. 테스트는 위젯의 내부 상태에 접근하여 테스트 실행 중 속성과 동작을 확인합니다. 상태의 초깃값이 이 테스트에 중요합니다.
4. 테스트는 위젯의 초기 상태나 동작을 검증해 예상 결과와 일치하는지 검증합니다.

여기서 DummyUserRepository는 UserRepository의 대역입니다. UserProfileWidget의 생성자 요구사항을 충족시키는 데 사용되므로 UserRepository 없이 위젯을 테스트할 수 있습니다.

16.6 통합 테스트와 골든 테스트의 세계

플러터에서는 단위 및 위젯 테스트 외에도, 통합 테스트와 골든 테스트가 애플리케이션의 전반적인 품질과 안정성을 보장합니다. 이러한 테스트는 사용자 상호작용 흐름부터 시각적 일관성까지 더 넓은 커버리지를 제공합니다.

16.6.1 플러터의 통합 테스트

플러터의 통합 테스트는 전체 애플리케이션을 하나의 응집력 있는 단위$^{cohesive\ unit}$로 테스트하는 데 매우 중요합니다. 이러한 테스트는 사용자 상호작용을 모방하고 다양한 시나리오에서 애플리케이션의 동작을 검증합니다. 이는 단위/위젯 테스트와 실제 사용 사이의 틈을 메워, 애플리케이션이 처음부터 끝까지 올바르게 작동하는 것을 보장합니다.

설정 및 사용법

1. **의존성 추가**: pubspec.yaml 파일에 flutter_test와 integration_test를 추가합니다. 이 패키지들은 통합 테스트를 작성하고 실행하는 데 필요한 도구와 API를 제공합니다.
2. **테스트 파일 생성**: 프로젝트에 integration_test 디렉터리를 만듭니다. 여기에 통합 테스트 스크립트를 다트 파일(<이름>_test.dart)로 작성합니다.
3. **테스트 스크립트 작성**: testWidgets를 사용해 테스트를 정의합니다. 이 함수를 사용하면 버튼 탭, 텍스트 입력, 화면 간 이동과 같은 사용자 상호작용을 시뮬레이션하고 예상 결과를 확인할 수 있습니다.

다음은 플러터의 통합 테스트 예제입니다.

```dart
void main() {
  IntegrationTestWidgetsFlutterBinding.ensureInitialized();
  testWidgets(
    'tap on the floating action button, verify counter',
    (tester) async {
      // 애플리케이션의 기본 위젯 로드
      await tester.pumpWidget(const MyApp());
      // 초기 상태 또는 조건 확인
      expect(find.text('0'), findsOneWidget);
      // 사용자 행동 시뮬레이션
      final fab = find.byKey(const Key('increment'));
      await tester.tap(fab);
      // 변경 사항을 반영하도록 프레임 트리거
      await tester.pumpAndSettle();
      // 작업에 대한 애플리케이션의 응답 확인
      expect(find.text('0'), findsNothing);
      expect(find.text('1'), findsOneWidget);
    },
  );
}
```

이 예제에서는 애플리케이션의 기본 위젯을 로드하고, 사용자가 버튼을 탭하는 것을 시뮬레이션한 다음, 애플리케이션의 상태가 예상대로 변경되었는지 확인합니다.

통합 테스트 시 고려 사항

- **리소스 집약적**: 통합 테스트는 다른 테스트보다 리소스 집약적일 수 있으며 더 많은 실행 시간과 컴퓨팅 리소스가 필요할 수 있습니다.
- **불안정성**flakiness: 특히 CI 환경에서는 네트워크 상태나 타사 서비스와 같은 외부 요인에 대한 의존성 때문에

종종 불안정할 수 있습니다.
- **복잡한 설정 및 유지관리**: 통합 테스트 설정은 복잡할 수 있으며, 애플리케이션의 전체 워크플로에 대한 철저한 이해가 필요합니다. 특히 애플리케이션이 성장하고 발전함에 따라 이러한 테스트를 유지관리하기 어려워질 수 있습니다.
- **기기 및 플랫폼 다양성**: 테스트는 다른 기기나 운영 체제에서 다른 결과를 나타낼 수 있으므로 다양한 기기에서 테스트해야 합니다.
- **테스트 커버리지 균형 맞추기**: 불필요한 노력 없이 효율적이고 효과적인 테스트 커버리지를 보장하려면 통합 테스트, 단위 테스트, 위젯 테스트 간의 균형을 맞춰야 합니다.

통합 테스트를 할 때는 Firebase Test Lab이나 AWS Device Farm과 같은 디바이스 팜$^{device\ farm}$ 사용을 고려해야 합니다. 이러한 도구는 설정과 사양이 다른 여러 기기에서 병렬로 상호작용 테스트하는 데 도움이 됩니다. 이는 애플리케이션이 모든 기기에서 완벽하게 작동한다는 확신을 높여줍니다. 해당 범위의 모든 기기에서 애플리케이션이 예상대로 실행되는지 확인하려면 광범위한 기기를 선택하는 것이 바람직합니다.

16.6.2 플러터의 골든 테스트

플러터의 골든 테스트는 위젯의 시각적 동작을 검증하는 효율적인 방법으로, 다양한 업데이트와 조건에서 위젯이 올바르게 렌더링되는지 확인할 수 있습니다. 이 테스트는 위젯의 현재 렌더링을 '골든^{golden}'으로 간주하는 참조 이미지와 비교하는 방식으로 작동하므로, 차트나 커스텀 페인터와 같은 커스텀 비주얼을 테스트하는 데 특히 유용합니다.

골든 테스트는 위젯의 렌더링된 결과물을 저장된 '골든' 이미지 파일과 비교합니다. 현재 렌더링이 골든 파일과 일치하면 테스트가 통과되고, 그렇지 않으면 시각적 불일치를 나타내며 실패합니다.

설정 및 사용법

1. **테스트 케이스 작성**: 일반 위젯 테스트와 마찬가지로 플러터의 골든 테스트는 `testWidgets` 함수를 사용해 작성합니다. 이러한 테스트에서 테스트하려는 위젯을 로드한 다음 `matchesGoldenFile` 매처를 사용해 위젯의 렌더링을 골든 파일과 비교합니다.
2. **골든 파일 생성 및 업데이트**: `-update-goldens` 플래그와 함께 테스트를 실행해 골든 파일을 만들거나 업데이트합니다. 위젯의 모양을 의도적으로 변경할 때마다 이 작업을 수행해야 합니다.

```dart
void main() {
  testWidgets(
    'ExamplePainter golden test',
    (tester) async {
      await tester.pumpWidget(
        SizedBox(
          width: 400,
          height: 400,
          child: CustomPaint(
            painter: ExamplePainter(100),
          ),
        ),
      );
      await expectLater(
        find.byType(CustomPaint),
        matchesGoldenFile(
          'goldens/example_painter_100.png',
        ),
      );
    },
  );
}
```

이 예제에서는 ExamplePainter가 포함된 CustomPaint 위젯을 렌더링하고 골든 파일과 비교합니다.

사용 장점

- **시각적 검증**: 레이아웃, 색상, 텍스트 스타일과 같은 시각적 측면을 확인하는 데 탁월합니다.
- **문서**: 골든 파일은 위젯의 모양에 대한 시각적 참고 자료 역할을 하므로 코드를 이해하고 유지관리하는 데 도움이 됩니다.

고려 사항

- **플랫폼 차이**: 특히 글꼴은 플랫폼마다 렌더링에 차이가 있을 수 있습니다. CI 환경과 동일한 플랫폼에서 골든 파일을 생성하고 확인하는 것이 중요합니다.
- **파일 관리**: 골든 파일은 신중하게 관리해야 합니다. 의도적으로 업데이트하고 코드 리뷰 프로세스의 일부로 검토해야 합니다.

골든 테스트와 Alchemist의 활용

Alchemist는 플러터의 골든 테스트를 강화하는 오픈 소스 패키지입니다. CI 테스트 불안정성과 글꼴 렌더링 불일치 같은 내장 골든 테스트의 일반적인 문제를 해결합니다.

- **선언적 API**: Alchemist는 더 읽기 쉽고 선언적인 API를 제공해 테스트 명확성을 개선합니다.
- **조직화된 테스트**: GoldenTestGroup과 GoldenTestScenario를 사용해 하나의 골든 파일에 여러 테스트 시나리오를 구성할 수 있습니다.
- **CI 호환성**: Alchemist는 CI 친화적인 골든 파일을 생성해 플랫폼별 렌더링 문제를 줄여줍니다.

골든 테스트를 만들 때 명심해야 할 중요한 사항이 있습니다. 위젯을 작은 조각으로 나누고 가장 중요한 것부터 테스트하세요. 그렇지 않으면 사소한 조정을 자주 해야 하므로 골든 테스트의 유지관리 비용이 높아질 수 있습니다.

16.7 결론

이 장은 플러터 테스트 피라미드를 살펴보는 여정이었습니다. 개별 함수와 클래스에 초점을 맞춘 단위 테스트부터 UI 엘리먼트를 위한 위젯 테스트를 거쳐, 포괄적인 애플리케이션 평가를 위한 상호작용 및 종단 간 테스트까지 알아봤습니다.

이 장 전반에 걸쳐 엔지니어링 효율성을 높이는 데 있어 테스트 더블의 중요성을 강조했습니다. 테스트 더블은 코드를 빠르고 효율적으로 테스트하는 데 중요한 역할을 합니다. 그러나 각 테스트 더블 유형을 오남용하면 테스트가 모호해지고 오류가 발생하기 쉬워지거나, 견고한 소프트웨어 개발에 의미 있는 기여를 하지 못하게 될 수 있으므로 적절히 사용해야 합니다.

테스트 더블은 유용하지만, 실제 구현으로 테스트하거나 최소한 현실을 모방하는 구현(일반적으로 페이크 사용)으로 테스트하는 것이 더 바람직할 때가 있습니다. 상호작용 테스트는 항상 큰 이점을 제공하는 것은 아니며, 타당한 이유 없이 사용하면 테스트 스위트가 복잡해질 수 있습니다.

이것으로 플러터 테스트 피라미드의 기반부터 최상단까지 이어지는 여정을 마칩니다. 테스트에서 발견해야 할 수많은 에지 케이스와 미묘한 차이점이 있으며, 이를 자세히 알아보려면 책과 공식 문서를 포함한 추가 자료를 참고하기를 권장합니다. 이러한 자료는 다양한 테스트와 플러터에서의 전략적 사용에 관한 더 깊은 통찰력을 제공해 플러터 애플리케이션을 위한 효과적이고 효율적인 테스트를 만드는 능력을 향상할 것입니다.

CHAPTER 17
환경과 플레이버

검토자: Dominik Roszkowski

이 장에서는 엔지니어의 관점에서 환경이라는 개념을 심층적으로 살펴보고, 소프트웨어 개발의 이러한 환경 개념이 플레이버flavor를 통해 플러터에서 어떻게 작용하는지에 중점을 둡니다. 이 내용은 단계별 구현 가이드가 아니며 소프트웨어 엔지니어링에서 환경의 기본 원칙과 전략적 중요성에 관한 설명이라는 점을 유의해야 합니다. 플러터에서 환경을 설정하고 관리하는 방법에 관한 자세한 기술 가이드라인은 공식 문서를 참고해 주세요.

소프트웨어 엔지니어링에서 환경은 연극의 여러 막과 유사하며 각 단계에는 고유한 속성과 동작이 있습니다. 개발, 테스트, 프로덕션 단계는 소프트웨어 프로젝트의 구조화되고 효율적인 진행에 필수적입니다. 이러한 단계는 회사마다, 팀마다 다를 수 있지만 목적은 동일합니다. 또한 빌드 중인 애플리케이션의 또 다른 버전이 필요할 수도 있습니다. 플러터에서는 이러한 개념을 플레이버로 우아하게 해결할 수 있습니다. 플레이버를 사용하면 개발자가 동일한 코드베이스에서 특정 환경에 맞춘 애플리케이션의 고유한 버전을 개별적으로 만들 수 있습니다.

애플리케이션을 처음 빌드할 때부터 환경과 플레이버를 먼저 고려해야 하는 이유를 살펴보겠습니다.

17.1 다중 환경과 플레이버의 필요성

환경과 플레이버의 차이점은 적용 범위와 목적에 있습니다. 플러터에서 이 두 가지 용어를 같은 의미로 사용하기도 하지만, 의미와 용도가 조금씩 다릅니다. 환경은 애플리케이션의 생명주기 중 개발, 테스트, 프로덕션과 같은 다양한 단계에 맞는 구성으로, 주로 동일한 코드베이스를 사용하지만 설정(예: API 엔드 포인트와 기능 활성 여부)만 달라집니다. 반면, 플레이버는 애플리케이션의 서로 다른 버전(예: 무료 버전과 유료 버전)을 만드는 데 사용하며 각각 고유한 식별자, 에셋asset, 기능을 포함할 수 있습니다. 환경은 동일한 애플리케이션이 다양한 조건에서 어떻게 작동하는지 조정하지만, 플레이버는 특정 목적이나 대상에 맞춤화된 애플리케이션 빌드를 별도로 생성합니다.

17.1.1 단일 플레이버

하나의 플러터 플레이버로 충분할 때도 있습니다. 특히 개발, 테스트, 프로덕션 등 각기 다른 환경이 설정된 웹이나 데스크톱 애플리케이션이 그렇습니다. 예를 들어 동일한 애플리케이션에 로컬 개발 서버, 스테이징 서버, 프로덕션 서버 구성이 있을 수 있습니다. 이러한 설정은 여러 플레이버를 만들지 않고도 다양한 환경 구성을 통해 효율적으로 관리될 수 있습니다.

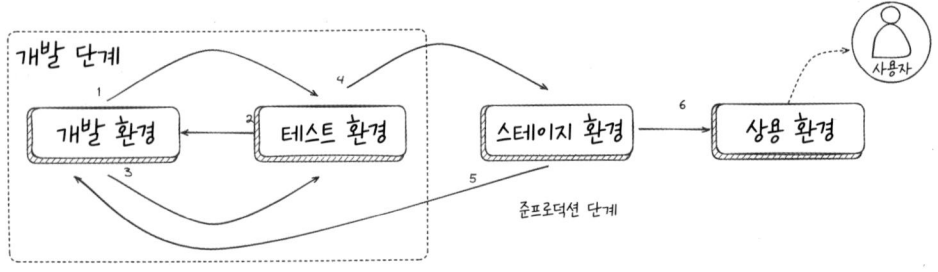

그림 17-1 일반적인 여러 환경

17.1.2 다중 플레이버

플러터의 플레이버는 안드로이드와 iOS 같은 환경에서 모바일 애플리케이션 개발의 여러 측면을 관리하는 유연한 접근 방식을 제공합니다.

플레이버는 다음과 같은 시나리오에서 유용할 수 있습니다.

- 기존 버전과 의존성, 라이브러리, 타깃 SDK가 크게 다른 차기next 버전이나 베타 버전을 관리해야 할 때 유용합니다. 이 접근 방식으로 애플리케이션의 안정적인 버전과 실험 버전 모두가 동일한 기기에 공존할 수 있어 QA와 팀 협업이 쉬워집니다.
- 화이트 레이블[1] 방식에서는 애플리케이션을 다른 이름, 번들 ID, 에셋, 하위 수준 구성으로 사용자화할 수 있습니다. 이 전략은 너무 세분된 코드베이스 분할을 피하면서 핵심 기능을 개발하는 데 특히 유용합니다. 단일 코드베이스를 사용해 다양한 클라이언트를 위한 화이트 레이블 솔루션을 구현해 브랜딩과 기능을 다양한 고객에게 맞춤형으로 지원합니다.
- 공개 출시용이 아닌 컨셉 실험(POC) 프로젝트 및 기타 실험적 기능에 플레이버를 활용할 수 있습니다.
- QA 팀, 관리자, 투자자가 쉽게 식별하도록 각 플레이버에 고유한 애플리케이션 아이콘을 사용할 수 있습니다. 이렇게 하면 프로덕션 버전과 테스트 버전을 쉽게 구분할 수 있습니다.

io.flutterengineering.beta와 같은 플레이버는 베타 버전용이고 io.flutterengineering.prod는 프로덕션 버전용으로, 번들 ID가 다르므로 시스템에서 다른 애플리케이션으로 인식할 수 있습니다. 개발, 스테이징, 프로덕션과 같은 여러 환경이 여전히 이러한 플레이버 내에 존재할 수 있어 다양한 구성으로 이어집니다. 예를 들어 애플리케이션의 베타 버전에는 메인 애플리케이션과 유사한 개발 환경과 스테이징 환경, 프로덕션 환경이 있을 수 있습니다.

관련 비용과 기술적 과제도 고려해야 합니다. 일부 서비스는 하나의 환경만 쉽게 지원할 수 있습니다. 예를 들어 파이어베이스Firebase를 다른 플레이버와 함께 사용하려면 별도의 프로젝트를 설정해야 할 수 있으며 각 프로젝트에는 자체 구성 파일이 필요합니다. 반대로 인터컴Intercom[2] 과 같은 서비스는 초기화 프로세스에서 별도의 환경을 만들려면 다른 애플리케이션 ID가 필요할 수 있습니다. 따라서 프로젝트의 타사 서비스와 라이브러리가 여러 환경을 수용할 수 있는지, 다시 말하면 여러 플레이버를 수용할 수 있는지 확인해야 합니다.

플레이버는 플러터 개발에서 독특하고 중요한 기능으로 남아 있습니다. 'dev'나 'prod'와 같이 각기 다른 플레이버를 한번 설정한 다음에는 매우 간단하게 서로 전환할 수 있습니다. 예를 들어 베타 버전의 개발 플레이버를 실행하려면 단지 `flutter run --flavor dev-beta` 명령어

---

[1] 옮긴이_ 브랜드를 포함하지 않은 상태의 상품에 다른 회사의 브랜드를 부착해서 판매하는 전략을 의미합니다.
[2] Intercom, Inc.는 AI 지원 고객 서비스를 전문으로 하는 소프트웨어 회사로, AI와 인간 자원을 모두 사용해 여러 채널에서 고객을 지원하는 방법을 기업에 제공합니다(출처: 위키백과).

를 실행하면 됩니다. 구현 세부 사항은 공식 문서에서 살펴보기를 권장합니다. 이 장에서는 좀 더 복잡한 주제를 살펴보겠습니다.

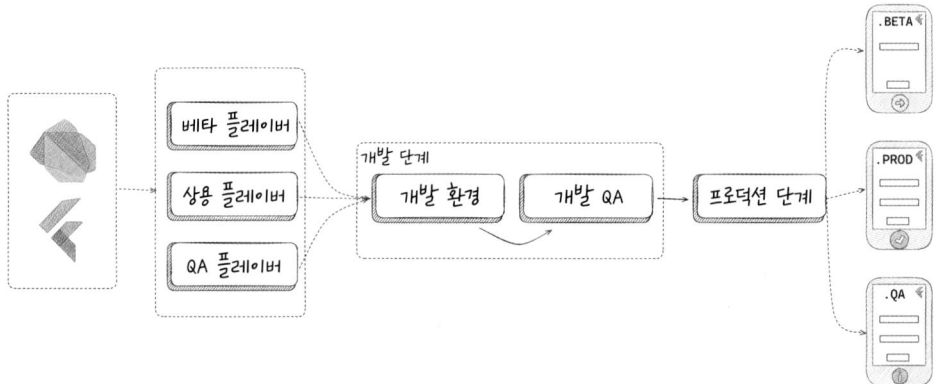

그림 17-2 플러터 플레이버별로 화면 다르게 활용하기

17.1.3 엔트리 포인트로 환경 설정하기

각 환경에 다른 엔트리 포인트를 사용하는 방법도 있습니다. 일반적으로 플러터 애플리케이션은 `main.dart`로 시작하지만 각각의 환경에 맞게 구성된 `main_dev.dart`와 `main_prod.dart`가 있을 수 있습니다. 이러한 파일은 애플리케이션 위젯을 실행하기 전에 애플리케이션 환경을 설정합니다. 개발용으로는 `flutter run -t main_dev.dart` 명령을 실행하고 프로덕션용으로는 `flutter run -t main_prod.dart`를 실행해 다른 환경을 설정할 수 있습니다. 예를 들어 각 플레이버에 고유한 라이브러리를 주입하거나 파이어베이스[3]와 같은 타사 SDK를 초기화할 때 유용합니다.

다음 코드는 엔트리 포인트 접근 방식을 활용해 다중 플레이버 개발을 확장하는 방법을 보여줍니다.

```
class EnvironmentConfig {
  EnvironmentConfig({
    required this.appFlavor,
```

---

[3] https://firebase.google.com

```
    required this.bundleId,
    required this.apiUrl,
  });

  final String appFlavor;
  final String bundleId;
  final String apiUrl;

  factory EnvironmentConfig.betaFlavor() {
    return EnvironmentConfig(
      bundleId: 'io.fle.beta',
      appFlavor: 'Beta',
      apiUrl: '<https://api.beta.io>',
    );
  }
  // 다른 플레이버 및 구성
}
```

여러 플레이버가 없을 때를 가정해 보겠습니다. 플러터에서 엔트리 포인트를 사용해 환경을 설정하려면 싱글톤 패턴으로 EnvironmentConfig 클래스를 정의할 수 있습니다. 이 클래스는 의존성 주입과 InheritedWidget 방식으로 사용할 수 있습니다. 두 가지 방법 모두 애플리케이션 전체에 환경별 구성을 제공합니다.

InheritedWidget 방식을 사용할 때 EnvironmentConfig는 위젯 트리 따라 환경 설정을 전파하는 InheritedWidget이 됩니다.

```
class EnvironmentConfig extends InheritedWidget {
  const EnvironmentConfig({
    super.key,
    required this.env,
    required this.label,
    required super.child,
  });

  final String env;
  final String label;

  static EnvironmentConfig of(BuildContext context) {
    final result = context
        .dependOnInheritedWidgetOfExactType<EnvironmentConfig>();
    assert(
```

```
      result != null,
      'No EnvironmentConfig found in context',
    );
    return result!;
  }

  @override
  bool updateShouldNotify(EnvironmentConfig oldWidget) => false;
}
```

main_dev.dart와 main_prod.dart에서의 사용법은 다음과 같습니다.

```
// main_dev.dart
void main() {
  runApp(
    EnvironmentConfig(
      env: 'dev',
      label: 'Development',
      child: MyApp(),
    ),
  );
}

// main_prod.dart
void main() {
  runApp(
    EnvironmentConfig(
      env: 'prod',
      label: 'Production',
      child: MyApp(),
    ),
  );
}

// app.dart
class MyApp extends StatelessWidget {
  @override
  Widget build(BuildContext context) {
    var config = AppConfig.of(context)!;
    return MaterialApp(
      title: config.appName,
      home: MyHomePage(),
    );
```

    }
}
```

## 17.1.4 dart-define 활용

플러터에서 -dart-define 매개변수를 활용하면 개발자가 컴파일 타임에 환경별 구성을 주입할 수 있습니다. 이 접근 방식은 코드베이스에서 노출하지 않거나 별도의 구성 파일이 필요하지 않고 애플리케이션의 동작을 결정하는 변수를 설정하는 데 특히 유용합니다. 예를 들어 개발 환경과 프로덕션 환경에서 다른 API URL과 기능 플래그가 있다고 가정해 보겠습니다. 이러한 변수는 애플리케이션을 실행하거나 빌드할 때 **-dart-define** 플래그로 설정할 수 있습니다.

```
flutter run
--dart-define=API_URL=https://dev.example.com
--dart-define=FEATURE_ENABLED=true
```

이제 String.fromEnvironment를 사용해 이 키와 값에 액세스할 수 있습니다.

```
void main() {
  const apiUrl = String.fromEnvironment(
    'API_URL',
    defaultValue: '<https://prod.example.com>',
  );
  const featureEnabled = String.fromEnvironment(
    'FEATURE_ENABLED',
    defaultValue: 'false',
  ) == 'true';

  runApp(
    MyApp(
      apiUrl: apiUrl,
      featureEnabled: featureEnabled,
    ),
  );
}
```

별도의 파일을 사용해 환경에 변수를 불러오면 이를 단순화할 수 있습니다.
```

예를 들어 .json이나 .env 파일로 환경 변수를 관리할 수도 있습니다. .env.dev나 .env.prod, dev.json, prod.json 파일을 만듭니다.

이러한 파일은 -dart-define-from-file 매개변수를 사용해 불러올 수 있습니다.

```
// dev.json
{
  "API_URL": "<https://dev.example.com>",
  "FEATURE_ENABLED": "true"
}
```

그런 다음 전체 파일을 불러옵니다.

```
flutter run --dart-define-from-file=dev.json
```

.env 파일로도 같은 작업을 반복할 수 있습니다.

```
API_URL=https://dev.example.com
FEATURE_ENABLED=true
```

그리고 전체 파일을 불러옵니다.

```
flutter run --dart-define-from-file=.env
```

두 경우 모두 다트 코드에서 변수에 액세스하는 것은 앞에서와 동일합니다.

```
class EnvironmentConfig {
  EnvironmentConfig({
    required this.apiUrl,
    required this.featureEnabled,
  });

  final String apiUrl;
  final bool featureEnabled;

  static EnvironmentConfig fromEnvironment() {
    return EnvironmentConfig(
```

```
      apiUrl: const String.fromEnvironment(
        'API_URL',
        defaultValue: '<https://default.example.com>',
      ),
      featureEnabled: const String.fromEnvironment(
        'FEATURE_ENABLED',
        defaultValue: 'false',
      ) ==
      'true',
    );
  }
}

void main() {
  final config = EnvironmentConfig.fromEnvironment();
  runApp(
    MyApp(
      config: config,
    ),
  );
}
```

dart-define을 사용하면 플러터에서 환경별 설정을 유연하고 안전하게 관리할 수 있으므로 다양한 빌드 환경에 대한 여러 구성을 유지하려는 개발자들에게 인기 있는 선택입니다.

플러터에서 환경과 구성을 관리할 때는 보안을 우선시하고, 코드 관리의 모범 사례를 유지해야 합니다.

먼저, 민감한 데이터 사용에 주의해야 합니다. 애플리케이션에 키와 비밀 정보를 직접 저장하면 보안 취약점으로 이어질 수 있으므로 피해야 합니다. .env나 .json 파일 등에 있는 민감한 정보를 보호하려면, 이러한 파일을 .gitignore에 추가해 깃과 같은 버전 관리 시스템에 추가되지 않게 해야 합니다. 이 단계는 실수로 외부로 노출되면 안 되는 비밀 데이터가 유출되는 것을 방지하는 데 효과적입니다.

또한 릴리스 빌드에는 코드 난독화를 고려해야 합니다. 견고한 보안 조치를 대체할 수는 없지만, 난독화는 애플리케이션을 리버스 엔지니어링하려는 시도를 조금이나마 더 어렵게 만들어 민감한 데이터를 보호하는 데 도움이 됩니다. 이러한 기술에 관한 자세한 내용은 보안을 다루는 19장에서 확인할 수 있습니다.

17.2 원활한 CI/CD 통합

지속적 통합(CI)과 지속적 배포(CD) 과정에서는 자동화된 배포를 위해 다양한 애플리케이션 플레이버와 환경을 특정 브랜치나 태그와 일치시키는 것이 중요합니다. 이 방법은 다양한 애플리케이션 스토어에 애플리케이션을 배포하든 웹 애플리케이션을 출시하든, 배포 프로세스를 용이하게 합니다. 이 설정은 CI 시스템에서 다른 환경과 플레이버를 정확하게 감지합니다. 그 결과 적절한 애플리케이션 버전을 사용자 그룹이나 환경에 맞게 배포되도록 설정할 수 있습니다.

효과적인 파이프라인 시나리오를 구상해 보겠습니다.

Maestro[4]와 같은 격리된 환경에서 빌드의 성공 여부를 확인하고 자동화된 테스트를 실행하는 CI 단계부터 시작합니다. 모바일 애플리케이션 배포는 시간이 오래 걸리므로 여러 PR의 변경 사항을 일괄 처리하는 전략을 사용합니다. 이 접근 방식은 특히 사소한 업데이트에 대한 QA와 회귀 테스트regression test를 용이하게 하여 배포 빈도를 줄이고 시간을 절약합니다. 일괄 처리가 QA를 통과하면 스테이징과 외부 테스터에게 전달할 iOS용 TestFlight와 같은 적절한 환경에 배포합니다. 이는 안정적이며 철저하게 테스트된 제품을 보장하고 다양한 플레이버와 환경을 효율적으로 통합합니다.

프로덕션 환경에 배포할 때는 프로세스가 다를 수 있습니다. 변경 사항이 메인 브랜치에 병합되는 즉시 자동 배포를 선호하는 팀도 있고, 더 신중하게 접근해 프로덕션에 수동 배포를 선택하는 팀도 있습니다. 이러한 결정은 일반적으로 팀의 상황과 프로덕션 환경에서의 안정성을 얼마나 보장할지에 따라 달라집니다.

---

[4] https://maestro.mobile.dev

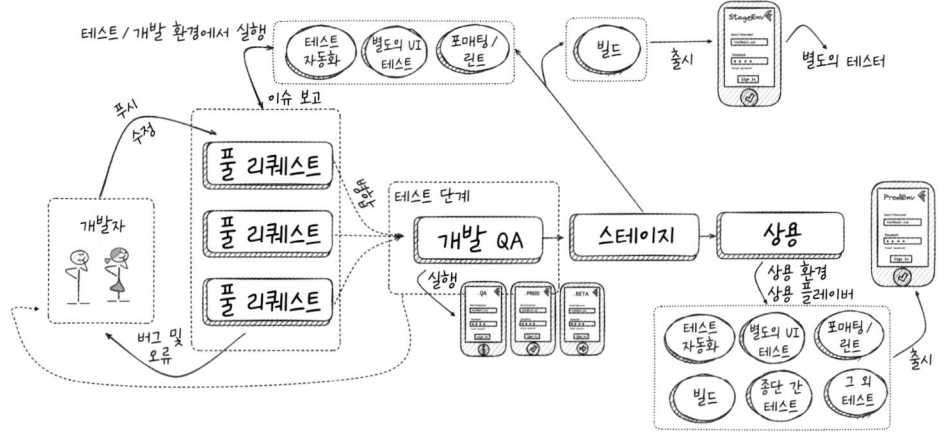

그림 17-3 플러터 환경을 활용한 CI/CD 예

팀이 어떤 CI/CD 도구를 사용하는지와 관계없이 플랫폼 중립적인 사고방식은 유익할 때가 많습니다. 이러한 맥락에서 Fastlane과 같은 도구를 고려해 볼 수 있습니다.

Fastlane[5]은 애플리케이션의 출시 및 배포 프로세스를 단순화하고 자동화하는 오픈 소스 도구입니다. 코드 서명에서 애플리케이션을 다른 스토어에 배포하는 데 이르기까지 다양한 작업을 다재다능하고 쉽게 처리하는 솔루션입니다. 광범위한 배포 요구사항을 효율적이고 쉽게 충족합니다.

Fastlane은 강력한 도구이지만 항상 사용하기 쉬운 것은 아닙니다. Fastlane과 관련된 외부 플랫폼을 사용해 조작하고 구성해야 하므로 유지관리가 어려워질 수 있습니다. 게다가 Fastlane 설정에 필요한 프로그래밍 언어나 도구 자체, 관련 확장 기능을 새로 배워야 하는 상황이라면 학습 시간 때문에 Fastlane을 통한 시간 절약 효과를 보기 어려울 수 있습니다. 항상 말씀드리지만, 사용 여부는 팀과 프로젝트 상황 등 고려해야 할 다양한 요소에 따라 달라집니다. 중요한 것은 시도해 보고 익숙한 도구로 기술 스택에 추가하는 것입니다.

이 책에서는 Fastlane의 복잡성을 다루지 않지만, 로컬 환경과 CI 환경 모두에서 수행할 수 있는 절차를 만들고, 팀의 모든 구성원이 이를 실행할 수 있게 함으로써 배포 파이프라인을 단순화하는 것의 중요성을 강조합니다. Fastlane을 선택하든, 다트에서 커스텀 솔루션을 구축하든, 시스템에 플랫폼 종속적인 기능이 있는지 확인해야 합니다. 이 접근 방식을 통해 배포 프로

---

[5] https://fastlane.tools

세스가 다양한 플랫폼에서 일관되고 신뢰할 수 있도록 보장해 팀의 워크플로 효율성과 적응성이 향상됩니다. 이러한 설정은 배포 과정을 단순화하며 더 협력적이고 통합된 개발 환경을 조성합니다.

단점을 고려해 Codemagic[6]이나 깃허브 액션과 같이 요구사항에 가장 적합한 도구를 선택해도 좋습니다. 도구를 선택한 후에는 해당 공급 업체가 제공하는 구성 도구를 사용해 빌드 및 테스트 파이프라인을 만들 수 있습니다. 이렇게 하면 설정의 복잡성을 줄이면서 업체별 문서를 따르고 지원을 받는 데 도움이 됩니다.

17.3 결론

이 장에서는 플러터에서 플레이버와 환경의 중요한 역할과 CI/CD 프로세스와의 통합이 애플리케이션 개발과 배포를 어떻게 크게 향상하는지를 살펴보았습니다. 플레이버를 사용하면 단일 코드베이스에서 애플리케이션의 여러 버전을 효율적으로 관리하여 다양한 사용자 요구와 비즈니스 목표를 해결할 수 있습니다. 환경과 플레이버의 구분은 중요하며 개발에서 프로덕션에 이르기까지 애플리케이션 개발 생명주기의 다양한 단계를 효과적으로 처리할 수 있습니다. 이들은 단순히 편해서 사용하는 것이 아니라, 현대 소프트웨어 개발의 요구사항에 맞는 전략적 접근의 차원에서 사용하는 것입니다.

이러한 개념을 자동화된 CI/CD 파이프라인에 통합하면 개발 워크플로를 용이하게 하는 것에 중점을 맞출 수도 있습니다. 다트의 자동화 도구(예: Fastlane, 사용자 지정 스크립트)는 유연성과 견고성을 제공해 자동화된 테스트, 빌드, 배포 프로세스를 용이하게 합니다. 이러한 자동화는 일관성과 안정성을 보장하고 개발 팀이 반복 작업에 얽매이지 않고 창의적인 문제 해결과 혁신에 집중하도록 돕습니다. 플러터 생태계의 개발자와 팀으로서 이러한 방법을 받아들이면 더 높은 생산성과 함께 복잡한 애플리케이션 개발의 세계를 자신 있게 탐험할 수 있습니다.

---

[6] https://codemagic.io

윤리적 엔지니어링

PART 4

18장 플러터의 보안 우선순위

19장 플러터의 암호화

20장 사용자 개인 정보 보호

21장 모두를 위한 접근성 보장하기

CHAPTER 18

플러터의 보안 우선순위

검토자: Tomá Soukal

디지털 시대가 진화함에 따라 애플리케이션 개발 시 강력한 보안 조치를 보장하는 일이 더 중요해졌습니다. 플러터는 멀티 플랫폼 애플리케이션을 만드는 데 점점 더 인기를 얻고 있지만, 사이버 위협에서 자유롭지는 않습니다. 데이터 노출 및 리버스 엔지니어링 가능성과 같은 내재적 위험이 존재하므로 사전 예방적 보안 전략이 필요합니다.

플러터 애플리케이션 개발에 이러한 보안 조치를 통합하는 것은 단순히 방어막을 추가하는 것에 그치지 않고, 설계부터 배포까지 개발 프로세스의 모든 단계에서 보안을 핵심 요소로 고려하는 것을 의미합니다.

플러터는 멀티 플랫폼 프레임워크이므로 안드로이드, iOS, macOS, 윈도우, 웹, 리눅스 등 모든 대상 플랫폼의 특정 보안 요구사항을 충족해야 합니다. 플러터는 코드 재사용을 용이하게 하지만 개발자는 각 플랫폼에 내재한 고유한 보안 고려 사항을 인식하고 충족해야 합니다.

플러터 개발에서 보안을 우선순위로 지정하면 애플리케이션을 보호하는 차원을 넘어 사용자와의 신뢰를 구축하고 제품의 안전과 안정성에 대한 확신을 심어 줍니다.

18.1 보안의 기본 원칙

1장에서 플러터 소프트웨어 개발 생명주기(SDLC)를 배웠습니다. 보안 원칙은 생명주기의 첫 번째 단계부터 통합해야 합니다. 각 단계에 보안 중심의 작업을 포함하려면 무엇을 해야 할지 알아봅시다.

1. **요구사항 단계**: 애플리케이션의 목적과 잠재적 위협에 따라 위험 평가 및 보안 요구사항을 파악해야 합니다.
2. **설계 단계**: 위협 모델링과 설계 검토에 중점을 두어 잠재적인 보안 취약점에 대해 아키텍처가 강력한지 확인합니다.
3. **개발 단계**: 처음부터 애플리케이션에 보안을 구축하기 위해 정적 분석과 기타 보안 중심 개발 사례를 활용합니다.
4. **테스트 단계**: 보안 테스트와 코드 리뷰를 수행해 애플리케이션이 출시되기 전에 취약점을 식별하고 수정합니다.
5. **배포 단계**: 실제 위협에서 애플리케이션의 복원력을 확인하는 보안 평가와 구성을 수행합니다.

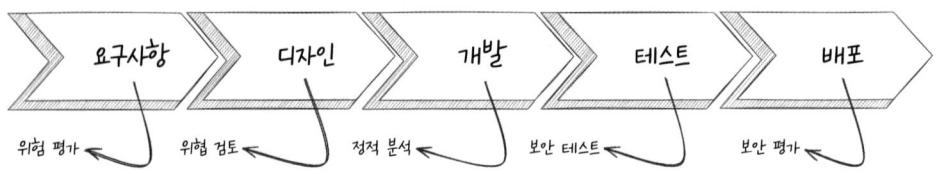

그림 18-1 안전한 플러터 SDLC

플러터의 보안 철학은 광범위한 보안 개념과 일치하지만 플러터 개발 환경의 고유한 측면에 맞게 조정되었습니다.

이는 다음과 같은 포괄적인 접근 방식을 기반으로 합니다.

1. **식별**: 첫 번째 단계는 플러터 애플리케이션 생태계의 필수 자산, 위협, 취약점을 인식하는 것입니다. 여기에는 무엇을 보호해야 하는지, 잠재적인 위험은 무엇인지 이해하는 것이 포함됩니다.
2. **탐지**: 취약점을 발견하기 위한 도구와 기술 사용이 포함됩니다. 플러터 애플리케이션에서는 코드의 보안 취약점을 식별하는 데 정적 분석 도구를 활용하는 것을 의미할 수 있습니다.
3. **보호**: 위험 요소들이 식별되고 평가되었다면, 다음 단계는 완화 조치를 구현하는 것입니다. 데이터 유출을 방지하는 코딩 관행, 암호화 통합, 안전한 통신 프로토콜 사용 등이 완화 조치에 포함될 수 있습니다.
4. **대응**: 보안 사고가 발생했을 때의 대응 계획을 세우는 것이 중요합니다. 대응 계획에는 사고 보고, 손해 평가, 해결 절차가 포함되어야 합니다.

5. **복구**: 마지막 단계에는 보안 사고로부터 복구하는 조치가 포함됩니다. 여기에는 서비스와 데이터를 복원하고 향후 유사한 사고를 방지하는 전략을 수립하는 것이 포함됩니다.

개발자는 기본적인 보안 원칙을 따르고 개별적인 요구사항에 맞춰 조정해 안전하고 신뢰할 수 있는 플러터 애플리케이션을 개발할 수 있습니다.

18.2 CIA 삼각형: 기밀성, 무결성, 가용성

CIA 삼각형CIA triad은 사이버 보안의 핵심 개념으로, 정보 시스템과 데이터를 보호하는 전략과 조치의 기초가 됩니다. 이는 기밀성, 무결성, 가용성이라는 세 가지 핵심 원칙으로 구성됩니다. 안전한 플러터 애플리케이션을 개발하려면 이러한 원칙을 이해하고 적용해야 합니다.

기밀성

기밀성은 권한이 있는 사용자만 정보에 접근하도록 하는 것을 의미합니다. 플러터 애플리케이션 개발 환경에서는 무단 접근과 침해로부터 사용자 데이터를 보호해야 합니다. 암호화, 안전한 사용자 인증, 접근 제어와 같은 다양한 기술을 사용해 기밀성을 유지할 수 있습니다. 궁극적인 목표는 개인 정보나 결제 정보 등 민감한 데이터를 비공개로 유지하는 것입니다.

무결성

데이터 무결성은 데이터의 정확성과 일관성을 데이터 생명주기 전체에 걸쳐 유지하는 것을 의미하며, 권한이 없는 사용자가 데이터를 변경하거나 조작하지 못하게 합니다. 플러터 애플리케이션의 데이터 무결성을 보장하려면 체크섬, 해시 함수, 디지털 서명과 같은 기술을 구현해야 합니다. 이러한 기술은 무단 데이터 변경을 감지하고 방지해 애플리케이션이 의도한 대로 작동하고 데이터의 신뢰성을 유지하도록 돕습니다.

가용성

가용성은 권한이 있는 사용자가 필요할 때 정보와 자원에 접근할 수 있도록 보장하는 것을 의미합니다. 플러터 애플리케이션을 효율적으로 운영하려면 가용성이 매우 중요합니다. 하드웨어 안정성 유지, 네트워크 이중화, 재해 복구 계획 수립 등으로 가용성을 확보할 수 있습니다. 가용성을 먼저 고려하면 시스템 장애나 사이버 공격이 발생해도 애플리케이션을 지속해서 운영하고 접근할 수 있도록 유지할 수 있습니다.

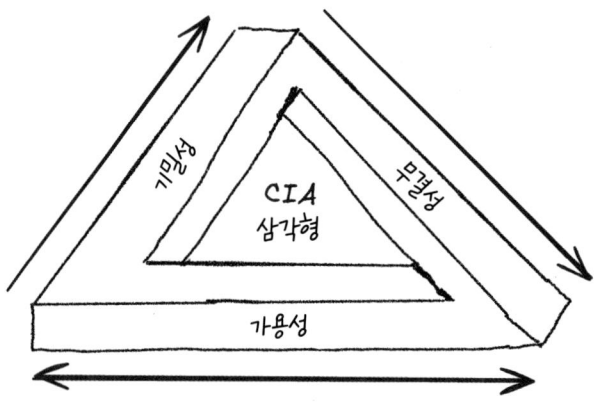

그림 18-2 CIA 삼각형

CIA 삼각형은 애플리케이션 개발 보안의 바탕을 이루는 개념입니다. 플러터 개발자는 이러한 원칙을 준수함으로써 기능적 요구사항과 미적 기준을 충족하는 안전한 애플리케이션을 개발할 수 있습니다.

18.3 OWASP Top 10 대응

OWASP[1] Top 10은 2003년에 처음 발표되어 정기적으로 업데이트되는 가이드입니다. 이는 소프트웨어 개발에서 매우 심각한 보안 위험 요소에 대한 인식을 높이는 데 중요한 역할을 합니다. 이 목록은 단순히 몇몇 의견을 모아 놓은 것이 아니라, 데이터에 기반해 흔히 발견되는 취약점들을 집계한 것입니다. 이 취약점들은 CWE Common Weakness Enumeration 시스템을 사용해 분류되며, CVE Common Vulnerability Enumeration 프로젝트에 의해 목록화된 실제 취약점들과 연결됩니다.

과거에는 웹 애플리케이션용 상위 10개 목록[2]이 발표되었지만, 모바일 애플리케이션이 등장하면서 모바일 애플리케이션용 별도의 상위 10개 목록이 만들어졌습니다. 웹 애플리케이션 상위

---

1 https://owasp.org
2 https://owasp.org/www-project-top-ten

10개 목록이 모바일 애플리케이션과 전혀 관련이 없다는 의미는 아니며, 모바일 애플리케이션 상위 10개 목록은 더 구체적이고 특화되어 있습니다.

따라서 이 책에서는 집필 시점의 최신 버전인 Mobile Top 10 2023 초기 릴리스$^{initial\ release}$[3]에 초점을 맞춰 설명하겠습니다.

18.3.1 M1: 자격 증명의 부적절한 사용

플러터 애플리케이션 개발 시 자격 증명의 부적절한 사용은 일반적으로 소스 코드나 구성 파일에 자격 증명을 하드코딩하거나, 자격 증명을 안전하지 않게 전송/저장하거나, 취약한 사용자 인증 메커니즘을 사용하는 등의 문제를 의미합니다. 이러한 취약점은 중요한 애플리케이션 기능에 대한 무단 접근과 데이터 유출 같은 보안 문제로 이어질 수 있습니다.

플러터 애플리케이션에서 자격 증명이 부적절하게 사용되는 일을 방지하려면 개발자는 다음과 같은 보안 수칙을 준수해야 합니다.

1. **자격 증명 하드코딩 방지**: 자격 증명을 코드나 설정 파일에 직접 포함해서는 안 됩니다. 하드코딩된 자격 증명은 쉽게 악용될 수 있습니다.
2. **안전한 자격 증명 전송**: 전송에는 자격 증명을 항상 암호화해야 합니다. HTTPS와 같은 안전한 프로토콜을 사용해 전송 데이터를 암호화해야 합니다.
3. **안전한 자격 증명 저장**: 사용자 자격 증명은 기기에 저장하지 않아야 합니다. 꼭 저장해야 한다면 플러터 보안 저장소(flutter_secure_storage[4]) 플러그인처럼 데이터를 안전하게 암호화하여 저장하는 보안 솔루션을 사용해야 합니다.
4. **강력한 인증 구현**: 강력한 다중 인증 프로토콜을 사용해야 합니다. OAuth나 이와 유사한 메커니즘을 사용해 사용자 인증을 수행하는 것을 고려해야 합니다.
5. **키/토큰 정기 업데이트 및 순환**: API 키와 토큰을 정기적으로 업데이트하고 효과적인 순환 정책을 구현해야 합니다.

모든 솔루션을 구현하려면 백엔드와 플러터 클라이언트의 협업이 필요합니다.

```
class AuthService {
```

---

[3] *https://owasp.org/www-project-mobile-top-10*
[4] *https://pub.dev/packages/flutter_secure_storage*

```
    final storage = FlutterSecureStorage();

  Future<void> authenticateUser(
    String username, String password) async {
    // 자격 증명을 안전하게 전송하는 방법의 예
    var bytes = utf8.encode(password); var digest = sha256.convert(bytes);

    var response = await http.post(
      Uri.https('api.example.com', 'auth/login'),
      headers: <String, String>{
        'Content-Type': 'application/json; charset=UTF-8',
      },
      body: jsonEncode(<String, String>{
        'username': username,
        'password': digest.toString(),
      }),
    );
    if (response.statusCode == 200) {
      // 수신한 토큰을 안전하게 저장
      await storage.write( //<--
      key: 'auth_token', //<--
      value: response.body, //<--
      );
    } else {
      // 인증 실패 처리
    }
  }
}
```

여기서는 flutter_secure_storage 패키지를 사용해 인증 토큰을 안전하게 저장하고 HTTP 패키지를 사용해 자격 증명을 안전하게 전송합니다. 이러한 접근 방식은 자격 증명의 하드코딩을 방지하고 플러터 애플리케이션 개발의 모범 사례를 준수해 안전한 전송과 저장을 보장합니다.

18.3.2 M2: 불충분한 공급망 보안

플러터 개발에서 불충분한 공급망 보안이란 외부 라이브러리, SDK, 애플리케이션 빌드 프로세스에 내재된 취약점 때문에 발생하는 문제를 의미합니다. 악성 코드 삽입, 손상된 인증서, 검증되지 않은 의존성 등이 이에 해당하며 데이터 유출, 악성 코드 감염, 무단 접근, 시스템 손상 등이 발생할 수 있습니다.

플러터 개발 과정에서 불충분한 공급망 보안을 방지하려면 다음과 같이 조치해야 합니다.

1. **외부 구성 요소 평가**: 플러터 애플리케이션에 사용된 모든 외부 라이브러리나 SDK를 신중하게 검토하고 정기적으로 업데이트해야 합니다. 보안 성능이 검증된 라이브러리를 사용하는 것이 좋습니다.
2. **빌드 프로세스 보호**: 애플리케이션의 빌드와 서명 프로세스를 보호합니다. 지속적 통합과 배포(CI/CD) 파이프라인의 보안을 강화하고 서명 키에 대한 접근은 제한적으로 허용하며 모니터링합니다.
3. **자동화 테스트 및 코드 리뷰**: 개발 초기 단계부터 취약점을 탐지하도록 자동화된 보안 스캐닝과 정기적인 코드 리뷰를 시행합니다.
4. **인식 및 교육**: 개발 팀에 공급망 취약점과 관련된 위험성과 보안 모범 사례의 중요성에 관한 교육을 합니다.
5. **의존성 모니터링 및 감사**: 애플리케이션의 의존성을 주기적으로 감사해 알려진 취약점이 있는지 확인합니다. AppSweep, Dependabot, Snyk과 같은 도구를 활용해 이러한 프로세스를 자동화할 수 있습니다.

깃 저장소와 CI/CD, 특히 환경 변수와 관련된 문제는 매우 빈번하게 발생합니다. CI/CD 파이프라인을 보호하고, 빌드된 환경에 대한 접근을 제한하며, 코드 배포 시에는 안전하고 암호화된 채널을 사용해야 합니다. 또한 버전 관리 시스템에 자동 보안 스캐닝 기능을 도입해야 합니다. 깃허브의 고급 보안$^{\text{advanced security}}$이나 깃랩의 보안 기능과 같은 도구는 풀 리퀘스트 단계에서 취약한 의존성을 식별하는 데 도움이 될 수 있습니다.

18.3.3 M3: 안전하지 않은 인증 및 권한 부여

플러터 애플리케이션에서 인증 및 권한 부여 시스템의 보안 취약점은 무단 접근, 데이터 유출, 허용되지 않은 작업 실행 등의 심각한 결과를 초래할 수 있습니다. 공격자는 인증 절차를 우회하거나 권한 부여 시스템의 결함을 악용하는 등 다양한 방식으로 이러한 취약점을 공격에 이용할 수 있습니다. 일반적인 보안 문제로는 취약한 암호 정책, 부적절한 서버 측 유효성 검사, 안전하지 않은 API 엔드포인트 등이 있습니다.

보안을 강화하려면 다음과 같은 방법을 활용해야 합니다.

- **다중 인증**multi-factor authentication **(MFA) 구현**[5]: 여러 단계의 인증을 통해 보안을 강화합니다.
- **민감한 토큰의 로컬 저장 금지**: 중요한 토큰이나 암호를 기기에 저장하지 않습니다. 필요하다면 암호화된 저장소를 사용합니다.
- **강력한 암호 정책 시행**: 4자리 PIN과 같이 너무 단순한 암호 사용을 제한하고 더 복잡하고 안전한 암호를 요구합니다.
- **서버 측 권한 부여 검사**: 모든 권한 부여 검사를 서버 측에서 수행하고 클라이언트 측 유효성 검사에만 의존하지 않습니다.
- **API 엔드포인트 보호**: 모든 작업을 처리하기 전에 API 엔드포인트에서 요청에 대한 인증과 권한을 철저히 확인합니다.

이러한 문제를 해결하는 데는 팀의 협력이 중요합니다. 이는 플러터 개발자만의 책임은 아니지만, 플러터 개발자는 잠재적 문제를 감지하고 예방하는 데 중요한 역할을 할 수 있습니다.

18.3.4 M4: 불충분한 입출력 유효성 검사

불충분한 입출력 유효성 검사는 외부 소스(예: 사용자 입력, 네트워크 데이터)에서 가져온 데이터를 제대로 확인하고 필터링하지 않아 발생하는 문제입니다. 이러한 부주의는 SQL 주입, 명령 주입, 크로스 사이트 스크립팅cross-site scripting(XSS) 공격 등 애플리케이션의 보안 취약점으로 악용될 수 있으며, 데이터 손상이나 악성 코드 삽입을 초래할 수 있습니다.

불충분한 입출력 유효성 검사를 방지하려면 다음과 같이 조치해야 합니다.

- **엄격한 입력 유효성 검사 구현**: 모든 사용자 입력은 길이, 타입, 형식, 예상 패턴과의 일치 여부 등 철저한 유효성 검사를 거쳐야 합니다.
- **출력 데이터 이스케이프**: 특히 XSS 공격을 방지하려면 사용자 입력을 기반으로 생성된 출력 데이터를 적절하게 이스케이프 처리해야 합니다. 출력 인코딩 기술을 활용하세요.
- **맥락 기반 유효성 검사**: 파일 업로드, 데이터베이스 쿼리 등 맥락에 따라 다른 유효성 검사 전략을 사용해 경로 탐색path traversal[6]이나 코드 삽입 공격을 방지해야 합니다.
- **데이터 무결성 검사**: 데이터 무결성을 검사해 무단 변경이나 데이터 손상을 방지합니다.
- **안전한 코딩 관행**: 매개변수화된 쿼리와 준비된 명령문을 사용하는 등 안전한 코딩 표준을 따라 데이터베이스에 접근해 SQL 삽입 공격을 방지합니다.

---

5 옮긴이_ SMS로 전송된 인증 코드를 입력하거나 Authy 등의 MFA 애플리케이션에서 인증 코드를 확인하는 방식이 대표적입니다.
6 경로 탐색 공격은 웹 서버의 루트 경로를 벗어난 임의의 경로에서 소스 코드나 중요한 시스템 파일에 접근하는 것입니다.

```
class SafeContentDisplay extends StatelessWidget {
  final String userContent;
  const SafeContentDisplay({
    super.key, required this.userContent
  });
  @override
  Widget build(BuildContext context) {
    // XSS를 방지하기 위한 사용자 콘텐츠 인코딩
    const htmlEscape = HtmlEscape(HtmlEscapeMode.attribute);
    final safeContent = htmlEscape.convert(userContent);

    return Text(safeContent);
  }
}
```

다트의 `HtmlEscape` 클래스는 문자를 해당 HTML 엔티티로 변환하도록 설계되었으며, 주로 HTML 문서에 삽입하기 전에 텍스트를 이스케이프하는 데 사용됩니다. 주요 목적은 HTML에서 특별한 의미가 있는 문자(예: &, <, >, ", ')를 해당 HTML 엔티티(예: &, <, >, ", ')로 변환해 크로스 사이트 스크립팅(XSS) 공격과 같은 악성 코드 삽입을 방지하는 것입니다.

```
// 엘리먼트 모드를 사용하는 예
const htmlEscape = HtmlEscape(HtmlEscapeMode.element);
String unescaped = '<script>alert("XSS")</script>';
String escaped = htmlEscape.convert(unescaped);
print(escaped);
// <script>alert("XSS")</script>
```

18.3.5 M5: 안전하지 않은 통신

플러터 애플리케이션에서 안전하지 않은 통신은 애플리케이션과 원격 서버나 다른 기기 간에 데이터를 주고받을 때 보안이 부족한 것을 의미합니다. 일반적으로 데이터를 평문으로 전송하거나 암호화를 제대로 구현하지 않을 때 발생합니다. 그러면 권한이 없는 사람이 데이터를 가로채거나 수정할 수 있게 되어 중간자 공격, 데이터 유출, 신원 도용 등과 같은 위험에 노출될 수 있습니다.

불안전한 통신의 위험을 줄이려면 다음과 같이 조치해야 합니다.

- **SSL/TLS 적용**: 애플리케이션에서 전송하는 모든 데이터가 SSL/TLS 채널로 전송되게 합니다.
- **인증서의 적절한 유효성 검사**: 적절한 SSL 인증서 검증 절차를 구현합니다. 유효하지 않거나 자체 서명된 인증서는 허용하지 않도록 합니다.
- **인증서 고정 사용**: 보안을 강화하려면 SSL 인증서를 고정 사용하는 것이 좋습니다. 이렇게 하면 애플리케이션이 지정된 서버를 통해서만 통신하게 할 수 있습니다.
- **안전하지 않은 채널로 민감한 데이터 전송 금지**: SMS나 MMS와 같이 안전하지 않은 채널로 암호, 개인 정보, 암호화 키 같은 민감한 정보를 전송하지 말아야 합니다.
- **강력한 암호 그룹 사용**: 전송 중 데이터를 보호하려면 적절한 키 길이와 함께 강력한 산업 표준 암호 그룹을 사용해야 합니다.

대부분의 작업은 백엔드와 플러터 클라이언트 간의 협업이 필요하며, 대부분의 구현은 백엔드에서 이루어집니다. 하지만 플러터 개발자도 HTTP 클래스가 항상 HTTPS를 사용하도록 강제하는 등, 보안을 개선하는 작업을 수행할 수 있습니다.

```
import 'package:http/http.dart' as http;

Future<http.Response> fetchData(String url) async {
  // URL에서 HTTPS를 사용하는지 확인
  final uri = Uri.parse(url).replace(scheme: 'https');
  return await http.get(uri);
}
```

개발 환경과 프로덕션 환경 모두에서 안전한 메커니즘을 사용하는 것이 좋습니다. 특히 개발팀에 보안 중심 문화를 조성하고 개발 환경과 프로덕션 환경을 최대한 유사하게 구축해야 합니다. 따라서 SSL 인증서를 사용해 안전한 TLS 연결을 사용하기를 권장합니다.

18.3.6 M6: 미흡한 개인 정보 제어

플러터 애플리케이션에서 개인 정보 제어가 미흡하다는 것은 이름, 주소와 같은 개인 식별 정보personally identifiable information (PII)나 건강 및 재정 정보와 같은 민감한 데이터를 보호하는 조치가 부족하다는 의미입니다. 이러한 데이터는 매우 중요하며 오용되면 사기, 협박, 신원 도용으로 이어질 수 있습니다. 기밀성, 무결성, 가용성을 위반해 데이터가 유출, 조작, 차단되는 위험이 발생합니다.

미흡한 개인 정보 제어를 효과적으로 방지하려면 다음과 같이 조치해야 합니다.

- **PII 수집 최소화**: 꼭 필요한 PII만 수집합니다. 모든 데이터가 정말 필요한지, 일부를 덜 민감한 정보로 대체할 수 있는지 평가합니다.
- **데이터 익명화**: 가능하면 PII를 익명 처리하거나 숨깁니다. 해싱hashing이나 버킷팅bucketing과 같은 기술은 데이터 유출 위험을 줄이는 데 도움이 될 수 있습니다.
- **안전한 데이터 저장 및 전송**: PII를 안전하게 저장하고 전송합니다. HTTPS와 같은 안전한 암호화 통신 프로토콜을 사용합니다.
- **강력한 인증 및 권한 부여 구현**: 강력한 인증 및 권한 부여 검사를 수행해 PII에 대한 접근을 제한합니다.
- **정기적인 데이터 감사 및 정리**: 저장된 PII를 정기적으로 감사하고 불필요한 데이터를 삭제합니다. 데이터 보존 정책을 구현해야 합니다.
- **사용자 동의 및 투명성**: PII 사용으로 서비스가 향상될 때만 선택해서 명시적인 사용자 동의를 얻고 사용자에게 관련 위험성을 알립니다.
- **백업 데이터 보안**: 데이터 저장에 사용되는 패키지나 기술이 데이터를 안전하게 저장하는지 확인합니다.

플러터에서 `debugPrint`는 `print`보다 안전한 로깅 방법입니다. 로그에 민감한 정보가 포함되면 발생할 수 있는 과도한 출력을 방지해 보안을 강화합니다. 또한 `debugPrint`는 개발 중에만 로그를 표시하고 릴리스 빌드에서는 표시하지 않도록 해 정보 유출을 방지합니다. 로그 관리에 도움이 되는 패키지를 사용할 수도 있습니다.

플러터 애플리케이션에 필요한 권한을 신중하게 고려해야 합니다. 애플리케이션의 기능에 필수적인 권한만 요청해야 합니다. 과도한 권한 요청은 민감한 데이터에 불필요한 접근을 허용할 수 있습니다. `permission_handler`와 같은 패키지는 플랫폼 전반에서 애플리케이션의 권한을 관리하는 데 도움이 될 수 있습니다.

플러터는 `Offstage`와 `Visibility` 같은 위젯을 제공해 화면에 민감한 정보가 표시되는 것을 관리하고 불필요한 데이터 노출을 방지합니다.

18.3.7 M7: 불충분한 바이너리 보호

플러터 애플리케이션에서 불충분한 바이너리 보호는 리버스 엔지니어링과 변조로부터 애플리케이션 바이너리를 보호하는 보안 조치가 부족한 것을 의미합니다. 공격자는 API 키와 같은 민감한 정보를 추출하고 취약점을 발견하거나 악성 코드를 삽입하는 등 악의적인 목적으로 애플리케이션 바이너리를 조작할 수 있습니다. 특히 인기 있는 애플리케이션은 공격자가 악성 코드를 포함한 변조된 애플리케이션을 배포해 사용자를 속일 수 있으므로 더 취약합니다.

플러터에서 불충분한 바이너리 보호를 방지하려면 다음과 같이 조치해야 합니다.

- **난독화**: 코드 난독화를 구현해 리버스 엔지니어링을 더 어렵게 만듭니다. 애플리케이션의 민감한 부분을 컴파일하거나 특수 코드 인터프리터와 가상머신을 사용하면 리버스 엔지니어링 방지에 도움이 됩니다. O-MVLL[7], BlackObfuscator[8], DeClang[9], javascript-obfuscator[10]과 같은 도구를 활용할 수 있습니다.
- **민감한 데이터의 강력한 암호화**: 키나 자격 증명과 같은 민감한 데이터를 하드코딩하지 말아야 합니다. 필요하다면 강력한 암호화를 사용해 바이너리 내에서 이러한 데이터를 보호해야 합니다. 암호화는 다음 장에서 자세히 다룹니다.
- **무결성 검사**: 런타임 검사를 구현해 애플리케이션의 무결성을 확인합니다. 이를 통해 애플리케이션이 변조 여부를 감지할 수 있습니다. 플러터에는 무결성 검사를 돕는 무료/유료 패키지와 서비스가 있습니다.
- **바이너리의 민감한 코드 최소화**: 중요한 비즈니스 로직이나 민감한 알고리즘을 애플리케이션에 구현하지 말고 서버 측에서 이러한 작업을 처리하는 편이 좋습니다.
- **정기적인 보안 감사**: 취약점을 확인하고 보호 조치가 최신 상태인지 확인하려면 바이너리에 대한 정기적인 보안 감사를 수행합니다.

플러터는 다트 코드 난독화를 지원하는데, 다트가 쉽게 읽고 수정할 수 있는 바이트코드로 컴파일되므로 특히 중요합니다.

플러터는 안드로이드 아카이브(AAR), 안드로이드 패키지(APK), 안드로이드 애플리케이션 번들(appbundle), iOS, iOS 프레임워크(ios-framework), iOS 애플리케이션 아카이브(IPA), 리눅스, macOS, macOS 프레임워크, 윈도우 등 다양한 빌드 대상을 지원합니다. 하지만 웹 애플리케이션은 난독화를 지원하지 않는다는 점에 유의해야 합니다. 대신 웹 애플리케

---

7 https://obfuscator.re/omvll/introduction/
8 https://github.com/CodingGay/BlackObfuscator
9 https://github.com/DeNA/DeClang
10 https://www.obfuscator.io/

이션은 코드 축소를 통해 유사한 결과를 얻을 수 있습니다.

애플리케이션의 릴리스 버전을 빌드할 때 flutter build 명령과 함께 –obfuscate 플래그를 사용해 난독화를 활성화할 수 있습니다. 하지만 이 프로세스는 클래스와 멤버의 이름을 모호한 이름으로 바꾸는 것에 불과하다는 점에 유의해야 합니다.

18.3.8 M8: 보안 설정 오류

플러터 애플리케이션의 보안 설정 오류는 잘못되었거나 불완전한 설정, 권한, 제어 때문에 애플리케이션이 공격에 취약해지는 것을 의미합니다. 예를 들어 안전하지 않은 기본 설정을 사용하거나, 적절한 접근 제어를 설정하지 않거나, 취약한 암호화를 사용하거나, 안전한 통신 프로토콜을 사용하지 않으면 보안 설정 오류가 발생할 수 있습니다. 이러한 취약점은 공격자가 악용해 민감한 데이터에 무단으로 접근하거나 악의적인 행위를 수행하는 데 사용할 수 있습니다.

플러터에서 보안 설정 오류를 방지하는 조치는 다음과 같습니다.

- **기본 설정 검토 및 보안**: 애플리케이션의 설정이 안전한지 정기적으로 검토합니다.
- **강력한 암호화 및 해싱 사용**: 데이터 보호를 위해 강력한 최신 암호화와 해싱 알고리즘을 구현합니다.
- **적절한 액세스 제어**: 권한이 있는 사용자만 민감한 기능이나 데이터에 접근할 수 있도록 접근 제어 메커니즘을 구현하고 정기적으로 업데이트합니다.
- **릴리스 빌드에서 디버깅 기능 비활성화**: 애플리케이션의 배포용 버전에서 디버깅 도구와 기능을 반드시 비활성화합니다.
- **의존성 최신 상태 유지**: 플러터 애플리케이션에 사용된 모든 의존성, 라이브러리, 프레임워크를 가장 안전한 최신 버전으로 정기적으로 업데이트합니다.
- **파일 권한 제한**: 지나치게 허용적인 파일 저장소 설정을 피합니다. 무단 접근을 방지하기 위해 파일이 적절한 권한으로 설정하여 저장되었는지 확인합니다.

대표적인 실수는 루트 권한이 있는 공격자가 접근할 수 있는 공유 환경 설정에 민감한 데이터나 암호화되지 않은 구성을 저장하는 것입니다.

18.3.9 M9: 안전하지 않은 데이터 저장소

플러터 애플리케이션에서 데이터를 안전하지 않게 저장하는 것은 애플리케이션 내의 민감한 데이터를 적절하게 보호하지 않는다는 의미입니다. 이러한 민감한 데이터에는 암호나 사용자 정보 등의 개인 데이터가 포함될 수 있습니다. 이 취약점이 악용되면 애플리케이션과 사용자의 보안을 위협할 수 있으며, 다양한 위협 요소들이 미리 만들어진 도구를 사용하여 이 취약점을 악용할 수 있습니다. 여기에는 숙련된 공격자, 악의적인 내부자, 사이버 범죄자는 물론이고 간단한 스크립트를 사용하는 초보 해커까지 포함됩니다. 따라서 애플리케이션 내에서 민감한 데이터를 적절하게 보호하는 것이 중요합니다.

안전하지 않은 데이터 저장소와 관련된 위험을 완화하려면 다음과 같이 조치해야 합니다.

1. **안전한 저장소 솔루션 사용**: flutter_secure_storage, Isar, hive와 같이 데이터를 안전하고 암호화된 방식으로 저장하는 플러터의 안전한 저장소 메커니즘을 활용합니다.
2. **강력한 암호화 구현**: 민감한 데이터를 저장할 때 강력하고 최신 암호화 방법을 사용합니다. 민감한 데이터는 평문으로 저장하지 말아야 합니다.
3. **Shared Preference에 민감한 데이터 저장 금지**: Shared Preference는 안전한 저장소용으로 설계되지 않았으므로 민감한 데이터를 저장하는 데 사용하지 않아야 합니다.
4. **플랫폼별 보안 기능 사용**: 데이터 저장소에 플랫폼별로 제공하는 보안 기능을 활용합니다. 예를 들어 안드로이드에서는 키스토어(Keystore)를 사용하고 iOS에서는 키체인(Keychain)을 사용할 수 있습니다.

다행히 플러터는 이러한 문제를 해결하는 여러 가지 방법을 제공합니다. 중요한 것은 문제를 인지하고, 강력한 암호화와 적절한 권한 설정을 적용하며, 도움이 되는 패키지를 선택하는 것입니다.

18.3.10 M10: 불충분한 암호화

플러터 애플리케이션에서 불충분한 암호화는 민감한 데이터를 보호하는 데 사용하는 암호화 방법이 부적절하거나 제대로 구현되지 않은 상황을 의미합니다. 그러면 공격자가 민감한 정보를 해독하거나 암호화 프로세스를 조작해 무단으로 접근 가능해지는 취약점이 발생할 수 있습니다. 일반적인 문제로는 취약한 암호화 알고리즘, 부적절한 키 관리, 비효율적인 암호화 프로토콜 구현 등이 있습니다.

소프트웨어 및 플러터 엔지니어가 암호화를 언제 사용해야 하는지 이해할 수 있도록 암호화에 관한 내용을 별도의 장(19장)으로 구성하였습니다.

플러터에서 불충분한 암호화를 방지하려면 다음 조치가 필요합니다.

1. **강력한 암호화 알고리즘 사용**: 대칭 암호화에는 고급 암호화 표준 Advanced Encryption Standard (AES), 비대칭 암호화에는 리베스트-샤미르-애들먼 Rivest-Shamir-Adleman (RSA)이나 타원 곡선 암호화 Elliptic Curve Cryptography (ECC)와 같이 강력하고 널리 사용되는 암호화 알고리즘을 사용해야 합니다.
2. **적절한 키 관리**: 암호화 키를 안전하게 생성, 저장, 관리되어야 합니다. 애플리케이션의 소스 코드에 키를 하드코딩하지 말아야 합니다. 키 관리에는 안드로이드의 키스토어나 iOS의 키체인 같은 안전한 저장소를 사용해야 합니다.
3. **안전한 난수 생성기 사용**: 키를 생성하거나 다른 암호화 작업을 수행할 때는 플랫폼에서 제공하는 안전 난수 생성기를 사용해야 합니다.
4. **암호화 라이브러리 정기 업데이트**: 보안 패치와 개선 사항을 적용하기 위해 모든 암호화 라이브러리를 최신 버전으로 업데이트해야 합니다.
5. **오래된 알고리즘과 작은 크기의 키 피하기**: 더는 사용하지 않거나 취약한 암호화 알고리즘을 사용하지 말아야 합니다. 키의 크기는 무차별 대입 공격을 방지할 수 있을 만큼 충분히 커야 합니다.

```dart
import 'package:encrypt/encrypt.dart';

class EncryptionService {
  // 안전한 키로 교체 - 안전한 난수를 사용하거나 백엔드에서 수신
  final key = Key.fromUtf8('16ByteSecretKey123');
  final iv = IV.fromLength(16);

  String encrypt(String plainText) {
    final encrypter = Encrypter(AES(key));
    return encrypter.encrypt(plainText, iv: iv).base64;
  }

  String decrypt(String encryptedText) {
    final encrypter = Encrypter(AES(key));
    return encrypter.decrypt64(encryptedText, iv: iv);
  }
}
```

암호화는 다음 장에서 자세히 알아보겠습니다.

18.4 정적 분석 및 동적 분석

소프트웨어 보안에서 정적 분석과 동적 분석은 애플리케이션의 취약점을 발견하고 보안을 강화하는 데 사용되는 기본적인 접근 방식입니다. 포괄적인 보안 전력을 수립하려면 두 분석 방법의 차이점과 상호 보완적인 특성을 이해해야 합니다.

1. **정적 분석**: 정적 분석은 애플리케이션의 소스 코드를 실행하지 않고 검사하는 것을 말합니다. 정적 분석 도구는 코드베이스를 스캔해 잠재적인 보안 취약점과 코딩 표준 위반 등 품질 문제를 찾아냅니다. 코드를 분석하는 개발 생명주기 초기에 취약점을 식별하는 데 도움이 됩니다. 또한 코딩 표준과 모범 사례를 적용하는 데 도움이 되며 자동화된 스캐닝을 위해 IDE 및 지속적 통합 파이프라인에 통합될 수 있습니다. 하지만 정적 분석은 런타임 시 발생하는 취약점이나 특정 환경에서만 발생하는 문제점을 탐지하지 못하며, 간혹 잘못된 경고를 표시하기도 합니다. 플러터에서는 일반적으로 사용자 지정 린트 규칙을 사용하거나 개발 과정에서 필요시 비활성화할 수 있는 규칙을 설정합니다.

2. **동적 분석**: 동적 분석은 애플리케이션을 실행하면서 평가하고 테스트하는 프로세스로, 소프트웨어가 실행되는 동안 소프트웨어의 동작을 분석합니다. 동적 분석 도구는 애플리케이션을 실행하면서 상호작용하고, 동작을 모니터링하며, 공격을 시뮬레이션해 런타임 중에 발생하는 취약점을 식별합니다. 동적 분석은 메모리 누수, 성능 문제 및 동시성 문제와 같은 런타임 문제를 파악하는 데도 유용합니다. 효과적으로 테스트하려면 완전히 작동하는 환경이 필요할 때가 많습니다. 일반적으로 동적 분석은 개발 주기의 후반 단계에서 수행됩니다.

정적 분석과 동적 분석은 상호 보완적인 관계입니다. 정적 분석은 코딩 단계에서 문제를 파악하는 데 도움이 되고, 동적 분석은 애플리케이션이 특정 환경이나 상태에서 실행될 때 나타나는 취약점을 포착합니다.

모바일 보안 프레임워크Mobile Security Framework(MobSF)는 안드로이드와 iOS 애플리케이션을 위한 정적 및 동적 분석 플랫폼을 제공하는 대표적인 예입니다. 모바일 애플리케이션 보안, 침투 테스트, 멀웨어 분석, 개인 정보 보호 평가를 포함한 광범위한 기능을 지원합니다.

18.5 플러터 보안 모범 사례

앞에서 설명한 대부분의 기술과 권장 사항은 플러터에 적용됩니다. 하지만 플러터 개발자가 따라야 할 몇 가지 추가 제안 사항이 있습니다.

1. **플러터 SDK 최신 상태 유지**: 플러터는 보안 수정 사항이 포함될 수 있는 작은 패치를 자주 릴리스하므로

항상 최신 버전을 유지하는 것이 좋습니다.

2. **애플리케이션 의존성**: 특정 버전에 고정되지 않도록 애플리케이션 의존성을 정기적으로 업데이트하는 것이 좋습니다.

3. **애플리케이션 감사**: 특히 여러 플랫폼에 익숙한 전문가를 정기적으로 초빙해 애플리케이션을 감사하는 것이 중요합니다. 이는 애플리케이션이 안전하고 제대로 작동하는지 확인하는 데 도움이 됩니다.

4. **능동적인 보안 모니터링 도구 활용**: 애플리케이션에서 사전 예방적 방어와 실시간 분석에 사용할 수 있는 여러 패키지와 서비스가 있습니다. 일반적으로 사용되는 보안 기술로는 런타임 애플리케이션 자체 보호 runtime application self-protection (RASP)가 있습니다.

5. **침투 테스트**: 철저한 보안 테스트에는 보안 결함을 발견하고 애플리케이션의 데이터와 상호작용이 안전한지 확인하고자 고안된 일련의 방법과 테스트가 포함됩니다. 침투 테스트는 사이버 공격을 시뮬레이션해 약점을 발견합니다. 외부 라이브러리와 같은 특정 소프트웨어 구성 요소와 취약점을 식별하고 평가할 때 소프트웨어 자재 명세서 software bill of material (SBOM) 검사를 포함하는 것이 중요합니다. 보안 감사라는 유사한 프로세스는 규정 준수를 위해 수행될 때가 많으며 보안 정책과 구성에 관한 포괄적인 검토를 포함합니다. 인기 있는 웹 애플리케이션 스캐너 도구 중 하나는 제드 공격 프록시 Zed Attack Proxy (ZAP)로, 안드로이드 및 iOS용으로 구성할 수 있으며 플러터에도 적합합니다.

RASP

런타임 애플리케이션 자체 보호(RASP)는 애플리케이션 내에 내장되어 실시간으로 위협을 감지하고 대응하는 고급 보안 솔루션입니다. 기존 보안 조치와 달리 RASP는 애플리케이션 내부에서 작동해 공격에 대한 상황 인식적인 보호를 즉시 제공합니다. 애플리케이션의 동작을 적극적으로 모니터링하고, 악의적인 활동을 식별하며, 위협을 자동으로 차단하거나 관리자에게 경고할 수 있습니다. 이러한 내부 관점 덕분에 RASP는 제로데이 zero-day 공격을 포함한 알려진 취약점과 알려지지 않은 취약점을 효과적으로 방어할 수 있으므로 최신 애플리케이션에서 중요한 방어 계층이 됩니다. 플러터 애플리케이션에 통합하면 강력한 사전 예방적 보안을 제공해 자체 방어 기능을 강화하고 데이터 보호 표준을 준수하도록 합니다.

`freeRASP` 패키지는 플러터 애플리케이션에 RASP를 구현하는 데 유용합니다. 안드로이드와 iOS 모바일 플랫폼을 대상으로 하는 플러터 개발자를 위한 무료 SDK를 제공합니다. 이 SDK는 커뮤니티 주도 이니셔티브로, 리버스 엔지니어링, 애플리케이션 변조, 재배포, 복제, 손상된 OS 환경에서의 실행과 같은 다양한 보안 위협으로부터 애플리케이션을 보호하고 보안을 강화하며, 멀웨어와 사이버 범죄에 대응합니다. `freeRASP`의 주요 기능으로는 루트/탈옥 시도 감지(예: `uncover`, `checkra1n`), 후킹 프레임워크 감지(예: `Frida`, `Shadow`), 신뢰할 수 없는 설치 방법 방지 등이 있습니다.

18.5 결론

보안의 세계는 끊임없이 변화하고 발전하며 새로운 위험이 빈번하게 발생합니다. 따라서 개발자는 항상 경계하고 사전 예방 조치를 취해야 합니다. OWASP와 같은 가이드라인이나 정적 및 동적 분석, RASP와 같은 도구를 사용하고 보안 테스트를 수행해 애플리케이션의 보안과 견고성을 크게 향상할 수 있습니다.

정기적인 코드 감사, 의존성 스캐닝, 엄격한 테스트 체제를 구현하면 애플리케이션의 안정성과 보안이 크게 향상됩니다. 이러한 접근 방식은 민감한 사용자 데이터를 보호하고, 사용자 신뢰를 유지하며, 규제 표준을 준수하는 데 매우 중요합니다. 궁극적으로 안전한 애플리케이션을 만드는 것은 개발자와 조직의 책임입니다. 변화하는 보안 위협에 맞춰 보안을 우선시하는 사고방식을 개발 프로세스에 수용해야 합니다.

CHAPTER 19

플러터의 암호화

검토자: Tomá Soukal

소프트웨어 보안을 이해하는 데 있어 암호화는 빼놓을 수 없는 근본적인 요소입니다. 이전에 살펴본 OWASP Top 10 취약점 중 상당수가 암호화 기술의 잘못된 사용이나 구현 오류에서 비롯됩니다. 이는 암호화 기술을 정확히 이해하고 올바르게 적용하는 것이 얼마나 중요한지를 명확히 보여줍니다. 암호화는 데이터를 변환하고 복원하는 과정이며 디지털 정보를 보호하는 핵심 방법입니다.

이 장에서는 다양한 암호화 방법과 해싱 알고리즘을 자세히 설명합니다. 플러터 프레임워크에서 암호화 원리를 실무에 적용하는 방법을 보여주므로 플러터 개발자에게 특히 유용할 것입니다.

이러한 기술을 이해하는 것은 학술적인 연습일 뿐만 아니라 소프트웨어 애플리케이션의 보안과 무결성을 보장하는 데 필요한 과정입니다. 올바른 암호화 접근 방식은 사용자 데이터 보호와 통신 채널 보안에 있어 큰 변화를 만들 수 있습니다.

19.1 암호화 방식의 차이

복잡한 사이버 보안 분야에서 암호화는 개인 정보 데이터를 보호하고 보안을 보장하는 데 중요한 역할을 합니다. 암호화는 사람이 읽을 수 있는 평문plaintext 데이터를 읽을 수 없는 형태로 변환하는 과정입니다. 이 과정에서 올바른 암호화 키를 가진 개인만이 원래 형식의 정보로 복원해 접근할 수 있도록 합니다. 따라서 암호화를 이해하는 것은 무단 침입으로부터 기밀 정보를 보호하는 마스터 키를 갖는 것과 같습니다.

암호화 작동 방식

암호화를 정교한 데이터의 보관함이라고 상상해 볼 수 있습니다. 데이터가 암호화되면 알고리즘과 키를 사용해 수학적 변환을 거칩니다. 이 과정은 데이터를 뒤섞어 키가 없는 사람은 읽을 수 없게 합니다. 예를 들어 'Hello'와 같은 간단한 메시지는 기본 알고리즘으로 'Jgnnq'와 같이 인식할 수 없는 메시지로 변환할 수 있습니다. 이 변환은 올바른 키를 사용해야만 원래의 메시지로 되돌릴 수 있습니다. 암호화는 저장된 데이터와 전송 중인 데이터에 적용할 수 있습니다.

암호화에서 키의 역할

키는 암호화와 복호화에 필수적인 문자열입니다. 이는 데이터를 잠그고(암호화) 잠금을 해제(복호화)하는 물리적 열쇠와 같습니다. 암호화된 데이터의 보안을 보장하려면 이 키가 충분히 복잡하고 충분히 길어야 합니다.

19.1.1 대칭 암호화와 비대칭 암호화

암호화는 크게 대칭형symmetric과 비대칭형asymmetric (또는 공개키)으로 분류됩니다.

대칭 암호화

비밀키 암호화라고도 불리는 대칭 암호화에는 데이터 암호화와 복호화에 사용하는 단일 키가 포함됩니다. 이 키는 관련 당사자 간에 공유되어야 하므로 키 교환 프로세스가 암호화만큼 중요합니다. 대칭 암호화의 특징은 다음과 같습니다.

- **속도**: 대칭 암호화 알고리즘은 일반적으로 더 빠르므로 대용량 데이터를 암호화하는 데 이상적입니다.
- **키 관리**: 비밀로 유지되어야 하는 키의 안전한 배포와 관리가 주요 과제입니다.
- **일반적인 알고리즘**: 고급 암호화 표준Advanced Encryption Standard(AES)과 3중 데이터 암호화 표준Triple Data Encryption Standard(3DES)

플러터 개발자는 encrypt와 같은 라이브러리를 사용하여 대칭 암호화를 구현할 수 있습니다. 예를 들어 플러터 애플리케이션에서 AES를 사용한다면 키를 생성하고 데이터를 암호화한 다음에 동일한 키를 사용해 복호화해야 합니다.

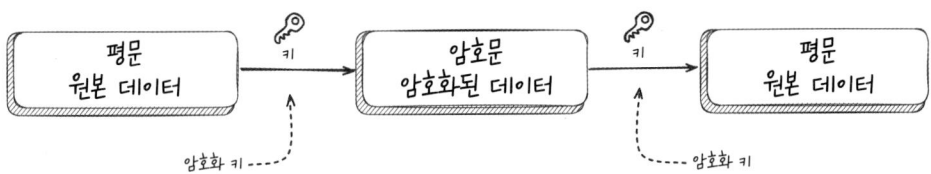

그림 19-1 대칭 암호화

이는 사용자가 데이터를 로컬에 저장하고 활용해야 하는 애플리케이션을 개발할 때나 데이터가 항상 로컬에 저장되는 오프라인 우선 접근 방식을 구현할 때 더 중요합니다.

사용자가 개인적이거나 민감한 내용이 저장될 수 있는 메모 애플리케이션을 만든다고 생각해 봅시다. 이럴 때 대칭 암호화를 구현해 개인 정보 보호와 보안을 보장할 수 있습니다. 각 메모는 로컬이나 클라우드 서버에 저장되기 전에 암호화되며 사용자가 액세스하면 복호화됩니다. 암호화/복호화 키는 사용자가 입력한 비밀번호에서 파생됩니다.

```dart
// --- imports 영역 ---
class SecureDataService {
  final flutterSecureStorage = const FlutterSecureStorage();

  // 1. 비밀번호에서 키 파생
  Future<encrypt.Key> deriveKey(
    String password,
    List<int> salt,
  ) async {
    // Argon2id는 사이드채널 공격에 강한 비밀번호 해싱 알고리즘
    final algorithm = Argon2id(
      parallelism: 4,
      memory: 10000, // 10 MB
      iterations: 3,
      hashLength: 32,
    );
    // 비밀번호에서 키 파생
    final secretKey = await algorithm.deriveKey(
      secretKey: SecretKey(utf8.encode(password)),
```

```dart
    // 키를 고유하게 만들려고 솔트를 임의의 바이트로 사용
    nonce: salt,
  );
  final secretKeyBytes = await secretKey.extractBytes();
  // 키를 바이트 리스트로 가져오기
  return encrypt.Key(
    Uint8List.fromList(secretKeyBytes),
  );
}

// 2. 나중에 사용할 수 있도록 키를 안전한 저장소에 보관
Future<void> storeSecretKey(encrypt.Key key, String keyName) async {
  await flutterSecureStorage.write(
    key: keyName,
    value: base64Encode(key.bytes),
  );
}

// 3. 필요할 때 보안 저장소에서 키 검색
Future<encrypt.Key?> getSecretKey(String keyName) async {
  final keyString = await flutterSecureStorage.read(key: keyName);
  if (keyString == null) return null;
  return encrypt.Key(
    base64Decode(keyString),
  );
}

// 4. 무작위 솔트 생성
List<int> generateSalt() {
  // 언제나 강력한 무작위 값 생성
  return encrypt.SecureRandom(16).bytes;
}

// 5. 파생된 키를 사용해 데이터 암호화 및 복호화
Future<String> encryptData(String data, encrypt.Key key) async {
  // IV는 초기화 벡터를 나타냄
  final iv = encrypt.IV.fromLength(16);
  // Encrypter: 암호화 알고리즘을 하나의 객체로 포장해주는 역할
  // AES: 암호화, 복호화할 때 동일한 키를 사용하는 '대칭키' 방식의 암호화 알고리즘
  final encrypter = encrypt.Encrypter(
    encrypt.AES(key),
  );

  // 주어진 키와 IV로 AES를 사용해 데이터 암호화
```

```dart
    final encrypted = encrypter.encrypt(data, iv: iv);
    return encrypted.base64;
  }

  // 6. 파생된 키를 사용해 데이터 복호화
  Future<String> decryptData(String encryptedData, encrypt.Key key) async {
    final iv = encrypt.IV.fromLength(16);
    // Encrypter는 암호화를 래핑.
    // 고유 컨테이너의 알고리즘.
    final encrypter = encrypt.Encrypter(
      // 암호화에 사용된 것과 동일한 알고리즘과 키
      encrypt.AES(key),
    );

    // 주어진 키와 IV로 AES를 사용해 데이터 복호화
    return encrypter.decrypt64(encryptedData, iv: iv);
  }
}

void main() async {
  // ---------------------------------------
  final secureDataService = SecureDataService();
  // 사용자가 비밀번호를 제공했다고 가정
  const password = 'userPassword';
  // 무작위 솔트 생성을 위한 구현
  final salt = secureDataService.generateSalt();

  // 키 파생 및 저장
  final key = await secureDataService.deriveKey(password, salt);
  await secureDataService.storeSecretKey(
    key,
    'myEncryptionKey',
  );
  // ---------------------------------------

  // ---------------------------------------
  // 데이터 암호화
  final encryptedData = await secureDataService.encryptData(
    'Sensitive data',
    key,
  );

  // 데이터 복호화
  final decryptedData = await secureDataService.decryptData(
```

```
      encryptedData,
      key,
    );
    print('Encrypted Data: $encryptedData');
    print('Decrypted Data: $decryptedData');
  // -------------------------------------
  }
```

이 코드는 세 가지 패키지(`cryptography`, `encrypt`, `flutter_secure_storage`)를 활용한 작동 방식을 보여줍니다. 사용자 비밀번호를 기반으로 암호화 알고리즘에 사용할 고유한 키를 생성하며, 안전한 알고리즘과 무작위 솔트를 활용해 비밀번호를 해싱해 보안을 강화합니다. 이후 암호화와 복호화 기능을 제공합니다. 이 서비스는 애플리케이션이 데이터를 암호화해야 하는 모든 곳에서 사용할 수 있습니다. 메모리 내 데이터베이스에도 안전하게 저장할 수 있습니다.

비대칭 암호화

비대칭 암호화, 즉 공개키 암호화는 암호화용 공개키와 복호화용 개인키라는 두 개의 키를 사용합니다. 공개키는 공개적으로 공유되고 개인키는 비밀로 유지되므로 대칭 암호화의 키 배송 문제가 해결됩니다. 비대칭 암호화의 특징은 다음과 같습니다.

- **보안**: 안전하지 않은 채널로 키를 교환할 때도 더 높은 수준의 보안을 제공합니다.
- **성능**: 일반적으로 계산 복잡성 때문에 대칭 암호화보다 느립니다.
- **일반적인 알고리즘**: RSA(리베스트-샤미르-애들먼)와 ECC(타원 곡선 암호화).

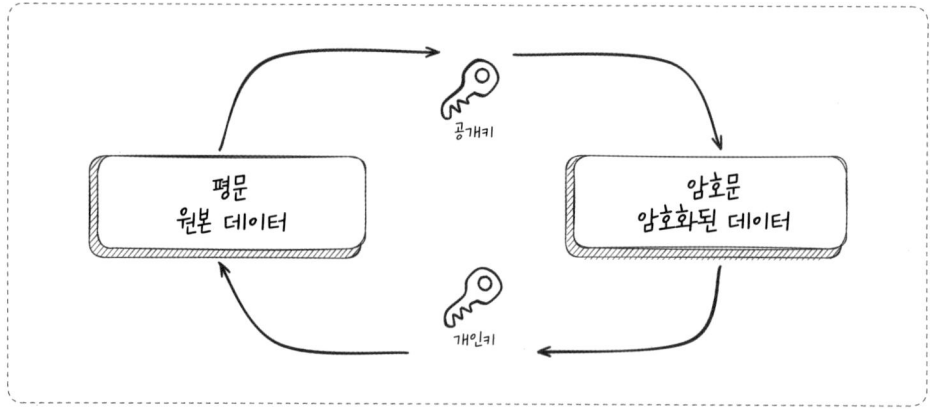

그림 19-2 비대칭 암호화

플러터에서 RSA나 ECC를 구현하려면 비대칭 암호화를 지원하는 라이브러리를 사용해야 합니다. 공개키와 개인키를 생성하는 일은 여러 운영 체제에서 복잡한 과정은 아니지만, 직접 구현하지 않고 패키지를 사용해 키를 생성하고 적절한 암호화 알고리즘을 구현할 수 있습니다.

대칭 암호화와 비대칭 암호화 중에서 선택하기

플러터에서 여러 요인에 따라 대칭 암호화나 비대칭 암호화를 선택할 수 있습니다.

- **데이터 크기**: 대칭 암호화는 속도가 빠르므로 더 많은 양의 데이터에 적합합니다.
- **보안 요구사항**: 특히 안전하지 않은 채널로 키를 교환해야 할 때는 비대칭 암호화가 더 적합합니다.
- **사용 사례**: 예를 들어 대칭 암호화는 저장된 데이터를 암호화하는 데 자주 사용되고 비대칭 암호화는 안전한 통신과 디지털 서명에 사용됩니다.

19.1.2 암호화 알고리즘 선택

올바른 암호화 알고리즘을 선택하려면 다음과 같은 몇 가지 요소를 고려해야 합니다.

- **데이터 민감도**: 필요한 보안 수준은 데이터의 민감도에 따라 달라집니다. 가치가 높은 데이터에는 AES-256이나 RSA와 같은 강력한 암호화가 필요할 수 있습니다.
- **성능 요구사항**: 속도와 리소스 효율성이 중요한 애플리케이션에는 Salsa20이나 Blowfish 같은 알고리즘이 더 적합할 수 있습니다.
- **데이터 크기 및 타입**: 스트림 암호화는 일반적으로 실시간 연속 데이터 스트림에 더 적합하고 블록 암호화는 개별 데이터 블록에 적합합니다.
- **인프라 호환성**: 알고리즘은 기존 시스템 및 하드웨어와 호환되어야 합니다. 예를 들어 레거시 시스템에서는 3DES가 필요할 수 있습니다.
- **규정 준수**: 특정 산업 분야에서는 정부 관련 데이터에 사용하는 AES와 같은 암호화 표준을 요구하기도 합니다.
- **미래 지향적**: 양자 컴퓨팅이 발전함에 따라 양자 저항 알고리즘quantum-resistant algorithm을 고려하는 것도 장기적인 보안 계획에 포함될 수 있습니다.

암호화 알고리즘을 선택하는 것은 보안 요구사항, 시스템 성능, 운영 제약 간의 균형을 잡는 것입니다. 정보에 입각한 결정을 내리려면 애플리케이션 환경과 보호할 데이터의 특정 요구사항을 평가해야 합니다. 빠르게 진화하는 이 분야에서 효과적인 데이터 보안을 유지하려면 암호화 추세와 위협에 관한 최신 정보를 파악하는 노력이 필요합니다.

19.1.3 메시지 인증 코드

메시지 인증 코드message authentication code(MAC)는 대칭 암호화나 해시 함수를 비밀키와 결합한 암호화 프로토콜입니다. 메시지 내용과 비밀키에 따라 코드를 생성해 데이터 무결성과 진위성을 보장합니다.

MAC을 검증하려면 관련 엔티티 간에 동일한 비밀키를 공유해야 합니다. 키에 액세스할 수 있는 각 엔티티는 MAC을 생성하고 검증하여 메시지가 변경되지 않았는지, 신뢰할 수 있는지를 확인할 수 있습니다.

MAC은 네트워크 통신과 데이터 저장에서 메시지나 파일의 무결성과 진위성을 검증하는 데 널리 사용됩니다.

19.1.4 전문가 상담

알고리즘을 선택하기 전에 해당 분야의 전문가에게 조언을 구하고 결정을 검토해야 한다는 점을 강조하고 싶습니다. 기본 지식도 중요하지만, 전문가의 검토가 핵심입니다.

19.2 해싱의 기본

해싱은 모든 길이의 입력을 고정된 크기의 문자열로 변환하는 것으로, 보통은 데이터를 무작위처럼 보이는 형태로 표현합니다. 암호화와 달리 해싱은 단방향 프로세스입니다. 즉, 데이터가 해시로 변환되면 원래 데이터로 되돌릴 수 없습니다.

19.2.1 해싱의 특징

- **고정 길이**: 입력 데이터 크기와 관계없이 해시 출력은 항상 고정됩니다.
- **고유성**: 이상적으로는 고유한 입력 데이터마다 고유한 해시를 생성해야 합니다. 입력에 약간의 변경이 있어도 상당히 다른 해시를 생성해야 합니다.
- **되돌릴 수 없음**: 해시는 원래 데이터로 되돌릴 수 없으며, 암호화와 근본적으로 다릅니다.

19.2.2 해싱의 일반적인 용도

1. **비밀번호 저장**: 해싱은 일반적으로 비밀번호를 안전하게 저장하는 데 사용됩니다. 시스템은 실제 비밀번호 대신 해시값을 저장합니다. 사용자가 로그인하면 시스템은 입력된 비밀번호를 해싱하고 저장된 해시와 비교합니다.
2. **데이터 무결성**: 해싱은 데이터의 무결성을 보장합니다. 전송된 데이터의 해시와 수신된 데이터의 해시를 비교하면 전송 중에 데이터가 변경되거나 변조되었는지 확인할 수 있습니다.
3. **디지털 서명**: 해싱은 디지털 서명을 만드는 데 사용되며, 여기서 문서 해시는 개인키로 암호화되어 수신자가 문서의 무결성을 확인할 수 있습니다.

19.2.3 해싱 알고리즘

해싱 알고리즘은 무결성 검증, 인증, 디지털 서명을 포함한 데이터 보안의 다양한 측면에 필요합니다. 널리 사용되는 해싱 알고리즘 중 SHA$^{\text{Secure Hash Algorithm}}$ 계열, MD5$^{\text{Message-Digest Algorithm 5}}$, HMAC$^{\text{Keyed-Hash Message Authentication Code}}$[1] 계열과 관련 사용 사례를 살펴보겠습니다.

SHA 계열에는 여러 버전이 있으며, 각각 다른 해시 길이와 보안 수준을 제공합니다.

- **SHA-1**: 처음에는 SSL 인증서, 소프트웨어 검증, 디지털 서명에 사용되었습니다. 취약점이 발견되어 대부분 깃 저장소 무결성 검사와 같은 보안 이외의 목적으로 사용됩니다. 해시 길이는 160비트입니다.
- **SHA-256**: 민감한 블록체인 기술과 디지털 서명 데이터를 보호하는 데 이상적입니다. 해시 길이는 256비트로, SHA-1보다 더 높은 보안 수준을 제공합니다.
- **SHA-512**: 고가의 암호화 거래와 같이 향상된 보안 조치가 필요한 상황에서 사용됩니다. 해시 길이는 512비트로, 더 강력한 보안을 제공합니다.

| MD5 |

128비트 해시값을 생성하는 오래된 알고리즘입니다. 한때 파일 무결성 검증에 널리 사용되었지만, 현재는 암호화 목적으로는 안전하지 않은 것으로 간주됩니다. 속도 때문에 애플리케이션의 체크섬에 여전히 사용됩니다.

---

[1] 옮긴이_ Hash-Based Message Authentication Code라고도 합니다.

| HMAC 계열 |

19.2.5절에서 설명하겠습니다.

19.2.4 다이제스트

암호화의 맥락에서 '다이제스트digest'는 해시 함수의 출력이며, 본질적으로 해시 함수가 입력에서 생성하는 고정 크기의 문자열입니다. 이는 입력 데이터의 요약summary을 나타내며 입력 데이터에 약간의 변화만 있어도 상당히 다른 다이제스트가 생성됩니다.

19.2.5 해시 기반 메시지 인증 코드

HMAC는 메시지 인증에 해시 함수를 활용하는 특정 MAC 유형입니다.

비밀키와 메시지의 해시값을 결합해 해싱 프로세스의 두 단계에서 키를 사용합니다. 이 키의 이중 사용은 HMAC의 보안을 강화합니다.

예를 들어 일반적인 HMAC 변형인 HMAC-SHA256은 SHA-256 해시 함수를 사용합니다. 이는 보안 데이터 전송 프로토콜과 API 인증 프로세스에서 자주 사용됩니다.

HMAC는 비밀키를 포함하므로 표준 해싱보다 보안을 강화하며 메시지의 무결성과 진위성을 모두 보장합니다.

19.2.6 키 유도 함수

키 유도 함수key derivation function(KDF)는 비밀번호나 암호문 같은 비밀값에서 하나 이상의 비밀키를 유도합니다. 간단한 해시 함수와 달리 KDF는 안전하고 적절하게 무작위 비밀키를 생성하도록 특별히 설계되었습니다.

KDF는 기존 키를 다른 형태로 바꾸거나, 더 길게 늘려야 할 필요가 있을 때 사용되는 기술입니다. 특히 여러 참여자가 통신하는 환경, 예를 들어 안전하게 키를 주고받거나 비밀번호를 기반으로 데이터를 암호화하는 프로토콜에서 매우 중요합니다.

KDF는 파생된 키가 무작위로 보이고 역엔지니어링이 계산적으로 불가능하게 해야 합니다. 이러한 무작위성은 다양한 암호화 공격으로부터 시스템을 보호하는 데 필수적입니다.

19.2.7 플러터나 다트에서 해싱 알고리즘 구현하기

다음은 crypto 패키지를 사용해 플러터에서 해싱 알고리즘을 구현하는 예제입니다.

```dart
import 'dart:convert';
import 'package:crypto/crypto.dart';

void main() {
  // 예시 문자열
  String text = 'Hello, world!';

  // SHA-256 Hash
  var bytes1 = utf8.encode(text); // 해시되는 데이터
  var sha256Result = sha256.convert(bytes1);
  print('SHA-256 hash: $sha256Result');

  // MD5 Hash
  var md5Result = md5.convert(bytes1);
  print('MD5 hash: $md5Result');

  // HMAC SHA-256
  var key = utf8.encode('secret key'); // HMAC의 비밀키
  var hmacSha256 = Hmac(sha256, key); // HMAC SHA256
  var hmacResult = hmacSha256.convert(bytes1);
  print(
    'HMAC SHA-256: $hmacResult',
  );
}
```

여기서 crypto 패키지는 주어진 문자열의 SHA-256 해시, MD5 해시, HMAC SHA-256 해시를 생성합니다. 이 코드는 기본 사용법을 보여주지만 실제 애플리케이션에서 HMAC에 사용되는 비밀키는 신중하게 관리하고 보호해야 합니다.

적절한 해싱 알고리즘은 보안과 성능 애플리케이션 요구사항에 따라 달라집니다. SHA 제품군의 SHA-256 및 SHA-512는 대부분의 보안에 민감한 애플리케이션에 권장되며, 보안이 크

게 중요하지 않은 기본 체크섬에 여전히 MD5를 사용할 수 있습니다. 키에 따라 달라지는 보안을 갖춘 HMAC는 API 인증과 같은 애플리케이션에서 데이터 무결성과 진위성을 확인하는 데 이상적입니다.

19.3 디지털 서명을 통한 데이터 무결성 보장

필자가 작업했으며 많은 플러터 개발자에게 의미가 있을 수 있는 시나리오로 시작하겠습니다. 사용자의 모바일 기기에 상주하고 홈 허브와 안전하게 통신해야 하는 스마트 애플리케이션을 개발한다고 상상해 보겠습니다. 사용자의 집에는 다양한 스마트 홈 기능을 제어하는 기기인 허브가 있습니다. 허브는 개인키를 보관합니다.

애플리케이션, 인터넷, 개인 로컬 네트워크로 허브와 통신해야 한다고 가정해 보겠습니다. 애플리케이션과 허브 간의 모든 메시지에 서명하는 디지털 서명을 사용하면 보안을 크게 개선하고 데이터 무결성을 확인할 수 있습니다.

디지털 서명은 디지털 데이터의 진위성과 무결성을 확인하는 암호화 기술입니다. 손으로 쓴 서명이나 도장과 마찬가지로 디지털 서명은 전자 문서, 거래, 메시지의 출처, 신원 및 상태를 증명하고 변조되지 않았음을 확인하는 수단을 제공합니다.

19.3.1 디지털 서명의 작동 방식

디지털 서명은 기본적으로 두 단계로 작동합니다.

1. **서명 생성**
   — 메시지 발신자는 데이터 해시를 생성합니다.
   — 이 해시는 발신자의 개인키로 암호화되어 디지털 서명을 생성합니다.
   — 원본 데이터와 디지털 서명은 수신자에게 전송됩니다.

2. **서명 검증**
   — 수신자는 발신자의 공개키를 사용해 디지털 서명을 해독하고 해시값을 얻습니다.
   — 동시에 수신자는 수신된 데이터의 새 해시를 생성합니다.
   — 두 해시가 일치하면 데이터 무결성과 진위성이 확인됩니다.

디지털 서명의 핵심 구성 요소는 다음과 같습니다.

- **개인키**: 발신자가 디지털 서명을 만드는 데 사용하며, 안전하게 보관해야 합니다.
- **공개키**: 수신자가 디지털 서명을 확인하는 데 사용합니다.
- **해싱 알고리즘**: 데이터의 고유한 해시를 만듭니다. 일반적인 알고리즘에는 SHA-256이 있습니다.
- **암호화 알고리즘**: RSA는 일반적으로 해시를 암호화해 디지털 서명을 만드는 데 사용합니다.

19.3.2 취약한 암호화 알고리즘

애플리케이션의 소스 코드를 검사하여 DES, 3DES[2], RC2, RC4, BLOWFISH[3], MD4, MD5, SHA1과 같은 취약한 암호화 알고리즘의 인스턴스를 찾아냅니다.

신뢰할 수 있는 출처인지와 수정된 버전 사용하는지를 확인합니다. 예를 들어 OWASP에는 정기적으로 확인할 수 있는 모바일 애플리케이션 암호화 가이드[4]가 있습니다. 이 가이드에서 다양한 목적에 권장되는 알고리즘도 찾을 수 있습니다.

19.4 결론

암호화는 복잡하지만 흥미롭고 중요한 분야입니다. 플러터로 개발한 소프트웨어 애플리케이션에서 암호화를 적절히 구현하면 보안과 신뢰를 크게 강화할 수 있습니다. 기술이 계속 발전함에 따라 암호화 분야의 과제와 기회도 함께 발전합니다.

개발자와 보안 전문가는 지속적으로 학습하고 적응해 애플리케이션이 효과적으로 작동하게 하고 최고의 보안 표준으로 사용자 데이터를 보호해야 합니다. 이 장에서는 역동적인 암호화 세계에서 학습과 적용의 지속적인 여정을 해결하는 데 필요한 기본 지식과 도구를 제공했습니다. 하지만 이는 단지 겉핥기일 뿐입니다. 구현하기 전에 항상 신뢰할 수 있는 자료를 확인하고 전문가와 상의해야 합니다.

---

2 https://www.enisa.europa.eu/publications/algorithms-key-size-and-parameters-report-2014
3 https://www.enisa.europa.eu/publications/algorithms-key-size-and-parameters-report-2014
4 https://mas.owasp.org/MASTG/0x04g-Testing-Cryptography

CHAPTER 20

사용자 개인 정보 보호

검토자: Danielle Cox

디지털 시대에는 모바일 애플리케이션 사용이 증가하면서 데이터 침해의 위험이 커졌습니다. 데이터 침해는 개인 정보 유출로 이어져 사용자 데이터를 위험에 빠뜨릴 수 있습니다. 소프트웨어 엔지니어는 이 문제를 중요하게 인식해야 합니다. 동료나 다른 개발자가 만든 애플리케이션을 사용하는 입장에서, 사용자 개인 정보 보호를 최우선으로 생각해야지만 우리도 그 혜택을 누릴 수 있습니다.

사용자 개인 정보를 보호하려면 법적 요구사항을 준수하는 것이 필수적입니다. 이를 소홀히 하면 벌금 부과는 물론 애플리케이션과 브랜드에 대한 고객 신뢰도가 떨어질 수 있습니다.

이전 장에서는 암호화를 사용해 사용자 개인 정보를 보호하는 방법을 알아보았습니다. 이번 장에서는 규정과 설계 철학 같은 주제를 살펴보겠습니다. 다소 이론적인 내용이지만, 윤리적인 소프트웨어 엔지니어링 관점에서 매우 중요한 내용입니다.

20.1 주요 개인 정보 용어 이해하기

개인 정보 용어에 대한 완벽한 이해는 플러터와 같은 플랫폼 기반 모바일 애플리케이션 개발에 있어 매우 중요합니다. 개인 정보 보호 및 데이터 보호와 관련된 용어를 이해하면 개발자가 법적/윤리적 기준을 준수하는 데 도움이 됩니다. 이 절에서는 플러터 개발자들이 꼭 알아야 할 핵심 개인 정보 용어를 간단하게 설명하고, 이를 바탕으로 애플리케이션 개발 과정에서 개인 정보 보호 개념을 쉽게 적용하도록 도울 것입니다.

1. **개인 정보**: 식별 가능하거나 이미 식별된 개인과 관련된 모든 정보를 의미합니다. 예를 들어 모바일 애플리케이션에서는 사용자의 이름이나 이메일 주소와 같은 기본 정보 외에 위치 정보, 건강 정보, 금융 정보와 같은 민감한 정보도 포함될 수 있습니다.
2. **데이터 처리**: 자동화된 방법이나 수동으로 개인 정보에 수행하는 모든 작업을 말합니다. 개인 정보의 수집, 기록, 조직, 구조화, 저장, 수정, 검색, 조회, 사용, 공개, 배포, 삭제 등이 모두 포함됩니다.
3. **데이터 관리자**: 개인 정보 처리 목적과 방법을 결정하는 주체입니다. 애플리케이션 개발 시에는 개발자나 개발을 의뢰한 회사가 데이터 관리자가 될 수 있습니다.
4. **데이터 처리자**: 데이터 관리자를 대신해 개인 정보를 처리하는 주체입니다. 애플리케이션의 분석 서비스를 제공하는 업체나 광고 플랫폼과 같은 외부 서비스가 이에 해당할 수 있습니다.
5. **동의**: 정보의 주체가 자신의 개인 정보 처리에 관한 명확하고 충분한 정보를 제공받고 이해한 후 자발적으로 동의 의사를 표시하는 것을 의미합니다.
6. **데이터 보호 영향 평가**data protection impact assessment(**DPIA**): 프로젝트에서 발생할 수 있는 데이터 보호 위험을 식별하고 최소화하는 절차입니다. 특히 새로운 데이터 처리 방식이나 기술을 도입할 때 애플리케이션 개발자에게 매우 중요합니다.
7. **암호화**: 정보나 데이터를 코드로 변환해 무단 접근을 방지하는 기술입니다. 암호화는 이전 장에서 자세히 다뤘습니다.
8. **데이터 침해**: 허가되지 않은 방법으로 정보에 접근하는 보안 사고입니다. 개발자는 데이터 침해가 발생했을 때의 대응 절차(즉 관계 당국과 침해 피해를 입은 개인에게 통지하는 절차)를 숙지해야 합니다.
9. **프라이버시 중심 설계**: 시스템 엔지니어링 과정 전체에서 개인 정보 보호와 데이터 보호를 고려하는 설계 방식입니다. 플러터 개발자는 애플리케이션 설계와 개발 초기 단계부터 개인 정보 보호 기능과 고려 사항을 반영해야 합니다.

여기 언급한 용어들은 매우 기본적인 필수 개념이며, 이 외에도 다양한 용어가 있습니다.

20.2 개인 정보 보호 설계 철학 수용하기

플러터 개발자는 끊임없이 변화하는 디지털 세상에서 개인 정보 보호 설계privacy by design (PbD) 철학을 받아들여야 합니다. PbD는 단순히 법적 요구사항을 충족시키는 것 이상의 의미를 지니다. PbD는 설계 및 기능의 핵심에 개인 정보 보호를 미리 그리고 적극적으로 통합하는 사고방식입니다.

PbD는 개발 초기 단계부터 애플리케이션의 전체 생명주기 동안 개인 정보 보호를 고려하도록 개발자를 독려합니다. 이러한 접근 방식은 개발자를 안내하는 7가지 기본 원칙을 포함합니다.

1. **사전 예방적, 적극적 접근**: PbD 철학은 플러터 개발자가 개인 정보 침해 사고가 발생하기 전에 이를 예측하고 방지하도록 권장합니다. 즉, 개인 정보 위험이 발생한 후에 대응하는 것이 아니라 미리 예방하는 것입니다.
2. **개인 정보 보호 기본 설정**: 플러터로 개발된 애플리케이션은 개인 정보를 안전하게 저장하고 필요할 때만 접근할 수 있도록 하여 사용자 개인 정보를 자동으로 보호해야 합니다. 개인 정보 보호는 선택 사항이 아니라 애플리케이션의 기본 설정에 포함되어야 합니다.
3. **개인 정보 보호 설계**: 개인 정보 보호는 애플리케이션의 디자인과 설계에 포함되어야 합니다. 즉, 애플리케이션 개발 프로세스 초기 단계부터 데이터 수집, 저장, 공유 방식을 고려해야 합니다.
4. **완전한 기능 – 모두에게 긍정적인 결과**: PbD는 개인 정보 보호와 기능 사이의 균형을 목표로 합니다. 사용자 개인 정보 보호를 강화하는 동시에 모든 기능을 유지할 수 있도록 플러터 개발자를 지원합니다.
5. **종단 간 보안 – 전체 생명주기 보호**: 데이터의 전체 생명주기에 개인 정보 보호 조치를 적용해야 합니다. 초기 수집 시 안전한 데이터 처리부터 최종 삭제에 이르기까지 종단 간 보안을 보장해야 합니다.
6. **가시성과 투명성 – 공개적으로 유지**: 개발자는 사용자 데이터를 투명하게 처리해야 합니다. 사용자에게 데이터 수집, 사용, 접근 방법에 관한 세부 정보를 제공해야 합니다.
7. **사용자 개인 정보 존중 – 사용자 중심 유지**: 애플리케이션 개발 과정에서는 명확한 동의 메커니즘과 사용하기 쉬운 개인 정보 설정을 제공해 사용자의 개인 정보 선호도와 기대치를 존중해야 합니다.

플러터 개발에서 개인 정보 보호 설계를 채택하는 일은 단순히 법적 문제를 피하는 것을 넘어 개인의 디지털 권리를 존중하고 보호하는 문화를 조성합니다.

20.3 사용자 개인 정보 보호 모범 사례

이 절에서는 기술적인 구현에 초점을 맞춘 모범 사례를 간략하게 소개합니다.

1. **데이터 최소화**: 기능에 필요한 데이터만 수집합니다. 플러터에서는 사용자 정보 입력을 최소화하는 폼과 데이터 입력 필드를 설계해 데이터 최소화를 구현할 수 있습니다.
2. **사용자 동의 관리**: 명시적인 사용자 동의 메커니즘을 구현합니다. 플러터에서는 데이터를 수집하거나 처리하기 전에 맞춤형 다이얼로그나 동의서에 사용자 동의를 받을 수 있습니다.

3. **데이터 암호화**: 저장 데이터와 전송 데이터를 암호화합니다. 자세한 내용은 이전 장에서 다뤘습니다.
4. **보안 감사 및 침투 테스트**: 정기적으로 보안 감사 및 침투 테스트를 수행합니다. 자세한 내용은 보안 관련 장에서 다뤘습니다.
5. **보안 라이브러리 및 의존성 사용**: 라이브러리를 정기적으로 업데이트하고 보안 감사를 수행합니다. 플러터에서는 pubspec.yaml 파일을 주의 깊게 모니터링해 오래됐거나 보안에 취약한 패키지를 식별하고 의존성을 관리할 수 있습니다. 오픈 소스 패키지에 대한 보안 감사를 통해 해당 패키지의 안전성을 확인할 수 있습니다.
6. **견고한 인증 메커니즘**: OAuth, 다중 인증(MFA), 생체 인증과 같은 강력한 인증 방법을 구현합니다. 플러터에서 민감한 데이터를 보호하려면 포그라운드와 백그라운드 이벤트를 모두 처리해야 합니다. 예를 들어 다른 사람 앞에서 애플리케이션을 사용할 때 특정 데이터를 숨기거나 부분적으로만 표시해야 할 수 있습니다. 이메일 주소의 일부만 표시하고 사용자가 원할 때 전체 주소를 볼 수 있도록 하는 방법도 있습니다. 또한 개인 정보 보호 화면 기능을 구현해 애플리케이션 전체를 숨기거나 잠글 수 있습니다. 애플리케이션을 다시 사용하려면 일반적으로 생체 인증으로 잠금을 해제해야 합니다. 이러한 기능을 쉽게 구현하도록 도와주는 다양한 패키지가 있습니다.
7. **개인 정보 처리 방침의 투명성**: 개인 정보 처리 방침을 명확하게 전달합니다. 플러터의 UI 구성 요소를 사용해 애플리케이션에 쉽게 접근할 수 있는 별도 영역을 만들어 개인 정보 처리 방침을 안내할 수 있습니다.
8. **사용자 데이터 제어 및 접근**: 사용자가 자신의 데이터를 접근, 수정, 삭제할 수 있도록 합니다. 플러터에서는 사용자 계정 관리 기능을 사용해 이를 구현할 수 있지만, 백엔드와의 협력이 필요합니다. 프런트엔드에 삭제 옵션을 제공해 사용자가 자신의 데이터를 삭제하고 개인 정보를 관리할 수 있도록 지원해야 합니다.
9. **외부 서비스 데이터 공유 제한**: 사용자 데이터에 접근할 수 있는 외부 서비스는 신중히 통합해야 합니다. 플러터 애플리케이션에 통합되는 모든 서비스나 API의 데이터 처리 방식을 평가해야 합니다.
10. **개발 팀의 개인 정보 보호 의식**: 개발 팀이 개인 정보 보호 모범 사례에 대해 교육받도록 합니다. 개인 정보와 보안 관련 모범 사례와 가이드라인을 지속해서 숙지하도록 해야 합니다.

이러한 모범 사례를 개발 프로세스에 통합하면 플러터 개발자는 기능적인 측면 외에도 사용자 개인 정보 보호를 우선시하는 신뢰할 수 있고 안전한 애플리케이션을 개발할 수 있습니다.

20.4 국제 데이터 보호 규정

이 절에서는 주요 국제 데이터 보호 법률과 가이드라인을 간략하게 살펴보고 소프트웨어 엔지니어에게 이러한 규정이 왜 중요한지 설명합니다.

| 일반 데이터 보호 규칙(GDPR)_유럽연합 |

전 세계적으로 가장 영향력 있는 데이터 보호 법안으로 손꼽히는 일반 데이터 보호 규칙 General Data Protection Regulation은 EU 내 개인의 개인 데이터 수집, 처리, 저장에 엄격한 가이드라인을 적용합니다.

| 캘리포니아 소비자 개인 정보 보호법(CCPA)_미국 |

GDPR과 유사하게 캘리포니아 소비자 개인 정보 보호법California Consumer Privacy Act은 캘리포니아 주민에게 자신의 개인 정보에 대한 더 많은 통제권을 부여합니다. CCPA는 기업에게 데이터 수집과 사용에 대한 투명성을 요구하며, 사용자에게 자신의 데이터가 판매되는지를 알고 거부할 수 있는 권리를 제공합니다.

| 개인 정보 보호 및 전자 문서법(PIPEDA)_캐나다 |

개인 정보 보호 및 전자 문서법Personal Information Protection and Electronic Documents Act은 민간 부문 조직이 상업 활동 중에 개인 정보를 수집, 사용 및 공개하는 방식을 규제합니다.

| 정보기술(합리적인 보안 관행 및 절차와 민감한 개인 데이터 또는 정보) 규칙[1] 2011_인도 |

이 규칙은 민감한 개인 데이터를 합리적인 보안 관행으로 처리할 것을 요구합니다.

| 데이터 보호법 2018_영국 |

브렉시트 이후, 영국의 GDPR 버전은 EU 규정과 거의 동일합니다.

| 일반 데이터 보호법(LGPD)_브라질 |

GDPR과 유사하게, 일반 데이터 보호법The Lei Geral de Proteção de Dados은 개인 정보와 데이터를 보호할 목적으로 설계되었습니다.

| 개인 정보 보호법 1988_호주 |

개인 정보 보호법The Privacy Act은 개인 정보의 수집, 사용, 공개와 관련된 표준, 권리, 의무를

---

[1] Information Technology (Reasonable Security Practices and Proce dures and Sensitive Personal Data or Information)

규제하는 13개의 호주 개인 정보 보호 원칙$^{\text{Australian Privacy Principle}}$(APP)을 포함합니다. 호주 사용자를 대상으로 하는 플러터 개발자는 이 원칙을 준수해야 합니다.

나라마다 개인 정보 보호법이 다를 수 있으므로 해당 국가와 지역의 법률을 조사해야 합니다. 특히 전 세계에서 사용할 애플리케이션을 개발한다면 관련 법률을 숙지하는 것이 중요합니다.

소프트웨어 엔지니어가 모든 법률적 측면을 완벽히 알 필요는 없지만, 소프트웨어 개발 과정에서 기술적인 방법으로 법적 문제를 해결하는 데 초점을 맞춰야 합니다. 일반적으로 기획자, 엔지니어, 법무팀, 제품 책임자 등 관련 담당자들이 협력해 애플리케이션이 법적 요구사항을 충족하도록 노력해야 합니다.

20.5 결론

사용자 개인 정보 보호는 법적 의무일 뿐만 아니라 신뢰할 수 있고 지속 가능한 디지털 제품의 기반입니다. 이를 달성하려면 개인 정보 관련 용어, 개인 정보 보호 설계 원칙, 기술적 모범 사례, 국제 규정을 모두 고려해야 합니다. 이러한 지식을 바탕으로 규정을 준수하고 사용자의 개인 정보를 존중하며, 더 나아가 우리 자신에게도 영향을 미치는 안전한 디지털 세상을 만드는 애플리케이션을 개발할 수 있습니다.

개인 정보 보호는 중요한 이슈이지만 소규모 개발 팀에서는 간과할 때가 많습니다. 그러나 팀과 제품이 성장함에 따라 규정 준수의 중요성은 더 커집니다. 규정 준수를 넘어 사용자(사용자로서의 개발자 자신도 포함)를 위해 무엇을 할 수 있을지 고민하고, 엔지니어로서 이를 실천하는 데 최선을 다해야 합니다.

끊임없이 배우고 적응하며 개발하는 모든 애플리케이션에서 사용자 개인 정보 보호를 최우선으로 생각하는 자세가 필요합니다.

CHAPTER 21

모두를 위한 접근성 보장하기

검토자: Manuela Rommel

일반적으로 접근성은 몸이 불편한 사람들을 위한 것이라는 오해를 합니다. 애플리케이션 개발에서의 접근성은 포용성을 실현하는 데 필수적이며, 장애가 있는 사람을 포함한 모두가 애플리케이션을 불편함 없이 활용할 수 있게 보장합니다. 접근성을 통합하는 것은 윤리적이며, 애플리케이션의 도달 범위를 넓혀 주고, 법적 기준을 만족시킵니다. 접근성이 확보된 애플리케이션은 전반적인 사용자 경험을 향상하며, 모든 사용자에게 이득이 됩니다. 예를 들어 아이를 안고 있는 부모가 애플리케이션을 사용하면서 다중 포인터 제스처를 사용해 이미지를 확대하려고 시도한다고 해 봅시다. 한 손만 사용할 수 있으므로 이 동작을 수행하기 어렵겠죠 더블 탭으로 줌을 활성화하는 등의 접근성 기능을 통합해 부모뿐만 아니라 조작에 불편함을 겪는 사람에게 더 나은 사용자 경험을 제공할 수 있습니다.

플러터 애플리케이션을 개발할 때도 접근성은 중요한 고려 사항이 되어야 합니다. 플러터는 시맨틱 위젯과 같은 접근성 지원 도구를 제공합니다. 개발자와 프로젝트 매니저는 이러한 접근성 기능을 처음부터 우선순위에 두어야 합니다. 접근성을 플러터 엔지니어링 과정에 녹여 넣으면 최종적으로 만들어지는 결과물이 더 널리 활용되고 포용적인 모습이 되도록 합니다.

이 장에서는 접근성을 엔지니어의 관점에서 들여다보고 플러터 애플리케이션에서 이를 어떻게 활용할지 알아보겠습니다.

21.1 다양한 장애 인지하기

소프트웨어 개발, 교육, 헬스케어, 작업 환경 설정 등에서 포용적인 환경을 만들려면 다양한 장애를 인지해야 합니다. 장애는 크게 몇 가지 유형으로 나눌 수 있으며, 각각 고유한 어려움과 요구사항이 있습니다.

1. **신체적 장애**: 마비나 관절염과 같은 이유로 움직임이나 손동작에 어려움이 있는 사용자들을 위해, 애플리케이션 접근성은 음성 명령, 더 넓은 클릭 영역, 키보드 단축키와 같은 기능을 포함합니다. 이 덕분에 사용자들은 터치스크린이나 마우스에만 의존하지 않고도 애플리케이션과 상호작용하며 탐색할 수 있습니다.
2. **감각 장애**: 시각 장애(예: 시각 상실, 저시력)가 있는 사용자들은 스크린 리더, 고대비 색 스킴, 텍스트-음성 변환 기능의 도움을 받을 수 있습니다. 청각 장애가 있는 사용자들을 위해서는 청각적 단서를 대체하는 자막이나 시각적 경고를 포함해 모든 정보에 접근할 수 있게 합니다.
3. **인지 장애**: 난독증이나 자폐 스펙트럼과 같은 인지 장애가 있는 사용자들을 위해서는 명확하고 일관적인 레이아웃, 직설적인 내비게이션, 텍스트 크기와 글꼴을 커스터마이징하는 옵션을 제공해야 합니다. 표기를 단순화하고 쉽게 이해할 수 있는 지시를 제공하는 것도 애플리케이션의 접근성을 높일 수 있습니다.
4. **정신적 장애**: 불안증이나 PTSD 등을 앓는 사용자들은 과도하게 자극적인 인터페이스를 감당하기 어려울 수 있습니다. 애플리케이션은 편안한 디자인, 소리, 애니메이션 등 감각 자극을 조절하는 기능이나, 사용자가 압박이나 시간적 제약 없이 자신의 페이스를 유지하도록 하는 기능을 제공해야 합니다.
5. **만성 질환 및 장애**: 만성 통증이나 피로를 겪는 사용자들을 위해서는 오랫동안 지속해야 하는 상호작용을 최소화하는 것이 중요합니다. 세션 상태 저장, 접근하기 쉬운 제어 기능, 적은 신체적 노력으로 조작할 수 있는 인터페이스와 같은 특징은 애플리케이션을 더 편리하게 사용하는 데 도움을 줍니다.

그림 21-1 접근성과 A11y[1]의 관계

애플리케이션과 소프트웨어의 접근성을 보장하려면, 다양한 사용자의 요구에 부응하는 기능과

---

1 옮긴이_ ACCESSIBILITY의 A와 Y 사이에 있는 11자를 생략해 A11y라고 줄여 쓸 때가 많습니다.

디자인을 구현해야 합니다. 그러려면 기존의 접근성 가이드라인과 표준을 준수하고, 다양한 장애가 있는 사용자들이 직접 테스트와 피드백 과정에 참여하도록 하는 것이 일반적인 접근 방식입니다.

21.1.1 접근성 가이드라인

웹 접근성의 핵심 가이드라인은 웹 콘텐츠 접근성 가이드라인Web Content Accessibility Guidelines (WCAG)이며 이는 월드 와이드 웹 컨소시엄World Wide Web Consortium (W3C)에서 개발했습니다. WCAG는 세계적으로 사용할 수 있는 접근성 있는 웹 콘텐츠를 제작하는 표준입니다. WCAG는 다음 네 가지 원칙을 중심으로 구성됩니다. 콘텐츠는 인지 가능해야 하고, 조작 가능해야 하고, 이해할 수 있어야 하고, 견고해야 합니다. 이 가이드라인은 웹 콘텐츠가 시각, 청각, 신체, 인지 기능의 장애를 겪는 사람들의 접근성을 보장하게 합니다. 이 가이드라인을 지키는 것은 단지 접근성을 높이는 것을 넘어, 미국의 ADA나 유럽연합의 EN 301 549 표준 등 많은 지역의 법적 표준을 준수하는 것입니다. 모바일 애플리케이션 접근성의 경우, 개발자들은 플랫폼에 맞는 가이드라인을 참고하게 됩니다. 애플의 iOS 접근성 가이드라인Apple's Accessibility Guidelines for iOS과 구글의 안드로이드 접근성 가이드라인Google's Accessibility Guidelines for Android이 개발자들을 이끄는 기준이 됩니다. 이 가이드라인은 음성 안내 서비스 서비스, 조정 가능한 텍스트 크기, 색상 대조 설정 등을 포함하며, 이는 모바일 기기의 독특한 인터페이스와 상호작용 모델에 맞춰져 있습니다. 이들은 시각, 청각, 움직임, 인지 등에 영향을 끼치는 다양한 장애가 있는 사용자들이 모바일 애플리케이션에 접근 가능하도록 보장하는 것에 집중합니다. 추가로, WCAG의 원칙은 모바일 맥락에서도 유효하므로 다양한 디지털 플랫폼에서 통합된 접근성 전략을 구현할 수 있습니다.

21.2 포용적 애플리케이션 디자인의 명백한 이점

포용적인 애플리케이션 디자인은 도덕적인 의무일 뿐만 아니라, 접근성 표준 준수를 넘어서는 실질적인 이점도 제공합니다. 포용성을 받아들임으로써 애플리케이션 개발자와 기업은 상당한 이점을 얻을 수 있습니다. 먼저 포용적 디자인은 시장을 확장하는 효과가 있습니다. 장애가 있는 사람들의 필요에 맞춤으로써 애플리케이션이 더 넓은 범위의 사용자에게 닿을 수 있으며, 이는 어떤 형식이든 장애를 경험하는 세계 인구의 16%(약 13억)를 포함합니다. 이러한 포용성은 사용자층을 넓히며 잠재적으로 이익을 증대할 수 있습니다.

두 번째로, 포용적인 애플리케이션은 일반적으로 사용성이 더 뛰어납니다. 접근성을 고려한 디자인은 더 명확한 레이아웃, 더 명확한 내비게이션, 간단한 인터페이스로 이어지곤 합니다. 이러한 개선은 (장애가 있는 사람뿐만 아니라) 모두의 사용자 경험을 향상합니다. 잘 디자인되고 접근성이 높은 애플리케이션은 불편함을 감소시키고 사용자 만족을 높이므로 재방문율이 높아지고 좋은 입소문으로 이어집니다.

또한 포용적인 디자인은 혁신으로 이어질 수 있습니다. 디자이너와 개발자가 능력과 경험이 다양한 사용자들을 고려하면 더 창의적으로 생각하게 될 가능성이 높아지므로 모든 사용자에게 도움이 되는 혁신적인 디자인 솔루션으로 이어집니다. 음성 명령과 자동 완성(예측 문자) 기능은 처음에는 접근성 목적으로 개발되었지만, 지금은 널리 사용되며 더 넓은 범위의 사용자에게 받아들여졌습니다.

포용적 디자인에는 경쟁력 측면의 이점도 있습니다. 접근성에 관한 의식이 증가할수록 사용자들은 다양한 사용자에게 맞춰진 애플리케이션을 선택할 가능성이 높아집니다. 포용성에 우선순위를 둔 회사는 경쟁이 심한 시장에서 자신을 차별화할 수 있으며, 이는 사회적으로 의식 있는 사용자와 조직에 매력적일 수 있습니다.

또한 포용적 디자인은 법적인 위험을 줄일 수 있습니다. 많은 지역에는 디지털 접근성을 요구하는 법이 있으며, 이를 지키지 않으면 법적 제재를 받거나 평판이 손상될 수 있습니다. 디자인 프로세스에 접근성을 통합함으로써 이러한 위험성을 피할 수 있습니다.

여기까지가 필자가 떠올릴 수 있는 즉각적인 이점입니다. 아마도 여러분이 경험하거나 나열할 수 있는 지역적 이점도 존재할 것입니다.

21.3 접근성의 네 가지 요소

디지털 디자인과 개발에서 접근성은 인지 가능성, 조작 가능성, 이해 가능성, 견고성이라는 네 가지 기둥에 기반을 둡니다.

WCAG에서 유래된 이러한 기둥은 다양한 장애가 있는 사람들을 위한 접근성 높은 콘텐츠를 만드는 프레임워크를 제공합니다. WCAG에서 유래되긴 했지만 웹이든 모바일 애플리케이션 이든 간에 어떤 디지털 제품에도 적용할 수 있습니다.

1. **인지 가능성**: 정보와 사용자 인터페이스 요소는 사용자가 인지할 수 있는 방향으로 제공되어야 합니다. 즉 사용자가 감각 기관의 능력에 상관없이 제공된 정보를 인지할 수 있어야 합니다. 예를 들어 텍스트가 아닌 콘텐츠에 대한 대체 텍스트 제공하기, 오디오/비디오 콘텐츠를 접근 가능한 형식으로 제공하기, 적절한 색상 대비와 조정 가능한 텍스트를 활용해 다양한 시각적 능력에 대응하도록 디자인하기 등이 포함됩니다.

2. **조작 가능성**: 사용자 인터페이스의 구성 요소와 탐색 기능은 반드시 조작 가능해야 합니다. 이 기둥은 애플리케이션이나 웹사이트의 기능성에 초점을 맞추며, 모든 사용자가 인터페이스를 조작할 수 있어야 한다는 것을 의미합니다. 마우스를 사용할 수 없는 사용자들을 위해 모든 동작을 키보드에서도 할 수 있게 하기, 사용자가 콘텐츠를 읽고 사용할 충분한 시간 제공하기, 간질 발작을 유발할 가능성이 있는 방법으로 콘텐츠를 디자인하지 않기 등이 포함됩니다.

3. **이해 가능성**: 사용자 인터페이스의 정보와 작동 방식은 이해하기 쉬워야 합니다. 이는 콘텐츠가 명확하고 직관적이어야 하며, 불필요한 복잡성을 피해야 함을 의미합니다. 콘텐츠에 관한 지시나 레이블 제공하기, 예측 가능한 내비게이션 제공하기, 사용자가 실수를 피하거나 정정할 수 있도록 돕기 등이 포함됩니다.

4. **견고성**: 콘텐츠는 보조(어시스턴트) 기술을 포함한 다양한 사용자 에이전트에서 안정적으로 해석할 수 있을 만큼 견고해야 합니다. 이는 스크린 리더와 돋보기 같은 보조 기술을 포함한 다양한 기기와 도구에서 안정적으로 해석할 수 있는 콘텐츠를 제작해야 한다는 의미입니다. 이는 표준과 모범 사례를 따라서 현재와 미래 기술에 대한 호환성과 적응성을 보장하는 것을 포함합니다.

WCAG에서는 A, AA, AAA라는 세 가지 레벨로 접근성 준수 수준을 표현합니다. A가 많아질 수록 접근성이 우수함을 의미합니다.

1. **레벨 A(기본 접근성)**: 기본적 단계로, 필수 접근성 기능을 포함합니다. 이미지의 대체 텍스트, 키보드 내비게이션 기능, 보조 기술에서 접근 가능한 콘텐츠 등 기초적인 요구사항을 포함합니다. 모바일 애플리케이션에서는 (장애가 있는 사람을 포함한) 모든 사용자가 보조 기술[2]을 통해 모든 필수 기능을 사용할 수 있고, 기본적인 화면 방향 전환과 터치 조작을 할 수 있음을 의미합니다.

2. **레벨 AA(향상된 접근성)**: 대부분의 웹 사이트와 모바일 애플리케이션의 목표가 되는 레벨로, 레벨 A에 사용성을 향상하는 추가 요구사항이 포함됩니다. 더 나은 시각적 대비, 더 명확한 레이블, 오류 식별 등이 포함됩니다. 모바일 애플리케이션에서는 더 정제된 터치-타깃 크기와 복잡한 제스처를 대신할 수 있는 입력 방식이 포함될 수 있습니다.

3. **레벨 AAA(가장 높은 접근성)**: 레벨 AAA는 가장 높은 수준으로, 레벨 A와 AA를 포함하며 더 엄격한 요구사항이 추가됩니다. 이 단계는 일반적으로 모든 콘텐츠에 대해 달성하기 어려우며, 수어 통역 지원과 향

---

[2] 옮긴이_ 스크린 리더(예: 톡백, 보이스오버)처럼 다양한 어려움이 있는 사용자의 애플리케이션 사용을 돕는 도구를 말합니다. 플러터의 시맨틱 트리는 이러한 기술이 UI 엘리먼트를 이해하고 상호작용하는 데 필요한 정보를 전달하는 역할을 합니다.

상된 대비 등의 기능을 포함합니다. 모바일 애플리케이션에서는 레벨 AAA를 준수하기가 쉽지 않을 수 있습니다. 넓은 범위의 사용자 상호작용과 복잡한 기능들 때문입니다.

일반적으로 레벨 AA를 준수하는 것이 견고한 웹 사이트와 모바일 애플리케이션의 목표로 간주하는데, 이는 높은 접근성을 보장하면서도 (레벨 AAA의 도전적인 요구사항을 제외해) 실현 가능한 범위의 목표입니다.

21.4 접근성을 높이는 도구와 위젯

이제 접근성의 관점에서 플러터 애플리케이션을 살펴볼 때가 되었습니다. 플러터의 Semantics 위젯은 접근성 구현에 있어 가장 기초적인 기능입니다. 이는 개발자들이 애플리케이션의 UI에 스크린 리더가 인식하는 설명을 제공하도록 해 줍니다. 플러터에서 시맨틱 노드를 시각화하려면 MaterialApp 위젯의 속성인 showSemanticsDebugger를 true로 설정하면 됩니다.

```
MaterialApp(
  showSemanticsDebugger: true,
)
```

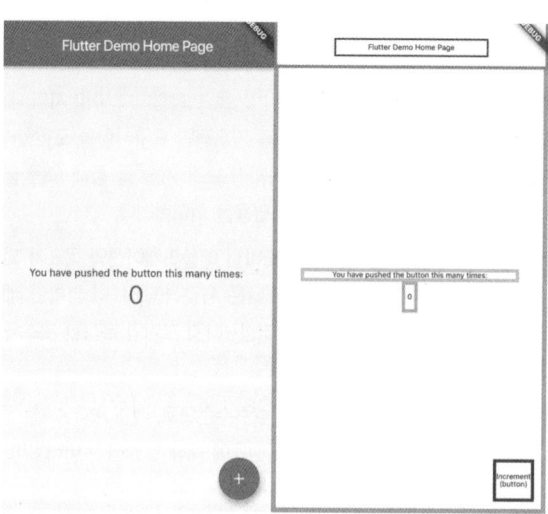

그림 21-2 플러터 시맨틱 디버깅

21.4.1 플러터에서의 접근성

접근성을 향한 플러터의 접근은 플러터의 구조와 깊게 통합되어 있으며, 주로 두 번째 트리인 시맨틱 트리와 관련됩니다.

플러터에서 웹 접근성의 독특한 점은 시맨틱 트리는 기본적으로 만들어지지 않는다는 점입니다. 어떤 사용자가 스크린 리더를 사용해 플러터로 만들어진 웹 애플리케이션을 열면, 스크린 리더는 화면에서 눈으로는 볼 수 없는 접근성 버튼의 존재를 사용자에게 알려줍니다. 이 버튼을 활성화한 다음에야 시맨틱 트리가 구성되며, 이는 플러터 웹의 성능을 향상하기 위해 채택된 방법입니다.

시맨틱 트리는 애플리케이션이 안드로이드의 톡백^{TalkBack}이나 iOS의 보이스오버^{VoiceOver}와 같은 보조 기술을 사용 가능하도록 하는 데 필수적입니다. 플러터는 모든 플랫폼에 걸쳐서 접근성을 지원합니다. 플러터는 위젯 트리 옆에 시맨틱 트리를 제공하는데, 이는 접근성에 있어 중요합니다. 시맨틱 트리는 `SemanticsNode`로 구성되며 `SemanticsNode`는 하나 이상의 위젯과 각각 대응합니다. 이러한 `SemanticsNode`는 보조 기술에 UI를 묘사하고 UI와 함께 상호작용하는 방법을 알려줍니다. 예를 들어, 슬라이더 위젯의 `SemanticsNode`에는 `increasedValue`나 `decreasedValue`와 같은 속성이 포함될 수 있습니다. 이 속성들은 값을 증가시키거나 감소시키는 동작을 수행했을 때 어떤 값이 되는지를 정의합니다.

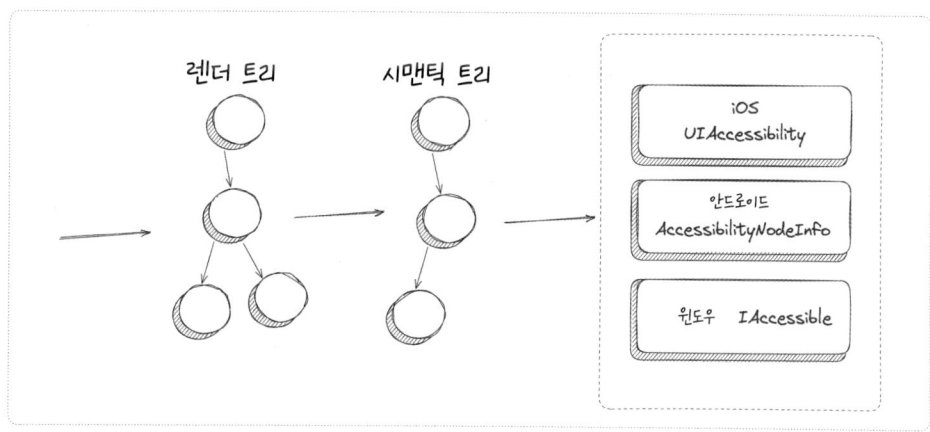

그림 21-3 플러터의 시맨틱 트리

플러터에는 접근성 향상을 위해 특별히 디자인된 중요한 위젯들이 있습니다. 다음은 그중 기초적인 네 가지 위젯입니다.

Semantics 위젯

Semantics 위젯은 스크린 리더가 읽을 수 있는 설명으로 UI에 주석을 다는 데 사용됩니다. 이를 통해 개발자는 자신의 위젯에 대한 커스텀 접근성 경험을 만들 수 있습니다.

이는 그 자체만으로는 의미가 명확하지 않은 UI 엘리먼트에 대해 레이블, 힌트, 텍스트 음성 변환text to speech (TTS) 설명 등 다양한 시맨틱 파라미터를 제공합니다.

개발자들은 이 위젯을 사용해 독자적인 접근성 경험을 만들어낼 수 있습니다.

```
Semantics(
  label: 'Play Button',
  button: true,
  liveRegion: true,
  child: Icon(Icons.play_arrow),
);
```

이처럼 `liveRegion`을 `true`로 설정하면 위젯이 등장하자마자 시맨틱 요소를 읽어 들이므로 즉시 읽어야 하는 요소에 적합합니다.

MergeSemantics 위젯

MergeSemantics는 여러 개의 위젯을 묶어서 단일한 시맨틱 요소로 간주해야 할 때 사용합니다.

이는 여러 위젯의 시맨틱을 묶어서 시맨틱 트리에서의 단일 노드로 병합하며, 복잡한 위젯 합성에서 통합된 시맨틱 설명을 제공하고 싶을 때 특히 유용합니다.

```
MergeSemantics(
  child: Row(
    children: [
      Checkbox(...),
      Text('Accept Terms'),
    ],
  ),
);
```

ExcludeSemantics 위젯

ExcludeSemantics는 특정 위젯과 그 자식 위젯을 시맨틱 트리에서 제외합니다.

이는 특히 순수하게 장식 역할을 하는 (즉, 애플리케이션의 콘텐츠에 의미를 제공하지 않는) 위젯을 스크린 리더로부터 숨기는 데 유용합니다.

```
ExcludeSemantics(
  child: Image.asset('decorative_image.png'),
);
```

BlockSemantics 위젯

BlockSemantics는 동일한 시맨틱 컨테이너에서 해당 위젯 뒤에 그려지는 모든 위젯의 시맨틱을 제거할 때 사용하는 위젯입니다. 해당 위젯은 접근성에서 중요한 역할을 하는데, 스크린 리더와 같은 접근성 도구에서 특정 UI 엘리먼트가 보일지 말지를 조정하기 때문입니다.

이는 특히 경고창이나 드로어drawer[3] 등 특정 엘리먼트가 다른 UI 부분에 오버레이 되는 등의 상황에 유용합니다. 예를 들어 경고 다이얼로그가 화면에 있으면 일반적으로 해당 다이얼로그 뒤에 있는 요소 간의 상호작용을 가로막습니다. BlockSemantics는 접근성 기술로부터 이렇게 뒤에 있는 요소들을 효과적으로 가림으로써 포커스를 경고창이나 드로어 같은 핵심 상호작용 요소에 맞춥니다.

```
BlockSemantics(
  blocking: true,
  child: AlertDialog(
    // 알람 다이얼로그 엘리먼트
  ),
);
```

대표적인 접근성 위젯들과 더불어, 플러터는 접근성을 향상하는 여러 가지 기능과 도구를 제공합니다.

---

[3] 옮긴이_ 일명 '햄버거 버튼'을 누르면 나타나는 메뉴입니다.

Tooltip 위젯

스크린 리더 사용자들의 아이콘과 버튼에 대한 이해를 높입니다.

```
Tooltip(
  excludeFromSemantics: false,
  message: 'Tap to open settings',
  child: IconButton(
    icon: Icon(Icons.settings),
    onPressed: () {/*...*/}
  ),
);
```

TextButton

자동으로 시맨틱 레이블을 포함해 스크린 리더 지원을 향상합니다. `isSemanticButton` 속성은 스크린 리더의 '버튼' 음성 안내 여부를 제어하는데, 이를 `null`로 설정하면 메뉴 등에서 불필요한 반복 안내를 방지할 수 있습니다.

```
TextButton(
  isSemanticButton: true,
  onPressed: () {/*...*/},
  child: Text('Submit'),
);
```

Slider 위젯

값 인디케이터와 함께 접근성이 포함된 슬라이더 경험을 제공합니다.

```
Slider(
  value: _sliderValue,
  min: 0,
  max: 100,
  divisions: 10,
  label: '$_sliderValue',
  onChanged: (double value) {
    setState(() {_sliderValue = value;});
  },
);
```

자동 접근성을 갖춘 LiveView

ListView처럼 스크롤 가능한 위젯들은 자동으로 필수적인 스크롤 동작의 접근성을 지원해 줍니다.

```
ListView.builder(
  addSemanticIndexes: true,
  semanticChildCount: items.length,
  itemCount: items.length,
  itemBuilder: (context, index) => ListTile(
    title: Text(
      items[index],
    ),
  ),
);
```

CustomScrollView 위젯

플러터의 CustomScrollView는 여러 슬리버sliver 배열을 사용해 커스텀 스크롤 효과를 만들 수 있는 다용도 위젯입니다. CustomScrollView는 시각 장애가 있는 사용자에게 유용한 톡백(안드로이드)/보이스오버(iOS)와 같은 접근성 기능을 지원합니다. 이 위젯은 화면에 보이는 아이템 수나 리스트/그리드 내 현재 위치 등 스크롤 상태 변경에 관한 음성 안내를 제공할 수 있습니다. 접근성을 제대로 지원하려면 슬리버 내의 위젯들을 IndexedSemantics로 감싸 각 아이템을 고유한 시맨틱 인덱스와 연결해야 합니다. 이는 접근성 도구에 리스트나 그리드 위치에 관한 정확한 정보를 전달하는 데 도움이 됩니다. 하지만 ListView.separated처럼 모든 항목이 시맨틱 정보에 기여하지 않는 특정 레이아웃에서는 시맨틱 인덱스와 위젯 인덱스가 다를 수 있습니다. 정확한 시맨틱 정보를 제공하려면 이러한 차이를 올바르게 처리하는 것이 중요합니다.

```
CustomScrollView(
  slivers: [
    ...
  ],
);
```

Text.rich() 위젯

텍스트에 다양한 스타일과 스케일을 부여할 수 있게 하는 위젯으로, 중요한 정보의 가독성을 높입니다.

```
Text.rich(
  TextSpan(
    text: 'Do not forget to',
    children: [
      TextSpan(
        text: 'save',
        style: TextStyle(fontWeight: FontWeight.bold),
      ),
      TextSpan(text: ' your work!'),
    ],
  ),
);
```

포커스 순회 및 스크린 리더 순서

키보드와 스크린 리더 내비게이션을 위해 포커스 순회focus traversal를 관리하세요. 여기서 중요한 점은, 포커스 순회는 스크린 리더 내비게이션에서 위젯을 읽는 순서를 바꿀 수 없다는 것입니다. 이 순서를 바꾸려면 Semantics 위젯의 sortKey 필드값을 사용하세요.

```
// 스크린 리더 순서를 위한 블록(Semantics 위젯의 sortKey)
Column(
  children: [
    Semantics(
      sortKey: const OrdinalSortKey(2),
      // 스크린 리더 순서에서 첫 번째
      child: const TextField(),
    ),
    Semantics(
      // 스크린 리더 순서에서 두 번째
      sortKey: const OrdinalSortKey(1),
      child: const TextField(autofocus: true),
    ),
  ],
);
```

접근성 알림

SemanticsService를 이용하면 특정 시점에 사용자에게 직접 음성 알림을 보낼 수 있습니다. 하지만 가급적이면 이 방법보다는, Semantics 위젯처럼 UI 상태에 따라 정보가 자연스럽게 전달되는 암시적인 방식을 우선적으로 사용해야 합니다. 카메라의 물체 감지와 같은 UI 변화로 트리거되지 않는 커스텀 안내가 필요할 때는 SemanticsService.announce 위젯을 사용하세요. 의사 표현^{assertiveness} 단계에 따라 안내의 우선순위가 정해집니다. 참고로 해당 기능은 현재는 웹에서만 적용됩니다.

```
SemanticsService.announce(
  'Accessibility',
  TextDirection.ltr,
  assertiveness: Assertiveness.assertive,
);
```

플러터 애플리케이션에 이와 같은 접근성 기능을 통합하면 더 포용적이고 사용자 친화적인 사용자 경험을 제공하면서, 장애가 있는 사람들을 포함한 다양한 사용자를 포용할 수 있습니다. 이러한 기능들은 플러터가 접근성 높은 애플리케이션을 효율적으로 빌드하는 역량을 잘 보여주며, 때로는 별도의 설정 없이도 그 핵심적인 기반을 제공합니다.

21.5 플러터 접근성 진단

접근성 진단은 플러터 애플리케이션이 장애가 있는 사람을 포함한 모든 사용자에게 접근성을 제공하게 하는 중요한 진단 프로세스입니다. 이 평가는 시각적 요소부터 상호작용하는 기능까지 애플리케이션의 다양한 기능을 진단해 접근성의 잠재적 장애물을 파악하고 대응하는 데 목표를 둡니다.

플러터에서 이 과정은 플러터 프레임워크의 독특한 능력과 위젯 때문에 특히 중요합니다. 이 평가 과정은 일반적으로 다음과 같은 주요 요소에 초점을 맞춥니다.

- 글꼴과 텍스트
- 색상과 대비
- 스크린 리더

- 제스처
- 애니메이션

21.5.1 플러터의 글꼴과 텍스트 접근성

플러터에서 텍스트 접근성을 보장하는 데는 몇 가지 핵심적인 실천 방안이 있습니다.

중요한 기능 중 하나는 플러터 프레임워크가 자동으로 기기 설정에 따라 사용자가 선호하는 글자 크기에 맞추는 기능입니다. 즉, 사용자가 자신에게 적합한 글자 크기를 선택하면 플러터의 텍스트 위젯은 자동으로 글자 크기를 이에 맞춥니다. 이렇게 하려면 개발자가 애플리케이션 레이아웃을 유연하게 디자인해 글자 크기의 변화를 수용할 수 있도록 해야 합니다. 이는 특히 시각적 제약이 있어 큰 글씨를 선호하는 사용자들에게 중요합니다. 화면 크기가 작은 기기에서 글자 크기를 제일 크게 설정해 애플리케이션을 테스트하는 것은 다양한 조건에서 레이아웃의 기능이 유지되고 텍스트가 잘 보이는지 확인하는 좋은 방법입니다.

| 가독성 |

텍스트 가독성 높이려면 명확하고 가독성 좋은 글꼴을 선택해야 합니다. 읽기 쉽게 하려면 표준적이고 독특한 스타일이 적용되지 않는 글꼴을 선택하는 것이 좋습니다.

```
Text(
  '가독성 좋은 텍스트',
  style: TextStyle(fontFamily: 'Roboto'),
);
```

텍스트와 배경색의 높은 대비도 가독성에 영향을 줍니다. 이는 대조되는 색상 스킴을 텍스트와 배경의 색에 사용함으로써 달성할 수 있습니다. 다양한 도구를 사용해 색 대비율이 접근성 가이드라인을 준수하는지 확인할 수 있습니다.

```
Text(
  '고대비 텍스트',
  style: TextStyle(
    color: Colors.white,
    backgroundColor: Colors.black,
```

),
);
```

| 가변적 글자 크기 |

글자 크기가 바뀌더라도 애플리케이션의 레이아웃이 잘 유지되며, 텍스트를 읽을 수 있게 해야 합니다. 작은 화면에서 글자 크기를 최대로 설정해 기기를 테스트하면 이러한 적용성을 효과적으로 검증할 수 있습니다.

```
double scaleFactor = MediaQuery.textScalerOf(context);
Text(
  '예시 텍스트',
  style: TextStyle(fontSize: 16 * scaleFactor),
);
```

| 텍스트가 아닌 엘리먼트의 시맨틱 레이블 |

표준적이지 않은 텍스트를 대표하는 아이콘이나 엘리먼트에 시맨틱 레이블을 사용하는 것도 중요합니다. 예를 들어 스크린 리더가 의미를 효과적으로 전달할 수 있도록, 동작하는 아이콘에는 자신을 설명하는 레이블이 있어야 합니다. 플러터의 Semantics 위젯을 이러한 목적으로 사용합니다.

```
Semantics(
  label: '설정 아이콘',
  child: Icon(Icons.settings),
);
```

| 제약된 텍스트와 자동 조정 |

플러터에서 제약된 텍스트를 관리하고 자동으로 조절되도록 하는 것은 접근성의 핵심 요소입니다. 애플리케이션의 레이아웃은 다양한 글자 크기를 (깨지거나 감춰지는 콘텐츠 없이) 수용할 수 있도록 다양한 사용자 설정에서도 가독성을 보장하게 디자인해야 합니다. 예를 들어 Flexible 위젯과 Wrap 위젯은 텍스트가 남아 있는 공간에 맞춰서 확장되거나 줄바꿈되도록 하며, 오버플로(텍스트가 삐져나오는 것)를 방지합니다.
```

```
Flexible(
  child: Text(
    '너무 길어서 줄바꿈되거나 조정되어야 하는 텍스트',
    overflow: TextOverflow.ellipsis,
  ),
);
```

이러한 측면을 해결함으로써 개발자들은 텍스트와 글꼴 접근성을 크게 향상할 수 있으며, 다양한 시각적 요구를 가진 사용자들에게 더 포용적인 애플리케이션을 제공할 수 있습니다.

21.5.2 플러터 접근성의 색상 및 대비

색상과 대비를 효과적으로 사용하는 것은 플러터로 접근성을 지원하는 애플리케이션을 만드는 데 아주 중요합니다. 적절한 색상 조합과 대비율을 사용하면 애플리케이션을 더 시각적으로 매력적이게 만들며, 색맹이나 저시력자 등 시각적 제약이 있는 사용자들이 애플리케이션을 문제 없이 사용하게 해 줍니다. 이 장에서 다루는 내용은 일반적으로 UI 디자인 단계에서 이뤄져야 하지만, 개발자들은 애플리케이션과 디자인이 접근성의 모범 사례를 따르는지 검토할 수 있습니다.

색상 선택

텍스트와 배경 엘리먼트 간의 충분한 대비를 제공하는 색들을 선택하고 색으로만 정보를 나타내는 것은 피합니다. 색을 텍스트 레이블 및 아이콘과 함께 사용합니다.

고대비

텍스트 및 상호작용하는 요소들이 WCAG에 정의된 최소 대비율을 달성해야 합니다. 이 장이 끝날 때쯤에 적절한 대비의 색 조합을 테스트하는 데 유용한 도구들을 소개하겠습니다.

W3C의 권장 사항[4]은 다음과 같습니다.

- 작은 텍스트(18포인트 미만의 일반 텍스트 또는 14포인트 미만의 굵은 텍스트)는 최소 4.5:1

---

[4] https://www.w3.org/TR/UNDERSTANDING-WCAG20/visual-audio-contrast-contrast.html

- 큰 텍스트(18포인트 이상의 일반 텍스트 또는 14포인트 이상의 굵은 텍스트)는 최소 3.0:1

사용자 설정 적용 및 접근성 설정 존중

플러터는 시스템의 접근성 설정을 가져와서 애플리케이션의 색상 조합을 이에 맞게 조정할 수 있습니다. 예를 들어 사용자 설정에 기반해 더 어둡거나 밝은 테마로 변경할 수 있습니다.

상호작용하는 요소에 대한 고려 사항

색상 대비, 링크의 밑줄, 버튼에 대한 별개의 모양 등의 지표를 통해 상호작용하는 요소들이 쉽게 구분되게 해야 합니다.

21.5.3 플러터의 스크린 리더 접근성

이는 사용자들이 청각적인 단서를 통해 애플리케이션 내부를 탐색하고 애플리케이션과 상호작용할 수 있도록 하는 매우 중요한 부분입니다. 어떤 방법을 사용할 수 있는지 살펴봅시다.

스크린 리더 지원 구현하기

Semantics 위젯을 사용해 모든 상호작용하는 요소, 이미지, 텍스트가 아닌 콘텐츠에 대한 묘사 레이블을 제공하겠습니다.

```
Semantics(
  label: '공유 버튼',
  child: IconButton(
    icon: Icon(Icons.share),
    onPressed: () { /*...*/ },
  ),
)
```

앞서 언급했듯이, 특정 위젯들을 사용하면 이러한 레이블을 제공하는 데 도움이 될 수 있습니다. 기억해야 할 점은 Semantics 위젯에는 이 책에서 다 다루지 못한 셀 수 없이 많은 기능이 있다는 것입니다. 하지만 대부분의 접근성 구현 시나리오는 여기서 제공한 정보만으로도 충분히 대응할 수 있습니다.

시맨틱 보장하기

플러터에서 SemanticsBinding.instance.ensureSemantics()는 시맨틱 트리 생성을 활성화하고 검증하는 핵심 메서드입니다. 시맨틱 트리는 애플리케이션 접근성 기능, 특히 스크린 리더를 위한 핵심 구성 요소입니다. 이 메서드는 필요한 시맨틱 정보가 올바르게 구축되고 업데이트되도록 보장하며 스크린 리더가 UI 엘리먼트를 정확하게 해석하고 설명하도록 지원합니다. 일반적으로 플러터가 자동으로 관리하지만, 커스텀 위젯을 개발하거나 접근성 테스트를 수행할 때는 이 메서드를 직접 호출하는 것이 유용합니다.

```
void main() {
  SemanticsBinding.instance.ensureSemantics();//<--
  runApp(MyApp());
}
```

커스텀 동작 및 힌트

기본 레이블의 범위를 넘어서, Semantics 위젯으로 커스텀 동작 및 힌트를 제공할 수 있습니다. 이는 스크린 리더 사용자가 특정 요소들과 상호작용하는 데 도움이 됩니다.

```
Semantics(
  label: '재생',
  hint: '더블 탭하면 재생됨',
  child: PlayButton(),
);
```

내비게이션 피드백

사용자가 다양한 화면 사이를 이동하거나 동작을 완료했을 때 애플리케이션이 명확한 피드백을 제공하게 해야 합니다.

```
Navigator.of(context).push(
  MaterialPageRoute(
    builder: (context) => NewScreen(),
  ),
);
```

```
SemanticsService.announce(
  '새로운 화면으로 이동함',
  TextDirection.ltr,
);
```

동적 콘텐츠 다루기

실시간 업데이트나 알림과 같은 동적 콘텐츠는 SemanticsService.announce()와 같은 도구를 사용해 사용자에게 변화를 음성으로 알릴 수 있습니다. 또는 앞서 살펴봤듯이 Semantics 위젯의 liveRegion 속성을 사용하는 방법도 있습니다.

플러터 애플리케이션 개발에서 스크린 리더 접근성을 우선시하면 애플리케이션이 더 포용적이게 되며 시각적 제약이 있는 사용자들에게 원활하고 독립적인 사용자 경험을 제공할 수 있습니다.

21.5.4 플러터의 제스처 접근성

제스처 내비게이션의 접근성은 활동이 제한된 사용자와 보조 기술에 의존하는 사용자를 포함한 모두가 애플리케이션의 상호작용 요소를 원활히 사용할 수 있게 하는 것입니다.

제스처 단순화하기

플러터 애플리케이션은 일반적인 동작에 대해 단순하고 쉽게 수행할 수 있는 제스처를 제공해야 합니다. 여러 손가락으로 스와이프하거나 길게 누르는 등의 복잡한 동작은 특정 사용자들에게 어려울 수 있습니다. 복잡한 제스처가 필요한 상황이라면 되도록 대체 방법을 함께 제공해야 합니다.

커스텀 GestureDetector 위젯

플러터의 GestureDetector 위젯을 사용하면 접근성을 고려한 커스텀 제스처를 구현할 수 있습니다.

```
GestureDetector(
  onTap: () {
```

```
      /* 한 번 탭했을 때 실행되는 코드 */
    },
    onDoubleTap: () {
      /* 더블 탭했을 때 실행되는 코드 */
    },
    child: /* ... */,
);
```

GestureDetector 위젯으로 다양한 사용자 범위에 맞춘 커스텀 제스처를 만들 수 있습니다.

제스처에 대한 피드백

제스처에 대해 시각적이거나 청각적인 피드백을 즉시 제공하면 해당 동작이 인식되었음을 사용자에게 알려줄 수 있습니다. 애니메이션, 햅틱 피드백, 효과음을 사용해 제스처 상호작용을 확인하도록 하세요. 단, 애니메이션을 사용할 때는 스크린 리더 사용자에게 이를 알리는 처리도 해야 합니다.

접근성을 고려한 드래그 앤 드롭

드래그 앤 드롭과 같은 기능을 구현할 때는 이를 사용하기 어려운 사용자들을 위한 대체 방법(버튼 등의 단순한 상호작용 방법)을 함께 제공하면 좋습니다.

```
LongPressDraggable(
    data: /* 드래그되는 데이터 */,
    feedback: /* 드래그를 표현하는 위젯 */,
    child: /* 드래그의 대상이 되는 위젯 */,
);
```

21.5.5 플러터 애니메이션 접근성

애니메이션은 애플리케이션에서의 사용자 경험을 확연히 향상할 수 있지만, 동작에 민감하거나 시각적 제약이 있는 사용자들에게는 접근성 측면에서 어려움이 발생할 수 있습니다. 플러터에서는 애니메이션 사용 방식을 고려하고 다양한 사용자 요구에 맞춰 선택지를 제공하는 것이 중요합니다.

동작 줄이기

일부 사용자는 동작에 민감하므로 동작을 줄이는 설정을 선호합니다. 플러터는 `MediaQuery`나 `PlatformDispatcher`의 `AccessibilityFeatures`를 사용해 시스템의 동작을 줄이는 설정을 반영할 수 있습니다.

```
bool disableAnimations = MediaQuery.disableAnimationOf(
  context,
);
bool reducedMotion = WidgetsBinding
    .instance
    .platformDispatcher
    .accessibilityFeatures
    .reduceMotion;
```

`reducedMotion`값을 사용해 동작을 줄이거나 비활성화할 수 있습니다.

```
AnimationController(
  duration: reducedMotion
    ? Duration.zero
    : const Duration(
    seconds: 1,
  ),
  vsync: this,
);
```

`MediaQuery`와 `PlatformDispatcher`에 존재하는 여러 변수는 접근성 기능을 다루는 데 유용합니다. 구체적으로는 다음과 같습니다.

- **accessibleNavigation**: 기기의 상호작용 모델을 수정하는 접근성 서비스가 활성화되었는지 확인합니다. 안드로이드의 톡백이나 iOS의 보이스오버와 같은 서비스가 해당 기능을 활성화합니다.
- **invertColors**: 플랫폼에서 애플리케이션에 대해 색 반전을 활성화했는지를 감지합니다.
- **disableAnimations**: 플랫폼에서 애니메이션의 비활성화나 단순화를 요청했는지 확인합니다.
- **onOffSwitchLabels**: 플랫폼에서 스위치 컨트롤에 on/off 레이블을 포함하도록 요청했는지 판별합니다. 이 기능은 주로 iOS에서 제공합니다.
- **highContrast**: 플랫폼에서 사용자 인터페이스가 (일반적으로 어두운색을 포함하는) 고대비로 렌더링되도록 요청했는지를 판단합니다. 이 기능은 주로 iOS에서 제공됩니다.

필요하다면 리스너를 사용해 이러한 기능에 대한 변화를 감지할 수 있습니다.

```
WidgetsBinding.instance.platformDispatcher
  .onAccessibilityFeaturesChanged = () {
  print('동작 줄이기: ');
};
```

애니메이션 요소의 설명 레이블
정보를 제공하는 데 애니메이션을 사용할 때는 해당 정보를 스크린 리더에서도 파악할 수 있게 해야 합니다. Semantics 위젯을 사용해 애니메이션에 포함된 요소들의 설명을 제공할 수도 있습니다.

깜빡임과 빠른 움직임 피하기
깜빡이거나 빠르게 움직이는 요소가 포함된 애니메이션을 피해야 합니다. 이런 요소는 사용자들에게 불쾌감을 줄 수 있으며, 특히 광과민성인 사용자에게 간질 발작을 일으킬 수 있습니다.

일시 정지, 정지, 숨기기 컨트롤
사용자가 애니메이션을 일시 정지, 정지, 숨김 처리할 수 있는 기능을 제공해야 합니다. 이를 통해 사용자가 자신의 경험을 직접 통제하고 동작이나 주의 분산 때문에 발생하는 잠재적 문제를 줄일 수 있습니다.

애니메이션의 유무 상태 모두 테스트하기
정기적으로 애니메이션이 있는 상태와 없는 상태에서 애플리케이션을 테스트해 애플리케이션이 어느 쪽에서도 정상적으로 기능하고 접근성이 유지되는지 확인하세요.

21.5.6 플러터 접근성 테스트
플러터는 접근성 테스트 과정을 촉진하는 가이드라인과 도구를 제공합니다.

| 플러터 접근성 가이드라인 |

플러터의 접근성 가이드라인은 '이 애플리케이션은 접근성이 좋다'고 평가받기 위해 지켜야 할 권장 사항들을 모아놓은 것입니다. 여기에는 터치 대상의 크기, 색상 명암비, 그리고 각 요소의 레이블 지정과 같은 구체적인 항목들이 포함되며, 이는 모두 표준 접근성 실천 방안에 기반합니다.

| meetsGuideline 매처 사용하기 |

meetsGuideline 매처는 플러터의 강력한 테스팅 도구로 화면이나 위젯이 특정한 접근성 가이드라인을 따르는지 판별합니다. 이는 플러터의 단위 테스트 프레임워크와 함께 사용되어 접근성의 다양한 양상을 검증합니다.

탭 타깃 크기 및 라벨링 테스트

```
testWidgets(
  '홈페이지가 모든 접근성 가이드라인을 준수합니다.',
  (WidgetTester tester) async {
    final SemanticsHandle handle = tester.ensureSemantics();
    await tester.pumpWidget(
      const MaterialApp(
        home: HomePage(),
      ),
    );
    await expectLater(
      tester,
      meetsGuideline(androidTapTargetGuideline),
    );
    await expectLater(
      tester,
      meetsGuideline(iOSTapTargetGuideline)
    );
    await expectLater(
      tester,
      meetsGuideline(labeledTapTargetGuideline),
    );
    handle.dispose();
  },
);
```

이 테스트는 HomePage 위젯 내부에서 탭할 수 있는 노드가 전부 안드로이드와 iOS 플랫폼에서 요구하는 최소 크기를 준수하고 적절히 라벨링되었는지 판별합니다.

텍스트 대비 테스트

```
testWidgets(
  '텍스트 대비가 가이드라인을 준수합니다.',
  (
    WidgetTester tester,
  ) async {
    final SemanticsHandle handle = tester.ensureSemantics(); // 위젯 설정
    await expectLater(
      tester,
      meetsGuideline(textContrastGuideline),
    );
    handle.dispose();
  },
);
```

이 테스트는 위젯 내부의 텍스트 요소들이 WCAG에서 정한 최소한의 색상 대비를 준수하는지 검증합니다.

여러 접근성 가이드라인과 각각의 목적

1. **androidTapTargetGuideline**: 안드로이드 접근성 가이드라인에 따라 모든 시맨틱 노드의 크기가 48X48픽셀 이상인지 확인합니다.
2. **iOSTapTargetGuideline**: iOS의 휴먼 인터페이스 가이드라인에 따라 iOS의 모든 탭 가능한 노드의 크기가 44X44픽셀의 이상인지 확인합니다.
3. **textContrastGuideline**: WCAG에서 지정한 대로 텍스트 대비가 가독성을 확보하는 최소치 이상인지 검증합니다.
4. **labeledTapTargetGuideline**: 모든 상호작용하는 (즉, 탭이나 길게 누르는 동작이 있는) 노드가 적절하게 라벨링되도록 강제합니다.

플러터의 SemanticsController

플러터의 SemanticsController 클래스는 시맨틱 트리와 코드를 통해 상호작용하는 임무를 수행합니다. 해당 클래스는 개발자나 테스터가 시맨틱 트리를 직접 시험하고 조작할 수 있게

합니다. 이 클래스는 개발자와 테스터가 시맨틱 트리를 직접 들여다보고 제어할 수 있게 해주는 강력한 도구입니다. 스크린 리더와 같은 보조 기술이나 검색 엔진이 우리 애플리케이션을 어떻게 '이해'하고 해석하는지 철저하게 테스트할 수 있습니다. 즉, 시맨틱 분석을 통해 애플리케이션의 콘텐츠와 구조를 파악해야 하는 모든 소프트웨어의 관점에서 애플리케이션이 제대로 보이는지 검증할 수 있는 것입니다.

simulatedAccessibilityTraversal을 사용한 플러터 테스트

simulatedAccessibilityTraversal 메서드는 현재 보이는 시맨틱 트리를 마치 스크린 리더 같은 보조 기술이 순회하는 것처럼 시뮬레이션합니다. simulatedAccessibilityTraversal 메서드를 사용해 시맨틱 트리가 의도한 순서대로 순회하는지, 모든 필수 요소가 접근 가능한지 확인할 수 있습니다.

```
testWidgets(
  '나의 위젯',
  (WidgetTester tester) async {
    await tester.pumpWidget(
      const MyWidget(),
    );
    // SemanticsController를 사용해 스크린 리더가 하는 순회 시뮬레이션하기
    final traversalResult = tester.semantics .simulatedAccessibilityTraversal();
    // 순회를 통해 요소들의 순서와 속성 검증하기
    expect(
      traversalResult,
      containsAllInOrder(
        <Matcher>[
          containsSemantics(label: '우리 위젯'),
          containsSemantics(
            label: '은 멋져요!',
            isChecked: true,
          ),
        ],
      ),
    );
  },
);
```

이 코드는 다음과 같은 작업을 합니다.

- simulatedAccessibilityTraversal 메서드는 시맨틱 트리 순회를 시뮬레이션합니다.
- expect() 메서드는 요소들의 순서가 정확한지, 의도한 시맨틱 속성(예: 레이블, 상태)을 포함하는지 확인합니다.
- containsAllInOrder 메서드는 traversalResult 변수 내 요소들이 주어진 순서대로 들어가 있는지 확인합니다.
- containsSemantics 메서드는 시맨틱 노드에서 레이블과 같이 의도한 속성을 명시합니다. 이를 통해 의도한 속성대로 들어가 있는지 테스트할 수 있습니다.

이 접근법은 개발한 플러터 애플리케이션의 접근성을 검증하는 데 효과적이며, 시맨틱 콘텐츠가 정확히 구성되어 있고 보조 기술을 사용하는 사용자들이 수월하게 탐색할 수 있는지 확인할 수 있습니다.

tester.getSemantics 메서드로 시맨틱 체크하기

tester.getSemantics 메서드는 주어진 위젯의 시맨틱 트리를 가져올 수 있습니다. 이를 통해 스크린 리더에 필요한 시맨틱 정보를 검사할 수 있습니다. 상호작용하는 요소에 대해 올바른 레이블, 힌트, 동작이 제공되는지 확인할 수 있습니다. 예를 들어 이 테스트를 수행해 특정 버튼에 탭 동작과 적절한 레이블 같은 정확한 시맨틱 속성이 있는지 검증할 수 있습니다.

```
testWidgets(
  '버튼의 시맨틱 체크하기',
  (WidgetTester tester) async {
    await tester.pumpWidget(MyApp());
    final SemanticsHandle handle = tester.ensureSemantics();

    // 'submitBtn'이라는 키를 가진 버튼이 있다고 가정
    final Finder submitButton = find.byKey(
      const Key('submitBtn'),
    );
    expect(
      tester.getSemantics(submitButton),
      matchesSemantics(
        hasTapAction: true,
        isButton: true,
        label: '제출',
      ),
    );
    handle.dispose();
```

```
        },
    );
```

이러한 방법을 표준 접근성 가이드라인 검토와 조합하면 플러터 접근성을 위한 포괄적인 테스트 전략을 세울 수 있으며, 스크린 리더를 활용하는 사용자들이 애플리케이션의 모든 기능을 사용할 수 있고, 모범 사례를 따르도록 보장할 수 있습니다.

matchesSemantics 매처를 사용해 테스트를 작성하면 모든 시맨틱 정보가 예상한 대로 존재해야 하므로 작업이 까다로워질 수 있습니다. 테스트가 지속적으로 실패할 때는 debugDumpSemanticsTree() 메서드를 활용해 모든 시맨틱 노드를 검사해 문제를 발견할 수 있습니다.

웹에서 접근성 테스트하기

플러터 웹 애플리케이션은 시맨틱 노드를 시각화하여 접근성 기능을 디버그할 수 있도록 합니다. 다음과 같은 명령줄 플래그로 이를 활성화할 수 있습니다.

```
--dart-define=FLUTTER_WEB_DEBUG_SHOW_SEMANTICS=true
```

프로파일이나 릴리스 모드에서, 시맨틱 노드의 시각적 오버레이를 위젯의 위에서 제공합니다.

21.5.7 접근성 도구

플러터 애플리케이션을 개발할 때는 다양한 접근성 도구를 사용해 장애가 있는 사용자를 포함한 모든 사용자가 애플리케이션을 사용 가능하고 편리하게 만들어야 합니다. 여기서는 구체적인 플러터 접근성 도구들을 플랫폼과 기능으로 묶어서 분석해 보겠습니다.

iOS(macOS) 전용 도구

1. **보이스오버**: 애플의 내장 스크린 리더인 보이스오버는 시각적 제약이 있는 사용자가 애플리케이션에서 어떻게 이동하고 읽는지를 테스트하는 데 필수적입니다. 보이스오버를 사용해 플러터 애플리케이션의 UI 컴포넌트에 적절한 레이블이 있고, 모든 사용자가 애플리케이션 내에서 이동 가능한지 확인할 수 있습니다.

2. **접근성 인스펙터**: Xcode의 일부인 접근성 인스펙터는 보이스오버 피드백, 터치 타깃의 크기, 색 대비율 등 iOS 애플리케이션의 접근성을 심사하는 데 도움이 됩니다.

안드로이드 전용 도구

1. **톡백**: 구글의 스크린 리더인 톡백은 보이스오버와 유사하지만 안드로이드 기기용으로 만들어졌습니다. 안드로이드 환경에서 플러터 애플리케이션이 접근성을 준수하는지 테스트하는 중요한 방법입니다.
2. **접근성 스캐너**: 구글이 만든 도구이며 애플리케이션을 스캔해 작은 터치 타깃의 크기 키우기, 색상 대비 증가 등의 접근성 개선 방안을 추천해 줍니다.

윈도우 접근성 도구

1. **내레이터**Narrator: 윈도우의 내장 스크린 리더로, 윈도우 플랫폼에서 시각적 제약이 있는 사용자가 애플리케이션을 읽고 탐색하는 방법을 테스트하는 데 유용합니다.
2. **돋보기**: 화면 돋보기로, 저시력 사용자를 위한 애플리케이션 사용성을 테스트하는 데 도움이 됩니다.
3. **색 대비 분석기**: 윈도우에서 애플리케이션이 필수적인 색 대비율을 충족하는지 체크하는 데 사용할 수 있습니다.

리눅스 접근성 도구

1. **Orca 스크린 리더**: 리눅스에서 인기 있는 스크린 리더로, 소리 내 읽어주는 피드백과 브라유Braille 점자[5] 출력을 제공하며, 리눅스 플랫폼에서 애플리케이션을 테스트하는 데 유용합니다.
2. **돋보기 도구**: 리눅스 배포판은 (KDE의 KMag와 같이) 일반적으로 내장되거나 다운로드할 수 있는 돋보기 도구를 제공합니다. 이는 시각적 접근성을 테스트하는 데 유용합니다.

크로스 플랫폼 도구

1. **플러터 위젯 인스펙터**: 플러터의 개발자 도구에 내장된 플러터 위젯 인스펙터는 위젯 트리와 레이아웃을 점검하는 데 유용한데, 접근성 측면에서는 시맨틱이 정확히 구현되었는지 확인할 수 있습니다.
2. **플러터 테스트 도구**: 플러터의 통합 테스트 프레임워크는 애플리케이션의 접근성 기능을 자동으로 테스트할 수 있습니다.
3. **색 대비 분석기**: WebAIM 색 대비 확인 도구와 같은 도구는 애플리케이션이 WCAG 가이드라인에 따른 적절한 색 대비율을 가졌는지 확인하는 데 사용할 수 있습니다.
4. **수동 테스트**: 안드로이드와 iOS 기기에서 다양한 접근성 기능을 활성화한 상태로 애플리케이션을 수동으로 테스트하는 것은 매우 중요합니다.

---

[5] 옮긴이_ 현재 사용되는 일반적인 점자 체계로, 루이 브라유(Louis Braille)가 고안했습니다(출처: https://ko.wikipedia.org/wiki/%EC%A0%90%EC%9E%90).

패키지

1. `accessibility_tools` **패키지**: pub.dev에서 찾을 수 있으며, 플러터에서 접근성을 준수하는 애플리케이션을 개발하는 데 유용한 도구와 유틸리티를 제공합니다. 색 대비를 검사하고 글자 크기가 접근성 표준에 맞는지 확인하는 등의 기능을 포함합니다.

21.6 결론

이 장에서 전하고 싶은 메시지는 바로 '능력과 장애 여부에 상관없이, 포용적이고 모두가 접근 가능한 디지털 경험을 만들자'였습니다.

이 장에서 논의한 도구와 사례는 단지 가이드라인이 아니라 윤리적이고 책임 있는 소프트웨어 개발의 기초 요소입니다. 개발 초기부터 접근성에 대한 고려 사항을 통합함으로써, 개발자들은 애플리케이션이 법적 표준을 준수함과 동시에 모두가 사용 가능하고 수용 가능하게 할 수 있습니다. 이러한 접근은 전반적인 사용자 경험을 향상하며 애플리케이션이 다양한 사용자에게 도달할 수 있도록 그 범위를 넓힙니다.

또한 디지털 접근성의 영역은 계속 진화하고 있으므로 최신 트렌드, 도구, 가이드라인을 항상 학습하고 반영하는 것이 매우 중요합니다. 개발자, 디자이너 그리고 콘텐츠를 만드는 사람들은 접근성에 관한 주요 웹사이트와 자료를 정기적으로 참고해야 합니다. 웹 접근성 이니셔티브$^{Web\ Accessibility\ Initiative}$(WAI), A11Y 프로젝트, WCAG 가이드라인은 접근성 표준과 모범 사례들에 대한 너무나도 값진 통찰과 업데이트를 제공합니다. 이러한 자료에 관심을 갖고 탐구해 여러분의 작업물에 녹여내면, 개발자로서의 능력이 향상될 뿐만 아니라 디지털 세상의 포용성과 접근성에 긍정적으로 기여할 수 있습니다.

모두를 위한 접근성이 높고 포용적인 디지털의 미래를 함께 만들어 봅시다.

고급 UI 개발

PART 5

22장 적응형 UI 구축

23장 반응형 UI 기법

24장 i18n과 l10n

25장 플러터에서 테마 활용하기

26장 커스텀 페인터와 셰이더

CHAPTER 22

적응형 UI 구축

검토자: Verena Zaiser

적응형 사용자 인터페이스^{adaptive user interface}(AUI)는 다양한 기기와 사용자의 요구에 맞춰 화면을 최적화함으로써, 애플리케이션 개발에서 중요한 역할을 하는 혁신적인 접근 방식입니다.

데스크톱 애플리케이션의 넓은 화면과 키보드/마우스 입력 방식에 익숙한 사용자가 모바일 기기로 전환하는 상황을 상상해 보세요. 애플리케이션이 작은 화면과 터치 인터페이스에 제대로 적응하지 못한다면 사용자가 불편함을 겪게 됩니다. 바로 이 지점에서 플러터의 적응형 디자인의 중요성이 부각됩니다.

플러터의 강력한 기능을 활용하면 단순히 화면 크기뿐만 아니라 터치, 마우스, 키보드 등 다양한 입력 방식에도 지능적으로 반응하는 애플리케이션을 구축할 수 있습니다.

적응형 디자인은 단순히 화면 크기에 맞춰 레이아웃을 바꾸는 반응형 디자인을 넘어, 플랫폼별 사용자의 기대치와 상호작용 방식을 깊이 이해하고 반영하는 것입니다. 적응형 디자인의 장점은 다양하며 사용자 경험 향상, 애플리케이션 사용성 증대, 다양한 플랫폼에서의 사용자 참여율 증진 등을 기대할 수 있습니다. 플러터의 이러한 적응성 덕분에 단일 코드베이스로 여러 플랫폼에 효율적으로 대응할 수 있으며, 개발 시간과 자원을 절약하면서도 모든 플랫폼 사용자에게 일관되고 직관적인 경험을 제공하는 데 큰 도움이 됩니다.

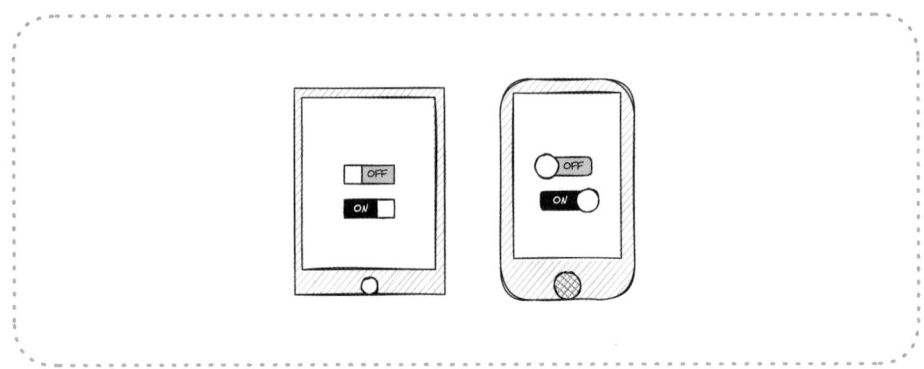

그림 22-1 적응형 UI 전환 예제(플랫폼에 따라 스위치 모양이 다름)

플러터 개발자라면 `Switch.adaptive`나 `AdaptiveTextSelectionToolbar.buttonItems`와 같이 플랫폼에 따라 다른 모양이나 동작을 보여주는 적응형 UI 엘리먼트를 이미 사용해 봤을 수도 있습니다.

하지만 여러 플랫폼을 동시에 지원하는 플러터 UI를 구축하는 과정에서는 여러 도전 과제를 마주할 수 있습니다. 이러한 맥락에서 모든 플랫폼에서 UI가 의도한 대로 작동하는지 확인하는 데 도움이 되는 잠재적 문제점들을 짚어보면 유용합니다. 이번 장에서는 이러한 문제점을 살펴보고 플러터의 내장 기능을 활용해 이를 해결하는 방법을 알아봅니다.

22.1 플랫폼별 UI 고려 사항

플러터로 적응형 UI를 설계할 때는 다양한 플랫폼별 특성이 사용자 경험에 미치는 영향을 신중하게 고려해야 합니다. 그러면 애플리케이션이 어떤 기기에서나 직관적이고 효율적으로 느껴지게 할 수 있습니다. 여기서는 이러한 핵심 고려 사항을 구체적으로 살펴보겠습니다.

22.1.1 화면 크기와 해상도

기기마다 화면 크기와 해상도가 다르며, 이는 사용자 인터페이스(UI)와 사용자 경험(UX)에 큰 영향을 미칩니다. 플러터로 스마트폰뿐 아니라 아니라 태블릿, 데스크톱 등 다양한 기기를 지원하려면 이러한 화면 변화를 고려해 유연하게 UI를 설계해야 합니다.

예를 들어 데스크톱과 같이 큰 화면에서는 넓고 사용자 친화적인 레이아웃이 유리하지만, 작은 모바일 기기에서는 답답하게 느껴질 수 있습니다. 이를 해결하는 데 플러터의 `MediaQuery` 클래스를 사용해 현재 기기의 화면 크기를 감지하고 레이아웃을 동적으로 조정할 수 있습니다.

구체적인 예시를 들어보자면 태블릿이나 데스크톱에서는 상세 정보를 보여주는 `GridView`를 사용하고, 스마트폰에서는 간결한 `ListView`로 전환해 모든 기기에서 콘텐츠에 쉽게 접근하고 시각적으로도 만족스럽게 표현할 수 있습니다. 화면 크기에 따른 레이아웃 조정, 즉 반응형 UI에 관한 내용은 23장 '반응형 UI 기법'에서 심도 있게 다룹니다. 이번 장에서는 주로 플랫폼별 특성과 입력 방식에 초점을 맞춥니다.

22.1.2 입력 방식

적응형 플러터 애플리케이션 개발에서 또 다른 중요한 고려 사항은 다양한 기기와 플랫폼에서 사용하는 입력 방식입니다. 각 입력 방식은 상호작용 방식과 사용자의 기대치가 다릅니다.

주요 고려 사항

1. **터치 입력**: 모바일 기기에서 주로 사용하며 UI 엘리먼트를 손가락으로 조작하기 쉽게 설계해야 합니다. 이는 더 큰 탭 범위와 제스처 기반 내비게이션(예: 스와이프, 길게 누르기)을 구현해야 함을 의미합니다.
2. **마우스 입력**: 데스크탑 환경에서 흔히 사용하며 정밀하게 제어할 수 있습니다. 데스크탑 UI에서는 호버 효과, 우클릭 컨텍스트 메뉴, 스크롤 휠 상호작용과 같은 기능이 필요합니다.
3. **키보드 입력**: 키보드 입력은 모바일과 데스크톱 애플리케이션 모두에서 중요합니다. 여기에는 텍스트 입력, 키보드 단축키, 내비게이션(탭 키나 화살표 키 등을 사용함)이 포함됩니다.
4. **하이브리드 기기**: 키보드가 장착된 태블릿이나 터치 지원 노트북처럼 터치와 마우스/키보드 입력을 모두 지원하는 기기도 고려해야 합니다.

이제 플러터에서 이러한 다양한 입력 방식을 구현하는 방법을 살펴보면서, 사용자가 선호하는 방식으로 상호작용할 수 있도록 애플리케이션을 완벽하게 준비합시다.

GestureDetector로 터치 제스처 처리하기

`GestureDetector` 위젯으로 탭, 더블 탭, 드래그 등의 터치 제스처를 처리할 수 있습니다.

```
GestureDetector(
  onTap: () { /* 탭 처리 */ },
  onLongPress: () { /* 길게 누르기 처리 */ },
    onDoubleTap: () { /* 더블 탭 처리 */ },
    onVerticalDragStart: (_) { /* 세로 드래그 시작 */ },
    onHorizontalDragStart: (_) { /* 가로 드래그 시작 */ },
    onPanUpdate: (_) { /* 팬 업데이트 처리 */ },
    // 기타 제스처...
    child: /* 제스처를 감지할 위젯 */,
);
```

MouseRegion으로 마우스 상호작용하기

마우스 호버 상태를 감지하고 마우스 커서를 변경하는 데 MouseRegion을 사용합니다. 커스텀 롤오버나 호버 효과를 만들 수 있습니다.

```
MouseRegion(
  onEnter: (PointerEnterEvent event) {
    /* 호버 시작 처리 */
  },
  onHover: (PointerHoverEvent event) {
    /* 호버 중 처리 */
  },
  onExit: (PointerExitEvent event) {
    /* 호버 종료 시 처리 */
  },
  cursor: SystemMouseCursors.click,
  child: /* 위젯을 여기에 추가 */,
);
```

FocusableActionDetector는 유용할 수 있는 흥미로운 위젯입니다. 이 위젯은 플러터에서 Actions, Shortcuts, MouseRegion, Focus의 기능을 하나로 묶어 사용자 정의 컨트롤을 간단하게 생성하도록 도와줍니다. 이를 사용하면 키 바인딩을 정의하고, 포커스 변화를 관리하며, 호버 하이라이트를 처리할 수 있습니다. 이는 코드의 가독성을 높이고 사용자 정의 컨트롤이 키보드, 마우스, 터치 상호작용에서 일관되게 동작하도록 합니다.

```
FocusableActionDetector(
```

```
actions: <Type, Action<Intent>>{
  ActivateIntent: CallbackAction<Intent>(
    onInvoke: (intent) => print('Action triggered'),
  ),
},
shortcuts: _shortcuts, // _shortcuts 변수는 Map<LogicalKeySet, Intent> 형태여야 함
onShowFocusHighlight: (hasFocus) { /* 포커스 하이라이트 처리 */ },
// _handleFocusChanged 대신 직접 구현
onShowHoverHighlight: (isHovering) { /* 호버 하이라이트 처리 */ },
// _handleHoverChanged 대신 직접 구현
child: /* 위젯을 여기에 추가 */,
)
```

고급 마우스 제어를 위한 Listener 등록하기

Listener 위젯은 마우스 이벤트를 더 세밀하게 제어하게 해 주며 마우스 움직임이나 스크롤 휠 사용을 추적하는 기능을 제공합니다.

```
Listener(
  onPointerSignal: (event) {
    if (event is PointerScrollEvent) {
      // 스크롤 이벤트 처리
    }
  },
  child: /* 자식 위젯들... */, // children이 아닌 child 사용
)
```

탭 순서와 포커스 상호작용 관리하기

플러터에서 탭 순서 관리와 포커스 상호작용을 효과적으로 처리하는 것은 접근 가능하고 사용자 친화적인 애플리케이션을 만드는 데 필수적입니다. 이 과정에는 두 가지 주요 구성 요소가 포함됩니다.

1. **탭 순서 관리**: 키보드를 사용해 위젯 간 포커스를 이동하는 순서와 논리를 결정합니다.
2. **포커스 하이라이트**: 현재 어떤 위젯이 선택되어 있는지를 눈으로 명확하게 보여주는 기능입니다. 키보드 만으로 애플리케이션을 조작하는 사용자, 그중에서도 특히 운동 기능이나 시력에 불편함이 있는 사용자에게는 이 기능이 반드시 필요합니다.

플러터의 내장 버튼과 텍스트 필드는 자동으로 탭 순서 관리와 포커스 하이라이트 기능을 지원합니다. 사용자 정의 위젯에서는 `FocusableActionDetector`를 사용할 수 있습니다. 이 위젯은 `Actions`, `Shortcuts`, `MouseRegion`, `Focus` 기능을 결합해 사용자 정의 포커스와 호버 상호작용을 허용합니다.

플러터의 기본 포커스 순회focus traversal 알고리즘은 `ReadingOrderTraversalPolicy`입니다. 이 정책은 자연스러운 읽기 순서를 모방하여 애플리케이션 내의 키보드 포커스를 지능적으로 안내합니다. 먼저 화면에서 가장 위쪽에 위치한 노드 사각형을 식별합니다. 그런 다음, 이 최상단 사각형의 상단 및 하단 가장자리로 만들어지는 수평 띠horizontal band와 교차하는 다른 노드들을 찾습니다. 마지막으로, 교차하는 노드들 중에서 읽기 순서의 시작점에 가장 가까운 노드를 선택합니다.

포커스 관리

플러터의 포커스 관리 시스템을 활용하면 키보드 기반의 내비게이션과 제어를 효과적으로 구성할 수 있습니다. 이는 특히 접근성에 있어 매우 중요합니다.

플러터에서 포커스 순서를 제어하려면 `FocusTraversalGroup`을 사용해 위젯을 그룹화하고 탭 순서를 지정합니다. 예를 들어 폼에서 탭 순서를 설정해 모든 입력 필드를 탐색한 후에 제출 버튼에 도달하도록 할 수 있습니다. 플러터는 기본적으로 `ReadingOrderTraversalPolicy`를 적용해 포커스 이동을 처리하지만, 이를 다른 사전 정의된 정책으로 변경하거나 사용자 정의 정책을 만들어 적용할 수도 있습니다.

```
FocusTraversalGroup(
  child: MyFormWithMultipleColumnsAndRows(),
);
```

키보드 가속기

키보드 가속기(또는 단축키)는 사용자 경험을 향상하는 데 필수적이며, 특히 데스크탑과 웹 플랫폼에서 중요합니다. 예를 들어 빠르게 삭제해 주는 `delete` 키나 새 문서를 생성하는 `Ctrl + N`과 같은 단축키는 사용자가 효율적으로 내비게이션하고 상호작용하도록 도와줍니다.

플러터에서는 키보드 상호작용과 가속기를 처리하는 여러 위젯과 클래스를 제공합니다. 이러한 기능은 애플리케이션의 사용성과 접근성을 향상하는 데 도움이 됩니다.

이러한 기능에는 저수준의 키보드 이벤트를 감지하는 `RawKeyboardListener`, 전체 위젯 하위 트리에 대한 키보드 단축키를 정의하는 `Shortcuts` 위젯, 포커스와 액션 감지를 결합한 `FocusableActionDetector`, 포커스 순서를 관리하는 `FocusTraversalGroup`이 포함됩니다. 또한 `RawKeyboard`는 글로벌 키보드 이벤트를 감지하고, `Actions`는 사용자 정의나 시스템 정의 인텐트에 특정 동작을 바인딩하는 데 사용합니다. 각 요소는 플러터 애플리케이션에서 직관적이고 접근 가능한 키보드 내비게이션 경험을 만드는 데 중요한 역할을 합니다.

하이브리드 기기 고려 사항

여러 입력 방식을 지원하는 기기에서 터치/비터치 입력 간 전환을 우아하게 처리하도록 애플리케이션을 설계해야 합니다. 예를 들어 마우스 휠과 터치 스와이프 모두와 함께 작동하는 스크롤바를 표시하거나, 탭하기에 충분히 크면서도 호버 효과를 제공하는 버튼을 사용할 수 있습니다.

22.1.3 시각적 디자인과 밀도

크기, 간격, 밀도^{density}와 같은 시각적 요소는 플랫폼의 특성에 맞게 조정해야 합니다. 데스크탑 인터페이스는 보통 더 넓은 공간을 제공하며 모바일 기기보다 더 높은 정보 밀도를 처리할 수 있습니다. 플러터에서는 `Material` 컴포넌트의 `VisualDensity` 속성을 조정해 이러한 요구를 관리할 수 있습니다. 이 조정을 통해 데스크탑 애플리케이션에서는 UI 엘리먼트를 더 단순하게 하고, 모바일 애플리케이션에서는 간격을 넓혀 다양한 기기에서 가독성과 상호작용의 품질을 높일 수 있습니다.

```
void main() {
  // 플랫폼 또는 입력 방식 감지 로직(예시)
  // 실제 구현에서는 운영 체제, 화면 특성, 포인터 종류 등을 확인해야 함
  // 예: 모바일 OS(iOS, Android)는 터치 기반으로 간주
  // import 'dart:io' show Platform;
  final touchMode = Platform.isIOS || Platform.isAndroid; // 간단한 예시

  final densityAmount = touchMode ? 0.0 : -1.0; // 예싯값이며 필요에 따라 조정 가능
```

```
    runApp( // runApp은 main 함수 내에서 호출되어야 함
      MaterialApp(
        theme: ThemeData(
          visualDensity: VisualDensity(
            horizontal: densityAmount,
            vertical: densityAmount,
          ),
        ),
        home: MyApp(), // MyApp은 실제 애플리케이션 위젯으로 대체
      ),
    );
}

// MyApp과 필요한 import 구문 추가 필요
class MyApp extends StatelessWidget {
  @override
  Widget build(BuildContext context) {
    return Scaffold(
      appBar: AppBar(title: Text('Visual Density Example')),
      body: Center(child: ElevatedButton(onPressed: () {}, child: Text('Button'))),
    );
  }
}

// Platform 사용을 위한 import
import 'dart:io' show Platform;
// Flutter 위젯 사용을 위한 import
import 'package:flutter/material.dart';
```

horizontal과 vertical 인수는 VisualDensity.minimumDensity(-4.0)와 VisualDensity.maximumDensity(4.0) 사이의 값이어야 합니다.

minimumDensity와 maximumDensity는 시각적 밀도를 설정할 수 있는 범위를 나타내며 구체적으로 다음과 같습니다.

- minimumDensity는 -4.0으로, 가장 확장되거나 가장 낮은 밀도를 의미합니다.
- maximumDensity는 4.0으로, 가장 압축되거나 가장 높은 밀도를 의미합니다.

22.1.4 내비게이션 패턴

애플리케이션 내 내비게이션은 직관적이어야 하며 플랫폼의 표준에 맞아야 합니다. 다행히도 플러터에서는 이러한 기능을 대부분 기본적으로 제공하지만 특정 플랫폼에서는 일부 조정해야 할 수 있습니다.

22.1.5 플랫폼 관행 및 컴포넌트

각 플랫폼에는 고유한 관습과 선호하는 UI 컴포넌트가 있습니다. 예를 들어 iOS와 안드로이드에서 날짜 선택창, 스위치, 대화 상자 등은 외관과 동작이 다릅니다. 플러터에서는 iOS에는 `Cupertino` 위젯을, 안드로이드에는 `Material` 위젯을 사용해 이러한 차이를 반영할 수 있습니다.

이와 같이 플랫폼별 디자인 언어를 준수하면 애플리케이션이 사용자 기대에 부합하며 플랫폼에 자연스럽게 어울리게 되어 전체적인 사용자 경험이 향상됩니다. 또한 플러터는 `Switch.adaptive()`와 `Slider.adaptive()` 같은 기본 적응형 위젯을 제공합니다.

22.2 고유한 플랫폼 기능 활용하기

각 플랫폼의 사용자 인터페이스 규범과 동작의 미묘한 차이를 이해하는 것은 직관적이고 매력적인 사용자 경험을 창출하는 데 중요합니다. 이를 위해서는 천편일률적인 디자인이 아닌, 각 플랫폼에 맞는 섬세한 전략이 필요합니다. 이는 각 플랫폼의 전형적인 기능과 디자인 요소를 고려하는 것뿐만 아니라, 네이티브 사용자의 관점을 수용하는 것을 포함합니다. 하지만 이는 쉬운 일이 아닙니다. 이러한 강력한 팀워크와 헌신적인 노력은 이미 여러분의 팀과 회사 문화에 깊이 뿌리내려 있어야 합니다. 각 플랫폼의 고유한 기능을 제대로 활용하려면 무엇을 해야 할까요?

이 문제를 해결하는 한 가지 방법은 전담 플랫폼 옹호자(platform advocate)를 두는 것입니다. 이들에게서 귀중한 통찰력과 피드백을 얻어 애플리케이션이 각 플랫폼의 특성을 잘 반영하게 할 수 있습니다. 이러한 플랫폼별 표준에 맞추는 동시에 모든 플랫폼에서 고유하고 일관된 브랜드 정체성을 유지하는 것도 중요하며, 조화와 독창성 사이에서 균형을 맞춰야 합니다. 옹호자는 개발 팀의 일원일 필요는 없습니다. 회사에서 해당 플랫폼에 익숙하고 도움을 줄 의향이 있는 누구라도 될 수 있고, 수동 적응성 테스트를 실행할 수 있는 외부 옹호자도 유용할 수 있습니다.

다양한 플랫폼에서의 독창성 유지는 여러 가지 이유로 중요합니다. 이는 사용자의 기존 멘탈 모델에 맞춰 인지적 부담을 줄임으로써 상호작용과 내비게이션을 단순화하고, 플랫폼별 사용자 기대에 부응하는 애플리케이션은 신뢰를 얻고, 이는 긍정적인 평가와 품질 인식으로 이어집니다. 또한 플랫폼마다 고유한 사용자 경험을 유지하는 것은 여러 이유로 중요합니다. 사용자의 기존 멘탈 모델mental model에 부합함으로써 인지 부하를 줄여주고, 이는 상호작용과 내비게이션을 단순화합니다. 또한 사용자는 플랫폼별 기대치를 충족하는 애플리케이션에 더 편안함을 느끼며 신뢰를 쌓게 되는데, 이는 더 나은 평점과 체감 품질로 이어질 수 있습니다. 각 플랫폼의 고유한 강점을 활용하여 맞춤화된 경험을 제공하고 사용자 몰입도를 높일 수 있습니다. 이처럼 플랫폼 표준을 따르는 것conformity과 애플리케이션의 개성을 드러내는 것distinctiveness 사이의 균형은 성공적이고 사용자 친화적인 애플리케이션을 만드는 핵심입니다.

22.2.1 고유 기능

여러 플러터 애플리케이션을 개발하면서 반드시 고려해야 할 중요한 플랫폼 기능을 몇 가지 발견했습니다. 더 많은 기능이 있지만 이들이 가장 일반적입니다.

| 플랫폼별 스크롤바 동작 |

플랫폼 규범에 맞게 스크롤바 동작을 조정하세요. 모바일에서는 자동으로 숨겨지는 스크롤바를, 데스크탑에서는 더 눈에 띄고 항상 표시되는 스크롤바를 사용하면 좋습니다.

```
// 플랫폼 감지 로직(예시)
import 'package:flutter/foundation.dart' show kIsWeb;
import 'dart:io' show Platform;

final bool isDesktop = !kIsWeb && (Platform.isWindows || Platform.isLinux || Platform.isMacOS);

// ... 위젯 빌드 메서드 내부 ...
```

```
Scrollbar(
  // isAlwaysShown이 deprecated되었으므로 thumbVisibility 사용 권장
  thumbVisibility: isDesktop, // 데스크톱 환경에서는 보이도록 설정
  child: ListView(/* 콘텐츠 */),
);
```

| 키보드 및 터치 지원이 있는 다중 선택 상호작용 |

애플리케이션의 다중 선택 기능은 상호작용 방식에 따라 크게 달라집니다. 데스크탑 환경에서는 Shift나 Ctrl 같은 키보드 단축키를 사용해 다중 선택이 자주 활성화됩니다. 이를 통해 사용자는 목록이나 그리드에서 여러 항목을 원활하게 선택할 수 있습니다. 반면에 터치 기기에서는 보통 길게 누르는 제스처로 다중 선택을 처리하면 더 직관적입니다. 이때 각 플랫폼에서 현재 어떤 키가 눌렸는지 감지하는 것이 중요합니다. 다음 코드를 살펴보죠.

```
// 키 눌림 상태 감지는 RawKeyboardListener 등을 사용해 별도 구현 필요
// 다음은 개념적인 예시 코드임. 실제 구현 시에는 상태 관리가 필요함
import 'package:flutter/services.dart';
import 'dart:io' show Platform;

// ... (isKeyDown 함수는 키 상태를 추적하는 로직으로 구현되어야 함) ...
// bool isKeyDown(Set<LogicalKeyboardKey> keys) { ... }

// ... 위젯 빌드나 이벤트 처리 로직 내부 ...
bool isDown;
if (Platform.isMacOS) {
  // isDown = isKeyDown({ // isKeyDown 함수가 구현되어 있다고 가정
  //   LogicalKeyboardKey.metaLeft,
  //   LogicalKeyboardKey.metaRight,
  // });
  isDown = false; // 임시
} else {
  // isDown = isKeyDown({ // isKeyDown 함수가 구현되어 있다고 가정
  //   LogicalKeyboardKey.controlLeft,
  //   LogicalKeyboardKey.controlRight,
  // });
  isDown = false; // 임시
}
```

| 향상된 사용자 상호작용을 위한 텍스트 선택 가능성 |

웹과 데스크탑 플랫폼에서는 사용자가 편하게 사용할 수 있도록 텍스트를 선택 가능하게 해야 합니다.

```
SelectableText('선택 가능한 텍스트');
```

다음과 같이 할 수도 있습니다.

```
SelectionArea(
  child: Scaffold(
    body: Center(
      child: Column(
        mainAxisAlignment: MainAxisAlignment.center,
        children: <Widget>[
          Text('행 1'),
          Text('행 2'),
          Text('행 3'),
        ],
      ),
    ),
  ),
);
```

SelectionArea 위젯은 사용자가 선택할 수 있는 영역을 제공하며, 사용자 선호에 따라 조정되는 적응형 선택 컨트롤을 지원합니다.

| 직관적인 상호작용을 위한 컨텍스트 메뉴와 툴팁 |

데스크탑 애플리케이션에서는 우클릭 기능이 있는 컨텍스트 메뉴를, 모바일에서는 더 간단한 탭 기반 메뉴를 구현해야 합니다.

```
// PopupMenuButton은 일반적으로 탭 기반 상호작용에 사용함
// 데스크톱 우클릭 메뉴는 Listener와 Overlay 등을 조합하여 구현해야 함
PopupMenuButton(
  onSelected: (Object? value) {/* 선택 처리 */},
  itemBuilder: (BuildContext context) {/* 항목 빌드 (List<PopupMenuEntry<Object?>>)*/
    return []; },
```

```
);
```

다음과 같이 할 수도 있습니다.

```
Tooltip(
  message: '툴팁',
  child: Text('툴팁을 표시하려면 텍스트 위에 마우스를 올려놓으세요.'),
);
```

입력 방법에 맞게 조정된 드래그 앤드 드롭

드래그 앤드 드롭은 애플리케이션의 중요한 상호작용으로, 터치 기반 입력과 포인터 기반(마우스) 입력 사이에서 큰 차이가 있습니다. 터치 사용자들은 보통 드래그 핸들이나 길게 누르기 제스처로 드래그를 시작하는데, 같은 손가락을 스크롤링과 드래깅에 모두 사용하기 때문입니다. 반면에 마우스 사용자는 마우스 커서를 이용해 드래그 작업을 명확히 구분할 수 있으며 휠이나 스크롤바를 사용해 이동합니다.

플러터에서는 드래그 앤드 드롭 기능을 다양한 입력 방법에 맞게 사용자 정의할 수 있습니다.

- 터치 입력용: 눈에 띄는 드래그 핸들을 구현하거나 길게 눌러 드래그를 활성화합니다(예: LongPressDraggable).
- 마우스 입력용: 추가 인디케이터 없이 직접 항목 드래깅을 허용합니다(예: Draggable).

```
// 사용자 정의 드래그 앤드 드롭을 위한 Draggable과 DragTarget 사용
// itemData, YourItemWidget, YourItemDragRepresentation, YourDropAreaWidget 등은
// 실제 위젯/데이터로 대체 필요
Draggable(
  data: itemData, // 드래그되는 데이터
  child: YourItemWidget(), // 평상시 보이는 위젯
  feedback: YourItemDragRepresentation(), // 드래그 중에 보이는 위젯
);

DragTarget(
  onAccept: (receivedItemData) {
    // 수신된 데이터 처리
  },
  builder: (context, candidateData, rejectedData) =>
    YourDropAreaWidget(), // 드롭 영역 위젯
```

```
);
```

이 작업은 복잡할 수 있으며 광범위한 로직이 필요할 수 있습니다. 대안으로, 이러한 세부 사항을 처리하는 사전 제작된 패키지를 사용하는 것도 좋은 방법입니다. 이런 패키지는 *https://pub.dev*에서 찾을 수 있습니다.

22.3 결론

이 장에서는 플러터에서 적응형 애플리케이션을 만드는 데 필요한 기본적인 측면을 탐구했으며, 플랫폼별 기능을 활용하고 강화해 더 직관적이고 매력적인 사용자 경험을 만드는 방법에 중점을 두었습니다. 다중 선택 상호작용을 처리하는 것부터 메뉴바와 스크롤바 같은 UI 엘리먼트를 사용자 정의하는 데 이르기까지, 다양한 기기에서 애플리케이션이 자연스럽게 느껴지게 하는 여러 가지 기술을 다뤘습니다.

하지만 플러터의 적응성에 관한 내용은 매우 광범위하여 여기서 완전히 다루기 어렵습니다. 이 장에서 견고한 기초를 했으므로 이를 바탕으로 더 많은 것을 발견하고 구현해 보세요. 이제 플러터에서 적응성이 무엇을 의미하는지, 내장된 기능을 어떻게 활용하는지, 이를 기반으로 플랫폼 표준과 창의적 비전을 모두 충족하는 커스텀 애플리케이션을 어떻게 만드는지를 이해했을 것입니다.

CHAPTER 23

반응형 UI 기법

검토자: Çaatay Ulusoy

반응형 디자인은 전통적으로 사용자 인터페이스를 화면 크기에 맞게 조정하는 것과 관련이 있었지만, 웹 기반에서 상당히 발전했습니다. 모바일 기술을 통해 이 개념은 이제 더 광범위한 과제를 포함합니다. 사용자는 화면 사양이 다양한 기기를 작동하고, 애플리케이션은 각각 고유한 경험을 제공하는 다양한 운영 체제에서 원활하게 실행되어야 합니다.

플러터는 다양한 화면 크기를 지원하고 여러 플랫폼에서 호환성과 최적의 사용자 경험을 보장합니다.

이전 장에서 플러터의 적응형 요소를 알아봤으며, 추가해야 할 유일한 요소는 반응형 디자인이었습니다. 플러터의 적응형 디자인은 다양한 플랫폼(예: iOS, 안드로이드, 웹, 데스크톱)에 맞게 특별히 조정된 레이아웃과 기능을 갖춘 애플리케이션을 만드는 것을 의미합니다. 반면, 반응형 디자인은 다양한 화면 크기와 방향에 맞게 우아하게 조정되는 단일 레이아웃을 구축하는 데 중점을 둡니다.

이 장에서는 반응형 디자인의 엔지니어링 측면과 플러터에서 이를 사용하는 방법을 알아봅니다.

23.1 반응형 디자인의 원칙

반응형 디자인 원칙은 플러터 프레임워크에 맞춰 다중 기기 레이아웃 패턴을 구현하는 길을 열어 줍니다. 이러한 원칙에는 다음과 같은 요소가 포함되지만 이에 국한되지는 않습니다.

1. **유연성**: 플러터의 Flexible과 Expanded 같은 위젯으로 유연한 레이아웃을 강조하면 화면 크기에 따라 UI 엘리먼트가 동적으로 크기를 조정합니다.
2. **적응성**: 플러터의 MediaQuery를 활용해 중단점break point을 설정하면 다양한 화면 크기에 따라 다른 UI를 나타낼 수 있어 가독성과 사용자 상호작용을 향상합니다.
3. **일관성**: 플러터의 테마 시스템을 사용해 모든 기기에서 일관된 디자인 언어를 유지하고 익숙한 사용자 경험을 보장합니다.
4. **성능 최적화**: 효율적인 에셋 로딩 및 다양한 화면 해상도에 따른 사용자 지정 위젯 렌더링과 같은 플러터의 성능 기능을 활용해 애플리케이션 성능을 향상합니다.

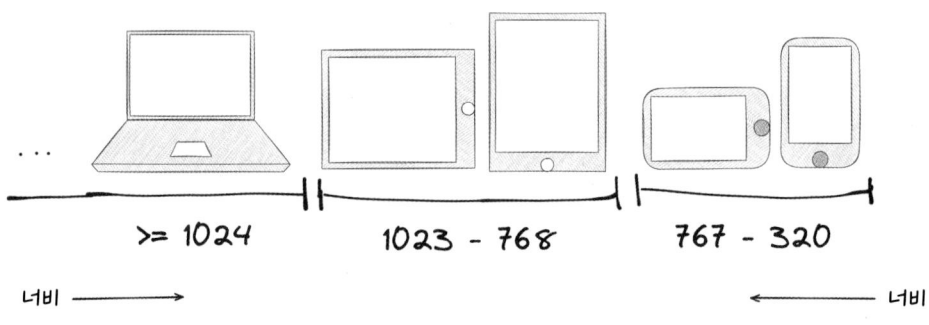

그림 23-1 다양한 기기 크기

이러한 원칙을 플러터 개발에 통합하면 특정 레이아웃 패턴이 다중 기기 호환성을 위한 효과적인 솔루션으로 등장합니다.

1. **대부분 유동적**Mostly Fluid: 이 패턴은 화면 크기가 변경됨에 따라 레이아웃과 간격을 약간 조정해 기기 간에 유동적이고 일관된 모양을 유지합니다. GridView와 Wrap 같은 위젯을 사용해 플러터에서 이를 적용할 수 있습니다.
2. **레이아웃 시프터**Layout Shifter: 반응성이 매우 뛰어난 패턴으로, 다양한 중단점에서 레이아웃을 크게 변경합니다. 여기에는 콘텐츠 블록을 재정렬하고, 탐색 위치를 변경하고, MediaQuery를 사용해 조건문으로 다양한 화면 크기나 방향에 따라 다른 레이아웃을 구현하는 것이 포함됩니다(예: Row와 Column 레이아웃 간 전환).
3. **오프 캔버스**Off-Canvas: 내비게이션에 자주 사용되는 이 패턴은 보조 콘텐츠를 화면 밖에서 숨기고, 메뉴 아

이콘을 스와이프하거나 탭하는 등의 상호작용으로 액세스할 수 있어 작은 기기에서 화면 공간을 절약합니다. 플러터의 Drawer 위젯을 사용해 화면 크기나 사용자 상호작용에 따라 숨기거나 표시할 내비게이션에 오프 캔버스를 적용할 수 있습니다.

여기에 더해 플러터에서는 크게 세 가지를 고려해야 하는데, 바로 화면 크기, 가로/세로 같은 화면 방향, 그리고 픽셀 밀도와 같은 기기의 고유한 특성입니다.

플러터에서 이러한 원리와 패턴을 구현하는 방법을 살펴보겠습니다.

23.2 플러터에서의 반응성 접근 방식

플러터에서 애플리케이션 디자인의 반응성을 달성하는 데는 일반적으로 두 가지 주요 접근 방식이 포함됩니다. 기기 화면 크기에 따라 `MediaQuery`와 `LayoutBuilder` 위젯을 사용하는 것입니다. 두 방법 모두 고유한 장점을 제공하며, 개별적으로 사용하거나 결합해서 적응력이 뛰어나고 유연한 사용자 인터페이스를 만들 수 있습니다.

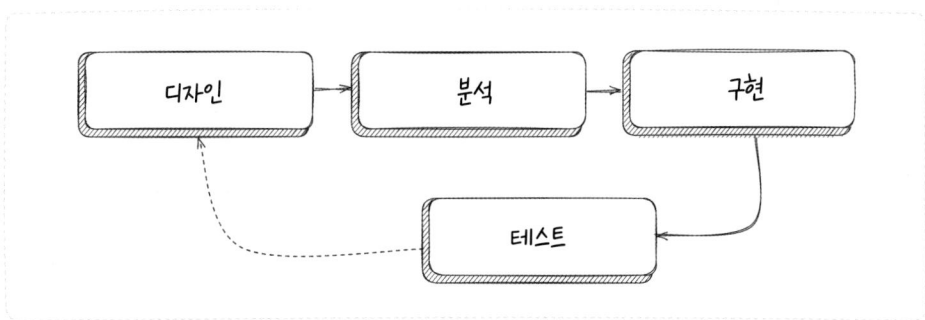

그림 23-2 반응형 디자인 흐름

23.2.1 MediaQuery 크기에 따른 반응성

플러터에서 반응형 UI를 만드는 첫 번째 방법은 `MediaQuery` 클래스를 사용하는 것입니다. 이 방법은 주로 기기 화면 크기에 초점을 맞춰 UI가 어떻게 적응해야 하는지 결정합니다.

작동 방식

- `MediaQuery`는 화면 크기, 방향, 픽셀 비율과 같은 기기의 현재 구성에 관한 정보를 제공합니다.
- 개발자는 이러한 매개변수를 기반으로 다양한 레이아웃이나 스타일을 정의할 수 있습니다. 예를 들어 모바일 기기에서 두 개의 열이 있는 그리드 레이아웃은 태블릿이나 데스크톱에서 네 개의 열로 변경될 수 있습니다.

```
Widget build(BuildContext context) {
  var screenWidth = MediaQuery.sizeOf(context).width;
  if (screenWidth < 600) {
    // 모바일 레이아웃
    return mobileLayout();
  } else {
    // 태블릿/데스크탑 레이아웃
    return tabletDesktopLayout();
  }
}
```

23.2.2 LayoutBuilder 사용

두 번째는 LayoutBuilder 위젯을 사용하는 접근 방식입니다. LayoutBuilder는 부모 위젯의 크기를 제공해 위젯에 사용 가능한 공간에 따라 레이아웃을 더 세부적으로 제어할 수 있습니다.

작동 방식

- LayoutBuilder는 부모 위젯의 제약 조건을 해당 빌더 함수에 전달해 자식 위젯이 크기와 레이아웃을 적절히 조정하도록 합니다.
- 이 접근 방식은 위젯의 크기가 화면 크기가 아닌 부모 위젯에 따라 달라져야 할 때 특히 유용하며 더 동적이고 유연한 레이아웃을 허용합니다.

```
Widget build(BuildContext context) {
  return LayoutBuilder(
    builder: (BuildContext context, BoxConstraints constraints) {
      if (constraints.maxWidth < 600) {
        // 너비가 좁을 때의 레이아웃(모바일 등)
        return mobileLayout();
```

```
      } else {
        // 너비가 넓을 때의 레이아웃(태블릿이나 데스크탑 등)
        return tabletDesktopLayout();
      }
    },
  );
}
```

23.2.3 플러터에서의 반응형 고려 사항

플러터에서 반응형 애플리케이션을 빌드할 때 애플리케이션이 다양한 화면 크기와 방향에 효과적으로 적응하도록 보장하려면 고려해야 하는 몇 가지 사항이 있습니다. 자세한 접근 방식은 다음과 같습니다.

| 그리드 모델 및 레이아웃 전략 |

다양한 화면 크기에 맞게 UI 그리드 모델을 개념화합니다. 여기에는 각 화면 크기와 방향에 표시할 콘텐츠와 요소를 기획하는 것이 포함됩니다. 그리드를 유연하고 적응적으로 디자인해 일관된 기기 경험을 보장합니다.

| 중단점 정의 |

반응형 디자인에서 중단점은 다양한 기기에서 최적의 경험을 제공하기 위해 레이아웃이 조정되는 특정 화면 크기를 정의하는 개념입니다. 다양한 화면 크기를 나타내는 중단점 세트를 정의해 두면 유용합니다. enum이나 클래스를 사용해 이러한 중단점을 캡슐화하면 UI를 다양한 화면 크기에 맞게 조정하는 작업을 간소화할 수 있습니다. 일반적인 중단점 세트는 다음과 같습니다.

```
enum ScreenSize {
  // 폰이 세로 모드인 경우
  compact(maxWidth: 600),
  // 태블릿이 세로 모드이거나 접이식 기기가 (접히지 않고) 세로인 경우
  medium(maxWidth: 840),
  // 폰, 태블릿, 접이식 기기가 (접히지 않고) 가로 모드이거나 데스크탑일 경우
  expanded(maxWidth: 1200),
```

```
    // 데스크탑, TV
    large(maxWidth: 1600);

    const ScreenSize({required this.maxWidth});

    final double maxWidth;

    bool isSmallerThan(double screenWidth) => screenWidth < maxWidth;

    static ScreenSize getScreenSize(double screenWidth) {
      if (ScreenSize.compact.isSmallerThan(
        screenWidth,
      )) {
        return ScreenSize.compact;
      } else if (ScreenSize.medium.isSmallerThan(
        screenWidth,
      )) {
        return ScreenSize.medium;
      } else if (ScreenSize.expanded.isSmallerThan(
        screenWidth,
      )) {
        return ScreenSize.expanded;
      } else {
        return ScreenSize.large;
      }
    }
  }
```

| 더 작은 위젯으로 분해 |

UI를 더 작고 재사용 가능한 위젯으로 분해해 모듈화합니다. 이렇게 하면 가독성과 유지관리성이 향상되고 다양한 화면 크기에 맞게 레이아웃을 더 유연하게 구성할 수 있습니다.

| 반응형 빌더 위젯 만들기 |

LayoutBuilder를 사용해 화면 크기에 따라 다양한 UI를 렌더링하는 위젯을 구현합니다. 다음은 전략 디자인 패턴에 따른 예입니다.

```
  abstract class LayoutStrategy {
    Widget build(BuildContext context); // build 메서드에 context 매개변수 추가
  }
```

```
class MediumLayoutStrategy implements LayoutStrategy {
  @override
  Widget build(BuildContext context) { // context 매개변수 추가
    return const Center(
      child: Text('MediumLayoutStrategy'),
    );
  }
}

class ExpandedLayoutStrategy implements LayoutStrategy {
  @override
  Widget build(BuildContext context) { // context 매개변수 추가
    return const Center(
      child: Text('ExpandedLayoutStrategy'),
    );
  }
}

class LargeLayoutStrategy implements LayoutStrategy {
  @override
  Widget build(BuildContext context) { // context 매개변수 추가
    return const Center(
      child: Text('LargeLayoutStrategy'),
    );
  }
}
```

그런 다음 레이아웃 전략을 수용할 수 있도록 ResponsiveLayout 위젯을 만듭니다.

```
class ResponsiveLayout extends StatelessWidget {
  final LayoutStrategy compactLayoutStrategy;
  final LayoutStrategy mediumLayoutStrategy;
  final LayoutStrategy expandedLayoutStrategy;
  final LayoutStrategy largeLayoutStrategy;
  const ResponsiveLayout({
    super.key,
    required this.compactLayoutStrategy,
    required this.mediumLayoutStrategy,
    required this.expandedLayoutStrategy,
    required this.largeLayoutStrategy,
  });
  @override
```

```
  Widget build(BuildContext context) {
    return LayoutBuilder(
      builder: (BuildContext context, BoxConstraints constraints) {
        final layoutStrategy = _getLayoutStrategy(constraints.maxWidth);
        return layoutStrategy.build(context); // context 전달
      },
    );
  }

  LayoutStrategy _getLayoutStrategy(double width) {
    final screenSize = ScreenSize.getScreenSize(width);
    switch (screenSize) {
      case ScreenSize.compact:
        return compactLayoutStrategy;
      case ScreenSize.medium:
        return mediumLayoutStrategy;
      case ScreenSize.expanded:
        return expandedLayoutStrategy;
      case ScreenSize.large:
        return largeLayoutStrategy;
    }
  }
}
```

23.2.4 고급 위젯 활용

반응형 UI를 제작하려면 기본 레이아웃 위젯을 넘어 고급 위젯을 활용해야 합니다. 반응형 플러터 개발에서 위젯의 중요성을 보여주는 실제 사용 예시와 시나리오를 살펴보며 이러한 위젯을 자세히 알아보겠습니다.

각 위젯은 다음과 같이 유동적이고 적응 가능한 디자인을 구현하는 데 특정 역할을 합니다.

CustomSingleChildLayout

특히 표준 위젯이 충분하지 않을 때, 부모 위젯 내에서 단일 자식 위젯의 사용자 지정 위치나 크기를 조정하는 데 적합합니다. 이는 Container, Column, Row와 같은 표준 레이아웃 위젯으로는 달성할 수 없는 방식으로 자식 위젯의 위치나 크기를 조정해야 할 때 특히 유용합니다.

```
class MyCustomLayout extends StatelessWidget {
  const MyCustomLayout({super.key});
  @override
  Widget build(BuildContext context) {
    return CustomSingleChildLayout(
      delegate: MyCustomDelegate(),
      child: Container(color: Colors.blue),
    );
  }
}

class MyCustomDelegate extends SingleChildLayoutDelegate {
  @override
  BoxConstraints getConstraintsForChild(BoxConstraints constraints) {
    // 자식에 대한 사용자 정의 제약 조건
    return constraints;
  }
  @override
  Offset getPositionForChild(Size size, Size childSize) {
    // 자식을 오른쪽 아래 모서리에 배치
    return Offset(size.width - childSize.width, size.height - childSize.height);
  }

  @override
  bool shouldRelayout(MyCustomDelegate oldDelegate) => false;
}
```

레이아웃 로직은 `SingleChildLayoutDelegate`를 확장하는 대리자 클래스(delegate class)에서 처리합니다. 이 대리자는 자식의 크기와 위치를 지정하는 방법에 관한 사용자 지정 규칙을 정의하는 유연성을 제공합니다. `CustomSingleChildLayout`은 런타임에 레이아웃 계산을 수행하므로 표준 위젯보다 성능 부담이 클 수 있습니다. 필요할 때 사용하고 간단한 레이아웃 작업에는 과도하게 사용하지 않는 것이 좋습니다.

이 예제는 `CustomSingleChildLayout`의 작동 방식을 보여줍니다. 다만, 위젯을 한 모서리에 맞추는 등의 간단한 작업에는 `Stack` 위젯이 더 적합하다는 점을 기억하세요.

CustomMultiChildLayout
위치와 크기가 상호 의존적인 여러 자식이 포함된 복잡한 레이아웃에 적합합니다. 이는 Row,

Column, Grid와 같은 표준 레이아웃 위젯으로는 구현이 어려운 사용자 지정 UI 디자인에서 자주 사용합니다.

```dart
class MyComplexLayout extends StatelessWidget {
  const MyComplexLayout({super.key});
  @override
  Widget build(BuildContext context) {
    return CustomMultiChildLayout(
      delegate: MyComplexLayoutDelegate(),
      children: <Widget>[
        LayoutId(
          id: 'first',
          child: Container(color: Colors.red, width: 100, height: 100),
        ),
        LayoutId(
          id: 'second',
          child: Container(color: Colors.green, width: 100, height: 100),
        ),
      ],
    );
  }
}

class MyComplexLayoutDelegate extends MultiChildLayoutDelegate {
  @override
  void performLayout(Size size) {
    Size firstSize = Size.zero; // firstSize 초기화
    // 'first' 위젯 배치
    // hasChild로 확인하는 것이 안전함
    if (hasChild('first')) {
      firstSize = layoutChild('first', BoxConstraints.loose(size));
      positionChild('first', Offset.zero);
    }
    // 'second' 위젯을 'first' 위젯의 우측에 배치
    if (hasChild('second')) {
      // Size firstSize = layoutChild('first', BoxConstraints.loose(size));
      // 중복 계산 제거
      layoutChild('second', BoxConstraints.loose(size));
      positionChild('second', Offset(firstSize.width, 0));
    }
  }

  @override
```

```
    bool shouldRelayout(MyComplexLayoutDelegate oldDelegate) => false;
}
```

레이아웃 로직은 `MultiChildLayoutDelegate`를 확장하는 대리자에서 관리합니다. 이 대리자는 각 자식의 위치를 지정하고 크기를 조정하는 규칙을 정의합니다. 대리자는 각 자식을 사용자 지정 규칙에 따라 배치하고 크기를 조정할 수 있는 캔버스를 제공합니다.

`performLayout` 내부에서 무엇을 하는지 정확히 이해해야 합니다. 이런 처리는 일반적으로 표준 위젯의 `RenderObjects`에서 수행되므로 잘못 구현하면 성능 문제가 발생할 수 있습니다. `shouldRelayout` 로직을 활용하면 계산을 최적화하는 데 도움이 될 수 있습니다.

FittedBox

부모 위젯 내에서 자동으로 자식 위젯의 크기를 조정하고 배치하면서 자식의 종횡비aspect ratio를 유지합니다. 이는 원래 비율을 유지하는 것이 시각적 무결성에 필수적인 이미지나 비디오와 같은 요소에 매우 중요합니다.

원형 프레임에 맞게 프로필 사진을 넣는 시나리오를 상상해 보세요. 화면 크기가 변경될 때 그림이 왜곡되지 않고 전체 아바타 공간을 커버해야 합니다.

```
FittedBox(
  fit: BoxFit.cover,
  child: Image.network('https://example.com/image.jpg'),
);
```

`FittedBox`의 `fit` 속성을 사용하면 자식 위젯의 크기와 위치를 정의할 수 있습니다. `BoxFit.fill`, `BoxFit.contain`, `BoxFit.cover` 등의 다양한 옵션으로 다양한 크기 조정 동작을 선택할 수 있습니다.

FractionallySizedBox

`FractionallySizedBox`는 절대적인 크기 대신 상대적 크기를 허용하며, 반응형 레이아웃에 필수적입니다. 자식 위젯이 부모 위젯의 크기에 비례해 크기가 조정되도록 합니다. 너비와 높이 요소를 비율로 지정해 부모 위젯에 대한 자식 위젯의 크기를 세부적으로 제어할 수 있습니다.

기기 크기와 관계없이 항상 화면 너비의 일정 비율을 차지하는 버튼이 필요한 시나리오를 생각해 보세요.

```
FractionallySizedBox(
  widthFactor: 0.5,  // 부모 너비의 50%
  heightFactor: 0.3,  // 부모 높이의 30%
  child: Container(color: Colors.purple),
);
```

widthFactor와 heightFactor 속성은 자식 위젯이 각각 부모 위젯의 너비와 높이를 기준으로 얼마만큼의 비율을 차지할지를 결정합니다.

AspectRatio

AspectRatio는 자식 위젯이 특정 너비:높이 비율을 유지해야 하는 시나리오에 이상적입니다. 사용 가능한 공간이 크게 달라질 수 있는 반응형 레이아웃에서 비율을 일정하게 유지하면서 자식 위젯의 크기를 자동으로 조정할 수 있습니다.

이미지 갤러리가 화면 크기나 기기 방향과 관계없이 종횡비를 유지해야 하는 시나리오를 생각해 보세요.

```
AspectRatio(
  aspectRatio: 16 / 9,
  child: Container(color: Colors.orange),
);
```

AspectRatio 속성은 너비 대 높이 비율을 나타내는 double값입니다. 예를 들어 와이드스크린 비디오의 종횡비는 일반적으로 16/9입니다.

Expanded와 Flexible

이 위젯들은 Row와 Column 내에서 자식 간에 유연한 공간 분배를 허용합니다.

```
Row(
  children: <Widget>[
    Expanded(
```

```
      flex: 2,
      child: Container(color: Colors.blue),
    ),
    Expanded(
      flex: 3,
      child: Container(color: Colors.red),
    ),
  ],
);
```

Column에도 사용할 수 있습니다.

```
Column(
  children: <Widget>[
    Flexible(
      flex: 1,
      child: Container(color: Colors.green),
    ),
    Flexible(
      flex: 1,
      child: Container(color: Colors.yellow),
    ),
  ],
);
```

주요 차이점은 다음과 같습니다.

| Expanded |

Expanded 위젯은 자식 위젯이 남은 공간을 모두 차지하도록 만듭니다. Row 안에서는 가로 방향으로, Column 안에서는 세로 방향으로 공간을 꽉 채우는 역할을 하죠. 사실 Expanded 는 Flexible(flex: 1, fit: FlexFit.tight) 코드를 짧게 줄여놓은 것과 같습니다. 여기서 FlexFit.tight 설정은 자식 위젯이 주어진 공간보다 작아지는 것을 허용하지 않겠다는 의미이므로, 자식 위젯은 항상 할당된 공간을 가득 채우게 됩니다.

| Flexible |

Expanded보다 다재다능하고 할당된 공간을 더 세밀하게 제어할 수 있습니다. flex 계수는

각 자식의 사용 가능한 공간 비율을 결정합니다. fit 속성(FlexFit.loose나 FlexFit.tight)은 자식이 사용 가능한 모든 공간을 차지하도록 강제할지(FlexFit.tight, Expanded와 유사) 아니면 더 작아질 수 있는지(FlexFit.loose)를 결정합니다.

Wrap

Wrap은 칩, 버튼, 태그 그룹과 같이 화면 너비에 맞게 조정해야 하는 요소 모음이 있는 상황에 이상적입니다. 화면 크기나 방향과 관계없이 레이아웃을 깔끔하고 복잡하지 않게 유지합니다. 자식이 사용 가능한 공간에 맞지 않으면 오버플로될 수 있는 Row나 Column과 달리, Wrap은 자식을 자동으로 다음 행이나 열로 넘기므로 반응형 레이아웃에 매우 효과적입니다.

선택 가능한 옵션을 나타내는 칩 세트를 표시해야 하는 반응형 레이아웃을 만든다고 상상해 보세요. 이러한 칩은 눈에 띄고 액세스 가능하도록 작은 화면에 래핑해야 합니다.

```
class ResponsiveChips extends StatelessWidget {
  final List<String> options;
  const ResponsiveChips({
    super.key,
    required this.options,
  });
  @override
  Widget build(BuildContext context) {
    return Wrap(
      alignment: WrapAlignment.spaceBetween,
      direction: Axis.horizontal,
      spacing: 8.0, // 인접한 칩 사이의 간격
      runSpacing: 4.0, // 줄 사이의 간격
      children: options.map(
        (option) => Chip(label: Text(option)),
      ).toList(),
    );
  }
}
```

주요 기능은 다음과 같습니다.

- **방향**: direction 속성을 사용하면 자식이 배치되는 방향(수평이나 수직)을 지정할 수 있습니다.
- **간격**: spacing 속성은 한 줄 안에 나란히 배치된 위젯들 사이의 간격을, runSpacing 속성은 줄바꿈이 일어났을 때 그 줄과 줄 사이의 간격을 조절합니다.

- **정렬**: Wrap 위젯에서는 alignment 속성을 이용해 주축 방향으로, 그리고 crossAxisAlignment 속성을 이용해 교차축 방향으로 자식 위젯들을 다양하게 정렬할 수 있습니다. 이러한 고급 위젯을 이해하고 효과적으로 활용하는 것은 다양한 기기와 화면 크기에서 원활한 경험을 제공하는 반응형 플러터 애플리케이션을 개발하는 데 중요합니다.

23.2.5 플러터 반응성 팁

엔지니어는 플러터로 반응형 애플리케이션을 디자인할 때 몇 가지 중요한 사항을 고려해야 합니다.

1. 위젯에서 치수나 글꼴 크기 등의 속성에 **하드코딩된 값을 사용하지 마세요**. 대신 상대적 크기를 사용하거나 이러한 값을 중앙에서 정의하고 화면 크기나 기타 조건에 따라 조정하세요.
2. 앞서 살펴봤듯이 반응형 디자인은 레이아웃과 콘텐츠 크기 등의 고려 사항과 관련이 있습니다. 따라서 **테마에서 적절한 크기를 정의**해야 합니다. 25장 '플러터에서 테마 활용하기'에서는 ThemeExtension을 사용하는 방법을 알아봅니다. 이를 사용해 기기에 따라 사용자 지정 크기를 정의할 수 있습니다. .copyWith로 다양한 테마를 정의해 테마 구성 요소의 적절한 크기를 재정의할 수도 있습니다.
3. 최신 기기에서는 노치notch, 컷아웃cutout, 둥근 모서리 등이 UI 엘리먼트를 가릴 때가 많습니다. 이럴 때는 MediaQuery.paddingOf(context);를 사용해 가려지지 않으면서 콘텐츠를 표시할 수 있는 안전한 화면 영역을 감지하거나 기기의 물리적 제약 조건에 따라 자동으로 패딩을 적용하는 SafeArea 위젯을 사용할 수 있습니다.
4. 화면 키보드는 보이는 공간을 줄여 레이아웃에 영향을 미칠 수 있습니다. MediaQuery.viewInsetsOf(context);를 활용해 키보드가 보일 때 레이아웃을 조정합니다.
5. **수동으로 테스트**하세요. 다양한 상황에서 UI가 제대로 반응하는지 직접 테스트하는 것이 중요합니다.
6. **사용자 설정을 존중**하세요. 일부 사용자는 자신의 사용 환경에 맞게 화면 방향 잠금을 설정해 두었을 수 있습니다.

이제 남은 고려 사항은 방향입니다. 특히 모바일 환경에서 중요한 요소이며, 이에 대해서는 다음 절에서 다루겠습니다.

23.3 화면 방향에 따른 UI 조정

플러터에서 유연하고 적응적인 사용자 경험을 보장하려면 다양한 화면 방향(가로, 세로)에 따라 UI 레이아웃을 관리해야 합니다. 사용자들은 화면을 특정 방향으로 고정하기도 하는데, 이렇게 다양한 환경을 고려해 디자인하는 것이 사용자 경험을 향상하는 데 중요합니다.

23.3.1 플러터에서 방향 활용하기

플러터에서는 방향을 파악하는 두 가지 방법이 있습니다.

1. **MediaQuery로 방향 감지**: MediaQuery.orientationOf(context)를 사용해 기기의 현재 방향을 확인합니다. 해당 메서드는 Orientation.portrait나 Orientation.landscape를 반환합니다.
2. **OrientationBuilder를 사용한 동적 레이아웃**: 이 위젯은 방향 변경을 감지해 현재 방향에 적합한 레이아웃으로 자식을 다시 빌드합니다.

이는 크기를 결정하는 방식과 매우 유사합니다. 가로와 세로 방향에 따른 별도의 레이아웃을 만들려면 **LayoutBuilder**와 비슷한 작업을 수행할 수 있습니다.

```
Widget build(BuildContext context) {
  return OrientationBuilder(
    builder: (context, orientation) {
      return orientation == Orientation.portrait
          ? buildPortraitLayout()
          : buildLandscapeLayout();
    },
  );
}
```

이전 절에서 제공한 팁도 여기에 적용할 수 있습니다. 예를 들어 **Grid**와 같은 적응형 위젯을 사용해 방향이나 크기 변경에 대응할 수 있습니다.

```
class GalleryApp extends StatelessWidget {
  const GalleryApp({super.key});
  @override
  Widget build(BuildContext context) {
    return MaterialApp(
      home: Scaffold(
        body: OrientationBuilder(
          builder: (context, orientation) {
```

```
          return GridView.count(
            crossAxisCount: orientation == Orientation.portrait ? 2 : 3,
            children: List.generate(20, (index) {
              return Center(
                child: Text(
                  'Item $index',
                ),
              );
            }),
          );
        },
      ),
    );
  }
}
```

23.3.2 LayoutBuilder와 OrientationBuilder 사용

ResponsiveLayout을 리팩터링하여 기기의 화면 방향까지 함께 처리하도록 개선하면, 훨씬 더 뛰어난 적응성을 갖춘 위젯으로 만들 수 있습니다. OrientationBuilder와 LayoutBuilder를 함께 활용하면 화면 크기뿐만 아니라 방향 변화에도 동적으로 대응하는 레이아웃 구현이 가능해집니다. 아래에서 리팩터링을 마친 ResponsiveLayout 코드를 살펴보겠습니다.

```
class CompactLayoutStrategy implements LayoutStrategy {
  @override
  Widget build(BuildContext context) { //<--- context 매개변수 추가
    return MediaQuery.orientationOf(context) == //<--- MediaQuery 사용 예시
        Orientation.portrait //<---
        ? const Text('MobilePortraitLayout') //<---
        : const Text('MobileLandscapeLayout'); //<---
  }
}
```

이 리팩터링된 버전에서(전략 클래스 내부나 ResponsiveLayout 위젯 내에서) OrientationBuilder는 현재 방향(가로나 세로)을 결정하는 데 사용하고 LayoutBuilder는 제약 조건을 제공하는 데 사용합니다. ResponsiveLayout은 이 두 가지 요인에 따라 렌더링할 특정

레이아웃을 결정합니다. 이 덕분에 UI를 더 섬세하게 제어할 수 있어 다양한 화면 크기와 방향에서도 최적의 사용자 친화적 레이아웃이 유지됩니다.

23.3.3 기기 방향 고정

플러터는 애플리케이션의 기기 방향을 제어하는 유연성을 제공합니다. 이는 애플리케이션의 기능이나 사용자 경험을 특정 방향으로 유지해야 할 때 특히 유용합니다.

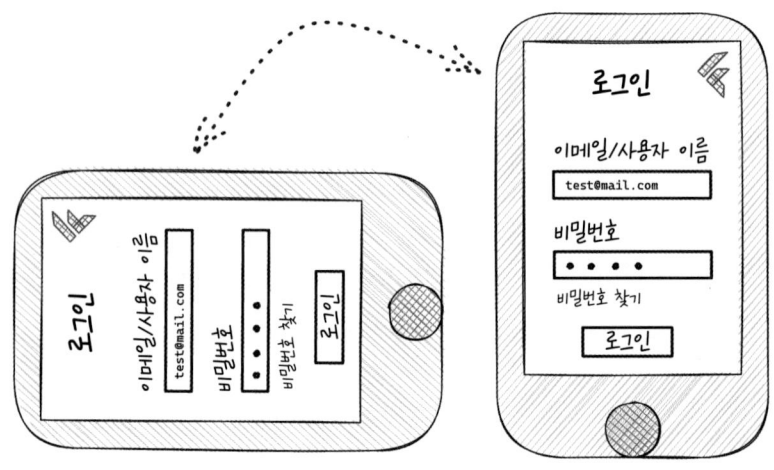

그림 23-3 기기 방향 고정

애플리케이션이 한 방향(가로나 세로)에서만 작동하도록 설계되었다면 기기를 해당 방향으로 고정할 수 있습니다. 이는 방향이 사용자 상호작용과 경험에 영향을 미치는 게임이나 미디어 애플리케이션에서 자주 사용합니다.

다른 방법으로는, 원하는 방향 몇 가지만 골라서 지원하고 나머지는 지원하지 않도록 설정할 수도 있습니다. 예를 들어, 정방향 세로 모드와 역방향 세로 모드는 모두 지원하면서, 가로 모드는 아예 지원하지 않는 식이죠.

선호하는 방향을 설정하려면 `SystemChrome.setPreferredOrientations()` 메서드를 사용합니다. 이는 일반적으로 애플리케이션이 실행되기 전에 `main()` 메서드에서 수행됩니다.

```dart
// 필요한 import 문 추가
import 'package:flutter/material.dart';
import 'package:flutter/services.dart';

void main() {
  WidgetsFlutterBinding.ensureInitialized();
  SystemChrome.setPreferredOrientations([ //<---
    DeviceOrientation.portraitUp, //<---
  ]).then((_) { //<---
    runApp(const MyApp()); // MyApp은 실제 애플리케이션 위젯으로 대체
  });
}

// MyApp 정의(예시)
class MyApp extends StatelessWidget {
  const MyApp({super.key});

  @override
  Widget build(BuildContext context) {
    return MaterialApp(
      home: Scaffold(
        appBar: AppBar(title: const Text('방향 고정 예제')),
        body: const Center(child: Text('세로 모드로 고정되었습니다.')),
      ),
    );
  }
}
```

이 구현에서 SystemChrome.setPreferredOrientations()는 DeviceOrientation.portraitUp을 포함하는 목록과 함께 호출됩니다. 이렇게 하면 애플리케이션이 세로 위 방향으로만 표시됩니다. 애플리케이션의 특정 요구사항에 따라 다양한 DeviceOrientation값을 조합해 애플리케이션에서 지원하는 방향 목록을 사용자 정의할 수 있습니다.

23.4 결론

OrientationBuilder와 LayoutBuilder 같은 플러터의 강력한 레이아웃 위젯을 활용함으로써 개발자는 다양한 화면 크기와 방향에 우아하게 적응하는 인터페이스를 만들 수 있습니다.

이러한 도구와 접근 방식을 결합하면 사용하는 기기와 관계없이 기능과 미적 무결성을 유지하는 동적이고 유연하며 시각적으로 매력적인 UI가 생성됩니다.

결과적으로 이러한 반응형 디자인 원칙을 수용하는 것은 다재다능하고 견고한 모바일 애플리케이션을 만들려는 모든 플러터 개발자에게 필수적입니다.

CHAPTER 24

i18n과 l10n

검토자: *Dominik Roszkowski*

번역translation(t9n), 현지화localization(l10n), 국제화internationalization(i18n), 세계화globalization(g11n) 개념은 다양한 지역과 문화에서 사용자 경험을 형성하는 데 중요한 역할을 합니다. 이 용어들은 글자 수가 많아 숫자로 축약해서 표기할 때가 많으며, 단순히 텍스트를 번역하는 것뿐만 아니라 애플리케이션을 다양한 언어, 지역, 문화적 특성에 맞게 적응시키는 포괄적인 접근 방식을 포함합니다.

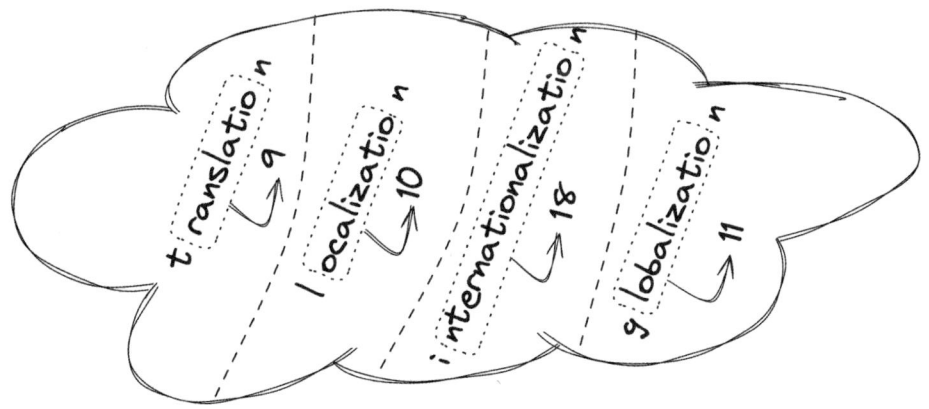

그림 24-1 t9n, l10n, i18n, g11n의 의미

이 장에서는 플러터 생태계 내에서 국제화(i18n)와 현지화(l10n)의 엔지니어링 측면을 깊이 탐구합니다. 기본적인 내용을 넘어, 개발자들이 이 중요한 요소들을 애플리케이션에 통합해 진정으로 글로벌하고 포괄적인 사용자 경험을 제공하도록 돕는 고급 전략과 모범 사례를 살펴볼 것입니다.

24.1 i18n와 l10n의 주요 차이점

국제화(i18n)와 현지화(l10n)는 애플리케이션 개발 세계에서 같은 동전의 양면과 같지만, 각각 다른 목적을 수행합니다. 이 둘의 차이점을 이해하는 것은 글로벌 시장을 목표로 하는 애플리케이션을 개발하는 데 있어 매우 중요합니다.

국제화(i18n)는 소스 코드를 크게 변경하지 않으면서 다양한 언어와 지역에 맞게 쉽게 조정할 수 있도록 애플리케이션을 설계하고 구축하는 과정을 말합니다. 이는 여러 언어, 문자 세트, 날짜 형식, 통화 등 지역별 요소를 처리하는 유연한 프레임워크를 만든다는 의미입니다. 플러터에서는 애플리케이션의 레이아웃과 기능을 다양한 언어와 문화적 규범을 원활하게 지원할 수 있도록 설계하는 것이 국제화의 핵심입니다.

현지화(l10n)는 애플리케이션을 특정 지역이나 언어에 맞게 조정하는 과정입니다. 이는 단순한 텍스트 번역을 넘어, 그래픽을 수정하고, 지역의 관습과 규정을 반영하며, 읽기 방향(예: 오른쪽에서 왼쪽)에 맞게 레이아웃을 변경하는 등의 작업을 포함합니다. 현지화는 특정 사용자 그룹이 애플리케이션을 자연스럽고 직관적으로 느끼도록 경험을 맞춤화하는 것입니다.

같은 나라에서도 애플리케이션에 여러 로케일[locale]이 필요할 때가 많습니다. 언어의 지역별 차이, 문화적 참조, 법적 요구사항, 날짜와 숫자 형식의 차이는 사용자 경험에 큰 영향을 미칠 수 있습니다.

예를 들어 노르웨이에는 보크몰[Bokmål]과 뉘노르스크[Nynorsk]라는 두 표준 노르웨이어가 있습니다. 노르웨이 사람은 대부분 이 둘을 모두 사용하며, 거의 모두가 영어도 사용할 수 있습니다. 따라서 노르웨이 지역만을 대상으로 한 애플리케이션에는 여러 언어 버전을 준비하는 것이 일반적입니다. 초기에는 필요 없어 보이더라도, 처음부터 이 개념을 적용해야 했던 애플리케이션을 많이 보았습니다. 처음부터 현지화에 대비해 애플리케이션을 준비하는 것은 현명한 전략이 될 수 있습니다. 미래의 확장과 사용자 다양성을 예상하고 대비하면 애플리케이션이 성장하고 새로운 시장에 진입할 때 원활하게 전환할 수 있습니다. 또한 나중에 애플리케이션을 현지화하도록 재구성하는 데 드는 노력은 초기 개발 단계에서 대비하는 노력보다 훨씬 클 수 있습니다.

애플리케이션 개발 초기부터 국제화(다국어 지원)와 지역화(현지화)를 염두에 두는 것은 좋은 습관입니다. 특히 이 작업이 크게 부담스럽지 않다면, 초기에 적용하는 것이 좋습니다.

24.2 플러터에서 국제화 구현하기

플러터에서 국제화(i18n)를 구현하는 데는 두 가지 접근 방식이 있습니다. 공식적인 방법을 사용할 수도 있고 인기 있는 비공식적인 해결책(솔루션)을 사용해도 됩니다. 보통은 공식적인 접근 방식만으로도 충분하지만, 네이티브나 웹 개발에 익숙한 팀에서는 더 맞춤화된 접근 방식을 선택하기도 합니다.

플러터에서 국제화(i18n)와 현지화(l10n)를 공식적으로 구현하는 방법은 간단합니다. 필요한 것은 플러터 SDK의 `flutter_localizations` 패키지와 `intl` 패키지입니다.

```yaml
# pubspec.yaml
dependencies:
  flutter:
    sdk: flutter
  flutter_localizations: # flutter_localizations 추가
    sdk: flutter
  intl: any # intl 패키지 버전 명시 권장(예: ^0.20.2)
```

플러터 프로젝트의 루트 디렉터리에 `l10n.yaml` 파일을 생성해 템플릿 파일과 출력 파일 이름을 지정하세요. 이 파일의 속성들은 직관적으로 이해할 수 있습니다.

```yaml
# l10n.yaml
arb-dir: lib/l10n # .arb 파일이 있을 디렉터리
template-arb-file: app_en.arb # 기본 언어(템플릿) 파일
output-localization-file: app_localizations.dart # 생성될 다트 파일 이름
```

다음으로, lib/l10n 디렉터리에 app_en.arb 템플릿 파일을 시작으로 .arb 파일들을 만듭니다. 예를 들어 다음과 같습니다.

```
// lib/l10n/app_en.arb
{
  "@@locale": "en", // 로케일 지정(선택 사항이지만 권장함)
  "helloWorld": "Hello World!",
  "@helloWorld": {
    "description": "A simple greeting." // 번역가를 위한 설명
  }
}
```

노르웨이어와 같은 추가 언어용으로 app_no.arb와 같은 .arb 파일을 만듭니다.

```
// lib/l10n/app_no.arb
{
  "@@locale": "no",
  "helloWorld": "Hallo Verden!"
  // "@helloWorld" 설명은 기본 언어 파일에만 있어도 됨
}
```

터미널에서 `flutter pub get`을 실행한 후 `flutter gen-l10n`을 실행해 자동으로 코드를 생성합니다(`flutter run` 실행 시에도 자동으로 생성됩니다).

프로젝트의 .dart_tool/flutter_gen/gen_l10n/ 디렉터리(또는 l10n.yaml 설정에 따라 다른 위치)에 app_localizations.dart 파일이 생성됩니다. 이 파일은 다음과 같이 사용할 수 있습니다.

```
import 'package:flutter/material.dart';
// 생성된 현지화 파일을 import함
// 경로는 l10n.yaml 설정(synthetic-package)에 따라 다를 수 있음
// synthetic-package: true(기본값)
import 'package:flutter_gen/gen_l10n/app_localizations.dart';
// synthetic-package: false이고 output-dir 미지정 시
// import 'package:your_app_name/l10n/generated/app_localizations.dart'; // 경로 예시

void main() { // main 함수 시그니처 수정
  runApp(MaterialApp( // const 제거 (AppLocalizations 사용 시)
```

```
      title: 'Localizations Sample App',
      // locale: Locale('en'), // 시스템 로케일을 사용하려면 이 줄을 제거하거나 주석 처리
      localizationsDelegates: AppLocalizations.localizationsDelegates,
      // 생성된 델리게이트 사용
      supportedLocales: AppLocalizations.supportedLocales, // 생성된 지원 로케일 사용
      home: const MyHomeIntl(),
    ));
}

class MyHomeIntl extends StatelessWidget {
  const MyHomeIntl({super.key});

  @override
  Widget build(BuildContext context) {
    return Scaffold(
      appBar: AppBar(
        // AppBar 제목도 현지화 가능
        title: Text(AppLocalizations.of(context)!.helloWorld),
        // null-aware (!) 사용 (nullable-getter: true 기본값)
      ),
      body: Center( // Column 대신 Center 사용(예시 단순화)
        child: Column(
          mainAxisAlignment: MainAxisAlignment.center,
          children: [
            Text(AppLocalizations.of(context)!.helloWorld), // null-aware (!) 사용
          ],
        ),
      ),
    );
  }
}
```

AppLocalizations는 필요한 모든 로케일 정보와 델리게이트^{delegate}를 자동으로 생성합니다.

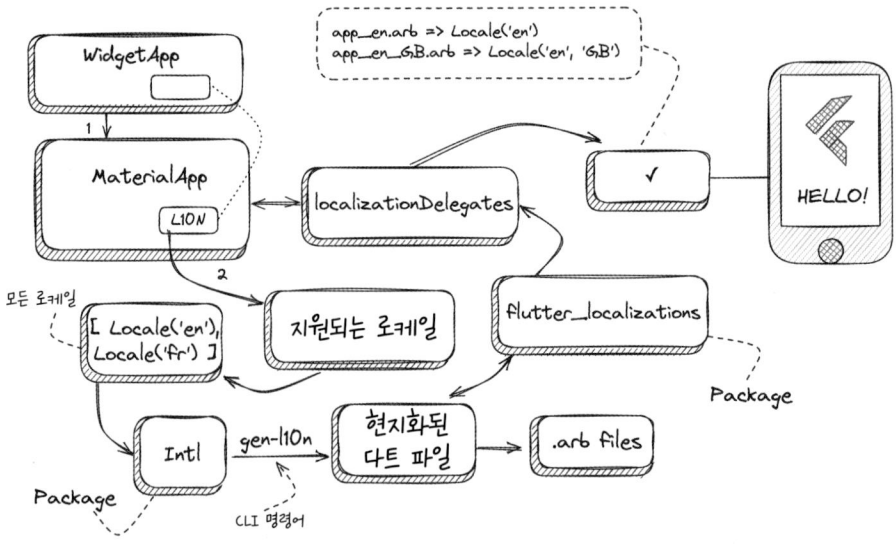

그림 24-2 플러터 i18n과 l10n 필수 컴포넌트

24.2.1 애플리케이션 리소스 번들(ARB)

애플리케이션 리소스 번들Application Resource Bundle(ARB)은 JSON을 기반으로 한 현지화 리소스 형식으로, 단순하고 확장 가능하며 사용하기 쉽습니다. 이를 이해하면 고급 개념을 구현하는 데 도움이 되므로 자세히 알아봅시다.

리소스 ID를 적절하게 정의하고 템플릿 파일에 메타데이터 속성을 추가하는 일은 매우 중요합니다. 이렇게 하면 리소스에 관한 충분한 맥락과 설명을 제공할 수 있습니다. 리소스 ID와 리소스값 외에도, 리소스는 추가 속성 세트를 가질 수 있습니다. 이러한 속성은 원래 리소스 ID에 접두사 문자 '@'를 붙인 키 아래의 객체에 포함됩니다.

```
"helloWorld": "Hello World!",
"@helloWorld": { // 메타데이터 객체
  "description": "Give as much context as possible here", // 설명
  "type": "text", // 타입(기본값)
  "context": "HomePage" // 사용 위치(선택)
}
```

이처럼 type을 포함하여 플레이스홀더 변수를 지원할 수 있습니다. 비주얼 스튜디오 코드Visual Studio Code(VSCode)를 사용할 때는 구글의 ARB Editor 플러그인이 이러한 파일을 형식화하고 편집하는 데 매우 유용합니다.

플레이스홀더, 복수형plural, 선택형select은 플러터에서 복잡한 현지화 시나리오를 처리할 때 ARB 파일의 필수 구성 요소입니다. 이러한 기능은 다양한 언어와 문법 규칙에 맞춰 동적이고 맥락에 민감한 번역을 가능하게 합니다.

ARB 파일의 플레이스홀더는 현지화된 문자열에 동적값을 삽입하는 데 사용됩니다. 플레이스홀더는 중괄호({})로 표시되며, 위치 기반positional이거나 이름 기반named일 수 있습니다.

중괄호 안에는 {username}, {date}와 같이 설명적인 이름을 사용하는 것이 좋습니다. 이는 코드의 가독성과 유지보수성을 높여줍니다. 또한, 플레이스홀더 변수에 타입을 정의하면 플러터의 코드 생성 기능이 올바른 타입(String, DateTime, double, int, num)을 사용하도록 보장해줍니다.

```
{
  "greetingMessage": "Hello, {username}! Today is {date}.",
  "@greetingMessage": {
    "placeholders": {
      "username": {
        "type": "String",
        "description": "Name of the user"
      },
      "date": {
        "type": "DateTime",
        "format": "yMd", // 포맷 추가
        "description": "Current date"
      }
    }
  }
}
```

플러터 코드 내에서는 다음과 같이 활용합니다.

```
Text(
  AppLocalizations.of(context)!.greetingMessage(
    username: 'Alice', // 명명된 매개변수 사용
```

CHAPTER 24 i18n과 l10n 579

```
    date: DateTime.now(), // 명명된 매개변수 사용
  ),
)
```

ARB 파일에서 **복수형** 처리는 ICU^{International Components for Unicode} 메시지 구문을 사용해 숫자에 따라 다른 복수형 태그를 사용할 수 있도록 합니다.

ICU 메시지 구문은 국제 유니코드 구성 요소 프로젝트의 일부로, 소프트웨어 현지화에서 복잡한 메시지 패턴을 처리하는 데 널리 사용되는 표준입니다. 특히 다양한 언어의 문법 규칙에 민감한 메시지를 포매팅하는 데 유용합니다. 이는 복수 규칙이 복잡한 언어들에 매우 중요합니다.

ICU 구문을 사용하면 다양한 숫자 형태에 맞는 번역을 작성할 수 있으며, 사용자가 각 언어의 문법 규칙에 맞게 자연스러운 번역을 경험할 수 있습니다.

```
{
  "emailCount": "{count, plural, =0{no emails} =1{one email} other{{count} emails}}",
  "@emailCount": {
    "placeholders": {
      "count": {
        "type": "num", //
        "description": "The number of emails"
      }
    }
  }
}
```

플러터 코드에서는 다음과 같이 활용합니다.

```
Text(AppLocalizations.of(context)!.emailCount(1)),
Text(AppLocalizations.of(context)!.emailCount(0)),
Text(AppLocalizations.of(context)!.emailCount(5)),

// 폴란드어 예시
// Jeden e-mail
// Zero e-maili / Brak e-mali
// 5 e-maili
```

ARB 파일에서 선택형은 키의 값에 따라 조건부 문자열을 처리할 때 사용하며 기본 구조는

({key, select, ...})입니다. 이는 성별 기반 번역 같은 조건부 시나리오에 특히 유용합니다.

```
{
  "greeting": "{gender, select, male{Mr. {name}} female{Ms. {name}} other{Hi {name}}}",
  "@greeting": {
    "placeholders": {
      "gender": {
        "type": "String",
        "description": "Gender of the user"
      },
      "name": {
        "type": "String",
        "description": "Name of the user"
      }
    }
  }
}
```

플러터 코드에서는 다음과 같이 활용합니다.

```
Text(
  AppLocalizations.of(context)!.greeting(
    gender: 'male',
    name: name,
  ),
)
```

타입과 예시를 들어 명확한 파일 컨텍스트를 제공하면 유지관리가 쉬워지는데, 특히 외부 번역자나 팀과 협업할 때 더 그렇습니다.

```
"costText": "Your pending cost is {cost}",
"@costText": {
  "type": "text",
  "context": "Subscription:MainPanel",
  "description": "Balance statement.",
  "placeholders": {
    "cost": {
      "type": "num",
      "format": "currency",
      "example": "\$123.45",
```

```
      "description": "Cost presented with currency symbol"
    }
  }
}
```

플러터의 ARB 파일에서 {, }, '와 같은 문자를 (플레이스홀더 같은) 특수 기능으로 사용하지 않고, 문자 그대로 번역문에 표시하고 싶을 때 이스케이프[escape] 처리가 필요합니다. 이러한 처리는 중괄호({})를 많이 사용하는 ICU 메시지 구문에서 특히 중요합니다.

```
{
  "literalBracesExample": "Hello! '{Isn''t}' this a wonderful day?"
}
```

이러한 문자는 일반적으로 플레이스홀더나 특수 포맷을 정의하는 용도로 예약됩니다. 플러터 3.10 버전부터는 이스케이프 처리가 기본으로 활성화되었으며, 그 전 버전을 사용한다면 l10n.yaml에 use-escaping: true라고 명시해 줘야 합니다. 플러터에서 intl 패키지는 다양한 로케일에 따라 숫자, 통화, 날짜를 현지화할 수 있는 NumberFormat[1]과 DateFormat[2] 클래스를 제공합니다. 플레이스홀더 메타데이터의 format 속성을 사용해 이 기능을 활용할 수 있습니다. NumberFormat 클래스에는 숫자를 다양한 스타일로 포맷하는 여러 생성자가 있습니다. 예를 들어 decimalPattern 속성은 통화값을 포맷하는 데 사용할 수 있습니다.

```
{
  "formattedCurrency": "Total: {value}",
  "@formattedCurrency": {
    "description": "Currency value formatted compactly",
    "placeholders": {
      "value": {
        "type": "double",
        "format": "decimalPattern",
        "optionalParameters": {
          "decimalDigits": 2
        }
      }
    }
  }
}
```

---

[1] https://api.flutter.dev/flutter/package-intl_intl/NumberFormat-class.html
[2] https://api.flutter.dev/flutter/package-intl_intl/DataFormat-class.html

```
    }
  }
```

플러터 코드에서는 다음과 같이 활용합니다.

```
Text(
  AppLocalizations.of(context)!.formattedCurrency(1200000),
  // 1,200,000.00"
);
```

마찬가지로 DateFormat 클래스는 날짜 문자열의 현지화를 처리합니다. yMd와 같은 형식을 format 속성에 지정해 년, 월, 일 등을 로케일에 맞게 표시할 수 있습니다.

```
{
  "formattedDate": "Date: {date}",
  "@formattedDate": {
    "description": "Formatted date",
    "placeholders": {
      "date": {
        "type": "DateTime",
        "format": "yMd" // 원문 형식 유지
      }
    }
  }
}
```

플러터 코드에서는 다음과 같이 활용합니다.

```
Text(
  AppLocalizations.of(context)!.formattedDate(
    DateTime.utc(1959, 7, 9),
  ),
  // 출력 예 (en_US): "Date: 7/9/1959"
);
```

플러터에서 DateTime값을 플레이스홀더로 처리할 때, intl 패키지의 DateFormat 클래스가 날짜를 포맷합니다. 이 클래스는 다양한 포맷 변형(약 41가지)을 제공하며, 각각 특정 DateFormat 팩토리 생성자에 해당합니다. 이러한 포맷은 애플리케이션의 로케일 설정에 맞춰 적절한 포맷으로 날짜를 표시합니다. 예를 들어 미국 영어 로케일(en_US)에서는 날짜가 "7/9/1959"로 표시되고, 러시아 로케일(ru_RU)에서는 같은 날짜가 "09.07.1959"로 표시될 수 있습니다.

사용자의 기기 설정과 상관없이 특정 로케일에 따라 날짜를 명시적으로 포맷하려면 intl 패키지의 initializeDateFormatting 함수를 사용할 수 있습니다. 예를 들어 de_DE로 초기화하면 날짜가 독일 규칙에 따라 포맷됩니다.

```
// 애플리케이션 시작 시 필요한 로케일 초기화 (비동기)
initializeDateFormatting('de_DE', null).then((_) {
// 독일의 날짜 포맷 활용 시
var formatter = DateFormat.yMd('de_DE');
print(formatter.format(DateTime.now()));
});
```

이 방식은 애플리케이션이 날짜 형식에 지정된 로케일을 일관되게 사용하도록 보장합니다.

24.2.2 고급 팁과 유용한 기법들

다른 사용자들과 함께 이러한 패키지를 사용하면서, 공유할 만한 몇 가지 팁과 유용한 기법을 발견했습니다.

자동 생성되는 현지화 파일

플러터의 gen_l10n 도구를 사용해 현지화 작업을 할 때 생성되는 파일들은 일반적으로 가상 패키지(.dart_tool/flutter_gen)로 간주하며, 깃과 같은 버전 관리 시스템에 포함되지 않습니다. 버전 관리 시스템에서 이러한 현지화 파일을 추적해야 한다면 l10n.yaml 파일을 다음과 같이 수정할 수 있습니다.

```
# l10n.yaml
synthetic-package: false
output-dir: lib/l10n/generated
```

output-dir 매개변수는 생성된 현지화 클래스가 저장될 디렉터리를 지정합니다. 이 옵션을 설정하면 기본 경로가 아닌 곳에 현지화 코드를 생성할 수 있습니다. output-dir을 지정하지 않으면 arb-dir에 정의된 ARB 파일과 동일한 디렉터리에 생성된 파일이 저장됩니다. synthetic-package 플래그는 기본적으로 true로 설정되는데, 이는 생성된 현지화 파일이 가상 패키지에 속하며 프로젝트의 디렉터리 구조에 저장되지 않음을 뜻합니다. 그러나 synthetic-package를 false로 설정하면 현지화 파일은 output-dir 경로가 지정되었다면 해당 디렉터리에, 아니라면 arb-dir 경로에 직접 생성됩니다.

널 검사 피하기

앞선 예제 코드에서 현지화 클래스 객체에 접근할 때 !를 사용했습니다. 플러터의 l10n.yaml 설정에서 nullable-getter를 false로 설정하면 생성된 현지화 클래스의 게터가 null이 아닌 값을 반환하도록 할 수 있습니다. 이렇게 하면 현지화 메시지에 접근할 때 널 검사^{null check}를 반복하지 않게 할 수 있습니다.

```
# l10n.yaml
nullable-getter: false

// 플러터에서 사용 시
AppLocalizations.of(context).helloWorld // '!' 없이 사용
```

로케일 오버라이딩하기

때로는 특정 애플리케이션 부분에 현재 로케일을 재정의해야 할 수 있습니다. Localizations.override 위젯을 사용해 이 작업을 할 수 있습니다. 다음 예제에서는 helloWorld 메시지가 기본 로케일과 재정의된 스페인어 로케일 모두에 표시됩니다.

```
@override
Widget build(BuildContext context) {
  return Column(
    children: [
      // 기본 로케일로 메시지 표시
      Text(
        AppLocalizations.of(context)!.helloWorld,
      ),
      // 다음 Text 위젯에 로케일을 스페인어로 재정의
      Localizations.override(
```

```
          context: context,
          locale: const Locale('es'),
          child: Builder(
            builder: (BuildContext context) {
              // 재정의된 로케일로 메시지 표시
              return Text(
                AppLocalizations.of(context)!.helloWorld,
              );
            },
          ),
        ),
      ],
    );
  }
```

이 코드에서 첫 번째 Text 위젯은 기본 로케일을 사용하고 Localizations.override로 감싼 두 번째 Text 위젯은 동일한 메시지를 스페인어(es 로케일 사용)로 표시합니다.

리소스 속성을 필수 사항으로 만들기

이 장에서 속성(@리소스 ID 메타데이터)을 통해 컨텍스트와 설명을 전달하는 일이 컨텍스트를 명확히 하는 데 얼마나 중요한지 살펴보았습니다. 이를 필수 사항으로 만들 수 있습니다. l10n.yaml 파일에 required-resource-attributes: true를 사용하면 속성이 누락되었을 때 flutter gen-l10n 명령을 실행하면 오류가 나타나게 됩니다.

클래스 이름 관리하기

자동으로 생성되는 현지화 클래스의 이름을 변경하려면 l10n.yaml 파일에서 output-class 매개변수에 클래스 이름을 정의해 주면 됩니다.

```
# l10n.yaml
output-class: S
```

이처럼 클래스 이름으로 S를 사용하면, S.of(context)!.helloWorld처럼 더 간단하게 사용할 수 있습니다.

현지화 데이터 추출하기

다트의 **intl** 패키지를 사용해 애플리케이션을 현지화할 때 현지화 파일을 추출하고 생성하는 단계가 필요합니다.[3] 이 작업은 사용 중인 버전에 따라 달라질 수 있습니다.

누락된 번역 찾기

어떤 부분이 번역되지 않았는지 알 수 있다면 편리하지 않을까요? gen_l10n 명령을 사용해 보고서를 생성하면 이를 알 수 있습니다. 다음과 같이 **l10n.yaml**에 파일 경로를 지정합니다.

```
# l10n.yaml
untranslated-messages-file: l10n_errors.txt
```

이렇게 생성되는 파일에서 누락된 콘텐츠나 번역 오류를 확인할 수 있습니다. 이는 특히 CI/CD나 **pre-push** 깃 훅에 유용합니다.

플러터의 Localizations 위젯 이해하기

플러터에서 **Localizations** 위젯은 자식 위젯의 로케일을 설정하고 어떤 현지화된 리소스를 사용할지 결정하는 데 중요한 역할을 합니다. 시스템의 로케일이 변경되면 **Localizations** 위젯을 생성하는 **WidgetsApp** 위젯이 이러한 변경 사항을 감지해 자동으로 다시 빌드됩니다.

```
Locale myLocale = Localizations.localeOf(context);
```

이 코드를 사용하면 애플리케이션에서 현재 사용 중인 로케일에 접근할 수 있습니다.

플러터 현지화에서 .arb 파일의 명명 규칙

플러터 현지화에서 .arb 파일은 ISO 언어 및 지역 코드를 포함하는 규칙에 따라 명명됩니다. 파일 이름에는 밑줄이 포함되어야 하며, ISO 639-1 언어 코드(필수)를 준수해야 하고, 여러 언어 지역^{variant}에 대해 필요한 경우 ISO 15924 스크립트 코드 또는 ISO 3166-1 alpha-2 지역 코드를 추가할 수도 있습니다.

---

3 옮긴이_ 이 내용은 intl_translation 패키지를 사용하던 예전 방식에 해당하며, 현재 사용하는 gen_l10n 방식에서는 불필요합니다.

- **영어 로케일:**
  - 미국 영어: app_en.arb(기본값) 또는 app_en_US.arb
  - 영국: app_en_GB.arb
  - 호주: app_en_AU.arb
- **기타 언어:**
  - 프랑스어(프랑스): app_fr.arb 또는 app_fr_FR.arb
  - 프랑스어(캐나다): app_fr_CA.arb

여러 영어권 지역을 지원하는 프로젝트에는 다음과 같은 파일을 사용할 수 있습니다.

- 기본 대체(미국 기본값 가정): /lib/l10n/app_en.arb
- 호주: /lib/l10n/app_en_AU.arb
- 영국 및 아일랜드: /lib/l10n/app_en_GB.arb

모든 지역에서 영어만 지원할 때는 기본 파일로 app_en.arb만 있으면 됩니다.

기본 파일이 없다면 프로젝트가 컴파일되지 않으니 대체할 기본 파일이 있는지 항상 확인하세요.

플러터의 .arb 파일에서 @@locale 키는 선택 사항이지만, 파일이 해당 로케일에 맞게 명명되었는지 확인하는 유효성 검사 도구의 역할을 합니다. 예를 들어 app_en.arb에 "@@locale": "en"이 있으면 파일이 영어(en) 로케일용으로 올바르게 명명되었음을 알 수 있습니다. 여기서 파일 이름의 _en이 부분이 @@locale값과 일치하지 않으면 예외 발생합니다.

```
// /lib/l10n/app_nb_NO.arb
{
  "@@locale": "nb_NO",
  "helloWorld": "Hallo Verden!"
}
```

또한 플러터에서 supportedLocales에 로케일을 나열하는 순서는 basicLocaleListResolution 알고리즘을 사용할 때 로케일을 정확하게 해석하는 데 매우 중요할 수 있습니다. 이 알고리즘은 언어 코드(languageCode), 스크립트 코드(scriptCode), 국가 코드(countryCode) 순으로 로케일을 우선 지정합니다. 특히 여러 스크립트를 사용하는 언어에서는 scriptCode를 지정하는 것이 중요합니다.

```
MaterialApp(
  supportedLocales: const <Locale>[
    Locale.fromSubtags(languageCode: 'zh'), // 일반 중국어
    Locale.fromSubtags(
      languageCode: 'zh',
      scriptCode: 'Hans',
    ), // 간체 중국어
    Locale.fromSubtags(
      languageCode: 'zh',
      scriptCode: 'Hant',
    ), // 번체 중국어
    Locale.fromSubtags(
      languageCode: 'zh',
      scriptCode: 'Hans',
      countryCode: 'CN',
    ), // 중국 본토
    Locale.fromSubtags(
      languageCode: 'zh',
      scriptCode: 'Hant',
      countryCode: 'TW',
    ), // 대만
    Locale.fromSubtags(
      languageCode: 'zh',
      scriptCode: 'Hant',
      countryCode: 'HK',
    ), // 홍콩
  ],
  // ...
);
```

이러한 접근 방식은 다양한 사용자 설정에 맞는 정확한 로케일을 사용하도록 하며, 간체 중국어 사용자가 대만에서 번체 중국어로 기본 설정되는 등의 문제를 방지합니다.

도구

ARB 파일 작업 시 특정 도구를 사용하면 유용할 수 있습니다. 이는 ARB 파일을 단독으로 처리할 수 없기 때문이 아니라, 프로젝트의 규모가 커짐에 따라 엄청나게 복잡해질 수 있기 때문입니다. 예를 들면 `arb_utils`나 `poEditor` 같은 도구가 .arb 파일 작업을 도와줄 수 있습니다.

실시간 업데이트 메커니즘

즉석에서 번역을 추가할 수 있는 도구나 프로세스를 갖추면 좋습니다. 번역을 갑자기 변경해야 하는 상황이 발생할 수 있고, 작은 번역 오류 때문에 바로 다음 버전을 출시해야 하거나, 애플리케이션 출시를 지연해야 할 수도 있기 때문입니다. 따라서 이러한 상황을 효율적으로 처리하는 솔루션을 준비해 두는 것이 바람직합니다.

애플리케이션의 현지화된 리소스에 대한 클래스 정의

여러 부분을 커스터마이징해야 할 때는 Localizations 클래스를 만들고 intl 패키지에서 기본으로 제공하는 텍스트 추출 기능[4]을 활용하면 좋습니다. 이는 ARB 파일과 기본 메커니즘 (gen-l10n)을 사용하지 못하게 막지는 않지만, 특정 요구사항을 충족하는 (커스텀) 현지화 클래스를 포함해야 합니다.

에셋

마지막으로, 에셋도 언어별로 지원하는지 항상 확인하세요. 예를 들어 로케일별로 다음과 같은 디렉토리 구조를 사용할 수 있습니다.

```
assets/
¦--- en/
    ¦--- flag.png
¦--- fr/
    ¦--- flag.png
¦--- fr_CA/
    ¦--- flag.png
¦--- en_GB/
    ¦--- flag.png
```

24.3 RTL 언어 환경을 위한 UI 설계

플러터 애플리케이션에서 오른쪽에서 왼쪽으로 쓰는 RTL^{right to left} 언어를 지원하면 더 많은 글

---

4 옮긴이_ 예전 방식입니다.

로벌 사용자에게 다가갈 수 있습니다. RTL 언어는 전 세계적으로 약 10억 명이 사용하고 아랍어, 히브리어, 페르시아어/파르시가 포함되며, 좀 더 일반적이며 왼쪽에서 오른쪽으로 쓰는 LRT^{left to right} 언어(예: 영어, 한국어)와 반대 방향으로 읽습니다.

그림 24-3 LTR 언어와 RTL 언어비교

RTL 언어용으로 UI를 디자인할 때는 탐색 요소와 텍스트 정렬을 포함한 UI 레이아웃을 좌우로 뒤집어야 합니다. 예를 들어 RTL 애플리케이션의 UI 구성 요소와 텍스트는 오른쪽에 정렬되고 오른쪽에서 왼쪽으로 흐릅니다. 여기에는 아이콘을 좌우반전하고 RTL 레이아웃에 맞게 그래픽 배치를 조정하는 작업도 포함될 수 있습니다.

플러터는 현지화와 `Directionality` 위젯을 사용해 RTL 지원 구현을 간소화합니다. 예를 들어 플러터의 `MaterialApp` 위젯을 RTL 로케일로 설정하면 텍스트 방향과 UI 엘리먼트가 자동으로 RTL에 맞게 조정됩니다.

```
MaterialApp(
  locale: const Locale('fa'), // 파르시 로케일
  supportedLocales: const [Locale('fa'), Locale('en')],
  localizationsDelegates: [ // 델리게이트 추가
    GlobalMaterialLocalizations.delegate,
    GlobalWidgetsLocalizations.delegate,
    GlobalCupertinoLocalizations.delegate,
    // ... AppLocalizations.localizationsDelegates
  ],
  // 기타 속성...
  home: MyHomePage(),
```

        );

이 설정에서 `Directionality` 위젯은 적절한 텍스트 방향을 설정하는 데 중요한 역할을 합니다. 플러터는 `PositionedDirectional`과 `Align(AlignmentDirectional` 사용) 같이 기본 위젯의 방향성을 고려한 버전도 제공해 코드를 크게 바꾸지 않고도 RTL 레이아웃에 맞춰 적응하는 레이아웃을 쉽게 개발할 수 있게 합니다.

또한 플러터의 Icon 위젯과 SVG 이미지를 위한 `flutter_svg`와 같은 패키지에는 `matchTextDirection` 같은 속성이 있어 RTL 레이아웃에서 아이콘과 이미지가 자동으로 좌우반전됩니다. `auto_direction`과 같은 패키지는 LTR과 RTL 텍스트가 섞여 사용되는 양방향 텍스트 bidirectional text를 처리하기 위해 텍스트 방향성을 동적으로 조정해 UI에서 일관성을 보장할 수 있습니다.

플러터 애플리케이션에 RTL 레이아웃을 통합해 세계화를 수용하면 매우 관리하기 쉽고 더 광범위한 사용자에게 다가갈 수 있다는 장점이 있습니다. 플러터는 다양한 RTL 지원 위젯을 기본으로 지원해 이 프로세스를 효율적이며 사용자 친화적으로 만듭니다.

24.4 결론

어떤 애플리케이션을 개발하든지 국제화(i18n)는 필수적입니다. 하지만 여러 언어와 문화적 규범에 대한 지원을 나중에 추가하는 것은 복잡하고 리소스를 많이 소모하는 과정이 될 수 있습니다. 따라서 여러 언어의 다양한 문자와 기호를 지원하는 유니코드 인코딩을 사용하면 좋습니다.

또한 개발자는 다양한 언어 입력, 텍스트 방향(예: 오른쪽에서 왼쪽으로 쓰는 RTL 언어), 다양한 문자 세트에 쉽게 적응하도록 소프트웨어 구조를 설계해야 합니다. 이러한 미래 지향적인 접근 방식은 장기적으로 시간을 절약할 뿐만 아니라, 애플리케이션을 처음 출시할 때부터 더 많은 잠재 사용자를 확보하도록 도와줍니다.

현지화(l10n)는 단순히 텍스트를 번역하는 것이 아니라 타깃 사용자의 문화적, 언어적 기대에 맞게 애플리케이션을 조정하는 것입니다. 그러려면 타깃 지역의 지역 관습, 문화적 뉘앙스, 법적 요구사항, 선호도를 이해해야 합니다. 날짜 형식, 통화 형식, 숫자 표현, 심지어 색상의 의미까지도 문화권에 따라 주의 깊게 살펴봐야 합니다. 이러한 요소는 문화마다 크게 다를 수 있습니다.

정확하고 문화적으로 적절하게 번역하려면 원어민이나 현지화 전문가와 협력하는 것이 좋습니다. 효과적인 현지화는 사용자 경험과 만족도를 크게 향상하므로 여러 시장에서 애플리케이션의 수용도와 성공 가능성을 높일 수 있습니다.

CHAPTER 25
플러터에서 테마 활용하기

검토자: RydMike

플러터에서 테마 적용은 단순한 외관상의 선택이 아니라, 일관되고 직관적인 사용자 경험을 보장하는 애플리케이션 개발의 기본 요소입니다. 색상, 글꼴, 위젯 스타일과 같은 일관된 디자인 규칙을 정의함으로써, 테마는 애플리케이션 전체의 시각적 조화를 유지하는 데 도움을 줍니다. 이러한 일관성은 브랜드 정체성을 강화하고 사용자 내비게이션과 상호작용을 향상합니다. 플러터에서 테마를 효과적으로 적용하면 사용자가 애플리케이션의 기능과 콘텐츠를 직관적으로 이해하고 상호작용할 수 있게 하여 매끄러운 경험을 제공합니다.

여러 개발자가 공유하는 코드베이스에서 작업할 때, 새로운 개발자에게 BrandCheckbox와 같은 커스텀 UI 위젯을 사용해 원하는 스타일을 적용하는 방법을 가르칠 필요가 없습니다. 대신, 글로벌 테마를 적용하면 모든 기본 내장 컴포넌트에 애플리케이션의 테마와 브랜드에 맞는 스타일이 적용되므로 기본 Checkbox를 사용하더라도 문제없습니다. 애플리케이션에는 여전히 표준 라이브러리 외부의 커스텀 UI 위젯이 필요할 수 있습니다. 다행히도 테마 적용은 이러한 컴포넌트를 추가하는 데 방해되지 않습니다. 애플리케이션 전반에 걸쳐 일관된 테마를 유지하려면 커스텀 컴포넌트에도 ThemeExtension을 사용해 스타일을 적용하는 편이 좋습니다. 이렇게 하면 커스텀 컴포넌트도 애플리케이션 전반의 스타일과 조화를 이룰 수 있습니다.

이 장은 초보자부터 전문가까지, 플러터 개발자 모두에게 애플리케이션에 효과적이고 효율적인 테마 전략을 구현하는 데 필요한 핵심 지식과 기술을 제공합니다.

25.1 플러터 테마

플러터는 애플리케이션의 기본 설정에 사용하는 MaterialApp과 CupertinoApp이라는 두 가지 주요 위젯을 제공합니다. MaterialApp은 주로 안드로이드 애플리케이션에서 사용하는 머티리얼 디자인을, CupertinoApp은 iOS 애플리케이션에 맞춰진 쿠퍼티노 디자인[1]을 지원합니다. MaterialApp과 CupertinoApp에는 각각 ThemeData와 CupertinoThemeData를 정의할 수 있는 theme 속성이 있습니다.

CupertinoApp과 그 스타일은 주로 색상, 밝기, 텍스트 테마와 같은 CupertinoThemeData를 사용해 제한된 범위 내에서만 맞춤화할 수 있습니다.

MaterialApp의 ThemeData는 다양한 커스텀 UI 디자인 요구를 충족할 만큼 유연합니다. 기본적으로 구글의 머티리얼 디자인을 기반으로 하고 머티리얼 3 디자인 사양을 따르지만, 시각적 외관을 크게 수정할 수 있습니다. CupertinoApp은 애플의 휴먼 인터페이스 가이드라인^{human interface guidelines}(HIG) 디자인 가이드를 따르는 애플리케이션에 가장 적합합니다. MaterialApp에서 테마를 설정하는 예시는 다음과 같습니다.

```
class ThemeDataExampleApp extends StatelessWidget {
  const ThemeDataExampleApp({super.key});
  static final ColorScheme _colorScheme = ColorScheme.fromSeed(
  // 색상 스킴(ColorScheme) 생성
    seedColor: Colors.indigo,
  );
  @override
  Widget build(BuildContext context) {
    return MaterialApp(
      title: 'ThemeData Demo',
      theme: ThemeData(
        colorScheme: _colorScheme,
        floatingActionButtonTheme: FloatingActionButtonThemeData(
          backgroundColor: _colorScheme.tertiary,
          foregroundColor: _colorScheme.onTertiary,
        ),
      ),
      home: const Home(),
    );
```

---

1 옮긴이_ 애플에서 공식적으로 제안한 용어는 아니며, 플러터에 한정해서 활용합니다.

      }
    }

일단 테마가 설정되면 애플리케이션 전반에 걸쳐 이러한 스타일에 접근하고 수정하기가 원활해집니다. Theme.of(context)를 활용해 어떤 위젯에서도 현재의 ThemeData를 가져와 해당 테마의 속성을 사용해 다른 위젯을 스타일링할 수 있습니다. 이 접근 방식은 애플리케이션이 일관된 룩 앤 필look and feel을 유지하도록 합니다. 예를 들어 다음과 같이 테마에서 정의된 기본 색상을 위젯에 적용할 수 있습니다.

```
Container(
  color: Theme.of(context).colorScheme.primary,
  child: Text(
    'Themed Text',
    style: TextStyle(
      color: Theme.of(context).colorScheme.onPrimary,
    ),
  ),
);
```

플러터에서는 기본 테마 기능 때문에 MaterialApp과 CupertinoApp을 자주 사용하지만, 더 세밀한 제어가 필요할 때는 WidgetsApp도 사용할 수 있습니다. WidgetsApp은 MaterialApp이나 CupertinoApp처럼 미리 구성된 테마 구조 없이도 애플리케이션을 만드는 데 필요한 기본 기능을 제공하는 더 하위 수준의 위젯입니다. 다음은 WidgetsApp을 사용하는 기본 예제입니다.

```
WidgetsApp(
  color: Colors.blue,
  onGenerateRoute: (settings) {
    return MaterialPageRoute(
      builder: (context) {
        return Scaffold(
          appBar: AppBar(title: Text('Home')),
          body: Center(child: Text('Welcome to WidgetsApp')),
        );
      },
    );
  },
```

);
```

이 예제에서는 `WidgetsApp`에 기본 경로와 기본 색상을 설정합니다. 그러나 `WidgetsApp`을 사용할 때는 `MaterialApp`과 `CupertinoApp`에서 자동으로 처리하는 테마 설정을 포함한 애플리케이션 디자인의 많은 측면을 개발자가 직접 관리해야 합니다.

위젯의 타이포그래피typography와 색상을 스타일링할 때 테마를 일관되게 사용하는 것이 중요합니다. 이렇게 하면 애플리케이션 전체에서 일관된 모습을 유지할 수 있고 유지보수와 확장이 더 쉬워집니다. 테마를 활용하면 변경 사항을 전반적으로 적용하고 일관성을 유지하기가 더 간편해집니다. 위젯에서 직접 스타일을 재정의하면 일관성이 깨지기 쉽고 포괄적인 테마 전략을 구현하는 데 어려움을 겪을 수 있습니다.

`ThemeData`를 사용하지 않고 직접 위젯에 색상을 적용하는 예제를 살펴보겠습니다.

```
MaterialApp(
  home: Scaffold(
    appBar: AppBar(
      title: Text('Directly Styled App'),
    ),
    body: Center(
      child: Text(
        'Hello, Direct Styling!',
        style: TextStyle(color: Colors.purple), // 직접 스타일 적용
      ),
    ),
  ),
);
```

각 위젯에서 색상과 텍스트 스타일을 직접 설정하는 방법보다 `ThemeData`에 정의하고 `Theme.of(context)`를 사용하여 적용하는 것이 더 좋습니다.

```
// 커스텀 primary 색상을 ThemeData로 정의
main() {
  runApp(
    // 커스텀 primary 색상을 ThemeData로 정의
    MaterialApp(
      theme: ThemeData(
        colorScheme: ColorScheme.fromSeed(
```
```

```
          seedColor: Colors.teal,
          primary: Colors.teal, // primary 직접 지정
        ),
      ),
      home: const MyThemeApp(),
    ),
  );
}

class MyThemeApp extends StatelessWidget {
  const MyThemeApp({super.key});
  @override
  Widget build(BuildContext context) {
    return Scaffold(
      body: Container(
        color: Theme.of(context).colorScheme.primary, // 테마 색상 사용
        child: Text(
          'Themed Text',
          style: TextStyle(
            color: Theme.of(context).colorScheme.onPrimary, // 테마 색상 사용
          ),
        ),
      ),
    );
  }
}
```

이 접근 방식은 모든 위젯이 동일한 디자인 가이드라인을 준수하게 하고, 애플리케이션의 외관과 느낌을 업데이트하는 작업을 간소화합니다.

이 장에서는 널리 사용되는 `MaterialApp`에 중점을 두겠습니다. `MaterialApp`의 위젯과 테마는 유연하게 사용자 정의할 수 있으므로 애플리케이션의 모양을 원하는 대로 구성할 수 있습니다.

25.1.1 머티리얼 2와 머티리얼 3 비교

플러터 버전 3.16에서는 `ThemeData`에 기본적으로 머티리얼 3을 사용한다는 중요한 변화가 도입되었습니다. 머티리얼 3 디자인 언어는 이전의 머티리얼 2 기반의 기본 디자인과 시각적으로 크게 다릅니다.

머티리얼 2의 기본 디자인에 시각적으로 의존해 설계한 오래된 애플리케이션이 있다면, 플러터 3.16 이후 출시된 출시되는 버전에서도 ThemeData에서 머티리얼 3을 사용하지 않도록 명시해 머티리얼 2 기반 기본값을 계속 사용할 수 있습니다.

```
main() {
  runApp(
    // 기존 머티리얼 2 스타일을 강제로
    // 사용하는 ThemeData 정의
    MaterialApp(
      theme: ThemeData(
        useMaterial3: false, // 머티리얼 3 사용 비활성화
      ),
      home: const MyThemeApp(),
    ),
  );
}
```

플러터에서는 머티리얼 2 지원은 앞으로 폐기 예정^{deprecated}입니다. 폐기 예정으로 표시된 후에도 약 1년 동안은 여전히 사용 가능하지만 그 이후에는 머티리얼 2에 대한 플래그와 지원이 플러터 프레임워크에서 제거될 것입니다.[2]

25.2 커스텀 테마 기법

플러터에서 커스텀 테마 설정은 UI 디자인의 중요한 측면으로, 개발자가 애플리케이션에 독창적인 외관과 느낌을 부여하도록 합니다. 플러터는 다양한 방법으로 ThemeData를 커스터마이징하고 직접 생성하는 기능을 제공합니다.

25.2.1 ThemeData 사용자화

ThemeData 객체는 ThemeData() 팩토리를 사용해 생성할 수 있으며 colorScheme, textTh

---

[2] 옮긴이_ 현재 머티리얼 2는 공식적으로 지원 중단되어 더 이상 권장되지 않으며, 기존 애플리케이션과의 호환성을 위해서만 남아있습니다. 따라서 신규 개발에는 머티리얼 3를 사용해야 하며, 본문의 조언은 머티리얼 3으로 전환하기 위한 핵심 전략이 되었습니다.

eme, elevatedButtonTheme, iconButtonTheme 등과 같은 속성을 지정할 수 있습니다. 이는 ThemeData() 팩토리의 다양한 내장 편의 로직을 사용해 처음부터 완전한 테마를 정의하는 데 유용합니다.

```
final themeData = ThemeData(
  colorScheme: ColorScheme.fromSeed(
    seedColor: Colors.teal,
    primary: Colors.teal,
  ),
  textTheme: const TextTheme(
    displayLarge: TextStyle(
      color: Colors.teal,
    ),
  ),
  elevatedButtonTheme: ElevatedButtonThemeData(
    style: ButtonStyle(
      backgroundColor: MaterialStateProperty.all<Color>(
        // MaterialStateProperty 사용
        Colors.teal,
      ),
    ),
  ),
);
```

ThemeData 클래스를 이해하려면 소스 코드를 자세히 살펴봐야 합니다. 이 클래스는 다수의 팩토리와 상수 생성자가 있는 다재다능한 클래스입니다. `const ThemeData.raw()` 생성자는 실제 ThemeData 객체를 생성하는 명명된 생성자[named constructor]이며, 다른 팩토리 생성자들은 ThemeData 인스턴스를 생성하는 고유한 팩토리 메서드를 제공합니다.

```
@immutable
class ThemeData with Diagnosticable {
  factory ThemeData({...}) {...}
  const ThemeData.raw({...}){...} // 실제 객체 생성(주로 내부용)
  factory ThemeData.from({...}) {...} // ColorScheme 기반 생성
  factory ThemeData.light({...}){...} // 미리 정의된 밝은 테마
  factory ThemeData.dark({...}){...} // 미리 정의된 어두운 테마
  factory ThemeData.fallback({...}){...} // 대체 테마(내부용)
}
```

각 생성자를 자세히 살펴보겠습니다.

- `factory ThemeData({...})`: 주요 팩토리 생성자입니다. 다양한 매개변수를 지정해 테마를 커스터마이징하는 유연한 방법을 제공하며, 모든 구성 요소 테마를 포함한 ThemeData 객체를 생성할 수 있습니다.
- `const ThemeData.raw({...})`: 클래스의 명명된 상수 생성자입니다. ThemeData.raw()는 모든 속성을 명시적으로 정의해야 하며, 다른 생성자들이 내부적이거나 간접적으로 사용해 정확히 지정된 값으로 ThemeData 객체를 생성합니다. 일반적으로 이 생성자를 직접 사용하지 않는데, 이는 다른 팩토리 생성자에서 제공하는 로직을 재구성해야 하기 때문입니다.
- `factory ThemeData.from({...})`: 이 생성자는 색상 스킴을 기반으로 ThemeData 인스턴스를 생성합니다. 특히 머티리얼 2를 사용할 때 미리 정의된 색상 스킴과 일치하는 테마를 만들고 싶을 때 유용합니다.
- `factory ThemeData.light({...})`: 사전에 정의된 라이트 테마를 생성합니다. 밝은 색상 스킴을 사용해 ThemeData 인스턴스를 설정하며, 애플리케이션에서 기본적인 라이트 테마를 구현하는 편리한 방법입니다.
- `factory ThemeData.dark({...})`: 라이트 테마와 유사하게, 기본적인 다크 테마를 빠르게 설정하는 생성자입니다. 어두운 색상 스킴으로 사전 설정된 ThemeData를 제공합니다.
- `factory ThemeData.fallback({...})`: 다른 테마 데이터를 얻을 수 없을 때 마지막 수단으로 사용합니다. 기본 테마를 제공해 애플리케이션이 최소한의 스타일링을 갖추도록 보장하며, 일반적으로 내부적인 백업 테마로만 사용합니다.

각 생성자에는 고유한 목적이 있으며, 광범위하고 구체적인 테마 커스터마이징을 가능하게 합니다. 각 생성자의 차이점과 적절한 사용 사례를 이해하면 플러터 애플리케이션의 테마 기능을 크게 향상할 수 있습니다.

25.2.2 ThemeData.from() 사용하기

이 방법은 색상 스킴을 기반으로 테마를 생성할 때 유용하며, 생성된 ThemeData가 M2 색상 시스템 사양을 준수하게 합니다. 이 덕분에 M2 디자인 가이드라인에 맞춰 색상 팔레트의 일관성을 유지할 수 있습니다이 팩토리 생성자는 M2 디자인 가이드라인에 부합하는 방식으로 색상 팔레트의 일관성을 보장합니다. 또한 이 팩토리 생성자 정의 안에서는 텍스트 테마를 정의할 수 있지만, 컴포넌트 테마는 명시할 수 없습니다. 따라서 이 팩토리 생성자를 사용할 경우, 컴포넌트 테마는 반드시 `copyWith`를 사용하여 추가해야 합니다.

원한다면 이 팩토리 생성자를 사용해 머티리얼 3 기반 테마를 생성할 수도 있습니다.

```
ThemeData themeLight = ThemeData.from(
  colorScheme: const ColorScheme.light( // M2 스타일 ColorScheme 생성
    primary: Colors.blue,
    secondary: Colors.green,
  ),
  textTheme: const TextTheme( // textTheme 지정 가능
    displayLarge: TextStyle(
      color: Colors.black,
      fontSize: 30,
    ),
  ),
  // 컴포넌트 테마는 여기서 지정 불가하며 copyWith가 필요함
);
```

25.2.3 색상 스킴 활용하기

색상 스킴scheme은 플러터 머티리얼 테마의 핵심으로, 애플리케이션 전체에 일관된 색상을 적용하는 체계적인 접근 방식을 제공합니다. 머티리얼 디자인을 기반으로 한 색상 스킴은 UI 구성 요소를 조화롭게 만드는 다양한 색상 속성을 포함합니다.

ColorScheme 객체는 모든 색상 속성에 대해 색상값을 수동으로 정의하여 만들 수 있습니다. 그러려면 머티리얼 색상 시스템을 이해하고 각 색상의 대비, 톤, 서로 간의 관계를 고려해 정의하는 방법을 알아야 합니다.

직접 밝은 색상 스킴과 어두운 색상 스킴을 모두 정의할 수도 있지만, 일부 정의되지 않은 색상값에 기본값을 사용하거나 계산을 통해 색상 스킴을 생성하는 것을 돕는 ColorScheme 팩토리 생성자를 사용하면 더 편리할 수 있습니다.

머티리얼 2에서는 기본값을 제공하는 ColorScheme.light()와 ColorScheme.dark() 팩토리들이 올바른 기준 기본값을 제공합니다. 기본값에서 변경하고 싶은 주요 색상(primary)과 보조 색상(secondary)만 제공하면 되었으며, 이를 다음과 같이 사용했습니다.

```
// 밝은 색상 스킴 정의하기(M2 방식)
ColorScheme myLightScheme = ColorScheme.light(
  primary: Colors.blue,
```

```
    secondary: Colors.amber,
    onPrimary: Colors.white,
);
// 어두운 색상 스킴 정의하기(M2 방식)
ColorScheme myDarkScheme = ColorScheme.dark(
    primary: Colors.blueGrey,
    secondary: Colors.teal,
    onPrimary: Colors.black,
);
```

`ColorScheme.fromSeed()`는 하나의 기준seed 색상으로부터 조화로운 색상 스킴을 생성하는 고급 계산 팩토리 메서드입니다. 이는 머티리얼 3 색상 시스템을 준수하면서 테마의 일관성을 유지하는 데 유용합니다.

밝은 스킴과 어두운 스킴에 맞는 색상 스킴을 생성하려면 동일한 시드 색상을 사용하고 밝기만 변경해 각각의 색상 스킴을 정의할 수 있습니다.

```
// 기본은 라이트 모드
ColorScheme myLightScheme =
    ColorScheme.fromSeed(seedColor: Colors.blue); // 머티리얼 3 방식 (밝음)

// 다크 모드 스킴을 원한다면
// Brightness.dark를 지정해야만 합니다.
ColorScheme myDarkScheme = ColorScheme.fromSeed(
    seedColor: Colors.blue,
    brightness: Brightness.dark,
);
```

먼저 색상 스킴을 `ColorScheme.light/dark`나 `ColorScheme.fromSeed`로 정의합니다. 그런 다음, 머티리얼 3를 사용할 때는 `ThemeData()` 팩토리에서 `ThemeData` 객체를 생성할 수 있습니다. 아직 머티리얼 2를 사용 중이라면 `ThemeData.from()`을 사용하고 정의한 색상 스킴을 전달하는 것이 좋습니다. 이렇게 하면 색상 스킴이 애플리케이션의 전체 테마에 연결됩니다.

플러터 애플리케이션에 테마를 적용하려면 `MaterialApp` 위젯의 `theme`과 `darkTheme` 속성에 생성한 테마를 할당하면 됩니다.

```
MaterialApp(
    theme: lightTheme, // 라이트 테마 적용
```

```
    darkTheme: darkTheme, // 다크 테마 적용
    home: MyHomePage(),
);
```

`ColorScheme.fromImageProvider()`는 이미지의 주된 색상을 기반으로 색상 스킴을 생성하는 메서드입니다.

```
// 이미지로부터 색상 조합 생성
ColorScheme myLightScheme = await ColorScheme.fromImageProvider( // await 추가
    provider: AssetImage('assets/my_image.jpg'), // provider 전달
);
```

이 접근 방식은 사진 갤러리 애플리케이션이나 테마 기반 소셜 미디어 플랫폼과 같이 시각적 콘텐츠에 기반한 동적 테마를 만들려는 애플리케이션에 특히 효과적입니다. `fromImageProvider` 메서드는 이미지에서 가장 두드러진 색상을 찾아 기준 색상으로 사용하고, 이를 바탕으로 일치하는 색상 스킴을 생성합니다.

플러터의 테마 시스템, 특히 색상 조합을 통한 유연성은 창의적이고 효과적인 애플리케이션 디자인에 다양한 가능성을 열어 줍니다.

25.2.4 ThemeData.copyWith() 사용하기

`ThemeData`와 그 모든 컴포넌트 테마에 있는 `copyWith` 메서드는 표준 불변immutable 데이터 클래스의 `copyWith` 메서드로, 기존 테마를 조금씩 조정하는 데 이상적입니다. 이 메서드를 사용하면 전체 테마를 재정의하지 않고도 기존 `ThemeData`의 일부 속성값을 변경하여 객체를 복사할 수 있습니다.

```
// 기존 테마(예: Theme.of(context))
ThemeData themeData = Theme.of(context);

ThemeData newTheme = themeData.copyWith( // 기존 테마에서 복사
    colorScheme: themeData.colorScheme.copyWith( // 색상 조합만 변경
        primary: Colors.red, // primary 색상을 빨간색으로 변경
    ),
);
```

여기서 themeData값은 일반적으로 Theme.of(context)를 통해 얻은 ThemeData 객체의 값이지만, 직접 정의한 ThemeData값일 수도 있습니다.

ThemeData.copyWith는 ThemeData.raw 생성자에서 정의한 객체 속성들에 작동한다는 점을 유의해야 합니다. ThemeData() 팩토리에 포함된 모든 로직(계산 로직)은 copyWith를 사용할 때 다시 적용되지 않습니다. 예를 들어 copyWith를 사용해 밝기를 Brightness.dark로 설정해도 라이트 테마를 다크 테마로 바꿀 수는 없습니다. ColorScheme 객체에 저장된 brightness 속성은 해당 스킴이 라이트 테마용인지, 다크 테마용인지를 나타내는 정보일 뿐입니다. 테마를 밝거나 어둡게 보이게 하는 것은 ThemeData와 그 colorScheme의 모든 색상값 정의입니다.

때로는 중첩된 구성 요소 테마를 깊은 복사^{deep copy}해야 합니다.

```
// 기존 테마
ThemeData themeData = Theme.of(context);

ThemeData newTheme = themeData.copyWith(
  // 텍스트 테마 커스터마이징
  // 특히 'displaySmall' style
  textTheme: themeData.textTheme.copyWith(
    displaySmall: themeData.textTheme.displaySmall?.copyWith( // 널 안정성 체이닝
      // 텍스트를 빨간색으로 세팅
      color: Colors.red,
    ),
  ),
  // ElevatedButton 테마 커스터마이징
  elevatedButtonTheme: ElevatedButtonThemeData( // 새로운 인스턴스 생성
    style: themeData.elevatedButtonTheme?.style?.copyWith( // 기존 스타일에서 복사
      // 오버레이 색상의 모든 상태를 빨간색으로 세팅
      overlayColor: MaterialStateProperty.all<Color>(Colors.red),
    ),
  ),
);
```

깊은 복사 copyWith 예시에서는 기존 themeData를 기반으로 새로운 ThemeData 인스턴스인 newTheme을 생성합니다. copyWith를 사용하여 다음과 같이 특정 부분을 커스터마이징합니다.

1. textTheme(특히 displaySmall 스타일)이 변경됩니다. 여기서는 텍스트 색상을 빨간색으로 변경합니

다(displaySmall나 textTheme이 null일 수 있으므로 ?.를 사용함).
  2. elevatedButtonTheme도 커스터마이징됩니다. ElevatedButtonThemeData의 style을 수정해 모든 상태의 버튼에 MaterialStateProperty.all<Color>를 사용하여 overlayColor를 빨간색으로 설정합니다(기존 style이 elevatedButtonTheme이 null일 수 있으므로 ?.을 사용함).

이 접근 방식은 themeData의 나머지 속성을 변경하지 않고 특정 부분만을 타깃으로 변경할 수 있도록 합니다.

25.2.5 MaterialStateProperty 살펴보기

MaterialStateProperty는 플러터에서 위젯의 상태(예: 눌렸을 때, 마우스를 올렸을 때)에 따라 색상이나 스타일 같은 디자인 속성을 다르게 적용하고 싶을 때 사용하는 특수 클래스입니다. 이는 플러터의 광범위한 머티리얼 디자인 시스템의 일부로, 위젯의 상태가 눌림, 호버됨, 포커스됨, 비활성화됨 등으로 변화함에 따라 특정 시각적 요소가 어떻게 변하는지를 정의합니다.

MaterialStateProperty는 위젯 상태에 따라 다른 값을 연관시킬 수 있습니다. 이는 머티리얼 디자인 위젯이 사용자 상호작용이나 상태 변화에 시각적으로 반응하도록 스타일을 지정하는 데 특히 유용합니다.

MaterialStateProperty의 주요 특징을 알아봅시다.

  1. **상태별 값**: 다양한 위젯 상태(MaterialState enum값의 집합)에 각각 다른 값을 정의할 수 있습니다. 예를 들어 버튼이 기본 상태일 때와 눌렀을 때 각각 다른 색상을 지정할 수 있습니다.
  2. **머티리얼 위젯과의 사용**: MaterialStateProperty는 버튼, 체크박스, 라디오 버튼 등과 같은 머티리얼 디자인 위젯에서 상태에 따른 외관을 커스터마이징하는 데 일반적으로 사용합니다(주로 ButtonStyle, CheckboxThemeData 등 컴포넌트 테마의 style 속성 내에서).
  3. **resolveWith 함수**: MaterialStateProperty를 사용하는 일반적인 방법 중 하나는 resolveWith 정적 메서드나 MaterialStateProperty.resolveWith 생성자를 활용하는 것입니다. 이 함수는 현재 상태 집합(Set<MaterialState>)을 인수로 받아 상태에 따라 속성의 값을 반환하는 콜백 함수를 받습니다.
  4. **사용자 경험 향상**: 상태 변화에 따른 시각적 피드백을 제공함으로써, MaterialStateProperty는 사용자 경험을 향상하는 데 도움을 줍니다.

```
ElevatedButton(
  style: ButtonStyle(
```

```
      backgroundColor: MaterialStateProperty.resolveWith<Color>( // resolveWith 사용
        (Set<MaterialState> states) { // 현재 상태 Set을 받음
          if (states.contains(MaterialState.pressed)) { // 눌린 상태인지 확인
            return Colors.green; // 버튼을 눌렀을 때의 버튼 색상
          }
          return Colors.blue; // 다른 모든 상태에서의 기본 색상
        },
      ),
    ),
    onPressed: () {},
    child: const Text('Elevated Button'),
);
```

25.2.6 테마 익스텐션

플러터 프로젝트에서 테마에 커스텀 속성을 추가해야 할 때는 테마 익스텐션이 매우 유용합니다. 이 기능을 사용하면 기존 테마 시스템에 자신만의 속성을 추가할 수 있습니다. 이는 기본 테마 속성으로 다루지 않는 디자인 요소를 포함하려 할 때 특히 유용합니다.

먼저 ThemeExtension<T>를 확장하는 클래스를 만들고, 그 클래스에서 커스텀 속성을 정의합니다. 다음의 간단한 예제에서는 customColor라는 하나의 속성만을 정의합니다.

```
// ThemeExtension<CustomThemeExtension> 상속
class CustomThemeExtension extends ThemeExtension<CustomThemeExtension> {
  final Color? customColor; // 커스텀 속성(null 허용 예시)

  // 생성자
  const CustomThemeExtension({ // const 추가
    this.customColor, // 원문과 달리 required 제거, null 허용
  });

  // copyWith 메서드 구현(필수)
  @override
  CustomThemeExtension copyWith({
    Color? customColor,
  }) {
    return CustomThemeExtension(
      customColor: customColor ?? this.customColor,
```

```
      );
    }

    // lerp 메서드 구현(필수) - 테마 변경 애니메이션에 사용됨
    @override
    CustomThemeExtension lerp(
      ThemeExtension<CustomThemeExtension>? other, // other 타입 변경
      double t, // 보간 계수(0.0 ~ 1.0)
    ) {
      // 타입 체크 및 null 체크
      if (other is! CustomThemeExtension) { // other가 null이거나 타입이 다르면
        return this; // 현재 객체 반환(보간 불가)
      }
      // 속성값 보간
      return CustomThemeExtension(
        customColor: Color.lerp(customColor, other.customColor, t)!,
      );
    }
  }
```

여러 테마 익스텐션 추가하기

더 복잡한 애플리케이션에서는 여러 커스텀 컴포넌트를 위해 다양한 테마 익스텐션을 정의할 수 있습니다. 이를 통해 각 컴포넌트가 자체적으로 커스터마이징 가능한 속성을 가질 수 있습니다. 테마 익스텐션은 시맨틱 컬러^{semantic color}나 콘텐츠 텍스트 스타일을 추가하는 데도 유용합니다.

시맨틱 컬러

시맨틱 컬러는 애플리케이션의 도메인이나 더 일반적인 의미(예: 성공, 경고, 에러)와 관련된 특정 의미가 있는 색상을 말합니다. ColorScheme에는 많은 색상이 포함되지만 이들 대부분은 시각적 요소를 스타일링하는 데 중점을 두며, 애플리케이션의 스타일과 브랜드를 나타냅니다. 색상 조합에서 명확한 시맨틱 컬러는 에러(error) 색상과 그 컨테이너 버전, 그리고 대비 색상(onColors 색상)밖에 없습니다. 에러 색상은 일반적으로 다양한 톤의 빨간색으로 표현됩니다. 애플리케이션에서는 OK(성공)나 Warning(경고)과 같이 명확하게 다른 의미를 표현하는 색상이 필요할 수 있습니다. 주문 상태를 나타내는 도메인 색상과 같지만 다른 의미 있는 색상도 있을 수 있습니다. 코드 하이라이팅을 위해 키워드에 사용되는 시맨틱 컬러가 필요한 애플

리케이션도 있습니다. 또한 차트에서 애플리케이션 테마 기반이 아닌 시맨틱 컬러 범례[legend]가 필요한 경우도 있습니다. 이러한 의미가 있는 색상들은 ColorScheme의 사용 목적을 벗어나지만 테마 익스텐션으로 애플리케이션에 추가하기에 매우 적합합니다.

애플리케이션이 사용자가 선택 가능한 여러 테마 색상 옵션을 제공하거나 호스트 시스템이나 이미지에서 테마를 가져올 때는 시맨틱 컬러를 테마의 기본 색상을 고려해 조화롭게 조정하면 좋습니다. 이렇게 하면 시맨틱 컬러가 애플리케이션의 기본 색상에 더 잘 어울리도록 색감이 조정됩니다(톤 조절 등). 이를 구현하려면 머티리얼 색상 도구[Material Color Utilities][3] 패키지의 `blend` 함수를 알아보기를 추천합니다.

콘텐츠 텍스트 스타일

애플리케이션에서 많은 텍스트 콘텐츠를 표시하고 이를 ThemeData의 textTheme이나 컴포넌트 테마의 텍스트 스타일과는 별도로 스타일링해야 한다면 테마 익스텐션에 추가하는 것이 좋습니다. ThemeData의 텍스트 스타일은 주로 애플리케이션에서 사용하는 컴포넌트(예: 버튼, 애플리케이션바)의 텍스트 스타일을 제공하기 위해 만들어졌습니다. 하지만 노트 애플리케이션의 메모 내용이나 블로그 콘텐츠 스타일링처럼 텍스트 콘텐츠에 더 적합한 스타일이 추가로 필요할 때가 있습니다. 내장된 텍스트 스타일이 필요한 다른 스타일과 잘 어울릴 때도 있지만, 그렇지 않을 때가 더 많습니다. 기본적으로 컴포넌트에서 사용하는 ThemeData의 텍스트 스타일을 수정하지 않고 콘텐츠 스타일을 지원하려면 필요한 텍스트 스타일을 테마 익스텐션으로 추가해 스타일 충돌을 방지하는 것이 좋습니다.

폴백값

애플리케이션을 개발하면서 ThemeData에 커스텀 테마 익스텐션을 포함했고, 그 익스텐션의 모든 속성에 값이 항상 정의됨을 보장할 수 있다면, 커스텀 위젯이 위젯 트리에서 이 값들을 안전하게 참조할 수 있습니다(예: `Theme.of(context).extension<MyExt>()!.myProp`).

하지만 커스텀 테마 익스텐션을 포함한 패키지를 개발했다면, 사용자가 필요에 따라 자신의 애플리케이션의 ThemeData에 이를 선택적으로 추가할 수 있습니다. 그러나 사용자가 추가한다는 보장은 없습니다. 이럴 때 패키지 내부에서 폴백값[fallback]을 제공해야 합니다. 플러터 위젯이

---

[3] https://pub.dev/packages/material_color_utilities

사용하는 기본값 처리 전략을 고려해 보면 위젯 속성값 → 테마 속성값 → 기본 속성값 순으로 적용됩니다.

하드코딩된 값 토큰을 사용할 수도 있지만, 더 우아하게 처리하려면 적절한 기본값을 정의하는 이름이 지정된 생성자(예: `MyExtension.defaults()`)를 추가하는 것이 좋습니다. 이러한 기본값은 `const` 값 토큰으로 정의할 수 있으며, 테마 모드의 밝기에 따라 달라질 수 있습니다. 이는 보통 라이트 모드와 다크 모드에서 색상 속성의 기본값이 다르게 설정되어야 할 때 유용합니다.

```
// 위젯 빌드 메서드 내에서 기본값 가져오기
final CustomThemeExtension defaults = CustomThemeExtension.defaults(
    // 기본값 생성 메서드(가정)
    Theme.of(context).brightness, // 현재 밝기 전달
);
// 테마에서 extension 가져오기(null 가능)
final CustomThemeExtension? customTheme =
    Theme.of(context).extension<CustomThemeExtension>();

// 값 사용 우선순위: 위젯 속성 -> 테마 -> 기본값
final Color myColor =
    widget.customColor ?? // 1. 위젯 속성값
    customTheme?.customColor ?? // 2. 테마 익스텐션 값
    defaults.customColor; // 3. 기본값
```

테마 익스텐션의 장점

`ThemeData`를 커스텀 속성으로 확장하고, 표준 상속된 테마(`Theme.of(context)`)를 통해 그 속성에 접근할 수 있게 하는 것 이외에도, 테마 변경 시 확장된 속성들이 다른 테마 요소들과 함께 애니메이션되도록 하는 것을 포함합니다. 이는 라이트 모드나 다크 모드에서 테마 익스텐션의 값을 변경할 때도 적용됩니다. 이 기능은 색상뿐만 아니라, 예를 들어 모서리 반지름, 여백, 머티리얼 높이, 글꼴 크기 등과 같은 다양한 커스텀 속성값에도 적용됩니다.

확장에 이러한 커스텀 속성을 사용하고 테마 익스텐션에서 테마 속성값을 동적으로 변경하면 (예: 커스텀 텍스트 스타일의 글꼴 크기를 변경할 때), 이 텍스트 스타일을 사용하는 모든 컴포넌트와 요소들이 글꼴 크기 변화를 애니메이션으로 전환하게 됩니다. 이는 `ThemeData`에서 수정한 다른 속성들과 함께 동시에 일어나며, 서로 동기화합니다.

이렇게 하면 커스텀 테마 속성이 내장된 ThemeData와 완벽하게 통합되며, 매끄러운 애니메이션 전환 효과를 구현할 수 있습니다. 바로 이 때문에 모든 테마 확장 속성에는 lerp 함수를 오버라이드해야 합니다.

이러한 기법을 사용하면 개발자는 애플리케이션의 브랜드와 디자인 요구사항에 완벽히 부합하는 테마를 제작할 수 있으며, 일관되고 몰입감 있는 사용자 경험을 제공할 수 있습니다. 기존 테마를 조정하든, 테마 익스텐션을 사용해 완전히 새로운 테마 속성을 만들든, 플러터는 종합적인 테마 설정을 위한 유연성을 제공합니다.

25.2.7 플러터에서 시각적 밀도

플러터의 ThemeData에서 시각적 밀도는 UI 구성 요소의 수직적 및 수평적 '밀집도compactness'를 나타내는 개념입니다. 이는 텍스트 크기, 아이콘 크기, 패딩값을 변경하지 않고도 애플리케이션 UI 내 다양한 머티리얼 디자인 구성 요소의 간격과 레이아웃 밀도를 정의하는 데 중요한 역할을 합니다. 이를 좀 더 자세히 알아보겠습니다.

- **단위 없는 치수**: 시각적 밀도는 단위가 없는 개념으로 픽셀이나 em과 같은 특정 치수로 직접 변환되지 않습니다. 대신 머티리얼 디자인 가이드라인에 명시된 기본 상태(VisualDensity.standard, 밀도 0)를 기준으로 구성 요소의 밀도를 조정합니다. 양숫값은 더 밀집되게, 음숫값은 덜 밀집되게 합니다.
- **기본 밀도**: 수직 및 수평 밀도의 기본값은 0(VisualDensity.standard)입니다. 이 기본값은 머티리얼 디자인에서 정의된 표준 구성 요소 간격에 해당합니다(VisualDensity.adaptivePlatformDensity가 기본값으로 사용되어 플랫폼별 조정됨).
- **구성 요소 간격**: 시각적 밀도는 UI 엘리먼트들이 얼마나 빽빽하게 또는 널찍하게 보일지를 결정하는 개념으로, 컴포넌트의 안팎 여백을 조절하는 방식으로 작동합니다. 예를 들어 버튼에서는 이 밀돗값에 따라 내부 여백이 달라지고, 리스트에서는 항목 간의 간격이 조절됩니다.

여러 머티리얼 위젯은 시각적 밀도 설정 변경에 대응합니다.

- Checkbox, Radio, IconButton과 다양한 종류의 버튼(ElevatedButton, OutlinedButton, TextButton 등)은 시각적 밀도에 따라 간격을 조정합니다.
- InputDecorator는 TextField와 같은 위젯의 기본 요소로 밀도 변화에 따라 텍스트 필드 주위의 간격을 조정합니다.
- ListTile과 Chip도 시각적 밀도 설정에 따라 간격을 조정해 반응합니다.

시각적 밀도는 `ThemeData`에서 설정할 수 있으며, 여기서 애플리케이션의 머티리얼 구성 요소에 대한 기본적인 수평 및 수직 밀도를 설정할 수 있습니다.

```
ThemeData(
  visualDensity: VisualDensity( // VisualDensity 객체로 설정
    horizontal: VisualDensity.standard.horizontal, // 수평 밀도(0)
    vertical: VisualDensity.comfortable.vertical, // 수직 밀도(-1, 좀 더 여유롭게)
  ),
  // 또는 미리 정의된 상수 사용: standard(0,0), comfortable(-1,-1), compact(-2,-2)
  // visualDensity: VisualDensity.comfortable,
);
```

이 예제에서는 `VisualDensity.standard`와 `VisualDensity.comfortable`를 사용했지만, 필요에 따라 값을 조정해 UI 구성 요소를 더/덜 밀집되게 할 수 있습니다.

시각적 밀도를 조정하면 사용자의 접근성과 애플리케이션 사용의 편안함에 영향을 미칠 수 있습니다. 더 밀집된 레이아웃(`compact`)은 숙련된 사용자나, 더 큰 화면을 사용하거나, 마우스 환경에 적합할 수 있으며 덜 밀집된 레이아웃(`comfortable`, `standard`)은 접근성 향상과 터치 대상의 크기를 고려하는 데 유리할 수 있습니다. 다양한 구성 요소에 일관되게 시각적 밀도를 적용하면 애플리케이션의 통일된 외관과 느낌을 유지할 수 있습니다.

플러터에서 Visual Density의 이해와 맞춤화

플러터는 애플리케이션이 실행되는 플랫폼에 따라 UI의 시각적 밀도(`VisualDensity`)를 자동으로 조정합니다. 이 기능은 다양한 기기에서 UI 엘리먼트의 간격과 크기를 최적화해 사용자 경험을 향상합니다.

기본적으로 플러터는 `VisualDensity.adaptivePlatformDensity`를 사용하며, 이는 내부적으로 플랫폼을 확인해 다음과 같이 동작합니다. 안드로이드, iOS, 퓨시아Fuchsia 플랫폼에서는 `VisualDensity.standard`(밀도 0)를 설정하고 리눅스, macOS, 윈도우와 같은 데스크톱 플랫폼에서는 `VisualDensity.compact`(밀도 -2)를 선택합니다. `compact` 밀도는 UI 엘리먼트의 간격이 더 좁고 효율적이어서 마우스를 기반 상호작용에 더 적합합니다.

터치 지원 데스크탑에 대한 시각적 밀도 정의

애플리케이션이 터치 기능이 있는 데스크톱(예: 특정 리눅스와 윈도우 기기)에서 실행된다면 기본 compact 시각적 밀도가 가장 사용자 친화적인 옵션이 아닐 수 있습니다. 이럴 때는 시각적 밀도를 결정하는 커스텀 함수를 구현하는 것을 고려해 보세요. 예를 들어 터치 기능이 있는 리눅스와 윈도우 기기에서는 VisualDensity.comfortable(밀도 -1)을 사용할 수 있습니다. 이 설정은 더 넓고 터치에 친화적인 UI 엘리먼트를 제공하며 터치스크린을 사용하는 사용자들에게 더 편안한 상호작용을 제공합니다.

다음은 실제 구현 예제입니다(터치스크린 감지 로직은 플랫폼별로 구현 필요).

```dart
VisualDensity adaptiveVisualDensity(BuildContext context) { // context 기반 함수 예시
  var platform = Theme.of(context).platform; // 현재 플랫폼 가져오기
  bool isTouchScreen = false; // 실제 터치스크린 감지 로직 필요

  if (platform == TargetPlatform.linux || platform == TargetPlatform.windows) {
    // 터치스크린인지 확인하기(가상 로직)
    // 실제 구현 시에는 dart:io나 패키지 사용 필요
    // isTouchScreen = checkTouchscreenSupport();
    if (isTouchScreen) {
      return VisualDensity.comfortable; // 터치 데스크탑에는 comfortable
    }
    return VisualDensity.compact; // 일반 데스크탑에는 compact
  }
  // 모바일 플랫폼 등
  return VisualDensity.standard; // 표준 밀도 사용
}

// MaterialApp에서의 사용 예시(MaterialApp.builder 등 필요)
// MaterialApp.builder(
//   builder: (context, child) {
//     return Theme(
//       data: ThemeData(
//         visualDensity: adaptiveVisualDensity(context),
//         // ... other theme data
//       ),
//       child: child!,
//     );
//   },
//   // ... home, routes 등
// )
```

시각적 밀도는 버튼이나 텍스트 필드 같은 UI 구성 요소 간의 간격에 미묘한 영향을 주며, 패딩과 정렬 같은 엘리먼트에는 더 큰 영향을 미칩니다. 이러한 세밀한 조정은 다양한 화면 크기와 상호작용 방식(터치 대 마우스 및 키보드)을 다룰 때 특히 애플리케이션의 사용성과 미적 매력을 크게 향상할 수 있습니다. 시각적 밀도를 신중하게 커스터마이징하면 모바일부터 터치 기능이 있는 데스크톱에 이르기까지 다양한 기기에서 최적의 사용자 경험을 제공하는 플러터 애플리케이션을 만들 수 있습니다.

25.3 다크 테마와 라이트 테마 관리하기

이전 절에서 다크 모드 색상도 정의했습니다. 플러터의 테마 시스템은 다크 모드와 라이트 모드를 구현하는 과정을 단순화합니다. 이를 위해 라이트 테마와 다크 테마에 대해 별도의 `ThemeData` 인스턴스를 정의할 수 있습니다. 그런 다음, 라이트 테마는 `MaterialApp`의 theme 속성에, 다크 모드 테마는 `darkTheme` 속성에 할당합니다. `MaterialApp`의 themeMode enum 속성을 사용해 사용할 테마를 정의할 수 있습니다.

- `ThemeMode.light`: theme에 정의된 라이트 테마를 사용합니다.
- `ThemeMode.dark`: darkTheme에 정의된 다크 테마를 사용합니다.
- `ThemeMode.system`(기본값): 사용자의 호스트 기기 시스템 설정에 따라 애플리케이션이 라이트 모드나 다크 모드를 적용합니다.

애플리케이션에서 사용자가 이 세 가지 옵션 중에서 선택할 수 있도록 허용하는 것도 고려해 보세요. 사용자들은 특정 애플리케이션에서 시스템의 일반 모드와 다른 밝기 설정 사용하길 원할 때도 있습니다.

플러터에서 `MaterialApp` 클래스는 고대비 모드가 필요하거나 선호하는 사용자(특히 시각적 접근성이 필요한 사용자)를 위한 속성도 제공합니다. `highContrastTheme`와 `highContrastDarkTheme` 속성은 특히 시각 장애가 있는 사용자들을 포함한 더 많은 사용자가 애플리케이션을 사용할 수 있게 합니다.

`ThemeData`의 고대비 테마 속성은 시스템이 고대비 모드를 요청할 때 사용하도록 설계되었습니다. 이는 iOS와 같은 많은 호스트 플랫폼에서 공통으로 사용하며, 사용자가 접근성 설정을

통해 대비를 높일 수 있는 기능을 제공합니다. 이 설정은 텍스트와 UI 엘리먼트의 가독성을 높이므로 시각적 인지능력이 제한된 사용자들에게 도움이 됩니다.

highContrastTheme을 정의하면 애플리케이션의 (라이트) 테마를 더 높은 대비로 제공하게 됩니다. 이때 색상 조합을 완전히 변경하는 것이 아니라, 요소들이 더 잘 구분되고 읽기 쉽도록 조정합니다. 예를 들어 더 밝은 배경에 더 어두운 텍스트를 사용하거나, 반대로 어두운 배경에 밝은 텍스트를 사용하거나, 다양한 UI 엘리먼트 간의 대비를 높이는 방법이 포함될 수 있습니다.

highContrastTheme과 마찬가지로, highContrastDarkTheme은 시스템이 다크 모드와 고대비 모드를 동시에 요청할 때 사용됩니다. 이 테마의 ThemeData.brightness는 Brightness.dark로 설정되어야 하며, 전체적인 테마는 다크 모드이지만 표준 다크 테마보다 더 높은 대비를 제공합니다. 예를 들어 더 밝거나 덜 채도 높은 색상을 어두운 배경에 사용해 텍스트와 주요 UI 엘리먼트들이 뚜렷하게 보이게 할 수 있습니다.

```
// 앱 상태 등에서 관리되는 현재 테마 모드
ThemeMode usedMode = ThemeMode.system; // 예시

main() {
  runApp(
    MaterialApp(
      themeMode: usedMode, // 현재 테마 모드 적용
      theme: CustomTheme.light, // 기본 라이트 테마
      darkTheme: CustomTheme.dark, // 기본 다크 테마
      highContrastTheme: CustomTheme.highContrastLight, // 고대비 라이트 테마
      highContrastDarkTheme: CustomTheme.highContrastDark, // 고대비 다크 테마
      home: MyAppHome(), // 홈 위젯 추가
    ),
  );
}

// 가상 테마 정의 클래스
class CustomTheme {
  static ThemeData light = ThemeData(/* ... */);
  static ThemeData dark = ThemeData.dark(/* ... */);
  static ThemeData highContrastLight = ThemeData(/* 고대비 라이트 정의 ... */);
  static ThemeData highContrastDark = ThemeData.dark(/* 고대비 다크 정의 ... */);
}
```

플러터에서 애플 플랫폼(또는 유사한 접근성 설정을 제공하는 플랫폼)을 지원하는 고대비 색

상 조합을 만들려면 색상 대비가 더 뚜렷한 테마를 정의해야 합니다.

이 글을 쓰는 시점에서는 iOS 플랫폼만이 highContrastTheme과 highContrastDarkTheme에서 제공하는 고대비 테마를 사용하는 시스템 요청을 플러터에서 지원합니다. 하지만 이는 향후 플러터 버전에서 변경될 예정입니다.[4] 최신 안드로이드 버전은 이미 고대비 테마를 지원하며, 머티리얼 3 디자인 시스템도 이러한 고대비 테마를 만드는 방법에 관한 가이드를 제공합니다.

iOS 외의 플랫폼에서는 사용자가 고대비 테마를 선택할 수 있도록 애플리케이션에서 설정을 제공해야 합니다. 이러한 고대비 색상 조합을 사용해 만든 ThemeData 버전을 일반 테마나 다크 테마 속성 대신 적용해야 합니다. 이는 iOS 외의 플랫폼에서는 시스템의 고대비 모드 요청이 인식되지 않기 때문에 필요한 조치입니다. 하지만 앞으로 상황이 바뀔 수 있으므로, 플러터 3.16 이후의 버전에서 해당 기능이 지원되는지 확인해 보면 좋습니다.

접근성을 고려한 색상 조합 디자인은 복잡할 수 있으며, 최적의 스킴을 찾으려면 UI/UX 디자이너와 협력해야 할 수 있습니다.

25.4 머티리얼 애플리케이션 테마 만들기 단계

ThemeData를 생성하는 도구들을 알았으니, 이제 설정을 위한 워크플로와 단계를 살펴보겠습니다.

1. 라이트 모드와 다크 모드에 사용할 애플리케이션의 메인 색상(primary, secondary 등)을 결정합니다.
2. 이러한 색상을 기반으로 라이트와 다크 색상 조합을 정의합니다.
3. 애플리케이션의 전체 텍스트 테마와 기본 텍스트 테마를 정의합니다.
4. 디자인 목표에 맞는 컴포넌트 테마 스타일을 정의합니다.
5. 사맨틱과 추가 색상을 포함한 테마 익스텐션을 추가합니다.
6. 추가 콘텐츠 텍스트 스타일이 있다면 테마 익스텐션을 추가합니다.
7. 고급 커스텀 컴포넌트에 필요한 테마 익스텐션을 추가합니다.

---

4 옮긴이_ 이제 안드로이드에서도 시스템의 '고대비' 설정을 자동으로 지원합니다. 사용자가 휴대폰 설정에서 '고대비 모드'를 켜면 저절로 고대비 테마(highContrastTheme)로 바뀌게 됩니다. 따라서 이 기능은 더 이상 iOS 전용이 아니며, 모든 플랫폼에서 중요한 기본 접근성 기능이 되었습니다.

이전에 자세히 다루지 않은 일부 단계를 조금 더 알아봅니다.

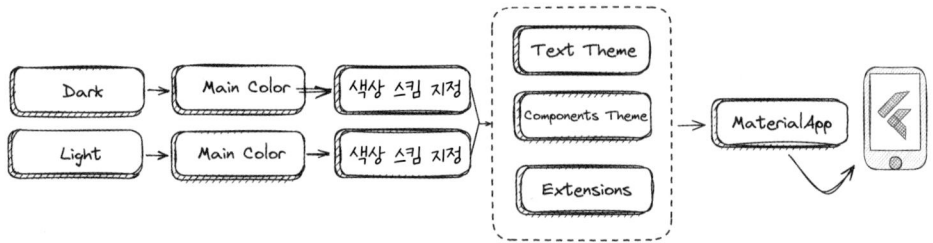

그림 25-1 머티리얼 애플리케이션 테마 만들기 단계

25.4.1 애플리케이션 메인 색상

애플리케이션을 스타일링 할 때는 주로 애플리케이션의 정체성을 나타내는 주요 색상이나 브랜드 색상을 선택하게 됩니다. 일반적으로 이 색상을 애플리케이션의 `ColorScheme.primary` 색상으로 사용합니다.

보조 색상이 한두 개 있을 수 있으며, 이를 애플리케이션의 `ThemeData.colorScheme`에서 `secondary`와 `tertiary` 색상으로 사용할 수 있습니다. 보조 색상이 하나만 있을 때는 `ColorScheme`에서 `secondary` 색상보다 `tertiary` 색상을 사용하는 것이 좋습니다. 머티리얼 3 색상 시스템에서 `secondary` 팔레트는 보통 `primary` 팔레트의 톤다운된 버전(즉 `primary` 색상의 채도chroma를 낮춘 버전)으로 사용합니다. 반드시 그래야 하는 것은 아니지만, 일부 기본 색상 매핑에서는 이 가정을 전제로 합니다. 따라서 보조 색상이 하나뿐이라면 이러한 가정이 없는 `tertiary` 팔레트에 할당하는 것이 바람직합니다. 이는 M2 색상 시스템에서 `secondary` 색상이 사용되었던 것처럼 강조 색상으로 더 적합합니다.

회사 브랜드 색상은 일반적으로 밝은 배경에서 잘 어울리도록 디자인됩니다. 이는 전통적으로 흰색 종이에 인쇄되었기 때문입니다. 많은 기업이 아직 디지털 미디어의 다크 모드에서 잘 작동하는 브랜드 색상을 정의하지 않았을 수 있습니다.

다크 모드에서 사용하는 색상은 일반적으로 라이트 모드 색상에서보다 채도가 낮아야 어둡거나 검은 배경과 좋은 대비를 제공합니다. 그러나 미리 정의된 색상이 없다면 어두운 밝기의 `ColorScheme.fromSeed`를 기본 색상 시드로 사용할 수 있습니다. 물론, 라이트 모드 색상의 채도를 낮춘 버전을 수동으로 정의해도 됩니다.

25.4.2 토큰 색상값에서 색상 스킴 생성

입력 색상값을 토큰 색상값으로 정의할 수 있으며, 이를 최상위 상수로 정의하거나 정적 색상값이 포함된 클래스로 감쌀 수 있습니다. 다음은 두 가지 색상을 사용한 예시입니다. 하나는 메인 브랜드 색상이고, 다른 하나는 보조 브랜드 액센트 색상입니다.

```
class ColorTokens {
  ColorTokens._(); // 인스턴스화 방지
  // 짙은 보라색
  static const Color brandMain = Color(0xFF4527A0);
  // 어두운 초록색
  static const Color brandAccent = Color(0xFF006E51);
}
```

이제 이 색상들을 라이트 모드와 다크 모드용 색상 스킴을 정의하는 데 사용할 수 있습니다. 주요 브랜드 색상에만 관심이 있다면, 이 설정만으로도 충분할 것입니다.

```
// 라이트 스킴: brandMain을 시드와 primary로 사용
ColorScheme brandLightScheme = ColorScheme.fromSeed(
  seedColor: ColorTokens.brandMain,
  primary: ColorTokens.brandMain, // primary 강제 지정
);

// 다크 스킴: brandMain을 시드와 primaryContainer로 사용
ColorScheme brandDarkScheme = ColorScheme.fromSeed(
  brightness: Brightness.dark,
  seedColor: ColorTokens.brandMain,
  primaryContainer: ColorTokens.brandMain, // primaryContainer에 할당(선택적)
);
```

`brandMain` 색상은 밝은 모드에서 흰색 배경에 잘 어울리는 짙은 보라색으로, 기본 색상(`primary`)으로 적합합니다. 이 색상을 기본 색상으로 유지하려면 `fromSeed` 팩토리에서 `primary` 색상을 직접 오버라이드해야 합니다. 그렇지 않으면, 이 브랜드 색상에서 계산된 톤 팔레트[tonal]

palette를 기반으로 한 색상이 대신 사용될 수 있습니다. 이는 브랜드 색상과는 약간 다를 수 있습니다.

다크 모드에서는 기본 색상으로 미리 정의된 색상이 없으므로 같은 브랜드 색상을 시드로 사용해 계산된 값을 그대로 사용할 수 있습니다. 이렇게 하면 브랜드 색상을 기반으로 톤이 더 높고 채도가 낮은 색상이 생성됩니다. 하지만 여기서는 채도가 높은 짙은 보라색 브랜드 색상을 다크 테마에 추가하려 합니다. 다크 모드에서는 이 색상을 `primaryContainer` 색상으로 사용하는 것이 일반적으로 좋습니다. `primaryContainer`는 기본 색상의 덜 두드러진 버전을 제공하는 역할을 하기 때문입니다. 라이트 모드에서 사용된 기본 색상은 다크 모드에서도 잘 어울릴 때가 많지만, 그렇지 않다면 계산된 컨테이너 색상을 사용해도 좋습니다.

아직 브랜드의 액센트 색상인 어두운 초록색을 사용하지 않았습니다. 여기서 `ColorScheme.fromSeed`의 한계를 발견할 수 있습니다. 이 생성자는 하나의 색상만을 시드로 받아들입니다. 이 시드 색상을 바탕으로 색상의 톤 팔레트를 계산해 라이트 모드와 다크 모드에서 각각 다른 톤을 적용하고 색상 조합의 다양한 기본 색상에 할당합니다.

`ColorScheme.fromSeed`는 `secondary` 팔레트에도 동일하게 적용되지만 채돗값을 16으로 고정해 채도가 낮은 팔레트를 만듭니다. 이 팔레트는 여전히 시드 색상의 색상(hue)을 유지합니다. `tertiary` 색상은 시드 색상의 색상을 60도 회전시키고 채도를 24로 고정합니다. 그러나 기준 색상의 색상정보나 채돗값을 제약 없이 `fromSeed`에 제공할 수는 없습니다.

`ColorScheme.fromSeed`를 사용한다면 라이트 모드와 다크 모드 모두에서 `tertiary`, `onTertiary`, `tertiaryContainer`, `onTertiaryContainer` 색상 속성을 각각 오버라이드해야 합니다. 브랜드 액센트 색상이 하나뿐이라면 이를 직접 사용할 수 있는 곳은 라이트 모드의 `tertiary` 색상과 다크 모드의 `tertiaryContainer` 색상뿐입니다(이는 일반적인 사용 패턴 예시임). 따라서 라이트 모드와 다크 모드에서 나머지 `tertiary` 색상값을 수동으로 정의하거나 계산해야 합니다.

이 작업은 번거롭고 정확하게 조정하기 어려울 수 있습니다. 이를 자동화하려면 머티리얼의 계산 색상 시스템을 더 깊이 활용해 플러터의 `fromSeed` 팩토리에서 사용하는 Material Color Utilities 패키지를 이용할 수 있습니다. 이 패키지를 사용해 `brandAccent` 색상을 기반으로 톤 팔레트를 계산하고, 이 팔레트에서 적절한 톤을 선택해 `tertiary` 색상 조합 색상에 할당할 수 있습니다.

더 편리한 방법은 FlexSeedScheme[5]를 사용하는 것입니다. 이 패키지는 색상 조합의 각 색상 팔레트(primary, secondary, tertiary)에 대해 서로 다른 시드 색상을 사용할 수 있게 해주며, 생성된 팔레트의 채도를 조정하는 기능을 제공합니다.

```dart
// flex_seed_scheme 패키지 사용 예시
import 필요: import 'package:flex_seed_scheme/flex_seed_scheme.dart';

// 색 구성표 만들기
// 브랜드 기반 primary와 tertiary 시드 키들
final ColorScheme brandLightScheme = SeedColorScheme.fromSeeds(
  brightness: Brightness.light,
  primaryKey: ColorTokens.brandMain, // Primary 시드
  // brandMain를 primary로 고정
  primary: ColorTokens.brandMain,

  // 선택적으로 고유 시드를 secondary와 tertiary 키 색상에
  // 추가할 수 있음.
  // 여기서는 머티리얼 3 색상 시스템의 기본값과 같이
  // tertiary 색상만 사용하고
  // secondary를 계산해 primary와 연관되도록 함.
  tertiaryKey: ColorTokens.brandAccent, // tertiary 시드
  // brandAccent를 tertiary로 고정
  tertiary: ColorTokens.brandAccent,

  // Tone chroma 색상과 톤 매핑은 선택 사항
  // 설정하지 않으면 플러터의 머티리얼 3
  // ColorScheme.fromSeed와 동일한 구성을 사용하게 됨.
  // 여기서는 제공된 시드의 chroma를 사용하고
  // 표면 색상에서 주요 색상의 틴트를 덜 강조하는 전략을 사용함.
  // 톤 팔레트를 만드는 데 사용할 수 있는
  // 다른 미리 정의된 톤 전략이 많으며
  // FlexTones 클래스를 정의해 직접 커스터마이징을 할 수도 있음.
  tones: FlexTones.chroma(Brightness.light), // 톤 전략 지정(선택)
);
final ColorScheme brandDarkScheme = SeedColorScheme.fromSeeds(
  brightness: Brightness.dark,
  primaryKey: ColorTokens.brandMain, // Primary 시드
  // brandMain를 primaryContainer로 고정
  primaryContainer: ColorTokens.brandMain,
```

---

[5] https://pub.dev/packages/flex_seed_scheme

```
    tertiaryKey: ColorTokens.brandAccent, // Tertiary 시드
    // brandAccent를 tertiaryContainer로 고정
    tertiaryContainer: ColorTokens.brandAccent,

    tones: FlexTones.chroma(Brightness.dark), // 톤 전략 지정(선택)
);
```

25.5 테마 만들기 도구

플러터 애플리케이션의 테마 만들기는 간단하지만, 때로는 작업이 번거롭고 다소 복잡할 수 있습니다. 다행히도, 다양한 서드파티 도구와 패키지를 사용해 이 과정을 단순화하거나 더 고급스러운 테마와 색상 조합을 생성할 수 있습니다.

- **색상 조합 변환 도구**
  - 머티리얼 테마 빌더^{Material Theme Builder}: 머티리얼 디자인 팀에서 제공하는 **웹 기반 테마 빌더**로, 색상 조합을 생성할 수 있는 도구입니다.[6]
  - 머티리얼 테마 빌드 피그마 플러그인^{Material Theme Builder Figma Plugin}: 머티리얼 디자인 팀이 제공하는 공식 **피그마**^{Figma} **색상 스킴 키트**로, 머티리얼 3 기반의 UI 디자인에 사용할 수 있습니다.[7]
  - 머티리얼 3 디자인 키트^{Material 3 Design Kit}: 피그마에서 UI를 제작할 수 있는 **도구**입니다.[8]
- **머티리얼 3 색상 시스템 심화 탐구**
  - 머티리얼 3 가이드 HCT^{Material 3 Hue Chrome Tone}: HCT 기반 색상 공간을 이해하기 위한 머티리얼 3 가이드입니다.[9]
  - 머티리얼 컬러 유틸리티^{Material Color Utilities}(MCU) 패키지: HCT 색상 공간을 활용한 저수준 작업을 위한 **패키지**입니다.[10]
- **고급 색상 조합 생성**
  - FlexSeedScheme(FSS) 패키지: 더 많은 제어가 가능한 시드 기반 색상 조합 생성을 위한 **패키지**입니다.[11]

---

[6] https://m3.material.io/theme-builder
[7] https://www.figma.com/community/plugin/1034969338659738588/material-theme-builder
[8] https://www.figma.com/community/file/1035203688168086460/material-3-design-kit
[9] https://m3.material.io/styles/color/system/overview
[10] https://pub.dev/packages/material_color_utilities
[11] https://pub.dev/packages/flex_seed_scheme

- **FlexColorScheme(FCS) 패키지**[12]
  - 내장된 색상 조합과 간결한 API를 통해 복잡한 ThemeData를 정의할 수 있는 Flutter Favorite 패키지입니다.
  - FlexSeedScheme을 기반으로 한 고급 색상 조합 생성을 지원합니다.
  - FlexColorScheme을 사용하면 플랫폼에 적응하는 속성을 가진 테마를 정의할 수 있습니다.

25.6 결론

플러터의 테마 설정은 테마 익스텐션, 색상 조합, 다양한 설정 옵션을 제공하는 컴포넌트 테마 덕분에 특히 뛰어난 유연성을 자랑합니다.

이러한 기능은 플러터에서 테마를 생성하고 관리하는 방식을 바꿨으며 더 향상된 사용자화와 제어를 가능하게 했습니다. 색상 조합은 애플리케이션 전반에 걸쳐 일관된 색상 팔레트를 제공하고, 테마 익스텐션은 테마에 커스텀 속성을 추가할 가능성을 열어 줍니다. 이러한 유연성은 애플리케이션의 특정 브랜드와 디자인 요구에 맞춰 시각적으로 매력적이고 고유한 사용자 인터페이스를 만드는 데 핵심적인 역할을 합니다.

플러터가 지속적으로 발전함에 따라 테마 시스템도 새로운 기능과 개선 사항을 도입할 가능성이 있습니다. 플러터 개발자들은 이러한 변화에 주목하고 플러터의 테마 기능을 적극적으로 활용하는 것이 좋습니다.

플러터에서 테마 설정을 숙달하려면 ThemeData의 다양한 측면을 실험해 보고, 시각적 밀도가 미치는 영향을 이해하며, 접근성을 높이는 고대비 테마를 활용하면 좋습니다. 또한 커뮤니티 포럼과 플러터 공식 문서를 주시하며 최신 업데이트와 모범 사례를 확인하는 일도 중요합니다.

초보자든 숙련된 개발자든, 테마 설정을 숙달하면 더 매력적이고, 반응성이 뛰어나며, 시각적으로도 매력적인 애플리케이션을 구축할 수 있습니다.

---

12 https://pub.dev/packages/flex_color_scheme

CHAPTER **26**

커스텀 페인터와 셰이더

감토자: *Renan C. Araújo*

플러터에서 커스텀 페인터painter와 셰이더shader의 세계는 무척 넓고 무한한 가능성이 있습니다. 커스텀 페인터와 셰이더는 기존 프레임워크의 한계를 넘어서는 놀라운 유연성을 제공합니다. 이 장의 목표는 단순히 캔버스와 셰이더를 사용해 동적인 애니메이션 아트를 만드는 전문 플러터 개발자가 되는 것을 넘어, 이러한 기능의 기술적인 측면까지 깊이 이해하도록 돕는 데 있습니다. 언제, 어떻게 플러터의 강력한 도구를 활용해 기술적 역량과 창의적 표현 사이에서 균형을 맞추며 애플리케이션을 개선할 수 있는지 살펴볼 것입니다. 이 주제들을 제대로 다루려면 책 한 권 이상의 분량이 필요하며, 아마 필자가 쓸 다음 책의 주제가 될 수도 있겠습니다.

26.1 커스텀 페인터의 기술

커스텀 페인터(CustomPainter)는 플러터 애플리케이션에서 자신만의 디자인을 그릴 수 있는 캔버스라고 할 수 있습니다. 플러터의 CustomPaint 위젯은 시각적으로 뛰어나고 독창적인 사용자 인터페이스를 만드는 시작점입니다. 본질적으로 CustomPaint는 커스텀 그래픽을 그릴 수 있는 캔버스를 제공하는 위젯으로, 플러터 위젯이라는 고수준의 세계와, 페인팅 및 렌더링이라는 저수준 작업 사이의 다리 역할을 합니다.

그렇다면 왜, 그리고 언제 CustomPainter를 사용해야 할까요? 핵심은 바로 유연성과 제어 능력에 있습니다. 표준 위젯만으로는 구현하기 어려운 복잡하고 독특한 그래픽을 만들어야 하는 상황에 아주 적합합니다. 예를 들어 동적인 모양을 생성하거나, 복잡한 애니메이션을 만들거나, 시각적으로 뚜렷하면서 상호작용이 가능한 커스텀 UI 엘리먼트를 구현해야 할 때 유용합니다. CustomPainter는 특히 게임이나 데이터 시각화 도구처럼 UI 커스터마이징 요구 수준이 높거나, 독창적인 시각적 정체성으로 차별화하고 싶은 애플리케이션에서 진가를 발휘합니다.

때로는 애플리케이션 UI를 최적화하는 데 CustomPainter를 사용할 수도 있습니다. 예를 들어 표준 위젯으로도 만들 수 있는 복잡한 UI가 있다고 해도, 그 방식이 화면 지연을 일으키거나 배터리와 CPU 자원을 많이 소모할 수 있습니다. CustomPainter의 저수준 API를 사용하면 애플리케이션 성능을 더 최적화하는 데 도움이 됩니다. 물론, 코드를 이해하고 작성하는 데 드는 복잡성은 높아질 수 있습니다. 따라서 애플리케이션 성능을 개선해야 할 때 CustomPainter는 훌륭한 선택지가 될 수 있습니다.

간단히 말해, CustomPainter는 원하는 대로 화면에 그림을 그리는 기술입니다. CustomPainter가 다른 위젯보다 성능상 이점을 갖는 이유는 플러터가 일반적으로 사용하는 복잡한 위젯 레이아웃 메커니즘을 거치지 않기 때문입니다. 이를 통해 개발자는 캔버스 동작을 직접 제어할 수 있습니다. 비슷한 개념을 프래그먼트^{fragment} 셰이더에서도 찾아볼 수 있는데, 이 역시 개발자가 플러터 프레임워크와 엔진의 일부 단계를 건너뛰는 방식입니다. 다만, 윈스턴 처칠의 "큰 힘에는 큰 책임이 따른다"는 말을 기억해야 합니다.

26.1.1 CustomPaint 위젯

기본적인 구조와 사용법을 살펴보며 플러터의 CustomPaint를 이해해 보겠습니다. CustomPainter를 상속하는 커스텀 클래스를 만드는 것이 시작입니다.

```
class AwesomePainter extends CustomPainter {
  const AwesomePainter();

  @override
  void paint(Canvas canvas, Size size) {
    // 여기에 그림 그리는 코드를 작성
```

```
  }

  @override
  bool shouldRepaint(covariant CustomPainter oldDelegate) {
    // 위젯이 다시 그려져야 할 조건을 결정
    return false; // 기본값은 다시 그리지 않음
  }
}
```

AwesomePainter 클래스는 커스텀 드로잉을 위한 작업 공간인 캔버스(Canvas) 객체에 접근하게 해 줍니다. paint 메서드는 모든 마법이 펼쳐지는 곳입니다. 여기서 캔버스 API가 제공하는 다양한 페인팅 메서드를 사용해 간단한 도형부터 복잡한 그래픽까지 무엇이든 캔버스에 그릴 수 있습니다. size 매개변수는 그림을 그릴 수 있는 영역의 크기를 알려줍니다.

shouldRepaint 메서드는 위젯 성능 최적화에 매우 중요합니다. 이 메서드는 CustomPainter를 다시 그려야 하는지를 결정합니다. 예를 들어 shouldRepaint가 false를 반환하면 명시적으로 다시 그리도록 요청하지 않는 한 캔버스가 업데이트되지 않으므로 정적인 그래픽을 표시할 때 유용합니다.

이렇게 만든 커스텀 페인터를 사용하려면 다음과 같이 CustomPaint 위젯으로 감싸주면 됩니다.

```
CustomPaint(
  painter: const AwesomePainter(), // 생성한 페인터를 지정
);
```

CustomPaint 위젯은 이렇게 만들어진 커스텀 페인터를 플러터 위젯 트리에 통합해 줍니다. CustomPaint 위젯에 AwesomePainter를 전달하면, 플러터는 CustomPaint 위젯을 화면에 그려야 할 때마다 AwesomePainter의 paint 메서드를 호출하게 됩니다.

26.1.2 드로잉 애플리케이션

이번 예제에서는 캔버스를 처음 접하더라도 얼마나 쉽게 사용할 수 있는지 소개하겠습니다.

1단계: 커스텀 페인터 정의(DrawingPainter)

```dart
class DrawingPainter extends CustomPainter {
  List<Offset> points; // 사용자가 그린 점 목록

  DrawingPainter(this.points); // 생성자에서 점 목록을 받음

  @override
  void paint(Canvas canvas, Size size) {
    // 연필 같은 선 페인팅에 사용할 페인트(Paint) 객체 설정
    final pencil = Paint()
      ..color = Colors.black // 색상: 검정
      ..strokeWidth = 4 // 선 두께: 4
      ..isAntiAlias = true // 부드럽게 처리(안티에일리어싱)
      ..strokeCap = StrokeCap.round; // 선 끝 모양: 둥글게

    // 점 목록을 순회하며 연속된 점들 사이에 선을 그림
    for (int i = 0; i < points.length - 1; i++) {
      // Offset.infinite는 선의 끝을 의미하므로 건너뜀
      if (points[i] != Offset.infinite && points[i + 1] != Offset.infinite) {
        canvas.drawLine(
          points[i],
          points[i + 1],
          pencil,
        );
      }
      // 필요하다면 마지막 점을 따로 그리는 로직 추가 가능
      // else if (points[i] != Offset.infinite && points[i + 1] == Offset.infinite) {
      //   canvas.drawPoints(PointMode.points, [points[i]], pencil);
      // }
    }
  }

  @override
  bool shouldRepaint(DrawingPainter oldDelegate) {
    // 점 목록이 변경되면 항상 다시 그리도록 true 반환
    return true;
  }

  @override
  bool shouldRebuildSemantics(DrawingPainter oldDelegate) {
    // 이 예제에서는 시맨틱 정보 변경 없음
    return false;
  }
}
```

```
  @override
  bool? hitTest(Offset position) {
    // 터치 이벤트 감지 로직(여기서는 기본 동작을 따름)
    // null을 반환하면 페인터 영역 내 터치는 무시하고 자식 위젯으로 전달
    return null;
  }
}
```

DrawingPainter는 CustomPainter를 확장해 캔버스에 그림을 렌더링하는 역할을 합니다. DrawingPainter의 생성자는 사용자가 화면을 터치한 위치를 나타내는 Offset 점의 목록을 받습니다.

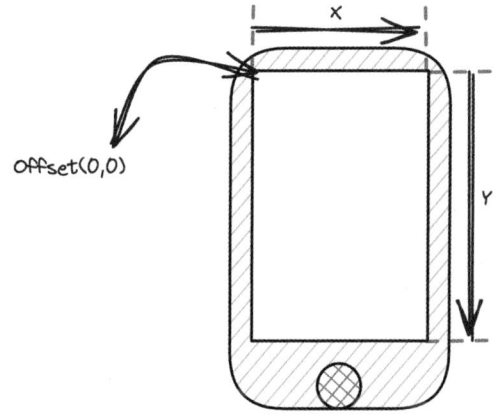

그림 26-1 시작점 (0,0) 좌상단 화면

paint 메서드는 점들을 반복하며 각 연속된 점 사이에 선을 그립니다. Paint 객체는 선의 모양(색상, 선 두께, 안티에일리어싱, 선 끝 모양)을 정의합니다. 이것을 연필이라고 생각할 수 있습니다. 이후, drawLine 메서드가 사용되어 주어진 점들 사이에 주어진 페인트로 선을 그립니다.

shouldRepaint 메서드는 true를 반환하여 점 목록이 업데이트될 때마다 캔버스가 다시 그려지도록 합니다. shouldRebuildSemantics와 hitTest 메서드는 각각 접근성과 히트 테스트와 관련이 있습니다. 이 동작은 1장에서 커스텀 RenderObject를 빌드할 때 배운 것과 유사하게 작동합니다.

2단계: 위젯 정의(DrawingPage)

```dart
class DrawingPage extends StatefulWidget {
  const DrawingPage({super.key});

  @override
  DrawingPageState createState() => DrawingPageState();
}

class DrawingPageState extends State<DrawingPage> {
  List<Offset> points = <Offset>[]; // 점 목록 상태

  @override
  Widget build(BuildContext context) {
    return Scaffold(
      appBar: AppBar(
        title: const Text('DrawingPage'),
      ),
      body: GestureDetector( // 사용자 제스처 감지
        onPanStart: (details) => points.add(details.localPosition),
        // 드래그 시작 시
        onPanUpdate: (DragUpdateDetails details) {
          // 드래그 중
          points.add(details.localPosition);
          // 점 추가
          setState(() {});
        },
        // 드래그 종료 시
        onPanEnd: (DragEndDetails details) {
        // 연속된 선의 끝을 표시하기 위해
        Offset.infinite 추가 points.add(Offset.infinite);
        },
        child: SizedBox( // CustomPaint 영역 확보
          width: double.infinity,
          height: double.infinity,
          child: CustomPaint(
            painter: DrawingPainter(points), // 정의한 페인터 사용
            child: Container(), // 필요하다면 자식 위젯 추가 가능
          ),
        ),
      ),
    );
  }
}
```

이 상태 클래스는 사용자가 화면에 그림을 그릴 때마다 GestureDetector의 onPan 콜백을 통해 전달되는 Offset 점들을 리스트로 관리합니다.

```
GestureDetector(
  onPanStart: (details) => points.add(details.localPosition),
  onPanUpdate: (DragUpdateDetails details) {
    points.add(details.localPosition);
    setState(() {});
  },
  onPanEnd: (DragEndDetails details) {
    points.add(Offset.infinite);
  },
  // child: [...CustomPaint]
);
```

onPanStart 리스너는 사용자가 드래그를 시작할 때 리스트에 새로운 점을 추가합니다. onPanUpdate 리스너는 사용자가 손가락을 움직일 때 리스트에 계속해서 점을 추가하고 setState를 호출해 리빌드를 트리거합니다. onPanEnd 리스너는 연속된 선(stroke)의 끝을 알리는 특별한 Offset.infinite 점을 추가합니다.

그림 26-2 플러터로 만든 간단한 드로잉 애플리케이션

현재 점 목록은 캔버스에 선을 그리는 DrawingPainter에 전달됩니다.

복잡한 작업 없이 단지 몇 줄의 기본 코드만으로 무엇이든 그릴 수 있는 캔버스를 만들었습니다. 이 코드는 플러터의 강력한 API를 사용해 흥미로운 개념을 만드는 데 몇 가지 기본 요소를 결합하는 방법을 보여줍니다. 이제 더 발전된 모범 사례를 탐색해 봅시다.

26.1.3 최적화

예제를 더 효율적으로 구현하게 해 줄 몇 가지 주요 개선 사항과 모범 사례를 살펴봅니다.

첫 번째로, 플러터의 `CustomPainter` 클래스를 고려해 봅시다.

```
abstract class CustomPainter extends Listenable { // Listenable을 상속함
  const CustomPainter({Listenable? repaint}) // 생성자에서 Listenable을 받음
      : _repaint = repaint;

  final Listenable? _repaint; // repaint 알림을 받을 Listenable

  // ...
}
```

이 코드에서 주목할 점은 `CustomPainter`가 `Listenable`이 제공될 때 리페인팅repainting을 자동으로 관리할 수 있다는 것입니다. 이 기능은 `CustomPainter`의 상위 위젯을 `StatefulWidget`에서 `StatelessWidget`으로 전환하고 `ValueNotifier`를 활용해 위젯 구조를 단순화하게 해 줍니다.

```
// StatelessWidget으로 변경
class DrawingPage extends StatelessWidget {
  DrawingPage({super.key});

  // ValueNotifier로 점 목록 관리
  final pointsListenable = ValueNotifier<List<Offset>>([]);

  // ... build 메서드
}
```

이 `StatelessWidget` 내에서는 사용자 제스처에 맞춰 `ValueNotifier`를 업데이트함으로써 드로잉 변경 사항을 쉽게 관리할 수 있습니다.

```
// StatelessWidget 내의 build 메서드
class DrawingPage extends StatelessWidget {
  // ... pointsListenable 정의 ...

  @override
  Widget build(BuildContext context) { // build 메서드 추가
    return Scaffold(
      appBar: AppBar(title: const Text('Optimized Drawing')),
      body: GestureDetector(
        onPanStart: (details) => pointsListenable.value = [ // 새 리스트 할당
          ...pointsListenable.value,
          details.localPosition,
        ],
        onPanUpdate: (DragUpdateDetails details) {
          pointsListenable.value = [ // 새 리스트 할당
            ...pointsListenable.value,
            details.localPosition,
          ];
          // ValueNotifier를 사용하면 setState 불필요
        },
        onPanEnd: (DragEndDetails details) {
          pointsListenable.value = [ // 새 리스트 할당
            ...pointsListenable.value,
            Offset.infinite,
          ];
        },
        // child: SizedBox( ... CustomPaint ... ) // 다음 RepaintBoundary 예시에서 포함
        // ...
      ),
    );
  }
}
```

또한, 이 notifier를 커스텀 페인터에 전달하고 페인터를 RepaintBoundary로 감싸 리페인트 프로세스를 최적화할 수 있습니다.

분량 관계상 여기서는 세부 사항을 설명하지 않으므로 RepaintBoundary에 관해 더 알고 싶다면 공식 문서와 소스 코드를 살펴보는 것을 권장합니다. 하지만 단순히 각 위젯 주위에 색칠된 경계를 표시하려면 debugRepaintRainbowEnabled 속성을 true로 설정하면 됩니다. 이 경계들은 사용자가 애플리케이션을 스크롤할 때 색상이 변경됩니다. 이 플래그를 설정한 후 정적 위

젯의 색상이 변경된다면 해당 영역에 리페인트 경계repaint boundary를 추가하는 것을 고려하세요.

```
main() {
  debugRepaintRainbowEnabled = true; // <--- 리페인트 영역 시각화 활성화
  runApp(MyApp()); // MyApp은 DrawingPage를 포함한다고 가정
}
```

RepaintBoundary는 리페인팅이 되도록 보장하고 플러터 위젯 트리의 다른 부분에 불필요하게 영향을 미치지 않게 합니다.

```
// DrawingPage build 메서드의 child 부분
child: RepaintBoundary( // RepaintBoundary 추가
  child: CustomPaint(
    // ValueNotifier를 painter에 전달
    painter: DrawingPainter(pointsListenable),
    // 자식 위젯이 필요하면 추가
    child: const SizedBox.expand(), // 전체 영역을 차지하도록 설정
  ),
);
```

CustomPainter 자체의 구현도 중요합니다. ValueNotifier를 활용하도록 조정하는 방법은 다음과 같습니다.

```
// ValueNotifier를 받는 DrawingPainter
class DrawingPainter extends CustomPainter {
  // List<Offset> 대신 ValueNotifier을 받음
  ValueNotifier<List<Offset>> points;

  // 생성자에서 super() 호출 시 repaint 매개변수로 notifier 전달
  DrawingPainter(this.points) : super(repaint: points);

  @override
  void paint(Canvas canvas, Size size) {
    // 페인트 객체 정의
    final pencil = Paint() // ... 페인트 설정
      ..color = Colors.black
      ..strokeWidth = 4
      ..isAntiAlias = true
      ..strokeCap = StrokeCap.round;
```

```dart
      // points.value(Notifier의 현재 값)를 사용해 그림
      for (int i = 0; i < points.value.length - 1; i++) {
        if (points.value[i] != Offset.infinite &&
        points.value[i + 1] != Offset.infinite) {
          canvas.drawLine(
            points.value[i],
            points.value[i + 1],
            pencil,
          );
        }
      }
    }
  }

  @override
  bool shouldRepaint(DrawingPainter oldDelegate) {
    // Listenable을 사용하면 shouldRepaint는 보통 false를 반환함
    // Notifier가 변경될 때 플러터가 자동으로 리페인트를 트리거함
    // return oldDelegate.points != points; // 인스턴스 비교는 의미 없음
    // return oldDelegate.points.value != points.value; // 값 비교(참조 비교)
    return false; // Listenable을 사용하므로 false 반환 권장
  }

  // ... shouldRebuildSemantics, hitTest 등
}
```

이 작업은 특히 대규모 애플리케이션에서 성능을 크게 향상합니다. 더 효율적이고 효과적인 플러터 개발 경험을 위한 중요한 최적화 기법입니다.

다음 절에서는 이 개념을 활용한 모범 사례를 소개합니다.

26.1.4 모범 사례

커스텀 페인터는 플러터에서 커스텀 시각 효과를 만드는 데 유용한 엄청난 유연성을 제공하지만, 효율성과 유지보수성을 높이려면 신중한 연습이 필요합니다. 코드 예제와 함께 핵심 모범 사례를 살펴보면서 더 깊이 이해해 보겠습니다.

| shouldRepaint로 리빌드 최소화 |

CustomPainter가 동적 차트를 그린다고 가정하면 모든 데이터 조정이 전체 리페인트를 트리거해 성능에 영향을 미칩니다. 이럴 때 shouldRepaint를 활용하면 좋습니다.

```dart
class ChartPainter extends CustomPainter {
  final List<double> data; // 차트 데이터

  ChartPainter(this.data);

  @override
  bool shouldRepaint(ChartPainter oldDelegate) {
    // 데이터 변경 사항만 비교
    // listEquals는 flutter/foundation.dart에 있음
    return !listEquals(data, oldDelegate.data);
  }

  @override
  void paint(Canvas canvas, Size size) {
    // ... 데이터를 기반으로 차트 페인팅 ...
    print('Painting Chart...'); // 리페인트 확인용 로그
  }
}
```

이렇게 하면 차트는 데이터가 변경될 때만 다시 그려지고 단순한 UI 조정에는 영향을 받지 않으므로 성능이 향상됩니다.

| PictureRecorder 캐싱으로 애니메이션 개선 |

정적 배경 엘리먼트가 있는 복잡한 애니메이션 장면에서 프레임마다 화면을 다시 그리는 것은 효과적이지 않습니다. 이럴 때 PictureRecorder를 활용하세요.

```dart
class AnimatedPainter extends CustomPainter {
  // PictureRecorder 인스턴스
  PictureRecorder recorder = PictureRecorder();
  // 녹화된 Picture 객체(캐시 역할)
  Picture? picture;
  // 애니메이션 상태(예: AnimationController)
  final Animation<double> animation;
```

```dart
  AnimatedPainter({required this.animation}) : super(repaint: animation);

  // ... 다른 메서드 ...

  void _recordBackground(Size size) { // 배경 녹화 함수
    // 새 캔버스에 배경 페인팅
    final Canvas recordingCanvas = recorder.beginRecording(Rect.largest);
    // --- 배경 페인팅 로직 ---
    final backgroundPaint = Paint()..color = Colors.grey[200]!;
    recordingCanvas.drawRect(Offset.zero & size, backgroundPaint);
    // --- 배경 페인팅 끝 ---
    // 녹화 종료 및 Picture 객체 저장
    picture = recorder.endRecording();
  }

  @override
  void paint(Canvas canvas, Size size) {
    // 배경이 녹화되지 않았거나 크기가 변경되었으면 다시 녹화
    if (picture == null) { // size 변경 체크도 필요할 수 있음
      _recordBackground(size);
    }
    // 녹화된 배경 페인팅 (캐시 사용)
    canvas.drawPicture(picture!);

    // ... 애니메이션 요소를 위에 동적으로 페인팅...
    final paint = Paint()..color = Colors.blue;
    canvas.drawCircle(
      Offset(size.width / 2, size.height * animation.value), 10, paint);
  }

  @override
  bool shouldRepaint(covariant AnimatedPainter oldDelegate) {
    // 애니메이션값 변경 외에는 다시 그릴 필요 없음
    // (Listenable을 사용하므로 false 반환해도 됨)
    return false;
  }
}
```

여기서 정적 배경은 한 번 기록되고 재사용되므로 애니메이션이 더 부드러워지고 리소스가 절약됩니다.

| 코드 재사용을 위한 믹스인으로 로직 분리 |

코드를 작성하다 보면 페인팅 로직이 복잡해집니다. 이를 위젯 관리와 섞으면 더더욱 복잡해지는데, 이럴 때 믹스인을 활용해 코드를 재사용합니다.

```dart
// 모양 페인팅용 공통 로직 믹스인
mixin ShapePainterMixin on CustomPainter {
  // 이 믹스인을 사용하는 클래스의 paint 메서드가 호출됨
  // (믹스인 내 paint는 직접 호출되지 않음. 로직 공유 목적)
  void drawRectangle(Canvas canvas, Rect rect, Paint paint) {
    print("Drawing rectangle using mixin logic");
    canvas.drawRect(rect, paint);
  }
  // ... 다른 공통 페인팅 함수들 ...
}

// 믹스인을 사용하는 커스텀 페인터
class MyPainter extends CustomPainter with ShapePainterMixin {
  @override
  void paint(Canvas canvas, Size size) {
    // ... MyPainter 고유 로직 ...
    final paint = Paint()..color = Colors.red;
    final rect = Rect.fromLTWH(10, 10, size.width - 20, 50);
    // 믹스인의 메서드 사용
    drawRectangle(canvas, rect, paint);
    // ...
  }

  @override
  bool shouldRepaint(covariant CustomPainter oldDelegate) => false;

  // ... 다른 속성과 메서드 ...
}
```

이 믹스인은 재사용 가능한 모양 페인팅 로직을 캡슐화함으로써 **MyPainter** 클래스가 특정 세부 사항에 집중하도록 하고 페인터 간의 코드 재사용을 용이하게 합니다.

| 대규모 구성을 위한 재사용 가능한 페인터로 모듈화 |

크고 복잡한 시각적 요소는 분할 정복^{divide and conquer} 방식으로 접근하는 것이 유리합니다. 단위별로 모듈식 페인터를 입력하세요.

```dart
// 차트를 그리는 페인터
class ChartPainter extends CustomPainter {
  // ... 차트 페인팅 로직 ...
  @override
  void paint(Canvas canvas, Size size) { print("Painting chart"); /* ... */ }
  @override
  bool shouldRepaint(covariant CustomPainter oldDelegate) => false;
}

// 게이지를 그리는 페인터
class GaugePainter extends CustomPainter {
  // ... 게이지 페인팅 로직 ...
  @override
  void paint(Canvas canvas, Size size) { print("Painting gauge"); /* ... */ }
  @override
  bool shouldRepaint(covariant CustomPainter oldDelegate) => false;
}

// 텍스트 레이블을 그리는 페인터
class LabelPainter extends CustomPainter {
  // ... 레이블 페인팅 로직 ...
  @override
  void paint(Canvas canvas, Size size) { print("Painting label"); /* ... */ }
  @override
  bool shouldRepaint(covariant CustomPainter oldDelegate) => false;
}

// 여러 페인터를 조합하는 대시보드 페인터
class DashboardPainter extends CustomPainter {
  final chartPainter = ChartPainter(); // 다른 페인터 인스턴스화
  final gaugePainter = GaugePainter();
  final labelPainter = LabelPainter();

  @override
  void paint(Canvas canvas, Size size) {
    // 각 페인터의 paint 메서드를 호출하여 그림 조합
    chartPainter.paint(canvas, size); // 예: 전체 영역에 그림
    // 실제로는 canvas.save/restore, translate 등을 사용해 위치 조정 필요
    // canvas.save();
    // canvas.translate(0, size.height / 2);
    gaugePainter.paint(canvas, size / 2); // 예: 크기 조정
    // canvas.restore();
    labelPainter.paint(canvas, size);
```

```
    }

    @override
    bool shouldRepaint(covariant CustomPainter oldDelegate) => false;
}
```

여기서 개별 페인터는 특정 엘리먼트들을 처리합니다. **DashboardPainter**는 이들을 매끄럽게 통합해 전체 화면을 구성합니다. 이는 모듈성을 높이고 유지관리를 단순화합니다.

| 시맨틱으로 접근성 향상 |

접근성은 모든 사람이 여러분의 애플리케이션을 사용할 수 있도록 보장합니다. 시맨틱은 스크린 리더가 여러분의 커스텀 시각 요소를 이해하도록 돕습니다.

```
class ChartPainter extends CustomPainter {
    final List<double> data;
    ChartPainter(this.data); // 생성자 수정

    @override
    void paint(Canvas canvas, Size size) {
        // ... 차트 엘리먼트 페인팅 ...

        // 데이터 포인트마다 시맨틱 정보 추가
        for (int i = 0; i < data.length; i++) {
            final rect = Rect.fromLTWH( // 데이터 포인트 영역 정의(예시)
                i * 10.0, // x 위치
                size.height - (data[i] * 50.0), // y 위치(차트 가정)
                10.0, // 너비
                data[i] * 50.0, // 높이
            );

            // CustomPainterSemantics 빌더 사용
            final builder = CustomPainterSemantics( // <--- 시맨틱스 빌더
                rect: rect, // 영역 지정
                properties: SemanticsProperties( // <--- 시맨틱 속성
                    label: '데이터 포인트 ${i + 1}', // 레이블(스크린 리더가 읽음)
                    value: '${data[i]}', // 값
                    hint: '차트 데이터값', // 힌트 (선택)
                    textDirection: TextDirection.ltr, // 텍스트 방향
                ),
            );
```

```
        // Semantics 노드를 페인터에 추가해야 함 실제로는 Semantics 위젯과 연동 필요)
        // 이 방식은 CustomPaint 내부가 아닌, 위젯 트리 레벨에서 Semantics 위젯 사용 권장
        // canvas.drawRect(rect, Paint()..color=Colors.transparent);
        // 시맨틱 영역 시각화 (디버깅용)
    }
    // --- 차트 페인팅 로직 ---
    // ... (예: canvas.drawLine 등)
}

@override
bool shouldRepaint(ChartPainter oldDelegate)
    => !listEquals(data, oldDelegate.data);
}
```

시맨틱을 사용하면, 스크린 리더는 데이터 포인트와 값을 해석할 수 있어 모든 사람이 커스텀 차트에 접근할 수 있게 만듭니다.

| 페인트 객체 재사용 |

paint 메서드 외부에서 Paint 객체를 인스턴스화하고 재사용하세요. 리페인트 시 새로운 Paint 인스턴스를 생성하는 데 비용이 많이 들 수 있으므로 이 작업은 리소스를 절약합니다.

```
// 클래스 멤버로 페인트 객체 선언 및 초기화
final paint = Paint()
  ..color = Colors.blue
  ..style = PaintingStyle.stroke;

void paint(Canvas canvas, Size size) {
  // 기존 페인트 객체 사용
  canvas.drawLine(
    Offset.zero,
    Offset(size.width, size.height),
    paint, // 미리 생성된 페인트 객체 사용
  );
}
```

| 고해상도 화면 처리 |

여러 기기에서 일관된 시각적 경험을 제공하려면 고해상도 화면에서 크기가 올바르게 조정되도록 커스텀 페인팅 코드를 작성해야 합니다.

```
// 빌드 컨텍스트나 MediaQuery 필요
// final pixelRatio = MediaQuery.of(context).devicePixelRatio; // 예시

void paint(Canvas canvas, Size size) {
  final pixelRatio = 2.0; // 예싯값, 실제로는 MediaQuery 등 사용
  final strokeWidth = 2.0 * pixelRatio; // 논리적 픽셀 기반 두께 정의 후 스케일링

  final paint = Paint()
    ..color = Colors.red
    ..strokeWidth = strokeWidth // 스케일링된 두께 사용
    ..style = PaintingStyle.stroke;

  // 좌표는 일반적으로 논리적 픽셀 기준이므로 스케일링 불필요
  // 필요시 좌표에도 pixelRatio 곱할 수 있음 (저수준 작업 시)
  canvas.drawCircle(size.center(Offset.zero), size.shortestSide / 4, paint);
}
```

| 프로파일링 및 최적화 |

특히 복잡한 드로잉이나 애니메이션을 다룰 때는 커스텀 페인터 코드를 정기적으로 프로파일링해 성능 병목 현상을 식별하고 최적화해야 합니다.

| RepaintBoundary를 활용한 성능 최적화 |

RepaintBoundary는 페인팅 측면에서 자식 위젯을 나머지 위젯 트리로부터 격리하는 위젯입니다. 이는 특히 그리는 데 비용이 많이 들고 가끔만 변경되는 위젯의 성능을 크게 향상할 수 있습니다. RepaintBoundary를 사용함으로써, 플러터에 이 위젯의 페인팅을 별도로 처리하도록 지시해 전체적인 리페인트 비용을 줄일 수 있습니다.

```
RepaintBoundary( // RepaintBoundary로 감싸기
  child: CustomPaint(
    painter: ExpensivePainter(), // 비용이 많이 드는 페인터
    isComplex: true, // 복잡한 페인팅임을 알림
    willChange: false, // 자주 변경되지 않음을 알림
```

        ),
    );
```

이 코드는 ExpensivePainter()를 RepaintBoundary로 감싸 렌더링 성능을 최적화합니다. isComplex와 willChange 속성은 페인팅 작업의 특성에 대해 렌더링 시스템에 추가 정보를 제공하여 더 효율적으로 처리할 수 있게 합니다.

| 높은 성능으로 복잡한 도형 렌더링하기 |

그래픽스 프로그래밍에서 정점$^{vertex}$이란, 모든 도형과 모델을 화면에 그리는(렌더링하는) 데 가장 기본이 되는 핵심 요소입니다. 정점은 좌표로 정의된 2D 또는 3D 공간상의 한 점을 말하며, 이 점들이 모여 더 복잡한 기하학적 도형을 만들어내는 기본 단위가 됩니다.

대부분의 2D, 3D 그래픽 객체는 삼각형을 기본 단위로 만들어지는데, 정점은 바로 이 삼각형과 같은 다각형(폴리곤)의 형태를 결정하는 데 매우 중요합니다. 정점은 단순히 위치 정보뿐만 아니라, 색상, 텍스처 좌표, 노멀(법선 벡터) 등 추가 정보를 가질 수 있습니다. 이러한 정보들은 그래픽을 더욱 상세하고 풍부하게 표현하는 데 반드시 필요합니다.

플러터에서는 Vertices 클래스가 커스텀 모양 렌더링에 중요하며, 특히 복잡한 디자인이나 고성능 그래픽이 필요할 때는 더 그렇습니다. 이 클래스를 사용하면 일련의 점들과 이들이 어떻게 연결되고 색상이 지정될지를 정의할 수 있습니다. Canvas.drawVertices 메서드와 함께 사용하면 표준 위젯으로는 달성할 수 없는 복잡한 모양을 그릴 수 있습니다.

Vertices를 사용해 그려지는 모양은 주로 그래픽스 프로그래밍에서 가장 단순한 다각형인 삼각형을 기반으로 하며, 이들을 결합해 어떤 복잡한 모양이든 형성할 수 있습니다. 이러한 삼각형이 형성되고 렌더링되는 방식은 지정된 모드(VertexMode)에 따라 다릅니다.

1. **Triangles**: 세 개의 정점 세트마다 독립적인 삼각형을 형성합니다.
2. **TriangleStrip**: 정점들이 선$^{strip}$ 방식으로 연결되어 각 새로운 정점이 이전 두 개의 정점과 함께 삼각형을 형성합니다.
3. **TriangleFan**: 모든 삼각형이 첫 번째 정점을 공유하며, 이 공통점에서 부채꼴 모양으로 펼쳐집니다.

Vertices 클래스는 기본 생성자나 Vertices.raw 생성자로 인스턴스화할 수 있습니다. Vertices.raw는 데이터를 더 직접적으로 제어하게 해 줍니다. 각각을 사용하는 방법에 대
```

한 기본 개요는 다음과 같습니다.

```
// 기본 생성자
Vertices(
  VertexMode mode, // 버텍스 모드
  List<Offset> positions, // 위치 리스트(Offset 객체)
  {
    List<Color>? colors, // 색상 리스트(Color 객체)
    List<Offset>? textureCoordinates, // 텍스처 좌표 리스트
    List<int>? indices, // 인덱스 리스트(버텍스 순서 지정)
  }
);
```

Vertices.raw는 Float32List와 Uint16List 같은 타입 지정 데이터 배열typed data array을 사용하는 더 성능지향적인 생성자입니다. 이 접근 방식은 렌더링 엔진이 사용하는 저수준 데이터 형식에 더 가깝습니다. 성능이 중요한 애플리케이션이나 이미 원시raw 형식인 데이터로 작업할 때 이상적입니다.

26.2 셰이더 탐구

셰이더는 작지만 강력한 프로그램으로, 그래픽 처리 기기graphics processing unit(GPU)에서 실행되며 디지털 이미지에 생명을 불어넣는 빛과 색상의 복잡한 세부 사항을 렌더링합니다.

셰이더는 컴퓨터 그래픽스 시스템이 3D 객체를 2D 화면에 렌더링하는 데 사용하는 일련의 단계인 그래픽스 파이프라인graphics pipeline에서 작동합니다. 이 파이프라인에는 정점 처리, 래스터화, 프래그먼트 처리와 같은 단계가 포함되며, 셰이더는 다양한 지점에서 중요한 역할을 합니다. 여러 종류의 셰이더가 있으며, 각각 고유한 기능이 있습니다.

1. **버텍스**vertex **셰이더**: 3D 모델의 각 정점을 처리해 3D 좌표를 2D 화면 좌표로 변환하고 정점별 데이터를 파이프라인 아래로 전달합니다. 정점 위치를 조작하고 애니메이션과 같은 효과를 만드는 데 필수적입니다.
2. **프래그먼트(픽셀) 셰이더**: 각 픽셀의 최종 색상을 계산하며 조명, 그림자, 텍스처를 고려합니다. 상세한 표면 효과와 재질의 사실적인 렌더링을 달성하는 데 핵심적입니다.
3. **지오메트리**geometry **셰이더**: 버텍스 셰이더와 프래그먼트 셰이더 사이에서 작동하며, 새로운 정점과 모양을 생성해 객체에 복잡성과 세부 사항을 추가할 수 있습니다.

4. **테셀레이션**tessellation **셰이더**: 3D 모델의 세부 수준level of detail을 조정하는 데 사용하며 카메라 거리에 맞춰 조정하여 효율성과 시각적 품질을 향상합니다.
5. **컴퓨트**compute **셰이더**: 직접적인 이미지 렌더링 프로세스와 별개로 물리 시뮬레이션이나 후처리 효과와 같은 범용 컴퓨팅 작업을 GPU에서 처리합니다.

그래픽스 파이프라인은 3D 객체를 2D 화면에 렌더링하는 단계를 설명하는 개념적 프레임워크입니다. 3D 좌표 처리(정점 처리)로 시작해 객체를 픽셀로 변환(래스터화)하고, 마지막으로 이 픽셀들의 색상을 지정(프래그먼트 처리)합니다. 셰이더는 이 프로세스에 필수적이며, 복잡한 시각 효과를 생성할 수 있는 유연성을 제공합니다.

26.2.1 셰이더 언어 이해

OpenGL 셰이딩 언어OpenGL Shading Language (GLSL)는 컴퓨터 그래픽스에서 커스텀 셰이더를 작성하는 데 널리 사용하는 고수준 셰이딩 언어입니다. 셰이더는 화면의 각 픽셀, 버텍스, 지오메트리를 그래픽으로 렌더링하는 방법을 지시하는 작은 프로그램입니다. 이들은 GPU에서 직접 실행되므로 그래픽 계산에 매우 효율적입니다.

GLSL은 2D와 3D 벡터 그래픽스 렌더링을 위한 크로스 랭귀지, 크로스 플랫폼 API를 정의하는 표준 사양인 OpenGL 그래픽스 API의 필수적인 부분입니다. 이 언어는 C와 매우 유사하며 본질적으로 다트와 유사한 구문이 있어 플러터 개발자에게 친숙합니다.

GLSL의 주요 셰이더 유형에는 정점 데이터를 처리하는 **버텍스 셰이더**와 각 픽셀의 색상 및 기타 속성을 결정하는 **프래그먼트 셰이더**가 포함됩니다. 지오메트리 셰이더와 테셀레이션 셰이더 같은 다른 유형은 렌더링에 대한 추가 제어를 제공합니다. 플러터는 프래그먼트 셰이더만 지원하므로 이에 집중해 설명하겠습니다.

일반적으로 일반적인 프래그먼트 셰이더의 확장자는 .frag이나 .glsl이며 다음이 포함됩니다.

| 버전 선언 |

GLSL 버전을 지정합니다(선택 사항).

| 출력 변수 |

픽셀의 색상 출력을 저장할 변수입니다.

```
out vec4 fragColor; // 출력 색상 변수 (RGBA)
```

vec4는 프래그먼트 셰이더에서 사용하는 가장 일반적인 출력 변수 타입입니다. 이는 색상의 RGBA(빨강, 초록, 파랑, 알파) 구성 요소에 해당하는 4-컴포넌트 벡터를 나타냅니다. 알파 구성 요소가 필요하지 않거나 별도로 처리된다면 vec3를 활용할 수 있습니다. 이는 색상의 RGB 구성 요소를 위한 3-컴포넌트 벡터를 나타냅니다. 단일 색상 채널이나 그레이스케일 출력만 필요하다면 float를 사용할 수 있습니다.

| 메인 함수 |

색상 계산이 일어나는 함수입니다.

```
void main() {
    // 모든 픽셀을 정적 빨간색으로 설정
    fragColor = vec4(1.0, 0.0, 0.0, 1.0); // Red color
}
```

여기서 fragColor는 모든 픽셀에 대해 정적인 빨간색으로 설정됩니다.

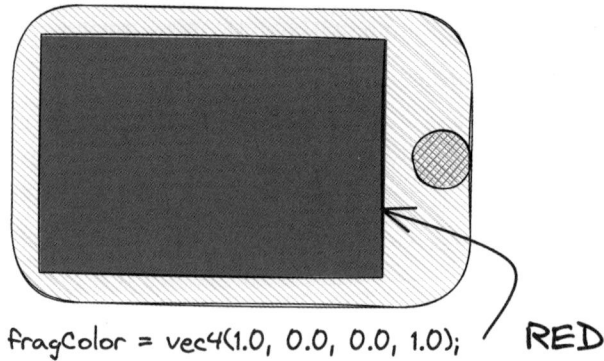

그림 26-3 모든 픽셀에 대해 빨간색을 적용한 예시

| 유니폼 uniform 변수 통합 |

GLSL에서 유니폼 변수는 메인 애플리케이션(CPU에서 실행)에서 셰이더 프로그램(GPU에서 실행)으로 데이터를 전달하는 데 사용할 수 있는 변수입니다. 유니폼은 전역적이며 단일 드로우 콜 draw call 동안 처리되는 모든 정점과 프래그먼트에 대해 일정하게 유지됩니다. 이는 셰이더를 동적으로 만들고 애플리케이션에서 일어나는 일에 반응하도록 하는 핵심 방법입니다.

예를 들어 경과 시간을 전달해 애니메이션을 만들 수 있습니다.

```
uniform float u_time; // 시간 유니폼 변수
void main() {
    // **sin** 함수(삼각함수 중 사인 함수)는 파도 같은 패턴을 생성하고
    // **abs** 함수(절댓값 함수)는 값이 양수임을 보장함
    float red = abs(sin(u_time)); // 시간에 따라 변하는 빨간색 강도
    fragColor = vec4(red, 0.0, 0.0, 1.0); // 시간에 따라 맥동하는 빨간색
}
```

프래그먼트 셰이더는 렌더링된 객체에 맥동하는 빨간색을 생성하며, 빨간색의 강도는 사인파 패턴[1]으로 시간에 따라 변경됩니다.

| 좌표 조작 |

각 픽셀의 좌표(gl_FragCoord)를 사용해 그레이디언트 gradient나 패턴을 만듭니다.
gl_FragCoord는 현재 프래그먼트(또는 픽셀)의 좌표를 제공합니다.

다음 예에서 이 좌표는 렌더링 창이나 텍스처의 해상도를 나타내는 셰이더에 전달된 유니폼 변수인 u_resolution으로 나눕니다. 결과는 렌더링된 표면에 걸쳐 정규화된 좌표 st(x값과 y값 모두 0~1 범위)입니다.

```
uniform vec2 u_resolution; // 표면 해상도(너비, 높이)
out vec4 fragColor;

void main() {
    // 픽셀 좌표를 [0, 1] 범위로 정규화
    vec2 st = gl_FragCoord.xy / u_resolution;
```

---

1 링크에서 본문에 수록된 이미지를 컬러로 확인하실 수 있습니다. https://www.shadertoy.com/view/XclSWr

```
// x 좌표를 빨간색 채널, y 좌표를 녹색 채널로 사용
fragColor = vec4(st.x, st.y, 0.0, 1.0);
}
```

이 셰이더는 렌더링된 표면에 걸쳐 그레이디언트 효과를 생성하며, 픽셀 위치에 따라 색상이 부드럽게 전환됩니다.[2] 그레이디언트는 왼쪽 하단 모서리의 검은색에서 오른쪽 상단 모서리의 빨간색과 녹색(노란색)으로 혼합됩니다.

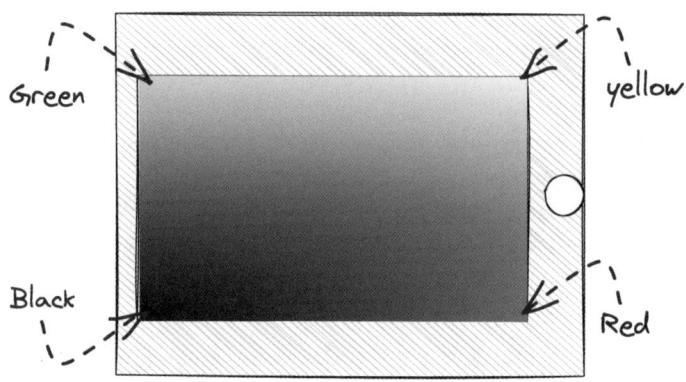

그림 26-4 좌표를 조작해 생성한 그레이디언트 효과

| 복잡한 조명 및 색상 효과 |

여기서는 광원 방향과 표면 노멀을 기반으로 조명의 확산diffuse 구성 요소를 계산합니다.

```
uniform vec3 u_lightDirection; // 광원 방향 벡터
uniform vec3 u_normal; // 표면 노멀 벡터
out vec4 fragColor;

void main() {
    // 노멀과 광원 방향의 내적 계산 (cos 각도), 0 미만이면 0으로 제한
    float diff = max(dot(u_normal, u_lightDirection), 0.0);
    // 확산 조명 효과 계산
    vec3 diffuse = diff * vec3(1.0, 0.5, 0.3); // 기본 색상에 확산 강도 곱하기
    fragColor = vec4(diffuse, 1.0); // 최종 색상 출력
}
```

---

[2] 링크에서 본문에 수록된 이미지를 컬러로 확인하실 수 있습니다. https://shadertoy.com/view/4csSWr

사용 가능한 헬퍼 함수가 있으며, const 변수를 정의하는 함수도 만들 수 있습니다.

| 텍스처 샘플링 |

셰이더에서 텍스처는 3D 모델에 색상, 패턴, 돌기bump와 같은 표면 세부 정보를 추가하는 이미지입니다.

예제에서는 셰이더의 **sampler2D** 유니폼으로 애플리케이션에서 셰이더로 2D 텍스처를 전달합니다. 여기서 '샘플러sampler'는 셰이더에서 텍스처로부터 데이터를 읽거나 샘플링할 수 있게 하는 기능을 나타냅니다. 그러면 셰이더는 이 텍스처에서 색상을 샘플링해 렌더링된 표면에 적용합니다.

```
uniform sampler2D u_texture; // 2D 텍스처 샘플러
out vec4 fragColor;

void main() {
  // 현재 프래그먼트 좌표에서 텍스처 색상 샘플링
  vec4 texColor = texture(u_texture, gl_FragCoord.xy); // 좌표 정규화가 필요할 수 있음
  fragColor = texColor; // 텍스처 색상을 출력으로 설정
}
```

3D 텍스처용 **sampler3D**와 큐브 맵 텍스처용 **samplerCube** 등 다양한 종류의 텍스처에 대응하는 샘플러도 있으며, 각각 특정 렌더링 기술에 사용됩니다.

지금까지 셰이더의 GLSL 코드를 읽는 기본 개념은 파악했습니다. 그러나 이제 막 시작했을 뿐이며, 여러 셰이더 예제(특히 프래그먼트 셰이더)를 읽으며 개념에 더 익숙해지는 것이 가장 좋습니다.

26.3 플러터에서 셰이더 사용하기

셰이더가 무엇인지, 컴퓨터 그래픽 프로그래밍에서 어떤 역할을 하는지 이해했으므로 이제 플러터가 이를 어떻게 활용하는지 탐색해 봅시다. 플러터는 향상된 시각 효과를 위해 프래그먼트 셰이더를 통합합니다. 플러터 엔지니어로서 셰이더를 통합하고 사용하는 방법을 이해하면 애

플리케이션의 시각적 매력을 크게 높일 수 있습니다.

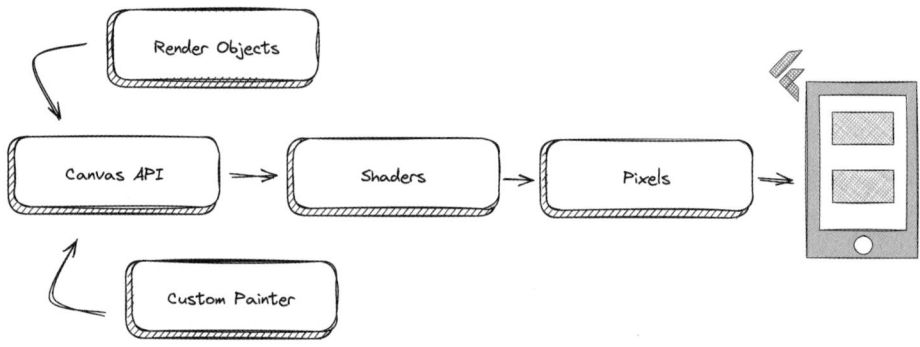

그림 26-5 위젯에서 픽셀까지 간단한 파이프라인 플러터

26.3.1 플러터에 프래그먼트 셰이더 추가하기

플러터에서는 주로 프래그먼트 셰이더로 작업합니다. 플러터 프로젝트에 `.frag` 셰이더 파일을 추가하는 방법은 다음과 같습니다.

| 셰이더 파일(simple.frag) 생성 |

GLSL 코드로 프래그먼트 셰이더 파일을 만듭니다. 다음은 플러터의 브랜드 색상을 사용해 그레이디언트를 만드는 예제 셰이더입니다.

```glsl
#version 460 core // GLSL 버전 지정

// 플러터 런타임 효과 헤더 포함
#include <flutter/runtime_effect.glsl>

// 입력 유니폼 변수(표면 크기)
uniform vec2 u_surfaceSize;

// 출력 색상 변수
out vec4 fragColor;

// 플러터 브랜드 색상 정의(0~1 범위로 정규화)
vec3 flutterBlue = vec3(5, 83, 177) / 255.0; // .0 추가
```

```
      // points.value(Notifier의 현재 값)를 사용해 그림
      for (int i = 0; i < points.value.length - 1; i++) {
        if (points.value[i] != Offset.infinite &&
        points.value[i + 1] != Offset.infinite) {
          canvas.drawLine(
            points.value[i],
            points.value[i + 1],
            pencil,
          );
        }
      }
    }

    @override
    bool shouldRepaint(DrawingPainter oldDelegate) {
      // Listenable을 사용하면 shouldRepaint는 보통 false를 반환함
      // Notifier가 변경될 때 플러터가 자동으로 리페인트를 트리거함
      // return oldDelegate.points != points; // 인스턴스 비교는 의미 없음
      // return oldDelegate.points.value != points.value; // 값 비교(참조 비교)
      return false; // Listenable을 사용하므로 false 반환 권장
    }

    // ... shouldRebuildSemantics, hitTest 등
  }
```

이 작업은 특히 대규모 애플리케이션에서 성능을 크게 향상합니다. 더 효율적이고 효과적인 플러터 개발 경험을 위한 중요한 최적화 기법입니다.

다음 절에서는 이 개념을 활용한 모범 사례를 소개합니다.

26.1.4 모범 사례

커스텀 페인터는 플러터에서 커스텀 시각 효과를 만드는 데 유용한 엄청난 유연성을 제공하지만, 효율성과 유지보수성을 높이려면 신중한 연습이 필요합니다. 코드 예제와 함께 핵심 모범 사례를 살펴보면서 더 깊이 이해해 보겠습니다.

| shouldRepaint로 리빌드 최소화 |

CustomPainter가 동적 차트를 그린다고 가정하면 모든 데이터 조정이 전체 리페인트를 트리거해 성능에 영향을 미칩니다. 이럴 때 shouldRepaint를 활용하면 좋습니다.

```dart
class ChartPainter extends CustomPainter {
  final List<double> data; // 차트 데이터

  ChartPainter(this.data);

  @override
  bool shouldRepaint(ChartPainter oldDelegate) {
    // 데이터 변경 사항만 비교
    // listEquals는 flutter/foundation.dart에 있음
    return !listEquals(data, oldDelegate.data);
  }

  @override
  void paint(Canvas canvas, Size size) {
    // ... 데이터를 기반으로 차트 페인팅 ...
    print('Painting Chart...'); // 리페인트 확인용 로그
  }
}
```

이렇게 하면 차트는 데이터가 변경될 때만 다시 그려지고 단순한 UI 조정에는 영향을 받지 않으므로 성능이 향상됩니다.

| PictureRecorder 캐싱으로 애니메이션 개선 |

정적 배경 엘리먼트가 있는 복잡한 애니메이션 장면에서 프레임마다 화면을 다시 그리는 것은 효과적이지 않습니다. 이럴 때 PictureRecorder를 활용하세요.

```dart
class AnimatedPainter extends CustomPainter {
  // PictureRecorder 인스턴스
  PictureRecorder recorder = PictureRecorder();
  // 녹화된 Picture 객체(캐시 역할)
  Picture? picture;
  // 애니메이션 상태(예: AnimationController)
  final Animation<double> animation;
```

```glsl
vec3 flutterNavy = vec3(4, 43, 89) / 255.0;
vec3 flutterSky = vec3(2, 125, 253) / 255.0;

void main() {
  // 프래그먼트 좌표를 [0, 1] 범위로 정규화
  vec2 st = FlutterFragCoord().xy / u_surfaceSize;

  // 기본 색상(검정)
  vec3 color = vec3(0.0);
  // x + y 좌표를 기반으로 그레이디언트 비율 계산
  vec3 percent = vec3((st.x + st.y) / 2.0); // .0 추가

  // 색상 혼합(mix 함수 사용)
  color = mix(
    // 0.0 ~ 0.5 구간: Sky -> Blue 그레이디언트
    mix(flutterSky, flutterBlue, percent * 2.0),
    // 0.5 ~ 1.0 구간: Blue -> Navy 그레이디언트
    mix(flutterBlue, flutterNavy, percent * 2.0 - 1.0),
    // 0.5를 기준으로 두 구간 혼합
    step(0.5, percent)
  );

  // 최종 색상 출력(알파 = 1.0)
  fragColor = vec4(color, 1.0);
}
```

- GLSL 버전 100부터 460까지를 플러터에서 지원하지만, 일부 기능은 제한될 수 있습니다.[3]
- `#include <flutter/runtime_effect.glsl>`: 셰이더에서 플러터 특정 기능을 사용하기 위한 선언을 포함합니다.
- `FlutterFragCoord()`: 프래그먼트 좌표를 제공하는 플러터 함수입니다. 기존 GLSL의 `gl_FragCoord`와 달리, `FlutterFragCoord`는 플러터의 좌표 시스템에 맞게 조정됩니다.
- 이 셰이더에는 표면 크기를 정의하는 두 개의 `float`가 필요하며, 플러터에서 이를 전달할 수 있습니다.

| pubspec.yaml에 셰이더 추가 |

플러터 프로젝트의 **pubspec.yaml** 파일에 셰이더 파일을 추가합니다.

```
flutter:
```

---

[3] 옮긴이_ 보통 460나 310 es를 사용합니다.

```yaml
shaders:
    # 셰이더 파일 경로 (프로젝트 루트 기준)
    - shaders/simple.frag
```

런타임에 셰이더 로딩

플러터에서 셰이더를 사용하는 한 가지 방법은 런타임에 로딩하는 것입니다.

```dart
// 셰이더 로딩 함수(비동기)
Future<void> loadMyShader() async { // void 반환 타입 명시
  // .glsl 확장자 예시
  final program = await FragmentProgram.fromAsset( // FragmentProgram 사용
    'shaders/snow.glsl',
  );
  // .frag 확장자 예시
  final program2 = await FragmentProgram.fromAsset(
    'shaders/simple.frag',
  );
  // 로드된 프로그램 사용 로직 ...
  // final shader = program.fragmentShader();
}
```

- **FragmentProgram.fromAsset**: 에셋에서 셰이더를 로드합니다.
- 프래그먼트 셰이더 파일에는 .frag와 .glsl 확장자를 모두 사용할 수 있습니다.

캔버스 API와 함께 프래그먼트 셰이더 사용

플러터에서 프래그먼트 셰이더는 **Paint.shader** 속성을 설정해 캔버스 API와 함께 사용할 수 있습니다.

```dart
// CustomPainter의 paint 메서드 내
void paint(Canvas canvas, Size size) {
  // --- 셰이더 객체가 이미 로드되었다고 가정 ---
  final FragmentShader shader = loadedShader; // 로드된 셰이더 사용

  // 유니폼값 설정(setFloat 사용, 인덱스 기반)
  shader.setFloat(0, size.width); // 인덱스 0에 너비 전달
  shader.setFloat(1, size.height); // 인덱스 1에 높이 전달

  // Paint 객체 생성 및 shader 속성 설정
```

```
    final pencil = Paint()..shader = shader; // <--- 페인트에 셰이더 적용

    // 셰이더가 적용된 페인트로 도형 그리기
    canvas.drawRect(
      Rect.fromLTWH(0, 0, size.width, size.height), // 캔버스 전체 영역
      pencil, // 셰이더가 적용된 페인트 사용
    );
  }
```

- 여기서는 커스텀 페인터 클래스로 전달되어야 하는 프래그먼트 셰이더와 함께 셰이더를 계단식으로 전달합니다.
- 셰이더는 캔버스에 그려진 다양한 모양과 경로에 적용될 수 있어, 커스텀 그래픽에 다양한 가능성을 제공합니다. 셰이더를 블렌드 모드^{blend mode}와 결합하면 더 다양한 시각 효과를 만들 수 있습니다.
- 마지막으로 중요한 점은 표면 크기를 float로 정의해야 하므로 이제 setFloat가 [index]의 float 유니폼을 [value]로 설정하는 최대 높이로 정의할 수 있다는 것입니다.[4]

이제 플러터 애플리케이션에서 모든 것을 함께 사용할 수 있습니다.

```
// main.dart
import 'dart:ui'; // FragmentShader를 사용하려면 필요함
import 'package:flutter/material.dart';

void main() async { // async 추가
  WidgetsFlutterBinding.ensureInitialized(); // 바인딩 초기화

  // 1. 셰이더 초기화(비동기 로딩)
  final fragmentProgram = await FragmentProgram.fromAsset(
    'shaders/simple.frag',
  );

  // 2. 애플리케이션 시작
  runApp(MyApp(shader: fragmentProgram.fragmentShader())); // 로드된 셰이더 전달
}

// 3. MyApp: 셰이더 전달
class MyApp extends StatelessWidget {
  const MyApp({super.key, required this.shader});

  final FragmentShader shader; // FragmentShader 받음
```

---

[4] 옮긴이_ setFloat(index, value)는 지정된 인덱스의 float 유니폼 변수에 값을 설정한다는 의미입니다.

```dart
  @override
  Widget build(BuildContext context) {
    return MaterialApp(
      title: 'Simple Shader Demo',
      theme: ThemeData(
        colorSchemeSeed: Colors.blue,
        useMaterial3: true,
      ),
      home: MyHomePage(shader: shader), // MyHomePage로 셰이더 전달
    );
  }
}

// 4. MyHomePage: CustomPaint 위젯 사용
class MyHomePage extends StatelessWidget {
  const MyHomePage({super.key, required this.shader});

  final FragmentShader shader; // FragmentShader 받음

  @override
  Widget build(BuildContext context) {
    return Scaffold(
      appBar: AppBar(
        title: const Text('Simple Shader Demo'),
      ),
      // 4. CustomPaint 사용
      body: CustomPaint(
        // MediaQuery.sizeOf 사용
        size: MediaQuery.sizeOf(context),
        // 5. 페인터 설정
        painter: MyShaderPainter(shader: shader), // 페인터에 셰이더 전달
      ),
    );
  }
}

// 5. 페인터 정의 & 6. 셰이더 사용
class MyShaderPainter extends CustomPainter {
  MyShaderPainter({required this.shader}); // 6. 생성자에서 셰이더 받음

  final FragmentShader shader; // 6. FragmentShader 멤버

  @override
```

```
    void paint(Canvas canvas, Size size) {
      // 7. 셰이더 유니폼 설정
      shader.setFloat(0, size.width);  // 인덱스 0: 너비
      shader.setFloat(1, size.height); // 인덱스 1: 높이

      // 8. 셰이더로 페인트 생성
      final paint = Paint()..shader = shader;

      // 9. 캔버스에 페인팅
      canvas.drawRect(
        Rect.fromLTWH(0, 0, size.width, size.height),
        paint,
      );
    }

    @override
    bool shouldRepaint(covariant CustomPainter oldDelegate) {
      // 셰이더가 변경되지 않으면 다시 그릴 필요 없음(정적 예제)
      return false;
    }
  }
```

코드에서 번호가 매겨진 부분이 무엇을 하는지 분석해 봅시다.

1. **셰이더 초기화**
   - 'shaders/simple.frag'는 에셋에서 프래그먼트 셰이더를 로드합니다.
   - FragmentProgram.fromAsset은 셰이더 프로그램을 비동기적으로 로드합니다.
   - fragmentProgram.fragmentShader()는 로드된 프로그램에서 FragmentShader 인스턴스를 생성합니다.

2. **애플리케이션 시작**
   - runApp은 플러터 애플리케이션을 초기화하고 실행합니다.
   - MyApp 위젯은 매개변수로 전달된 셰이더와 함께 생성됩니다.

3. **MyApp에서의 셰이더 전파**
   - MyApp 클래스는 FragmentShader 인스턴스를 매개변수로 받습니다.
   - 이 셰이더는 MyHomePage로 전달됩니다.

4. **MyHomePage의 CustomPaint 위젯**
   - CustomPaint 위젯은 그릴 캔버스를 제공하는 데 사용됩니다.
   - MediaQuery.sizeOf(context)는 페인팅 영역의 현재 미디어(화면) 크기를 얻습니다.

5. **CustomPaint를 위한 페인터**
   - MyShaderPainter가 CustomPaint의 페인터로 설정됩니다.

— 이 커스텀 페인터는 제공된 셰이더를 드로잉에 사용합니다.

6. **ShaderPainter의 셰이더**
   — MyShaderPainter는 FragmentShader 인스턴스를 받습니다.
   — 이 셰이더는 페인팅에 사용될 것입니다.

7. **셰이더 유니폼 설정**
   — 셰이더의 유니폼이 설정됩니다. 여기서는 캔버스의 너비와 높이입니다.
   — 이 값들은 캔버스 크기에 기반한 동작을 제어하기 위해 셰이더에 제공됩니다.

8. **셰이더로 페인트 생성**
   — Paint 객체가 생성되며, 이 객체의 shader 속성이 전달받은 FragmentShader로 설정됩니다.
   — 이 페인트는 셰이더의 효과와 함께 그리는 데 사용될 것입니다.

9. **캔버스에 페인팅**
   — 전체 캔버스를 덮는 사각형이 그려집니다.
   — 셰이더가 적용된 Paint가 사용되므로 셰이더 효과가 이 사각형 전체에 렌더링됩니다.

이 프로세스는 flutter_shaders 패키지를 사용하면 훨씬 더 단순화할 수 있습니다. 이 패키지를 사용해 리팩터링해 봅시다.

```dart
// flutter_shaders 패키지 사용 예시
import 'package:flutter_shaders/flutter_shaders.dart'; // 패키지 임포트

// ... (main, MyApp 정의는 동일함) ...

class MyHomePage extends StatelessWidget {
  const MyHomePage({super.key}); // 셰이더 전달 불필요

  @override
  Widget build(BuildContext context) {
    return Scaffold(
      appBar: AppBar(
        title: const Text('Simple Shader Demo with flutter_shaders'),
      ),
      // 1. ShaderBuilder 사용
      body: ShaderBuilder( // <--- ShaderBuilder 위젯
        assetKey: 'shaders/simple.frag', // <--- 셰이더 에셋 키 전달
        // 셰이더 로드 완료 시 빌더가 호출됨
        (context, shader, child) {
          // 2. CustomPaint 반환 (이전과 유사)
          return CustomPaint( // <--- CustomPaint
            size: MediaQuery.sizeOf(context),
```

```
          painter: MyShaderPainter(shader: shader), // 로드된 셰이더 전달
        );
      },
      // child: ... // 필요시 child 위젯 전달 가능
    ),
  );
  }
}

// MyShaderPainter 정의는 이전과 동일
class MyShaderPainter extends CustomPainter {
  MyShaderPainter({required this.shader});
  final FragmentShader shader;

  @override
  void paint(Canvas canvas, Size size) {
    shader.setFloat(0, size.width);
    shader.setFloat(1, size.height);
    final paint = Paint()..shader = shader;
    canvas.drawRect(Rect.fromLTWH(0, 0, size.width, size.height), paint);
  }

  @override
  bool shouldRepaint(covariant CustomPainter oldDelegate) => false;
}
```

몇 단계를 줄여 단순히 ShaderBuilder 빌더 위젯을 사용해 셰이더를 로드합니다. 패키지의 다른 기능들, 예를 들어 SetUniforms 익스텐션(flutter_shaders/lib/src/set_uniforms.dart 참조)을 사용할 수도 있는데, 기술적으로는 유니폼을 훨씬 쉽게 그리고 매력적으로 설정할 수 있습니다.

26.3.2 셰이더토이에서 변환하기

셰이더토이ShaderToy에 게시된 셰이더를 플러터로 변환하는 과정은 플러터 환경에 맞게 코드를 조정하는 몇 가지 단계를 포함합니다. 예를 들어 셰이더토이에 올라온 간단한 레이저 효과 셰이더[5]를 플러터로 변환한다고 생각해 봅시다.

---

5 https://www.shadertoy.com/view/4f2GRR

```
// 원본 셰이더토이 코드 예시(일부)

//convert HSV to RGB
vec3 hsv2rgb(vec3 c)
{
  vec4 K = vec4(1.0, 2.0 / 3.0, 1.0 / 3.0, 3.0);
  vec3 p = abs(fract(c.xxx + K.xyz) * 6.0 - K.www);
  return c.z * mix(K.xxx, clamp(p - K.xxx, 0.0, 1.0), c.y);
}

// 셰이더토이 메인 함수
void mainImage( out vec4 fragColor, in vec2 fragCoord )
{
  // 픽셀 좌표를 [0,1] 범위로 정규화(y는 위쪽이 양수)
  vec2 fragPos = fragCoord / iResolution.xy;
  fragPos.y -= 0.5f; // y 좌표 조정 예시

  // 시간 기반 HSV 색상 계산
  vec3 color = hsv2rgb(vec3(fragPos.x * 0.5 - iTime * 3.0, 1.0, 1.0));

  // 효과 추가
  color *= (0.015 / abs(fragPos.y));
  color += dot(color, vec3(0.299, 0.587, 0.114)); // 밝기를 계산해 더하기

  // 최종 출력
  fragColor = vec4(color, 1.0);
}
```

셰이더토이 셰이더는 플러터 셰이더에서 사용되는 표준 main 함수와 다른 mainImage 함수를 사용합니다. 또한 셰이더토이는 iResolution과 iTime 같은 특정 유니폼을 자동으로 제공하지만, 플러터에서는 이를 수동으로 선언해야 합니다.

주요 차이점 및 조정 사항

1. **진입점** entry point
   — 셰이더토이는 mainImage 함수를 사용하지만, 플러터는 표준 main 함수를 사용합니다.

2. **프래그먼트 좌표**
   — 셰이더토이 셰이더는 fragCoord를 사용하지만, 플러터에서는 FlutterFragCoord()를 사용해야 합니다.

3. 유니폼

- 셰이더토이는 iResolution과 iTime 유니폼을 자동으로 제공합니다. 플러터에서는 이를 명시적으로 선언하고 다트 코드에서 전달해야 합니다.

4. 셰이더 포함

- #include <flutter/runtime_effect.glsl>은 플러터에 특화된 지시문이며 특정 플러터 기능을 사용하는 데 필요합니다.

5. 출력 변수

- 출력 색상은 셰이더토이와 플러터 모두 fragColor에 저장됩니다.

```glsl
// 플러터용으로 변환된 셰이더 코드 예시

// 플러터 헤더 포함
#include <flutter/runtime_effect.glsl>

// 유니폼 명시적 선언
uniform vec2 iResolution; // 셰이더토이의 iResolution 역할
uniform float iTime;      // 셰이더토이의 iTime 역할
out vec4 fragColor;

// hsv2rgb 함수 (동일)
vec3 hsv2rgb(vec3 c) {
  vec4 K = vec4(1.0, 2.0 / 3.0, 1.0 / 3.0, 3.0);
  vec3 p = abs(fract(c.xxx + K.xyz) * 6.0 - K.www);
  return c.z * mix(K.xxx, clamp(p - K.xxx, 0.0, 1.0), c.y);
}

// 플러터 표준 main 함수
void main() {
  // FlutterFragCoord 사용 및 정규화
  vec2 fragPos = FlutterFragCoord().xy / iResolution;
  fragPos.y -= 0.5; // 원본 로직 유지

  // 나머지 로직은 유사함(iResolution, iTime 사용)
  vec3 color = hsv2rgb(vec3(fragPos.x * 0.5 - iTime * 3.0, 1.0, 1.0));
  color *= (0.015 / abs(fragPos.y));
  color += dot(color, vec3(0.299, 0.587, 0.114));

  fragColor = vec4(color, 1.0);
}
```

26.3.3 플러터에서 유니폼 설정하기

플러터 애플리케이션에서 shader.setFloat과 같은 메서드를 사용해 셰이더의 유니폼을 설정합니다.

```
// 커스텀 페인터 클래스 내 paint 메서드
void paint(Canvas canvas, Size size) {
  // --- 셰이더 객체 'shader'가 로드되었다고 가정 ---

  // 유니폼 설정(setFloat 인덱스는 GLSL 선언 순서에 따름)
  shader.setFloat(0, size.width);    // 인덱스 0: iResolution.x
  shader.setFloat(1, size.height);   // 인덱스 1: iResolution.y
  shader.setFloat(2, time);          // 인덱스 2: iTime (time 변수는 외부에서 전달받아야 함.
                                     // 예: 애니메이션 컨트롤러

  // 페인트 생성 및 페인팅
  final paint = Paint()..shader = shader;
  canvas.drawRect(
    Rect.fromLTWH(0, 0, size.width, size.height),
    paint,
  );
}
```

여기서 size.width와 size.height는 iResolution에 해당하고, time은 iTime에 해당합니다. 이러한 값은 셰이더토이의 내장 유니폼 동작을 모방하기 위해 셰이더로 전달되어야 합니다.

이 예제는 간단한 셰이더 변환을 보여줍니다. 그러나 추가 단계가 필요한 더 복잡한 시나리오도 있습니다. 예를 들어 2D 텍스처 샘플러를 다룰 때는 플러터 flutter_shaders 패키지의 AnimatedSampler를 사용하고 셰이더 객체에서 setImageSampler()를 호출해야 합니다.

```
// 플러터 코드
// shader.setImageSampler(0, image); // dart:ui의 Image 객체를 셰이더의 첫 번째(인덱스 0)
                                     // 텍스처 슬롯에 설정
// GLSL 측 코드
// uniform sampler2D uTexture; // 플러터에서 전달한 이미지를 받을 2D 텍스처 샘플러
```

셰이더와 GLSL 언어에 대해 더 깊이 파고들고 싶은 사람들에게는 『The Book of Shaders』[6]를 추천합니다. 이 웹 페이지는 초보자부터 숙련자까지, 지식을 확장하고자 하는 모두에게 완벽한 광범위하고 상호작용적인 학습 경험을 제공합니다.

26.4 결론

플러터에서 커스텀 페인팅과 셰이더를 탐색하는 것은 창의성이 기술을 만나는 매혹적인 영역을 열어 줍니다. 이러한 강력한 API는 애플리케이션의 시각적 매력을 향상하고 개발자들에게 매력적이고 중독성 있는 놀이터를 제공합니다.

코드를 매혹적인 시각적 결과물로 변환하는 능력은 단순한 기술을 넘어선 예술적인 표현이며, 플러터 개발 과정을 흥미롭고 보람 있는 여정으로 만듭니다.

여러분이 이 기회를 받아들여 실험하고 혁신하기를 바랍니다. 커스텀 페인팅과 셰이더로의 도전 하나하나가 이러한 도구를 숙달하는 발걸음이며, 애플리케이션 디자인에서 가능한 것의 한계를 넓히는 과정입니다. 그러니 주저하지 말고 뛰어들고, 놀아보고, 여러분의 창의력이 번창하게 하세요. 더 많이 탐구하고 만들어 볼수록 더 많이 배우게 되며, 기능적일 뿐만 아니라 시각적으로 매력적인 애플리케이션으로 이어질 것입니다.

---

[6] https://thebookofshaders.com/?lan=kr

맺음말

이제 이 책의 끝에 도달했습니다. 마지막 페이지를 넘기는 순간에 학습 여정이 끝나는 것이 아니라 새로운 가능성을 찾아갈 기회가 시작됩니다. 이 책 전반에 걸쳐 복잡한 개념, 주제, 상세한 코드, 해결책들을 탐색했습니다. 이 과정은 여러분의 이해를 풍부하게 하고 끊임없이 진화하는 플러터 세계에 대한 호기심과 열정의 불꽃을 지폈습니다.

플러터는 학습과 발견이 계속되는 여정입니다. 여기서 마주한 개념과 기술은 여러분이 구축하고, 창조하고, 혁신할 수 있도록 힘을 실어주는 도구들입니다. 여러분이 학생이든, 개발자든, 취미로 플러터를 배우든, 여기서 얻은 지식이 놀라운 것을 만들어 낼 견고한 기반이 될 것입니다.

이 책을 덮은 후에도 여러분이 작성하는 코드 한 줄 한 줄이 창의성과 문제 해결 능력이 반영된 결과물임을 기억하세요. 실제 세계에서 마주하게 될 도전은 복잡할 수 있지만, 여기서 연마한 기술이 여러분과 함께할 것입니다. 계속 실험하고, 계속 배우고, 계속 코딩하세요. 연습이 완벽을 만듭니다.

이 책이 플러터와 함께하는 여러분의 성공을 향한 가이드이자 한 걸음이 되기를 바랍니다. 앞으로 작성할 코드가 효율적이고 우아하며 여러분의 잠재력을 반영하기를 바랍니다.

플러터 여정의 동반자로 이 책을 선택해 주셔서 감사합니다. 여러분의 앞날에 더 많은 코드 라인과 돌파구, 혁신이 함께하길 바랍니다.

소셜 미디어, 이메일, 그리고 저의 flutterengineering.io 뉴스레터로 자유롭게 연락해 주세요. 저는 더 많은 콘텐츠를 작성하고 배포하는 임무를 수행 중입니다. 여러분의 생각과 피드백, 경력과 프로젝트에서의 성공 사례를 듣고 싶습니다.

기억하세요, **플러터 개발은 재미있습니다(FLUTTER DEVELOPMENT IS FUN).**

마지드 하지안

INDEX

A11y 508
accessibility_tools 패키지 535
active 103
adapter 192
adaptive user interface 539
ADRs 238
Advanced Encryption Standard 488
AES 488
agile development 42
agile model 57
Alchemist 453
analyze_options.yaml 389
androidTapTargetGuideline 530
AOT 91
Application Resource Bundle 578
AppLifecycleListener 119, 120
ARB 578
architecture decision records 238
arrange-act-assert 425
AspectRatio 564
asymmetric 488
async 321
atomicity 346
AUI 539
AVOID 378
await 321

BasicMessageChannel 136
behavioral pattern 213
BlockSemantics 위젯 515
boilerplate code 366
bridge 192
build 69, 110

builder pattern 52

California Consumer Privacy Act 505
CD 399
ChangeNotifier 220
CI 399
CI 시스템 386
CIA 삼각형 471
command line interface 381
ComponentElement 74
composite 192
composition 42
configureFlutterEngine 137
CONSIDER 378
consistency 346
ConstrainedBox 125
Container 123
Conway's law 241
createRenderObject 82
createState 110
CreateWorker 클래스 334
CupertinoApp 596
CustomPaint 위젯 626
CustomPainter 629
CustomScrollView 위젯 517
CustomSingleChildLayout 560

DAMP 원칙 427
dart-define 461
DartDoc 415
dart:ffi 라이브러리 140
dartfmt 387
deactivate 110

INDEX

decorator 192
defunct 103
dependency inversion principle 175
describeSemanticsConfiguration 84
Descriptive and meaningful phrases 429
Develop 브랜치 399
didChangeDependencies 110
didUpdateWidget 110
dispose 110
distributed version control system 394
DO 378
domain-centric architecture 305
domain driven design 270
DON'T 378
Don't repeat yourself 176
DrawingPainter 629
DRY 176

element tree 70
embedder layer 89
EventChannel 136
event-driven architecture 253
event driven programming 42
event loop 66
ExcludeSemantics 위젯 515
Expanded 126

facade 192
Feature 브랜치 399
feature-based development 395
feature flagging 397
fetchData() 322
find.ancestor({required Finder of, required Finder matching, ...}) 435
find.byIcon(IconData icon) 435
find.byKey(Key key) 435
find.bySemanticsLabel(String label) 436
find.byText(String text) 435
find.byType(Type type) 434
find.byWidgetPredicate(Type widgetType, String text) 435
find.descendant(of: Finder, matching: Finder) 435
Finder API 434
find.Semantics 436
FittedBox 563
FlexColorScheme 623
FlexSeedScheme 622
FloatingActionButton 50
flushCompositingBits 단계 115
flushLayout 단계 115
flushPaint 단계 115
flushSemantics 단계 115
flutter analyze 379
flutter format 379
flyweight 192
FractionallySizedBox 563
functional programming 42
future 66
Future 321
Future⟨String⟩ 322

garbage collection 66
General Data Protection Regulation 505
get_it 패키지 367
getter 81
GlobalKey 131
GLSL 645

golden test 424
GPU 644
graphics processing unit 644
hexagonal architecture 305
HMAC 495
Hotfix 브랜치 399

i18n 573
Icon 46
imperative and declarative programming 42
inactive 103
inflateWidget 104
InheritedWidget 364
initial 103
initState 110
integration test 54
interface segregation principle 175
iOSTapTargetGuideline 530
isolate 325
IsolateController 클래스 335
isolation 346
Iterable API 46
JIT 91

KDF 496
Keep it simple 172
key derivation function 496
Keyed-Hash Message Authentication Code 495
KISS 원칙 172
l10n 573
LabeledDivider 79
labeledTapTargetGuideline 530
LayoutBuilder 556, 569

LeafRenderObjectWidget 78
linter 379
Liskov substitution principle 175
Listener 위젯 543
LiveView 517
LocalTodoDataSource 279
logging 187

MAC 494
Main 브랜치 399
manual test 424
markNeedsLayout 84
markNeedsPaint 84
Material 3 Hue Chrome Tone 622
MaterialApp 596
Material Color Utilities 622
MaterialStateProperty 607
MD5 495
MediaQuery 555
meetsGuideline 매처 529
MergeSemantics 위젯 514
message authentication code 494
Message-Digest Algorithm 5 495
MethodChannel 136
method signature 139
MockDataService 167
model-view-binder 301
model-view-controller 249
model-view-intent 301
model-view-presenter 300
model-view-update 302
MouseRegion 542
MultiChildRenderObjectWidget 78
MVB 301

INDEX

MVI 301
MVP 300
MVU 302
MVVM 293

n계층 251
NetworkDataService 167
null safety 59
ObjectKey 131
object oriented programming 42
O(N) 알고리즘 87
onHide 이벤트 121
onInactive 이벤트 121
onion architecture 305
onResume 이벤트 121
open/closed principle 174
OpenGL 셰이딩 언어 645
OpenGL Shading Language 645
Orca 스크린 리더 534
OrientationBuilder 569

PageStorageKey 132
painter 625
performLayout 83
Personal Information Protection and Electronic Documents Act 505
Pigeon 139
platform channel 135
PREFER 378
Private 변수 81
procedural programming 42
proxy 192
pure function 45

RASP 485
reactive manifesto 66
reassemble 110
Release 브랜치 399
RemoteTodoDataSource 279
RenderBox 77
rendering pipeline 65
RenderLabeledDivider 80
RenderObject 46, 74, 77
render object tree 70
RenderObjectWidget 76
RenderObjectWidgets 70
RenderSliver 77
RenderViewport 77
RIBs 303
right to left 590
Riverpod 368
Row 126
RTL 언어 590

Scaffold 위젯 50
ScrollPhysics 46
SDLC 57
Secure Hash Algorithm 495
SelectionArea 위젯 550
SemanticsController 클래스 530
separation of concerns 51
setState 110
setter 81
SHA 495
SHA-1 495
SHA-256 495
SHA-512 495

shader 625

ShaderToy 657

shifting left 55

simulatedAccessibilityTraversal 메서드 531

SingleChildRenderObjectWidget 76, 78

single responsibility principle 173

single source of truth 276

single-subscription stream 323

Slider 위젯 516

software development lifecycle 57

spiral model 57

StatefulWidget 70, 71

StatelessWidget 46, 70, 71

stream 66

stupid 172

symmetric 488

TEA 302

tester.getSemantics 메서드 532

test pyramid 423

TextButton 516

textContrastGuideline 530

TextPainter 정의 81

The Elm Architecture 302

The Lei Geral de Proteção de Dados 505

ThemeData 사용자화 600

ThemeData.copyWith() 605

ThemeMode.dark 615

ThemeMode.light 615

ThemeMode.system(기본값) 615

The Privacy Act 505

third party 41

Triple Data Encryption Standard 488

trunk-based development 395

UniqueKey 130

updateRenderObject 82

user acceptance test 54

V&V 모델 54

W3C 509

waterfall model 57

WCAG 509

Web Content Accessibility Guidelines 509

Widget 71

widget lifecycle 65

WidgetsBindingObserver 믹스인 119

widget test 54

WorkerHandler 334

World Wide Web Consortium 509

Wrap 566

YAGNI 원칙 176

You aren't gonna need it 176

가비지 컬렉션 66

가용성 471

개발 58

개발 단계 470

개발 빌드를 위한 적시 컴파일 91

개발 패러다임 41

개방/폐쇄 원칙 174

개인 정보 502

개인 정보 보호 501

개인 정보 보호 및 전자 문서법 505

개인 정보 보호법 505

객체 지향 프로그래밍 42

객체 핸들링 66

INDEX

검증 53
게터 81
격리성 346
견고성 511
결합도 49
경계 컨텍스트 271
고급 암호화 표준 488
골든 테스트 424
공간 기반 아키텍처 270
공개키 488
관심사 분리 51
구조적 패턴 192
국제화 574
그래픽 94
그래픽 처리 기기 644
기능 기반 개발 395
기능 브랜치 395
기능 설계 54
기능 플래깅 397
기밀성 471
깃 훅 385
깅 51

나선형 모델 57
낮은 결합도 50
내레이터 534
내비게이션 패턴 547
널 안정성 59
네이티브 88
네트워크 모니터링 345
높은 응집도 50

다이제스트 496

다중 패러다임 42
다중 플레이버 456
다트 66
다트 애플리케이션 93
다트 FFI 135, 140
단순성 246
단위 설계 54
단위 테스트 54
단일 구독 스트림 323
단일 진실 공급원 276
단일 책임 원칙 173
단일 플레이버 456
단일 UI 스레드 원칙 319
대응 470
대칭 암호화 488
대칭형 488
더미 438
데이터 계층 275
데이터 관리자 502
데이터베이스 계층 251
데이터 보호법 505
데이터 보호 영향 평가 502
데이터 처리 502
데이터 처리자 502
데이터 침해 502
데코레이터 192
데코레이터 패턴 197
도메인 기반 아키텍처 270
도메인 중심 아키텍처 305
동시성 317
동시성 프로그래밍 49
동의 502
디자인 패턴 52, 185
디커플링 214

ㄹ

라우터 303
런타임 애플리케이션 자체 보호 485
레벨 A 511
레벨 AA 511
레벨 AAA 511
렌더링 94
렌더링 파이프라인 65
렌더오브젝트 트리 70, 74
로깅 187
리스코프 치환 원칙 175
린터 379, 387
릴리스 빌드를 위한 사전 91

ㅁ

마이크로서비스 아키텍처 270
마지막 기록 우선 344
머터리얼 3 가이드 HCT 622
머터리얼 테마 빌드 피그마 플러그인 622
머티리얼 2 599
머티리얼 3 599
머티리얼 컬러 유틸리티 622
머티리얼 테마 빌더 622
멀티 플랫폼 60
메서드 시그니처 139
메시지 인증 코드 494
메시지 주도성 67
명령줄 인터페이스 381
명령형 및 선언형 프로그래밍 42, 43
모델 300
모델-뷰-바인더 301
모델-뷰-업데이트 302
모델-뷰-인텐트 301
모델-뷰-컨트롤러 249
모델-뷰-프리젠터 300
모듈화 51, 271
목 438
무결성 471
문서화 407
묻지 말고 시켜라 177
믹스인 생성 169

ㅂ

바인더 301
반복 설계 245
반응성 67
반응형 69
반응형 선언 66
반응형 프로그래밍 48, 65
반응형 UI 553
배포 58
배포 관리 397
배포 단계 470
버전 관리 시스템 344
버텍스 셰이더 645
병렬성 317
보이스오버 533
보일러 플레이트 코드 366
보호 470
복구 471
복원성 67
복잡성 246
분산 버전 관리 시스템 394
분석 57
뷰 300
뷰 모델 296
브리지 192
비대칭 암호화 488
비대칭형 488
비즈니스 계층 251

INDEX

비즈니스 로직 282
비즈니스 로직 계층 275
빌더 패턴 52

ㅅ

사용자 경험 40
사용자 인수 테스트 54
상태 관리 187
색상 스킴 603
생성자 주입 363
생성적 패턴 186
서드파티 41
서비스 기반 아키텍처 270
서비스 로케이터 367
선언형 69
설계 57
설계 결정 기록 238
설계 단계 470
설계 문서 410
세터 81
셰이더 644
셰이더토이 657
소프트웨어 개발 생명주기 57
소프트웨어 엔지니어링 39
수동 테스트 424
순수 함수 45
스케일 41
스텝 438
스트림 66, 344
스파이 438
시각적 밀도 612
시각화 94
시간 40
시맨틱 컬러 609
시프트 레프트 53, 55

식별 470
실행 89
실행부 93
싱글톤 185
싱글톤 패턴 186

ㅇ

아키텍처 237
암호화 487, 502
암호화 알고리즘 493
애니메이션 접근성 526
애자일 개발 42
애자일 모델 57
애플리케이션 리소스 번들 578
애플리케이션 아키텍처 54
어니언 아키텍처 305
어댑터 192
어댑터 패턴 192
업데이트 302
엔진 93
엔진 계층 90
엔트리 포인트 458
엔티티 303
엔티티 계층 306
엘리먼트 트리 70, 72
영속 계층 251
옵서버 185
옵서버 패턴 219
요구사항 단계 470
요구사항 분석 54
원자성 346
원패스 레이아웃 123
월드 와이드 웹 컨소시엄 509
웹 콘텐츠 접근성 가이드라인 509
위젯 생명주기 65

위젯 테스트 54, 424
위젯 트리 70
유비쿼터스 언어 271
유스 케이스 계층 306
유연성 52
유지보수 58
유지보수성 52
응집도 49
의존성 역전 원칙 175
의존성 주입 357, 361
이벤트 기반 아키텍처 253
이벤트 기반 프로그래밍 42, 47
이벤트 루프 66
이해 가능성 511
인지 가능성 511
인터랙터 303
인터페이스 분리 원칙 175
인터페이스 어댑터 계층 306
인텐트 301
일관성 346
일반 데이터 보호 규칙 505
일반 데이터 보호법 505
임베더 93
임베더 계층 89

제어 역전 361
조작 가능성 511
종단 간 테스트 424
준비-실행-검증 425
중개자 206
지속적 배포 399
지속적 통합 399
참조 문서 410
초기화 89, 114
최적화 87, 632
추상화 47

캐싱 패턴 347
캘리포니아 소비자 개인 정보 보호법 505
캡슐화 47
커맨드 패턴 214
커스텀 페인터 625
커스텀 페인팅 테스트 436
커스텀 GestureDetector 위젯 525
컨트렉트 260
컴포지션 42
컴포지트 192
컴포지트 패턴 201
콘웨이의 법칙 241
클린 아키텍처 305
키보드 가속기 544
키 유도 함수 496

작업 캡슐화 214
재사용성 52
저장소 패턴 276
적응성 92
적응형 사용자 인터페이스 539
전략 패턴 224
절차적 프로그래밍 42
접근성 507
제네릭 프로그래밍 49

탄력성 67
탐지 470
테마 596
테마 익스텐션 608
테스트 58, 421

찾아보기 **671**

INDEX

테스트 단계 470
테스트 더블 437
테스트 피라미드 423
템플릿 메서드 패턴 229
톡백 534
통합 테스트 54, 424
튜토리얼 411
트렁크 기반 개발 395
트레이드오프 41, 52

파이프라인 아키텍처 270
팩토리 185
팩토리 메서드 패턴 189
퍼사드 192
퍼사드 패턴 210
페이크 438
포커스 관리 544
폭포수 모델 57
푸시 기반 동기화 343
풀 기반 동기화 343
퓨처 66
프라이버시 중심 설계 502
프래그먼트 셰이더 645, 650
프레임워크 93
프레임워크 계층 92
프레임워크 및 드라이버 계층 306
프레젠테이션 계층 251
프레젠테이션(UI) 계층 275
프로그래밍 59
프록시 192
프록시 패턴 205
프리젠터 300, 303
플라이웨이트 192
플랫폼 채널 135

플러터 보안 484
플러터 엔지니어링 39, 40, 59
플러터 위젯 인스펙터 534
플러터 테스트 도구 534
플레이버 455

ㅎ

하이브리드 접근 방식 343
함수형 및 객체 지향 프로그래밍 45
함수형 프로그래밍 42
해상 494
해상 알고리즘 495
해체 89
행동 패턴 213
헥사고날 아키텍처 305
현지화 574
확인 53
확장성 52
효과성 247
효율성 52, 247

_counter 69
_ElementLifecycle enum 103
_incrementCounter 69
_instance 187

번호

3계층 275
3중 데이터 암호화 표준 488
3DES 488
5W 접근 414